Recherches sur la notion d'amortissement en matière de contrats administratifs

Logiques Juridiques

Collection dirigée par Gérard Marcou

Le droit n'est pas seulement un savoir, il est d'abord un ensemble de rapports et pratiques que l'on rencontre dans presque toutes les formes de sociétés. C'est pourquoi il a toujours donné lieu à la fois à une littérature de juristes professionnels, produisant le savoir juridique, et à une littérature sur le droit, produite par des philosophes, des sociologues ou des économistes notamment.

Parce que le domaine du droit s'étend sans cesse et rend de plus en plus souvent nécessaire le recours au savoir juridique spécialisé, même dans des matières où il n'avait jadis qu'une importance secondaire, les ouvrages juridiques à caractère professionnel ou pédagogique dominent l'édition, et ils tendent à réduire la recherche en droit à sa seule dimension positive. À l'inverse de cette tendance, la collection « Logiques juridiques » des éditions L'Harmattan est ouverte à toutes les approches du droit. Tout en publiant aussi des ouvrages à vocation professionnelle ou pédagogique, elle se fixe avant tout pour but de contribuer à la publication et à la diffusion des recherches en droit, ainsi qu'au dialogue scientifique sur le droit. Comme son nom l'indique, elle se veut plurielle.

Dernières parutions

Tiphaine THAUVIN, *Les services sociaux dans le droit de l'Union européenne*, 2016.
Louis-Marie LE ROUZIC, *Le droit à l'instruction dans la jurisprudence de la Cour européenne des droits de l'Homme*, 2015
Delphine COUVEINHES-MATSUMOTO, *Les droits des peuples autochtones et l'exploitation des ressources naturelles en Amérique latine*, 2015
Michel LASCOMBE Gilles TOULEMONDE, *Le droit constitutionnel de la Vᵉ République*, 2015.
Sabrine Maya BOUYAHIA, *La proximité en droit international privé de la famille*, 2015.
Caroline LECLERC, *Le renouvellement de l'office du juge administratif français*, 2015.
Franck LUDWICZAK, *Les procédures alternatives aux poursuites : une autre justice pénale*, 2015.
Jean-Pierre FOFÉ DJOFIA MALEWA, *L'Administration de la preuve devant la Cour pénale internationale. Règles procédurales et méthodologiques*, 2015.
Elena-Alina OPREA, *Droit de l'Union européenne et lois de police*, 2015.
Daniel LEVY, *Les abus de l'arbitrage commercial international*, 2015.
Boris BARRAUD, *L'État. Entre fait et droit*, 2015.

Jean-Baptiste Vila

Recherches sur la notion d'amortissement en matière de contrats administratifs

Préface de Florian Linditch

L'Harmattan

À la mémoire de mon Grand-père,

Yves LUGAND
(1907 - 2005)
Conseiller près la Cour d'Appel de Rennes,
Chevalier de la Légion d'Honneur.

À Marion, À mes enfants

5-7, rue de l'Ecole-Polytechnique, 75005 Paris

http://www.harmattan.fr
diffusion.harmattan@wanadoo.fr
harmattan1@wanadoo.fr

ISBN : 978-2-343-08243-1
EAN : 9782343082431

Préface

Déjà l'âge des préfaces. Qu'il soit permis au préfacier d'aborder le thème du temps et du contrat avec cette considération inactuelle et inhabituelle.

Inhabituelle, surtout pour les juristes gardiens du temps.

Car n'est-ce pas, déjà là, notre sujet ? Temps et contrat. Garder au contrat sa fraicheur originelle. Conserver dans le contrat les objets, tels qu'ils y ont été échangés à l'origine. La technique de l'amortissement sert précisément à cela. Certes, on la connaissait déjà en droit financier, notamment comptable et fiscal. Puis vint la loi Sapin. Voilà plus de trente ans déjà qu'elle a créé l'obligation de lier durée du contrat et temps nécessaire à la récupération des investissements consentis par le délégataire. A regarder de plus près, le législateur ne fit d'ailleurs que reprendre des solutions jurisprudentielles, il est vrai éparses et ponctuelles, pour l'ériger en règle fondamentale car elle seule garantit la remise en concurrence périodique des contrats de commande publique. Et nous tenons pour replâtrage malhabile, l'inscription d'une durée maximale, dans la loi du 2 février 1995 dit « Loi Barnier » pour les contrats d'eau et d'assainissement, dès lors que la durée légale ne tient aucun compte de l'économie des contrats. A preuve d'ailleurs, le dispositif complexe de dérogation mis en place par le législateur.

Il y aurait d'ailleurs ici, un vrai motif de fierté pour le droit administratif français. La France a posé la règle bien avant le droit de l'Union Européenne, tellement même qu'à l'heure où cette thèse paraîtra, la première directive concessions sera tout juste transposée, ou encoire en voie de l'être.

Car « *la loi du 29 janvier 1993 répond à un impératif d'ordre public qui est de garantir, par une remise en concurrence périodique, la liberté d'accès des opérateurs économiques aux contrats de délégation de service public et la transparence des procédures de passation* » (CE, ass., 8 avr. 2009, n° 271782, Cne Olivet : JurisData n° 2009-075420). Impératif de mise en concurrence qui deviendra celui-là même des textes communautaires ultérieurs, tant en marchés publics qu'en concessions de services.

Il a fallu toute la volonté de Jean-Baptiste VILA pour se lancer dans le travail de défrichage de cette notion. Certaines jurisprudences n'arriveraient qu'au moment de sa soutenance, comme l'arrêt Commune d'Olivet qui est entrée en vigueur cinq ans après son achèvement, et, pour certaines, quelques années après son achèvement. Qui sait même, si le conseil d'Etat n'a pas eu en main la thèse dactylographiée de M. VILA. Laissons les universitaires rêver que la Haute assemblée trouve parfois son inspiration dans les rêveries du faiseur de systèmes.

Inutile de dire, que M. VILA, moins que personne, ne fût surpris de voir consacrée sa notion. Consacrée et sanctionnée. Et de quelle manière si originale en droit des contrats publics : par la caducité du contrat lui-même.

Car il faut bien dire que la caducité n'avait jusque-là été que rarement appliquée aux contrats administratifs *(CE, 8 août 1958, Sté des chemins de fer du Var et du Gard : AJDA 1958, p. 405, note Laubadère ; V. également, Traité des contrats administratifs, Laubadère, p. 638 et s.).* Il est d'ailleurs peu probable que, à l'Université, les cours professés jusqu'en 2009 aient contenu la moindre allusion à la possible caducité des contrats administratifs.

A ce sujet, et à rebours de la doctrine dominante, et semble-t-il de la jurisprudence, nous voudrions dire notre conviction profonde de ce que la caducité contractuelle ne résulte pas d'une règle juridique mais d'un fait juridique. Nous le pouvons d'autant plus gratuitement qu'une préface n'engage que le préfacier. Comme le note le professeur Vincent, « *le caractère "automatique" de la caducité différencie celle-ci de l'abrogation, laquelle est censée ressortir d'une manifestation de volonté en vue de faire disparaître l'acte de l'ordonnancement juridique* » *(J.-Y. Vincent, J. Cl. Administratif, Acte administratif. – Application dans le temps, Fasc. 108-30).* La caducité peut en effet être déduite d'un fait extérieur au contrat *(V. CE, 19 juin 1970, Cne Berre-l'Etang c/ Ville Marseille et Sté des eaux Marseille : Rec. CE 1970, tables p.1098).* La caducité issue de l'amortissement complet des investissements initiaux résulte, selon nous, du simple écoulement du temps. Comme la mort que l'on dit naturelle, provient de l'usure naturelle du capital de vie offert à tout être vivant. Tant pis pour cette métaphore qui décrédibilisera notre propos. Nous voulons dire que la vie contractuelle des contrats s'épuise et se consomme par le seul déroulement du temps. Il convient, nous dit cette fois-ci le Conseil d'Etat, d'additionner recettes et charges et de constater, qu'à un moment donné, les recettes ont permis de récupérer le capital investi pour l'établissement du service public ou de l'ouvrage préfinancé. Or cette récupération du capital investi ne peut se produire que par l'écoulement du temps. Certes si le contrat est bien fait, les parties n'ont pas commis d'erreur, elles ont prévu le moment critique où s'opèrerait le remboursement complet. Mais, la perfection n'étant pas de ce monde, le terme prévu au contrat peut très bien ne pas coïncider avec ce moment que, de doute évidence, on ne connaît avec certitude que lorsqu'il advient. Dès lors nous voudrions dire ici notre opposition aux solutions qui prétendent que la caducité contractuelle suppose un acte juridique, à savoir pour les collectivités locales une délibération. Point n'est besoin de délibération. Ou, s'il en faut une, disons qu'elle est purement déclarative, qu'elle se borne à constater la fin de l'amortissement et du même coup la mort naturelle du contrat. Ceci explique d'ailleurs pourquoi, aucune indemnité n'est due lorsque la caducité survient : « *s'agissant de la caducité du contrat, et eu égard à l'exploitation du contrat en cours, d'une disposition visant à limiter la durée, aucune indemnisation ne peut être due au motif d'une résiliation anticipée du contrat* » *(TA Châlons-en-Champagne, 14 janvier 2014, n° 1102049).*

L'acte formel constatant la caducité peut dès lors être rapproché de l'acte qui constate les limites du domaine public fluvial ou maritime. En lui-même l'acte juridique déclaratif ne crée rien. Il constate le fait. Que celui-ci disparaisse, ou évolue, il est lui-même condamné à succomber.

Ce point n'a en réalité pas encore été débattu en doctrine, et les lignes qui précèdent susciteront peut être une discussion que l'on se plait à souhaiter d'autant plus riche qu'il ramènera à la question cruciale des rapports de la règle juridique et du fait.

Pour en revenir à l'apport de la thèse de Jean-Baptiste VILA. Il faudra lui rendre grâce d'avoir été le premier à oser s'aventurer sur une question dont se désintéressaient jusque là les universitaires contractualistes. C'est dire que pour explorer ce sujet, l'appareil critique des revues juridiques ne pouvait lui être d'un grand secours. Nous pouvons en témoigner, le constat fût rapide et définitif. Dès lors, il ne restait plus à notre auteur qu'à rechercher d'autres sources. Avec un grand scrupule épistémologique, Jean-Baptiste VILA s'est alors tourné vers le droit fiscal, en se gardant bien des solutions spécifiques auxquelles l'entraîne parfois son réalisme bien connu. Jusque-là, nous le suivions. Puis, il a osé franchir le Rubicon. L'impensable a été commis : un juriste, administrativiste qui plus est, a osé s'aventurer dans la technique comptable. Et nous l'avons laissé faire. Confessons que nous avons peiné à le suivre, mais nous l'avons encouragé. Que l'opprobre kelsenienne retombe sur nous.

Cela lui a été reproché par certains de nos collègues, parmi les plus éminents. Nous le savions d'avance. Mais nous l'avons voulu. N'avions nous pas eu la même formation universitaire après tout ? Dans son cours inoubliable de sciences administratives, le professeur Jean-Arnaud MAZERES nous avait enseigné l'épistémologie (Bachelard, notamment). Nous étions perdus pour certains juristes, gardiens impeccables de la règle par la règle. Or l'épistémologie de l'Ecole toulousaine, celle de Maurice Hauriou, conduisait à tout autre chose : à la conviction que le droit ne se comprend pas uniquement par le droit, mais également par la réalité sociale, et pourquoi pas psychologique, politique. Notre héritage commun nous donnait la conviction que lorsque le droit ne fournit pas de réponses satisfaisantes, rien n'interdit de rechercher dans d'autres disciplines, on n'ose pas dire sciences, des informations précieuses qui permettront d'éclairer les zones d'ombre, comme l'amortissement dans les contrats administratifs.

Jean-Baptiste VILA a fait ce choix, et l'honnêteté pousse ici à révéler qu'il l'a fait par conviction pure. Se souviendra-t-il que deux sujets lui avaient été proposés : « la collégialité en droit administratif », d'une part, et « Recherche sur l'amortissement dans les contrats administratifs », d'autre part ? Le premier sujet est bien vite passé à la trappe…

Il serait intéressant ici de s'arrêter un peu et de poser la question plus générale de savoir quelles sont les raisons profondes (nous voulons dire personnelles) qui poussent un jeune chercheur à choisir tel ou tel sujet. Dimension absente de bien des introductions aux thèses et articles, et qui devrait être une rubrique imposée. Mais la question est infréquentable. Le droit existerait par lui-même. Dès lors pourquoi s'interroger sur le parti d'en étudier une fraction plutôt qu'une autre ? On connaît l'antienne.

Nous ne sommes d'ailleurs pas convaincu que Jean-Baptiste VILA partagera notre conviction de ce que l'objet juridique se construit dans l'imaginaire de celui qui se prétend juriste. Conviction également que, depuis toujours, la science juridique est complexée (au double sens banal et psychanalytique du terme) par les autres sciences. Tellement, qu'elle se revendique aujourd'hui encore « positiviste », alors que voilà plus d'un siècle que les autres ont délaissé ce dogme.

Mais n'embarrassons pas notre jeune auteur par ces querelles qui visiblement n'intéressent plus grand monde. Au reste, nous ignorons ce qui a poussé Jean-Baptiste VILA à choisir un sujet aussi austère. Nous nous risquerions bien à quelques hypothèses improbables... comme des origines catalanes, peut-être même cathares, de l'auteur. Mais, ce ne sont là qu'intuitions non scientifiques de notre part même si le choix d'un sujet austère, la recherche d'une perfection de la formule contractuelle par les chiffres, nous a toujours paru inspirée par l'histoire personnelle de notre auteur.

Doit-on en venir finalement au fond de la thèse ? Dans cet océan d'incertitudes que représente l'amortissement, Jean-Baptiste VILA pense qu'un peu de sécurité juridique pourrait être apporté par la transposition des méthodes comptables et financières. Il ne dit pas que le droit est ainsi ou qu'il devrait l'être. Il pense qu'il pourrait être de la sorte. Notre auteur ne confond plus depuis longtemps, le « sein » et le « solen ». Il propose, et le fait avec grande modestie. Le juge, ou le législateur prendront. Ou pas.

Il semble d'ailleurs que le Conseil d'Etat ait choisi de ne pas suivre exactement cette voie et qu'il se garde bien de se lier par des méthodes comptables (et ce, malgré les derniers textes en provenance de l'Union européenne) : « *la durée normale d'amortissement des installations susceptible d'être retenue par une collectivité délégante, peut-être la durée normalement attendue pour que le délégataire puisse couvrir ses charges d'exploitation et d'investissement, compte tenu des contraintes d'exploitation liées à la nature du service et des exigences du délégant, ainsi que de la prévision des tarifs payés par les usagers, que cette durée coïncide ou non avec la durée de F amortissement comptable des investissements* » *(CE, 8 août 2009, n° 303517, Maison Comba).*

Ce n'est pas dire que le Conseil d'Etat se trompe. Il sait fort bien ce qu'il fait et pourquoi il le fait. L'avenir n'est pas écrit. Les problèmes à trancher sont innombrables et imprévisibles. Fixer une norme abstraite, à la dureté de l'airain, ne pourrait que conduire à son prochain abandon. Juris-prudence...

Dès lors, ni le Conseil d'Etat, ni Jean-Baptiste VILA n'ont tort (sa modestie dût-elle souffrir de ce rapprochement). Chacun d'entre eux fait leur travail. Au premier le soin de juger, de trancher entre les intérêts en présence, sur la base d'une solution qui soit acceptée par tous comme LA norme sociale. Au second, d'envisager l'ensemble de la question, de consacrer d'interminables et passionnantes heures à l'investigation et de tri pour mieux comprendre les mécanismes d'amortissement lorsqu'ils sont pratiqués par les entreprises et validés par le droit financier.

Le travail universitaire réussi a vocation à être pillé, instrumenté. La vie sociale, politique et économique le veut ainsi. La thèse dactylographiée l'a déjà été. Gageons que l'ouvrage publié le sera encore plus. On peut (on doit) s'en offenser sur le plan de la propriété intellectuelle. Mais il convient également de s'en réjouir, si les contrats administratifs sont mieux conclus.

Que demain, les méthodes proposées par Jean-Baptiste VILA soient reprises par les juridictions financières, puis les tribunaux administratifs, et la société, le contribuable, l'usager y gagneront. Le service public délégué ou l'ouvrage concédé ne serviront plus de paravent masquant les appétits égoïstes. Il ne faut pas se méprendre, derrière la technicité du travail réalisé et offert à la communauté scientifique se profile une grande vigilance de l'auteur sur le respect dû aux fondements même de l'action administrative, à savoir le bien public, le service public. Les développements consacrés à la rationalisation de la clause d'amortissement ou au réajustement financier du contrat ne peuvent être compris qu'en partant de cette perspective.

Et puis, le pays catalan n'est aride qu'en apparence. Qu'on y regarde mieux et on y trouvera les sources les plus fraîches. Il paraît même que certains soirs, du côté de Prades, Pablo Cazals a fait redécouvrir au monde les partitas de Jean-Sébastien Bach.

On souhaite à chaque lecteur de trouver ici non seulement une thèse, au vrai sens du terme, où reforger convictions et assurer connaissances, mais également de retrouver une logique contractuelle fondamentale qui n'aurait jamais dû être perdue de vue.

Aix-en-Provence, décembre 2015

Florian LINDITCH

Remerciements

Je remercie chaleureusement Monsieur le Professeur Jean-Arnaud Mazères, de l'Université des Sciences Sociales de Toulouse I, qui a codirigé et orienté mes travaux de recherches. Sa confiance maintes fois réitérée est à l'origine de mon parcours universitaire. Veuillez recevoir, Monsieur le Professeur, l'assurance de ma profonde reconnaissance pour votre soutien, vos conseils et votre amitié.

Je remercie également Monsieur le Professeur Florian Linditch, de l'Université Paul Cézanne Aix-Marseille III, co-directeur de cette thèse. Sa technicité et sa disponibilité, malgré mes nombreuses sollicitations, ont été un appui majeur pour la réalisation de ce travail. Veuillez recevoir, Monsieur le Professeur, mes plus vifs remerciements pour votre confiance et cette collaboration qui ne fut qu'une première étape d'un long chemin.

Mes pensées vont aussi vers mes parents, qui m'ont toujours soutenu et donner la chance de pouvoir réaliser un parcours universitaire dans des moments parfois difficiles.

Je souhaite exprimer aussi tout mon amour à mon épouse et mère de mes enfants, Marion, qui a été présente à mes côtés et qui a toujours su trouver les mots justes pour me réconforter dans les périodes difficiles et m'épauler dans les autres. L'occasion m'est aussi offerte d'exprimer une pensée remplie d'amour pour mes enfants qui permettent, sans le savoir, de croire dans les moments de doutes, de rire dans les moments de tristesse et de profiter de chaque jour comme d'une nouvelle naissance. Je vous remercie pour votre amour et votre soutien indéfectible.

L'occasion m'est enfin offerte d'exprimer toute ma reconnaissance à l'Université, au sens d'institution, qui m'a formé et fait comprendre que les libertés de conviction, de parole et de critiques ne constituent pas uniquement des symboles apposés au fronton des amphithéâtres. Elles sont des éléments essentiels pour donner à chaque individu sa propre liberté. Il semble fondamental, dans le contexte difficile que traverse notre société au moment où ces lignes sont écrites, de le rappeler, et ce, afin que chaque étudiant, enseignant chercheur et plus largement tous les citoyens ne l'oublient jamais.

Table des abréviations

a. autres

AJDA Actualité juridique droit administratif

al. Alinéa

ann. Annexe

art. Article

av. Avenant

BJDCP Bulletin juridique des contrats publics

CAA Cour administrative d'Appel

C.C Cour des Comptes

C.civ Code civil

C.com Code de commerce

CE Conseil d'Etat

CE, Ass. Conseil d'Etat, Assemblée plénière

CE, Sect. Conseil d'Etat Section

Cf. Se reporter à

CGCT Code général des collectivités territoriales

CGI Code général des Impôts

Chron. Chronique

CJCE Cour de justice Communautés Européennes

CMP Code des marchés publics

Cnauté Communauté

CNC Conseil National de la Comptabilité

Cne(s) Commune(s)

Com. CE Commission Européenne

Com.RC Comité de la réglementation Comptable

Concl. Conclusion

Cons. Constit. Conseil Constitutionnel

Contra Solution contraire

Cour. Cass. Cour de Cassation

C.pén Code pénal

CRC Chambre Régionale des Comptes

déc. décision

doc. document

Dt. Adm. Revue Droit Administratif

éd. édition

GAJA Grands arrêts de la jurisprudence administrative

gén. Général

Ibid. note n° Renvoi à la note n°...

JCP A. Jurisclasseur Edition administration, collectivités territoriales

JO Journal Officiel

JO AN Journal Officiel Assemblée Nationale

JOCE Journal Officiel des Communautés Européennes

JOUE Journal Officiel de l'Union Européenne

Jurisp. Jurisprudence

LGDJ Librairie Générale de Droit et de Jurisprudences

mém. mémoire

n° numéro

Op. cit. Opere citato

PCG Plan comptable général

PUF Presses Universitaires de France

PV Procès-verbal

Rapp. Rapporteur ou Rapport

RDP Revue de Droit public

Rec. Recueil

Rec. Lebon Recueil des décisions du Conseil d'Etat

Réf. référence à

RFDA Revue française de droit administratif

RJEP Revue juridique d'économie publique

s. suivant

ss dir. Sous la direction de

ss. prés. Sous la présidence de

Sté Société

Suppl. Supplément

T. tome n°...

TA Tribunal Administratif

vol. Volume

Sommaire

Introduction

I. Avant-propos

1. L'amortissement n'est pas un mécanisme naturel dans la commande publique. Ceci s'explique par le fait qu'il est avant tout une technique utilisée par le secteur privé dans ses processus de production. Elle y revêt deux fonctions [comptable et financière] qui permettent à l'entreprise de procéder à la gestion du patrimoine et à l'intégration fiscale de ses opérations de production. De son côté, le contrat administratif constitue un mode d'action de la personne publique et en conséquence un régime juridique spécifique au cœur du droit administratif. L'amortissement n'y était que peu étudié jusqu'à récemment de sorte qu'il était loisible de penser que tout semble donc séparer cette technique et ce mode d'action.
2. Pourtant, il convient de ne pas oublier que le législateur les a rapproché durant les années 90 et que, depuis, de nombreux phénomènes résultent de leur mise en relation[1]. Les analyses de la doctrine en attestent parfaitement. Elles tentent dorénavant de mettre en évidence les conséquences inhérentes aux accords contractuels public-privé en prenant en compte la dimension financière et privée de ce mode d'action[2], stigmate d'un point de rencontre particulier entre l'économie/la finance d'entreprise et le droit. L'amortissement dans les contrats administratifs est précisément au cœur de ce rapport général dont les conséquences ne sont pas toujours aidées à appréhender[3].
3. Ses modalités de traitement dans le cadre d'un contrat administratif en en attestent. Lorsque la convention opère un transfert de la gestion des biens au cocontractant, voire leur financement par ce dernier, le

---

[1] Cf. loi Sapin n°93-122 du 29 janv. 1993, relative à la prévention de la corruption et à la transparence de la vie économique et des procédures publiques, JO du 30/01/1993, p 1588. Son utilisation par le juge du contrat est antérieure. Voir par exemple CE, 23 juin 1933, Lavabre cité ss. CE, Sect. 30 mai 1930, Chambre Syndicale du commerce en détail de Nevers, GAJA n°43 §5, éd. 2009.

[2] Cf. Jean-Bernard Auby, Préface de l'ouvrage de Paul Lignières, « Partenariats public-privé », 2ème éd. *Lexis Nexis* Litec 2005. Selon Jean-Bernard Auby : « *Examiner le droit public au travers du prisme des partenariats public-privé* [et plus largement de l'ensemble des contrats administratifs], *c'est l'appréhender au travers d'une idée de projet, c'est le soumettre à une approche que l'on pourra dire fonctionnelle. C'est aussi, naturellement, l'observer depuis l'entreprise. Soyons un peu brusque : alors que notre vision habituelle est au fond le droit administratif « vu de l'Etat », la démarche de l'ouvrage participe d'une élucidation de ce droit « vu de la société », vu depuis ce segment de la société que sont les entreprises, qu'est la vie des affaires* » ; p XI.

[3] Ce phénomène poursuit le mouvement initié par l'application du droit de la concurrence aux activités des personnes publiques. Ordonnance 1er déc. 1986 relative au droit de la concurrence (JO du 09/12/1986, p 14773) ; CE, 3 nov. 1997, Sté Million et Marais, req. n°169907, GAJA n°101, éd. 2009.

traitement de l'amortissement de ces biens ne relève alors plus, la plupart du temps, de la personne publique délégante. Se pose alors la question de savoir si cette dernière est de facto dépossédée de son patrimoine. Au-delà, force est de constater que l'amortissement constitue un indicateur précieux dans ces contrats puisqu'il permet ici de déterminer si un transfert patrimonial est formalisé ou non entre les parties. Mais son intérêt ne s'arrête pas là. Contre toute attente, il constitue aussi un mécanisme dont les conséquences influent directement sur les clauses majeures de ces contrats, notamment la durée et la rémunération du cocontractant. Ses modalités de mise en œuvre ont dans la pratique des conséquences importantes sur l'équilibre du montage négocié par les parties. Elles peuvent même dans certains cas remettre en cause l'objet et le but du contrat administratif conclu.

4. Ces premières analyses dépassent largement les fonctions de l'amortissement dans le secteur privé. En comptabilité, l'amortissement est une technique de gestion imposée aux entreprises, au cœur de leur processus de production de biens ou de services. Sa transposition dans les contrats de la personne publique poursuivait au départ un objectif presque similaire. Il s'agissait d'adopter un référentiel en vue de rationaliser l'exécution des contrats administratifs concernés. Ce résultat n'est cependant toujours pas atteint puisque les régimes juridiques respectifs ont éludé les conséquences de ce mécanisme lorsqu'il est comptabilisé par un cocontractant privé. Même ceux récemment adoptés au niveau de l'Union européenne et spécifiques aux délégations de services publics le montrent[4]. C'est précisément à partir de ces lacunes dans la prise en compte juridique de l'amortissement qu'il est possible d'envisager des pistes de réformes pour rationaliser ces contrats. La réévaluation de la portée de l'amortissement dans ces régimes apporterait effectivement des solutions pour remédier aux déséquilibres souvent constatés aujourd'hui dans ces contrats. Il convient toutefois de cerner les contrats ici concernés car les conséquences de l'amortissement ne sont pas similaires pour toutes les formes de contrats administratifs. Au demeurant, l'objet de ces recherches n'est pas de procéder à une telle étude descriptive de ce champ d'analyse, mais de mettre en évidence les conséquences comptables et financières de ce mécanisme. C'est pourquoi ces travaux sont limités par deux éléments. D'abord ils portent sur les contrats administratifs pour lesquels les effets de l'amortissement sont les plus manifestes, à savoir : les délégations de service public, les

---

[4] Directive n°2014/23UE du Parlement européen et du Conseil du 26 fév. 2014 JOUE 28/03/2014. V. G. Clamour, « Nouvelle directive concessions, premier panorama », *Revue contrats et MP*, mars 2014, 72 ; F. Linditch, « Mise en œuvre des procédures de passation des concessions de service », *JCP A* n°18-19, 2140; S. Braconnier, « Regards sur les nouvelles directives marchés publics et concessions », Parties I et II, *JCP G* n°19, doctr. 567, n°20, doctr. 596.

partenariats public-privé et, dans une moindre mesure, les conventions d'occupation domaniale, les marchés publics et les marchés de mobilier urbain[5]. Ensuite, ils se concentrent sur la relation personne publique/cocontractant privé car, s'agissant d'une technique transposée du secteur privé dans la sphère publique, c'est au cœur de celle-ci que les stratégies de gestion du patrimoine et de l'amortissement sont les plus évidentes.

5. Un autre élément mérite d'être précisé à ce stade. Par ses modalités d'utilisation et de ses enjeux, de nombreuses méthodes pourraient être utilisées pour tenter de percer la portée juridique de ce mécanisme. Une étude exhaustive de la jurisprudence administrative et fiscale paraitrait de ce point de vue tout à fait envisageable. Cependant, l'état actuel des recherches relatives aux régimes juridiques de ces montages de la commande publique montre que les études portant sur ce sujet sont encore peu nombreuses. Ce constat, résultant du premier corpus de recherches recueilli, a donc nécessité de faire un choix entre la réalisation d'une étude exhaustive et classique des sources de droit disponibles et celle consistant à mettre en évidence les conséquences de ce mécanisme en adoptant une démarche plus novatrice. Les carences de la recherche en la matière expliquent que la seconde posture s'impose comme une évidence. Cette première recherche révèle effectivement son plein intérêt dès lors que sont utilisés les cas concrets et les jurisprudences les plus pertinents pour parvenir à un résultat précis : démontrer les enjeux inhérents à l'amortissement du patrimoine dans les contrats administratifs et tenter de proposer des solutions pour améliorer son traitement. La dynamique de cette grille d'analyse nous impose donc de délaisser la première approche, en laissant ainsi la place à des études ultérieures dont l'objet serait de traiter de manière exhaustive la jurisprudence relative à ce sujet. Ce choix réalisé, il importe donc d'appliquer une démarche quelque peu singulière à cette recherche. Ceci s'explique par la nature particulière du sujet qui tend à analyser le fonctionnement d'un mécanisme d'origine privée transposé dans un mode d'action publique. Afin de respecter l'objectif initial, une méthode reposant sur l'interdisciplinarité paraît tout à fait approprié pour traiter de ce sujet, et ce, malgré les limites qu'elle peut présenter.

[5] Les contrats de la fonction publique sont évidemment laissés de côté. D'autre part, certains contrats se réfèrent à l'amortissement. Tel est le cas par exemple des marchés à bon de commande d'une durée supérieure à quatre ans (Art. 77 et 169 du CMP, éd 2009) qui ne sont pas étudiés ici (sauf en note de bas de page pour esquisser un premier rapprochement avec les cas étudiés dans ces travaux). En ce qui concerne les marchés de mobilier urbain, ils sont traditionnellement consacrés comme une catégorie de marchés publics (CE, Ass., 4 nov. 2005, Sté JC Decaux, com. Christine Maugüe et Philippe Terneyre, *AJDA* 2005, p 1083). Toutefois, leur objet et leur contenu comprennent certaines spécificités qui justifient de les étudier séparément pour mieux mettre en évidence les conséquences de l'amortissement.

II. Démarche appliquée aux recherches

6. Tenter d'appréhender les conséquences de l'amortissement dans le droit des contrats administratifs ne peut donc se faire au moyen d'une démarche classique. L'étude de cette réunification conceptuelle nécessite de mettre en relation diverses techniques qui se situent initialement dans deux domaines d'application de nature différente, le droit et l'économie. Aussi la démarche choisie doit permettre de remédier au premier obstacle fondamental de l'analyse : la *summa divisio* public-privé qui imprègne encore et toujours ces contrats et qui explique en grande partie les difficultés d'utilisation d'une technique économique dans ce champ juridique[6]. En effet, même si cette césure a priori indépassable a été remise en question au cours du XXème siècle, elle est toujours au cœur de ces conventions. Elle explique par exemple que le droit des contrats administratifs a encore des difficultés à appréhender les techniques issues du secteur privé et qui sont transposées dans ces régimes. Dans la pratique, elle permet également de saisir les différences qui perdurent toujours entre les techniques utilisées par les personnes publiques et celles de leurs cocontractants privés pour gérer le patrimoine et réaliser les missions prévues dans la convention[7].

7. Afin d'éviter une simple observation des faits et proposer des solutions pour améliorer ces contrats, le sujet impose donc de structurer notre étude autour d'une démarche qui respecte quatre temps : *conceptualisation de l'application de l'amortissement* au régime juridique des contrats publics ; *détermination de ses conséquences ; détermination de solutions* pour ces régimes juridiques ; *devenir du droit des contrats administratifs* au regard des conséquences d'application de l'amortissement. Ces quatre moments dans l'analyse orientent nos recherches vers une démarche critique, en adoptant le postulat selon lequel le droit des contrats administratifs a transposé de manière imparfaite une technique comptable, financière, fiscale et donc économique. A cette fin, certains principes doivent être utilisés pour structurer ces recherches sur l'amortissement et mieux cerner le fonctionnement technique de l'amortissement dans le droit des contrats administratifs. Ils doivent permettre de prendre en compte les particularités des régimes juridiques propres aux contrats administratifs et de mettre en évidence la logique économique de la technique de l'amortissement L'objectif est ambitieux et pour le réaliser il faut non

---

[6] A titre non exhaustif, voir sur cette *summa divisio* Jean-Arnaud Mazères, « L'un et le multiple dans la dialectique Marché-Nations », dans l'ouvrage « Marchés et Nations, regards croisés », ss dir. Brigitte Stern, éd. *Montchrestien*, 1995, p 55 et s.

[7] Comme le montrent les deux formes de comptabilité qui existent toujours aujourd'hui.

seulement adopter une démarche juridique mais aussi s'ouvrir à des schémas d'analyses différents.

8. Pour parvenir à réaliser une telle synthèse, celle de la médecine expérimentale proposée par Claude Bernard semble particulièrement adaptée pour mettre en lumière le rôle de l'amortissement dans les contrats administratifs[8]. Malgré son manque de reconnaissance dans la pensée contemporaine[9], cette démarche et les écrits qui en résultent sont aujourd'hui reconnus comme une « *condamnation irrévocable des déductions hâtives, des improvisations scolastiques* »[10] ; phénomène vis-à-vis duquel notre étude doit se prémunir afin de cerner le contenu juridique de l'amortissement dans ces montages contractuels. L'objectif premier d'une telle démarche analytique est de permettre un dépassement des obstacles épistémologiques et des « *a priori* » dogmatiques, en libérant les schémas d'études de leur empirisme et de leur subjectivité[11]. En raison de son caractère général, il apparaît que cette méthode peut être transposée dans d'autres domaines de recherches, notamment dans les sciences juridiques. Nous pensons que l'analyse de l'amortissement dans les contrats administratifs – qui a pour objet d'approfondir une notion à première vue étrangère au droit administratif – nécessite d'adopter ce postulat général.

9. Ce champ d'études est effectivement soumis à diverses contradictions résultant de la rencontre entre deux domaines d'activités à première vue antinomiques, et ce, même s'il est aujourd'hui indiscutable que la sphère privée et le secteur public entretiennent de nombreuses relations au point de se conditionner mutuellement[12]. En effet, même si elle est théoriquement relativisée aujourd'hui, cette *summa divisio* reste toujours d'actualité dans la pratique les contrats administratifs. Elle empêche par exemple de cerner avec précision toutes les conséquences des techniques qui sont transposées dans ce secteur d'activité et qui sont issues de la sphère privée. C'est précisément pour corriger ce phénomène et mettre à jour le fonctionnement de l'amortissement que nos recherches sont guidées par les six principes de la méthode proposée dans le cadre de la médecine expérimentale.

---

[8] Claude Bernard, « Introduction à l'étude de la médecine expérimentale », éd. *Flammarion*, coll. Champ, 1984.

[9] Ce phénomène est décrit par Guy Thuillier, dans « Les principes de l'Introduction à la science expérimentale de Claude Bernard », *Revue administrative* n°349, p 27 et s.

[10] Ibid.

[11] Ibid. L'auteur explique l'intérêt de la démarche : « *il* (Claude Bernard) *cherche à la* (médecine) *libérer des préjugés, à lui donner une assise solide. Mais les principes qu'il dégage pour aider à bien raisonner valent pour bien d'autres disciplines,* » ; p 27.

[12] Cf. Jean-Arnaud Mazères, « L'un et le multiple dans la dialectique Marché-Nations », dans l'ouvrage « Marchés et Nations, regards croisés, » ss dir. Stern B., éd. *Montchrestien*, 1995, p 55 et s.

10. Le *premier* revient à adopter une position de doute philosophique permanent. Selon Claude Bernard, toute démarche scientifique, tendant à faire naître une théorie, ne peut être considérée comme une vérité absolue, atemporelle et infalsifiable[13]. Le résultat de la démarche du chercheur doit au contraire se positionner comme une proposition valable et vérifiable dans un domaine visé et à un moment donné, en intégrant la possibilité d'être dépassée dans l'avenir. Ce préalable s'inscrit précisément dans notre étude générale de la technique de l'amortissement car la rareté des écrits dans ce domaine laisse deviner des avancées théoriques, normatives et jurisprudentielles ultérieures fondamentales[14]. La recherche se situe au cœur d'un certain relativisme présenté ainsi par Claude Bernard : « *des causes d'erreurs sans nombre peuvent se glisser dans nos observations, et malgré toute notre attention et notre sagacité, nous ne sommes jamais sûrs d'avoir tout vu, parce que souvent les moyens de constatation nous manquent ou sont trop imparfaits* »[15].

11. Le *second principe* consiste à rejeter toute forme d'objectivité absolue. Il s'agit donc pour nous de prendre acte des *a priori* du sujet afin de mieux en tenir compte dans les propositions qui seront formulées. Cet élément doit notamment nous conduire à renoncer aux théories communément admises, afin de récuser toute position dogmatique et d'accéder à la liberté de réflexion. Cette posture est gage d'une observation et d'une conceptualisation objective des phénomènes étudiés[16]. Cette étape dans l'analyse est particulièrement nécessaire pour vérifier si les résultats sont conformes aux postulats définis en amont. Les présentes recherches s'efforcent donc de respecter ce principe car il contribue à formuler une série de propositions viables pour parfaire les

---

[13] Guy Thuillier, « Les principes de l'Introduction à la science expérimentale de Claude Bernard », *Revue administrative* n°349, L'auteur cite sur ce point Claude Bernard : « *Quand nous faisons une théorie générale dans nos sciences, la seule chose dont nous soyons certains, c'est que toutes ces théories sont fausses absolument parlant. Elles ne sont que des vérités partielles et provisoires* » ; p 27.

[14] Les jurisprudences rendues depuis (CE, 11 août 2009, Sté Maison Comba, n°303517, *Contrats et MP* 2009, comm. 364, note G. Eckert ; *Dr Adm.* 2009, comm. 147, note P. Idoux et F. Cafarelli ; *JCP A* 2009, 2261, note J-B Vila. V. plus récemment encore, CE, 7 mai 2013, SAPP, n°365043, Juris Data n°2013-008819, *JCP A* n°42, 14 oct. 2013, 2297, note J-B Vila) et la directive concessions (Directive n°2014/23UE du Parlement européen et du Conseil du 26 fév. 2014 JOUE 28/03/2014) en attestent très précisément.

[15] Guy Thuillier, *op. cit.* « Les principes de l'Introduction à la science expérimentale de Claude Bernard », p 28.

[16] Ibid. Cette posture est adoptée par Bernard : « *Les hommes qui ont une foi excessive dans leurs théories ou dans leurs idées sont non seulement mal disposés pour faire des découvertes, mais ils font aussi de mauvaises observations. Ils (...) ne veulent voir qu'une confirmation de leur théorie.* » ; p 28.

modalités de mise en œuvre de l'amortissement dans les contrats administratifs[17].

12. En portant une attention particulière aux faits généraux qui pourraient renverser les théories découlant des observations, apparaît ensuite le *troisième principe* : le critère de la falsifiabilité[18]. Certains éléments au cœur de notre analyse évoluent à mesure que les implications de la technique sont déterminées vis-à-vis du régime juridique des contrats administratifs. Ce phénomène impose donc de respecter deux étapes dans l'analyse : déterminer d'abord les faits qui semblent infirmer les analyses développées pour tenter de minimiser les risques de contradictions scientifiques ; évaluer ensuite précisément les champs d'évolution de ce rapport technique et conceptuel afin d'anticiper les avancées théoriques ultérieures. Conformément à ce principe, l'objectif de ces recherches n'est donc pas de formuler une théorie indépassable, mais plutôt de structurer un premier de champ de connaissances relatives à une technique comptable, financière et fiscale transposée au cœur des contrats publics.

13. Selon Claude Bernard vient ensuite « *le désir ardent de la connaissance* » qui doit guider le chercheur une fois le sujet d'étude déterminé[19]. Ce *quatrième principe* révèle une ambition égoïste mais nécessaire. Sans avoir la prétention d'affirmer que le champ d'étude des contrats publics possède une qualité particulière par rapport aux autres champs juridiques, ce droit est néanmoins paré de tous les atouts pour répondre aux attentes classiques d'un chercheur. Au carrefour de la logique privée et publique, ce régime juridique mêle des concepts et techniques *a priori* opposés, mais dont l'étude plus approfondie révèle des problématiques théoriques fondamentales. Les difficultés et les hésitations doctrinales sur le périmètre de la notion d'économie du contrat administratif en est un exemple particulièrement manifeste[20].

---

[17] Ibid. L'auteur présente cette posture du chercheur en s'inspirant de Bergson : « *Travaillons à dilater notre pensée ; forçons notre entendement ; brisons s'il le faut nos cadres ; mais ne prétendons pas rétrécir la réalité à la mesure de nos idées, alors que c'est à nos idées de se modeler sur la réalité* » ; p 28.

[18] Le critère de la falsifiabilité renvoie ici à la théorie de Karl Popper selon lequel : « *Une théorie qui n'est réfutable par aucun évènement qui se puisse concevoir est dépourvue de caractère scientifique* » ; « Conjectures et réfutations », Chapitre 1, Section 1, 1953, éd. *Payot*, février 2007.

[19] Guy Thuillier, « Les principes de l'Introduction à la science expérimentale de Claude Bernard », *Revue administrative* n°349, p 27 et s. L'auteur reprend les propos de Claude Bernard qui expose l'intérêt de la recherche : « *Le désir ardent de la connaissance est l'unique mobile qui attire et soutient l'investigateur dans ses efforts ; et c'est précisément cette connaissance qu'il saisit réellement et qui fuit cependant toujours devant lui, qui devient à la fois son seul tourment et son seul bonheur.* » ; p 29.

[20] Les études en la matière sont nombreuses. Etant donné l'impossibilité de toutes les présenter, voir à titre non exhaustif Sébastien Pimont, « L'économie du contrat », *Presse*

14. Cependant, le désir de découvertes et de savoirs ne suffit pas. C'est pourquoi il convient de réserver une place particulière à ce que l'on nomme « *l'anticipation intuitive de l'esprit vers une recherche heureuse* »[21]. L'intuition a un rôle prépondérant puisqu'elle permet de faire naître des hypothèses spontanées et travaillées à des degrés divers, indifféremment de l'objet étudié[22]. Ce *cinquième principe* est fondamental pour notre sujet d'étude car la dimension économique du contrat administratif a été négligée au XXème siècle ; la doctrine et les différentes réformes l'ayant essentiellement appréhendé comme un mode d'action juridique. Ce phénomène explique notamment la rareté des écrits sur les conséquences économiques et financières de certaines techniques transposées du secteur privé dans ce champ juridique, parmi lesquelles se trouve l'amortissement. Une place conséquente doit donc être réservée à l'intuition du chercheur. Dans le même temps, cette caractéristique de la démarche renvoie à l'idée que la méthode en tant que telle n'enfante rien. Seule son utilisation par le chercheur peut permettre une mise en lumière des concepts. C'est pourquoi ce dernier doit se référer à une méthode viable d'un point de vue scientifique, car « *une bonne méthode favorise le développement scientifique et prémunit le savant contre les causes d'erreurs si nombreuses qu'il rencontre dans la recherche de la vérité* »[23]. Les propositions, qui découlent de notre analyse théorique et technique de l'amortissement, s'inscrivent précisément dans la lignée de cette réflexion car elles sont soumises à un relativisme certain lié au devenir de ce mécanisme dans le champ de la commande publique.

15. Mais cette référence à la démarche de la médecine expérimentale serait fondamentalement incomplète sans son *sixième et dernier principe* qui projette le chercheur dans une double nécessité. Dès lors que l'objet d'étude est déterminé, toute connaissance a par définition tendance à s'individualiser d'abord dans un schéma doctrinal préétabli. Cette étape nécessaire s'explique par la réflexion opérée entre le scientifique et l'objet. Par conséquent, il relève de la responsabilité du chercheur de laisser ou non perdurer cette connaissance dans son cadre doctrinal originel et de ne pas déterminer la dynamique particulière qui le

---

universitaires d'Aix-Marseille, préf. Jean Beauchard, 2004 ; Gabriel Eckert, « Réflexions sur l'évolution du droit des contrats publics », *RFDA* 2006, p 242 et s.

[21] Guy Thuillier, *op. cit.*

[22] Guy Thuillier, *op. cit.* Claude Bernard réserve ainsi une place particulière à l'intuition : « *Il n'y a pas de règles à donner pour faire naître dans le cerveau, à propos d'une observation donnée, une idée juste et féconde qui soit pour l'expérimentateur une sorte d'anticipation intuitive de l'esprit vers une recherche heureuse. L'idée une fois émise, on peut seulement dire comment il faut la soumettre à des préceptes définis et à des règles logiques précises dont aucun expérimentateur ne saurait s'écarter ; mais son apparition a été toute spontanée, et sa nature est toute individuelle* » ; p 30.

[23] Guy Thuillier, « Les principes de l'Introduction à la science expérimentale de Claude Bernard » ; *Revue administrative* n°349, p 30.

caractérise dans des théories connexes. Claude Bernard se montre intransigeant sur ce point : « *Un des plus grands obstacles qui se rencontrent dans cette marche générale et libre des connaissances humaines, est donc la tendance qui porte les connaissances à s'individualiser dans des systèmes. (...). En effet, il faut chercher à briser les entraves des systèmes philosophiques et scientifiques, comme on briserait les chaînes d'un esclavage intellectuel* »[24]. Comment ne pas se réapproprier cette exigence lorsque le sujet d'étude est l'amortissement dans le droit des contrats administratifs ? Cet objet d'étude se situe au carrefour de deux champs théoriques. Or, tenter de mettre à jour les conséquences de cette réunification conceptuelle en se situant seulement dans les schémas doctrinaux préétablis reviendrait à analyser d'abord les conséquences économiques de cette technique et à en vérifier ensuite la concordance avec ce champ juridique. Cette démarche ne permettrait de toute évidence pas de s'inspirer des conséquences de l'amortissement en comptabilité et en finance d'entreprise pour proposer des axes de réformes du droit des contrats administratifs.

16. Autour de ces principes essentiels [nécessité du doute philosophique ; condamnation des idées fixes ; mobilité des idées ; excitation de l'inconnu ; rôle de l'invention et refus des systèmes asservissant l'esprit scientifique], il est possible de dépasser les risques inhérents à l'analyse de l'amortissement transposée aux contrats administratifs. Ce sujet semble effectivement influencer par de nombreux cadres doctrinaux et chacun d'entre eux en propose une grille d'analyse particulière. Le problème est qu'ils ne mettent en évidence leurs points communs, sinon leurs différences dans lesquelles il est loisible de se laisser enfermer. Seule l'application des principes de la médecine expérimentale permet de mettre à jour l'équilibre qui existe entre ces des différents points de vue et de rendre ainsi au sujet sa dynamique économique, temporelle et juridique. Cette ambition dans la recherche nécessite d'abord de prendre acte de l'idée selon laquelle l'amortissement permet une réévaluation des effets du temps dans les contrats administratifs. Mais cette première grille de lecture ne suffit pas car elle élude une partie des conséquences de cette technique. Cette dernière, appliquée aux clauses financières du contrat et appréhendé comme un élément d'appréciation de son équilibre économique, est aussi un vecteur de rationalisation du contenu de ces conventions.

17. Une étude préalable des prémices historiques de cette réunification conceptuelle confirme cette idée. Certes l'amortissement était au départ conçu comme un élément de gestion propre secteur privé. Mais sa transposition dans l'action publique, notamment en matière de finances

---

[24] Guy Thuillier, « Les principes de l'Introduction à la science expérimentale de Claude Bernard » ; *Revue administrative* n°349, p 30.

publiques, est rapidement devenue inéluctable laissant apparaître des lacunes dans sa mise en œuvre par le secteur public.

III. Le rapprochement historique de l'amortissement et des contrats administratifs

18. L'amortissement est une technique qui a connu un déploiement historique particulier, notamment dans le secteur privé. Appréhendée à l'origine comme un simple élément de gestion économique du patrimoine, elle s'est progressivement perfectionnée au fil des années pour devenir un élément incontournable des politiques de gestion du patrimoine. Pour mieux comprendre cet essor, il convient de revenir à son point de départ. Il est possible de le situer au XIIème siècle, période durant laquelle la notion de patrimoine et corrélativement son appartenance furent érigées au rang de données à prendre en compte dans les actifs d'une personne morale. Dès cet instant nous retrouvons les deux dimensions de l'amortissement, comptables et financières, qui ont prise sur les contrats économiques de la commande publique.

A/ Le premier temps de l'histoire économique de l'amortissement : l'essor d'une gestion comptable du patrimoine

19. En comptabilité, la technique de l'amortissement est un mécanisme de gestion patrimonial. Il est ainsi apparu au moment où les entreprises ont voulu traiter les pertes de valeurs des biens, résultant des effets du temps sur le processus de production. Pour intégrer ce phénomène, les premiers théoriciens de la comptabilité ont défini les principes régissant le fonctionnement de l'amortissement. Parmi eux, le moine Luca Pacioli eut un apport fondamental. Il est considéré comme l'auteur du premier livre relatif à la comptabilité, datant de 1494, qui élabore les prémices d'une gestion patrimoniale[25]. Les grands principes qu'il élabore se retrouvent ensuite dans la construction d'une forme moderne de comptabilité au XVIème siècle en Angleterre, puis au XVIIème siècle en France[26].

---

[25] Luca Pacioli, Summa de arithmetica, geometrica, proportioni et proportionalita, Venise, 1494. Voir notamment son Livre XI, Particularis de computus et scripturis, qui définit la méthode de comptabilité des marchands vénitiens en construisant des cycles comptables des actifs, entendus comme immobilisations, et leurs inventaires.

[26] Pour les développements anglo-saxons, voir l'ouvrage de John Gough, "A profitable treatyce called the instrument or boke to learn to know the good order of the kepyng of the famous reconynge", 1543, Londres. En France, le XVII° siècle est marqué par l'Ordonnance de Colbert de 1673 qui introduit les livres de comptes obligatoires, sous l'impulsion de Savary et de son ouvrage sur « Le parfait négociant ou Instruction générale pour ce qui regarde le commerce des marchandises de France et des pays étrangers », 1675.

20. Si nous trouvons là les prémices historiques de l'amortissement, c'est bien avec la création du code de commerce Napoléonien et la naissance de la Cour des Comptes en 1807 que la gestion du patrimoine verra le jour puisque c'est à partir de cette instant que la comptabilité se structure en France. En ce qui concerne plus précisément la technique de l'amortissement, il faudra cependant attendre 1947, et l'adoption du premier Plan comptable général, pour que ce mécanisme de gestion soit rendu incontournable. La finalité de cette structure comptable était alors de légitimer un Etat dirigiste au sortir de la seconde guerre mondiale durant la période de reconstruction. Ce Plan, issu du décret n°47-2051 du 22 octobre 1947, a été largement critiqué à l'époque et fut d'ailleurs substantiellement modifié *a posteriori*[27]. La dernière grande transformation de ce texte a été formalisée par le règlement n°99-03 du 29 avril 1999 du Comité de la Réglementation Comptable, qui revisita en profondeur les esquisses de ce plan d'après guerre[28].

21. Ce dernier avait initialement vocation à s'appliquer uniformément à la comptabilité générale et analytique[29]. Le règlement de 1999 restreint aujourd'hui son champ d'action à la seule comptabilité générale. Malgré ces hésitations (dont il est impossible de présenter ici de manière exhaustive les différentes étapes), ces développements historiques montrent que, à travers les soubresauts de la comptabilité, la technique de l'amortissement s'est progressivement structurée au point de jouer aujourd'hui un rôle technique et comptable de premier ordre[30].

22. La fonction financière de l'amortissement est quant à elle apparue au moment où l'Etat a commencé à moderniser la gestion de ses finances avec une idée directrice : rationaliser la comptabilité relative à la dette publique[31]. Afin de favoriser des politiques publiques d'investissements,

---

[27] Ce plan résulte des décrets n°57-129 du 7 fév. 1957 et n°62-470 du 13 avril 1962 sur la loi n°59-1472 du 28 déc. 1959 relative à l'application progressive du Plan comptable général. Le décret n°57-129 du 7 fév. 1957 a créé dans le même temps le Conseil National de la Comptabilité.

[28] Comité de la réglementation comptable (Com. RC), règlement n°99-03 du 29 avril 1999, disponible à *http:/www10.finances.gouv.fr/fonds_documentaire/reglementation/avis/avisCNCompta/pcg*.

[29] Com. RC, règlement n°99-03, *op. cit.* Selon le Plan comptable général résultant du règlement de 1999, la comptabilité générale se définit comme « *le recensement et la mesure des flux des faits matériels, juridiques et économiques d'une entreprise* ». Il lui est traditionnellement opposé la comptabilité analytique qui permet « *le recensement, le suivi et le traitement des informations sur les coûts* ».

[30] Voir en ce sens Alban Béchade, « L'amortissement, Etude juridique, comptable et fiscale », éd. *Delmas*, 1955.

[31] Cf. Gaston Jèze, « Cours de finances publiques » (éd. *Giard*, 1926), dans lequel il expose le rôle central de la technique des amortissements pour la gestion de la dette publique : « *On a soutenu parfois que les gouvernants n'avaient plus besoin de s'inquiéter du remboursement de la Dette publique, attendu que l'amortissement se gère de façon automatique, sans leur intervention, par le temps lui-même* » ; p 63.

la comptabilité publique a intégré des mécanismes de gestion issus du secteur privé afin de permettre un autofinancement par la dette, plus connu sous le nom d'amortissement de la dette publique[32]. L'histoire économique et la portée conférée à la technique des amortissements ne font donc que refléter la place de ce mécanisme dans le droit public et plus particulièrement dans le domaine des finances publiques. Il y a toujours joué un rôle fondamental. Même d'un point de vue terminologique. Le sens à partir duquel l'amortissement est le plus explicite [le terme de finance], d'origine latine, ne signifiait-il pas jusqu'au XVIIIème siècle : « *les deniers et revenus publics destinés à subvenir aux charges de l'Etat* »[33] ?

23. L'amortissement présente donc historiquement deux visages. L'essor de l'amortissement technique dans le secteur privé montre que, très tôt, le patrimoine devait être intégré le processus de production. Il a ainsi contribué à prendre en compte ces actifs et ces passifs dans les états comptables et financiers des personnes morales de droit privé. Mais il a aussi joué un rôle indiscutable en matière de finances publiques puisqu'il représente un mécanisme d'autofinancement de la dette publique. De ce point de vue, il a permis à l'Etat de subvenir à ses besoins en financement et fut presque érigé au rang de service public qui « *doit fonctionner non pas par lui-même, mais pour l'intérêt général* »[34]. La question demeure cependant entière : comment et pourquoi cette technique issue du droit privé a-t-elle été conceptualisée dans le droit public ?

B/ L'amortissement et la comptabilité publique : un enchevêtrement historique

24. De l'Ancien Régime jusqu'au Second Empire, la technique des amortissements a été appréhendée comme un levier financier dans les politiques publiques de l'Etat caractérisées par le recours à l'emprunt[35].

---

[32] Pour les théories majoritaires du début du XX° siècle, le rôle de la technique des amortissements était de rembourser la dette publique sans que celle-ci constitue une charge pour la personne publique, grâce à deux mécanismes d'autofinancement : la dépréciation de la monnaie et l'accroissement constant de la population. Selon cette théorie développée par les banquiers Pinto et Necker au XVIII° siècle, reprise en France à la même époque par Jacques Lafitte, les fluctuations monétaires permettaient alors une « aspiration » de la dette.

[33] Gaston Jèze, *op. cit.*, « Cours de finances publiques », p 4.

[34]. Gaston Jèze, *op. cit.* Selon l'auteur, les opérations financières privées sont directement transposables à la gestion du service public : « *Tout problème financier se ramène à ceci : le fonctionnement des services publics entraîne des consommations de services, de personnels et de choses ; il faut répartir entre les individus la charge qui résulte de ces consommations ; il faut déterminer qui doit supporter cette charge et dans quelle mesure* » ; p 4.

[35] Gaston Jèze, *op. cit.* L'auteur retrace précisément ces périodes : les débuts du recours à l'emprunt public sous l'Ancien régime ; l'accroissement de la dette flottante sous le Consulat et l'Empire ; la diversification de la dette publique durant la Restauration ; le maintien des

Au cours d'une longue évolution de près de cinq siècles, de nombreuses carences de gestion ont cependant vu le jour dans l'utilisation de cette technique par la personne publique Ces problèmes devenaient tellement insurmontables que les pouvoirs publics ont préféré, à partir de 1914, délaisser la gestion comptable des emprunts publics. Il redevint cependant impérieux de le réutiliser pour la gestion de la dette publique puisqu'il constituait un levier financier permettant un autofinancement des grands emprunts. C'est pour cette raison que, en 1926, a été créée une Caisse spécialisée dans cette gestion de cette technique, couramment appelée les dotations pour amortissement de la dette publique[36]. Cette héritière de la Caisse des amortissements, créée en 1816 sous la Restauration, avait pour mission de procéder à la gestion des données financières liées aux emprunts publics. Créant une entité dédiée, l'amortissement était alors réhabilité dans la sphère publique. Dans ce contexte particulier de finances publiques, ont alors émergé les fondements des théories économiques et financières qui ont conceptualisé le rôle moderne de l'amortissement.

25. Dépassant sa fonction première pour les emprunts de l'Etat, cette technique a rapidement pris un essor considérable dans le domaine de la comptabilité publique. Ceci est essentiellement du au fait que, à partir la seconde moitié du XXème siècle, les personnes publiques ont été confrontées à un besoin de gestion des actifs composant leur patrimoine. Il devenait alors impérieux de transposer l'amortissement dans leur comptabilité. L'objectif était de leur permettre de traiter les variations de valeur de leur patrimoine, mais aussi et surtout tout simplement de le connaître, de le suivre et d'anticiper son renouvellement. A partir de ce moment, les réformes de la comptabilité des personnes publiques se sont orientées vers une refonte générale, avec pour objectif de transposer une culture de résultats et d'équilibre dans les comptes publics[37]. Une des manifestations de ce phénomène est à n'en pas douter la réforme de la comptabilité des collectivités territoriales introduite par la loi n°94-504 du 22 juin 1994, qui a donnée naissance à l'instruction fiscale M 14 relative à la comptabilité des communes. Ce texte a permis de transposer

---

emprunts publics et la diversification de gestion des amortissements sous le seconde République ; la suppression des amortissements durant le Second Empire ; les développements majeurs des finances publiques depuis la troisième République jusqu'à nos jours.

[36] Pour être tout à fait exact, cet organisme avait à l'origine une autre fonction. La loi du 6 frimaire an VIII (27 nov. 1799), sous le Consulat, souhaitait aussi en faire une Caisse de garantie publique. Bonaparte disait à ce propos à Mollien : « *mon intention en établissant la Caisse des amortissements a été d'en faire l'arbitre des fonds publics* » ; Gaston Jèze, « Cours de finances publiques », éd. *Giard*, 1926, p 5

[37] Voir en ce sens la loi organique relative aux lois de finances n°2001-692 du 1er août 2001 (JO 02/08/ 2001, p 12480) réformant le cadre général des finances publiques françaises en les soumettant à une logique d'équilibre.

dans la comptabilité publique locale la technique des amortissements en imposant aux collectivités locales d'opérer une gestion comptable de la dépréciation de leur patrimoine et bien évidemment d'en connaître ses composantes grâce à des inventaires[38]. Il est possible de considérer que deux carences fondamentales ont ainsi été résolues dans le domaine de la gestion patrimoniale des personnes publiques.

26. D'abord, les collectivités publiques ne parvenaient pas à tirer avantage de ces mécanismes comptables, malgré certaines expérimentations. L'utilisation des amortissements, souvent facultative avant 1994, ne permettait donc pas l'établissement de politiques publiques fiables en matière d'investissements et de renouvellement des biens publics[39]. Ensuite, par les lois de décentralisation de 1982 et de transferts des compétences de 1983, les collectivités territoriales se sont retrouvées dans une situation où la recherche de financement devenait indispensable afin de définir des politiques publiques d'investissements[40]. La réforme introduite par l'instruction fiscale M 14 visait à résoudre ces problèmes en rendant obligatoire le traitement des amortissements pour recenser *in extenso* les biens publics et, conséquemment, relancer le mécanisme des investissements par l'emprunt en partie abandonné en 1914. La réforme de 1994 ne constitue d'ailleurs pas une expérimentation comptable isolée. La comptabilité des départements a par exemple connu une évolution similaire. Depuis le 1er janvier 2004, leur comptabilité a été réformée avec pour objectif de procéder à un inventaire du patrimoine, de traiter comptablement l'amortissement des biens et de développer des politiques incitatrices en matière d'investissements publics[41]. Il en est de même depuis pour les régions.

27. En parallèle de ce mouvement historique des finances publiques et de la comptabilité publique qui a transposé l'amortissement pour la gestion de la dette, l'idée a émergé d'adapter cette technique dans le champ des

---

[38] Cette instruction fiscale prévoyait une phase expérimentale, qui a débutée dès 1993, avant de devenir applicable à toutes les communes et établissements publics locaux administratifs à partir du 1er janv. 1997.

[39] Voir en ce sens les instructions fiscales M 11, pour les communes de moins de 10 000 habitants, et M 12, pour celles de plus de 10 000 habitants ; dans lesquelles les amortissements, les dotations aux amortissements ou encore les provisions n'étaient que facultatives.

[40] Pour les textes relatifs à la décentralisation, voir la loi n°82-213 du 2 mars 1982 dite loi Deferre (JO du 03/03/1982, p 730) et la loi n° 83-8 du 7 janv. 1983 (JO du 09/01/1983, p 215). Voir en ce sens La comptabilité M14 des communes, Ministère de l'Intérieur, Guide pratique, n°33, 1995, p 3.

[41] Cette refonte de la comptabilité des départements résulte de l'instruction fiscale M 52 n°03-063 du 4 déc. 2003 applicable au 1er janv. 2004, dont l'objectif est précisé par la circulaire n°03-10065/C du 28 août 2003 : « *améliorer la patrimonialité des comptes des départements. C'est la raison pour laquelle certains dispositifs budgétaires et comptables tels l'amortissement et le rattachement des charges ont été introduits* ».

contrats administratifs en vue de favoriser cette fois-ci la gestion du patrimoine affecté au service public.

C/ L'amortissement dans les contrats administratifs : une construction imprécise

28. Historiquement, la transposition de l'amortissement dans le droit des contrats administratifs relève d'une ambition juridique qui a progressivement émergé au cours du XXème siècle[42]. La dernière phase de ce processus a eu pour conséquence de conférer à cette technique une valeur générale d'agrégat, c'est-à-dire de référentiel économique adapté aux régimes de la commande publique. Il faut cependant constater que les textes applicables à ces contrats ont largement délaissé les deux fonctions classiques de ce mécanisme issu du secteur privé. Deux phénomènes l'expliquent. Initialement, la référence à l'amortissement dans les régimes des contrats administratifs avait surtout été pensée pour permettre une remise en concurrence périodique sans véritablement apprécier le contenu de ces amortissements. D'autre part, l'amortissement nécessitait la mise en place d'un savoir faire en matière d'évaluation du patrimoine et de ses données financières. Les personnes publiques ont été alors confrontées à une exigence de gestion et de valorisation du patrimoine de ces contrats qui tranchait avec la déresponsabilisation qu'elles entretenaient vis-à-vis des investissements financés par leurs cocontractants[43].

29. Tout laissait donc présager que, dès origine, cette politique de gestion patrimoniale des conventions publiques allait se faire au moyen d'une transposition imparfaite de l'amortissement. Les textes confirment ce postulat. Son utilisation, comme référentiel pour certaines clauses de contrats administratifs en particulier celle relative à la durée, a été limitée. Seuls quelques régimes s'y sont référés et, lorsqu'ils l'ont fait, sa logique fonctionnelle classique de ce mécanisme a été négligée. La loi n°93-122 du 29 janvier 1993 en témoigne très précisément[44].

30. Son article 40 dispose que la durée contractuelle de ces conventions doit correspondre à la durée normale d'amortissement des investissements financés par le cocontractant et considérés comme des biens de retour. Cette technique économique a indéniablement joué un rôle fondamental pour rationaliser le contenu de ces clauses et encadrer l'exécution de ces contrats, qui manquait auparavant de cohérence et souffrait de nombreuses imprécisions. Même si la loi du 2 mars 1982

---

[42] L'utilisation des amortissements de caducité résulte de l'instruction administrative du 31 janv. 1928 reprise par le juge fiscal ; CE, 31 juill. 1942, n°64927, Sté X, rec. CE 1942, p 241.

[43] Cf. les développements historiques relatifs à l'économie et au droit en général abordés *supra*.

[44] Loi Sapin n°93-122 du 29 janv. 1993, JO du 30/01/1993, p 1588.

avait interdit l'élaboration de durées contractuelles excessives[45], seule une circulaire du 7 août 1987 incitait les collectivités territoriales à conclure des conventions d'une durée plus mesurée grâce à une série des recommandations[46]. La consécration législative de l'amortissement dans ce régime juridique a donc permis de remédier à ces carences en imposant aux personnes publiques d'utiliser la durée d'amortissement des biens de retour financés par le cocontractant pour déterminer la durée globale de la convention. La loi Sapin de 1993 est par exemple à l'origine de la loi n°95-101 du 2 février 1995 qui a limitée à 20 ans la durée des contrats de délégations des services publics de l'eau, de l'assainissement et des déchets, sauf dérogation exceptionnelle[47]. En rationalisant le contenu de la clause de la durée contractuelle, l'amortissement a aussi permis de normaliser le temps accordé au cocontractant pour retirer une rémunération équilibrée, c'est-à-dire une rémunération permettant d'obtenir un retour sur investissements assorti éventuellement d'un bénéfice complémentaire[48]. Sous couvert de la transposition d'un mécanisme économique pour fixer la durée contractuelle, l'apport de la loi Sapin de 1993 peut donc être interprétée de manière plus large : déterminer les objectifs de résultats et de rentabilité résultant de ce mode d'action afin d'en tenter une adaptation dans les autres formes de contrats publics[49]. C'est en ce sens particulier que l'utilisation de la fonction comptable de l'amortissement dans le droit des contrats de délégations doit être comprise, conformément aux éléments dégagés par le juge administratif dans sa jurisprudence[50].

---

[45] Loi n°82-1310 du 02 mars 1982, JO du 03/03/1982, p 730 ; Moniteur, 15/01/1988, suppl., p 32.

[46] Circulaire du 7 août 1987, JO du 20/12/1987, p 14863

[47] Loi n°95-101 du 2 fév. 1995, JO du 03/02/1995 p 1840, complétée par la loi LEMA n°2006-1772 du 30 déc. 2006, JO du 31/12/2006, p 20285.

[48] Logique qui se retrouve dans les jurisprudences récentes du Conseil d'Etat relative à la durée des contrats de délégations de services publics, v. V. CE, 11 août 2009, Sté Maison Comba, n°303517, *Contrats et MP* 2009, comm. 364, note G. Eckert ; *Dr Adm.* 2009, comm. 147, note P. Idoux et F. Cafarelli ; *JCP A* 2009, 2261, note J-B Vila. V. plus récemment encore, CE, 7 mai 2013, SAPP, n°365043, Juris Data n°2013-008819, *JCP A* n°42, 14 oct. 2013, 2297, note J-B Vila.

[49] Après avoir rationalisé la durée de certains contrats de délégations (par exemple les contrats de casinos par le décret n° 59-1489 du 22 déc. 1959, JO du 29/12/1959, p 12489 ; la loi n°2006-437 du 14 avril 2006, JO du 15/04/2006, p 5693 ; le décret n°2006-1595, du 13 déc. 2006, JO du 15/12/2006, p 18945), la loi Sapin a inspiré la rédaction de l'article L1414-1 du CGCT qui encadre la durée des partenariats public-privé (Cf. Ordonnance n° 2004-559 du 17 juin 2004, JO du 19/06/2004, p 10994).

[50] Voir en ce sens CE, 9 déc. 1957 req. n°33989 et 1er juill. 1966 req. n°60980. Le juge du contrat contrôle l'amortissement réellement effectué en refusant les amortissements non comptabilisés, même si ceux-ci sont inscrits à la déclaration de résultats et au bilan du cocontractant. Dans une autre décision du 1er fév. 1965, req. n°57996, il récuse ce caractère d'amortissement réellement effectué pour les sommes inscrites dans la ligne « Provisions pour amortissements ». Cf. Martin Collet, « L'amortissement fiscal des biens de retour dans les

31. Mais, à travers l'exemple du régime des délégations de service public, nous comprenons que le droit des contrats administratifs a utilisé l'amortissement comme un référentiel juridique, en délaissant sa double logique fonctionnelle [comptable et financière] dans le secteur privé. Cette dernière permet pourtant d'opérer une gestion comptable de la perte de valeurs des biens et d'anticiper financièrement le renouvellement de ceux-ci.

32. La transposition imparfaite de ce mécanisme a alors une conséquence inévitable pour les conventions conclues entre les personnes publiques et leurs cocontractants privés : la relation contractuelle est aujourd'hui déséquilibrée comme en témoignent les opérations classiques de gestion patrimoniale de ces contrats. Quand le contrat confie au cocontractant la responsabilité de la comptabilisation des amortissements au cocontractant de la personne publique, un transfert de la responsabilité exercée sur le patrimoine est formalisé par le contrat. Le cocontractant remplace alors la personne publique pour le traitement comptable des amortissements, mais aussi en matière de responsabilités, des biens visés dans le contrat qui sont des actifs immobilisés. Or, l'absence d'encadrement juridique concernant ces procédés comptables de gestion du patrimoine est à l'origine de carences. Il en est ainsi des contrôles contractuels de la personne publique sur les biens qui composent le patrimoine visé dans le contrat[51]. La conséquence est alors simple : bien souvent, la personne publique n'est plus en mesure de connaître le contenu des investissements de son cocontractant, ni la rentabilité que ce dernier en retire.

33. La transposition de l'amortissement dans les contrats de délégations en 1993 a eu cependant des conséquences bien plus profondes que le contenu des clauses de ces contrats. A partir de l'expérience menée dans ces conventions, d'autres formes de contrats se sont référées à ce mécanisme de gestion. Le régime des partenariats public-privé fournit un exemple particulièrement significatif de ce mouvement[52]. En reprenant les fondements techniques résultant de la réforme de 1993, l'article 14 de l'ordonnance du 17 juin 2004, qui leur est applicable, fait reposer les modalités de calcul de la durée contractuelle sur la période d'amortissement des immobilisations financées par le partenaire ou le groupement de partenaires[53]. Les marchés publics et les conventions

concessions de services publics », *RJEP*, n°655, juillet 2008, p 3 ; CE, 11 août 2009, Sté Maison Comba, préc.

[51] Notamment sur le fondement de l'article L. 1411-3 du CGCT pour les contrats de délégations de services publics.

[52] Ordonnance n° 2004-559 du 17 juin 2004 sur les partenariats public-privé, JO du 19/06/2004, p 10994 ; Loi n°2008-735, 28 juill. 2008, JO 29/07/2008, p 12144 ; loi n°2009-179, 17 fév. 2009, JO du 18/02/2009, p 2841.

[53] Ibid. L'article 14 de l'ordonnance, transposé à l'article L 1414-1 du CGCT (éd. 2009), atteste de cette idée : « *Les contrats de partenariat sont des contrats administratifs par*

d'occupation domaniale ont aussi progressivement transposé l'amortissement pour s'en servir de manière indirecte dans le calcul de leur durée[54].

34. Ces prémices historiques montrent que, malgré les carences éventuelles, l'amortissement a été intégré dans ce mode d'action publique avec la volonté sous-jacente de transposer des schémas de gestion privée aux accords conclus par les personnes publiques. Cette approche est néanmoins incomplète car elle ne met pas en évidence la finalité des réformes successives des contrats administratifs. En adoptant un agrégat pour rationaliser certaines clauses contractuelles, en particulier les calculs de la durée contractuelle, le législateur a certes choisi d'améliorer le régime de certains contrats. Mais il a aussi, et surtout, été confronté à un mouvement d'évolution inéluctable résultant de la relation « public-privé » pour la réalisation de missions d'intérêt général. L'amortissement n'était pas un choix, mais une nécessité dans cette confrontation des comptabilités publique et privée. Le contenu juridique de l'amortissement doit alors être maintenant défini afin d'appréhender ces enjeux. Seule cette étape permet effectivement de cerner le sens précis qui a été attribué à l'amortissement, à la fois dans le secteur privé et dans celui des contrats administratifs, et d'en vérifier les correspondances ainsi que les éventuelles lacunes.

IV. Eléments de définition des notions et de leur interdépendance

35. L'amortissement se présente comme une technique protéiforme dont la signification et la mise en œuvre dépend essentiellement de son champ d'application. Dans le droit des contrats administratifs, sa transposition constitue une manifestation de l'adaptation d'une technique issue du secteur privé dans un mode d'action de la personne publique à l'occasion de laquelle la nature même de l'amortissement a été modifiée.

36. Dans le secteur privé, cette technique renvoie à une opération de gestion permettant de prendre en compte le vieillissement des biens utilisés et d'intégrer ce phénomène dans les plans comptables de l'entreprise. Cette première fonction de l'amortissement permet ensuite d'anticiper financièrement le renouvellement des actifs afin que ne soit occasionnée, dans le temps, aucune rupture dans la continuité du

---

lesquels la personne publique confie à un tiers, pour une période déterminée en fonction de la durée d'amortissement des investissements ou des modalités de financement retenues (...) ».

[54] Cf. l'article 16 du CMP, éd. 2009, pour les marchés publics et article 77 pour les marchés publics à bons de commande ; les articles L1311-1 et L1311-2 du CGCT, éd. 2009, pour les conventions d'occupation domaniale.

processus de production[55]. La logique voudrait que l'utilisation de cette technique dans les différents régimes des contrats publics respecte cette dualité fonctionnelle de ce mécanisme. Dans le cas contraire, ce n'est pas l'utilité des deux fonctions de l'amortissement qui est remise en question, mais la portée de ce mécanisme, en tant que technique comptable et financière, pour la gestion du patrimoine visé dans les contrats administratifs. La conséquence première d'une transposition qui ne respecterait pas les deux fonctions de cette technique économique serait ainsi d'institutionnaliser un déséquilibre dans les accords contractuels conclus entre la personne publique et ses cocontractants privés. Avant de vérifier si le droit des contrats administratifs respecte la nature économique initiale du mécanisme, une étude préalable du sens économique des deux fonctions de l'amortissement s'impose.

A/ L'amortissement en économie : une notion protéiforme

37. En comptabilité, le premier but de l'amortissement est de mesurer la dépréciation des actifs au cours du processus de production d'une entreprise. La comptabilisation de ces pertes de valeurs du patrimoine conduit ensuite l'entreprise à anticiper financièrement le remplacement de ces biens. L'amortissement sert donc littéralement à atténuer les effets du temps sur les biens matériels que les entreprises utilisent pour leur processus de production. La gestion du temps sur ces actifs immobilisés leur impose donc de pratiquer simultanément une double opération : retracer comptablement la dépréciation des biens grâce à l'amortissement technique ; anticiper leur renouvellement grâce à la capacité d'autofinancement calculée sur la base des dotations aux amortissements.

38. L'amortissement constitue donc une opération de gestion sur un actif immobilisé. Elle permet de répartir son montant amortissable sur la durée de vie utile de ce dernier ; c'est-à-dire ses pertes de valeurs et les dotations financières correspondantes. C'est à ce titre qu'il un mécanisme incontournable des politiques de gestion des entreprises dans un but d'optimisation de leur production. Cependant, au-delà de cette définition générale, l'importance conférée aux deux fonctions de ce mécanisme est liée aux grands principes économiques de gestion qui justifient son utilisation, son rôle ou encore ses conséquences financières. Ainsi, pour réaliser son processus de production, toute entreprise dispose et acquiert

[55] Voir notamment « Le dictionnaire d'économie et de sciences sociale », par J-Y Capul et O. Granier, éd. *Hatier*, (coll. Initial, 1996) : « *Un bien de production ne disparaît pas dans le processus de production, mais il s'use progressivement. Il peut aussi vieillir avec l'apparition de machines nouvelles, plus performantes. (...). Ces deux situations conduisent à prévoir le remplacement des équipements, remplacement qu'il faudra financer. L'amortissement désigne alors l'opération économique permettant ce financement* » ; p 15.

des actifs immobilisés et amortissables. Elle retrace la valeur positive de ces biens dans les comptes des actifs immobilisés de son bilan[56]. C'est en tant que technique comptable appliquée à ces actifs que l'amortissement doit être appréhendé, comme le fait le Plan comptable général selon lequel : l'amortissement est « *la constatation comptable d'un amoindrissement de valeur d'un élément d'actif résultant de l'usage, du temps, du changement de technique ou de toute autre cause dont les effets sont jugés irréversibles* »[57]. Cette définition comptable démontre que les biens sont soumis aux effets du temps, phénomène qui se matérialise par une dépréciation de leur valeur – l'amortissement comptable. Ce temps passé peut résulter de plusieurs phénomènes : la *détérioration*, littéralement la diminution progressive de valeur liée à l'usage du bien ; la *disparition*, c'est-à-dire l'extinction des actifs immobilisés résultant des effets du temps ; *l'obsolescence* [ou la désuétude fonctionnelle] qui est la conséquence des évolutions technologiques et des changements techniques rendant inappropriés les biens antérieurement acquis. L'amortissement a alors pour fonction de retracer l'ensemble des pertes de valeurs des actifs immobilisés au passif du bilan de l'entreprise.

39. Cette première logique fonctionnelle et comptable est par définition statique. Elle consiste simplement à constater le niveau d'utilisation des actifs concernés. Mais elle démontre aussi une superposition de différentes causes expliquant la mise en œuvre de la technique de l'amortissement par les entreprises. Appréhendée comme un élément de mesure dans un processus de dépréciation des biens, cette première acception de l'amortissement met en évidence une *succession* des effets liés au temps, auxquels les analyses internes des entreprises ne peuvent se soustraire. Ce phénomène, résultant de trois causes matérielles [détérioration ; disparition ; obsolescence], explique le premier sens générique attribué à cette technique ; les économistes parlant alors *d'amortissement pour dépréciation, industriel ou encore technique*[58].

40. Mais cette première fonction de l'amortissement emporte aussi des conséquences financières induites par le traitement des effets du temps sur le patrimoine. Celles-ci permettent de saisir les moyens utilisés par l'entreprise pour assurer la continuité de son processus de production. En

---

[56] Gérard Melyon, Rémédios Noguera, « Comptabilité générale », *ESKA*, 4°éd., 2004, p 350. Les auteurs soulignent à ce titre que le traitement des amortissements nécessite au préalable un inventaire du patrimoine et des actifs immobilisés susceptibles d'être amortis.

[57] Cf. le Plan Comptable Général, Com. RC, règlement n°2005-09, du 3 nov. 2005, portant diverses modifications au règlement n°99-03 du 29 avril 1999 du Comité relatif au plan comptable général et à l'article 15-1 du règlement n°2002-10 relatif à l'amortissement des actifs.

[58] Cf. Gérard Melyon et Rémédios Noguera, « Comptabilité générale », *ESKA*, 4°éd., 2004, p 350. Selon les auteurs : « *L'amortissement pour dépréciation constate une consommation de l'immobilisation, et, à ce titre, une charge de l'exercice. (...) l'amortissement consiste dans l'étalement, sur une durée probable de vie, de la valeur des biens amortissables* » ; p 350.

effet, si l'objectif de l'amortissement technique est d'appréhender les pertes de valeurs du patrimoine étalées dans le temps, c'est aussi dans le but de permettre à l'entreprise d'anticiper financièrement le renouvellement des biens qui ne participeront plus à la production. Ceci explique que les théories économiques classiques attribuent une seconde fonction à cette technique pour caractériser ces conséquences budgétaires : *l'amortissement de caducité, financier ou encore fiscal*[59]. Selon le CENTRE D'ETUDES DES REVENUS ET DES COUTS, la compréhension de l'amortissement implique d'appréhender dans un premier temps sa fonction comptable pour mieux en mesurer ensuite ses conséquences financières : « *l'amortissement représente la somme qui doit être déduite du résultat brut pour que l'entreprise ne distribue pas des revenus entamant son patrimoine ; c'est la somme qui permet de reconstituer le patrimoine grâce à des investissements de renouvellement* »[60].

41. Cette seconde acception de la technique permet de réintégrer dans les modes de gestion de l'entreprise une dynamique temporelle, par définition masquée avec l'amortissement technique ou industriel. L'analyse menée par le CENTRE D'ETUDES DES REVENUS ET DES COUTS présente ces deux interprétations non plus tournées vers une certaine fixité de la notion, mais qui réintègrent sa dynamique économique. La définition financière de l'amortissement révèle deux phénomènes simultanés : la *quasi-immédiateté*, car l'amortissement minore à court terme les résultats de l'entreprise en raison des pertes de valeurs ; la *durée*, puisque l'amortissement suppose une politique de gestion, comptable et financière, permettant d'anticiper les coûts liés au renouvellement du patrimoine.

42. Dans le premier rapport, la comptabilisation des amortissements se répercute sur le résultat brut que l'entreprise déclare aux instances fiscales. La perte de valeur des actifs immobilisés est effectivement constitutive d'une déduction fiscale sur le bénéfice imposable des sociétés qui permet à l'entreprise de ne pas entamer sa capacité d'investissements[61]. Cette politique fiscale volontariste suppose une exigence de sincérité de l'entreprise, et de son éventuel actionnariat, concernant la détermination du bénéfice imposable présenté annuellement aux instances fiscales nationales.

43. Dans le second rapport [la durée], l'amortissement est un mécanisme permettant à l'entreprise d'anticiper le renouvellement de ses

---

[59] Ibid.

[60] Ibid.

[61] Voir l'article 39-1-2° du CGI, éd. 2009. Voir Florian Linditch, « Recherches sur la place de l'amortissement en droit administratif », (*AJDA* du 20 fév. 1996, p 100) qui fait référence à l'article d'André Amiaud, « La sincérité des bilans et des dispositions fiscales sur l'amortissement », *Dalloz* 1966, chron. VII, p 29.

immobilisations en se servant des dotations aux amortissements, qui répertorient les dépréciations constatées sur les actifs, pour opérer à plus ou moins long terme des réinvestissements. Comme le montre le Plan comptable général, l'entreprise établit pour chaque actif un profil temporel d'utilisation dont la durée est variable selon la nature du bien considéré. Le traitement des amortissements financiers peut d'ailleurs s'étaler sur une période allant jusqu'à cinquante ans[62]. Ces deux formes de gestion de la dépréciation du patrimoine, concourant au processus de production, se rapprochent de la définition de l'amortissement en droit fiscal. Une étude de cette dernière montre qu'elle constitue le lien entre le sens économique de cette technique et celui attribué à l'amortissement par le droit des contrats administratifs.

B/ L'amortissement en droit fiscal : le lien entre l'économie et les contrats publics

44. En droit fiscal, l'amortissement permet de déterminer l'actif net annuel de l'entreprise, c'est-à-dire le bénéfice net imposable obtenu en déduisant du bénéfice brut le passif (charges, amortissements, provisions). Il correspond ici à « *la constatation et la compensation de la dépréciation que subit au cours du temps un capital* »[63]. A partir de cette définition, le droit fiscal impose à toute entreprise d'établir, pour chaque actif immobilisé, un taux d'amortissement calculé en fonction de sa durée prévisionnelle de vie et de son prix de revient. La valeur économique d'acquisition de l'actif immobilisé revêt donc une place fondamentale pour le traitement comptable et financier de l'amortissement des biens. Elle concourt non seulement à la détermination comptable des bases amortissables du patrimoine, mais aussi à celui du bénéfice imposable annuel. La détermination de cette valeur globale d'acquisition et l'évaluation de sa dépréciation permettent alors aux entreprises de constituer une source d'autofinancement, dont la finalité est de pallier les effets du temps sur les biens en anticipant leur renouvellement[64]. Cette

---

[62] La durée des amortissements varie en fonction de la nature du bien traité et de sa valeur d'origine ; c'est-à-dire sa valeur comptable d'acquisition. Les principales durées d'amortissement font l'objet d'usages professionnels. Cf. Gérard Melyon et Rémédios Noguera, « Comptabilité générale », *ESKA*, 4°éd., 2004, p 354.

[63] Voir l'article 38 du CGI, éd. 2009. Pour l'approche fiscaliste susvisée, voir Pierre Beltrame, « La Fiscalité en France », éd. *Hachette*, 1993, p 75.

[64] Gérard Melyon, Rémédios Noguera, « Comptabilité générale », *ESKA*, 4°éd., 2004, p 354. Les auteurs présentent cette double fonction de l'amortissement : « *La charge d'amortissement qui représente une charge calculée non-décaissée, a pour effet de diminuer le résultat de l'entreprise. De ce fait, elle réduit non seulement le montant de l'impôt sur les bénéfices, mais également les sommes susceptibles d'être distribuées aux actionnaires. Les ressources ainsi « épargnées » contribuent au renouvellement des immobilisations amortissables.* » ; p 351.

source interne de financement résulte de dispositions fiscales qui participent d'une politique publique fiscale et volontariste en considérant que les dotations aux amortissements sont déductibles du bénéfice imposable. Ainsi, le montant annuel et cumulé des amortissements industriels constatés sur tous les actifs immobilisés composant le patrimoine est déductible : « *Le bénéfice net est établi sous déduction de toutes charges, celles-ci comprenant (...) les amortissements réellement effectués par l'entreprise, dans la limite de ceux qui sont généralement admis d'après les usages de chaque nature d'industrie, de commerce ou d'exploitation et compte tenu des dispositions de l'article 39 A, sous réserve des dispositions de l'article 39 B* (du code général des impôts) »[65]. Le droit fiscal consacre de cette manière deux paramètres majeurs des amortissements comptables : *la durée d'amortissement de chaque actif* qui est calculée à partir du prix de revient de chaque bien ; *les modalités fiscales d'amortissement de l'actif*[66].

45. Le premier correspond à l'idée que les amortissements sont calculés à partir du coût d'acquisition, ou de création, rapporté à la durée de vie probable de l'actif immobilisé. Ce coût d'acquisition correspond au coût de mise en service de l'actif composé de cinq éléments : le prix d'achat ; les coûts directs de mise en service ; l'estimation initiale des coûts de démantèlement ; les coûts des emprunts sur option ou sous condition ; les droits de mutation ou d'honoraires. Le second renvoie aux différentes modalités d'amortissement [le mode linéaire ou dégressif] qui sont à la disposition de l'entreprise. Pour réaliser un choix le plus efficace possible, l'entreprise doit définir le profil d'amortissement du bien considéré ; c'est-à-dire déterminer l'utilisation et la consommation attendues du bien pour choisir le mode d'amortissement le plus profitable. A partir de ces deux paramètres, il est possible d'affirmer que le droit fiscal est le premier vecteur d'intégration juridique l'amortissement, et ce, pour deux raisons.

46. D'abord, les dispositions fiscales relatives à ces deux aspects de l'amortissement sont à l'origine de la construction d'un cadre strict pour le traitement comptable de cette technique. Les instances fiscales ont notamment élaboré quatre référentiels pour contrôler l'exercice annuel des déductibilités d'impôts résultant de la valeur amortie des biens : elles vérifient *l'effectivité de la dépréciation* du bien, sa *correspondance avec les capitaux engagés*, sa *corrélation avec les usages professionnels* et la

[65] Voir l'article 39-1-2° du CGI, éd. 2009. Les procédures de contrôle des durées d'amortissement font l'objet d'un système déclaratif ; les entreprises devant joindre à leur déclaration de revenus un relevé d'amortissement, conformément à l'article 53-A du CGI, issu de la loi n°87-502 du 08 juill. 1987, JO du 09/07/1987, p 7470.

[66] Voir en ce sens Groupe d'étude ss. prés. Paul Mentré, « Les durées d'amortissement », Rapport au Ministre de l'Economie, des Finances et de la Privatisation, nov. 1987, éd. *La Documentation française*, coll. Rapports officiels.

pertinence des inscriptions comptables relatives aux amortissements. Ces quatre conditions permettent ainsi de vérifier que la mise en œuvre du processus de déduction d'impôts [grâce aux amortissements] correspond effectivement à une dépréciation réelle et constatée annuellement sur le patrimoine.

47. Ensuite, le droit fiscal a restructuré les modes de comptabilisation des amortissements en prévoyant deux méthodes. La première, *l'amortissement linéaire*, consiste à déduire fiscalement chaque année une annuité constante[67]. L'entreprise calcule pour cela la valeur annuelle amortissable du bien au jour de sa mise en service, en divisant son prix de revient par le nombre d'années d'utilisation prévues. Le second, *l'amortissement dégressif*, permet à l'entreprise d'accélérer le processus d'amortissement en déclarant chaque année des annuités variables[68]. Elle applique au taux d'amortissement linéaire un coefficient qui lui permet d'amortir une somme plus importante durant les premières années d'utilisation de l'actif immobilisé.

48. Cette approche sommaire du droit fiscal atteste de l'intérêt comptable des amortissements techniques ou industriels pour les entreprises. En retraçant fidèlement les pertes de valeurs des actifs, ces dernières réalisent des économies d'échelle et dynamisent leurs investissements en développant des sources internes de financement pour le renouvellement de leur patrimoine. Si ce droit reconnaît des conséquences financières à l'amortissement, cette définition fiscale de la technique est néanmoins incomplète au regard du sens qui lui est attribué en comptabilité privée et en finance d'entreprise. Ce droit prend en compte la seule fonction financière immédiate de ce mécanisme en encadrant la déductibilité d'impôts. Il néglige ainsi la rentabilité qui résulte de la mise en œuvre de l'amortissement de caducité et qui est anticipée par le secteur privé[69].

49. Même si toutes les conséquences de ce mécanisme n'ont pas été appréhendées par ce droit, il peut être considéré que cette acception fiscale de l'amortissement est à l'origine du sens attribué à cette technique lors de sa transposition dans les contrats administratifs. Ce phénomène explique que l'utilisation de cette technique par les régimes juridiques de ces conventions n'ait fait l'objet de quasiment aucune étude doctrinale fiable pendant de nombreuses années[70]. Ce silence gardé laissait d'ailleurs à penser que l'amortissement ne pouvait constituer une

---

[67] Voir Gérard Melyon et Rémédios Noguera, « Comptabilité générale », *ESKA*, 4°éd., 2004, p 354.

[68] Ibid.

[69] Ibid.

[70] Une des rares études menées sur le sujet a été le fait du Conseil National de la Comptabilité qui a réalisé un Guide comptable pour les entreprises concessionnaires (avis de 1975) qui n'a été jamais publié.

technique, voire même une notion, à part entière dans ces contrats et plus généralement dans le droit administratif[71]. Tel n'est pourtant pas le cas.

C/ L'amortissement dans les contrats administratifs : une notion aux contours évolutifs

50. Dans le champ des contrats administratifs, la loi n°93-122 du 29 janvier 1993 a été le premier acte fondateur d'une transposition de l'amortissement dans le régime des délégations de service public. Cette technique y revêt un sens juridique particulier puisqu'elle est appréhendée comme un référentiel pour le calcul de la durée contractuelle. L'article 40 de la loi de 1993, repris à l'article L. 1411-2 du CGCT, dispose ainsi : « *Les conventions de délégation de service public doivent être limitées dans leur durée. Celle-ci est déterminée par la collectivité en fonction des prestations demandées au délégataire. Lorsque les installations sont à la charge du délégataire, la convention de délégation tient compte, pour la détermination de sa durée, de la nature et du montant de l'investissement à réaliser et ne peut dans ce cas dépasser la durée normale d'amortissement des installations mises en œuvre* »[72].

51. En faisant correspondre la durée contractuelle d'une délégation de service public avec celle d'amortissement normale des investissements financés par le délégataire, la loi de 1993 s'est référée en premier lieu à la fonction industrielle/technique de l'amortissement. Ainsi, la durée du contrat doit correspondre au temps nécessaire pour que la valeur du patrimoine financé par le cocontractant soit techniquement nulle, assortie d'une période complémentaire pour permettre une remise en état des biens avant leur retour dans la sphère publique[73]. Ici, l'amortissement a été appréhendé comme un référentiel économique pour déterminer le

[71] Florian Linditch, dans son article « Recherches sur la place de l'amortissement en droit administratif » (*AJDA* du 20 fév. 1996, p 100 et s.) n'hésitait d'ailleurs pas à soulever « *l'apparente incongruité de la question* » en s'interrogeant sur l'idée que « *même s'il arrive que les règles de la comptabilité publique intègrent l'amortissement, on peut se demander si celui-ci mérité d'être érigé en notion à part entière dans le droit administratif* » ; p 101.

[72] Cf. Loi Sapin n°93-122 du 29 janv. 1993, relative à la prévention de la corruption et à la transparence de la vie économique et des procédures publiques, JO du 30/01/1993, p 1588.

[73] L'idée d'une période complémentaire assurant au cocontractant un gain net n'est pas d'apparition récente. Le Tribunal des Conflits a déjà eu par exemple l'occasion de développer cette idée dans les années 1960. Voir en ce sens TC, 8 juill. 1963, Sté Entreprise Peyrot c/ Sté de l'autoroute Esterel Côte-d'Azur, GAJA n°82, 2009. Nous comprenons mieux les dernières jurisprudences du Conseil d'Etat qui la reprenne, v. V. CE, 11 août 2009, Sté Maison Comba, n°303517, *Contrats et MP 2009*, comm. 364, note G. Eckert ; *Dr Adm.* 2009, comm. 147, note P. Idoux et F. Cafarelli ; *JCP A* 2009, 2261, note J-B Vila. V. plus récemment encore, CE, 7 mai 2013, SAPP, n°365043, Juris Data n°2013-008819, *JCP A* n°42, 14 oct. 2013, 2297, note J-B Vila.

contenu d'une clause contractuelle, au détriment de la double logique fonctionnelle [comptable et financière] de ce mécanisme. Il s'agit donc d'une transposition imparfaite de la technique et de son fonctionnement qui explique la relativité initiale qui caractérise l'amortissement dans la loi de 1993, ainsi que les difficultés rencontrées aujourd'hui par les personnes publiques pour le maîtriser.

52. La première remise en cause de la portée de cette technique pour le droit des contrats publics est d'ailleurs contenue dans la loi Sapin elle-même[74]. Les alinéas 1 et 2 de l'article 40 relativisent la qualité de référentiel en principe attribuée à l'amortissement pour le calcul de la durée contractuelle. C'est ainsi que peuvent être comprises les dispositions prévoyant la possibilité de déroger au calcul initial de cette durée fondée sur l'amortissement : « *Une délégation de service ne peut être prolongée que : b) Lorsque le délégataire est contraint, pour la bonne exécution du service public ou l'extension de son champ géographique et à la demande du délégant, de réaliser des investissements matériels non prévus au contrat initial, de nature à modifier l'économie générale de la délégation et qui ne pourraient être amortis pendant la durée de la convention restant à courir que par une augmentation de prix manifestement excessive* »[75]. A la lecture de cette hypothèse, il apparaît que le législateur entendait attribuer une certaine souplesse dans l'utilisation de l'amortissement. Plus précisément, ce système dérogatoire trouve deux justifications : d'une part, il permet de prévenir les risques d'une utilisation difficile de cette technique par la personne publique ; d'autre part, il contribue à gommer les carences qui résultent de la transposition imparfaite de l'amortissement et de ses fonctions [technique et financière] dans la commande publique.

53. Cette première grille d'analyse montre bien que toute tentative de définition de l'amortissement, appliqué aux contrats administratifs, renvoie à différents enjeux fondamentaux liés à la finalité de ce régime juridique. Certaines études récentes soulignent par exemple une uniformisation du droit des contrats administratifs, qui représente dorénavant un encadrement juridique à des relations économiques[76]. L'utilisation de la technique de l'amortissement dans ces contrats

---

[74] Loi Sapin n°93-122 du 29 janv. 1993, relative à la prévention de la corruption et à la transparence de la vie économique et des procédures publiques, JO du 30/01/1993, p 1588.

[75] Cf. Article L 1411-2-b) du CGCT, éd. 2009.

[76] A titre non exhaustif, voir sur ce sujet la thèse de Sébastien Pimont, « L'économie du contrat », *Presses Universitaires d'Aix-Marseille*, préface Jean Beauchard, 2004, § 276. Voir aussi Gabriel Eckert, « Réflexions sur l'évolution du droit des contrats publics », *RFDA* 2006, p 242 et s. Pour une approche financière des contrats administratifs, voir Laurent Vidal, « L'équilibre financier du contrat dans la jurisprudence administrative », thèse soutenue en 2003, Université Paris I Panthéon-Sorbonne. Le cas des partenariats public-privé est ici particulièrement représentatif de cette mutation de l'objet des contrats administratifs. Sur le sujet, voir Paul Lignières, « Partenariats public-privé », éd. *LITEC*, 2°éd., 2005.

constitue une déclinaison de ce rapport particulier entre l'économie et le droit. De la même manière, la mise en œuvre de l'amortissement dans ces contrats impose de prendre en compte les effets du temps sur ce droit pour les mesurer, les encadrer et les rationaliser dans ce mode d'action publique[77].

54. Dans tous les cas, l'étude du cas particulier de l'amortissement, transposé dans le champ des contrats administratifs, révèle un processus qui n'a toujours pas abouti et qui ne le pourra qu'à partir du moment où ces deux fonctions de l'amortissement [comptable et financière] seront reconnues dans ce régime juridique. Or, transposer la logique fonctionnelle de cette technique impose de considérer ce régime non plus comme un outil juridique, mais comme un secteur d'activité par nature économique dont l'encadrement par le droit permet d'en réguler les effets. Ceci impose d'appréhender ce régime non plus seulement dans son sens juridique [qui revient à adopter l'idée que le droit n'existe que par son essence, c'est-à-dire nécessairement par lui-même], mais comme un moyen d'action où les conséquences économiques et temporelles doivent être réintégrées afin d'être mieux rationalisées[78].

V. Problématique

55. La transposition de l'amortissement dans le droit des contrats administratifs renvoie à la mise en relation de deux techniques à première vue opposées. La première [l'amortissement] est un mécanisme traditionnellement utilisé dans le domaine de la gestion patrimoniale des entreprises. Elle y revêt une place particulière et apparaît donc comme un instrument privilégié de gestion en économie de marché. La seconde [le contrat administratif] est une technique dont la signification est double. Elle représente à la fois un mode d'action de la personne publique, qui concurrence l'acte administratif unilatéral depuis la seconde moitié du XXème siècle, mais aussi un régime juridique spécifique regroupant une diversité de structures[79].

---

[77] Voir en ce sens Hélène Hoepffner, « Régime des modifications conventionnelles des conventions de délégations de service public », *Revue des contrats et Marchés publics*, déc. 2006, p 6 et s., com. sur avis du CE, du 19 avril 2005 n°371.234, EDCE 2005, p 197.

[78] La directive concessions (Dir. n°2014/23 UE du Parlement européen et du Conseil du 26 fév. 2014, sur l'attribution de contrats de concession, JOUE 28/03/2014, préc.) semble attester de cette évolution.

[79] La diversité des formes des contrats administratifs renvoie ici au périmètre de la notion de commande publique dont le contenu n'est pas encore tranché par la doctrine. Sur cette question, v. François Llorens, « Typologie des contrats de la commande publique », *Revue Contrats et Marchés publics*, n°5, mai 2005, étude n°7.

56. Si certaines jurisprudences se sont référées à l'amortissement pour certains contrats administratifs[80], l'acte fondateur de la transposition de cette technique est essentiellement d'origine législative. Ce mécanisme a dans un premier temps été adapté aux contrats de délégations de service public par la loi n°93-122 du 29 janvier 1993[81], et son article 40 selon lequel l'amortissement constitue un référentiel pour déterminer la durée contractuelle ; celle-ci devant correspondre au temps nécessaire au cocontractant pour amortir techniquement les investissements qu'il finance dans le cadre de ses missions. Mais cette durée contractuelle représente également une période durant laquelle il est autorisé à percevoir une rémunération qui lui assure le remboursement de ses investissements[82].

57. Le premier champ d'analyse de l'amortissement en matière de contrats administratifs montre ainsi que ce régime juridique a surtout transposé la fonction technique/industrielle de ce mécanisme en négligeant sa fonction financière. L'amortissement est devenu dans ce régime un simple mécanisme de gestion comptable du patrimoine visé au contrat ; ses conséquences financières sur l'économie du contrat et la rémunération du cocontractant n'ayant pas été suffisamment encadrées. Or, cette transposition incomplète de l'amortissement est à l'origine de carences fondamentales pour la pratique les contrats de délégations, mais aussi pour les conventions qui se sont ensuite inspirées de la gestion déléguée.

58. Si les contours techniques concernant sa mise en œuvre restent à préciser, l'application de l'amortissement dans les contrats publics pose plus particulièrement un problème théorique. Le contrat, qu'il soit administratif ou de nature privée, a toujours eu pour objet de limiter les effets de son environnement immédiat sur la relation conclue par les parties afin de sécuriser juridiquement l'accord. Ce positionnement classique du droit a une conséquence importante : s'il en résulte que le temps et l'économie ont *a priori* une influence limitée sur les contrats administratifs, ces deux données ont en réalité un rôle fondamental lors de la phase d'exécution et d'extinction des accords conclus par les personnes publiques.

---

[80] Parmi les nombreuses jurisprudences en la matière, voir par exemple CE, 26 fév. 1990, SVA Brambi Fruits, req. n°84156, com. à la RJF 1990, chron. J. Turot, p 311. Cette jurisprudence rend obligatoire le traitement des amortissements industriels dans les conventions d'occupation domaniale. Voir aussi sur ce sujet les jurisprudences présentées selon les différentes formes de contrats administratifs par Laurent Richer, « Droit des contrats administratifs », éd. *LGDJ* 2014.

[81] Article 40 de la loi Sapin n°93-122 du 29 janv. 1993, JO du 30/01/1993, p 1588, transposé à l'article L1411-2 du CGCT, éd. 2009.

[82] Sur le critère de la rémunération en matière de contrats de délégations de service public, voir CE, 15 avril 1996, Préfet des Bouches du Rhône, req. n°168325, *AJDA* 1996, p 806, chron. Chavaux et Girardot.

59. Traditionnellement, le droit est appréhendé comme une condition de connaissance de ces deux données et permettrait ainsi de restreindre les conséquences de celles-ci, notamment sur les contrats administratifs[83]. Mais la transposition de l'amortissement dans ce mode d'action publique remet en question cette grille d'analyse classique pour au moins deux raisons. D'une part, les corrections à apporter dans la mise en œuvre technique de l'amortissement supposent une réhabilitation des effets du temps dans le contrat, sauf à laisser perdurer un déséquilibre manifeste en faveur du cocontractant. D'autre part, les conséquences de sa fonction financière, qui ne sont pas encore complètement transposées, impliquent une réintégration des effets économiques pour rationaliser l'exécution du contrat.

60. En définitive, les conséquences de l'amortissement pour ce régime juridique ne sont pas seulement techniques et financières. Elles participent à un renouvellement dans l'analyse de deux dialectiques fondamentales [le droit et le temps ; le droit et l'économie] caractérisant ces contrats.

A/ L'amortissement en économie et dans le droit des contrats administratifs

61. En comptabilité, l'amortissement est un mécanisme de gestion du patrimoine pour les entreprises dont la mise en œuvre repose sur deux fonctions[84]. La première consiste à intégrer dans le processus de production les effets du temps sur le patrimoine en retraçant les pertes de valeurs du patrimoine dans les états comptables de l'entreprise. La seconde a pour objet d'anticiper financièrement le renouvellement des biens quand leur valeur comptable est nulle.

62. Transposé aux contrats administratifs, l'amortissement constitue un référentiel technique pour déterminer la durée contractuelle en fonction des investissements financés par le cocontractant. Mais, les conséquences réelles de ce mécanisme pour ce régime juridique ne portent pas seulement sur le calcul de la durée. Il permet aussi d'identifier un éventuel transfert de la gestion du patrimoine au cocontractant et participe à déterminer le contenu du droit à rémunération de celui-ci. Cette utilisation juridique de l'amortissement technique est donc pour le moins incomplète car le droit des contrats administratifs ne respecte pas

---

[83] Pour une analyse du Temps et du Droit voir à titre non exhaustif François Ost, « L'instantané ou l'institué ?, L'institué ou l'instituant ? », dans « Temps et Droit : Le Droit a-t-il pour vocation de durer ? », ss dir. Ost F. et Van Hoecke M., Académie Européenne de Théorie du Droit, éd. *Bruylant*, 1998, p 7 et s.

[84] Gérard Melyon et Rémédios Noguera, « Comptabilité générale », *ESKA*, 4ème éd., 2004, p 350 et s.

la relation qui existe entre ces deux fonctions [comptable et financière] dans le secteur privé.

1/ L'incomplétude fonctionnelle des amortissements industriels dans les contrats publics

63. En comptabilité, les amortissements industriels permettent de prendre en compte les effets du temps sur les actifs immobilisés ; c'est-à-dire sur les biens utilisés pour la réalisation du processus de production[85]. Leur intégration dans le processus de production engendre une dépréciation constante de leur valeur, notamment en raison de leur usure ou de l'évolution des technologies. Pour réaliser une gestion performante de ses forces matérielles de production et établir des stratégies d'investissements, l'entreprise doit donc intégrer comptablement ce patrimoine et les fluctuations de sa valeur, totale et/ou décomposée. Même si le traitement comptable des amortissements industriels est annuel, leur intégration dans les politiques de gestion de l'entreprise est par définition pluriannuelle puisqu'elle dépend de la durée de vie des biens.

64. La transposition de l'amortissement dans le droit des contrats administratifs s'est faite à partir de cette première fonction technique. Ainsi, les articles L1411-2 et L1414-1 du code général des collectivités territoriales se réfèrent aux amortissements industriels pour déterminer respectivement la durée des contrats de délégations de service public et celle des partenariats public-privé[86]. Celles-ci doivent en principe correspondre au temps nécessaire au cocontractant pour amortir techniquement les biens de retour qu'il finance, dans le cadre des missions qui lui sont assignées par le contrat[87].

65. Pour que cette utilisation des amortissements industriels soit effective et strictement conforme à la volonté du législateur qui a transposé cette technique[88], le calcul de la durée contractuelle en fonction de la durée d'amortissement du patrimoine est conditionné par un élément invariable : la validité juridique de ce calcul dépend de la consistance de la valeur patrimoniale à amortir, qui ne doit subir aucune variation entre

---

[85] Ibid.

[86] Voir en ce sens les articles L 1411-2 et L1414-1 du CGCT, éd. 2009.

[87] Sur le calcul de la durée contractuelle, voir l'ouvrage de Bernadette Straub, « Guide budgétaire et comptable de la délégation de service public », éd. *Berger-Levrault*, coll. Les Indispensables, 1° éd., sept. 2004, p 89. V ; aussi CE, 11 août 2009, Sté Maison Comba, n°303517, *Contrats et MP* 2009, comm. 364, note G. Eckert ; *Dr Adm.* 2009, comm. 147, note P. Idoux et F. Cafarelli ; *JCP A* 2009, 2261, note J-B Vila. V. plus récemment encore, CE, 7 mai 2013, SAPP, n°365043, Juris Data n°2013-008819, *JCP A* n°42, 14 oct. 2013, 2297, note J-B Vila.

[88] Cf. Loi Sapin n°93-122 du 29 janv. 1993 (JO du 30/01/1993, p 1588) qui a été le premier acte de transposition législative de l'amortissement dans le droit des contrats administratifs.

la signature et le terme du contrat. Dans le cas contraire, la durée contractuelle serait remise en cause puisqu'elle ne correspondrait plus à la durée réelle d'amortissement du patrimoine. Une telle hypothèse constituerait alors une atteinte prononcée aux exigences et aux règles de mise en concurrence car les informations présentées aux candidats évincés lors de la procédure de passation ne seraient pas conformes aux conditions réelles d'exécution du contrat.

66. Or, depuis le 1er janvier 2005, les modes de comptabilisation des amortissements industriels par les entreprises ont été réformés en profondeur. Avant cette réforme, l'amortissement d'un bien était calculé de la manière suivante : le composant du bien dont l'amortissement était le plus long servait de base de calcul pour les inscriptions comptables ; ce composant l'emportant sur tous les autres (chaque bien peut être divisé en plusieurs composants). Dorénavant, les biens ne sont plus traités en comptabilité dans leur globalité mais par composant de chaque bien[89]. Cette réforme entraîne pour les entreprises une lecture plus affinée de leur patrimoine, mais aussi et surtout une réévaluation globale à la baisse du temps nécessaire pour amortir techniquement le patrimoine ; les composants étant traités à leur juste valeur. Par ailleurs, les dispositions comptables permettent aussi aux entreprises de réévaluer en cours d'utilisation la valeur de chaque actif qui compose le patrimoine, grâce à la mise en œuvre de l'« *Impairment test* ». Cette procédure particulière permet de vérifier que les valeurs amorties comptablement par l'entreprise correspondent bien à la perte de valeur réelle du patrimoine. Si des décalages apparaissent, l'entreprise est autorisée à réviser ses plans comptables à la baisse ; l'hypothèse générale de cette procédure étant que la dépréciation réelle des biens est souvent plus intensive que celle prévue dans les états comptables de l'entreprise[90].

67. Ces deux exemples démontrent qu'il peut exister des écarts importants entre la durée d'amortissement prévisionnelle et celle qui est réellement constatée. Ceci emporte une conséquence indiscutable pour les contrats administratifs : si la durée contractuelle est calculée initialement en fonction de la valeur prévisionnelle des amortissements techniques du patrimoine financé par le cocontractant, elle peut être déconnectée de ce référentiel au cours de la phase d'exécution car des décalages apparaissent entre les amortissements prévisionnels et la dépréciation

[89] Cf. loi de finance rectificative pour l'année 2004, n°2004-1485, 30 déc. 2004, article 44, JO n°304 du 31/12/2004, p 22 522 et s. ; réformant Art. 237 septies du CGI. Le décret n°2005-1428 du 14 nov. 2005 (JO du 19/11/2005 p 14) a ainsi intégré les nouvelles normes comptables internationales IFRS (*International Financial Reportings Standard*) de l'IASB (*International Account Standard Board*).

[90] Cf. Article L123-18 du Code de commerce et Com. RC, règlement n° 2002-10 du 12 déc. 2002 l'Art. 322-5-3° du PCG 2009, Section IV. Modalités d'évaluation des dépréciations des immobilisations.

réelle du patrimoine. Il est donc fréquent dans la pratique que la durée contractuelle ne corresponde pas exactement à la période d'amortissement des biens de retour financés par le cocontractant puisque cette dernière est périodiquement réévaluée. Il s'agit là d'une remise en cause de la validité juridique de la clause contractuelle relative à la durée pour une raison simple : comme celle-ci ne peut être révisée de manière conséquente au cours de la phase d'exécution, la valeur totale à amortir ne devrait pas subir de variation afin que les deux durées correspondent. Or, l'« *Impairment test* » et les dépréciations exceptionnelles montrent que ce postulat est rarement vérifié dans les accords conclus par les personnes publiques. Au contraire, le traitement des amortissements techniques se caractérise par des fluctuations et des rééchelonnements de valeurs qui imposeraient à première vue une réévaluation de la durée contractuelle au cours de l'exécution du contrat qui n'intervient que rarement. *In extenso*, il apparaît donc que la structure juridique de ces clauses devrait être réformée pour leur permettre de se conformer aux fluctuations de leur référentiel qu'est l'amortissement[91]. Cette première différence et les lacunes qui en découlent ne sont pas isolées.

2/ L'absence des amortissements financiers dans les contrats administratifs

68. En finance d'entreprise, la première forme de gestion patrimoniale est complétée par des amortissements de caducité. Ces derniers sont en quelque sorte la conséquence financière du traitement comptable des effets du temps sur le patrimoine. L'entreprise évalue précisément les pertes de valeurs annuelles de son patrimoine, au travers des amortissements industriels. Dans le même temps, elle provisionne un fonds financier équivalent aux dépréciations constatées, grâce aux amortissements financiers. Ce dernier, connu sous le nom de capacité d'autofinancement, permet à l'entreprise d'anticiper financièrement sur plusieurs années les opérations de renouvellement des actifs composant le patrimoine et d'assurer ainsi la continuité de son processus de production[92]. L'intérêt des amortissements financiers est alors double : d'une part, ils permettent à l'entreprise d'étaler et d'anticiper sur plusieurs années des investissements importants ; d'autre part, ils représentent un atout fiscal de premier ordre puisqu'ils sont déductibles du bénéfice imposable[93].

---

[91] Sur l'absence de référence économique dans les contrats de délégations, voir la décision du Cons. Constit., n°92-316 DC du 20 janv. 1993, com. Etienne Fatôme et Laurent Richer, « Le Conseil Constitutionnel et le droit commun de la commande publique », *AJDA* 1993, p 2348.

[92] Cf. Gérard Melyon et Rémédios Noguera, « Comptabilité générale », *ESKA*, 4ème éd., 2004, p 355 et s.

[93] Cf. Article 39-1-2° du CGI, éd. 2009.

69. Cependant, la portée financière de ces amortissements dans le droit des contrats administratifs n'est pas la même que celle présidant aux théories économiques ou celle réservée par ce droit aux amortissements industriels. Aux termes des dispositions fiscales en vigueur, leur utilisation est *a priori* limitée au cas des biens de retour et de certains biens de reprise des concessions de service public[94]. Cette restriction fiscale s'explique essentiellement par les spécificités du mode concessif : la durée contractuelle ne permettant pas toujours de procéder à un amortissement technique complet des biens susvisés et donc un remboursement complet des investissements. La comptabilisation d'amortissements de caducité permet au cocontractant de compléter ses amortissements industriels pour ne pas être lésé au terme du contrat[95]. Mais deux phénomènes attestent du caractère préjudiciable de cette utilisation restreinte des amortissements de caducité dans les contrats administratifs.

70. D'abord, les spécificités du mode concessif, qui justifient l'usage de ce type d'amortissement, doivent être relativisées au regard des réformes récentes des autres montages contractuels publics. Les partenariats public-privé, les marchés de mobilier urbain et les conventions d'occupation domaniale se rapprochent progressivement de la concession : les contrats ont une durée plus importante et les missions d'investissements confiées au cocontractant concernent pour partie des biens de retour dont la durée d'amortissement technique est souvent plus longue que celle de la convention. De ce point de vue, il serait donc normal que les restrictions fiscales en la matière cèdent face aux exigences juridiques et financières inhérentes à la gestion patrimoniale des contrats administratifs les plus répandus.

71. Ensuite, l'interdiction d'utiliser des amortissements de caducité dans la plupart des contrats administratifs n'empêche pas les cocontractants privés de les comptabiliser et de contourner cette restriction[96]. Une frontière significative existe toutefois entre le droit fiscal et le droit des contrats administratifs. Celle-ci implique notamment de ne pas pouvoir transposer les solutions du juge fiscal dans les litiges résultant des accords contractuels des personnes publiques. Il n'existe donc pas de

---

[94] Cf. Mémento pratique Francis Lefebvre, « L'amortissement et la fiscalité », éd. *Lefebvre* 2006. Voir en ce sens CE, 11 déc. 2008, Sté Hôtelière la chaîne Lucien Barrière, req. n°309427. Dans cette jurisprudence, le juge administratif semble suivre les conclusions du rapporteur, Laurent Olleon, qui propose de généraliser la pratique des amortissements de caducité à toutes les formes de contrats de délégations. Cependant le contrat de ce cas d'espèce était un affermage qui aurait du être une concession ; mode contractuel imposé par le régime juridique propre aux casinos.

[95] Voir en ce sens Bernadette Straub, « Guide budgétaire et comptable de la délégation de service public », éd. *Berger-Levrault*, coll. Les Indispensables, 1° éd. Sept. 2004, p 89.

[96] Sur cette restriction fiscale voir Mémento pratique Francis Lefebvre, « L'amortissement et la fiscalité », éd. *Lefebvre* 2006.

concordance entre ces deux branches juridiques sur l'utilisation de l'amortissement de caducité. Le problème est que cette situation entraîne une augmentation de la rémunération du cocontractant, comme l'illustrent certaines lettres d'observations de Chambres régionales des comptes[97]. Certes, l'origine de ce phénomène est également à rechercher dans l'exécution des contrats administratifs qui se caractérise le plus souvent par des contrôles publics incomplets, privilégiant une surveillance des données juridiques et négligeant les aspects financiers[98]. Mais, cette carence concernant les amortissements de caducité permet de toute évidence aux cocontractants de valoriser leurs modes de gestion patrimoniale, d'optimiser le rendement qu'ils retirent de leurs investissements et d'accroître ainsi leur rémunération au-delà du niveau prévisionnel qui a permis de réaliser les négociations en amont.

72. L'absence d'encadrement de cet amortissement par le droit des contrats administratifs entraîne plusieurs effets pervers pour les accords conclus par les personnes publiques : d'abord, les gains réels du cocontractant dépassent en réalité ceux qui ont été négociés lors de la procédure de passation ; ensuite, ce phénomène entraîne un déséquilibre général de la convention, sans que la personne publique n'en soit nécessairement informée. A cette fin, les cocontractants utilisent la capacité d'autofinancement pour procéder à des placements financiers à risque limité. L'objectif est ainsi d'augmenter les gains de gestion liés aux investissements. Ils peuvent aussi être amenés à « sur-amortir » les actifs immobilisés au contrat pour opérer des déductions fiscales plus importantes et augmenter corrélativement leur bénéfice net après impôt[99]. De toute évidence, une correction de ce phénomène pourrait être bénéfique pour les contrats administratifs. Même s'il est difficile d'envisager une réduction de la durée contractuelle grâce à ces corrections (puisque cette clause est tributaire de l'amortissement technique, et non de l'amortissement de caducité), une rationalisation de la rémunération du cocontractant semblerait envisageable grâce à ce mécanisme financier de gestion du patrimoine.

73. En définitive, la mise en œuvre de l'amortissement de caducité dans les contrats administratifs atteste d'une absence d'encadrement par les

[97] Voir les lettres d'observations suivantes : CRC Rhône-Alpes, 24 nov. 1995 et 18 déc. 1997, Service public de l'eau et de l'assainissement de la Cne de Grenoble ; CRC Languedoc Roussillon, 6 déc. 2000, port de plaisance de Port Camargue, Cne Le Grau du Roi, Gard ; disponibles à *http://www.ccomptes.fr*.

[98] Sur la réforme des contrôles contractuels publics en matière de délégations de service public, voir Claudie Boiteau, « Brèves observations sur le rapport annuel du délégataire du service public local », Mélanges en l'honneur du professeur Michel Guibal, *Presse Université Montpellier I*, Tome 2, p 223-232.

[99] Voir sur ce point Alain Galesne, « Le financement de l'entreprise, *Gestion fiscale des amortissements et des provisions »*, éd. *CEREFIA*, Rennes, 1996 et 2004, p 42 et s.

régimes juridiques, qui est préjudiciable *in fine* à la personne publique et, *in extenso*, à l'usager ou au contribuable. Afin de remédier à cette situation, les régimes concernés doivent réintégrer cette seconde fonction de l'amortissement et mieux l'encadrer. L'objectif est ainsi de parvenir à une véritable rationalisation de la clause relative à la rémunération du cocontractant. Dans ce domaine, l'amortissement financier peut servir de base à la réforme de ce type de clause en élaborant un plafond et un système de reversement à la personne publique des surplus financiers dégagés par le cocontractant durant l'exécution.

B/ Le droit et le temps dans l'amortissement technique : entre stabilité et évolution des contrats administratifs

74. Pour les entreprises, l'amortissement est une technique qui permet de définir une politique de gestion de leur patrimoine. Celle-ci se caractérise par deux éléments : d'une part, des traitements comptables qui apparaissent relativement stables ; d'autre part, des mécanismes de réévaluation de la valeur du patrimoine qui concourent à adapter la politique de gestion de l'entreprise pour la rendre la plus performante possible.

75. L'entreprise dispose ainsi de la faculté de recourir à un traitement linéaire des dépréciations des actifs immobilisés, qui confère à la politique de gestion une certaine stabilité. Cette particularité de l'amortissement s'inscrit dans la *succession* des traitements comptables des effets du temps sur les actifs immobilisés de l'entreprise. La mise en œuvre de l'amortissement industriel se caractérise aussi par une exigence d'évolution puisque certains outils, tel que l'« *Impairment test* »[100], permettent de corriger les écarts éventuels entre les valeurs comptablement amorties et la dépréciation réelle du patrimoine. Cette seconde caractéristique de l'amortissement s'inscrit dans la *simultanéité* puisque les opérations de corrections des valeurs amorties interviennent pendant le traitement linéaire des effets du temps sur le patrimoine.

76. D'un point de vue théorique, la fonction comptable de l'amortissement revêt deux caractéristiques fondamentales : la *stabilité* et *l'adaptation*[101], qui ne se retrouvent pas dans l'utilisation de cette

---

[100] Cf. article L123-18 du Code de commerce et Com. RC, règlement n° 2002-10 du 12 déc. 2002 transposant la norme comptable internationale IAS 36 et modifiant l'article 322-5-3° du PCG 2009, Section IV. Modalités d'évaluation des dépréciations des immobilisations.

[101] La stabilité est ici à distinguer de la fixité. La première notion permet dans une certaine mesure une mutabilité de l'élément qu'elle sert à caractériser, dès lors que celui-ci se maintient *a minima* dans le temps. La seconde à vocation à figer dans le temps et dans l'espace l'élément qu'elle caractérise. Pour une application aux contrats administratifs, voir par exemple Lucien Rapp, « Stabilité du contrat public et mutabilité de son objet », *Revue Contrats et Marchés publics*, n°7, juill. 2008, étude n°7 ; D. Costa, « Le droit administratif

technique par le droit des contrats administratifs. Ceci est d'autant plus étonnant que certains auteurs ont démontré que les contrats administratifs répondaient dans une certaine mesure à ces deux caractéristiques[102]. Si ce droit s'est essentiellement référé au premier aspect de l'amortissement technique pour rationaliser le calcul de la durée de certains contrats, la mutabilité de cette technique n'a de toute évidence pas été transposée. Or, la volonté du droit d'écarter les effets du temps sur le contrat explique les décalages qui existent aujourd'hui entre le fonctionnement du principe et l'application pratique de l'amortissement technique dans le calcul des durées contractuelles.

1/ L'amortissement technique dans les contrats publics : le résultat de l'influence du droit sur le temps

77. En transposant la fonction technique de l'amortissement dans le droit des contrats publics, l'objectif du législateur a été d'utiliser un référentiel technique suffisamment stable, en rapport avec les missions des cocontractants, pour procéder au calcul de la durée de certains contrats. Néanmoins, les régimes juridiques respectifs, et plus particulièrement ceux des délégations de service public et des partenariats public-privé, supposent alors la réalisation d'une condition invariable : la durée du contrat ne pouvant être réévaluée de manière importante en cours d'exécution, le calcul initial fondé sur l'amortissement prévisionnel du patrimoine n'est juridiquement valide que si la valeur totale à amortir ne varie pas jusqu'au terme du contrat. Nous trouvons là une manifestation particulière de la capacité du droit à rationaliser les effets du temps sur le contrat administratif. Le droit apparaît de ce point de vue comme une condition de connaissance du temps.

78. L'application de l'amortissement technique dans ce type de contrats démontre néanmoins que cette condition initiale est rarement remplie dans la pratique ; la valeur totale du patrimoine à amortir techniquement durant la phase d'exécution pouvant varier de manière significative. L'« *Impairment test* » et les nouvelles modalités de comptabilisation des dépréciations des actifs immobilisés sont deux occurrences de ces variations de valeurs des amortissements techniques[103]. Ces deux

---

entre mutabilité et sécurité », dans Mélanges en l'honneur du Professeur Jégouzo, *Dalloz* 2009, p 431 et s.

[102] Lucien Rapp, *op. cit.*

[103] Pour l'« *Impairment test* » voir l'article L123-18 du Code de commerce et Com. RC, règlement n° 2002-10 du 12 déc. 2002 transposant la norme comptable internationale IAS 36 et modifiant l'article 322-5-3° du PCG 2009, Section IV. Modalités d'évaluation des dépréciations des immobilisations. Pour les nouvelles normes de comptabilisation des amortissements, voir Com. RC, règlement n°2005-09, du 3 nov. 2005, portant diverses modifications au règlement n°99-03 du 29 avril 1999 relatif au PCG.

mécanismes conduisent soit à traiter les accélérations dans la perte de valeurs des actifs immobilisés, soit à enregistrer une diminution significative de la valeur patrimoniale à amortir, en décomposant chaque actif et en traitant séparément l'amortissement de chaque composant. Ces deux exemples particuliers démontrent qu'il existe des décalages manifestes entre le calcul de certaines durées contractuelles, qui appréhendent de manière invariable l'amortissement industriel, et l'application économique de cette technique par les cocontractants. Ce phénomène remet donc en question l'utilité de l'amortissement pour ces contrats.

79. Mais, conformément à l'objectif initial du législateur visant à consacrer juridiquement un référentiel, la correction de ces décalages ne doit pas se faire au moyen d'une réforme remettant en cause l'utilisation de l'amortissement par le droit des contrats administratifs. Un tel projet aurait pour conséquence de positionner encore une fois le droit comme une condition de connaissance du temps. Or, les carences déterminées résultent précisément de cette caractéristique juridique qui ne permet pas de prendre en compte toutes les conséquences liées à la dialectique du temps et du droit. Toute réforme, visant à faire correspondre ces durées, doit porter sur le contenu juridique de ces clauses et réintégrer les fluctuations caractérisant la gestion patrimoniale. Sur ce point, le fonctionnement de l'amortissement nous permet de proposer une structure générale pour une telle réforme. Celle-ci consiste notamment à réévaluer les effets du temps dans le contrat et à compléter l'analyse classique de la dialectique entre le droit et le temps grâce à un élément technique : la création de clauses plafonnées et variables, c'est-à-dire révisables à la baisse.

2/ La réintégration des effets du temps dans le droit : une réhabilitation juridique de l'amortissement industriel

80. La correspondance de la durée des amortissements industriels avec celle du contrat soulève des enjeux techniques et pose le problème théorique du repositionnement des effets du temps dans les contrats administratifs. Seule cette double démarche permet de respecter l'objectif initial ayant présidé à la transposition de l'amortissement et de rationaliser l'exécution de ces conventions.

81. La première explication à ces décalages est simple : le droit des contrats publics n'admet pas de révision globale de la durée contractuelle et encadre de manière stricte toute évolution de cette clause en cours d'exécution[104]. Le juge administratif considère en effet que toute

[104] Aujourd'hui, la révision de la durée d'une délégation de service public intervient soit en raison d'un motif d'intérêt général, soit en raison de l'amortissement d'investissements

modification de la durée du contrat porte atteinte aux règles élémentaires de la mise en concurrence des candidats lors de la procédure de passation, mais aussi au principe de sécurité juridique qui doit caractériser l'exécution des contrats administratifs[105]. Or, les décalages constatés entre ces durées attestent au contraire d'une remise en question de ces deux principes essentiels de la commande publique : les accélérations des amortissements techniques provoquant une diminution des charges pour le cocontractant, la personne publique n'est jamais en mesure de connaître toutes les conséquences réelles [financières et techniques] de l'exécution du contrat.

82. Afin de remédier à ce phénomène et sécuriser la phase d'exécution, la fixité des durées contractuelles doit être abandonnée au profit d'une prise en compte des fluctuations de l'amortissement. La correspondance entre ces deux durées impose de construire des clauses contractuelles variables qui respectent les procédures de réévaluations des amortissements industriels et qui s'organisent autour de trois conditions[106] : d'abord, *définir une durée plafond* pour tous les contrats[107], en adoptant le postulat selon lequel ces procédures de révision ne pourraient aboutir qu'à une diminution de la durée initiale ; ensuite, *intégrer cette nouvelle donnée d'exécution dans la procédure de passation[108]*, afin de respecter les règles

supplémentaires non prévus initialement et souhaités par la personne publique ; voir en ce sens l'article L 1411-2 du CGCT, éd. 2009.

[105] Cf. H Hoepffner, « Le régime des modifications conventionnelles des conventions de délégations de service public », *Revue Contrats et Marchés publics*, n°12, déc. 2006, p 6 et s ; P. Delvolvé, « Contrats publics et sécurité juridique », *EDCE* n°54 2008, p 329.

[106] Philippe Cossalter dans son article, « Les concessions à durée endogène » (*Revue de Dr. Adm* n°5, éd. Lexis Nexis Jurisclasseur, mai 2006, étude n°9, p 4 et s) propose le concept de durée endogène. Nos recherches aboutissent à lui préférer le concept de « durée variable ». En effet, la durée endogène suppose que les causes, justifiant une réévaluation de la clause de la durée, trouvent leur origine dans l'exécution du contrat lui-même. Or, l'analyse de l'amortissement montre qu'elles sont à la fois endogènes et exogènes au contrat. La notion de variabilité de la durée apparaît donc mieux appropriée pour appréhender l'ensemble des conséquences de l'amortissement.

[107] L'objectif est de généraliser le régime des limitations légales qui sont prévues pour certains contrats spécifiques. Voir par exemple le régime particulier prévu pour les délégations du service public de l'eau à l'article L1411-2 du CGCT, éd. 2009, résultant de la loi n°95-101 du 2 fév. 1995, JO du 03/02/1995, p 1840.

[108] Il s'agit ici d'intégrer cette nouvelle donnée variable du contrat dans la procédure de passation, conformément au juge du contrat qui fait de la durée un élément impératif de la publicité même lorsqu'elle est définit sous forme de tranches ou de fourchettes. Voir en ce sens CAA Bordeaux, 15 nov. 1999, MM Savary et Teisseire, *BJCP* 2000. 177 (pour une durée contractuelle qui commence à courir après la réalisation de travaux). Plus récemment, voir CE, 15 déc. 2008, Cnauté Intercommunale des villes solidaires et CE, 4 fév. 2009, Cnauté Urbaine d'Arras (pour la négociation de la durée dans deux contrats de délégations), com. Frédéric Dieu, *JCP A* n°18, 27 avril 2009, p 27 et s. ; CE, 5 fév. 2009, Association SCA (pour une convention d'occupation domaniale à durée indéterminée), com. Alexandre Guigue, *JCP A* n°18, 27 avril 2009, p 33 et s.

de la mise en concurrence ; enfin, *élaborer une procédure précise pour ces révisions*, en plaçant au cœur de celles-ci le consentement des parties et le principe de sécurité juridique.

83. En remédiant aux carences qui caractérisent la mise en œuvre de l'amortissement industriel/technique par le droit des contrats administratifs, la caractéristique traditionnelle de ces clauses [la fixité] est ainsi abandonnée au profit d'une certaine forme de stabilité[109]. D'un point de vue théorique, ce repositionnement dans l'analyse du droit des contrats administratifs est essentiel car l'idée de fixité, qui caractérise aujourd'hui le contenu de la durée contractuelle, ne permet aucune évolution ou adaptation. A l'inverse, le concept de stabilité, qui préside à notre proposition de durées variables, a deux avantages : d'une part, il confirme le rôle classique du droit sur le temps, en sécurisant les relations juridiques des parties durant l'exécution ; d'autre part, il permet une réintégration rationalisée des effets du temps sur le contrat, en permettant une évolution encadrée de ce dernier pour tenir compte des fluctuations de l'amortissement industriel et définir ainsi une durée contractuelle optimale pour la personne publique[110].

84. Si la transposition complète de l'amortissement industriel dessine les contours d'une réforme en devenir de la commande publique[111], la fonction financière de cette technique économique a des conséquences qui militent aussi en faveur d'un nouvel encadrement.

C/ La revalorisation des apports financiers de l'amortissement pour le droit des contrats administratifs

85. Contrairement à son objet technique, la seconde fonction de l'amortissement a été négligée lors de sa transposition dans le droit des contrats administratifs. La comptabilisation de l'amortissement de

[109] Sur la question de la fixité et de la stabilité, voir D. Costa, « Le droit administratif entre mutabilité et sécurité », dans Mélanges en l'honneur du Professeur Jégouzo, *Dalloz* 2009, p 431 et s.

[110] Pour ces deux conséquences des clauses relatives à des durées contractuelles évolutives, voir Philippe Cossalter, « Les concessions à durée endogène », *Revue Dr. Adm.* n°5, éd. Lexis Nexis Jurisclasseur, mai 2006, étude n°9, p 4 et s.

[111] La notion de la commande publique renvoie dans notre travail aux contrats conclus par les personnes publiques, exception faite des contrats de la fonction publique. Les principaux qui sont traités ici et qui donnent un sens à notre utilisation de la notion de commande publique sont les suivants : délégations de service public, partenariats public-privé, marchés publics, conventions d'occupation domaniale, marchés de mobiliers urbains. Ces derniers sont traditionnellement appréhendés comme des marchés. Mais les spécificités de ces conventions, tant sur leur objet que leur contenu, nous conduit à les classer à part ; étant donné que les débats doctrinaux au sujet de leur classement n'apparaissent pas figés pour le moment. Sur ce dernier point, voir François Llorens, « Typologie des contrats de la commande publique », *Revue Contrats et MP*, n°5 mai 2005, étude n°7.

caducité est une exception réservée aux contrats de concessions, alors que le traitement des amortissements techniques/industriels est utilisé dans toutes les hypothèses de la commande publique[112].

86. Cette approche de la fonction financière de l'amortissement entraîne alors deux problèmes fondamentaux : pour les concessions d'abord, puisque cette exception est grevée d'incertitudes juridiques pour le traitement financier de l'exécution et de l'extinction du contrat par la personne publique ; pour les autres formes de contrats administratifs ensuite, car l'absence de traitement des amortissements de caducité a pour corollaire l'impossibilité de rationaliser la rémunération du cocontractant.

1/ Le droit et ses perspectives de recherches sur la fonction financière de l'amortissement

87. La mise en œuvre de l'amortissement de caducité dans le régime juridique des concessions de service public déroge au droit commun de la commande publique. Selon le droit fiscal, seules les spécificités techniques de la concession justifient le recours à ce mode d'amortissement. La durée de la concession étant fréquemment trop courte pour permettre au cocontractant d'amortir complètement les biens de retour qu'il finance, le droit fiscal lui permet de pratiquer un amortissement de caducité complémentaire afin de ne pas être lésé au terme de la convention[113]. Son fonctionnement dans le droit des contrats administratifs est donc particulier et se situe à l'inverse de celui des amortissements techniques. Nous savons que ces derniers servent à définir la durée contractuelle et conditionne le contenu de cette clause. A l'inverse, les amortissements de caducité sont tributaires de la période d'exécution de ces conventions : la valeur annuelle que le cocontractant peut traiter en amortissement de caducité est calculée en divisant la valeur totale du patrimoine concerné par le nombre d'années du contrat. Le principe général est qu'au terme du contrat ce dernier doit avoir amorti entièrement les biens de retour et certains biens de reprise afin d'éviter un manque à gagner.

[112] Cf. Mémento Pratique Francis Lefebvre, « l'Amortissement et la fiscalité », éd. *Lefebvre* 2006. A noter toutefois que cette restriction semble remise en question par le Conseil d'Etat. Voir en ce sens CE, 11 déc. 2008, Sté Hôtelière la chaîne Lucien Barrière, req. n°309427. Dans cette jurisprudence, le juge administratif suit les conclusions du rapporteur, Laurent Olleon qui propose de généraliser la pratique des amortissements de caducité à toutes les formes de contrats de délégations.

[113] Instruction administrative du 31 janv. 1928, mise en application par le juge fiscal CE, 31 juill. 1942, Sté X, req. n°64927, Rec. CE 1942, p 241. Voir aussi en ce sens le Doc Adm. DGI 4-D-265 et le Mémento pratique Francis Lefebvre, « L'amortissement et la fiscalité », éd. *Lefebvre* 2006.

88. Néanmoins, ce fonctionnement juridique de l'amortissement de caducité dans les concessions ne doit pas conduire à un déséquilibre économique de l'accord contractuel. Il suppose donc que la personne publique ne verse aucune indemnité au terme du contrat pour la réintégration de ces biens dans la sphère publique. Or, dans la pratique, force est de constater que la personne publique indemnise le cocontractant sans avoir au préalable contrôlé les amortissements financiers que ce dernier a comptabilisés[114]. Ce phénomène entraîne alors un « sur-amortissement » pour le cocontractant, synonyme de gains de gestion et d'une augmentation de la marge nette qu'il retire du contrat.

89. Profitant des carences du contrôle contractuel des personnes publiques, le cocontractant n'hésite pas au surplus à faire usage de techniques variées pour occulter les stratégies de rentabilité appliquées sur le patrimoine. La comptabilisation d'amortissements de caducité dans d'autres conventions, le réinvestissement de la capacité d'autofinancement ou la technique du lissage de compte sont autant de manifestations de l'absence de rationalisation de la rémunération du cocontractant dont l'origine est à rechercher dans les conditions de mise en œuvre de l'amortissement[115]. Le droit des contrats administratifs montre ainsi ses limites en matière d'encadrement des effets financiers de ces conventions, dès lors qu'il se pose unilatéralement comme une condition de connaissance de l'économie et qu'il vise à en limiter les effets sur ces accords contractuels.

2/ La réappropriation publique de l'amortissement financier : la volonté de rééquilibrer l'économie des contrats administratifs

90. Au regard des carences juridiques et économiques relatives aux amortissements de caducité dans les contrats administratifs, les choses ne peuvent demeurer en l'état. Les régimes juridiques doivent être réformés pour réhabiliter la portée de cette technique, rationaliser ses effets et préserver l'équilibre économique de l'accord conclu par les parties. De ce point de vue, l'encadrement de la mise en œuvre de l'amortissement de caducité et la prise en compte des conséquences financières de l'amortissement technique ont un rôle à jouer dans la structure des accords contractuels des personnes publiques. L'objectif général est de

---

[114] Voir en ce sens CE, 14 janv. 2008, Sté Sogeparc, req. n°297541, com. par Martin Collet, « L'amortissement fiscal des biens de retour dans les concessions de service public », *RJEP*, n°655, juill. 2008, p 3.

[115] La technique du lissage de comptes consiste à appliquer un coefficient de lissage sur les résultats réels pour en dissimuler le niveau. La capacité d'autofinancement correspond à la somme des dotations aux amortissements et permet d'étaler sur la durée de vie d'un bien son renouvellement. Voir en ce sens Gérard Melyon, Rémédios Noguera, « Comptabilité générale », *ESKA*, 4° éd. 2004, p 352 et s.

parvenir à encadrer le niveau de la rémunération du cocontractant souvent surévalué dans la pratique.

91. Le droit des contrats administratifs encadre aujourd'hui cette clause en se référant à la durée contractuelle : elle correspond à un droit à rémunération calculé en fonction du temps nécessaire au cocontractant pour amortir techniquement le patrimoine qu'il finance. La durée correspond donc à une période durant laquelle le cocontractant est autorisé à percevoir des recettes directes et accessoires d'exploitation. Mais cette approche néglige les gains financiers qui résultent non pas de l'exploitation, mais des opérations de gestion définies par le cocontractant. Pour une entreprise, les résultats financiers correspondent en principe à deux éléments : les gains d'exploitation et les gains de gestion. Si les premiers sont aujourd'hui pris en compte dans les contrats administratifs, ce n'est pas le cas des seconds. Or, parmi les ressources financières issues de la gestion, nous retrouvons les amortissements de caducité, les amortissements financiers et les divers mécanismes de rentabilité qui leur sont appliqués. L'absence d'encadrement des effets financiers de l'amortissement montre que l'encadrement de la rémunération du cocontractant n'est de toute évidence pas suffisant. Cet aspect du droit des contrats administratifs doit être réformé pour prendre en compte ces revenus de gestion. Pour cela, le contenu des clauses relatives à la rémunération doit être rationalisé autour de trois idées : *déterminer un plafond de rémunération* ; *prévoir des clauses de reversement* de la rémunération indûment perçues ; *redéfinir les procédures des contrôles contractuels* des personnes publiques. La particularité de l'amortissement est qu'il peut jouer en la matière un rôle de référentiel, de la même manière qu'il est un agrégat pour les clauses relatives à la durée contractuelle.

92. Pour répondre aux exigences de sécurité juridique et proposer une réforme efficace, il apparaît nécessaire d'établir un lien étroit entre la durée du contrat et la rémunération. En effet, la première représente un droit à rémunération [période durant laquelle le cocontractant est autorisé à percevoir des recettes] tandis que la seconde renvoie au contenu de la rémunération [c'est-à-dire ses composantes liées à l'exploitation et à la gestion par le cocontractant]. Or, il existe un référentiel qui respecte l'exigence de cette mise en relation : le taux de retour sur investissements. Ce dernier, qui peut se décliner au moyen de l'amortissement financier, est l'indicateur le plus performant pour réaliser cet objectif car il prend en compte l'amortissement du patrimoine. Il est donc connecté au référentiel qui sert à définir la durée : l'amortissement technique[116].

---

[116] Certains auteurs se réfèrent pour le moment à la notion de bénéfice raisonnable pour encadrer la rémunération du cocontractant. C'est notamment le cas de Philippe Cossalter qui a

93. Cependant, le véritable défi du droit des contrats administratifs en la matière est qu'une telle réforme suppose de compléter l'analyse classique, selon laquelle le droit conditionne l'économie et restreint ses effets sur le contrat. Elle impose notamment de considérer dans le même temps que l'économie est aussi une condition de connaissance du droit, dont les effets sur les accords contractuels peuvent être rationalisés s'ils sont réévalués.

VI. Plan

94. La transposition de la technique de l'amortissement dans le champ des contrats administratifs révèle un processus imparfait au regard des fonctions qui lui sont classiquement attribuées dans le secteur privé. Les régimes juridiques de ce droit délaissent effectivement le traitement des amortissements de caducité et réservent une place fondamentale aux amortissements industriels en matière de calcul des durées contractuelles. Cette incomplétude fonctionnelle dans la transposition de l'amortissement explique les carences plus ou moins prononcées qui perdurent aujourd'hui dans ce mode d'action publique.

95. Le droit des contrats administratifs présente la particularité de ne pas avoir pris en compte les modes de réévaluation des amortissements techniques pourtant utilisés par le cocontractant. Les décalages qui apparaissent alors sont contraires à la fonction attribuée initialement à l'amortissement par le législateur. Ce dernier souhaitait faire correspondre la durée contractuelle avec le temps nécessaire au cocontractant pour amortir le patrimoine qu'il finance. Ce principe suppose donc que, si la durée d'amortissement varie à cause d'une réévaluation de la valeur technique du patrimoine, la durée contractuelle doit parallèlement évoluer durant la phase d'exécution. Or, les régimes juridiques des contrats et le juge administratif n'admettent pas d'évolution significative de cette clause contractuelle. Une telle révision est considérée à ce jour comme une atteinte aux règles de la concurrence et au principe de sécurité juridique prévalant jusqu'au terme du contrat. Il existe donc un écart entre l'utilisation technique de l'amortissement et son interprétation juridique classique.

---

exposé cette théorie dans « Principe de rentabilité limitée », Colloque du 26 oct. 2006, Paris II. Univ. Panthéon-Assas Paris I, groupe de recherches ATOM, disponible à *http://atom.univ-paris1.fr/documents/cossalter_10-06.pdf*. Néanmoins, la carence essentielle de cette notion tient à son absence de lien direct avec l'amortissement du patrimoine financé par le cocontractant. C'est pourquoi nous lui préférons la technique du Taux de retour sur investissements qui peut se décliner à partir de l'amortissement de caducité.

96. D'un point de vue théorique, ce phénomène trouve son origine dans la capacité du droit à influer sur l'écoulement du temps ; le droit restreignant les effets du temps sur le contrat. Mais cette vision classique du droit des contrats administratifs néglige la capacité du temps à devenir une condition de connaissance du droit. Or, seule la prise en compte de cette seconde perspective théorique permet de proposer des axes de modernisation viables afin de remédier aux décalages constatés entre les amortissements et les durées contractuelles. Sans remettre en question la capacité du droit à influer sur le temps, la réhabilitation de la fonction d'agrégat de l'amortissement pour les durées contractuelles suppose de considérer aussi que le temps influe sur ce droit, en réévaluant ses effets sur le contrat et en les encadrant lors des opérations de gestion patrimoniale.

97. Toutefois, les particularités de l'objet étudié ne se limitent pas à sa fonction technique dans le droit des contrats administratifs, notamment en ce qui concerne la gestion du transfert patrimonial formalisé par la convention. Les conséquences financières des amortissements de caducité doivent être déterminées dans un second temps. En finance d'entreprise, cette seconde fonction de l'amortissement participe à la constitution d'une capacité d'autofinancement, correspondant aux pertes de valeurs comptables du patrimoine et permettant d'anticiper le renouvellement des biens. Mais, pour les contrats administratifs, ce résultat des dotations aux amortissements représente aussi une source de rentabilité complémentaire pour les entreprises, puisque celles-ci n'hésitent pas à les affecter à des placements financiers à risque limité. Sur ce point, la transposition juridique de l'amortissement est imparfaite car cette forme de gestion financière a été éludée des différentes réformes de la commande publique.

98. Pourtant, le transfert des amortissements techniques au cocontractant semble emporter celui des amortissements financiers et de la rentabilité qui en résulte. Une analyse succincte dans ce domaine démontre que les cocontractants sont souvent en situation de dégager une rentabilité plus élevée que celle présentée à la personne publique, l'utilisation des amortissements de caducité permettant d'accroître sa rémunération au-delà du niveau prévu par le contrat. D'un point de vue technique, ce phénomène trouve une première explication dans l'idée que le droit des contrats administratifs a eu tendance à privilégier une vision juridique de l'amortissement au détriment de ses conséquences financières.

99. Nous retrouvons ici l'idée selon laquelle le droit se positionne comme une condition de connaissance de l'économie en limitant ses effets sur le contrat. Mais les carences constatées montrent que cette première analyse doit être complétée pour apporter des solutions efficaces au déséquilibre de ces conventions. Les effets économiques de l'amortissement doivent être réintégrés dans le droit des contrats administratifs avec un objectif

principal : rationaliser le contenu de la rémunération du cocontractant. La position classique doit être révisée en considérant que l'économie a aussi un rôle fondamental sur le contrat et une influence sur ce droit.

100. Si l'ambition est de cerner précisément le rôle, les carences et les voies d'amélioration possibles concernant l'utilisation juridique de l'amortissement, le droit doit être replacé non plus au cœur d'une « *finalité-fonction* » unilatérale[117], mais au cœur de deux dialectiques reposant sur les deux fonctions de cette technique : d'une part, celle de l'interdépendance du droit et du temps grâce à l'amortissement technique[118] ; d'autre part, celle de la relation du droit et de l'économie au regard de l'amortissement financier.

101. Il est donc nécessaire de traiter dans un premier temps du fonctionnement des amortissements industriels dans le champ des contrats administratifs. De ce point de vue, la réhabilitation des effets du temps dans ce régime juridique apparaît comme la condition première d'une gestion publique efficace de cette technique et du patrimoine contractuel (Partie I : La maîtrise publique des amortissements industriels : une réévaluation du temps dans les contrats administratifs). La fonction financière de l'amortissement doit ensuite être envisagée pour déterminer avec précision les enjeux économiques de cette technique pour ce mode d'action. Sur ce point, les effets financiers des amortissements doivent être maîtrisés afin de parvenir à une rationalisation économique des contrats administratifs (Partie II : La maîtrise publique des amortissements financiers : la rationalisation de l'économie des contrats administratifs).

---

[117] Pour le concept de « *fonction-finalité* », voir P-L Frier dans « Précis de droit administratif », *Montchrestien*, Paris, 2014, p 171.

[118] Sur la dialectique du droit et du temps, voir à titre non exhaustif les travaux d'Emmanuelle Chevreau, « Le Temps et le Droit : la réponse de Rome. L'approche du droit privé », thèse soutenue le 8 déc. 2001, Université Paris II Panthéon-Assas, publiée aux éd. *De Boccard*, le 01/11/2006. Plus largement, sur cette question voir F. Ost, « Le temps du droit », éd. *O. Jacob*, 1999.

Partie I

LES AMORTISSEMENTS INDUSTRIELS ET LA RÉÉVALUATION DU TEMPS DANS LES CONTRATS ADMINISTRATIFS

102. Dans le secteur privé, la technique de l'amortissement recouvre trois aspects[119] : le premier est *économique* et permet aux entreprises de définir des politiques de gestion des investissements nécessaires au processus de production ; le second est *comptable* [amortissement technique/industriel] et consiste à intégrer les pertes de valeur du patrimoine dans les plans comptables ; le dernier est *financier* et contribue à anticiper le renouvellement des actifs immobilisés grâce aux dépréciations comptabilisées[120].

103. Ces trois aspects ont donné lieu à une définition générale de l'amortissement et ont permis d'identifier ses deux fonctions principales. Dans le premier cas, il lui est attribué une définition générique qui en fait un outil de gestion micro-économique au cœur des décisions de gestion prises par l'entreprise[121]. Le second lui confère une fonction comptable permettant de traiter les dépréciations du patrimoine constatées dans le temps. Enfin, le troisième en fait un mécanisme financier favorisant le renouvellement des actifs immobilisés, considérés comme des biens visés par le contrat[122].

104. Lorsque l'amortissement a été transposé dans le droit des contrats administratifs, les régimes juridiques n'ont pas exactement respecté ces trois aspects[123]. Ils ont surtout privilégié la dimension comptable de l'amortissement technique/industriel. La commande publique en a ainsi

---

[119] Voir en ce sens Gérard Melyon et Rémédios Noguera, « Comptabilité générale », *ESKA*, 4°éd., 2004, p 352.

[120] Cf. Introduction, IV. Eléments de définition, p 23-26.

[121] Cf. Jacques Forget, « Dynamique de l'amortissement, *Renforcer l'autonomie de l'entreprise pour dynamiser ses investissements* », éd. *d'Organisations*, coll. Mémentos financiers, 2005.

[122] Aswath Damodaran, « Finance d'entreprise, Théorie et pratique », éd. *de Broeck Université*, 2°éd., 2004.

[123] Pour sa transposition législative, voir la loi Sapin, n°93-122 du 29 janv. 1993, JO du 30/01/1993, p 1588. Mais l'amortissement était déjà utilisé par le juge du contrat. Par exemple, CE, 23 juin 1933, Lavabre cité ss. CE, Sect. 30 mai 1930, Chambre Syndicale du commerce en détail de Nevers, GAJA n°43 §5, éd. 2009.

fait un référentiel pour calculer certaines clauses contractuelles, comme celle relative à la durée, et identifier les responsabilités respectives des parties concernant la gestion du patrimoine visé au contrat[124].

105. Cette utilisation juridique de l'amortissement explique notamment que le traitement comptable du patrimoine conditionne en principe la forme du contrat administratif[125]. Si les besoins de la personne publique sont importants en matière d'investissements, l'accord contractuel doit formaliser un transfert conséquent du patrimoine et de sa gestion au cocontractant. Le régime juridique des délégations de service public fournit un exemple manifeste du rôle central alors joué par l'amortissement technique/industriel. Les trois formes classiques de délégations permettent une prise en charge plus ou moins importante des frais de premier établissement par le cocontractant[126]. Le financement du patrimoine visé au contrat détermine alors le traitement de cet amortissement : dans la concession, le délégataire en assume la comptabilisation puisqu'il finance en grande partie ou en totalité ces investissements ; dans les deux autres hypothèses (affermage, régie intéressée), le délégant conserve une grande responsabilité sur leur gestion comptable car il finance l'essentiel de ces frais[127]. En déterminant en amont la partie qui devra traiter l'amortissement industriel des biens, la personne publique est ainsi en mesure de définir ses besoins et *in extenso* la forme contractuelle la plus adaptée. Ce mécanisme d'amortissement apparaît donc ici comme une condition de légalité de la forme choisie pour le contrat administratif[128].

106. Mais ce principe élémentaire a laissé se développer dans la pratique un contre-sens fondamental. La forme du contrat est souvent définie par les praticiens grâce à trois éléments dont l'amortissement est exclu : la *définition des besoins matériels* ; la *nécessité de transférer ou non la charge financière des investissements* ; *l'externalisation d'une mission d'intérêt général* qui relève plus d'une volonté de se déresponsabiliser que d'une véritable décision d'« *outsourcing* » dont les conséquences

---

[124] Sur l'utilisation de l'amortissement pour le calcul de la durée contractuelle voir l'article L1411-2 du CGCT, éd. 2009. Sur son application par le juge du contrat et la possibilité pour les personnes publiques de se référer aussi à l'équilibre économique général de la convention, voir CE, 11 août 2009, Sté Maison Comba, req. n°303517, concl. Rapporteur Bertrand Dacosta.

[125] Voir en ce sens Florian Linditch, « Recherches sur la place de l'amortissement en droit administratif », *AJDA* du 20 fév. 1996, p 106.

[126] Il s'agit ici de la concession, de l'affermage et de la régie intéressée. Voir en ce sens Laurent Richer, « Droit des contrats administratifs », *LGDJ*, 4° éd., 2004, Chapitre 2, §1, A/ et B/, p 482-504.

[127] Cf. Bernadette Straub, « Guide budgétaire et comptable de la délégation de service public », éd. *Berger-Levrault*, coll. Le point sur, 2004.

[128] Il s'agit d'ailleurs d'une recommandation de la Cour des Comptes, Rapport public pour l'année 1990, 5 juin 1991, p 377 et s., disponible à *http://www.ccomptes.fr*.

seraient anticipées[129]. L'amortissement ne guide pas le choix de la personne publique. Il en est une conséquence. Le problème de cette utilisation inversée de ce référentiel est qu'elle s'accompagne souvent d'une dépossession patrimoniale pour la personne publique et/ou de difficultés pour réaliser le contrat. Les conséquences sur les conditions d'exécution de la convention sont alors diverses : investissements de premier établissement financés à moindre coût ; difficulté de suivi opérationnel de la gestion des immobilisations ; absence de contrôle des opérations de renouvellement ; imprécisions sur le traitement des biens au terme du contrat...[130]

107. Deux raisons justifient de réévaluer la portée et le rôle de cet amortissement dans la commande publique. D'abord, il peut contribuer à fiabiliser la gestion comptable du patrimoine visé dans ces contrats. Ensuite, il est susceptible d'améliorer l'équilibre des accords contractuels conclus par la personne publique avec un cocontractant privé, en identifiant la forme la plus adaptée aux besoins en matière d'investissements. Ceci est d'autant plus nécessaire que le détournement fonctionnel de cette technique emporte des conséquences sur la gestion des biens, mais aussi une remise en cause du rôle joué par l'amortissement dans la détermination de la durée contractuelle.

108. Certains régimes juridiques des contrats administratifs se réfèrent effectivement à l'amortissement industriel pour fixer au plus juste la durée de la convention. La validité juridique de cette clause dépend donc étroitement d'une juste appréciation de la durée d'amortissement[131]. Si la forme du contrat n'est pas définie en fonction de cet amortissement, des écarts surviennent entre ces deux durées [contractuelle et d'amortissement des biens] durant la phase d'exécution. Deux phénomènes attestent dans la pratique du caractère courant de ces décalages.

109. Le premier résulte de l'utilisation inversée de l'amortissement par les praticiens de la commande publique : l'amortissement n'étant pas la condition du choix du contrat, la durée de ce dernier est librement

---

[129] L'« *outsourcing* » consiste pour une entreprise à sous-traiter certaines tâches pour se recentrer sur son cœur de métier. Voir par exemple sur ce sujet Patrick Bouvard, « Guide pratique de l'outsourcing », éd. *Eyrolles*, 2008.

[130] Sur le sous-investissement du cocontractant voir CRC Languedoc Roussillon, 16 déc. 2008 District de la Côte Vermeille, Cne de Port-Vendres, Pyrénées Orientales. Sur les difficultés de suivi opérationnel, CRC Languedoc Roussillon, 6 déc. 2000, Port Camargue, Cne Le Grau du Roi, Gard ; disponibles à *http://www.ccomptes.fr*.

[131] Le juge du contrat considère toutefois que la personne publique n'est pas liée pour le moment par une appréciation stricte de la durée d'amortissement comptable pour définir la durée contractuelle. Cf. CE, 11 août 2009, Sté Maison Comba, req. n°303517, concl. Rapporteur Bertrand Dacosta.

appréciée par la personne publique et est ainsi souvent surestimée[132]. Le second est la conséquence des différences qui perdurent entre le secteur privé et la sphère publique en matière de comptabilisation des amortissements : en comptabilité privée, l'amortissement est une technique susceptible d'être révisée, tandis que dans la sphère publique, il est appréhendé de manière fixe dès la signature du contrat, jusqu'à son terme[133].

110. Afin de remédier aux écarts constatés entre ces deux données, une solution consisterait à réviser en cours d'exécution la durée contractuelle pour qu'elle coïncide avec celle de l'amortissement technique des biens[134]. Le droit des contrats publics se conformerait ainsi aux conditions réelles de traitement de ce mécanisme comptable qui sert de référentiel. A ce jour les régimes juridiques respectifs ne prévoient pourtant pas cette possibilité. Le juge du contrat se montre par ailleurs très réticent à valider ce type de révision de la durée contractuelle[135]. Seule la récente directive concessions de l'année 2014 l'évoque dans ses objectifs sans la traduire dans ses articles[136].

111. La seule piste d'explication au maintien d'un tel raisonnement est que les contrats administratifs ont été jusque là appréhendés sous un angle seulement juridique qui permettrait de sécuriser les accords contractuels et de respecter les principes de la commande publique. En réalité, c'est précisément cette approche [tant réglementaire, législative que jurisprudentielle] à l'égard de l'amortissement qui est à l'origine de nombreux effets car elle empêche les contrats administratifs de s'adapter aux conditions réelles de traitement de l'amortissement technique/ industriel.

---

[132] Ce phénomène est souvent constaté dans les délégations de service public dont la durée équivaut en principe temps nécessaire au cocontractant pour amortir techniquement les biens de retour qu'il finance, comme le montrent les cas évoqués dans le Chapitre 2 de la présente Partie. Cf. Art. L1411-2 du CGCT, éd. 2009.

[133] Voir par exemple la technique de l'« *Impairment test* », issue de l'article L123-18 du Code de commerce et du règlement Com. RC, n°2002-10 du 12 déc. 2002 modifiant l'article 322-5-3° du PCG. Ce mécanisme permet de réévaluer les valeurs amorties dans les plans comptables. Ces techniques de réévaluation de l'amortissement expliquent que les candidats négocient rarement la durée contractuelle car elle est fréquemment surestimée.

[134] Cette hypothèse de travail est déjà adoptée par certains membres de la doctrine. Toutefois, aucun référentiel n'a été adopté pour le moment. A titre non exhaustif, voir Philippe Cossalter, « Les concessions à durée endogène », *Revue Dr. Adm*, n°5, éd. Lexis Nexis Jurisclasseur, mai 2006, étude n°9, p 4 et s

[135] Voir en ce sens TA Grenoble, 31 janv. 1997, Préfet de la Drôme, req. n°96.4228, *Mon. TP* 28/03/1997, p 47 note Peyrical ; CE, 23 juill. 1993, Cie Générale des Eaux, *RFDA*, 1994, p 252, note P. Terneyre. V. aussi P. Delvolvé, Contrats publics et sécurité juridique, *EDCE* n°54 2008, p 329.

[136] Dir. n°2014/23 UE du Parlement européen et du Conseil du 26 fév. 2014, sur l'attribution de contrats de concession, JOUE 28/03/2014, préc.

112. Afin d'inverser cette tendance, il conviendrait de réévaluer les conséquences comptables et techniques de cet amortissement et de donner ainsi aux personnes publiques les moyens de maîtriser les opérations de gestion relatives au patrimoine des contrats administratifs (Chapitre 1).

113. Mais cette étape est insuffisante. Revaloriser le rôle de l'amortissement technique/industriel impose aussi de réintégrer les effets du temps dans ce mode d'action pour trouver une correspondance entre la durée du contrat et celle de l'amortissement. Il s'agit là de la conséquence aux premiers éléments d'analyse. De ce point de vue, la solution consiste à recourir à des durées contractuelles plafonnées et variables qui se conforment aux fluctuations comptables de l'amortissement (Chapitre 2 : La réévaluation technique du contrat au regard des fluctuations de l'amortissement industriel).

Chapitre I. La gestion de l'amortissement comptable du patrimoine des contrats administratifs

114. Pour les entreprises, l'amortissement technique/industriel permet d'intégrer dans leur comptabilité les pertes de valeurs des actifs composant le patrimoine[137]. Une véritable politique de gestion de ces dépréciations est ainsi définie au cœur du processus de production. C'est à partir de cette fonction que les finances publiques ont transposé l'amortissement (afin de gérer la dette publique) et que la comptabilité publique l'a adopté (pour apprécier et gérer le patrimoine public)[138]. De la même manière, le législateur et le pouvoir réglementaire ont adapté ce mécanisme dans les contrats administratifs pour la gestion du patrimoine, conformément à quelques précédents jurisprudentiels[139].

115. Au début des années 1990, le Conseil Constitutionnel a ainsi accepté qu'il soit conféré à l'amortissement technique un rôle de référentiel pour la gestion du patrimoine des délégations de service public et la définition de certaines clauses, comme celle relative à la durée[140]. Mais le raisonnement de sa décision est assurément original car il traite de manière assez vague la question du traitement comptable de cet amortissement par les parties au contrat. Il ne formule notamment aucune réserve sur le manque de précision de la loi Sapin concernant les modalités de transposition de ce mécanisme de gestion patrimoniale dans les contrats de délégations, voire selon leurs différentes formes.

116. Certes, les réformes successives de la comptabilité publique ont contribué à préciser le traitement comptable des biens visés dans les

---

[137] Cf. Gérard Melyon et Rémédios Noguera, « Comptabilité générale », *ESKA*, 4° éd., 2004, p 350 et s.

[138] Du point de vue des finances publiques, voir Gaston Jèze, « Finances publiques », éd. *Giard*, 1975, p 63 et s.

[139] La première transposition législative de l'amortissement dans les contrats administratifs a été réalisée par la loi Sapin n°93-122 du 29 janv. 1993, JO du 30/01/1993, p 1588. Auparavant le juge du contrat s'était déjà saisi de la question et s'était référé à l'amortissement. Cf. par exemple, CE, 23 juin 1933, Lavabre, cité ss. CE, Sect., 30 mai 1930 Chambre Syndicale du commerce en détail de Nevers, GAJA n°43 §5, éd. 2009 ; avant le Conseil d'Etat le précise en 2009 (CE, 11 août 2009, Sté Maison Comba, préc.).

[140] Cons. Constit, déc. n°92-316 DC du 20 janv. 1993, relative à la loi Sapin n°93-122, *op. cit.* Pour la durée des contrats de délégations définies en fonction de l'amortissement voir l'article L1411-2 du CGCT, éd. 2009.

différentes hypothèses de la commande publique[141]. Mais elles n'ont pas réussi à solutionner les problèmes rencontrés en matière de répartition de responsabilités entre les parties pour la gestion des actifs immobilisés, ni à empêcher la définition, par les cocontractants, de véritables stratégies visant à maximiser leurs investissements[142].

117. En comptabilité privée, seule l'entreprise propriétaire et responsable des biens est habilitée à comptabiliser, grâce à l'amortissement, les pertes de valeurs affectant le patrimoine[143]. Dans les contrats administratifs, la gestion du patrimoine est bien plus complexe. Elle impose une répartition des responsabilités entre les parties qui est tributaire de la forme contractuelle : plus le cocontractant assume les risques de réalisation et d'exploitation, plus la convention formalise entre les parties un transfert conséquent du patrimoine et de sa gestion[144]. Le fonctionnement de ce changement de responsabilité sur les biens du contrat est à première vue simple. Si la construction et l'exploitation sont assumées par le cocontractant, ce dernier est compétent pour traiter l'amortissement du patrimoine pour le compte de la personne publique, en particulier pour les biens de retour. A l'inverse, si la personne publique conserve la responsabilité des investissements qu'elle a financés, elle gère ce traitement comptable dans un budget annexe[145]. Ces premiers éléments de réflexion dissimulent cependant des opérations comptables bien plus complexes.

118. Par ailleurs, d'autres carences subsistent : le sous-investissement du cocontractant ; le traitement imprécis du transfert patrimonial qui entraîne pour la personne publique une dépossession patrimoniale ; les difficultés

---

[141] La Cour des comptes (Rapport public 2004, « La fiabilité des comptes des collectivités territoriales », *La documentation française)* note toutefois que ces réformes n'ont pas remédié à toutes les carences : « *L'obligation d'amortir toutes les immobilisations réalisées en vue d'activités à caractère industriel et commercial n'était plus respectée, les dotations aux amortissements et les budgets annexes d'eau et d'assainissement étant ajustés aux crédits disponibles. Une déconnexion (...) entre un budget suivi en caisse et une comptabilité générale serait de nature à favoriser, de ce fait, une plus grande transparence* » ; p 508/509.

[142] Sur les stratégies définies par les cocontractants privés, voir Alain Galesne, « Le financement de l'entreprise, *Gestion fiscale des amortissements et des provisions* », éd. *CEREFIA*, 1996 et 2004.

[143] Cf. Jean-Pierre Fradin et Jean-Baptiste Geffroy, « Traité du droit fiscal de l'entreprise », éd. *PUF* 2003, p 364 et s.

[144] Cf. Florian Linditch, « Recherches sur la place de l'amortissement en droit administratif », *AJDA* du 20 fév. 1996, p 104.

[145] Ce budget annexe est notamment imposé pour les services publics affermés ou gérés en régie intéressée. Elle s'inspire de l'obligation prévue en matière de service public de transports, Instruction fiscale M43 n°97-080 du 5 juin 1997. Cf. Bernadette Straub, « Guide budgétaire et comptable de la délégation de service public », éd. *Berger-Levrault*, coll. Le point sur., 2004, p 41 et s.

de suivi opérationnel des opérations de gestion du cocontractant...[146] L'origine de ces problèmes est à rechercher dans les différences persistantes entre la comptabilité des personnes publiques et celle de leurs cocontractants privés. En effet, malgré des réformes successives, la comptabilité publique n'a pas transposé tous les mécanismes de gestion inhérents à l'amortissement industriel[147]. Ceci explique que, dans les contrats administratifs, cette technique a rarement pour objet une mise en valeur des actifs composant le patrimoine. Son utilisation a surtout été guidée par un souci d'intégrer les dépréciations affectant les biens dans les plans comptables.

119. Elle témoigne donc d'une transposition incomplète de l'amortissement qui entraîne aujourd'hui pour les personnes publiques une impossibilité de contrôler le profil temporel d'amortissement du patrimoine, défini pour chaque bien par le cocontractant privé grâce à trois éléments : *le coût d'acquisition et de mise en service du bien* ; *sa consommation estimée* ; *les évolutions technologiques prévues*[148]. C'est pourtant à partir de ce profil que l'entreprise établit sa politique de gestion des biens visés dans les contrats administratifs, dont l'objet est de maximiser les investissements[149].

120. Il y a donc là un problème qui doit être résolu pour encadrer et rationaliser ces stratégies des cocontractants privés. Pour cela, le fonctionnement de l'amortissement technique/industriel doit être réévalué dans la comptabilité publique en tenant compte des spécificités qui lui sont attribuées dans le secteur d'activité dont il est issu, la sphère privée. Au préalable, l'analyse de la situation de ce mécanisme dans la comptabilité publique s'impose pour cerner les carences qui caractérisent aujourd'hui la gestion du patrimoine des contrats administratifs et la répartition de sa responsabilité entre les parties (Section 1). Cette étape préalable doit ensuite permettre de proposer des solutions pour réhabiliter le fonctionnement de l'amortissement dans ces conventions grâce à deux

---

[146] Sur ces problématiques, voir à titre non exhaustif, le bilan des juridictions financières présenté par Gilles Millet et Alain Leyat, « Les chambres territoriales et régionales des comptes et le contrôle des délégations de services publics », *AJDA* du 17 sept. 2007, chron., p 1696 et s

[147] Voir l'instruction fiscale M14 n°96-078 du 1er août 1996 applicable aux Communes au 1er janv. 1997 et introduite par la loi n°94-504 du 22 juin 1994, portant dispositions budgétaires et comptables relatives aux collectivités locales, JO du 23/06/1994, p 9032. Voir en ce sens l'Instruction fiscale M52 n°05-014 du 14 fév. 2005 pour les Départements. Cf. Ministère de l'Intérieur et de l'Aménagement du territoire, « La comptabilité M14 des Communes », Guide pratique de l'élu, n°33, 1995, réédité.

[148] Cf. Gérard Melyon et Rémédios Noguera, « Comptabilité générale », *ESKA*, 4°éd., 2004, p 357 et s., Jean-Pierre-Fradin et Jean-Baptiste Geffroy, « Traité du droit fiscal de l'entreprise », éd. *PUF*, 2003, p 364 et s.

[149] Cf. Alain Galesne, « Le financement de l'entreprise, *Gestion fiscale des amortissements et des provisions* », éd. *CEREFIA*, 1996 et 2004.

transformations des régimes juridiques : admettre d'abord que l'amortissement technique permet au cocontractant privé de définir des politiques de gestion ; encadrer ensuite ces stratégies en maîtrisant les modalités de traitement de comptable du patrimoine de ces contrats (Section 2).

Section 1 : L'amortissement technique et la comptabilité publique des contrats administratifs

121. Depuis le début des années 1990, les contrats administratifs ont connu de nombreuses réformes structurelles qui tendent à rapprocher ce mode d'action des instruments utilisés par le secteur privé. Même les dernières réformes européennes et nationales montrent qu'ils participent ainsi à une stratégie globale d'externalisation au cœur de la réforme de l'Etat et des collectivités territoriales[150]. C'est dans ce cadre que l'amortissement industriel a été transposé dans les contrats administratifs, en vue de permettre une gestion comptable courante du patrimoine des personnes publiques et éventuellement des actifs immobilisés transférés temporairement à un cocontractant.

122. L'autre apport de la technique est que sa comptabilisation permet de déterminer la partie au contrat qui est responsable de la gestion du patrimoine, élément qui indique si le contrat formalise ou non un transfert des biens au cocontractant. Si ce dernier en assume le traitement comptable, un transfert préalable du patrimoine existant et/ou en devenir a nécessairement été entériné par la convention. Dans cette hypothèse, la gestion des composants patrimoniaux concerne alors les éléments de réalisation [travaux, investissements, maîtrise d'ouvrage…[151]] et/ou les éléments d'exploitation [renouvellement, entretien, gestion patrimoniale

[150] V. Dir. n°2014/23 UE du Parlement européen et du Conseil du 26 fév. 2014, sur l'attribution de contrats de concession, JOUE 28/03/2014, préc. ; Dir. N°2014-24/UE du 26 févr. 2014, JOUE 28/03/2014 L. 94/65; Dir. N°2014-25/UE du 26 févr. 2014, JOUE 28/03/2014, L. 94/243 ; Ord. n°2015-899 du 23 juillet 2015, JO 24/07/2015, p 12602. V. aussi Paul Lignières et Laurent Babin, « L'externalisation : au cœur des préoccupations de l'Etat », *Revue de Dr. Adm.*, mai 2002 ; Jérôme Barthélémy, « Stratégie d'externalisation », éd. *Dunod*, 2004.

[151] Sur la nature des contrats de maîtrise d'ouvrage passés par un cocontractant privé dans le cadre de concessions de service public, voir Gabriel Eckert, « Concession de travaux et délégation de maîtrise d'ouvrage publique », com. CE, 17 juin 2009, SAEMN Bibracte, *Revue Contrats et MP*, n°8 août 2009, p 36 et s.

courante...][152]. C'est pourquoi ces amortissements doivent conditionner le choix de la forme du contrat. L'appréciation des investissements et de leur durée technique de dépréciation participent effectivement à structurer l'évaluation de ses besoins et à déterminer le contrat le mieux adapté[153]. Ce mécanisme de gestion des biens immobilisés a donc normalement une place essentielle dans la justification du choix de la personne publique.

123. La pratique montre cependant que la forme contractuelle est en réalité déterminée sans tenir compte de la prise en charge de l'amortissement technique. La responsabilité de son traitement ne constitue pas un référentiel, mais une simple conséquence du choix de l'autorité commanditaire[154].

124. A l'origine, les réformes successives de la comptabilité publique ont bien tenté de transposer le fonctionnement de l'amortissement technique issu du secteur privé afin de répertorier le patrimoine des personnes publiques et évaluer dans le temps ses dépréciations[155]. Ceci a permis de poursuivre une double ambition : rendre à la gestion de ces conventions la performance souhaitée pour équilibrer les accords contractuels ; prendre acte d'un patrimoine public à gérer et à valoriser.

125. Mais, pour la commande publique, cette ambition initiale a été très vite dépassée puisque le pouvoir réglementaire et le législateur ont attribué à l'amortissement technique une valeur de référentiel pour déterminer le contenu de certaines clauses contractuelles, comme celle relative à la durée[156]. Par ailleurs, confrontés à une complexité pour apprécier les conséquences de ce mécanisme, le législateur comme le juge administratif préfèrent se référer à des éléments plus faciles à expertiser pour fixer la durée de leurs conventions[157]. Ils délaissent ainsi la valeur initiale conférée à l'amortissement, pour se limiter à la fonction classique de cet instrument dans la comptabilité publique : le traitement comptable des dépréciations affectant les biens immobilisés.

---

[152] Sur les éléments concernés par le transfert de la gestion patrimoniale, voir le cas des délégations de service public présenté par Bernadette Straub, dans « Guide budgétaire et comptable de la délégation de service public », éd. *Berger-Levrault*, coll. Le Point sur., 1° éd. sept. 2004, p 89 et s.

[153] Sur la place de l'amortissement dans le choix des personnes publiques, voir l'article de Florian Linditch, « Recherches sur la place de l'amortissement en droit administratif », *AJDA* du 20 fév. 1996, p 100 et s.

[154] Sur cette carence, voir par exemple CE, 14 janv. 2008, Sté Sogeparc, req. n°297541, com. par Martin Collet, « L'amortissement fiscal des biens de retour dans les concessions de service public », *RJEP*, n°655, juill. 2008, p 3 et s.

[155] Voir en ce sens Yves Delaire, dans « La délégation des services publics locaux », éd. *Berger Levrault*, coll. Les Indispensables, nov. 2002, p 116 et s.

[156] Cf. Art. L1411-2 CGCT 2009 ; art. 40 de la loi Sapin n°93-122 du 29 janv. 1993, JO du 30/01/1993, p 1588.

[157] Sur le sujet, voir CE, 11 août 2009, Sté Maison Comba, req. n°303517, concl. Rapporteur Bertrand Dacosta, préc.

126. Les analyses doctrinales concernant le patrimoine des contrats administratifs attestent de ce phénomène puisqu'elles portent presque exclusivement sur le classement des biens selon leur nature et leur sort au terme de la convention[158]. Elles sont donc incomplètes car elles ne rendent pas compte du rôle de l'amortissement industriel en amont de l'exécution, c'est-à-dire durant la phase de l'évaluation préalable du contrat et la procédure de passation. Ce mécanisme a pourtant vocation à permettre une amélioration de la définition des besoins des personnes publiques [grâce à une appréciation des investissements et de leur prise en charge], de la forme du contrat et du contenu de certaines clauses contractuelles. Une différence importante demeure donc entre le rôle théorique de l'amortissement industriel dans le droit des contrats administratifs et son utilisation par les praticiens de la commande publique[159].

127. Afin de remédier à cette différence significative, ces derniers ne doivent plus négliger les réformes successives de la comptabilité publique car elles tendent à une uniformisation des pratiques comptables du secteur public en matière de gestion patrimoniale. Notamment pour certains contrats administratifs[160] (§1). Ceci ne signifie pas pour autant que ces réformes sont à ce jour complètes. N'ayant pas exactement respecté le fonctionnement de l'amortissement technique, elles ont laissé perduré des carences fondamentales[161] qui empêchent une maîtrise complète, par la personne publique, de l'amortissement technique traité par les cocontractants de droit privé (§2).

---

[158] En matière de délégations de service public par exemple, voir Yves Delaire, *op. cit.*

[159] En l'absence de délimitation doctrinale précise, la notion de commande publique renvoie ici aux contrats suivants : délégations de service public, partenariats public-privé, marchés publics, conventions d'occupation domaniale, marchés de mobilier urbain. Même si ces derniers sont traditionnellement classés dans les marchés publics (CE, Ass., 4 nov. 2005, Sté JC Decaux, com. Christine Maugüe et Philippe Terneyre, *AJDA* 2005, p 1083), nous les traitons à part en raison des spécificités de leur objet et de leur contenu afin de mieux mettre en évidence les conséquences de l'amortissement. Sur le périmètre de cette notion de commande publique, voir : François Llorens, « Typologie des contrats de la commande publique », *Revue Contrats et Marchés publics* n°5, mai 2005, étude n7.

[160] Ibid.

[161] Sur les carences de la comptabilité publique, voir Rolland Brolles et Bernadette Straub, « Budget des communes, gestion et comptabilité », éd. *Berger Levrault*, Adm. Locale, 18° éd., 2008, p 372 et s.

Paragraphe 1 : Les réformes de la comptabilité publique et la standardisation des amortissements techniques

127. Dans le secteur privé, la technique de l'amortissement industriel revêt deux fonctions. Son traitement comptable permet d'abord de répertorier les dépréciations et de déterminer ensuite la base des amortissements financiers. Les entreprises doivent donc définir des profils d'amortissement des immobilisations pour optimiser la gestion comptable et financière du patrimoine si elles souhaitent maximiser les résultats liés à leur utilisation. Dans son rapport d'analyse de 1987, le GROUPE D'ÉTUDE SUR LES DURÉES D'AMORTISSEMENT démontre par exemple que les bénéfices annuels des entreprises sont calculés en déduisant du résultat brut l'ensemble des charges, parmi lesquelles nous retrouvons l'amortissement technique[162].

128. Cette analyse est cependant trop limitative pour cerner toutes les conséquences, pour les contrats administratifs, de cette technique de gestion du patrimoine. L'amortissement influe en réalité sur trois éléments liés à la gestion des actifs : la *formation brute du capital fixe*[163], car l'amortissement technique conditionne les opérations d'investissements ; la *profitabilité des politiques d'investissements* de l'entreprise, grâce aux stratégies de réinvestissement des amortissements financiers ; le *calcul de performance de la société*, lié à l'appréciation globale de la gestion comptable du patrimoine[164].

129. Cette approche n'est pas *in extenso* reprise et consacrée dans le droit des contrats administratifs. La comptabilité des personnes publiques a certes connu de nombreuses réformes depuis le début des années 1980.

---

162 Rapport au Ministre d'Etat, de l'Economie, des Finances et de la Privatisation, « Les durées d'amortissement », ss prés. Paul Mentré, La Documentation française, coll. Les rapports officiels, nov. 1987. A cette occasion, le Groupe d'étude précise que l'amortissement « *représente la constatation annuelle, en charge d'exploitation et en diminution de valeurs d'actif, de la perte progressive de la valeur d'usage des immobilisations inscrites au bilan* » ; p 12/13.

163 La formation brute du capital fixe est un agrégat économique permettant de mesurer les opérations d'investissements d'une entreprise grâce aux actifs corporels et incorporels. Cf. Gérard Melyon et Rémédios Noguera, « Comptabilité générale », *ESKA*, 4° éd., 2004, p 107-118.

164 Groupe d'étude sur Les durées d'amortissement, *op. cit.* Au terme du rapport de 1987, l'amortissement a deux finalités économiques : d'une part, il contribue à définir la durée d'utilisation effective d'un investissement s'achevant lors du déclassement de l'immobilisation, c'est-à-dire lors de la constatation de sa fin de vie ; d'autre part, il impose à l'entreprise de déterminer un profil temporel d'amortissement d'un actif ; c'est-à-dire la répartition des coûts sur la durée réelle et comptable d'utilisation. Dans le second cas, le cumul total des amortissements permet alors à l'entreprise de connaître le prix actualisé de tous ses investissements.

Mais la transposition de l'amortissement dans ce champ comptable n'a jamais eu pour objectif de placer les autorités administratives en situation de maximiser économiquement leurs investissements dans ces contrats. L'adaptation de l'amortissement technique dans le droit public a essentiellement eu pour objet de retracer le vieillissement annuel du patrimoine. Ce n'est qu'à de rares occasions qu'il a eu pour but d'anticiper financièrement le renouvellement partiel ou total du patrimoine des contrats administratifs[165].

130. Pour ces conventions, la transposition de l'amortissement dans la comptabilité publique a donc poursuivi l'objectif d'élaborer des normes communes aux personnes publiques et à leurs cocontractants privés uniquement pour la gestion du patrimoine contractuel. Ceci explique que les réformes de la comptabilité des personnes publiques ont tenté de reprendre, sur ce point seulement, le fonctionnement des amortissements dans la comptabilité des personnes privées. Les personnes publiques disposent ainsi à ce jour d'une structure générale similaire pour la gestion de l'amortissement. Celle-ci comprend deux comptes spécifiques [un compte de débit 68 « Dotations aux amortissements ; un compte de crédit 28 « Amortissements des immobilisations »] et leurs déclinaisons en sous-comptes ; certains étant d'ailleurs spécifiquement réservés aux opérations patrimoniales des contrats administratifs. Il en résulte une structure comptable commune pour les amortissements techniques du patrimoine contractuel.

131. Ces adaptations de la comptabilité publique confirment attestent donc d'une volonté de permettre une gestion des actifs amortissables dans les contrats administratifs (A). Les modalités de mise en œuvre de cette technique comptable montrent cependant que ces réformes n'étaient pas aussi ambitieuses qu'elles le laissaient présager. Elles ont laissé subsister des carences dans le traitement du patrimoine de certains contrats, comme en témoignent par exemple les marchés publics ou les conventions d'occupation domaniale (B).

---

[165] La logique d'anticipation du renouvellement du patrimoine est présente dans la comptabilité publique, mais pas dans les contrats administratifs. Cf. Rapport au Ministre d'Etat, de l'Economie, des Finances et de la Privatisation, « Les durées d'amortissement », ss prés. Paul Mentré, *La Documentation française*, coll. Les rapports officiels, novembre 1987, p 12. A la lumière de l'article 39 du CGI et de l'article 8 du décret n°83-1020 du 29 nov. 1983 (JO du 1er/12/1983, p 3461), le Groupe d'étude concentre son analyse sur la première fonction de l'amortissement : « *Celui-ci* (l'amortissement) *consiste à répartir le coût du bien sur sa durée probable d'utilisation selon un plan d'amortissement. Toute modification significative des conditions d'utilisation du bien justifie la révision du plan en cours d'exécution. (...)* » ; p12.

A- Les adaptations de la comptabilité publique aux enjeux de la gestion patrimoniale

132. L'utilisation de la technique de l'amortissement industriel dans les contrats administratifs a un rôle particulier dans les délégations de service public. Cette technique y revêt une place prépondérante puisqu'elle est utilisée pour calculer la clause relative à la durée contractuelle. Cette dernière correspond en principe au temps nécessaire au cocontractant pour amortir techniquement le patrimoine qu'il finance et qui est considéré comme des biens de retour. Néanmoins, ce principe n'empêche pas certains membres de la doctrine et le juge administratif d'adopter une lecture particulière de la durée contractuelle qui, selon eux, peut être calculée en tenant compte du poids des investissements rapporté aux recettes d'exploitation. L'amortissement ne serait donc plus qu'un simple standard sans véritable portée juridique[166].

133. Au-delà, l'amortissement industriel contribue aussi à déterminer les responsabilités respectives des parties en ce qui concerne la prise en charge des investissements durant la phase d'exécution du contrat : soit la personne publique finance les immobilisations, dans ce cas elle comptabilise les dépréciations affectant le patrimoine ; soit le cocontractant assume la charge de leur investissement et *in extenso* leur traitement comptable.

134. Les délégations de service public sont représentatives de la complexité qui caractérise cette gestion des amortissements dans la commande publique[167]. C'est en tout cas dans ce domaine que la comptabilité publique à apporter certaines solutions pour faciliter la gestion de cette technique. Une structure suffisamment complète a été progressivement créée pour intégrer l'amortissement industriel et répondre ainsi aux enjeux de chaque formule contractuelle. Une modification de l'approche traditionnelle de la sphère publique à l'égard de ce mécanisme a été pour cela nécessaire. A partir de là, l'amortissement n'était plus seulement

---

[166] Sur les deux modes de calcul de la durée, voir H. Hoepffner « Le régime des modifications conventionnelles des conventions de délégation de service public », *Revue Contrats et Marchés publics*, n° 6, éd. Lexis Nexis, déc. 2006, p 6 ; com. sur Avis du Conseil d'Etat, Sect. Travaux, 19 avril 2005, req. n°371-234. V. plus récemment CE, 11 août 2009, Sté Maison Comba, n°303517, préc. ; CE, 7 mai 2013, SAPP, n°365043, Juris Data n°2013-008819, préc.

[167] Une préférence discrétionnaire a été réservée aux contrats de délégations. Bien entendu, l'amortissement a aussi un rôle dans d'autres contrats, tels que les marchés publics à bon de commande, Art. 77 du CMP, éd. 2009.

conçu comme un outil économique monétaire, mais aussi comme une véritable technique de gestion du patrimoine des personnes publiques[168].

1/ L'instruction fiscale M 14 : la généralisation de la gestion du patrimoine public

135. Parmi les nombreuses réformes de la comptabilité publique, l'instruction fiscale M14, résultant de la loi n° 94-504 du 22 juin 1994, est particulièrement fondamentale pour comprendre la transposition de l'amortissement technique dans les modes publics de gestion du patrimoine[169]. Cette instruction a permis d'adopter de nouvelles normes comptables et de modifier le cadre de la comptabilité publique sur trois aspects[170] : *l'unification des nomenclatures comptables et budgétaires* ; la *séparation stricte des sections investissement et fonctionnement* ; *l'introduction de la notion de droits constatés*[171]. L'origine de cette réforme de la comptabilité est à rechercher dans les difficultés des collectivités locales à établir des inventaires patrimoniaux. En effet, nombre d'entre elles n'utilisaient presque jamais les dotations aux amortissements malgré les recommandations des instances fiscales nationales[172]. Or, cette absence de gestion des dépréciations avait pour conséquence l'altération de la sincérité des comptes publics puisque ceux-ci tenaient rarement compte des actifs composant le patrimoine public[173].

[168] Concernant les développements historiques de l'amortissement dans le droit public, voir Gaston Jèze, « Cours de Finances Publiques », éd. *Giard*, 1926, p 5 et s. Voir aussi Introduction, III. Historique, p 16-23.

[169] Loi n°94-504 du 22 juin 1994, portant dispositions budgétaires et comptables relatives aux collectivités locales, JO du 23/06/1994, p 9032. Cette instruction fiscale a fait l'objet d'une expérimentation avant d'être élargie à compter du 1er janv. 1997.

[170] Cette réforme a permis de revenir sur les précédentes instructions fiscales des Communes de moins de 10 000 habitants (M11) et de plus de 10 000 habitants (M12) qui découlaient de la loi n°82-213 du 2 mars 1982 (JO du 03/03/1982, p 730) ; instruction fiscale M11 et M12 n°82-137 du 2 août 1982 et instruction fiscale M11 et M12 n°82-209 du 14 déc. 1982.

[171] Sur cette notion, voir OCDE, Droits constatés (budgétisation et comptabilité publique sur la base des droits constatés), disponible à *http://www.oecd.org/document/62/0,3343,fr_2649_34119_42416254_1_1_1_1,00.html*

[172] Voir en ce sens la Circulaire n°INTB8700232C du 7 août 1987, JO du 20/12/1987, p 14863.

[173] Les services de l'Etat ont eu l'occasion de relever que les collectivités territoriales n'arrivaient pas, avant l'instruction fiscale M 14, à tirer un certain nombre d'avantages directs liés à l'application de la technique des amortissements et des provisions. Voir en ce sens Ministère de l'Intérieur et de l'Aménagement du territoire, « La comptabilité M 14 des communes », Guide pratique de l'élu, n°33, fév. 1995, réédité en déc. 2006 afin de prendre en compte les changements résultant de l'instruction M 14 intervenus au cours de l'année 2006.

136. Modifiant le Plan Comptable Général de 1982 qui portait adaptations des techniques comptables[174], l'instruction M 14 a permis d'y remédier. Pour les contrats administratifs, son apport est avéré. Elle a contribué notamment à distinguer dans la gestion des actifs le patrimoine propre des personnes publiques de celui transféré à un cocontractant. La structure générale des comptes de l'instruction M 14 se présente en huit classes ; parmi lesquels se trouvent les *comptes de bilans* (classe 1 à 5), les *comptes de résultats* (classes 6 et 7) et les *comptes spéciaux* (classe 8) qui permettent de retracer les engagements hors bilan. Cette réforme de 1994 a donc restructuré l'architecture des comptes publics en s'inspirant du modèle utilisé par le secteur privé. Ce n'est cependant pas le seul intérêt de l'instruction fiscale M14. Elle a aussi et surtout permis d'imposer dans la comptabilité publique la technique des amortissements industriels, dorénavant classés en fonction de leur prise en charge soit par la personne publique, soit par un cocontractant[175]. La réforme de 1994 a pour cela consacré des principes comptables élémentaires en matière de gestion patrimoniale qui rendent en premier lieu obligatoire la pratique de cet amortissement[176].

137. Elle prévoit deux classes particulières de comptes visant à assurer la gestion du patrimoine dans la comptabilité des personnes publiques : la classe 2 relative aux « Comptes d'immobilisations » ; la classe 6 relative aux « Charges ». La première permet de répertorier les immobilisations, qu'elles soient ou non transférées à un cocontractant, et la seconde permet de prendre acte du vieillissement de ces actifs. Ces deux classes de comptes permettent de réaliser une série d'objectifs directement issus de la comptabilité privée : la consolidation des comptes ; la transparence ; l'indépendance des exercices ; la sincérité budgétaire ; la prudence comptable. Cette instruction impose pour cela de classer les immobilisations de ces contrats en fonction de leur nature.

138. En comptabilité publique, les immobilisations représentent tous les biens et valeurs destinés à rester durablement, sous la même forme, dans le patrimoine de l'Etat, de la collectivité publique ou de leurs

---

[174] Le PCG de 1947 (décret n°47-2051 du 22 oct. 1947, JO du 23/10/1947, p 10477) a notamment été précisé par un arrêté du 27 avril 1982, JO du 7/05/1982, p 4355 ; révisé depuis par Com. RC, règlement n°99-03 du 29 avril 1999.

[175] Cette obligation est une des particularités de l'instruction fiscale M 14. En effet, les instructions fiscales précédentes M 11 et M 12 n'imposaient pas le traitement de cette technique. Il s'agissait d'un élément de gestion facultatif pour les personnes publiques. Voir en ce sens Valérie Burckel et Valérie Crémiers, « Histoire de la comptabilité publique », éd. *Economica*, coll. Finances Publiques, 1997.

[176] Ministère de l'Intérieur et de l'Aménagement du territoire, « La comptabilité M 14 des communes » Guide pratique de l'élu, n°33, fév. 1995, réédité en déc. 2006, éd. *Cursives*, Paris, p 5.

établissements publics[177]. Elles sont comptabilisées pour leur valeur toutes taxes comprises, sauf en cas de non-assujettissement à la TVA. Mais la valeur initiale du bien ne se maintient pas toujours à un niveau égal dans le temps. Les immobilisations sont affectées par des dépréciations qui doivent être traitées et répertoriées dans les plans comptables. C'est pourquoi les comptes des personnes publiques sont respectivement classés à partir de la nature économique des actifs immobilisés. Ce *premier principe* contribue à opérer une distinction entre les immobilisations corporelles et les immobilisations incorporelles : les premières correspondent à des biens physiques, les secondes étant identifiées par opposition à ces derniers[178].

139. Le *second principe* de la comptabilité publique en matière d'amortissement industriel est que, si les immobilisations sont totalement amorties et que leur utilisation perdure, elles demeurent inscrites au bilan et donc à l'inventaire. Ce principe des écritures comptables réalisées par les personnes publiques atteste de la volonté de se conformer à l'exigence de sincérité comptable issue du secteur privé et introduite dans la sphère publique par l'instruction fiscale M14[179].

140. En ce qui concerne les contrats administratifs, deux outils supplémentaires doivent retenir l'attention : le compte 205 qui classe les « Immobilisations incorporelles des concessions et droits similaires » ; le compte 22 retraçant l'ensemble des « Immobilisations mises en concession ou à disposition ». Ces deux comptes permettent d'établir un inventaire précis des actifs immobilisés, éventuellement transférés au cocontractant si le contrat prévoit un changement temporaire de responsabilité concernant la gestion du patrimoine. Ce phénomène est constaté dans deux hypothèses : lorsque la personne publique finance les frais de premier établissement et les met ensuite à disposition du cocontractant, à titre gratuit ou onéreux ; lorsque le contrat met à la charge du cocontractant ces investissements initiaux.

141. Dans le secteur privé, ces deux comptes sont complétés par le compte 28, intitulé « Amortissements des immobilisations ». Il s'agit d'un compte de crédits permettant de répertorier les dépréciations affectant les immobilisations. Ce dernier se décline en divers sous-comptes et propose une classification fonctionnelle des données patrimoniales des contrats

---

[177] Les analyses qui suivent ne s'appliquent pas aux biens d'une valeur inférieure à 500 euros TTC. A compter du 1er janv. 2002, ces biens sont conservés à l'actif pour une valeur fixe. Pour ce principe et ses conditions d'application, voir l'arrêté du 26 oct. 2001, dépenses du secteur public local, JO du 15/12/2001, p 19926.

[178] Pour une analyse plus approfondie concernant ces immobilisations, voir Partie I, Chapitre 2, Section 1, §1, B, 1/ et 2/.

[179] Pour une étude plus approfondie des différentes classes et des différents comptes, voir l'ouvrage de Marie-Thérèse Bidart et Jean-Christophe Moraud, « M14, La comptabilité des communes 2008 », éd. *Berger-Levrault*, coll. Les indispensables, 10ème éd., 2008.

administratifs, comme en témoigne le compte 2805 relatif aux amortissements des « Concessions et droits similaires »[180]. Ce dernier permet de comptabiliser les pertes de valeurs affectant le patrimoine dont est responsable le cocontractant.

142. Cette première méthode de classification selon la nature des biens est complétée par un second mode de détermination des comptes, établi cette fois en fonction de la partie au contrat qui assume la responsabilité de gestion des actifs concernés. Les charges résultant de l'utilisation du patrimoine financé par la personne publique sont ainsi retracées à la classe 6 relative aux « Comptes charges ». Celle-ci prévoit notamment le compte 68 relatif aux « Dotations aux amortissements et aux provisions ». Il s'agit d'un compte de débit dont l'objet est de prendre acte de la perte de valeur des actifs immobilisés et amortissables pour mieux anticiper leur renouvellement[181]. Si les dotations aux amortissements correspondent en comptabilité privée à des charges déductibles de l'impôt sur les sociétés[182], elles n'ont pas tout à fait la même fonction pour les personnes publiques. Lorsqu'elles sont utilisées pour le patrimoine public courant, elles poursuivent un but précis : anticiper le renouvellement des biens et les investissements qui sont nécessaires pour cela. En matière de contrats administratifs, leur pratique relève plus de l'exception que du principe, de sorte qu'elles contribuent rarement à ces opérations de remplacement des actifs immobilisés[183].

143. La classe 6 n'a donc pas exactement le même objectif dans la comptabilité publique. Elle renvoie seulement à la fonction technique et comptable de l'amortissement qui permet de retracer les dépréciations des immobilisations. Ce n'est que ponctuellement qu'elle sert à anticiper le renouvellement du patrimoine des contrats administratifs.

144. Pour les personnes publiques, le fonctionnement des écritures liées aux amortissements dans la comptabilité publique repose enfin sur un principe général d'équilibre des comptes de débit et de crédit[184]. L'amortissement du bien se fait à partir de sa valeur brute, déduction faite de sa valeur résiduelle. Cette dernière correspond à la valeur vénale du bien, c'est-à-dire la valeur, connue ou estimée, qu'aurait un bien s'il était

---

[180] Ministère de l'Intérieur et de l'Aménagement du territoire, « La comptabilité M 14 des communes », Guide pratique de l'élu, n°33, février 1995 et réédition en décembre 2006, éd. *Cursives*, p 7.

[181] Les dotations pour amortissement correspondent à des sommes qui sont débitées du Compte 68 pour créditer le Compte 28 relatif à l'« Amortissement des immobilisations ». Il s'agit de charges calculées et non-décaissées dont l'objet est d'anticiper le renouvellement des actifs et d'en étaler le coût sur plusieurs années. Voir en ce sens Gérard Melyon et Rémédios Noguera, « Comptabilité générale », *ESKA*, 4° éd., 2004, p 362-364.

[182] Cf. Article 39 et s. du CGI, éd. 2009, relatif aux modalités de calcul de l'impôt sur les sociétés.

[183] Sur cette exception et ses conséquences, voir Partie II, Chapitre 1, Section 1 et Section 2.

[184] Pour une collectivité territoriale, voir ce principe à l'art. L1612-4 du CGCT, éd. 2009.

cédé sur un marché. Par exemple, pour traiter l'amortissement d'une valeur de 30 d'un actif donné, les écritures en comptabilité publique doivent se conformer aux principes susvisés et donc au traitement suivant [185]:

Tableau n°1. Traitement comptable simplifié de l'amortissement

Compte	Intitulé	Débit	Crédit
68.	Dotation aux amortissements et aux provisions	30	
28.	Amortissements des immobilisations		30

145. Le compte 68 relatif aux « Dotations aux amortissements et aux provisions » enregistre le débit des sommes correspondant aux dépréciations annuelles constatées sur les actifs. Ces sommes viennent créditer le compte 28 relatif aux « Amortissements des immobilisations » afin de répertorier les pertes de valeurs constatées, de reconstruire le coût historique de l'actif concerné et d'équilibrer les comptes. A l'inverse, le compte 68 a pour objet de dégager un autofinancement et d'anticiper comptablement le renouvellement de l'actif immobilisé. Au-delà des comptes concernés et des principes généraux de ces écritures, ce traitement sommaire montre que l'intégration de l'amortissement dans la comptabilité publique s'est faite en respectant les principes de fonctionnement de ce mécanisme dans le secteur privé. Nous pouvons donc constater en la matière une uniformisation des normes comptables[186]. Au-delà, cette standardisation en matière de gestion du patrimoine a permis d'encadrer les modalités de fonctionnement des différents comptes des personnes publiques en vue de les rendre plus efficaces.

146. Cette réforme de 1994, réactualisée chaque année, constitue en définitive une réponse à trois enjeux majeurs : d'abord, elle a permis de *structurer les politiques successives de décentralisation* ; ensuite, elle a contribué à *pallier la multiplication des besoins de la personne publique* en matière d'équipements ; enfin, elle a assuré *le développement d'une*

[185] Pour l'exemple susvisé, voir Bernadette Straub, « Guide Budgétaire et comptable de la délégation de service public », éd. *Berger Levrault*, coll. Le point sur, sept. 2004, p 33 à 36.
[186] Voir par exemple Jean-Pierre Fradin et Jean-Baptiste Geffroy, « Traité de droit fiscal de l'entreprise », éd. *PUF*, coll. Droit Fondamental, 1ère éd. 2003, p 364 et s.

politique de gestion du patrimoine public[187]. Mais, en matière de contrats administratifs, force est de constater que des différences perdurent entre le traitement de l'amortissement par la personne publique et celui réalisé par un opérateur privé qui serait cocontractant.

2/ Les réformes de la comptabilité publique et la gestion des amortissements dans les contrats administratifs

147. En transposant la technique de l'amortissement, les réformes de la comptabilité publique ont bien eu des conséquences importantes sur la gestion patrimoniale des contrats administratifs. L'exemple le plus significatif est l'hypothèse où le contrat opère un transfert de réalisation et/ou de gestion des investissements au cocontractant. Dans ce cas, les écritures comptables doivent permettre aux parties d'enregistrer précisément cette opération. Un tel transfert leur impose donc d'expertiser la répartition des responsabilités respectives sur le patrimoine, visé dans le contrat, en évaluant trois points :

1 – Déterminer la partie qui assume le coût d'investissement ;

2 – Définir les modalités comptables d'amortissement et le traitement des écritures ;

3 – Procéder aux enregistrements comptables liés à la gestion patrimoniale.

148. Cette expertise réalisée, la personne publique est en mesure de déterminer le partage des responsabilités en matière d'écritures comptables en fonction du montage contractuel et de la consistance des investissements. Pour ces derniers, une distinction doit être opérée entre les immobilisations existantes, dont la personne publique a assuré le financement, et les immobilisations en devenir, dont la prise en charge peut être assumée par le cocontractant.

149. Si elle finance les investissements et ne les transfère pas au cocontractant, la personne publique doit procéder à leur traitement comptable durant la phase d'exécution. Dans le cas d'un affermage d'un service public de l'eau par exemple, le traitement de l'amortissement et la gestion comptable des immobilisations concernées sont retracés dans un budget annexe[188]. Si ce même service est délégué sous forme de

---

[187] Ces enjeux sont présentés par Philippe Limouzin-Lamothe, conseiller Maître à la Cour des Comptes, « Entretien sur les délégations de services publics », *Revue des concessions et des délégations de service public*, éd. Boulogne Bettinger, 1998, n°6, p 13.

[188] Ce procédé comptable de l'affermage du service public de l'eau a été imposé par l'instruction fiscale M 49 codifiée à l'article L 2221-11 du CGCT, éd. 2009 ; mise à jour par les instructions fiscales n°90-140-M49 du 6 déc. 1990 et n°92-144-M49 du 25 déc. 1992. Le budget annexe du service public de l'eau géré en régie intéressée ou en affermage doit se conformer au principe général d'équilibre, conformément à l'article L2224-1 et s. du CGCT éd. 2009 et à la loi Sapin n°93-122 du 29 janv. 1993, JO du 30/01/1993, p 1588. Voir aussi les

concession, les parties doivent s'accorder sur trois éléments : pour le patrimoine existant avant le contrat, cerner les immobilisations qui font l'objet d'un transfert comptable à la société concessionnaire ; identifier les biens qui sont à la charge du cocontractant et sont directement inscrits dans sa comptabilité ; prévoir les modalités de réintégration dans les comptes publics des immobilisations de la classe 2 afin de se conformer à l'instruction fiscale M 14 lors du traitement inhérent à la fin du contrat.

150. Mais l'intérêt d'avoir transposé dans la comptabilité publique l'amortissement industriel ne se limite pas à une simple clarification dans la répartition des responsabilités, selon la forme du contrat, sur les actifs composant le patrimoine. Son utilité est aussi de préciser les calculs économiques permettant d'évaluer les investissements nécessaires à la réalisation du contrat. La personne publique et son cocontractant doivent notamment déterminer la séquence temporelle d'un ou plusieurs investissements selon deux variables conditionnées par l'amortissement technique : le coût initial et les successions de recettes liées à l'emploi de l'actif[189]. Ils déterminent de cette manière ce que nous pouvons appeler le *profil d'amortissement du patrimoine et de ses composants*, en s'inspirant du principe de prudence comptable issu de l'article L123-20 du code de commerce[190].

151. Dans ce domaine, une des particularités des contrats administratifs est qu'ils recouvrent différentes hypothèses concernant la prise en charge des immobilisations. Or, l'absence de structure comptable universelle pour ce mode d'action engendre souvent une déresponsabilisation des personnes publiques vis-à-vis de la gestion patrimoniale, maintes fois dénoncée par les juridictions financières[191].

---

précisions apportées en la matière par la loi LEMA n°2006-1772 du 30 déc. 2006, JO du 31/12/2006, p 20285, com. Philippe Billet, « Les principales dispositions de la loi sur l'eau et les milieux aquatiques intéressant les collectivités », *JCP A*, n°1 et 2, 8 janv. 2007, p 4 et s.

[189] Voir sur ce point l'analyse présentée dans le Rapport au Ministre d'Etat, de l'Economie, des Finances et de la Privatisation, « Les durées d'amortissement », Groupe d'étude présidé par Paul Mentré, *La Documentation française*, coll. Les rapports officiels, nov. 1987. Ce rapport se réfère à l'article de Francis Bessières et Pierre Lhermitte (De l'équivalence entre le calcul économique classique et le langage de l'amortissement, Revue Econometrica, Vol. 31, janv-avril 1963, p 270 et s.) qui présentent les trois raisons justifiant l'application la technique de l'amortissement : appréhender plus facilement les flux économiques étalés sur de longues périodes ; anticiper les incertitudes de la vie économique ; compenser la différence entre les impôts sur les résultats qui sont perçus annuellement alors qu'un investissement fait l'objet d'une utilisation pluriannuelle.

[190] Selon l'article L 123-20 (ex-article 14) du Code de commerce et l'article 311-4 du PCG, le principe de la prudence comptable explique que « *même en cas d'absence ou d'insuffisance de bénéfice, il doit être procédé aux amortissements et aux provisions nécessaires* ».

[191] La Cour des comptes, dans son rapport public du 6 juin 1990 relatif au « Transport urbain de voyageurs » préconisait une utilisation complète des écritures comptables par les collectivités territoriales ; écritures comprenant : « *l'amortissement des investissements mis à disposition des exploitants par l'autorité organisatrice – bâtiments, matériels, techniques et*

152. Les personnes publiques disposent pourtant de nombreux outils qui permettent de pallier cette carence. Elles peuvent notamment s'appuyer sur les traitements comptables issus de la sphère privée et transposés dans la comptabilité publique. Par exemple, lors de la cession d'une immobilisation par une entreprise, la valeur d'entrée des actifs cédés et les annuités correspondantes sont sorties des comptes où elles figurent. L'opération comptable consiste à débiter le compte 675 « Valeurs comptables des immobilisations cédées » du montant de la cession pour formaliser la sortie de l'actif. Simultanément, le compte 775 « Produits des cessions » est crédité des sommes débitées au compte 462 « Créances sur cession d'immobilisations »[192]. Cette opération élémentaire peine pourtant à être scrupuleusement contrôlée et respectée par la personne publique.

153. S'agissant de la comptabilité publique et des contrats administratifs, la cession d'un actif immobilisé doit en principe respecter les mêmes écritures. Si le compte 675 doit être théoriquement débité du montant net de l'immobilisation cédée, le compte 775 est crédité des sommes débitées du compte 462. La cession d'un actif permet ainsi aux personnes publiques d'équilibrer les écritures comptables mais aussi de suivre leur patrimoine. Sur ce point, l'adaptation des nomenclatures budgétaires publiques aux règles de la comptabilité privée standardise *a priori* le traitement des amortissements dans les contrats administratifs. Le processus est cependant bien plus complexe dans la pratique.

154. L'instruction fiscale M 14 prévoit dans ce domaine diverses écritures conditionnées par la forme du contrat administratif et qui concernent essentiellement les comptes de la Classe 2. Le compte 22, « Immobilisations mises en concession ou à disposition », est plus particulièrement concerné. Il retrace les inscriptions relatives au transfert d'immobilisations au cocontractant, existantes ou en devenir, dans les contrats de délégations de services publics et de partenariats public-privé par exemple[193]. Les autres comptes de la Classe 2 et de la Classe 4

---

roulants – et les intérêts des emprunts contractés pour l'acquisition de ces biens », T. I p 268 et 273 ; disponible à *http://www.ccomptes.fr*.

[192] Cf. PCG Com. RC, règlement n°99-03 du 29 avril 1999, (JO du 21/09/1999) modifié à plusieurs reprises : règlement n°99-08 et n°99-09 du 24 nov. 1999 (JO du 31/12/1999) ; règlement n°2000-06 du 7 déc. 2000 (JO du 19/01/2001) ; règlement n°2002-10 du 12 déc. 2002 (JO du 31/12/2002) ; règlement n°2003-01 et n°2003-04 du 2 oct. 2003, (JO du 30/12/2003) ; règlement n°2003-07 du 12 déc. 2003 (JO du 31/12/2003) ; règlement n°2004-01 du 4 mai 2004 (JO du 08/06/2004) ; règlement n°2005-09 du 03 nov. 2005 (JO du 31/12/2005). La modification la plus récente est le règlement n°2007-02 du 14 déc. 2007 qui s'applique dès le 1er janvier 2008 (à jour au 1er janv. 2009) faisant application de la loi n°98-261 du 6 avril 1998, portant réforme de la réglementation comptable (JO du 07/04/1998, p 5384).

[193] Sur la question des investissements corporels immobiliers dans les contrats de délégation de service public, voir CE, 14 avril 2008, Sté Sogeparc France ; com. Martin Collet,

[« Comptes de tiers »] traitent les immobilisations corporelles ou incorporelles, ainsi que les écritures comptables de l'amortissement des actifs, notamment dans le cadre des marchés publics. Une fois l'objet du marché réalisé, ces comptes transitoires permettent de réintégrer dans la comptabilité publique les immobilisations à la date de leur mise en service. Enfin, pour les conventions d'occupation domaniale, les comptes de la Classe 2 retracent le patrimoine mis à disposition au cocontractant, exception faite du cas où il bénéficie de droits réels sur un domaine public déclassé et cédé.

155. La comptabilité publique présente donc en l'état une architecture intégrant à première vue l'amortissement industriel et la gestion patrimoniale pour chaque type de contrat administratif. Mais la portée de cette structure comptable doit être en réalité pondérée. Sa mise en œuvre reste effectivement tributaire des personnes publiques et du traitement correct des amortissements techniques des immobilisations, qui suppose un savoir-faire précis en matière de gestion patrimoniale. Elle n'est donc pas nécessairement un gage d'amélioration de la lisibilité des comptes. Très souvent les écritures comptables nécessaires constituent une structure complexe, voire opaque, qui rend le traitement et/ou le suivi de l'amortissement industriel difficile pour la personne publique. Les conséquences de ce mécanisme de gestion sont pourtant déterminantes pour l'équilibre des accords contractuels ainsi conclus. Ceci explique qu'elles doivent être prises en compte par le droit des contrats administratifs en complétant les principes existants. Ceci est non seulement vrai pour les délégations de services publics et les partenariats public privé, mais aussi pour les marchés publics et les conventions d'occupation domaniale[194].

B- Le traitement de l'amortissement en contrat administratif : une réforme en devenir de la comptabilité publique

156. Dans les contrats dont l'objet est complexe[195], tels les partenariats public-privé et les concessions de service public, le cocontractant pratique à la fois des amortissements techniques, mais aussi des amortissements financiers. Le premier [l'amortissement technique/

« L'amortissement fiscal des biens de retour dans les concessions de services publics », *RJEP*, n°655, juill. 2008, chron. n°6, p 3 et s.

[194] Les marchés publics visés ici sont les marchés de travaux, de service et de fourniture. Les cas particuliers, tels que les marchés à bon de commande (Art. 77 et 169 du CMP) ne sont pas ici traités.

[195] La notion de contrats complexes renvoie dans notre travail aux contrats de concession de service public et aux partenariats public-privé. Cette interprétation de cette notion de complexité s'explique en raison de leur objet, de leur contenu, du montage technique et financier nécessaire pour réaliser ces conventions.

industriel] lui permet de traiter les dépréciations des actifs immobilisés et classés selon leur nature[196]. Son estimation durant la procédure de passation contribue à déterminer la gestion du patrimoine visé au contrat et la durée contractuelle minimale, durant laquelle le cocontractant dispose d'un droit à rémunération. Le second [l'amortissement financier/ de caducité] est calculé sur la durée du contrat et permet à l'entreprise de constituer les fonds nécessaires pour rembourser le capital « obligations » et/ou le capital « actions » investi(s) pour les immobilisations considérées comme des biens de retour[197]. L'objectif de cet amortissement est de permettre une reconstitution de la valeur du bien et de compléter les amortissements techniques[198].

157. Cette possibilité est prévue par le droit fiscal pour une raison simple : la durée du contrat étant parfois plus courte que celle de l'amortissement industriel du patrimoine, la comptabilisation d'amortissements financiers supplémentaires permet d'éviter que le cocontractant ne soit lésé au terme du contrat et ne répercute cette perte sur les tarifs[199]. Mais, pour les marchés publics et les conventions d'occupation domaniale, la mise en œuvre de l'amortissement ne constitue pas un processus aussi abouti. Outre l'interdiction pour le cocontractant de pratiquer des amortissements de caducité, l'encadrement juridique des procédures de passation des marchés publics influe par exemple sur le traitement de l'amortissement industriel. Il en résulte un décalage entre les écritures comptables réalisées par la personne publique et celles constatées par le cocontractant. La comptabilité de la personne publique prévoit effectivement que le traitement des amortissements techniques des actifs dans la comptabilité publique débute seulement à l'année N+1 après la date de leur mise en service[200]. Les conventions d'occupation domaniale font quant à elles l'objet d'une tentative de mise en valeur du patrimoine.

---

[196] Voir en ce sens le « Mémento Pratique de droit fiscal », éd. *Francis Lefebvre*, 2008. Les feuillets n°98 BIC-X-36300 et s. présentent les amortissements utilisables par les entreprises concessionnaires.

[197] Voir en ce sens CE, 14 avril 2008, Sté Sogeparc France ; com. Martin Collet, « L'amortissement fiscal des biens de retour dans les concessions de services publics », *RJEP*, n°655, juill. 2008, chron. n°6, p 3 et s.

[198] Il est d'ailleurs intéressant de noter que, quand le coût présumé de remplacement de ces installations est supérieur à leur prix de revient, les entreprises peuvent constituer des provisions pour renouvellement dans les conditions fixées à l'article 39 1-5° alinéas 25 à 29 du CGI, éd. 2009. Cette disposition s'applique par extension aux marchés d'entreprise et de travaux publics pour la construction ou l'exploitation d'équipements.

[199] Cf. Partie II, Chapitre 1, Section 1 et Section 2.

[200] Voir par exemple la lettre d'observations de la CRC du Limousin, du 19 mars 1998 relative à la Cne d'Ussel, période 1991-1997 ; disponible à *http://www.ccomptes.fr*. Concernant l'amortissement des biens financés en marché public, la Chambre souligne que « *dans la mesure où les immobilisations sont propriété de la commune, celles-ci sont intégrées dans les comptes du service de l'abattoir et amorties à un compte 68 (6811-Dotations aux amortissements des immobilisations corporelles et incorporelles)* » ; p 5.

Toutefois, le traitement comptable lors de la mise à disposition au cocontractant apparaît bien incomplet.

1/ Les carences de la comptabilité publique en matière d'amortissement technique : le cas des marchés publics

158. Selon le code des marchés publics en vigueur, l'amortissement technique des immobilisations participe indirectement à déterminer la durée du contrat[201]. Dans ses formes classiques [marché de travaux, de fournitures ou de services], la passation d'un tel contrat révèle d'autres particularités techniques relatives à la comptabilisation des amortissements. Si certains types de contrats administratifs formalisent une répartition des charges entre les parties, les marchés publics institutionnalisent au contraire un transfert complet et temporaire de la charge d'investissements et de la responsabilité de la gestion patrimoniale au cocontractant[202]. Ce premier principe constitue la particularité fondamentale des marchés publics qui permet de distinguer le traitement comptable de l'amortissement technique de celui des autres contrats administratifs.

159. Cependant, dans la comptabilité privée, le point de départ de l'amortissement d'un bien commence *a priori* dès sa mise en service. Cette idée correspond à la définition même de la notion l'amortissement : ce mécanisme est appliqué sur un actif « *dont l'utilisation par l'entité est déterminable* » ; l'utilisation se mesurant « *par la consommation des avantages économiques attendus de l'actif, déterminables en terme d'unités de temps ou d'autres unités d'œuvre lorsque ces dernières reflètent plus correctement le rythme de consommation des avantages économiques attendus* »[203].

160. Or, la comptabilité publique n'adopte pas le même fonctionnement pour les marchés publics. Le traitement comptable de l'amortissement des actifs de ces contrats débute à l'année N+1 après leur mise en service. Par exemple, pour un marché public de travaux dont l'objet est la réalisation d'un bâtiment de 30 Millions d'euros, transféré en pleine propriété à une collectivité territoriale au 10 février de l'année N, la

---

201 Cette fonction de l'amortissement pour les marchés publics n'est pas directement consacrée dans le Code des marchés publics et son article 16. Mais la réponse ministérielle n°28612 de 1996 (JO du 12/02/1996, p 768) démontre que l'amortissement industriel sert implicitement à en fixer le contenu.

202 Sur la répartition des charges d'investissement et d'exploitation, voir L'analyse des comptes d'une opération de gestion de service public, Inventaires, janv. 1998, *http://www.inventaires.fr/rubriques/fiches/fi_24.htm.*

203 Cf. CNC, avis n°2002-07 du 27 juin 2002, relatif à l'amortissement et à la dépréciation des actifs ; source : *http://www.minefi.gouv.fr*. Dans cet avis, le CNC livre une interprétation extensive de la notion d'avantages économiques attendus de l'actif. Selon lui, cet avantage s'entend de l'idée de « potentiel de services attendus ».

comptabilisation des amortissements dans le budget de cette dernière ne débute qu'au 1er janvier de l'année N+1. Si ce bien a été mis en service au 25 février de l'année N, le traitement de l'actif se caractérise alors par un décalage de 10 mois entre le début de sa dépréciation réelle et le commencement comptable de ses pertes de valeurs. La comptabilité publique retenant le plus souvent un mode de comptabilisation linéaire des amortissements techniques et la valeur d'usage moyenne pour les bâtiments étant de 50 ans, le décalage *prorata temporis* en comptabilisation d'amortissements est alors dans cet exemple de 500 000 euros[204].

161. Le procédé adopté par la comptabilité publique diffère donc du système traditionnel de la comptabilité privée qui opère un traitement comptable particulièrement précis des dépréciations. Souvent qualifiée d'opaque par les juridictions financières, la comptabilité publique entretient en la matière des décalages significatifs qui empêchent les personnes publiques de connaître l'état réel de leur patrimoine financé en marché public. L'évaluation du montant amortissable des biens est pourtant similaire à celle de la comptabilité privée : la base amortissable correspond à la valeur brute de l'immobilisation, déduction faite de sa valeur résiduelle ou vénale[205]. Malgré cette correspondance pour estimer le montant patrimonial amortissable, force est de constater que la mise en œuvre de l'amortissement en comptabilité publique ne se conforme pas aux principes généraux de la comptabilité privée.

162. Le problème est que les conséquences de ce décalage ne se limitent pas à un simple traitement comptable de l'actif immobilisé. En effet, les écarts augmentant avec le temps, ils affectent directement l'évaluation générale du patrimoine. Il est alors impossible de déterminer de manière optimale le moment opportun pour renouveler les biens. Si près d'une année sépare la comptabilisation de l'amortissement de sa dépréciation

---

[204] La valeur d'usage correspond à la valeur des avantages économiques attendus de l'utilisation d'un actif amortissable, selon les usages professionnels en vigueur en matière de durée d'amortissement technique. Pour les différentes valeurs d'usage répertoriées, voir Partie I, Chapitre 2, Section 1, §1, B, 1/. Traditionnellement les modes de comptabilisation de l'amortissement diffèrent dans deux groupes de pays : ceux où fiscalement est admise une durée de vie déterminée par les chefs d'entreprise en fonction de la durée normale d'utilisation, tel que la France, et ceux où est fixée une durée réglementaire d'amortissement, tels que les Etats-Unis, le Japon ou l'Italie. Cf. Conseil Economique et Social, « Conditions économiques, sociales et culturelles de la modernisation de notre économie », ss prés. de Robert Lagane, *Revue des Avis et Rapports du CES*, n° 14 du 01/07/1987.

[205] La valeur brute correspond à la valeur d'entrée de l'actif dans le patrimoine, ou sa valeur de réévaluation, c'est-à-dire littéralement son prix de revient brut. La valeur résiduelle ou vénale correspond au montant qu'une entité obtiendrait de la cession de l'actif sur le marché, diminué des coûts éventuels de sortie ; étant entendu que cette valeur n'est comptabilisée dans le calcul de l'amortissement que si elle est significative et mesurable. Cf. Gérard Melyon, Rémédios Noguera, « Comptabilité générale », *ESKA*, 4° éd., 2004, p 26.

réelle, le remplacement du bien réalisé en marché public s'en trouve différé d'autant et le niveau qualitatif du service attendu de cet actif immobilisé est alors moindre. Les juridictions financières ont eu l'occasion de montrer que ce traitement du patrimoine, financé en marché public, par les personnes publiques entraînait un sous-optimum des opérations de renouvellement[206].

163. A partir de ce décalage comptable, trois observations sont possibles et suggèrent en la matière une refonte du régime de ces contrats : d'abord, les modes publics de comptabilisation des amortissements n'aboutissent pas à une gestion efficace du patrimoine, contrairement au fonctionnement de cette technique dans le secteur privé ; ensuite, les carences comptables influent directement sur la qualité des immobilisations et donc sur le service rendu aux usagers car l'utilisation d'un bien complètement amorti ne permet pas de maintenir un niveau qualitatif suffisant dans le service public concerné ; enfin, en ne respectant pas l'exigence de lisibilité issue du secteur privé, la comptabilité publique contrevient à l'efficacité recherchée en matière d'opérations de renouvellement des actifs immobilisés composant le patrimoine[207].

164. La structure comptable des personnes publiques et le traitement des amortissements industriels en matière de marchés publics sont ainsi faussés à deux niveaux : d'une part, sur l'imputation comptable qui sert à répertorier et à compenser annuellement les pertes de valeurs du patrimoine [dépréciation et usure des biens/ amortissements industriels] ; d'autre part sur l'imputation budgétaire qui assure graduellement le remboursement des sommes investies ou des emprunts contractés pour la réalisation du bien [étalement dans le temps de l'impact financier/ amortissement de caducité][208].

165. Mais cet exemple relatif à un marché public de travaux ne permet pas de cerner toutes les carences de ce mode d'action en matière d'amortissement. Il doit être complété par l'hypothèse où le contrat a pour objet la fourniture de biens sur une durée plus ou moins longue.

---

[206] La Cour des comptes, dans son rapport de 2004 sur La fiabilité des comptes des collectivités territoriales (source : *http://www.ccomptes.fr*) souligne à cet égard que : « *Les premiers résultats d'investigations engagées, en 2003, par les Chambres régionales des comptes, font ressortir la nécessité de clarifier l'articulation entre les principes budgétaires et les règles comptables afin d'éliminer les biais qui affectent encore trop souvent la comptabilité générale des collectivités et la présentation de leur situation financière et patrimoniale* » ; p 516.

[207] Ibid. La Cour des comptes se montre à cet égard très critique car « *l'amélioration de la transparence n'a pas été à la hauteur des attentes et la situation financière de nombre de collectivités ou d'établissements publics locaux continue de ne pas être reflétée de manière fiable dans leurs comptes* » ; p 516.

[208] Voir en ce sens « Mémento Pratique de droit fiscal », éd. *Francis Lefebvre*, feuillet n°98 BIC-x-36300 et s.

Dans ce cas, les missions des cocontractants portent aussi souvent sur le renouvellement successif des immobilisations. Ils assument alors directement le financement des investissements et la gestion comptable de ce patrimoine. Si la personne publique est dispensée de la gestion courante de l'amortissement industriel des actifs considérés, elle ne doit pas pour autant s'en déresponsabiliser. Au contraire, cette situation lui impose de mettre en place un contrôle rigoureux de la gestion comptable opérée par le cocontractant afin d'éviter toute forme de « sur-tarification ».

166. Lorsque l'amortissement des actifs est à la charge du cocontractant, ce dernier n'hésite effectivement pas à définir de véritables politiques de gestion du patrimoine qui ont pour objectif de maximiser ses investissements[209]. En assumant la réalisation et la gestion des actifs immobilisés, il tente ainsi de réaliser des investissements à moindre coût, tout en présentant à la personne publique des réajustements artificiels concernant les états comptables prévisionnels négociés en amont. Bien souvent, la réévaluation de ces derniers ne correspond pas aux valeurs amorties. Celles-ci sont en réalité plus faibles. Or, les amortissements techniques constituent une charge qui est intégrée dans le coût de revient facturé à la personne publique. Si cette dernière ne procède pas à la comptabilisation du patrimoine, elle doit au moins vérifier que les plans comptables présentés correspondent au traitement réel du patrimoine. Dans le cas contraire, le cocontractant est en mesure d'intégrer dans le prix de revient des charges qu'il ne supporte pas en réalité. Ne correspondant à aucune contrepartie effective, le prix versé est alors surévalué[210].

167. Ce lien entre la gestion du patrimoine et la rémunération du cocontractant montre que les marchés publics doivent réserver une place fondamentale à l'amortissement pour le choix du cocontractant[211]. Le fonctionnement classique de ce mécanisme doit pour cela être rétabli dans la comptabilité publique afin de remédier au décalage constaté lors de son traitement. Cette technique comptable étant une composante du

---

[209] Contrairement aux apparences, ces schémas de rentabilité appliqués à la gestion patrimoniale ne sont pas une fiction comme le rappelle Arthur Levitt Jr., ancien Président de la Commission de sécurité et des échanges des Etats-Unis, dans son discours du 28 septembre 1998 intitulé « *The numbers game* », *http://aaahq.org/newsarc/pr101898.htm*. Il attaque à cette occasion les pratiques des sociétés qui consistent à manipuler les comptes grâce à divers mécanismes : lissage de comptes ; nettoyage des comptes ; habillage des comptes ; comptabilité créative…

[210] Le juge administratif s'est prononcé sur ces stratégies. En matière de délégations de service public par exemple, il considère que la rémunération du cocontractant doit trouver sa contrepartie directement dans les missions qui lui sont confiées par la convention. Cf. CE, 30 sept. 1996, Sté Stéphanoise des eaux et Ville de Saint-Etienne, req. n°156176 et n°156509, *Revue Dr. Adm.* 1996, n°557, note Devès.

[211] Sur les critères d'attribution des marchés publics, voir l'art. 53 du CMP, éd. 2009.

prix de revient, l'amortissement industriel est appelé de surcroît à devenir un élément d'appréciation des offres des candidats à un tel contrat ; comme par exemple un sous-critère d'attribution. Pourtant, les personnes publiques s'y réfèrent à ce jour rarement au cours des procédures de passation des marchés publics alors que son contrôle permet de toute évidence de pondérer le prix de revient des prestations fournies[212].

168. En définitive, le besoin d'intégrer cette technique dans leur procédure de passation s'impose progressivement afin de permettre une maîtrise des coûts et une gestion efficace du patrimoine. Mais les particularités d'utilisation de l'amortissement industriel dans la commande publique ne s'arrêtent pas au cas des marchés publics. Les conventions d'occupation domaniale confirment la nécessité de réformer le cadre de la comptabilité publique afin d'optimiser le traitement de l'amortissement du patrimoine contractuel.

2/ L'amortissement au service d'une mise en valeur du domaine public : les conventions d'occupation domaniale

169. Traiter des autorisations unilatérales d'occupation du domaine public n'apparaît pas déterminant pour appréhender les enjeux du fonctionnement de l'amortissement industriel pour la commande publique. En revanche, les habilitations contractuelles ne doivent pas être négligées car elles emportent une emprise plus ou moins prononcée sur le domaine public par le cocontractant qui se matérialise par la construction d'immobilisations et la gestion de leurs amortissements[213]. Les conventions d'occupation domaniale permettent en effet de transférer sur une durée plus ou moins longue, un droit d'exploitation sur le domaine public à un cocontractant. Plusieurs cas de figure rendent alors compte des enjeux comptables liés à l'amortissement du patrimoine dans cette hypothèse.

170. Lors d'un premier contrat d'occupation du domaine, le traitement général des opérations comptables liées à l'amortissement technique s'apparente à celui des marchés publics. La convention emporte un transfert de propriété du domaine qui nécessite la réalisation de plusieurs opérations comptables pour matérialiser l'accord entre les parties, le

---

212 Pour un exemple concret, voir le marché public de définition pour la conception, la réalisation, la fourniture, l'installation et l'exploitation de sanitaires à entretien automatique pour la Ville de Paris, dont l'appel d'offre a été publié au Bulletin Officiel des Annonces de Marchés Publics le 26 avril 2005. Mais cette hypothèse se confirme dans l'ensemble des contrats visant la fourniture de biens aux personnes publiques (informatiques, consommables, fournitures bureautiques…) ; conformément au CMP, éd. 2009, résultant du décret n°2006-975 du 1er août 2006, JO du 04/08/2006, p 11627.

213 Pour une analyse complète du régime des conventions d'occupation domaniale, voir Laurent Richer, « Droit des contrats administratifs », *LGDJ*, 2014, p 557 et s.

transfert des immobilisations ainsi que la gestion de leur amortissement. L'objectif général est alors de retracer dans les comptes de la personne publique ce transfert temporaire du patrimoine.

171. Ces écritures doivent donc être suffisamment précises pour traiter toutes les immobilisations concernées par le changement de propriété du domaine public. Ainsi, les biens physiquement identifiables sont comptabilisés aux comptes de la classe 2 « Immobilisations corporelles » : d'abord, au compte 217 relatif aux « Immobilisations corporelles reçues au titre d'une mise à disposition »[214] ; ensuite, au compte 24 relatif aux « Immobilisations affectées, concédées, affermées ou mises à disposition » et plus précisément au compte 248 qui concerne les « Autres immobilisations mises en affectation »[215].

172. Le traitement de ce transfert entre la comptabilité de la personne publique et celle de l'occupant se matérialise par le débit de la valeur des amortissements au compte 281 relatif aux « Amortissements des immobilisations corporelles », et notamment au compte 2817 qui comptabilise les « Immobilisations corporelles reçues au titre d'une mise à disposition »[216]. Ces valeurs sont alors reportées au crédit de la comptabilité du cocontractant. La structure de ces opérations comptables contribue ainsi à identifier le changement de gestionnaire des immobilisations et de leur amortissement.

173. Si la technicité de ce traitement comptable permet d'encadrer la gestion du patrimoine lors d'un premier contrat, ces opérations se complexifient lors de son renouvellement. Le régime juridique des conventions d'occupation domaniale prévoit dans ce cas la reprise des immobilisations implantées sur le domaine par le nouveau cocontractant. La personne publique a la faculté de lui imposer la reprise des immobilisations corporelles de l'occupant précédent, à hauteur de leur valeur nette comptable[217]. L'autorité publique n'assume donc aucune opération comptable dans cette hypothèse. Elle laisse les cocontractants successifs formaliser ce transfert du patrimoine dans leur comptabilité respective. Néanmoins, ce traitement comptable entraîne fréquemment des situations litigieuses. Le nouvel occupant considère très souvent qu'il

---

[214] Voir en ce sens l'ouvrage du Ministère de l'Intérieur et de l'Aménagement du territoire, « La comptabilité M 14 des communes », Guide pratique de l'élu, n°33, fév. 1995, rééd. déc. 2006, éd. *Cursives*.

[215] Ibid.

[216] Ibid.

[217] Sur ce point, voir Laurent Richer, « Conventions d'occupation domaniale, Succession d'occupants et reprise des installations : problème d'interprétation du contrat » com. CE, 13 fév. 2002, Sté Créative, disponible à : *http://www.cabinet-richer.com/publications/publications.htm*. Cette jurisprudence porte sur la problématique de la reprise des immobilisations entre l'ancien et le nouveau cocontractant dans un contrat d'occupation du domaine public qui avait été signé avec la société Aéroports de Paris, pour l'installation d'une boutique à Roissy.

relève de la responsabilité de la personne publique de reprendre les immobilisations corporelles de nature mobilière et de procéder à leur gestion avant de les lui transférer comptablement[218].

174. Le juge administratif s'est prononcé sur ce point, sans pour autant résoudre les problèmes inhérents à une gestion stricte de l'amortissement industriel du patrimoine concerné. Il considère que les clauses contractuelles prévoyant un transfert direct entre les cocontractants sont légales[219]. Le Conseil d'Etat ne censure d'ailleurs pas les juges du fond dès lors que, en validant de telle clauses, ces derniers ne dénaturent ni le contrat, ni l'intention commune des parties. Cette intention semble respectée si les dispositions contractuelles sont claires et visent les investissements corporels immobiliers repris par le nouveau cocontractant. Cette interprétation « *va dans le sens de l'effet utile du contrat, car, à l'interpréter littéralement, on ne l'aurait guère appliqué, puisque les meubles installés par le commerçant sur le domaine public ne peuvent devenir des immeubles par destination, dès lors que le propriétaire des meubles n'est pas le même que celui de l'immeuble* »[220].

175. En validant ce raisonnement, le juge administratif dénature cependant la portée des clauses prévues dans ces contrats à propos du patrimoine et qui visent à favoriser une gestion transparente du transfert comptable des immobilisations intervenant à la fin de la convention. Le fond du problème est encore une fois plus large qu'un simple traitement comptable. A cette occasion, il s'agit pour la personne publique de traiter le terme du contrat tout en parvenant à relancer de manière encadrée une nouvelle convention. Elle devrait donc jouer en principe un rôle d'intermédiaire entre les deux cocontractants, seule posture lui permettant de contrôler la teneur des investissements et d'anticiper leur retour dans la sphère publique.

176. Le raisonnement juridique susvisé contourne cette idée en permettant au nouvel occupant de reprendre directement les immobilisations corporelles qui n'ont pas été totalement amorties par son prédécesseur. Si

---

[218] Ibid.

[219] Laurent Richer, « Conventions d'occupation domaniale, Succession d'occupants et reprise des installations : problème d'interprétation du contrat », com. CE, 13 fév. 2002, Sté Créative, disponible à : *http://www.cabinet-richer.com/publications/publications.htm*. L'auteur renvoie sur ce point aux jurisprudences suivantes : CE, Sect., 8 oct. 1965, Renard, Rec. 499 ; CE, Sect. 10 avril 1992, SNCF c/ Ville de Paris, RFDA, 1993, p 79 ; CE, 21 oct. 1992, Sté SETEC, *RFDA* 1993, p 742 ; CE, Sect., 27 mars 1998, Sté d'assurances La Nantaise et l'Angevine réunies, *RFDA* 1988, p 732. Dans les deux premières jurisprudences, le juge administratif se refuse à interpréter les clauses d'un contrat administratif. Dans les deux jurisprudences suivantes, il accepte néanmoins d'interpréter les dispositions des cahiers des charges approuvés en décret.

[220] Ibid. Sur la question des meubles des conventions d'occupation domaniale, l'auteur renvoie à l'ouvrage de Philippe Malaurie et Laurent Aynès, « Les Biens », éd. *Defrénois*, 1998.

le résultat juridique n'est en rien contestable, puisqu'un suivi comptable est ici assuré, cette solution ne respecte évidemment pas les objectifs des réformes successives de la comptabilité publique. En se reportant ainsi à la théorie de l'effet utile du contrat, le Conseil d'Etat dispense les personnes publiques d'assumer leurs responsabilités en matière de gestion du domaine et remet en cause le contenu des réformes de la comptabilité publique. Leur rôle se limite alors à constater le transfert de la comptabilisation des actifs entre le cocontractant sortant et le nouvel entrant. En ne servant plus d'intermédiaire entre les cocontractants et les usagers, sa qualité, par extension, de propriétaire des biens est donc remise en question, alors qu'ils sont destinés à réintégrer à terme sa comptabilité publique.

177. Au sens du Plan comptable général, les écritures relatives aux amortissements d'immobilisations révèlent comptablement la responsabilité sur les actifs envisagés. Or, ce transfert entre les deux occupants est de toute évidence peu conforme à ces prescriptions comptables, ainsi qu'à l'exigence de sécurité juridique qui doit normalement caractériser l'exécution de ces contrats[221]. Afin de remédier à cette carence, une séparation stricte entre les deux opérations contractuelles doit être formalisée par la personne publique en respectant la méthodologie suivante : au terme du premier contrat, elle réintègre d'abord dans ses plans comptables les immobilisations gérées par le cocontractant sortant à hauteur de leur valeur nette comptable ; après les avoir contrôlé, elle les transfère ensuite comptablement au nouvel entrant à la date de départ de la seconde phase d'exécution. Seules ces deux étapes aboutissent à un contrôle public efficace concernant les immobilisations amortissables visées dans de telles conventions.

178. Un complément de solution consisterait à intégrer dans le nouveau montage contractuel une clause relative au contrôle de la base amortissable des biens réintégrés par la personne publique à la fin du premier contrat. Pour déterminer la valeur du patrimoine, le contrat doit alors prévoir une clause qui permet aux personnes publiques de reprendre à la fin de l'ancienne convention les immobilisations qui ne sont pas totalement amorties, à hauteur de leur valeur nette comptable[222]. Cette

---

[221] Au sens de la jurisprudence administrative le principe de sécurité juridique est à première vue respecté (CE, 13 fév. 2002, Sté Créative, com. par Laurent Richer, « Conventions d'occupation domaniale, Succession d'occupants et reprise des installations : problème d'interprétation du contrat », disponible à : *http://www.cabinet-richer.com/publications/publications.htm*). Mais, comme nous venons de le démontrer, le traitement comptable du patrimoine apparaît bien incomplet, de sorte qu'il est en réalité porté atteinte à ce principe. Sur ce principe, V. P. Delvolvé, « Contrats publics et sécurité juridique », *EDCE* n°54 2008, p 329.

[222] Cf. Gérard Melyon, Rémédios Noguera, « Comptabilité générale », *ESKA*, 4°éd., p 352.

dernière constitue alors la nouvelle base amortissable pour le nouvel entrant.

179. En définitive, le cas des conventions d'occupation domaniale révèle des lacunes importantes en matière de traitement des amortissements. Au terme des procédures comptables menées dans ces contrats, il apparaît que le fonctionnement de ce mécanisme, tel qu'il résulte du secteur privé, n'est pas exactement respecté. Des solutions peuvent toutefois être envisagées pour améliorer ces traitements comptables et les adapter à tous les autres montages en se fondant sur les contrats administratifs plus complexes.

Paragraphe 2 : Le traitement comptable de l'amortissement dans les contrats administratifs complexes

180. Dans le secteur privé, toute politique de gestion du patrimoine constitue une stratégie dont les effets sont périodiquement appréciés au regard d'un certain nombre d'indicateurs de performance. La passation d'un contrat administratif ne modifie en rien l'objectif de ces politiques lorsque le patrimoine est transféré à un cocontractant privé. Les entreprises cocontractantes se servent effectivement des amortissements techniques pour améliorer leurs gains de gestion et donc leurs résultats nets. Ce phénomène est précisément confirmé dans l'hypothèse de contrats administratifs plus complexes, tels que les contrats de concessions et les partenariats public-privé[223].

181. Les juridictions financières soulignent fréquemment le manque de transparence qui caractérise les comptabilités des cocontractants dans ces contrats. Elles remarquent que cette situation résulte le plus souvent de différences entre les modes de gestion du secteur privé et ceux de la sphère publique qui engendrent une captation de profits pour le cocontractant[224]. La disparité entre ces formes de comptabilité

[223] La notion de contrats complexes renvoie dans notre travail aux contrats de concessions de service public et aux partenariats public-privé. L'interprétation de la notion de complexité s'explique ici en raison de leur objet, de leur contenu, du montage technique et financier nécessaire pour réaliser ces conventions.

[224] De nombreuses Chambres régionales des comptes démontrent que les personnes publiques commanditaires réalisent rarement des expertises complètes du patrimoine. Voir en ce sens les lettres d'observations suivantes : CRC Provence-Alpes-Côte-d'Azur, 6 juin 2002, Cne d'Aubagne ; CRC Champagne-Ardenne, 5 fév. 2004, SIVOM du Rethélois. Ainsi, les comptes présentés par les délégataires ne reflètent pas exactement la réalité d'exécution du service. Voir en ce sens les observations de la CRC Provence-Alpes-Côte-d'Azur, 20 août

expliquerait donc *a priori* ce phénomène. En réalité, la cause est à rechercher dans les buts qui caractérisent respectivement les parties au contrat. D'une manière générale, les contrats complexes formalisent un rapport de force ; la personne publique poursuivant une mission d'intérêt général tandis que son cocontractant tente de maximiser la rentabilité de ses investissements en réalisant les missions qui lui sont confiées[225]. Or, la diversité de ces dernières favorise la mise en œuvre d'une stratégie de dissimulation des données réelles d'exécution à la personne publique, notamment en ce qui concerne l'amortissement technique du patrimoine. Les conséquences de l'amortissement industriel et du transfert de la gestion patrimoniale pour les contrats administratifs dépassent donc un simple cadre comptable. Elles permettent de cerner ce rapport de force et ces stratégies alors même que les règles comptables devraient *a priori* permettre de préserver un certain équilibre.

182. En écartant les règles particulières existent pour les services publics gérés en régies directes[226], c'est en tout cas ainsi que peuvent être comprises les règles spécifiques des contrats de délégations et de partenariats public-privé. Elles imposent par exemple que le transfert patrimonial entre les parties [identifiable grâce aux amortissements industriels] fasse l'objet d'un traitement comptable précis qui diffère selon la forme contractuelle. Un contrat de délégation tel que la régie intéressée concerne pour l'essentiel l'exploitation du service, alors que la concession met souvent à la charge du cocontractant de lourds investissements sur lesquels il conserve la responsabilité au cours de l'exploitation. De la même manière, les contrats de partenariats sont connus pour la diversité des missions transférées au partenaire, ou au groupement de partenariat, sur une durée contractuelle longue. Le cocontractant réalise ainsi les investissements visés au contrat, pour ensuite assumer la gestion patrimoniale des amortissements jusqu'au terme de la convention.

183. Les règles comptables applicables à ces contrats permettent d'appréhender comment se déroule le transfert plus ou moins étendu de la gestion du patrimoine au cocontractant. Elles révèlent toutefois que ce transfert n'est pas suffisamment encadré par le contrat puisque le traitement des amortissements techniques permet la mise en place de stratégies visant à rentabiliser les investissements. Dans le cas des

---

2002, Cne d'Orange et de la CRC Rhône-Alpes, 30 août 2004, Sté d'aménagement touristique de l'Alpes d'Huez et des Grandes Rousses ; disponibles à *http://www.ccomptes.fr*.

[225] Sur l'objectif du cocontractant, Cf. André Thomas, « Amortissement, fiscalité, croissance », éd. *Bordas*, 1975, p 1.

[226] L'étude des régies directes n'est pas réalisée car notre sujet porte sur les contrats administratifs. Toutefois pour un aperçu des règles en vigueur, voir Bernadette Straub, « Guide Budgétaire et comptable de la délégation de service public », éd. *Berger Levrault*, coll. Le point sur, sept. 2004, p 33 à 36.

délégations de service public, la gestion comptable du patrimoine transféré montre par exemple que le cocontractant définit une politique rationnelle résultant d'un choix pris en fonction de la nature des investissements sur laquelle l'autorité délégante ne dispose que de peu d'informations alors qu'elle devrait permettre de mesurer le degré d'implication du cocontractant durant la phase d'exécution[227] (A). En cernant ces carences propres aux contrats de délégations, des propositions supplémentaires apparaissent alors pour améliorer le traitement comptable des partenariats public-privé (B).

A- La double gestion des actifs immobilisés dans les délégations de services publics

184. Le régime des délégations de service public présente la particularité d'utiliser la fonction technique de l'amortissement pour déterminer le contenu de la clause relative à la durée. La période d'exploitation du service public est donc tributaire de la durée d'amortissement industriel des investissements financés par le cocontractant et considérés comme des biens de retour ; période durant laquelle le cocontractant dispose d'un droit à rémunération. Mais l'utilisation juridique de ce mécanisme ne se limite pas à la question de la prise en charge des investissements pour fixer la durée. Il conditionne aussi et surtout la responsabilité des parties quant au traitement comptable du patrimoine. Si la personne publique finance les immobilisations et si elle en assume la responsabilité directe durant l'exécution, elle est tenue d'établir un budget annexe pour retracer l'amortissement industriel des actifs immobilisés. Dans ce domaine, les instructions fiscales appréhendent le budget annexe comme une obligation qui s'impose aux personnes publiques pour certaines formes de contrats de délégations[228] :

---

[227] Ibid. Selon Bernadette Straub, le choix du mode de délégation de service public résulte de six paramètres : les investissements à réaliser ; la répartition des risques ; le degré d'implication de la collectivité dans la gestion du service ; la maîtrise du savoir-faire ; l'équilibre du service en fonction des recettes d'exploitation ; le montant du prix payé par l'usager.

[228] Bernadette Straub, « Guide Budgétaire et comptable de la délégation de service public », éd. *Berger Levrault*, coll. Le point sur, sept. 2004, p 43. Cette présentation se conforme aux exigences des instructions fiscales M 14, loi n°94-504 du 22 juin 1994 (JO du 23/06/1994, p 9032) et M 4 modifiée par l'arrêté du 17 déc. 2007, applicable au 1er janv. 2008 (JO du 28/12/2007, p 21 627).

Tableau n°2. Contrats de délégations et établissement d'un budget annexe

Forme de la délégation	Budget annexe
Concession	Aucun
Affermage	Budget annexe ou budget propre pour les opérations patrimoniales
Régie Intéressée	Budget annexe ou budget propre pour les opérations patrimoniales

185. L'obligation d'établir un budget annexe pour les contrats d'affermage et de régie intéressée se comprend aisément au regard du rôle que doit assumer la personne publique sur le patrimoine. Dans ces hypothèses, elle finance les actifs immobilisés qui sont considérés comme les frais de premier établissement, alors que dans le mode concessif elle transfère partiellement ou totalement cette charge financière au cocontractant. L'origine du financement de ces biens représente donc le premier indicateur pour déterminer si la personne publique est tenue ou non d'établir un budget annexe pour ce patrimoine.

186. La question de l'origine du financement du patrimoine doit cependant être complétée par deux autres paramètres : la propriété du patrimoine et sa gestion durant la phase d'exécution. La répartition des responsabilités entre les parties, en matière d'écritures comptables relatives à l'amortissement, ne peut être effectivement déterminée qu'en rapprochant la notion de patrimoine (et son contenu) de la formule contractuelle choisie. Le cadre juridique des responsabilités respectives des parties en la matière est traditionnellement déterminé à partir de la nature des immobilisations. Le fonctionnement de l'amortissement technique est rarement pris en compte, alors que son importance est avérée puisqu'il doit contribuer au choix de la formule contractuelle.

187. Pour déterminer efficacement les modalités de traitement des amortissements dans ces contrats, l'origine du financement des immobilisations doit redevenir le premier élément à prendre en compte. Pour cela, le contrat doit clairement distinguer les investissements à réaliser [qui renvoient à l'idée de contenu patrimonial ou de potentiel patrimonial du contrat] de leur financement soit par le cocontractant, soit par la personne publique.

1/ Le potentiel patrimonial des investissements à amortir dans les conventions de délégations

188. La responsabilité des écritures comptables relatives aux amortissements techniques dépend de la forme de la délégation de service public. Cependant, l'origine du financement des immobilisations visées au contrat est le premier élément à prendre en compte pour déterminer si le traitement comptable du patrimoine doit être assumé durant l'exécution par la personne publique ou, au contraire, s'il revient au cocontractant.

189. La gestion du patrimoine impose qu'une répartition des rôles soit clairement définie entre les parties durant la procédure de passation, et ce, dans la lignée des recommandations de la Cour des comptes[229]. Mais, la problématique ici, concernant les délégations de services publics, que nombreuses hypothèses sont visées dans une même catégorie de contrats : les concessions de service public se caractérisent le plus souvent par une prise en charge des investissements par le cocontractant ; dans les autres formes de contrats de délégations [affermage, régie intéressée], la personne publique finance la majeure partie des frais de premier établissement, tandis que le délégataire prend partiellement en charge l'aménagement de la structure.

190. L'origine du financement des immobilisations impose donc un traitement comptable différencié non seulement selon les biens, mais aussi selon la forme contractuelle. Ces contrats ne prévoyant pas des modalités similaires de prise en charge des frais de premier établissement, ils ne peuvent effectivement obéir aux mêmes règles générales de comptabilisation des amortissements techniques. Un premier principe général peut toutefois être dégagé en s'appliquant aux trois formes de délégations : cette mission relative à l'amortissement est en principe assumée par la partie qui finance les biens ou celle qui accepte leur transfert, à titre gratuit ou à titre onéreux. En tenant compte de ces deux paramètres [la nature du contrat et l'origine du financement] une présentation générale de la répartition des responsabilités entre les parties, vis-à-vis du patrimoine et de son amortissement, est alors envisageable :

---

[229] Voir en ce sens Cour des Comptes, Rapport public 5 juin 1991, p 377 ; disponible à *http://www.ccomptes.fr*.

Tableau n°3. Les contrats de délégation et la répartition des traitements comptables

Origine du Financement / Contrat	Immobilisations financées par le Délégant	Immobilisations financées par le Délégataire
Concession	Aucun	Ecritures comptables dans les comptes d'exploitation / Bilan du délégataire
Affermage	Budget annexe ou budget propre de la personne publique	Ecritures comptables dans les comptes d'exploitation / Bilan du délégataire
Régie Intéressée	Budget annexe ou budget propre de la personne publique	Ecritures comptables dans les comptes d'exploitation / Bilan du délégataire

191. Tout en se conformant aux instructions fiscales applicables aux personnes publiques et aux dispositions du Plan comptable général[230], cette présentation permet de répartir les responsabilités respectives des parties en matière de gestion comptable du patrimoine. Elle montre notamment que le traitement des amortissements industriels par le cocontractant est une hypothèse qui se réalise seulement lorsque le contrat prévoit une prise en charge des biens par celui-ci (la concession) ou une mise à disposition, gratuite ou onéreuse, de la majeure partie des frais de premier établissement (certains affermages et régies intéressées). La seule limite est que, dans le second cas, la personne publique conserve un rôle déterminant sur les biens de retour grâce au budget annexe.

192. L'utilisation de cette structure générale ne se fait pas sans difficulté car ces trois formes de contrats recouvrent dans la pratique de nombreuses hypothèses de prise en charge des investissements initiaux. C'est pourquoi les juridictions financières insistent souvent sur le contrôle public des inscriptions reportées dans les comptes de la délégation et rappellent le principe général de ces écritures qui doit être respecté par les cocontractants[231] : un compte de délégation traite

[230] Cf. Bernadette Straub, « Guide budgétaire et comptable de la délégation de service public », éd. *Berger Levrault*, coll. Le point sur, sept. 2004, p 43.

[231] Voir en ce sens : CRC Rhône-Alpes, 30 août 2004, Sté d'aménagement touristique de l'Alpe d'Huez et des Grandes Rousses ; CRC Rhône-Alpes, 11 avril 2005, SEM Vercors

séparément la perte de valeur de l'actif [amortissement technique] et, éventuellement dans le cas de la concession, l'étalement de son coût [amortissement de caducité]. Si les écritures comptables ne sont pas contrôlées à la lumière de ce principe, les conséquences pour la personne publique sont importantes. Elle subit alors une dépossession partielle de son patrimoine puisque le cocontractant est libre de modifier artificiellement la nature des biens en les déplaçant dans ses lignes comptables. Elle peut aussi supporter l'amortissement des biens alors que le contrat prévoit en principe un transfert de cette mission au cocontractant. Pour éviter de tels phénomènes, les écritures comptables doivent être scrupuleusement expertisées en tenant compte des deux paramètres initiaux : la forme du contrat et l'origine du financement des actifs immobilisés visés dans la convention.

193. Dans le cadre d'une concession où les investissements sont exclusivement financés par le délégataire, celui-ci assume le traitement de la dépréciation des actifs et comptabilise la charge d'exploitation liée à leur utilisation. Il est donc amené à constater un amortissement pour dépréciation au bilan [amortissement industriel/ technique] et, simultanément, un étalement de son coût au compte de résultat [amortissement de caducité/ financier][232]. Dans le cas d'un affermage ou d'une régie intéressée, les frais de premier établissement sont financés en grande partie par la personne publique. Le délégataire n'assume donc pas la même responsabilité vis-à-vis du patrimoine. Pour ses biens propres aucune disposition juridique ne l'empêche de comptabiliser les deux formes d'amortissement. En revanche, pour les biens de reprise, il est tenu de répertorier les pertes de valeur périodiques [amortissement industriel], et il lui est interdit de comptabiliser des amortissements de caducité si ceux-ci font l'objet d'une indemnisation publique au terme du contrat[233]. Pour les biens de retour, le traitement comptable des dépréciations revient à la personne publique.

194. Mais, dans tous les cas, la comptabilisation des amortissements industriels par l'une des parties permet surtout de déterminer si le contrat formalise un transfert patrimonial à destination du cocontractant. Dans une concession, le cocontractant finance, exploite et assume la responsabilité du patrimoine entièrement transféré, tandis que les autres formules se caractérisent par un transfert patrimonial partiel entre les

---

restauration ; CRC Pays de la Loire, 5 mars 2007, Cne de la Baule-Escoublac ; disponibles à *http://www.ccomptes.fr*.

[232] Cf. « Mémento Pratique de droit fiscal », éd. *Francis Lefebvre*, 2008, feuillets n°98 BIC-x-36300 et s.

[233] Dans sa décision du 11 déc. 2008 (Sté Hôtelière La chaîne Lucien Barrière), le Conseil d'Etat se rallie aux conclusions du rapporteur Laurent Olleon qui suggère la généralisation sous conditions de l'amortissement de caducité à toutes les formes de contrats de délégations. Voir en ce sens Partie II, Chapitre 1, Section 1, §1 et §2.

parties ; la personne publique restant gestionnaire des biens de retour durant la phase d'exécution.

195. Le traitement de l'amortissement s'applique en outre aux immobilisations dont la durée de vie dépasse le terme du contrat, mais aussi à celles qui nécessitent un renouvellement en cours d'exécution et qui sont soumises aux provisions pour renouvellement[234]. En tenant compte de cet élément supplémentaire, les modalités comptables relatives aux immobilisations d'un contrat de délégation se présentent de la manière suivante[235] :

Tableau n°4 : Traitement des charges calculées imputables au compte de la délégation

Charges calculées imputables au compte de la délégation	**immobilisation non renouvelable**	**immobilisation renouvelable**
immobilisation mise à disposition gratuitement par le délégant	- Amortissement pour dépréciation au bilan **Principe:** pas d'inscription au compte de résultats	- Amortissement pour dépréciation au bilan **Principe:** pas d'inscription au compte de résultats - Provision pour Renouvellement (coût de remplacement - 0) **Principe:** Inscription au compte de résultats
immobilisation financée par le délégataire ou mise à disposition à titre onéreux	- Amortissement pour dépréciation au bilan **Principe:** Pas d'inscription au compte de résultats - Amortissement de caducité	- Amortissement pour dépréciation au bilan **Principe:** Inscription au compte de résultats - Amortissement de caducité

[234] Les provisions de renouvellement sont calculées à partir d'un coût estimé de renouvellement. Le coût de renouvellement est généralement supérieur à celui du premier achat. Le surcoût se calcule ainsi : Surcoût de renouvellement = coût de renouvellement – coût d'acquisition de l'immobilisation. Voir en ce sens Gérard Melyon et Rémédios Noguera, « Comptabilité générale », *ESKA*, 4°éd., 2004, p 377 et s.

[235] Ce tableau récapitulatif des inscriptions comptables relatives aux contrats de délégations est présenté par Michel Soulas, Commissaire du Gouvernement à la CRC Midi-Pyrénées, « L'équilibre financier d'un contrat de délégation de service public », Séminaire de l'ENACT de Montpellier, juin 2006. Voir aussi Olivier Ratheaux, « Paradoxes et pièges financiers des concessions », *Revue Repères*, n°8, sept. 2005, disponible à *http://www.afd.fr*.

	Principe: Inscription au compte de résultats	**Principe:** Inscription au compte de résultats - Provision pour Renouvellement **Principe:** Inscription au compte de résultats

196. Par exemple, pour une immobilisation qui est mise à disposition gratuitement par la personne publique au cocontractant et qui n'a pas besoin d'être renouvelée durant la phase, d'exécution, le cocontractant ne doit pas en principe reporter cet actif dans son compte de résultats en tant que charge patrimoniale. A l'inverse, pour une immobilisation qui est financée par le cocontractant et qui a besoin d'être renouvelée avant le terme normal du contrat, le cocontractant est autorisé à déduire cette charge de ses résultats annuels en la reportant dans son compte de résultats. Ces principes d'inscriptions comptables ne doivent pas être négligés car ils ont des conséquences sur le niveau des redevances annuelles versées par le cocontractant à la personne publique et qui sont calculées en fonction du chiffre d'affaires. En effet, dans le premier exemple, si le cocontractant reporte cette immobilisation dans son compte de résultats, celle-ci représente une charge qui diminue d'autant la base de calcul de cette redevance annuelle et qui se répercute également sur les tarifs.

197. L'importance de ces hypothèses montre que la répartition des responsabilités entre les parties dépasse donc le simple cadre du traitement comptable des amortissements. Outre la problématique du calcul de la redevance annuelle, cette structure des écritures comptables influe aussi sur la durée contractuelle. Au terme de la loi Sapin de 1993[236], cette donnée est calculée en fonction de l'amortissement technique des immobilisations financées par le cocontractant et considérées comme des biens de retour[237]. Cette durée correspond alors à un droit d'exploitation du service public et une période durant laquelle le cocontractant est autorisé à percevoir une rémunération en contrepartie des missions qu'il assume[238].

198. L'intérêt de maîtriser les écritures comptables relatives à la gestion du patrimoine et de son amortissement technique est donc double : d'une part, structurer les rapports contractuels des parties concernant les

[236] Cf. Loi Sapin n°93-122 du 29 janv. 1993, JO du 30/01/1993, p 1588, codifiée à l'art. L1411-1 et s. du CGCT, éd. 2009.

[237] Voir en ce sens la notion d'amortissement dans la « Délégation de service public », Jurisclasseur Droit administratif, éd. *Lexis Nexis*, 2002, fasc. 662 et s ; « Concession de service public », Jurisclasseur Droit Administratif, éd. à jour au 9 nov. 2004, éd. *Lexis Nexis*, 2005, fasc. 664 et s.

[238] Voir à titre non exhaustif, CE 30 sept. 1996, Sté Stéphanoise des Eaux et Ville de Saint-Etienne, req. n°156176, *Revue Dr. Adm.* 1996, n°557, note Devès ; CAA Lyon, 25 avril 2002, Sté Stéphanoise des Eaux c/ Sté Tartary, com. Florian Linditch, *JCP A* n°4, 20/01/2003, note n°1029.

investissements à réaliser ; d'autre part, estimer le plus précisément possible la durée du contrat de délégation et donc le contenu du droit à rémunération du cocontractant. Pour réaliser ces deux objectifs, les autorités délégantes doivent apprendre à maîtriser tout au long du contrat les bilans et la comptabilité du cocontractant pour apprécier le traitement de l'amortissement du patrimoine.

2/ Le traitement comptable du patrimoine à amortir : étude des bilans à constituer selon la forme de la délégation

199. La transposition de la fonction technique de l'amortissement dans les contrats de délégations témoigne d'un phénomène particulier : lorsqu'il est pris en charge par le cocontractant, la convention formalise un transfert temporaire de la responsabilité sur le patrimoine. Au regard des trois formes de délégations, les actifs immobilisés intégrés dans les plans comptables sont alors classés en fonction de deux paramètres : d'une part l'origine du financement des actifs par le délégant ou le délégataire ; d'autre part, l'éventualité de leur renouvellement avant le terme de la convention. Cette structure générale permet en principe d'opérer une répartition précise des rôles entre les parties. Mais cette expertise des traitements comptables des amortissements est rarement mise en œuvre par les personnes publiques[239]. L'amortissement est pourtant une donnée qui doit être strictement contrôlée car, dans le cas contraire, elle entraîne une perte de maîtrise temporaire ou définitive sur le patrimoine. Dans ce cas, la personne publique n'est effectivement plus en mesure d'identifier exactement les biens de retour au terme du contrat. C'est d'ailleurs pour cette raison que les instructions fiscales prévoient que les immobilisations doivent continuer à apparaître dans la comptabilité de l'autorité délégante, même si elles sont transférées.

200. Pour les contrats de concessions, ces inscriptions pour mémoire dans la comptabilité publique apparaissent au compte 241 relatifs aux « Immobilisations mises en concession ou en affermage »[240]. Seules en sont écartées les immobilisations qui font l'objet d'un budget annexe, en tant qu'actif immobilisé directement traité par la personne publique, et les biens soumis à un amortissement exceptionnel. Hormis ces deux cas

---

[239] Voir par exemple la lettre d'observations de la CRC Languedoc Roussillon, du 6 déc. 2000, relatives à la gestion du port de plaisance Port Camargue, Cne Le Grau du Roi, Gard, disponible à *http://www.ccomptes.fr*.

[240] Bernadette Straub, « Guide budgétaire et comptable de la délégation de service public », éd. *Berger Levrault*, coll. Le point sur sept. 2004, p 43. Selon le plan des comptes des communes de plus de 500 habitants, les immobilisations des conventions de délégations qui sont soit « *affectées, soit mises à disposition dans le cadre d'un transfert de compétences, ou encore affermées ou concédées sont comptabilisées au compte 24* », relatif aux « Immobilisations affectées, concédées, affermées ou mises à disposition ».

particuliers, le délégant doit procéder aux écritures comptables pour la mise en concession et le transfert des biens au cocontractant. Par exemple, pour une immobilisation d'une valeur de 1 000€, pour laquelle le délégant a déjà constaté dans sa comptabilité un amortissement industriel de 200€, les écritures de la mise en concession se présentent de la manière suivante[241] :

Tableau n°5. Analyse des mouvements aux comptes de débit et de crédit du délégant

[D = débit du compte x] ; [C = crédit du compte x]

Délégant	Débit	Crédit
BE D 21	1 000	
BE C 28		200
D 28	200	
C 21		200
C 21		800
D 241	800	

201. Ce traitement comptable général d'un contrat de concession s'applique aux immobilisations transférées ou mises à disposition à titre onéreux par la personne publique au cocontractant. Pour les investissements financés par le concessionnaire durant la phase d'exécution, ils ne nécessitent pas d'écritures comptables entre les parties à ce moment précis. Ils sont directement retracés dans le bilan et dans le compte d'exploitation annuel du cocontractant. Ce n'est qu'au terme de la convention que les parties doivent procéder à l'opération comptable inverse pour réintégrer les biens de retour dans les comptes de la personne publique.

202. Pour un contrat d'affermage, le traitement comptable diffère. Le transfert patrimonial à destination du cocontractant est dans cette hypothèse partiel, voire nul. Le fermier ne finance pas la totalité des frais de premier établissement dans ce type de contrat. Il se charge en principe de l'exploitation du service concerné et des équipements mis à disposition. Ce dernier n'assume vis-à-vis des actifs immobilisés que les charges courantes d'entretien. C'est pourquoi, selon l'instruction fiscale M 14 complétée par l'instruction fiscale M 4 pour les services publics industriels et commerciaux[242], l'autorité délégante doit procéder aux écritures

[241] Ibid. Le tableau présenté est issu des analyses réalisées par Bernadette Straub ; p 43.

[242] Bernadette Straub, « Guide budgétaire et comptable de la délégation de service public », éd. *Berger Levrault*, coll. Le point sur, sept. 2004, p 43.

comptables relatives à l'amortissement technique du patrimoine durant la phase d'exécution du contrat.

203. Il s'agit d'une explication au fonctionnement de la surtaxe reversée par le fermier à la personne publique, qui correspond en principe au montant des amortissements comptabilisés par l'autorité délégante[243]. Dès lors, la personne publique est tenue d'établir un budget annexe pour ces contrats, puisqu'elle assume le financement des immobilisations et leur traitement comptable durant la phase d'exécution. La surtaxe permet ici à la personne publique de pallier les dépréciations constatées grâce à l'amortissement industriel. Ce budget doit d'ailleurs permettre de distinguer la section investissement de celle relative au fonctionnement. Il se structure donc de la manière suivante[244] :

Tableau n°6 : Budget annexe d'un contrat d'affermage

Dépenses Investissement	**Compte**		**Recettes Investissement**	**Compte**
- Immobilisations. -Emprunts.	23 ou 21 16		-Emprunts. -Amortissement des immobilisations. -Virement Section Exploitation.	16 28 21
Dépenses Fonctionnement	**Compte**		**Recettes Fonctionnement**	**Compte**
- Charges Gestion Courante. -Charges Financières. -Dotations Amortissement -Virement Section Investissement.	65 66 68 23		-Surtaxe Reversée. - Redevance Affermage.	706 757

[243] Le montant de la surtaxe, qui est assumé par les usagers et reversé par le cocontractant à la personne publique, doit être calculé en fonction des amortissements des immobilisations mises à disposition au cocontractant pour l'exploitation du service public. Cette surtaxe permet à la collectivité d'équilibrer son budget annexe, tel que le prévoit les articles L 2224-1, R2333-121 et R2333-132 du CGCT, éd. 2009. Voir en ce sens CE, 30 juill. 2003, Cie Générale des Eaux, req. n°235398, 236086, 243893, 245672 ; CE, 17 oct. 2003, M. Bompard et a., req. n°244521 ; TA Bordeaux, 22 mai 2007, Cnauté Urbaine de Bordeaux, req. n°0603019. Le principe du budget annexe pour un affermage a été consacré par l'instruction fiscale M 49 qui dispose : « *Dans le cas de l'affermage du service public de l'eau, la commune ou l'organisme de regroupement a l'obligation d'ouvrir un budget annexe isolant les immobilisations, les dettes et les créances, les amortissements budgétaires et les relations financières avec le fermier* » ; Bernadette Straub, *op. cit.*, p 43.

[244] Bernadette Straub, « Guide budgétaire et comptable de la délégation de service public », éd. *Berger Levrault*, coll. Le point sur, p 43.

204. Ce budget annexe a pour objet de retracer l'ensemble des opérations comptables relatives au patrimoine et d'expertiser les mouvements financiers réalisés par le cocontractant[245]. Grâce à celui-ci, la personne publique peut opérer un suivi méticuleux de la surtaxe et de son montant, répercuté sur les tarifs par le fermier. Elle le rapporte pour cela aux charges d'exploitation liées au patrimoine (compte 23 ou 21) et aux dépréciations répertoriées grâce aux dotations aux amortissements (compte 68).

205. Une autre particularité du contrat d'affermage est que celui-ci prévoit généralement une clause de renouvellement des immobilisations à la charge du fermier. Pour réaliser cette mission, ce dernier est autorisé à constituer des provisions pour renouvellement sur les actifs concernés. Toutefois, la personne publique doit strictement contrôler la nature de ces biens car, dans le cas où ceux-ci n'auraient pas besoin d'être renouvelés durant l'exécution et s'il s'agit de biens de reprise, elle conserve la responsabilité de provisionner les sommes nécessaires[246]. A défaut, le fermier est en mesure de s'approprier les provisions pour renouvellement. La personne publique sollicitant rarement leur reversement à la fin du contrat, il augmente alors sa marge nette puisqu'il n'assume aucun investissement en contrepartie. Or, le problème est que ces provisions sont directement supportées par les usagers puisqu'elles sont intégrées dans le prix de revient facturé par le cocontractant.

206. Pour parvenir à calculer le prix du service le plus juste et éviter une captation de ces provisions, la personne publique doit réaliser un suivi efficace et précis du traitement comptable des biens et de sa répartition entre les parties durant la phase d'exécution. Si le fonctionnement de la surtaxe et des amortissements n'est pas maîtrisé, deux conséquences principales apparaissent : d'une part, la personne publique se voit indirectement dépossédée d'une partie de son patrimoine ; d'autre part, les usagers supportent indûment les conséquences financières de ces différentiels comptables. Le juge administratif a eu l'occasion de sanctionner ces stratégies visant à faire supporter des charges extérieures au contrat soit par les usagers, soit par la personne publique[247].

207. De la même manière que les écritures comptables d'un contrat d'affermage se distinguent de celles d'une concession de service public, le traitement comptable du patrimoine d'une régie intéressée présente certaines particularités. La personne publique assume dans ce cas les frais

---

[245] Grâce à ce budget annexe et à une coopération étroite entre la personne publique et son fermier, il est possible de calculer au plus juste le montant de la surtaxe au regard des amortissements. Sur ce point, voir Groupe de travail ss. prés. Paul Mentré, « Les durées d'amortissement », *La Documentation française*, coll. Les Rapports officiels, nov. 1987, p 37.

[246] Bernadette Straub, *op. cit.*

[247] Cf. CE, 30 sept. 1996, Sté Stéphanoise des eaux et Ville de Saint Etienne, req. n°156176 et n°156509, *Revue Dr. Adm.* 1996, n°557, note Devès.

de premier établissement, tandis que l'exploitation est confiée au régisseur. La rémunération versée à ce dernier se décompose alors en deux parties distinctes : une part fixe déterminée lors des négociations ; une part variable assise sur le chiffre d'affaires et qui ne peut être inférieure à 30%[248].

208. Dans cette hypothèse, la personne publique conserve donc la propriété et la responsabilité du traitement comptable des immobilisations. Elle est tenue d'établir un budget annexe afin de retracer l'ensemble de ces données patrimoniales et financières du contrat[249]. Au vue des spécificités de la régie intéressée, le budget annexe et le traitement comptable des amortissements se présentent de la manière suivante[250] :

Tableau n°7. Budget annexe d'un contrat de régie intéressée.

Dépenses Investissement	**Compte**		**Recettes Investissement**	**Compte**
- Immobilisations.	23 ou 21		-Emprunt.	16
-Emprunts.	16		-Amortissement immobilisations.	28
Dépenses Fonctionnement	**Compte**		**Recettes Fonctionnement**	**Compte**
- Rémunération régisseur	65		-Recettes d'exploitation.	706
-Charges Financières.	66			
-Dotations Amortissement	68			
-Dépenses courantes.	23			

209. Dans ce budget annexe, la colonne « Dépenses d'investissement » permet de retracer les frais de premier établissement par la personne publique, tandis que celle intitulée « Dépenses de fonctionnement » témoigne de la prise en charge et du traitement des dépréciations du patrimoine. A la différence du budget annexe d'un contrat d'affermage, le traitement de la surtaxe n'apparaît pas. La rémunération de la personne publique ne correspond pas ici au montant des dépréciations du

---

[248] Si la part forfaitaire est inférieure à 30%, le juge du contrat est compétent pour requalifier le contrat ; CE, 30 juin 1999, SMITOM Centre Ouest Seine et marnais, req. n°198147, *AJDA*, 1999, p 714, concl. C. Bergeal.

[249] Cf. Article L 2224-1 du CGCT, éd. 2009.

[250] Cf. Bernadette Straub, « Guide budgétaire et comptable de la délégation de service public », éd. *Berger Levrault*, coll. Le point sur, p 43.

patrimoine, mais à un reversement de la totalité des recettes d'exploitation ; une partie étant ensuite reversée au cocontractant en fonction des parts fixes et variables prévues par le contrat. La colonne « Recettes d'investissement » permet quant à elle de créditer le compte 28 des sommes débitées au compte 68, correspondant au traitement périodique des dépréciations affectant les immobilisations. L'objet de cette opération comptable est d'équilibrer le budget de la personne publique entre les dotations aux amortissements et la constitution d'une capacité d'autofinancement afin de renouveler à terme les biens complètement amortis.

210. Ces lignes budgétaires montrent que le contrat de régie intéressée, à la différence des concessions de service public, ne formalise pas un transfert patrimonial de pleine propriété au cocontractant. La personne publique conserve durant la phase d'exécution un rôle majeur en matière de gestion patrimoniale. Si elle ne procède pas à un suivi minutieux de ce budget, elle ne peut être en mesure d'anticiper le renouvellement des biens, qui sera pourtant nécessaire à terme pour assurer la continuité du service. A cette occasion, elle n'aura d'autre choix que de supporter la totalité du coût de l'opération sur son budget annuel. *A contrario*, une gestion précise du budget annexe permet un étalement pluriannuel de ces coûts d'investissements et de renouvellement.

211. L'analyse des différents budgets à constituer dans les contrats de délégations de service public montre que la transposition de la fonction technique de l'amortissement est variable. Sa prise en charge dépend à la fois de la forme du contrat, mais aussi des missions confiées au cocontractant. Sur ce point, la concession de service public apparaît particulièrement importante car son traitement peut être adapté aux partenariats public-privé. En effet, ces derniers formalisent un transfert au partenaire, ou groupement de partenaires, de la gestion des actifs immobilisés et amortissables, de la même manière que le mode concessif. Si certains travaux ont été entrepris pour clarifier le traitement comptable de ce type de contrats et, *in extenso*, de la gestion courante des dépréciations de leur patrimoine, force est de constater que cette structure ne constitue pas à ce jour un processus abouti.

B- Les propositions pour améliorer le traitement comptable des partenariats public-privé

212. Si le traitement de l'amortissement des délégations de service public a fait l'objet d'une longue période d'expérimentation[251], tel n'est pas le cas

[251] Certaines hésitations demeurent toujours dans la pratique, comme en témoigne la lettre d'observations de la CRC Midi Pyrénées du 27 avril 2006, Cne de Rocamadour, qui énonce à propos d'un contrat de concession : « *Ainsi la société ne respecte pas les normes comptables*

des partenariats public-privé[252]. D'apparition récente, ce type de contrat reproduit les mêmes hésitations comptables qui ont caractérisées le mode concessif à ses débuts. L'importance prise par les contrats de partenariats dans la commande publique rend pourtant nécessaire la définition d'un cadre comptable strict pour parvenir à une gestion transparente et efficace de leur patrimoine.

213. Les réformes successives de ce mode d'action ont bien entendu permis de leur attribuer un cadre juridique précis[253]. En revanche, les opérations comptables relatives à l'amortissement des actifs immobilisés n'ont pas été soumises aux mêmes exigences. Elles ne font pas l'objet d'une structure comptable nationale précise, comme en témoigne le classement, dans les comptes de l'Etat, des immobilisations issues de ces contrats[254]. Les enjeux financiers et patrimoniaux de ce type de contrat sont pourtant avérés et dépassent même ceux des contrats de concessions pour deux raisons : leur durée d'exécution est plus longue et les frais de premier établissement sont plus importants.

214. Il est donc nécessaire de remédier aux carences constatées. Pour ce faire, une solution pourrait consister à s'inspirer de certains principes élaborés dans le mode concessif, notamment en ce qui concerne le traitement de l'amortissement technique. Cette tentative de superposition des règles comptables est possible en raison des similitudes qui caractérisent ces deux types de contrats : complexité des missions ; longue durée d'exécution ; transfert de la responsabilité du patrimoine au cocontractant... Dans les deux cas, le cocontractant finance la part la plus importante des frais de premier établissement.

215. Ce rapprochement peut même aller au-delà. Dans ces deux formes de contrats, la durée contractuelle est calculée de la même manière : elle dépend de la durée d'amortissement technique des investissements financés par le cocontractant et qui sont considérés comme des biens de

---

applicables aux entreprises concessionnaires, telles qu'elles résultent du plan comptable général de 1999 et des recommandations du guide comptable des entreprises concessionnaires » ; disponible à *http://www.ccomptes.fr*.

[252] A noter que, à l'époque de la rédaction du présent travail, les contrats de partenariats public privé constituaient une catégorie de contrats à part (art. L. 1414-1 et s. du CGCT). A compter de l'entrée en vigueur de l'ordonnance n°2015-899 du 23 juillet 2015 (JO 24/07/2015, p 12602) ils sont devenus une forme de marchés publics. Ils sont à tout le moins qualifiés de marchés de partenariat public privé.

[253] Cf. Ordonnance n°2004-559 du 17 juin 2004, JO du 19/06/2004, p 10994 ; Loi n°2008-735 du 28 juill. 2008, JO du 29/07/2008, p 12144 ; Loi n°2009-179 du 17 fév. 2009, JO du 18/02/2009, p 2841.

[254] Voir l'avis de la Commission des Finances, projet de réforme 2008 des contrats de partenariats public-privé, Annexe à l'Avis n°243 du 26 mars 2008, session ordinaire du Sénat, rapport présenté par Charles Guené, disponible à *http://www.senat.fr/rap/a/07-243/a07-2430.html*. Dans cet avis, la Directrice de la Direction générale de la comptabilité publique explique que le classement des immobilisations de ces contrats se fait sur une ligne budgétaire inappropriée en raison de l'absence de lignes spécifiques ; Cf. Avis n°243, Partie I, III, A.

retour[255]. Dans ces conditions, si les partenariats public-privé ne font pas encore l'objet d'une méthodologie comptable fiable, la transposition des principes issus du système concessif pourrait permettre de pallier temporairement ce vide et fiabiliser le traitement de l'amortissement dans ces contrats.

1/ La détermination des opérations patrimoniales confiées au partenaire

216. Selon l'ordonnance du 17 juin 2004 et la loi du 28 juillet 2008, les contrats de partenariats ont pour objet « *de permettre à l'administration de tirer profit des capacités de gestion d'une entreprise privée, tenue de trouver les financements les mieux adaptés à son activité, voire d'assurer aux équipements en cause des débouchés autres que ceux qui répondent strictement aux besoins de l'administration contractante* »[256]. Cette fonction générale témoigne de la complexité des missions de réalisation et de gestion qui sont confiées au partenaire ou au groupement de partenaires[257]. Elle explique aussi pourquoi ce type de contrat formalise un transfert aussi important du patrimoine et de son traitement comptable au cocontractant, qui le rend dans une certaine mesure comparable aux concessions de service public[258].

---

[255] Article 14 de l'ordonnance n° 2004-559 du 17 juin 2004 (JO du 19/06/2004, p 10994) ; Loi n°2008-735 du 28 juill. 2008 (JO du 29/07/2008, p 12144) ; transposées à l'article L1414-1 du CGCT, éd. 2009. Sur cette question de la durée contractuelle v. CE, 11 août 2009, Sté Maison Comba, préc., dans laquelle il est considéré que la durée du contrat n'a pas à correspondre à la stricte durée comptable d'amortissement des biens financés par le cocontractant mais doit prendre en compte le temps nécessaire à ce nécessaire pour obtenir le remboursement des investissements assorti d'une marge nette bénéficiaire. Pour autant, comme cela est démontré plus avant dans ce travail les modalités de ce temps de remboursement et de ce calcul de la marge nette bénéficiaire dépendent largement de l'amortissement comptable des investissements de sorte que l'amortissement comptable n'a pas été complètement exclu du calcul des durées contractuelles.

[256] Paul Lignières, « Partenariats public-privé », éd. *Lexis Nexis*, coll. Affaires Finances, 2ème éd., 2005, p 116. Approche qui n'est pas démentie dans l'ordonnance n°2015-899 du 23 juillet 2015 (préc.).

[257] Ibid. La complexité est ici synonyme de souplesse de gestion pour les missions attribuées au cocontractant. Selon Paul Lignières : « *C'est ce qui permet aux autorités administratives d'exiger que la rémunération soit étroitement liée à des critères de performance dans l'exécution de la prestation et calculée sur l'ensemble de la durée du contrat. C'est aussi ce qui conduit à donner à ces contrats un caractère global. Quand ces contrats comprennent une part la construction, contrepartie de la responsabilité de l'entreprise, c'est la latitude qui est laissée de concevoir et de bâtir l'équipement que l'administration utilisera, l'avantage de l'administration c'est que l'entreprise lui fournira un service complet (...)* » ; p 116.

[258] Il y a bien entendu une différence fondamentale qui est celle de la rémunération puisque les contrats de partenariats prévoient le versement de loyers ; caractéristique qui a largement permis de les intégrer dans le futur nouveau CMP et de les intégrer dans le régime des marchés publics sur le fondement de l'ordonnance n°2015-899 du 23 juillet 2015 (préc.).

217. C'est pour cette raison que le traitement de l'amortissement technique du patrimoine des contrats de partenariats peut partiellement s'inspirer de la méthodologie utilisée dans le mode concessif. Cette tentative de transposition se limite cependant aux seuls aspects comptables de la gestion patrimoniale et n'a pas vocation à avoir de conséquences sur le mode de rémunération du cocontractant[259].

218. Concernant la question de la prise en charge des amortissements techniques du patrimoine, les parties doivent en premier lieu établir une répartition de la prise en charge des frais de premier établissement et de leur gestion durant la phase d'exécution. Sur ce point, les contrats de partenariats se caractérisent par un préfinancement privé qui justifie ensuite une gestion comptable temporaire des immobilisations par le cocontractant. Le partenariat public-privé formalise donc un transfert de la gestion du patrimoine et de son amortissement technique au partenaire, ou groupement de partenaires.

219. Néanmoins, ce transfert n'autorise pas la personne publique à se déresponsabiliser vis-à-vis des actifs immobilisés au contrat. Elle conserve au contraire un rôle fondamental en matière de suivi opérationnel des investissements. Ce type de contrôle doit notamment lui permettre de vérifier que la rémunération versée est en adéquation avec les missions réellement supportées par le cocontractant. En principe, ce suivi est en tout point comparable à celui réalisé dans le cadre du contrôle contractuel des concessions de service public. Les correspondances entre ces deux modes d'action ne s'arrêtent cependant pas aux missions respectives des parties quant à l'amortissement industriel du patrimoine et aux expertises menées par la personne publique.

220. La durée contractuelle est aussi un facteur de rapprochement entre ces deux formes de conventions. Dans les deux cas, le contenu de cette clause est similaire. Elle correspond à la durée d'amortissement technique des immobilisations financées par le cocontractant et considérées comme des biens de retour[260]. La transposition de ces modalités de calcul de la durée dans les contrats de partenariats s'explique par la correspondance des missions confiées au cocontractant. Ce dernier assume dans les deux montages contractuels le financement des frais de premier établissement, la gestion comptable du patrimoine classé selon la nature des biens et la prise en charge des risques[261].

221. Au terme de ces éléments relatifs aux investissements et à la gestion patrimoniale, il apparaît que les contrats de partenariats public-privé sont

---

[259] Ibid.

[260] Voir respectivement les articles L1411-2 du CGCT et L1414-1 du CGCT, éd. 2009.

[261] Cf. Paul Lignières, « Partenariats public-privé », éd. *Lexis Nexis*, coll. Affaires Finances, 2ème éd., 2005. Sur ce point, l'ordonnance du 23 juillet 2015 (relative aux marchés publics et marchés de partenariats) ne bouleverse pas cette approche de la durée contractuelle de ces contrats.

très proches des concessions de service public, même si le contenu des investissements et de la durée sont plus conséquents. La méthodologie des contrats de concession, pour établir les responsabilités respectives des parties concernant le traitement comptable des amortissements techniques, peut en conséquence leur être transposée.

222. En créant le contrat de partenariat, l'objectif du législateur a été de compléter les modes contractuels existants, notamment les délégations de service public et les marchés publics, afin de permettre une prise en charge de missions plus complexes. Selon la circulaire du 29 novembre 2005, « *il manquait un outil juridique permettant de confier à un tiers le soin de financer, concevoir tout ou partie, réaliser, maintenir et gérer des ouvrages ou équipements publics et des services concourant aux missions de service public en contrepartie d'une rémunération publique étalée dans le temps* »[262]. A la différence de la concession et même si les missions confiées au partenaire font l'objet d'un préfinancement privé, la rémunération de ce dernier est assurée majoritairement par la personne publique au moyen de loyers, quelque soit le stade de réalisation du contrat[263]. Ils couvrent en principe les frais de premier établissement, d'entretien, de maintenance et du renouvellement. La prise en charge de ces missions globales et la formalisation d'un transfert patrimonial complet impose donc au cocontractant de traiter les dépréciations qui affectent périodiquement les immobilisations. Il doit donc intégrer les actifs concernés dans ses plans comptables.

223. Les différentes opérations qu'il assume ne doivent pas pour autant entraîner un phénomène de déresponsabilisation de la personne publique vis-à-vis des immobilisations. Une telle situation reviendrait à remettre en cause le partage équitable des risques entre les parties et l'intérêt même de conclure un tel contrat[264]. La notion de risque dans ce montage contractuel renvoie d'ailleurs plus particulièrement aux opérations d'exploitation des investissements patrimoniaux. C'est pourquoi la durée contractuelle constitue un droit accordé au cocontractant pour obtenir une rémunération visant à lui assurer un retour complet sur investissements[265]. La durée d'amortissement technique des investissements représente donc la période durant laquelle le cocontractant est autorisé à percevoir une

---

[262] Cf. Circulaire n°ECOZ0500081C du 29 nov. 2005, JO du 15/12/2005 p. 19271, texte n° 16.

[263] V. l'ancien art. L. 1414-1 du CGCT (éd. 2014) et la nouvelle ordonnance du 23 juillet 2015, préc.

[264] Selon la Circulaire de 2005, cf. infra, tout contrat de partenariat doit faire l'objet d'une analyse précise du patrimoine et du partage des risques : «*Il faut optimiser le transfert en vue d'obtenir le meilleur rendement financier du contrat en évitant deux écueils : une trop grande pusillanimité (garder tous les risques) ou à l'inverse la « fuite en avant » (vouloir tous les transférer)* » ; 2.2.3 Le partage des risques.

[265] Voir en ce sens CE, 11 août 2009, Sté Maison Comba, req. n°303517, concl. Bertrand Dacosta, Rec. Lebon.

rémunération sur la personne publique et/ou sur les usagers en contrepartie de ses investissements. Si la personne publique utilise le partenariat public-privé pour se déresponsabiliser vis-à-vis de la gestion patrimoniale, le partenaire est alors en mesure d'accroître sa rémunération, de sorte que celle-ci ne correspond pas toujours à une contrepartie matérielle effective. Dans ce cas, la rémunération participe à une limitation des risques d'exploitation qu'il doit normalement supporter[266].

224. Afin d'éviter la survenance d'une telle situation, la personne publique doit procéder à un contrôle strict des opérations de gestion patrimoniale effectuées par le partenaire. Malheureusement, ce contrôle ne peut se faire au moyen d'un budget annexe. En vertu de l'article 1 de l'ordonnance de 2004, la personne publique n'est effectivement pas habilitée, comme dans le cas d'un affermage ou d'une régie intéressée, à établir un tel document budgétaire[267]. La responsabilité du traitement comptable des actifs immobilisés et amortissables revient au partenaire qui assume la maîtrise d'ouvrage. Dans ces conditions il est difficile pour la personne publique de mettre en place des modalités de contrôle efficace des opérations comptables induites par l'externalisation de la maîtrise d'ouvrage au cocontractant.

225. Or, la principale difficulté tient au fait que la gestion patrimoniale des contrats de partenariats déroge aux principes de la commande publique, notamment à celui d'interdiction de sous-traitance d'un contrat administratif[268]. Le traitement comptable du patrimoine visé au contrat, qui est transféré au partenaire, est fréquemment délégué par ce dernier à un membre du groupement ou sous-traité à une filiale. Pour ne pas échapper à la personne publique, le montage du partenariat devrait donc s'accompagner d'outils de contrôle de ces opérations patrimoniales qui n'existent pas à ce jour. Ils pourraient être élaborés en s'appuyant sur quelques principes qui peuvent d'ores et déjà guider les expertises publiques à réaliser.

226. Le premier est emprunté aux règles des concessions de service public. Il consiste à distinguer les actifs immobilisés en fonction de leur prise en charge. Toute immobilisation doit être inscrite au bilan et au compte d'exploitation du cocontractant dès lors qu'il en assume le financement et la réalisation. En ce qui concerne les biens mis à disposition à titre gratuit ou onéreux, ils peuvent suivre la comptabilisation évoquée en matière de

---

[266] Voir en matière de délégations de service public CE, 30 sept. 1996, Sté Stéphanoise des Eaux et Ville de Saint Etienne, req. n°156176, *Revue Dr. Adm.* 1996, n°557, note Devès ; CAA Lyon, 25 avril 2002, Sté Stéphanoise des Eaux c/ Sté Tartary, com. Florian Linditch, *JCP A* n°4, 20/01/2003, note n°1029.

[267] Ordonnance n° 2004-559 du 17 juin 2004, JO du 19/06/2004, p 10994.

[268] Paul Lignières, « Partenariats public-privé », éd. *Lexis Nexis*, coll. Affaires Finances, 2ème éd., 2005, p 204.

délégations de service public : s'ils sont transférés, ils sont portés pour mémoire dans la comptabilité de la personne publique, au compte « Immobilisations mises à disposition »[269]. Mais cette distinction lors du classement des actifs immobilisés doit aussi s'accompagner d'une évaluation concernant le contenu et la valeur de chaque composant du patrimoine. Ce second principe conditionne les opérations de contrôle de la personne publique durant la phase d'exécution. Cette évaluation doit par ailleurs respecter plusieurs étapes pour être pertinente et anticiper efficacement les contrôles contractuels.

227. Dans un premier temps, l'origine publique ou privée de l'immobilisation doit être déterminée pour savoir si l'exécution du contrat impose un transfert de gestion comptable du patrimoine. Ensuite, la personne publique doit évaluer la nature des biens pour définir le traitement comptable applicable en matière d'amortissement technique. Cette phase conditionne par la suite l'effectivité des contrôles sur les inscriptions comptables des amortissements durant l'exécution. C'est pourquoi le contrat doit expressément prévoir un droit de regard de la personne publique sur l'ensemble des opérations comptables menées par le cocontractant. Elle doit notamment vérifier que l'affectation des immobilisations se conforme à la convention et aux principes comptables en vigueur. Enfin, les processus de contrôle des immobilisations doivent être adaptés à tout type de contrat. Cette idée suppose que la personne publique dispose d'une marge de liberté suffisante pour adapter son contrôle aux spécificités du contrat conclu et au secteur d'activité.

228. A ce jour, le Conseil National de la Comptabilité[270] ne s'est toujours pas prononcé sur le traitement comptable et budgétaire des contrats de partenariat. Mais ces quelques principes directeurs, ainsi que les réflexions menées par certains organismes européens permettent d'ors et déjà, comme le montrent les éléments ci-dessous, de proposer une première structure pour le traitement comptable de ces conventions.

2/ Le traitement comptable initial relatif au patrimoine financé par le partenaire

229. Pour réaliser le traitement comptable initial d'un contrat de partenariat, la personne publique doit tenir compte de plusieurs éléments. Elle doit d'abord analyser le contenu des missions d'investissements

---

[269] Voir en ce sens Bernadette Straub, « Guide budgétaire et comptable de la délégation de service public », éd. Berger Levrault, coll. Le point sur, sept. 2004, p 36 et s.

[270] A noter que cette entité a été scindée en deux à l'occasion d'une réforme intervenue après la réalisation du présent travail. Existent aujourd'hui l'Autorité des normes comptables (ANC) et le Conseil de normalisation des comptes publics (CNoCP).

transférées au cocontractant[271]. Celles-ci se caractérisant par une certaine diversité, elles nécessitent un contrôle approfondi de leur contenu et de la valeur des frais de premier établissement. La variabilité et l'étendue de la rémunération du cocontractant doivent être ensuite expertisées car elles sont majoritairement supportées par la personne publique. Elle doit être une véritable contrepartie aux investissements qu'il finance. L'ordonnance de 2004 exige sur ce point qu'une distinction soit faite entre ce qui relève de l'investissement, du fonctionnement et du financement ; en tenant compte des éventuelles recettes annexes qui résultent de l'exploitation des immobilisations[272].

230. Cet élément est important car le premier traitement comptable de l'opération dépend du préfinancement des investissements par le partenaire, qui étale ensuite son remboursement sur l'ensemble de la durée du contrat. Pour la comptabilité de la personne publique, cette rémunération correspond à une contrepartie aux investissements patrimoniaux et représente un coût d'investissement imputable au compte d'actif 2764 (compte 2761 pour les comptabilités M21-22-31) « Mandat en section d'investissements »[273]. S'agissant du commencement du paiement des loyers par la personne publique, ils doivent débuter soit à la constatation finale de la conformité de l'ouvrage à sa destination, soit au cours de la période de réalisation de l'immobilisation déclinée en plusieurs étapes techniques constatées par un procès verbal. Ces deux cas de figure permettent de répartir les risques entre les parties en prévoyant une période variable de préfinancement privé. Mais le fait que cette rémunération due par la personne publique doive en principe correspondre aux investissements initiaux ne préfigure en rien le traitement comptable du patrimoine.

231. Pour cela, il convient dans un premier temps de prendre acte que ce type de contrat formalise un transfert patrimonial conséquent entre les parties qui permet de constater le passage d'une administration propriétaire à une administration acheteuse. C'est à partir de cette observation qu'un premier projet de traitement comptable a été proposé par l'Office des Statistiques des Communautés Européennes (OSCE),

---

[271] Voir en ce sens Thierry Kirat et Frédéric Marty, « Les enjeux comptables et budgétaires des PPP », *La Documentation française, Revue « Pouvoirs locaux »*, n°74, III/2007. Ce point n'est pas démenti par l'ordonnance du 23 juillet 2015 (préc.).

[272] Cf. Ordonnance n°2004-559 du 17 juin 2004, JO n°141 du 19/06/2004, p 10994 ; Circulaire n°ECOZ0500081C du 29 nov. 2005, JO du 15/12/2005, p 19271, texte n° 16.

[273] L'équilibre de ce compte 2764 se fait avec la partie de la rémunération relative au coût de fonctionnement qui est imputable au compte de charge 611 « Mandat en section de fonctionnement », et celle de la rémunération relative au coût de financement imputable au compte de charge 6618 « mandat en section de fonctionnement ».

dans une décision du 11 février 2004[274]. Cet organisme recommande que la comptabilisation des actifs revienne au partenaire si deux conditions cumulatives sont réunies : il doit supporter les risques liés à la construction ; il doit assumer le risque soit de la disponibilité, soit de la demande. Dans le cas contraire, la personne publique ne peut entièrement externaliser les investissements de sa dette publique[275]. Elle est tenue dans ce cas de procéder en partie au traitement comptable des immobilisations et de retracer dans son budget le poids de leur financement. L'OSCE prévoit des sous-critères pour étayer cette proposition générale : « *(...) si les actifs demeurent propriété du partenaire à l'issue du projet, et si ces actifs continuent de représenter une valeur économique significative, ils sont normalement classés dans le bilan du partenaire* »[276]. Mais l'intérêt de cette décision est surtout de dépasser la vision classique du droit français des contrats administratifs qui se réfère en la matière à un simple classement des biens en fonction de leur nature (les biens de retour, de reprise et propres) et qui n'a pas encore prévu le cas où les biens sont complètement externalisés. *A contrario*, une place fondamentale est ici accordée à l'objet du contrat.

232. Par exemple, pour les contrats de partenariat qui prévoient une simple option d'achat, le patrimoine peut faire l'objet d'un traitement comptable par le partenaire privé. Dans cette hypothèse, les actifs immobilisés ne peuvent être enregistrés dans la comptabilité publique que si la personne publique « *a l'obligation ferme d'acquérir les actifs à l'issue du contrat à un prix prédéterminé (...) ou a payé pour le droit d'acquérir les actifs pendant toute la durée du contrat moyennant des paiements réguliers (...)* »[277].

233. Les recommandations de la décision Eurostat de 2004, ainsi que les réflexions futures menées en la matière par le Conseil National de la comptabilité, doivent ainsi permettre de structurer le traitement comptable du patrimoine des contrats de partenariats. Pour y parvenir et prendre en compte l'ensemble des montages possibles, la personne publique doit notamment réaliser une expertise préalable en trois points : identifier d'abord les immobilisations renouvelables durant le contrat ; déterminer ensuite la répartition des risques entre les parties ; construire

[274] Office des Statistiques des Communautés Européennes, Eurostat, déc. n°18/2004, 11 fév. 2004, New decision of Eurostat on deficit and debt : treatment of public-private partnerships ; *http://ec.europa.eu/eurostat.*

[275] Sur cette hypothèse et la relance de l'attractivité de ces contrats par le mécanisme de cession de créances, instauré par la loi n°2008-735 du 28 juill. 2008, voir Jean-Baptiste Vila, « De l'Urgence et de la Complexité à repenser la réforme relative aux partenariats public-privé », *JCP A*, n°28, du 06 juill. 2009, p 30 et s.

[276] Paul Lignières, « Partenariats public-privé », éd. *Lexis Nexis*, coll. Affaires Finances, 2ème éd. 2005, p 238.

[277] Ibid.

enfin des clauses contractuelles prévoyant un cadre juridique pour la reprise des biens. Ces étapes préliminaires effectuées, un partage des responsabilités entre les parties peut être acté en se aux principes suivants :

Tableau n°8. Traitement des charges calculées imputables au compte du partenariat

Charges calculées imputables au compte du Partenariat	**immobilisation non renouvelable**	**immobilisation renouvelable**
immobilisation mise à disposition gratuitement par l'entité adjudicatrice **immobilisation sur lesquelles la personne publique a une Obligation ferme d'acquisition**	- Amortissement pour dépréciation au bilan **Principe:** pas d'inscription au compte de résultats du partenaire	- Amortissement pour dépréciation au bilan **Principe:** pas d'inscription au compte de Résultats du partenaire - Provision pour Renouvellement (coût de remplacement - 0) **Principe:** Inscription au compte de Résultats du partenaire
immobilisation financée par le partenaire avec : **-Risque construction** **-Risque Disponibilité/Demande** **immobilisation financée par le partenaire et si:** **- Propriété à la fin du contrat** **-Option d'achat simple de la personne publique**	- Amortissement pour dépréciation au bilan **Principe:** Inscription au compte de résultats du partenaire - Amortissement de caducité **Principe:** Inscription au compte de Résultats du partenaire	- Amortissement pour dépréciation au bilan **Principe:** Inscription au compte de Résultats du partenaire - Amortissement de caducité **Principe:** Inscription au compte de Résultats du partenaire - Provision pour Renouvellement **Principe:** Inscription au compte de résultats du partenaire

234. Ce traitement a l'avantage de prendre en compte l'ensemble des hypothèses des contrats de partenariats tout en complétant la

méthodologie utilisée dans le mode concessif[278]. Il apparaît en outre que la personne publique peut conserver une responsabilité et une propriété indirecte sur le patrimoine financé par le cocontractant et considéré comme des biens de retour. Dans ce cas, le partenaire, ou le groupement de partenaires, n'est pas habilité à retracer cette charge dans son compte de résultats. La seule exception concerne les provisions pour renouvellement relatives aux immobilisations qui sont complètement amorties avant le terme normal du contrat de partenariat. A l'inverse, lorsque cette responsabilité et cette propriété sont pleinement transférées au cocontractant, celui-ci est compétent non seulement pour procéder à la gestion des amortissements, mais aussi pour les comptabiliser en tant que charge dans son compte d'exploitation. La personne publique n'est alors plus la propriétaire, même indirecte, mais se situe en position d'acheteuse des immobilisations composant le patrimoine.

235. Pour respecter ces principes élémentaires concernant le traitement comptable initial, une attention toute particulière doit être portée sur les inscriptions des immobilisations dans les plans comptables. Celles-ci doivent se faire à hauteur de leur valeur nette comptable, conformément aux recommandations de l'OSCE et à celles de la circulaire du 29 novembre 2005[279]. En respectant l'ensemble de ces données, le transfert patrimonial formalisé par le contrat est sécurisé car les hypothèses traitées établissent une répartition stricte des responsabilités entre les parties. L'objectif de cette présentation est donc de guider les opérations à réaliser par la personne publique, avant la mise en service des actifs immobilisés. C'est pourquoi l'hypothèse présentée est réalisée sous sa forme la plus large afin « *d'en déterminer les constantes en fonction desquelles serait recherché un dénominateur commun de normalisation comptable* »[280]. Cette présentation peut donc être soumise à d'éventuelles adaptations en fonction des spécificités de chaque contrat[281]. Néanmoins, le Conseil national de la comptabilité doit élaborer le plus rapidement possible une structure détaillée pour le traitement comptable du patrimoine et de l'amortissement de ces contrats. Il doit pour cela tenir compte des politiques de gestion des amortissements qui sont déterminées par le cocontractant pour rentabiliser ses investissements.

---

[278] Cf. Martin Collet, « L'amortissement fiscal des biens de retour dans les concessions de service public », com. CE, 14 janv. 2008, Sté Sogeparc France, req. n°297541, Jurisdata n°2008-081270, *RJEP*, n°7, juill. 2008, p 4.

[279] Cf. Circulaire n°ECOZ0500081C du 29 nov. 2005, JO du 15/12/2005 p 19271, texte n° 16.

[280] Conseil National de la comptabilité, « Guide comptable des entreprises concessionnaires », les 8 juill., 7 nov. et 18 déc. 1975 (jamais publié, communiqué gracieusement par le service documentation) ; p 6.

[281] Ibid. Le Conseil National de la comptabilité notait déjà en 1975 que : « *La terminologie employée et les pratiques préconisées (...) sont parfois incompatibles avec les principes de normalisation comptable. (...) elles obscurcissent la signification des bilans (...) et faussent l'information comptable* », p2.

Section 2 : Les politiques de gestion des amortissements techniques : la rentabilité patrimoniale pour le cocontractant

236. L'une des particularités de l'amortissement technique dans les contrats administratifs est que son traitement permet de savoir si le contrat formalise ou non un transfert du patrimoine. Si la gestion des biens est réalisée par le cocontractant, la personne publique doit au préalable lui transmettre le pouvoir décisionnel sur les infrastructures existantes ou en devenir. Ce principe essentiel reçoit néanmoins deux interprétations : soit le traitement de cet amortissement apparaît comme une conséquence de la forme du contrat ; soit la forme du montage contractuel est conditionnée par le contenu des investissements et la prise en charge de leur amortissement. La première se rencontre aujourd'hui dans la pratique des contrats publics afin de contourner les difficultés liées au fonctionnement de l'amortissement[282]. La seconde correspond à une lecture stricte des textes législatifs et réglementaires lors de la transposition de l'amortissement dans ces contrats[283].

237. Pour apprécier les conséquences de cette différence entre les deux interprétations, le fonctionnement de l'amortissement technique doit être expertisé à la lumière des conditions d'exécution des contrats. La commande publique poursuit dans ce domaine des buts similaires à ceux qui prévalent dans la comptabilité privée : d'une part, l'amortissement technique permet d'opérer une gestion des dépréciations du patrimoine des contrats ; d'autre part, il concourt à optimiser les politiques d'investissements en mesurant avec précision leurs conséquences financières[284].

238. Ces deux fonctions de l'amortissement industriel montrent que l'utilisation de ce mécanisme par les personnes publiques à l'origine du contrat est souvent erronée. Elles délaissent fréquemment la logique de profitabilité définie par le cocontractant sur le patrimoine[285]. Même si les

[282] Ceci explique la marge de liberté concédée au cocontractant pour traiter l'amortissement. Voir en ce sens CE, 14 janv. 2008, Sté Sogeparc, req. n°297541, com. par Martin Collet, « L'amortissement fiscal des biens de retour dans les concessions de service public », *RJEP*, n°655, juill. 2008, p 3.

[283] Cf. Art. 40 de la loi Sapin n°93-122 du 29 janv. 1993, JO du 30/01/1993, p 1588 ; Art. 1 de l'ordonnance n°2004-559 du 17 juin 2004 sur les partenariats public-privé, JO du 19/06/2004, p 10994, repris dans la loi n°2008-735, 28 juill. 2008, JO 29 juill. 2008, p 12144.

[284] Cf. Gérard Melyon, Rémédios Noguera, « Comptabilité générale », *ESKA*, 4°éd., 2004, p 362-365.

[285] Dans son ouvrage « Le service public local, Mode d'emploi des régies et des concessions » (éd. *IVF Service*, 1996), Pierre Georges Van de Vyver dénonce les conséquences qui résultent

différentes formes de contrat n'emportent pas le même degré de transfert patrimonial et donc de liberté pour définir de telles politiques, ce constat, relatif aux conséquences financières de l'amortissement, est à ce jour indiscutable[286].

239. La plus value financière de l'entreprise cocontractante par rapport à ses concurrents, grâce à la gestion patrimoniale d'un contrat administratif, est par exemple délaissée des expertises de la personne publique. Pourtant, lorsque le cocontractant privé gère le patrimoine et son amortissement, il en est temporairement responsable et est assimilé par les tiers extérieurs comme le propriétaire de ces biens. Cette assimilation à une « propriété temporaire » par les tiers emporte alors une présomption de savoir-faire technique et industriel qui accroît la valeur du cocontractant sur les marchés financiers[287]. En cas de fusion-absorption, il se trouve en mesure de retirer une contrepartie supplémentaire et complètement artificielle de ces missions contractuelles ; plus-value dont l'expertise par la personne publique est impossible puisqu'aucune évaluation n'a été réalisée en amont. Il en est de même dans les opérations de cession de capital entre filiales d'un même groupe ou entre une filiale et sa société mère.

240. Opération comptable par nature, la technique de l'amortissement industriel constitue donc un mécanisme plus complexe qu'il n'y paraît. Sa fonction technique permet certes de procéder dans un premier temps à un recensement comptable des effets du temps sur les actifs immobilisés. Il a ainsi pour objet de comptabiliser annuellement les dépréciations affectant la valeur de chaque immobilisation composant le patrimoine du contrat[288]. Mais il participe aussi aux stratégies définies dans un second temps par le cocontractant sur les investissements patrimoniaux. L'amortissement industriel constitue donc un référentiel comptable au service de politiques de rentabilité[289].

---

de l'absence de prise en compte de ces logiques de profitabilité par les personnes publiques : « *(...) cette politique (...) consiste à privilégier le développement du patrimoine et des immobilisations sans se préoccuper de son vieillissement. La seule solution en pareil cas consiste à financer par l'emprunt le renouvellement des ouvrages, engageant le service public local industriel et commercial dans une augmentation en spirale de sa dette, qui, à terme, risque de devenir difficilement maîtrisable* » ; p 211.

[286] Voir en ce sens par exemple la lettre d'observations de la CRC Languedoc Roussillon du 6 déc. 2000, relative au port de plaisance de Port Camargue, Cne Le Grau du Roi, Gard ; disponible à *http://www.ccomptes.fr*.

[287] Il s'agit ici de la notion de « *good will* ». A titre non exhaustif, voir sur ce point Michael Porter, « L'avantage concurrentiel », *Inter Éditions*, Paris, 1986 ; Michel Albouy, « Acquisitions, goodwill et performances boursières », *L'expansion management review*, n°107, déc. 2002, pp 72-79.

[288] Cf. le PCG issu de Com. RC, règlement n°2005-09, du 3 nov. 2005, portant diverses modifications au règlement n°99-03 du 29 avril 1999 relatif à l'amortissement des actifs.

[289] Alain Galesne, « Le financement de l'entreprise », *Gestion fiscale des amortissements et des provisions*, éd. *CEREFIA*, 1996 et 2004. L'auteur note ainsi : « *(...) si l'objectif des*

241. Ce constat prouve l'utilité de la première fonction de l'amortissement technique dans la comptabilité privée : l'anticipation du vieillissement des actifs immobilisés afin de renouveler en temps voulu les biens totalement amortis[290]. La finalité du traitement comptable des pertes de valeurs du patrimoine est bien, pour son propriétaire, de déterminer des politiques de profitabilité poursuivant deux buts : *maximiser la gestion de la capacité d'autofinancement*, c'est-à-dire les dotations aux amortissements qui sont des charges non-décaissées et qui viennent créditer le compte 28 relatif à l'amortissement des immobilisations ; *déterminer et optimiser les déclarations fiscales annuelles*, puisque la capacité d'autofinancement est un élément déductible de l'impôt sur les sociétés[291].

242. Derrière une opération comptable rationnelle fondée sur un traitement constant, annuel, équilibré en dépenses et en recettes, l'amortissement a surtout vocation à compenser une perte économique (§1). Grâce au transfert patrimonial formalisé par le contrat administratif, s'organise donc une recherche de rentabilité des investissements, et ce, alors même que la personne publique ne dispose pas des moyens nécessaires pour la contrôler (§2).

---

pouvoirs publics étaient de permettre aux entreprises de reconstituer un capital égal en valeur nominal à son prix de revient d'origine, cet objectif est largement atteint : (...) les entreprises récupèrent davantage que le capital d'origine. (...) Certaines méthodes d'amortissement sont plus favorables que d'autres ; la méthode d'amortissement dégressif est de ce point de vue très supérieure à la méthode d'amortissement linéaire, la conjonction d'une méthode d'amortissement dégressif et d'une durée fiscale d'amortissement inférieure à la durée économique des équipements permettant aux entreprises et garantissant à celles-ci un potentiel de croissance autonome plus élevé » ; p 55.

[290] Ce principe permet aux entreprises de constituer une capacité d'autofinancement comme le montrent Gérard Melyon et Rémédios Noguera, « Comptabilité générale », *ESKA*, 4°éd., 2004, p 364 et s.

[291] Voir sur ce point André Amiaud, « La sincérité des bilans et des dispositions fiscales sur l'amortissement », Dalloz 1966, chron. VII, p 29 ; Florian Linditch, « Recherches sur la place de l'amortissement en droit administratif », *AJDA* du 20 fév. 1996, p 100 et s. Voir aussi en ce sens les dernières jurisprudences relatives à l'amortissement dans les contrats de délégation de service public : CE, 14 janv. 2008, Sté Sogeparc, req. n°297541, com. Martin Collet, « L'amortissement fiscal des biens de retour dans les délégations de service public », *RJEP* n°7 juillet 2008, p 3 et s. ; CE, 11 déc. 2008, SA Hôtelière la Chaîne Lucien Barrière, req. n°309427, com. Martin Collet, « Précisions sur le régime fiscal des délégations de service public », *RJEP* n°4 avril 2009, p 13 et s.

Paragraphe 1 : L'amortissement industriel : un mécanisme au service de la compensation d'une perte économique

243. Les dépréciations de valeur retracées grâce à l'amortissement technique correspondent aux effets d'un temps passé qui affecte le patrimoine. La détérioration, la disparition, l'obsolescence ou la désuétude fonctionnelle sont autant de phénomènes qui attestent de la capacité du temps et de son écoulement à participer à une dévalorisation des biens composant le patrimoine de n'importe quel opérateur privé ou public, même dans le cadre des contrats administratifs[292].

244. Ces différentes manifestations des effets du temps ne sont pas constatées de la même manière. Elles peuvent être classées en deux catégories distinctes, permettant de mieux en apprécier les conséquences sur le patrimoine et les modes de gestion de l'entreprise : *la succession* et *la simultanéité*. La première explique les divers phénomènes qui affectent périodiquement la valeur économique des immobilisations tout au long de leur durée d'utilisation. La seconde renvoie aux conséquences financières du traitement comptable de la perte de valeur économique des biens qui se répercute sur les résultats annuels de l'entreprise. Pour faire face à cette dernière contrainte, l'opérateur se sert des dépréciations constatées grâce aux dotations aux amortissements pour anticiper le renouvellement des biens[293]. C'est précisément pour diminuer les effets de ce phénomène que la dépréciation du patrimoine et le fonctionnement des amortissements sont intégrés dans ses plans comptables.

245. L'utilisation de l'amortissement industriel dans les contrats administratifs confirme donc cette forme de gestion du patrimoine, mais aussi la complexité technique du traitement des dépréciations. En effet, la particularité de la commande publique est que le fonctionnement de l'amortissement est d'autant plus difficile et obscur que le contrat formalise un transfert conséquent de la gestion patrimoniale au cocontractant. En approfondissant les rapports contractuels conclus par les personnes publiques, la mise en œuvre de l'amortissement industriel révèle en définitive un déséquilibre entre les parties.

---

292 Gérard Melyon et Rémédios Noguera, « Comptabilité générale », *ESKA*, 4°éd., 2004, p 350.

293 J.E Stiglitz et de C.E Walsh, « Principes d'économie moderne », éd. *Ouvertures économiques de Boeck*, 2° éd. 2004, p 577. Selon les auteurs, les conséquences des prévisions du renouvellement des actifs sont importantes dans les modes de gestion d'entreprise. L'usure du temps est un paramètre représentant un coût de production à mettre en balance avec la production totale. Dans cette acception de l'amortissement, le coût de production renvoie à deux éléments : le vieillissement des actifs immobilisés constaté grâce aux dotations aux amortissements ; l'anticipation comptable du renouvellement des biens.

246. En effet, le cocontractant se trouve en mesure de répartir l'impact réel des investissements et de leur amortissement technique sur la totalité de la durée de vie des actifs immobilisés. Mais, le plus souvent, cette information n'est pas communiquée à la personne publique. Celle-ci dispose seulement d'un état des résultats d'exploitation répartis sur l'ensemble de la durée contractuelle[294]. Le contrôle et l'évaluation du patrimoine visé au contrat sont ainsi rendus impossibles[295]. Cette stratégie de communication partielle des informations d'exploitation permet au cocontractant d'accroître sa rémunération en opérant une gestion des conséquences financières de l'amortissement industriel des biens de retour. Pour dissimuler les décalages entre l'évolution réelle de la dépréciation du patrimoine et la répartition de cette perte de valeur sur l'ensemble du contrat, le cocontractant applique aux courbes réelles d'évolution de la valeur des biens un coefficient de lissage des comptes. Il permet de « linéariser » les informations présentées à la personne publique[296]. En superposant les courbes relatives à la dépréciation réelle et à celle lissée du patrimoine, nous pouvons rendre compte des décalages existant, grâce à la figure suivante :

Figure n°1. Evaluation de la dépréciation de la valeur du patrimoine

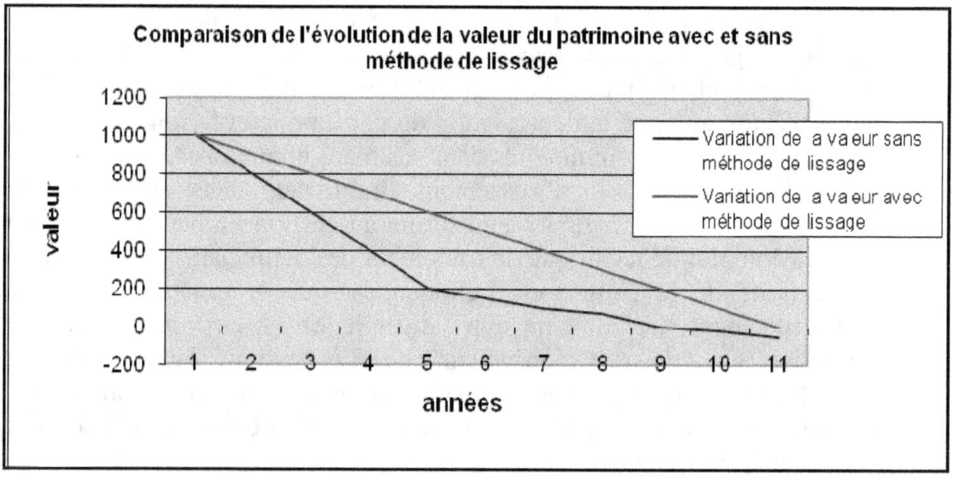

[294] Comme le prévoit d'ailleurs le décret n°2005-236 du 14 mars 2005 (JO du 18/03/2005) codifié à l'art. R. 1411-13 du CGCT.

[295] Cf. Michel Soulas « L'équilibre financier d'un contrat de délégation de service public », Séminaire de l'ENACT de Montpellier, juin 2006.

[296] Une analyse plus approfondie des conséquences financières de ce phénomène est réalisée à la Partie II, Chapitre I, Section 2, §1, A, 1/ et 2/.

Année	1	2	3	4	5	6	7	8	9	10	11
Valeur sans lissage	1000	800	600	400	200	150	100	75	0	-20	-50
Valeur avec lissage	1000	900	800	700	600	500	400	300	200	100	0

247. Cette présentation montre que les différences entre la courbe lissée et la courbe réelle de la dépréciation du patrimoine sont manifestes. Lorsque le cocontractant met en œuvre une méthode de lissage pour présenter la valeur du patrimoine à la personne publique durant la phase d'exécution, le bien est complètement amorti à la 11ème année ; date de fin du contrat dans notre hypothèse. L'étude de la variation réelle de la valeur du patrimoine montre quant à elle que son amortissement technique ne représente plus une charge pour le cocontractant dès la 9ème année. L'élément commun à ces deux courbes est que les immobilisations sont dans tous les cas affectées par des situations de dépréciations, estimées en termes de valeurs. Mais les informations lissées communiquées à la personne publique représentent un avantage de gestion pour le cocontractant pour au moins deux raisons : d'une part, elles limitent les investissements supplémentaires que pourrait solliciter la personne publique pour maintenir à un certain degré qualitatif le service concerné (puisqu'elle a l'impression qu'ils ont toujours une valeur positive et sont ainsi opérationnels) ; d'autre part, elles participent à une dissimulation des dépréciations réelles et empêchent ainsi la personne publique de vérifier la correspondance entre la rémunération perçue et la contrepartie matérielle effectivement assumée par le cocontractant.

248. Ceci démontre que le cocontractant met en place des stratégies de gestion des conséquences financières résultant de la dépréciation économique du patrimoine. Ces dernières résultent des politiques de traitement des amortissements qui sont définies au moment de la détermination des investissements à financer pour la réalisation du contrat (A). Pour parvenir à ce résultat, le cocontractant dispose de plusieurs modèles d'amortissement technique du patrimoine ; conformément aux dispositions légales (B).

A- Les politiques de gestion des amortissements pour dépréciation

249. Dans la comptabilité privée, la fonction technique de l'amortissement contribue à répertorier dans les plans comptables la perte de valeur constatée sur le patrimoine au cours du processus de production. Cette intégration comptable des dépréciations conditionne ensuite le

renouvellement du patrimoine et l'anticipation de la décision d'achat d'un nouveau bien. Il s'agit là d'un rapport de « causes-conséquences » qui met en évidence l'objectif de la gestion des pertes de valeurs. Mais il ne permet pas pour autant de comprendre toute la finalité de l'amortissement technique[297], bien qu'il contribue à saisir le lien entre les écritures comptables, relatives à la dépréciation du patrimoine, et la logique financière d'anticipation du renouvellement des biens. Cette relation explique que l'amortissement constitue un outil de gestion économique se déclinant sous différentes formes, en fonction du plan comptable défini par l'entreprise. Lorsqu'il est mis en œuvre dans un contrat administratif où le patrimoine est confié au cocontractant, son traitement résulte de la même manière d'un choix, en vue de retenir la politique la plus efficace possible en matière de gestion des immobilisations.

250. C'est pourquoi, conformément au principe de sincérité comptable, les méthodes de comptabilisation de la dépréciation des actifs considérés doivent être clairement définies dans la convention. Cette étape préliminaire contribue à encadrer les modes de gestion des investissements durant la phase d'exécution. Elle s'impose d'autant plus que le cocontractant transpose généralement dans ce mode d'action les mécanismes économiques classiques lui assurant un choix rationnel et performant[298]. Percevoir la dynamique économique de l'amortissement impose donc de cerner dans un premier temps les différents modes de gestion des investissements. Sur ce point, la politique définie par le cocontractant est tributaire de la nature et de l'importance des actifs immobilisés à réaliser dans le cadre du contrat.

1/ Les différentes formes de gestion des investissements financés par le cocontractant

251. Par définition, les contrats administratifs supposent le financement d'investissements qui peuvent être regroupés en deux catégories : ceux qui sont déjà réalisés et qui lors de la signature sont éventuellement

[297] Gérard Melyon, Rémédios Noguera, « Comptabilité générale », *ESKA*, 4°éd., 2004, p 351. La technique de l'amortissement ne s'explique qu'au travers d'une cause [la dépréciation] justifiant deux conséquences [la répartition et l'anticipation]. Pour les auteurs, il s'agit des trois modes principaux d'amortissement qui président aux politiques de gestion des entreprises. L'objectif de ces fonctions de l'amortissement est de corriger comptablement et financièrement la valeur de l'actif.

[298] André Thomas, « Amortissement, fiscalité, croissance », éd. *Bordas*, 1975. L'auteur montre que l'existence de l'amortissement technique dans les entreprises trouve trois explications (condition de survie ; croissance ; fiscalité) : « *L'application systématique du calcul économique et des mathématiques financières permet ainsi de préciser certains concepts d'analyse financière et de chiffrer des distorsions connues des praticiens, mais qui n'ont peut être pas toujours été dégagées avec une généralité suffisante* » ; p 47.

transférés, en partie ou totalement, au cocontractant ; ceux qui sont à la charge du titulaire du contrat et qui peuvent nécessiter un renouvellement durant la phase d'exécution[299]. Cette distinction classique contribue à préciser le rôle respectif des parties en matière de gestion des actifs immobilisés et de leur amortissement.

252. Dans la première catégorie, la personne publique assume la responsabilité comptable des biens qui ne sont pas transférés, tandis que le cocontractant opère le traitement des dépréciations des biens de retour qui sont mis à sa disposition, à titre gratuit ou onéreux. La seconde emporte en revanche une responsabilité temporaire du cocontractant sur le patrimoine destiné à revenir dans la sphère publique au terme de la convention[300]. Ce transfert de responsabilité est alors essentiellement virtuel : soit il est formalisé entre les comptabilités du cocontractant et de la personne publique ; soit il n'apparaît pas *in concreto*, mais les biens de retour financés par le cocontractant sont inscrits pour mémoire dans la comptabilité publique. Il y a toutefois un intérêt à déterminer si le contrat formalise un tel transfert du patrimoine car la répartition des responsabilités respectives des parties en matière de traitement des amortissements sur le patrimoine en dépend. Cette étape préalable à l'exécution du contrat doit donc être réalisée par la personne publique afin d'éviter toute forme de dépossession patrimoniale durant la phase d'exécution.

253. Dans l'hypothèse d'un transfert, l'amortissement fait l'objet de politiques de gestion qui diffèrent selon l'origine du financement de l'immobilisation. Sur ce point, les premières jurisprudences ont confirmé l'existence d'écarts comptables selon la politique d'amortissement utilisée par le cocontractant[301]. C'est pourquoi le juge administratif impose certains traitements minimums. Sur les biens propres par exemple, le titulaire d'une concession de service public est ainsi tenu de

---

[299] Sur la question des biens d'une délégation de service public, v. la jurisprudence de principe en la matière CE, 21 décembre 2012, n° 34278, Commune de Douai ; Rec. CE 2013, p. 477, concl. Dacosta *; JCP A* 2013, act. 13, note L. Erstein ; *JCP A* 2013, 2044, note J.-B. Boda et Ph. Guellier et *JCP A* 2013, 2045, note J.-B. Vila ; *Contrats-Marchés publ.* 2013, comm. 41, note G. Eckert.

[300] Voir le cas des contrats de partenariats public-privé, conformément aux analyses réalisées par Etienne Fatôme dans « Contrat de partenariat et immeuble, objet du contrat », *Revue de l'IEJUC*, n°60/2005, p 206 et s. Par exemple, aux termes de l'article L 34-7-1 du Code du domaine de l'Etat, si les ouvrages existent, ils peuvent appartenir au domaine public de la personne publique. Dans le cas contraire, ils sont sous la responsabilité du cocontractant dès lors qu'un transfert des biens et de droits est formalisé par la convention.

[301] Voir en ce sens CE, 11 déc. 2008, SA Hôtelière La Chaîne Lucien Barrière, com. Martin Collet, « Précisions sur le régime fiscal des délégations de service public », *RJEP*, n°4 avril 2009, p 13 et s.

pratiquer un amortissement industriel linéaire minimal, tant qu'ils demeurent inscrits à son actif[302].

254. Il existe donc un lien étroit entre les modes de gestion des amortissements et la nature, ainsi que le contenu, des investissements à réaliser. Ce constat, qui mérite des précisions ultérieures, atteste toutefois d'une erreur fondamentale commise dans la pratique de la commande publique : nombre de praticiens déterminent les responsabilités respectives des parties sur le patrimoine et sa gestion en fonction du mode contractuel choisi[303]. Or, cette approche aboutit le plus souvent à conclure des contrats administratifs inadaptés aux besoins de la personne publique et à laisser le cocontractant définir librement sa politique d'amortissement des biens. Au regard des exigences de gestion des dépréciations du patrimoine, ce raisonnement doit être inversé. L'amortissement technique doit redevenir l'élément central qui conditionne le choix de la formule contractuelle car il renvoie aux investissements à réaliser et sert à calculer la durée contractuelle. En déterminant la partie qui devra traiter les amortissements, la personne publique serait ainsi en mesure de structurer le partage des responsabilités sur le patrimoine, la durée du contrat et, *in extenso*, la forme de celui-ci. Ceci démontre que l'amortissement industriel doit conditionner la légalité du montage choisi et non l'inverse[304].

255. Cette correction réalisée, la personne publique doit par ailleurs apprécier les différents modèles comptables possibles pour traiter l'amortissement technique du patrimoine visé au contrat. La relation entre la forme du contrat et l'amortissement industriel s'inverse alors : le montage conditionne cette fois-ci les modalités de traitement de cet amortissement.

256. Dans le cas où le contrat formalise un transfert du patrimoine au cocontractant, ce dernier assume la responsabilité de gestion des dépréciations. Il détermine donc les modalités de comptabilisation de l'amortissement des biens en réalisant un choix lui permettant d'éviter soit des amortissements excessifs, soit des amortissements insuffisants[305]. L'objectif est dans tous les cas de parvenir à une utilisation équilibrée des biens. L'entreprise peut pour cela mettre en œuvre soit une méthode

---

[302] Sur cette particularité, voir CE, 11 déc. 2008, *op. cit.* Ce traitement minimum est aussi prévu aux articles 39-1°, 39-2° et 39-B du CGI, éd. 2009.

[303] Voir le constat présenté dès les années 1990 par Florian Linditch, dans « Recherches sur la place de l'amortissement en droit administratif », *AJDA* du 20 fév. 1996, p 107.

[304] Ibid. « Recherches sur la place de l'amortissement en droit administratif », p 106.

[305] Dans le premier cas, des amortissements excessifs ont plusieurs conséquences pour une entreprise : comptabilisation de charges supérieures à la dépréciation effective ; actionnariat défavorisé du fait d'une diminution de leurs droits annuels ; acquisitions supérieures aux besoins réels de l'entreprise. Dans l'hypothèse d'amortissements insuffisants, les conséquences sont : constatation en dotation d'une charge inférieure à la dépréciation réelle ; surévaluation des résultats de l'entreprise ; volume insuffisant des capitaux dégagés.

linéaire, soit un mode dégressif. La principale différence entre ces deux techniques est le rythme comptable d'amortissement des immobilisations, c'est-à-dire la quantité de consommation annuelle du bien qui est retracée dans le plan comptable[306].

257. La prise en charge du traitement du patrimoine permet donc au cocontractant un choix entre plusieurs modèles pour sa politique de gestion de l'amortissement du patrimoine. C'est en raison de ce choix que l'amortissement est appréhendé comme un mécanisme permettant de constater la perte de valeur des immobilisations et de participer au « *renforcement de l'autonomie financière de l'entreprise pour dynamiser ses investissements* »[307]. L'amortissement industriel contribuerait de ce point de vue à préserver les biens des contrats administratifs de dépréciations trop rapides par rapport aux services qu'ils fournissent. De la même manière, il est censé protéger les parties contre des surinvestissements. Ce principe ne s'adapte cependant pas exactement à la commande publique. En effet, le droit des contrats administratifs impose seulement au cocontractant de déterminer le traitement comptable le plus approprié en tenant compte de la forme du contrat et de la nature des immobilisations.

258. Pour les contrats de marchés publics, de régie intéressée ou d'affermage, le cocontractant procède ainsi à la comptabilisation des amortissements techniques sur ses biens propres et sur les biens de reprise. Le traitement comptable des autres immobilisations relève en principe de la responsabilité de la personne publique ; exception faite des biens de retour que le cocontractant finance et vis-à-vis desquels il conserve l'exploitation. La personne publique conserve ainsi un rôle de premier ordre dans ces conventions puisqu'elle opère une gestion de la plupart des biens de retour durant la phase d'exécution. Elle doit maîtriser les processus d'amortissements industriels si elle souhaite traiter efficacement la dépréciation de ce patrimoine.

259. Le cas de la concession de service public et celui du partenariat public-privé appellent des observations différentes. Si l'entreprise adopte une démarche similaire sur les biens propres et de reprise, le patrimoine mis à disposition ou à réaliser est cette fois intégré dans ses plans comptables. Le système concessif ou partenarial emporte corrélativement un transfert de la responsabilité du traitement comptable des actifs immobilisés et de leurs dépréciations au cocontractant. Assumant le plus souvent la charge du renouvellement des actifs, ce dernier va alors établir

---

[306] Sur ces deux modes d'amortissement, voir infra Partie I, Chapitre 1, Section 2, § 1, B, 1/.

[307] Voir en ce sens, Jack Forget, « Dynamique de l'amortissement », *Renforcer l'autonomie financière de l'entreprise pour dynamiser ses investissements*, éd. *d'Organisation*, 2005, coll ; Mémentos financiers. Selon cet auteur, l'amortissement est la « *traduction comptable, économique et financière de l'usure des capitaux. Les investissements doivent être remplacés et leur efficacité doit faire l'objet d'une amélioration constante* » ; p 13.

une politique de gestion visant à maximiser son traitement comptable du patrimoine. Il tente ainsi d'éviter que des opérations de remise en état ne viennent grever ses résultats, alors qu'elles lui sont imposées par la personne publique durant les dernières années du contrat.

260. La personne publique doit dans ce cas vérifier que les politiques mises en place par le cocontractant aboutissent à une gestion efficace des biens ; c'est-à-dire un traitement comptable des biens qui n'ait pas pour conséquence un accroissement de la rémunération. Une étude minutieuse des écritures comptables est nécessaire afin de mesurer l'implication du cocontractant dans le traitement des amortissements et la gestion patrimoniale.

261. Cependant, cette étape est à l'origine d'une nouvelle confusion dans la pratique. Les personnes publiques pensent effectivement avoir intérêt à recourir aux contrats administratifs qui opèrent un transfert le plus large possible du patrimoine. Mais, plus le transfert patrimonial est important, plus les contrôles de la personne publique sur les modalités comptables d'amortissement doivent être stricts car, dans ce cas, le cocontractant est en mesure de définir des politiques de rentabilité étendues sur les actifs immobilisés.

262. Pour en maîtriser les conséquences, la personne publique doit donc réformer son approche pratique et tenir compte des stratégies définies par le cocontractant sur la gestion des immobilisations pour définir le montage le plus adapté. Une solution est pour cela envisageable. Avant de candidater à ce type de contrat, les entreprises n'hésitent pas à réaliser un bilan coûts/recettes qui conditionne leurs offres lors de la procédure de passation. Pour maîtriser le transfert patrimonial formalisé par le contrat, les contrôles publics doivent utiliser les mêmes paramètres d'analyse, notamment en ce qui concerne les opérations relatives au patrimoine et à son amortissement. C'est pourquoi une évaluation successive des indices suivants doit avoir lieu : la charge des investissements ; les modalités financières des opérations de renouvellement ; les modes d'amortissement du patrimoine ; les réévaluations des valeurs comptables[308].

263. Ce contrôle de la personne publique doit toutefois être complété car le traitement comptable du cocontractant révèle dans la pratique une autre dynamique économique particulière : ce dernier est totalement libre de déterminer et de réévaluer ses plans comptables. Cette difficulté, qui complique le contrôle contractuel de la personne publique, doit donc être encadrée par le contrat lui-même.

---

[308] Les dernières réformes, qui n'étaient pas intervenues au moment de la soutenance du présent travail, semblent aller dans ce sens. V. Art. 8 Directive n°2014/23/UE sur les contrats de concessions (préc.) qui prévoit la mise en place d'un « calcul de la valeur prévisionnelle » du contrat avant la procédure de passation.

2/ La dynamique économique des amortissements : une liberté du cocontractant à encadrer

264. Dans la comptabilité privée, le mécanisme de l'amortissement industriel est soumis à des fluctuations, appréciées en termes de valeurs des immobilisations, résultant du contexte économique dans lequel se situe le processus de production des entreprises. Lorsqu'il est transposé aux contrats administratifs, ce mécanisme se caractérise par des variations similaires à celles constatées dans les plans comptables des opérateurs privés. Dans ces conditions, le cocontractant appréhende l'amortissement comme un outil répertoriant les pertes de valeurs des immobilisations qui permet de définir une politique de gestion de ces variations.

265. Il est un autre dénominateur commun qui apparaît particulièrement important pour comprendre les conséquences de l'amortissement technique dans les contrats administratifs : l'investissement du cocontractant. Ce dernier constitue ici un facteur de développement économique du patrimoine, du domaine et, *in extenso,* du service. Deux principes comptables caractérisent cette dynamique économique et doivent être précisés pour mieux cerner et appréhender juridiquement cette tentative de mise en valeur du patrimoine grâce à l'amortissement[309].

266. Le premier consacre l'idée que seuls les actifs immobilisés sont amortissables. Les biens concernés sont soumis à une double opération simultanée à l'actif et au passif du bilan. Les investissements intégrant le patrimoine sont comptabilisés dans un compte à l'actif du bilan car ils représentent une donnée augmentant la valeur du cocontractant. Leur consommation courante est au contraire intégrée dans un compte au passif du bilan et en débit du compte de résultats. La seule exception concerne les biens de consommation qui sont exclus du champ d'application de ce principe.

267. Le second impose que seuls les actifs qui sont réputés conserver une valeur positive au-delà de la première année d'utilisation, dont la valeur unitaire dépasse un certain seuil, sont amortissables. Le traitement de l'amortissement industriel grâce à ce principe montre que tout actif immobilisé génère par définition des flux de recettes. Ces derniers sont alors intégrés dans les processus de gestion de l'entreprise et participent au renouvellement des biens complètement amortis. L'amortissement industriel permet ici de réintégrer la valeur correspondant à cette marge financière dans le compte de résultats. Mais le contenu de ce flux de

---

309 Pour une analyse de ces deux principes, voir Jack Forget, « Dynamique de l'amortissement », *Renforcer l'autonomie financière de l'entreprise pour dynamiser ses investissements*, éd. *d'Organisation*, 2005, coll. Mémentos financiers, p 13-16.

recettes généré par la gestion des actifs dépend étroitement du choix effectué par l'opérateur quant au mode de comptabilisation de l'amortissement industriel.

268. La détermination de ce choix et de ses résultats escomptés confère à ces processus de gestion du patrimoine la qualité de « politiques d'amortissement ». Les économistes considèrent que cette politique est performante à partir du moment où l'actif immobilisé continue à produire de la valeur alors même que son amortissement complet est constaté[310]. En effet, malgré sa fin de vie comptable, un actif peut être maintenu dans le processus de production et continuer à produire un bénéfice pour l'entreprise. Si de telles exigences de rentabilité ne sont pas *a priori* l'objectif des contrats administratifs, cela ne signifie pas que ces politiques de gestion en sont absentes. Bien au contraire, cette dynamique économique de l'amortissement est un phénomène avéré dans les conventions prévoyant un transfert de la gestion du patrimoine au cocontractant[311]. Derrière le consensus mou qui préside à ces contrats, s'organise donc en réalité une véritable stratégie de rentabilité définie à partir des dépréciations des biens composant le patrimoine de ces conventions.

269. Pour un opérateur privé, l'amortissement d'un actif immobilisé fait l'objet d'un plan comptable qui, à son terme, prévoit que le bien considéré ait une valeur nette comptable nulle. Par exemple, pour un actif acquis au prix Po, amorti pendant des années n, auquel est prévu une dotation pour amortissement chaque année i [où l'ensemble des dotations pour amortissements sur ces années i = Ai], la traduction mathématique de cette perte de valeur et de sa compensation grâce au plan d'amortissement se traduit de la manière suivante[312] :

$$Po - \sum_{i=1}^{n} Ai = 0$$

270. L'amortissement permet ainsi de récupérer, sur la durée d'utilisation du bien, les sommes investies pour l'acquérir. Ce principe doit être

---

310 Jack Forget, « Dynamique de l'amortissement », *Renforcer l'autonomie financière de l'entreprise pour dynamiser ses investissements*, éd. *d'Organisation*, 2005, coll. Mémentos financiers. L'auteur explique que dans le cas inverse, le choix d'investissement réalisé par l'entreprise est inopportun. Le résultat minimum de cette politique est atteint quand« *l'ensemble du chiffre d'affaires qu'il* (l'actif amorti) *a permis d'obtenir, déduction faite des dépenses encourues pour l'obtention de ce chiffre d'affaires, couvre son prix* » ; p 15. Il s'agit ici de l'indicateur de performance de l'investissement réalisé, connu sous le nom de « *pay back time* », ou délai nécessaire pour récupérer les sommes investies.

311 A titre non exhaustif, voir sur ce sujet les observations de la CRC Languedoc Roussillon, du 6 déc. 2000, port de Plaisance de Port Camargue, Cne le Grau du Roi, Gard ; disponible à *http://www.ccomptes.fr*.

312 Jack Forget, *op. cit.*, « Dynamique de l'amortissement », p 14.

cependant complété par une autre variable essentielle : les flux de recettes ou dépenses générés par l'utilisation de l'actif concerné. A partir de l'exemple précédent et en considérant que chaque année An l'actif génère un revenu annuel net complémentaire Ri, déduction faite des dépenses nécessaires, la gestion de l'amortissement de l'actif permet à l'entreprise de récupérer des bénéfices supérieurs au coût d'acquisition initial du bien considéré. Ce gain se traduit ainsi[313] :

$$P_1 + \sum_{i=1}^{n} R_i - \sum_{i=1}^{n} A_i > 0$$

271. Cette formule tend à démontrer qu'au terme du plan d'amortissement la valeur créée par l'actif ne correspond pas exactement à son coût d'acquisition initial sur laquelle les pertes de valeurs se sont répercutées. L'amortissement technique permet au contraire de récupérer un bénéfice supérieur au coût premier. Les conséquences de l'amortissement ne peuvent donc être appréciées que si ce mécanisme est rapporté à la production considérée et à son environnement économique immédiat. Cette logique de gestion du secteur privé imprègne de toute évidence les contrats administratifs puisque tout cocontractant privé procède à ce type de calcul avant le début de la phase d'exécution.

272. La durée contractuelle est par exemple une donnée particulièrement représentative des conséquences de ces politiques de gestion de l'amortissement. Pour les contrats de délégations de service public et de partenariats public-privé, celle-ci est calculée en fonction de la durée d'amortissement technique linéaire des biens de retour financés par le cocontractant[314]. La durée est donc fixée la plupart du temps par la personne publique avant la passation du contrat. Le problème est que son estimation ne tient pas compte des fluctuations économiques qui caractérisent l'amortissement durant la phase d'exécution. La conséquence est alors simple : le cocontractant est en situation d'amortir plus rapidement que prévu les immobilisations ce qui entraine un accroissement de sa rémunération étant que, durant les dernières années du contrat, la contrepartie matérielle qu'il assume est inférieure aux prévisionnels[315].

---

[313] Jack Forget, *op. cit.*, « Dynamique de l'amortissement », p 14.

[314] Pour les délégations de service public, voir l'article 40 de la loi Sapin n°93-122 du 29 janv. 1993 (JO du 30/01/1993, p 1588), la loi n°95-101 du 2 fév. 1995 (JO du 03/02/1995 p 1840), précédées de la loi n°85-30 du 9 janv. 1985 (JO du 10/01/1985 p 320) dite loi Montagne. Pour les contrats de partenariats public-privé, voir l'article 1 de l'ordonnance n°2004-559 du 17 juin 2004 (JO du 19/06/2004, p 10994) et la loi n°2008-735, 28 juill. 2008 (JO 29/07/2008, p 12144). Plus récemment, v. CE, 11 août 2009, Sté Maison Comba, préc. (qui permet de ne pas se fonder uniquement sur l'amortissement comptable pour calculer la durée contractuelle).

[315] De nombreux exemples concrets en attestent. Mais une jurisprudence récente le montre parfaitement, CAA Nantes, 31 octobre 2014, n°13NT00699, Société CEP A Port Guillaume (à propos du compte d'exploitation prévisionnel et réel).

273. Ce constat suffit à préconiser un encadrement contractuel des calculs réalisés par le cocontractant en matière d'amortissement industriel. Pour cela, la personne publique doit non seulement tenir compte de la complexité des missions confiées au cocontractant, mais aussi parvenir à mesurer précisément les écritures relatives au traitement comptable du patrimoine. Le recours à des indicateurs objectifs et physiques des biens doit néanmoins être évité. Ces derniers sont effectivement impossibles à déterminer avec exactitude car la valeur d'achat initial ne constitue pas la base d'amortissement comptable. Pour les cocontractants, l'estimation de cette base d'amortissement repose plutôt « *sur la valeur de remplacement de l'actif considéré, de manière à ce que le nouvel actif* [le bien renouvelé] *soit en mesure de remplir des fonctions similaires, compte tenu des conditions économiques et technologiques* »[316], plutôt que sur sa valeur d'initiale d'acquisition.

274. Le premier principe qui doit guider ces contrôles publics consiste donc à prendre pour base d'expertise non pas la valeur d'acquisition initiale des actifs immobilisés et amortissables, mais la valeur estimée du remplacement de ces biens. Dans tous les cas, de telles expertises doivent être mises en place le plus rapidement possible car, en la matière, un défaut de contrôle et d'encadrement de la part de la personne publique entraîne sans aucun doute un accroissement de la rémunération des cocontractants[317]. Ces derniers sont alors en mesure de retirer un bénéfice net dont le contenu n'est ni rationalisé, ni même connu de la personne publique. Si le principe d'une marge nette pour le cocontractant n'est pas critiquable en tant que tel et doit être maintenu pour préserver l'attractivité des contrats administratifs[318], il est inenvisageable de le laisser en l'état, sans encadrement juridique et/ou contractuel. L'expertise patrimoniale des personnes publiques doit être améliorée pour prendre en compte les variations des modèles d'amortissement et du traitement comptable des actifs immobilisés.

275. La première caractéristique de ce phénomène est que ces biens, transférés partiellement ou totalement au cocontractant, se retrouvent dans un environnement économique caractérisé par la concurrence et les fluctuations économiques des valeurs sur les marchés[319]. Le traitement de

---

316 Jack Forget, « Dynamique de l'amortissement », *Renforcer l'autonomie financière de l'entreprise pour dynamiser ses investissements*, édition *d'Organisation*, 2005, coll ; Mémentos financiers, p 18.

317 CCA Nantes, 31 octobre 2014, Société CEP A Port Guillaume, préc.

318 Elément qui se retrouve dans la jurisprudence Sté Maison Comba du 11 août 2009 du Conseil d'Etat (préc.).

319 Les récents évènements juridiques en matière de contrats de mobilier urbain témoignent de ce phénomène. La concurrence entre les sociétés JC Decaux est Clear Channel en la matière montre que les données d'un contrat administratif, notamment sur un plan patrimonial, sont intégrées dans les processus de gestion des cocontractants, soumis à un environnement économique concurrentiel. Dans ce domaine, voir par exemple les jurisprudences suivantes :

l'amortissement du patrimoine par un cocontractant privé est donc tributaire de la politique de gestion des biens que ce dernier définit, mais aussi de l'environnement économique dans lequel s'inscrivent son activité et ses prestations. Pour apprendre à maîtriser ces données inhérentes aux contrats administratifs, la personne publique est confrontée à la nécessitée de prendre acte de ces politiques de gestion appliquées sur le patrimoine contractuel et de cet environnement économique. Si un mouvement de responsabilisation s'impose, il nécessite dans le même temps l'établissement de clauses contractuelles spécifiques permettant à la personne publique de se familiariser avec les différents modèles de traitement de l'amortissement industriel.

B- Les modèles d'amortissement des actifs immobilisés dans les contrats administratifs

276. A la dynamique économique des politiques d'amortissements du patrimoine, déjà envisagée, s'ajoute la variabilité des modes de comptabilisation de cette technique de gestion des dépréciations. Ce sont ces deux paramètres du traitement des actifs immobilisés qui complexifient le contrôle public réalisé sur les opérations comptables du cocontractant. L'encadrement strict des conditions d'exécution du contrat et de la liberté de gestion accordée au cocontractant impose pourtant de maîtriser ces différents modèles d'amortissement industriel. La personne publique (notamment les collectivités territoriales) doit se familiariser avec les conditions de mise en œuvre de l'amortissement, comme l'ont fait les pouvoirs publics au niveau national depuis la seconde moitié du XXème siècle pour les politiques économiques et budgétaires[320].

277. Cette idée s'impose d'autant plus que les cocontractants disposent de plusieurs modes de traitement comptable de l'amortissement des immobilisations. Ces modèles comptables se caractérisent par une variabilité certaine, un choix et une politique de gestion. Si des modalités classiques de comptabilisation des amortissements existent, le cocontractant peut aussi utiliser des modes dérogatoires qui sont plus difficiles à contrôler pour la personne publique.

278. Afin de comprendre les raisons qui déterminent ce choix de l'entreprise, la personne publique doit tenir compte en premier lieu de l'objectif de cette technique qui est de répertorier les dépréciations du

---

CE, 28 avril 2006, Cne de Toulouse, req. n°280197 ; TA de Paris, 23 fév. 2007, Clear Channel, req. n°0701657.

[320] Rappelons que l'amortissement a initialement été utilisé dans les finances publiques pour favoriser une aspiration de la dette publique grâce aux fluctuations économiques sur les marchés. Voir en ce sens Introduction, III. Le rapprochement historique de l'amortissement et des contrats administratifs, A/ et B/.

patrimoine, pour ensuite mettre en œuvre une politique de gestion destinée à accroître les forces de production. Dans le secteur privé, la pertinence du choix réalisé se mesure effectivement au regard des résultats économiques attendus du mode d'amortissement. Cette technique participe à une politique économique concourant à maximiser les investissements car « *l'objectif de toute politique d'amortissement est d'assurer au minimum la stricte récupération de la valeur du capital initial, et si possible davantage* »[321]. Pour établir son plan d'amortissement et choisir le mode de comptabilisation le plus approprié, le cocontractant juge d'abord de l'opportunité d'utiliser un modèle classique.

1/ Les techniques classiques d'amortissement des actifs immobilisés

279. Pour traiter l'amortissement technique du patrimoine dans ses plans comptables, le cocontractant dispose de plusieurs modèles. Dans ce domaine, les théories économiques classiques présentent en premier lieu les deux formes classiques de l'amortissement industriel : le modèle linéaire et le mode dégressif. Ces deux formes de traitement ont vocation à s'appliquer à la première fonction de l'amortissement (amortissement technique/ industriel) et c'est seulement dans un second temps qu'elles ont des conséquences pour la seconde fonction de l'amortissement (amortissement de caducité/ fiscal)[322]. Pour les contrats administratifs, l'utilisation de ce mécanisme par le cocontractant peut se faire selon ces deux formes de traitements des dépréciations du patrimoine, et ce, depuis sa transposition dans les années 90.

280. Ce constat général mérite quelques précisions complémentaires. Parmi les différentes spécificités de la commande publique, les dispositions fiscales en vigueur imposent seulement aux entreprises cocontractantes d'opérer un amortissement linéaire minimum[323]. Elles préservent donc la liberté de choix du cocontractant entre le mode linéaire et dégressif. Seul l'article 39 B du code général des impôts impose à la fois un amortissement de caducité et un amortissement linéaire minimal pour les biens propres du cocontractant[324]. Les deux modèles classiques d'amortissement sont donc applicables en ce qui concerne les biens de retour mis à disposition ou à la charge du cocontractant.

---

[321] Alain Galesne, « Le financement de l'entreprise », *Gestion fiscale des amortissements et des provisions*, éd. *CEREFIA*, 1996 et 2004, p 42 et s.

[322] Cf. « Mémento Pratique de droit fiscal », éd. *Francis Lefebvre*, 2006, feuillet n°98 BIC-x-36300 et s.

[323] Voir en ce sens Jurisclasseur de Droit fiscal D.O Fiscal, à jour en Oct. 2005, éd. *Lexis Nexis* ; et notamment la partie relative aux amortissements et leurs régimes particuliers, fasc. F-18 890, p 2 et 3.

[324] Cf. Articles 39-1°, 39-2° et 39-B du CGI, éd. 2009.

281. Sur ce point, le Conseil National de la comptabilité a eu l'occasion de rappeler à plusieurs reprises qu'en matière d'amortissement et de dépréciation des actifs, les entreprises sont libres de déterminer leur mode de comptabilisation[325]. Si les avis généraux du Conseil ne concernent pas d'habitude les contrats publics, ce raisonnement relatif aux modalités de traitement comptable de l'amortissement du patrimoine a vocation à s'y appliquer[326].

282. La première forme de comptabilisation des amortissements est le modèle linéaire. Il permet de répartir uniformément la valeur du bien, hors taxes récupérables, sur sa durée prévisionnelle d'utilisation. Les études comptables précisent qu'il s'agit du « *montant comptabilisé au débit du compte d'immobilisation lors de l'acquisition du bien* »[327]. Pour calculer l'amortissement linéaire d'un actif immobilisé, deux opérations successives sont nécessaires. La première consiste à déterminer le *taux d'amortissement linéaire* en rapportant le taux de 100% à la durée de vie utile de l'actif. La seconde revient à calculer *l'annuité d'amortissement linéaire*, c'est-à-dire le montant annuel de l'amortissement technique. Pour connaître cette annuité, la valeur d'origine est rapportée à la durée de vie utile de l'actif. Ces deux opérations permettent ainsi d'obtenir *l'annuité d'amortissement linéaire réduite au* prorata temporis. Les calculs sont les suivants :

1 → Taux linéaire = $\dfrac{100\ \%}{\text{Durée de vie utile Actif}}$

2 → Annuité Linéaire = $\dfrac{\text{Valeur d'origine}}{\text{Durée de vie utile Actif}}$

3 Annuité *Prorata temporis* = Valeur origine Actif x $\dfrac{\text{Taux Linéaire}}{100}$ x $\dfrac{\text{nombre jours}}{360}$

---

[325] Conseil National de la comptabilité, avis n°2002-07 du 27 juin 2002, relatif à l'amortissement et à la dépréciation des actifs. Selon le Conseil, ce choix est essentiellement guidé par le rythme de consommation attendu de l'immobilisation : « *Le plan d'amortissement est la traduction de la répartition de valeur amortissable d'un actif selon le rythme de consommation des avantages économiques attendus en fonction de son utilisation probable* ». Le choix du cocontractant est donc rationnel et repose sur un calcul économique.

[326] Conseil National de la comptabilité, avis n°2001-08 du 24 oct. 2001, relatif au projet de décret en Conseil d'Etat, approuvant le cahier des charges type applicable aux concessions d'outillage des ports de commerce relevant de la compétence de l'Etat : « *Les biens remis par le concédant au nouveau concessionnaire et provenant d'une autre origine sont comptabilisées selon les dispositions de l'article 393-1 du règlement n°99-03 du comité de la réglementation comptable relatif au plan comptable général* ». Rappelons que l'alinéa 3 de l'article 393-1 du règlement susvisé prévoit que : « *Le maintien au niveau exigé par le service public du potentiel productif des installations concédées est assuré par le jeu des amortissements ou, éventuellement, par des provisions adéquates et en particulier les provisions pour renouvellement* ».

[327] Gérard Melyon, Rémédios Noguera, « Comptabilité générale », *ESKA*, 4°éd., 2004, p 352.

283. Une fois l'annuité linéaire déterminée au *prorata temporis*, le cocontractant établit son plan d'amortissement en tenant compte de la date de mise en service de l'actif, qui est souvent postérieure à la date d'acquisition. Ainsi, pour un bien acquis au 30 août de l'année N pour une valeur de 23 920€ TTC, soit 20 000€ HT, et dont la mise en service est constatée au 1er septembre de la même année, le tableau d'amortissement linéaire sur 5 ans se présente de la manière suivante[328] :

Tableau n°9. Traitement de l'amortissement linéaire d'un bien sur 5 ans

Année	Base Amortissable	Annuité Amortissement	Valeur comptable Fin Exercice
N	20 000	1 333	18 667
N+1	20 000	4 000	14 667
N+2	20 000	4 000	10 667
N+3	20 000	4 000	6 667
N+4	20 000	4 000	2 667
N+5	20 000	2 667	0

284. Cette prévision comptable de l'amortissement linéaire du bien considéré est donc obtenue en calculant la base amortissable et le taux linéaire d'amortissement[329]. Conformément aux dispositions fiscales en vigueur, ce mode de comptabilisation se caractérise par une répartition uniforme des valeurs amorties sur la durée de vie du bien.

285. La seconde méthode de comptabilisation est l'amortissement dégressif. Transposée dans la comptabilité privée par la loi du 28 décembre 1959[330], l'objectif de cette technique est de favoriser l'investissement et la modernisation des équipements grâce au traitement comptable du patrimoine. Sa mise en œuvre, facultative, est soumise à trois conditions : le bien considéré doit figurer sur la liste prévue à l'article 22 de l'annexe II du code général des impôts[331] ; le bien doit

[328] Ibid.

[329] Dans notre exemple, la base amortissable correspond au prix d'achat hors taxe : Base amortissable = 23 920 x (100/119,20) = 20 000. Le taux d'amortissement est obtenu en réalisant le calcul suivant : Taux = 100% / 5ans = 20%. La première annuité est calculée au *prorata temporis*. Etant mis en service le 1er septembre de l'année N (soit 120 jours restant d'utilisation sur l'année N), la première annuité d'amortissement (AL) est obtenu ainsi : AL = 20 000 x 0,20 x (120/360)= 1 333,33.

[330] Loi n°59-1472 du 28 déc. 1959 relative à l'application progressive du plan comptable général, JO du 29/12/1959, p 12460, complétée par le décret n°62-470 du 13 avril 1962, JO du 18/04/1962, p 4016.

[331] L'article 22 de l'annexe II du CGI énumère les biens qui peuvent faire l'objet d'un amortissement dégressif : les matériels utilisés dans les opérations industrielles de fabrication, de transformation et de transport ; les matériels de manutention ; les installations antipollution ; les installations productives de vapeur, de chaleur ou d'énergie ; les

avoir été acquis à l'état neuf ; sa durée normale d'utilisation doit être supérieure ou égale à trois ans au minimum. Si ces trois conditions cumulatives sont remplies, l'entreprise peut alors appliquer un coefficient dégressif au taux d'amortissement linéaire des actifs. Sur ce point, la réglementation fiscale propose différents coefficients en fonction de la durée de vie prévisionnelle du bien et de sa date d'acquisition[332]. Ces dispositions légales sont les suivantes :

Tableau n°10. Dispositions fiscales en matière de taux de dégressivité

	DATE D'ACQUISITION			
Durée de vie du bien	A compter du 01/01/2001 Régime général	Art. 39 AA CGI	entre le 01/02/96 et le 31/01/1997	Hors de ces périodes
3 à 4 ans	1,25	2	2,5	1,5
5 à 6 ans	1,75	2,5	3	2
> à 6 ans	2,25	3	3,5	2,5

286. Par exemple, pour un bien acquis au 23 juillet 2001, pour une valeur de 20 000€ HT, dont la mise en service est constatée au 1er septembre de la même année, le taux de dégressivité est de 35%[333]. L'amortissement dégressif étant réalisé au *prorata temporis*, la séquence temporelle du traitement du bien est alors la suivante :

Tableau n°11. Traitement de l'amortissement dégressif d'un bien sur 5 ans

Année	Base amortissable	Annuité amortissement	Valeur nette comptable
N	20 000	3 500	16 500
N+1	16 500	5 775	10 725
N+2	10 725	3 754	6 971
N+3	6 971	3 486	3 485
N+4	3 485	3 485	0

installations de sécurité ; les matériels de bureau ; les matériels affectés à la recherche ; les installations de magasinage et de stockage ; les bâtiments industriels dont la durée normale d'utilisation n'excède pas 15 ans ; les véhicules routiers servant au transport en commun des personnes ; les camions d'une charge utile supérieure à deux tonnes.

332 Cf. Article 39 A du CGI, éd. 2009.

333 Le taux de dégressivité est obtenu en rapportant le taux légal de 1,75 à la durée de vie probable du bien, soit 5 ans. Le calcul du taux est donc le suivant : x = 100/5 x 1,75 = 35%.

287. A partir de la quatrième année, l'entreprise n'est plus tenue par le calcul initial de l'amortissement dégressif. En effet, pour respecter la durée de vie utile de l'actif [soit une valeur résiduelle des années N à N+4], elle comptabilise l'amortissement en divisant par deux la valeur résiduelle de l'actif à partir de l'année N+3[334].

288. En comparaison avec le mode linéaire, les amortissements dégressifs permettent d'amortir plus rapidement l'actif immobilisé. Dans notre exemple, le différentiel est d'une année sur une durée de vie prévisionnelle de cinq ans. Mais des traitements dérogatoires complètent ces modes classiques de traitement de l'amortissement industriel. Ils confirment l'impérieuse nécessité d'établir dans la commande publique une structure comptable standardisée et d'encadrer dans le contrat leur utilisation par les cocontractants[335].

2/ Les techniques dérogatoires d'amortissement du patrimoine

289. Dans les modes linéaire et dégressif, l'amortissement technique fait l'objet d'écritures comptables qui sont obligatoires pour l'entreprise, même lorsque ses résultats sont déficitaires[336]. Cette dernière est alors tenue de procéder une double opération : le débit du compte 68 relatif aux dotations aux amortissements, permettant de constater les dépréciations ; le crédit des sommes correspondantes au compte 28 relatif à l'amortissement du bien permettant de procéder ainsi une correction du coût historique de l'actif et d'anticiper son renouvellement.

290. Si ces principes généraux s'appliquent aux hypothèses classiques d'amortissement technique du patrimoine, ils ne permettent pas d'appréhender les situations exceptionnelles qui justifient soit une accélération, soit un ralentissement des processus d'amortissement dans les plans comptables. Les dispositions fiscales prévoient pourtant diverses formes de comptabilisation dérogeant aux techniques classiques d'amortissement. Ces exceptions sont étroitement encadrées et soumises à des contrôles au moment de la déclaration fiscale de l'entreprise[337].

---

[334] Ce cas pratique de l'amortissement dégressif est présenté par Gérard Melyon, Rémédios Noguera, « Comptabilité générale », *ESKA*, 4°éd., 2004, p 361. Pour une analyse des avantages et inconvénients de ces méthodes de traitement de l'amortissement voir Partie I, Chapitre 1, Section 2, §2.

[335] Seul l'encadrement par le contrat donne en la matière compétence au juge du contrat pour des éventuels litiges. En effet, en l'absence de disposition spécifique, le juge fiscal est alors compétent. Voir en ce sens Partie II, Chapitre 1, Section 1, §1 et §2.

[336] L'article 39 B du CGI, éd. 2009, dispose ainsi : « *A la clôture de chaque exercice, la somme des amortissements effectivement pratiqués depuis l'acquisition ou la création d'un élément donné ne peut être inférieure au montant cumulé des amortissements calculés suivant le mode linéaire et répartis sur la durée normale d'utilisation.* ».

[337] Cf. Art. 39 AH et 39 AK (amortissement exceptionnel), CGI, éd. 2009.

291. Une des particularités de ces modèles exceptionnels est qu'ils peuvent trouver à s'appliquer aux contrats administratifs. Durant la phase d'exécution, le cocontractant peut effectivement être amené à modifier ses plans d'amortissements en fonction des variations de valeurs constatées sur un actif immobilisé ou en raison de ses résultats annuels.

292. Dans le premier cas, l'article L123-18 du code de commerce prévoit une tolérance[338]. Il permet de prendre en compte une dépréciation exceptionnelle et anormale d'un bien qui résulte soit de changements de la structure du marché, soit d'une évolution technologique significative. Le cocontractant est alors autorisé à pratiquer des *amortissements exceptionnels* sur l'actif, conformément aux dispositions fiscales[339].

293. Cette forme d'amortissement correspond à l'hypothèse où, durant un inventaire, l'entreprise constate que son plan comptable est en décalage avec la consommation réelle des biens ; lorsque la valeur nette comptable de l'actif est supérieure à sa valeur réelle actualisée[340]. L'amortissement exceptionnel est un mécanisme permettant de corriger les écarts ainsi constatés en procédant à une double opération : créditer au compte 28, relatif aux « Amortissements », les sommes débitées au compte 687, correspondant aux « Charges exceptionnelles ». Ce mécanisme permet donc à l'entreprise de pratiquer un amortissement supplémentaire pour réaliser l'objectif de sincérité comptable qui impose une concordance entre les valeurs traitées et les données réelles.

294. Mais, au cours de cet inventaire, l'entreprise peut être amenée à constater la situation inverse, où l'utilisation de l'actif est moins intensive que prévue. Dans ce cas, elle est autorisée à comptabiliser des amortissements exceptionnels, considérés comme des amortissements pour dépréciation supplémentaires. Ce phénomène impose à l'entreprise de traiter ce différentiel dans son résultat d'exploitation en débitant le compte 681, relatif aux « Dotations aux amortissements-charges d'exploitation », des écarts ainsi constatés.

295. Les amortissements exceptionnels ne sont pas la seule hypothèse contrevenant aux modèles classiques. Les dispositions fiscales prévoient aussi la possibilité pour les entreprises de comptabiliser des *amortissements dérogatoires*. Cette technique a été prévue initialement

---

[338] Cf. Article L123-18 al. 2 du Code de commerce, éd. 2009 : « *(...) les valeurs retenues dans l'inventaire doivent, s'il y a lieu, tenir compte des plans d'amortissement. Si la valeur de l'actif devient inférieure à sa valeur nette comptable, cette dernière est ramenée à la valeur d'inventaire à la clôture de l'exercice* ».

[339] Voir l'ancien article 12 du Code de commerce, reprenant l'article 8 du décret n°83-1020 du 29 nov. 1983, (JO du 01/12/1983, p 3461) complétant la loi n°83-353 du 30 avril 1983.

[340] La mise en œuvre de la technique de l'amortissement exceptionnel est subordonnée au règlement CE n° 1998/2006 de la Commission du 15 déc. 2006 concernant l'application des articles 87 et 88 du Traité CE relatifs aux aides de *minimis* ; cf. article 39 AK du CGI, éd. 2009.

comme un mécanisme incitatif pour les investissements des entreprises. En effet, ces amortissements supplémentaires sont comptabilisés en franchise d'impôts. Ils ne correspondent donc pas à une dépréciation économique effective de l'actif immobilisé, mais ont seulement pour objet de réduire temporairement l'assiette fiscale de l'entreprise en contrepartie d'investissements supplémentaires. Dans tous les cas, ils représentent une charge qui, en tant que telle, doit être comptabilisée au passif du bilan, dans la ligne des provisions réglementées. A la différence des amortissements fiscaux qui sont économiquement justifiés, ils prennent la forme soit d'une augmentation des droits de l'entreprise, soit d'une diminution de la durée d'amortissement initiale du bien. Leur traitement comptable consiste alors à créditer le compte 145, relatif aux « Amortissements dérogatoires », de la somme débitée au compte 68725, relatif aux « Dotations aux provisions réglementées-Amortissement dérogatoires ».

296. Dans les deux cas, ces formes dérogatoires d'amortissements apparaissent complexes et difficiles à appréhender pour la personne publique s'ils sont mis en œuvre dans un contrat administratif. Elles ont pourtant des conséquences significatives car elles opèrent une augmentation virtuelle des charges du cocontractant et sont donc intégrées dans le prix de revient facturé soit à la personne publique, soit aux usagers. Leurs effets financiers dans la commande publique imposent donc qu'elles soient maîtrisées et encadrées. Mais cette nécessité n'est toujours pas actée dans la pratique. En effet, les cocontractants recourent fréquemment à ce type d'amortissement dérogatoire ou exceptionnel alors que la comptabilité publique ne les prend pas en compte dans la commande publique. Une tentative d'encadrement a bien eu lieu en 1975 avec les travaux du Conseil National de la comptabilité qui a réalisé un guide comptable des entreprises concessionnaires[341]. Ce projet est cependant resté lettre morte, à tout le moins n'a été paré d'aucune normativité, et ce, pour plusieurs raisons : d'une part, ce guide était destiné aux seules entreprises concessionnaires et ne permettait ni de structurer les contrôles des personnes publiques, ni de proposer un cadre comptable pour les autres formes de contrats administratifs ; d'autre part, aucune réforme législative ou réglementaire ne s'en est inspirée pour véritablement structurer le traitement comptable du patrimoine de ces contrats. L'ambition initiale du projet était pourtant louable. L'objectif était d'établir un cadre comptable en vue de proposer et de structurer des traitements efficaces du patrimoine dans les montages de la commande publique. Au regard des enjeux actuels de l'amortissement industriel pour

[341] Conseil National de la Comptabilité, « Guide comptable des entreprises concessionnaires », 8 juill., 7 nov. et 18 déc. 1975 (jamais publié, communiqué gracieusement par la Directrice du Service des Archives du Conseil).

ces contrats et de la place prise aujourd'hui par ces derniers dans l'action publique, il est impérieux que le Conseil National de la comptabilité se saisisse à nouveau de cette problématique en s'appuyant, par exemple, sur une commission composée de juristes, de comptables et de membres des juridictions financières, qui fournissent en la matière de nombreuses recommandations. Seule une telle réforme peut permettre d'encadrer les évolutions économiques et comptables de l'amortissement technique dans ce régime juridique.

297. Une autre explication est à rechercher dans ce décalage entre les modes de gestion du cocontractant et ceux de la personne publique. Elle réside dans le fait que les contrats administratifs ont été appréhendés jusque là comme un simple outil juridique, excluant par définition toute évolution significative des conditions d'exécution. C'est ainsi que peut être comprise par exemple la réforme de la loi Sapin du 29 janvier 1993 qui se concentre presque exclusivement (en tout cas dans sa partie dédiée) à la procédure de passation[342].

298. En privilégiant cet aspect, le droit des contrats administratifs a négligé les aspects économiques de l'amortissement technique. Ceci explique pourquoi ce régime se caractérise dorénavant par de nombreuses carences en matière de gestion des biens. Et l'une des premières manifestations de ce phénomène est que la personne publique n'est pas à ce jour en mesure de contrôler et de maîtriser les politiques de rentabilité définies par le cocontractant et qui portent sur les actifs immobilisés prévus dans le contrat.

Paragraphe 2 : Les politiques de rentabilité patrimoniale dans les contrats administratifs

299. Pour les entreprises, la mise en œuvre de l'amortissement industriel leur permet d'intégrer dans leur processus de production les dépréciations économiques du patrimoine. C'est précisément à partir de cette logique de gestion du patrimoine que les différentes réformes des finances publiques et du droit des contrats administratifs ont transposé l'amortissement technique dans les modes d'action publique. En ce qui concerne la commande publique, ce mécanisme permet soit de réaliser des inventaires précis du patrimoine (si son traitement est assuré par la personne publique), soit d'autoriser un cocontractant à procéder aux écritures comptables relatives à l'amortissement (lorsque le contrat formalise un transfert des biens).

---

[342] Préc.

300. C'est dans cette seconde hypothèse que des carences comptables en matière d'amortissement du patrimoine sont à constater. Par exemple, les concessions de service public et les partenariats public-privé ne permettent pas à ce jour d'encadrer strictement toutes les conséquences de ce mécanisme comptable. Aussi, le transfert de la responsabilité patrimoniale au cocontractant ne constitue pas un processus maîtrisé par la personne publique. A n'en pas douter l'origine de ce phénomène est en partie à rechercher dans les régimes juridiques de la commande publique qui ont jusque là négligé la dimension économique de ce mode d'action.

301. La refonte du cadre comptable de ces montages s'impose aujourd'hui pour au moins deux raisons : d'une part, la comptabilité publique n'impose pas suffisamment aux parties une répartition claire des responsabilités en matière de traitement de la dépréciation du patrimoine ; d'autre part, les cocontractants profitent de cette carence juridique pour définir de véritables politiques de gestion de l'amortissement visant à accroître leur rémunération. Si de telles stratégies n'ont pas à être encadrées quand elles portent sur les biens propres d'un opérateur se situant sur un marché concurrentiel, il ne peut en aller de même pour les autres immobilisations d'un contrat administratif. Tant pour les biens de reprise que pour les biens de retour, ces politiques ont effectivement pour conséquence soit une captation de profits [c'est-à-dire une rémunération accessoire indûment perçue et qui n'est pas reversée à la personne publique ou déduite du prix de revient facturé aux usagers], soit une dépossession du patrimoine pour la personne publique, qui n'arrive alors plus à répertorier les biens visés au contrat et à les classer selon leur nature. Toute la difficulté pour l'autorité publique est dorénavant de parvenir à maîtriser les stratégies issues du secteur privé, qui résultent partiellement de ce que les économistes nomment la capacité d'autofinancement.

302. En effet, lors de la comptabilisation des amortissements techniques, l'entreprise équilibre son bilan et les pertes de valeurs de ses actifs en constituant des dotations aux amortissements. Ces dotations servent en principe à créditer les comptes d'amortissement. Ces derniers ont normalement une valeur équivalente aux dépréciations constatées et ont pour objet de placer l'entreprise en situation d'étaler sur plusieurs années le coût de renouvellement des actifs immobilisés. La somme de ces dotations est qualifiée de « capacité d'autofinancement ». Il s'agit d'une source de financement interne à l'opérateur favorisant le remplacement des biens complètement amortis. Mais cette donnée a une deuxième

utilité : elle sert à mesurer son efficacité et son potentiel d'investissement global sur ses fonds propres[343].

303. Transposée aux contrats administratifs, elle a des conséquences financières importantes. Elle constitue en premier lieu une charge pour le cocontractant et représente une composante du prix de revient des prestations facturées soit aux usagers, soit à la personne publique. A ce jour, les régimes respectifs des contrats ne prévoient pourtant pas une information précise de la personne publique sur ce « *cash flow* » dégagé par le cocontractant[344]. Les contrôles contractuels publics sont donc incomplets et se caractérisent par une asymétrie d'informations entre les parties concernant les données d'exécution[345].

304. Si le premier objet de la capacité d'autofinancement est de permettre une gestion pluri-annualisée du patrimoine, le cocontractant parvient à détourner cette technique et à définir des politiques de gestion lui assurant une maximisation de ses investissements (A). Il peut effectivement s'en servir pour reconstruire progressivement la valeur des actifs, mais aussi pour multiplier les flux financiers qui résultent de ce gain de gestion. En matière de contrats de concessions et de partenariats, cette donnée constitue donc un mécanisme de rentabilité lui permettant d'accroître le niveau de sa rémunération sans pour autant assumer une contrepartie matérielle supplémentaire (B).

A- Les politiques d'amortissement et la capacité d'autofinancement dans les contrats publics

305. La capacité d'autofinancement est la première conséquence financière directe de l'amortissement industriel et du traitement comptable de la dépréciation des actifs immobilisés. En comptabilisant des dotations aux amortissements qui viennent créditer le compte d'amortissement, le cocontractant retire une source de financement de ses politiques de gestion. Lorsqu'il expertise les différents modes d'amortissements possibles, il va choisir celui qui lui permet d'obtenir les flux de trésorerie les plus importants pour réaliser deux objectifs : anticiper d'abord

---

[343] Cf. Gérard Melyon, Rémédios Noguera, « Comptabilité générale », *ESKA*, 4°éd., 2004, p 362.

[344] Voir sur ce point la présentation de la théorie normative de l'agence par Claude Ménard et Stéphane Saussier, dans « La délégation de service public un mode organisationnel efficace ? Le cas de la distribution d'eau en France », *Revue de l'Institut d'économie publique*, Université Paris I, 2003-1 n°12, p 99 à 129.

[345] L'asymétrie d'informations est un des éléments de la théorie des contrats incomplets conceptualisée par O.D Hart : « Incomplete contracts and theory of the firm » ; *Journal of Law, Economics and Organization*, 1988, 4, p 151 et s. Voir aussi Stéphane Braconnier, « Le modèle français de la concession : conquête ou concurrence ? », *JCP A*, n°16 2007, étude n°2102.

financièrement le renouvellement des actifs qui se dévalorisent ; accroître ensuite la rentabilité qu'il retire de ses missions contractuelles.

306. La capacité d'autofinancement apparaît *a priori* étrangère au droit des contrats administratifs. Mais elle y joue en réalité un rôle majeur, notamment en matière de concessions de service public et de partenariats public-privé. Elle guide dans ces hypothèses le choix du cocontractant quant aux politiques d'amortissement des actifs et elle conditionne surtout la candidature d'une société à un contrat. Les opérateurs préfèrent effectivement présenter une offre à un contrat qui autorise la constitution d'une capacité d'autofinancement car les dotations aux amortissements leur permettent de récupérer au minimum leurs investissements et au mieux une rémunération accessoire qui n'est généralement pas encadrée par la convention.

307. Cette conséquence financière des amortissements techniques apparaît donc essentielle pour la gestion des biens visés dans les contrats administratifs. Elle contribue à équilibrer l'intégration des dépréciations des actifs dans les plans comptables et sert à pallier les effets pervers qui pourraient résulter du décalage entre ces plans et la consommation réelle du patrimoine[346]. En matière de contrats administratifs, l'autofinancement est une donnée essentielle qui se trouve au cœur des expertises réalisées par le cocontractant pour limiter les risques inhérents à la phase d'exécution. Si ce dernier n'a pas l'assurance d'un niveau suffisant de la demande des usagers, il réduit la part globale des risques de réalisation et d'exploitation du patrimoine grâce à cette technique. C'est pourquoi il intègre dans ses schémas prévisionnels le traitement comptable des biens et la périodicité de leur renouvellement.

308. La seule limite à ces stratégies est la forme du contrat : pour les contrats de concessions, de partenariats public-privé et les conventions d'occupation domaniale, il est autorisé à l'utiliser pour tous les types de biens ; pour la régie intéressée et l'affermage, cette stratégie ne peut porter que sur les biens propres et certains biens de reprise ; pour les marchés publics, il ne peut établir de telles stratégies de gestion du patrimoine. Dans tous les cas, il ne se dispense pas d'expertiser cette donnée car la plupart des contrats prévoient généralement une clause de remise en état du patrimoine avant le terme de la convention. La mise en

[346] Gérard Melyon, Rémédios Noguera, « Comptabilité générale », *ESKA*, 4°éd., 2004, p 352. Les auteurs montrent que les amortissements excessifs ont plusieurs conséquences négatives : des charges supérieures à la dépréciation effective des actifs ; des actionnaires défavorisés quant à leurs droits ; des acquisitions qui ne correspondent pas toujours aux besoins réels de l'entreprise. Dans le sens inverse, des amortissements insuffisants sont tout aussi préjudiciables : les charges constatées en dotation sont inférieures à la dépréciation réelle des biens ; les résultats de l'entreprise sont surévalués ; la redistribution à un éventuel actionnariat est trop importante par rapport aux bénéfices réels ; le volume de capitaux dégagés pour la reconstruction de l'actif est insuffisant.

œuvre de la capacité d'autofinancement dans la commande publique lui permet ainsi d'établir des schémas internes de financement pour les opérations de renouvellement, mais aussi de pallier ce besoin de financement lié à cette obligation contractuelle.

1/ Les schémas de financement des opérations de renouvellement des actifs immobilisés

309. La réalisation et l'exploitation des actifs immobilisés d'un contrat administratif impliquent pour les parties de déterminer dans un premier temps la répartition des coûts liés aux investissements. En la matière, une distinction doit être réalisée entre les frais de premier établissement et les coûts inhérents au renouvellement et/ou à l'entretien des immobilisations.

310. Pour la première catégorie, leur financement est tributaire de la forme du contrat qui peut prévoir soit une mise à disposition par la personne publique, à titre gratuit ou onéreux, soit un financement direct par le cocontractant. Les parties disposent de deux données importantes pour les identifier et les répertorier : les indices internes et externes de dépréciation du patrimoine. Les premiers renvoient à la dégradation physique des actifs ou aux changements intervenus dans leur utilisation. Les seconds sont liés à l'environnement immédiat des biens, à savoir leur valeur sur le marché, les changements technologiques qui les affectent et le taux de rendement attendus de ces actifs[347].

311. Si le traitement comptable des frais de premier établissement est, dans une certaine mesure, maîtrisé par la personne publique, il n'en va pas de même pour les coûts liés au renouvellement des actifs. Cette opération s'impose en principe dès que la durée de vie comptable de l'actif est nulle, c'est-à-dire lorsque le bien est totalement amorti. En matière de contrats administratifs, les biens dont la durée de vie comptable est supérieure à la durée contractuelle ne sont donc pas concernés par cette opération. En revanche, pour les actifs qui sont complètement amortis avant le terme normal du contrat, le cocontractant doit en principe les renouveler s'il assume la responsabilité de leur traitement comptable. Cette procédure de renouvellement débute au moment où la valeur

[347] Conseil National de la comptabilité, avis n°2002-07 du 27 juin 2002, relatif à la dépréciation des actifs, BO n°131, *http://www.minefe.gouv.fr/directions_services/CNCompta/bocncompta/index.htm.* Le Conseil National de la comptabilité présente ces deux indices pour apprécier les dépréciations des frais de premier établissement. Selon ce dernier, ces indices président au choix initial de l'entreprise en matière de processus de production et de mode de traitement des dépréciations.

résiduelle du bien est nulle, à partir de la douzième année dans l'exemple suivant[348] :

Figure n°2. Analyse de la dépréciation progressive d'un actif immobilisé

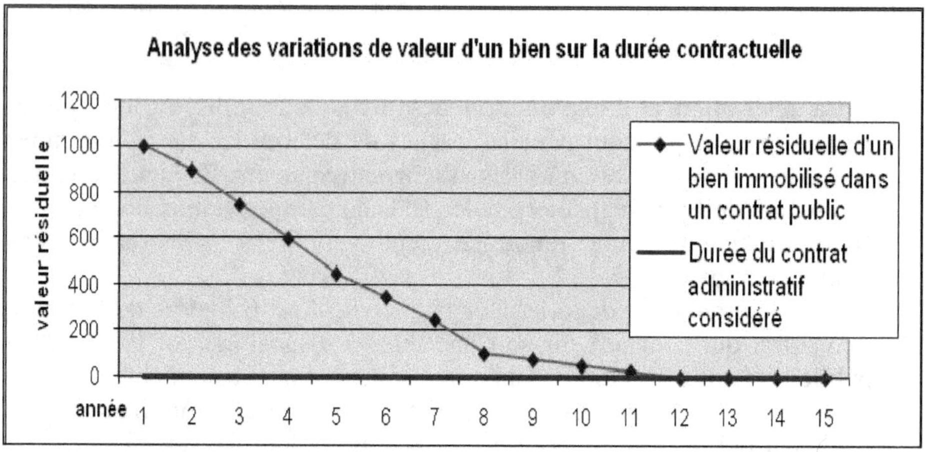

Année du Contrat	1	2	3	4	5	6	7	8	9	10	11	12	13	14	15
Valeur Résiduelle du Bien	1000	900	750	600	450	350	250	100	75	50	25	0	0	0	0

312. Au moment où l'entreprise constate la fin de vie comptable d'un actif, elle dispose d'un choix de financement pour le renouveler qui n'est encadré ni par les régimes juridiques de la commande publique, ni par les contrats conclus dans la pratique. Le cocontractant est alors libre de recourir aux modalités classiques de financement des opérations de renouvellement du patrimoine, qui sont au nombre de deux : soit il sollicite un financement externe ; soit il tente de procéder à un financement interne grâce à ses ressources propres dont l'origine est à rechercher dans les gains de gestion.

313. Pour les *financements externes*, la procédure la plus courante pour l'entreprise est de contracter un emprunt bancaire suffisamment important pour couvrir la totalité des frais inhérents à l'acquisition d'immobilisations. Cette technique est fréquemment mise en œuvre pour financer les frais de premier établissement. Elle perd toutefois de son

---

[348] Une analyse complète de ce processus est réalisée dans un Séminaire STG, de janv. 2005, concernant « Les nouvelles logiques de l'amortissement de la dépréciation – Aspects techniques », source : *http://ecogest.ac-rouen.fr/renov/telech/cfe_5_dep/1.cfe_Nouvelle_logique_Amort-dep.ppt.*

intérêt pour le renouvellement des actifs immobilisés car ce mode de financement représente pour l'entreprise un lien de dépendance vis-à-vis d'un organisme extérieur. Ce lien a un coût qui diminue alors la rentabilité du processus de gestion du patrimoine et de son amortissement technique[349]. Dans le cadre des contrats administratifs, cette dépendance a aussi d'autres conséquences financières importantes qui ne sont pas directement assumées par le cocontractant. Cet emprunt étant constitutif d'une charge, le cocontractant le considère effectivement comme une composante du prix de revient facturé soit à la personne publique [dans le cadre d'un marché public par exemple], soit aux usagers [dans le cas d'une concession de service public notamment]. Le recours à l'emprunt pour financer les opérations de renouvellement représente dans tous les cas un risque supplémentaire qu'il tente généralement de faire supporter par la personne publique. Mais ce lien avec un organisme externe représente surtout pour lui une limitation de sa liberté de gestion du patrimoine.

314. C'est pourquoi la recherche de financements externes apparaît à la fois improbable, mais aussi antinomique avec l'objectif de l'amortissement industriel, qui est d'assurer à l'entité une autonomie de gestion. Improbable car le coût de l'emprunt est en partie supporté par le cocontractant, alors que toute sa politique de gestion est tournée vers une maximisation des investissements. Antinomique car ce mécanisme s'oppose à la définition traditionnelle de l'amortissement, selon laquelle il constitue une technique au service d'une anticipation financière du renouvellement des actifs grâce au traitement comptable des dépréciations[350]. Toute politique d'amortissement suppose donc d'un côté une dépréciation du patrimoine, appréciée en termes de valeurs, et, de l'autre, un flux de revenus générés par cette gestion de l'actif. En tenant compte de ces deux logiques, le recours à l'emprunt pour les opérations de renouvellement signifie, dès lors, que l'entreprise n'a pas réussi à définir en amont une politique de gestion efficace.

315. En ce qui concerne les *financements internes*, l'entreprise réalise une étude coûts/avantages afin d'évaluer l'opportunité de renouveler le patrimoine. Dans ce cas, elle dispose de deux modes de financement :

---

349 Voir en ce sens Jack Forget, « Dynamique de l'amortissement », *Renforcer l'autonomie financière de l'entreprise pour dynamiser ses investissements*, éd. *d'Organisation*, 2005, coll. Mémentos financiers. Selon l'auteur, dans le cas d'un emprunt bancaire, cette dépendance financière est avérée entre l'entreprise et l'institution de crédit. Or, pour se conformer aux dispositions fiscales et établir une politique d'amortissement pérenne, le cocontractant doit être seul à décider de la politique de gestion des actifs.

350 Jacques Gervais, dans « Comment lire les comptes des sociétés » (éd. *Maxima*, Guides Investir, 6°éd., 1993) définit l'amortissement comme : « *(...) la somme qui doit être déduite du résultat brut pour que l'entreprise ne distribue pas des revenus entamant son patrimoine ; c'est la somme qui permet de reconstituer le patrimoine grâce à des investissements de renouvellement* » ; p 81.

soit l'investissement de renouvellement est financé par une autre société [dans la relation société mère/filiale par exemple], soit elle tente de maximiser sa politique de gestion de l'actif immobilisé tout au long de sa durée de vie comptable et de générer des flux financiers supplémentaires qui lui permettront de couvrir les frais liés aux opérations de remplacement.

316. Pour un contrat administratif complexe, long et comprenant des investissements importants, le recours à un financement interne pour les opérations de renouvellement est plus fréquent[351]. Dans cette hypothèse, la filiale ne constitue qu'un intermédiaire entre la personne publique et la société mère ; cette dernière pouvant assumer indirectement la charge du renouvellement des actifs immobilisés au contrat. L'intérêt est alors de maximiser le résultat financier de l'opération en évitant les surcoûts liés à l'emprunt et de réaliser des stratégies de défiscalisation à l'échelle nationale. Ce mode de financement est donc *a priori* attractif pour les contrats administratifs car l'absence de surcoûts limite l'augmentation des tarifs. Mais la pratique de ce mode d'action témoigne d'une toute autre réalité.

317. Le cocontractant tente ici de dissimuler ce rapport « société-mère/filiale » à la personne publique afin de répercuter sur les tarifs les coûts liés à cet apport en capital, mais qui ne sont pas en réalité facturés à cause du rattachement de la filiale à la société-mère prêteuse. Le gain est alors double car non seulement l'entreprise ne subit pas la charge du remboursement d'un emprunt, mais elle répercute aussi des surcoûts artificiels soit dans le prix de revient de ses prestations, soit dans ses charges annuelles pour diminuer les redevances versées aux personnes publiques[352]. Ce mode de financement interne a donc pour conséquence

[351] En matière de gestion de parkings par exemple, l'hypothèse d'un contrat conclu entre une collectivité territoriale et une filiale, liée à une société-mère d'envergure nationale, est fréquente. L'intérêt pour la personne publique est d'ailleurs de conclure un contrat avec un cocontractant dont l'assise financière et éventuellement la survie sont garanties par une société mère. Dans ce secteur d'activité, faisant l'objet de nombreux contrats administratifs, le marché national est ainsi presque exclusivement partagé entre trois sociétés mères, composées de nombreuses filiales locales : la SEREP (Société Européenne de Réalisation et d'Exploitation de Parkings) ancienne filiale du groupe Eiffage, actuellement filiale du groupe Epolia ; la Société Vinci Park, filiale du groupe Vinci ; la Société Q Park, qui est une société indépendante, mais qui regroupe dans son actionnariat des établissements financiers tel que ING Real Estate et divers fonds de pension (voir l'actionnariat de la société à l'adresse internet suivante : *http://www.q-park.fr/web/qparkfr.nsf/pages/AMSM_67AQ2U*).

[352] En la matière, une des stratégies des cocontractants consiste à dissimuler ces surcoûts artificiels dans des frais administratifs généraux. Sur cette question, voir par exemple CRC Midi-Pyrénées, 15 mars 2004, résiliation anticipée d'un contrat de délégation de service public de la Ville de Toulouse (parking de la place du Capitole) ; source : *http://www.ccomptes.fr/CRC17/documents/Avis/MPA04-0079.pdf*.

de rentabiliser les opérations de renouvellement menées par le cocontractant sur les actifs immobilisés au contrat[353].

318. La seconde hypothèse du financement interne des opérations de renouvellement correspond au cas où le cocontractant dégage une marge financière supplémentaire de sa gestion de l'amortissement technique du patrimoine. Ce mécanisme est mis en œuvre à partir des dotations aux amortissements, qui viennent créditer les comptes du cocontractant et constituer ainsi une capacité d'autofinancement. Le rôle l'amortissement industriel est double dans ce cas : d'une part, il sert à intégrer comptablement les dépréciations d'un actif ; d'autre part il sert de base de calcul aux dotations aux amortissements qui diminuent le résultat annuel de l'entreprise, mais qui servent à plus ou moins long terme à renouveler les biens complètement amortis[354]. Cette seconde source de financement constitue le schéma le plus utilisé par les cocontractants car il préserve leur liberté de gestion du patrimoine et leur permet d'élaborer des politiques de rentabilité grâce à la gestion du patrimoine contractuel.

2/ La constitution d'une capacité d'autofinancement et la maximisation des amortissements

319. La capacité d'autofinancement résulte de la constatation comptable de la dépréciation du patrimoine grâce aux dotations aux amortissements. Chaque année, l'entreprise constate les pertes de valeurs de chaque composant de son patrimoine et provisionne dans le même temps des sommes équivalentes pour renouveler à terme les biens complètement amortis. La capacité d'autofinancement constitue le résultat financier de ces traitements comptables inhérents aux amortissements techniques. Sa mise en œuvre dans la commande publique permet au cocontractant de dégager des ressources propres en optimisant le traitement comptable de son patrimoine afin d'éviter un recours à l'emprunt pour le remplacement des biens.

320. Cette donnée permet aussi de vérifier si la gestion comptable de l'entreprise est efficace. C'est un indicateur de mesure de la performance car elle consiste à compenser les effets du temps sur le patrimoine [retracés grâce aux dotations aux amortissements] en alimentant de manière équivalente le compte des amortissements[355]. Les dotations,

[353] Cf. Jurisclasseur D.O Droit fiscal, Document administratif 4 D 265 §3 à §6, *Lexis Nexis* 26 nov. 1996.

[354] Voir en ce sens Partie II, Chapitre 1, Section 1, §1 et §2.

[355] Pour le secteur privé, le compte 68 « Dotations aux amortissements » retrace annuellement les pertes de valeur de chaque actif immobilisé, tandis que le compte 28 « Amortissement des immobilisations » est crédité des sommes équivalentes aux pertes de valeurs pour anticiper le renouvellement des biens. Le compte 28 a donc pour objet d'équilibrer les « *dépréciations du*

cumulées sur la durée de vie d'un actif, conditionnent donc à première vue le contenu de la capacité d'autofinancement ; cette dernière devant être en principe fidèle aux dépréciations constatées. Cette ressource représente une marge financière supplémentaire qui devrait être intégrée dans le calcul de l'impôt sur les sociétés. Mais les dispositions fiscales la considèrent comme un outil d'incitation à l'investissement des entreprises. C'est pourquoi elle est appréhendée comme une charge calculée et non-décaissée qui vient en déduction de l'impôt sur les sociétés[356]. Deux modalités de calcul de cette capacité d'autofinancement sont d'ailleurs possibles pour l'entreprise[357].

321. La première méthode consiste à évaluer *la capacité d'autofinancement grâce à un rapport entre les recettes et les dépenses d'exploitation.* L'entreprise doit d'abord déterminer les recettes d'exploitation en ajoutant à l'excédent brut d'exploitation les autres produits d'exploitation, les produits financiers encaissables, les produits exceptionnels. Elle calcule ensuite ses charges courantes et exceptionnelles, à savoir : les autres charges d'exploitation ; les charges financières décaissées ; les charges exceptionnelles ; l'impôt sur les bénéfices ; la participation des salariés[358]. Le rapport entre les deux lui permet alors d'évaluer les marges financières disponibles pour procéder au renouvellement des biens sur ses fonds propres. Mais cette méthode n'a que peu d'intérêt pour le droit des contrats administratifs et l'analyse de l'amortissement car elle n'utilise pas les effets de la gestion patrimoniale pour calculer le niveau de ces ressources internes.

322. La seconde méthode consiste à apprécier *la capacité d'autofinancement au regard des investissements*, de leur gestion et de leur amortissement. Pour obtenir cette donnée, l'entreprise ajoute au résultat net de l'exercice les dotations aux amortissements et la valeur nette comptable des éléments d'actifs cédés. Ce résultat est ensuite diminué des reprises sur amortissements, des provisions et des produits de cession des éléments d'actifs cédés. Cette méthode additive permet d'obtenir le calcul de la capacité nette d'autofinancement. Elle a donc un intérêt direct pour le droit des contrats administratifs car elle établit une relation entre les charges et les produits patrimoniaux dans les résultats annuels des cocontractants[359]. Bien entendu, ce calcul ne revêt un intérêt

---

patrimoine qui sont jugées irréversibles » comme le soulignent Gérard Melyon et Rémédios Noguera, « Comptabilité générale », *ESKA*, 2004, 4° éd., p 363 et 364.

[356] Cf. Article 39 C du CGI, éd. 2009.

[357] Pour une analyse plus approfondie, voir Partie II, Chapitre 1, Section 1 et Section 2.

[358] Pour plus de détails, voir la présentation réalisée par Stéphane Goze, sur « La capacité d'autofinancement », fiche P3C02 03/07/2004, disponible à *http://www.afrance.net*.

[359] Pour une analyse financière des conséquences de phénomène, notamment sur le niveau de la rémunération du cocontractant, voir Partie II, Chapitre 2, Section 1 et Section 2.

pour la personne publique que si le cocontractant assume la réalisation et/ou l'exploitation du patrimoine.

323. Cette donnée contribue finalement à mesurer la capacité du cocontractant à financer sur ses ressources propres le renouvellement des biens. L'amortissement industriel revêt donc deux finalités dans un contrat administratif : d'une part, il sert à retracer comptablement les dépréciations subies par le patrimoine ; d'autre part, il sert de référentiel pour les opérations de renouvellement des biens. Il permet à ce titre d'éviter de recourir à des financements extérieurs et de mesurer les marges financières qui sont dégagées grâce au traitement comptable du patrimoine[360]. Pour le cocontractant, la capacité d'autofinancement est un instrument de mesure du potentiel d'investissement qui lui donne une vision prévisionnelle de son activité durant la phase d'exécution.

324. Mais cette analyse sommaire ne doit pas faire éluder le contenu de la capacité d'autofinancement. L'entreprise doit en principe se servir des dotations aux amortissements (c'est-à-dire les dépréciations annuellement constatées dans les plans comptables) pour provisionner des sommes équivalentes qui sont déductibles du bénéfice imposable. Ces sommes dépassent en réalité souvent les pertes de valeurs retracées grâce à l'amortissement technique car l'opérateur intègre dans son calcul un élément supplémentaire : le coût de remplacement du bien. Ceci s'explique par le fait que les opérations de renouvellement se caractérisent par l'acquisition d'un actif qui est toujours plus cher que le bien qui vient d'être amorti. En comptabilité, le niveau de la capacité d'autofinancement est donc toujours plus élevé que les pertes de valeurs réellement constatées. Les conséquences sont simples : l'estimation de ce surcoût est constitutive d'une politique de gestion interne à l'entreprise, tandis que pour le droit fiscal il constitue une mesure incitatrice favorisant l'investissement privé.

325. Pour les contrats administratifs, les résultats sont plus diversifiés. La pratique démontre que les personnes publiques ne sont pas à même d'en réaliser des expertises fiables. Les juridictions financières ont ainsi dénoncé à de nombreuses reprises ce phénomène, en soulignant le défaut des contrôles contractuels publics et l'absence d'informations de la personne publique en la matière[361]. Les contrats de délégations de service public fournissent de nombreux exemples montrant que le cocontractant est en mesure de définir des mécanismes de rentabilité à partir de la gestion du patrimoine du contrat. Il s'agit ici d'une remise en question de

---

[360] Voir par exemple la circulaire relative à la préparation des budgets des opérateurs de l'Etat pour l'année 2007, n°4BCJS-06-2856 du 31/07/2006, *http://www.finances.gouv.fr/performance/lolf_acteurs/meo_lolf_05.htm*.

[361] Voir par exemple la lettre d'observations de la CRC Provence-Alpes-Côte-D'azur, 7 fév. 2004, Cne de Nice (sur la fiabilité des informations financières d'un contrat administratif) ; disponible à *http://www.ccomptes.fr*.

la répartition des risques, appréciés dans un rapport investissements/exploitation, entre les parties qui justifient à l'avenir un encadrement de ces mécanismes dans la convention[362].

B- Les mécanismes de rentabilité liés à la dépréciation économique du patrimoine contractuel

326. L'amortissement industriel impose au cocontractant une gestion économique du patrimoine qui lui est transféré par le contrat. Les écritures comptables formalisant ce transfert entre les parties sont les suivantes : le compte 241 « Biens mis en concession ou affermage » de la personne publique est débité de la valeur du patrimoine transféré au cocontractant ; le compte 28 « Amortissement des immobilisations » de celui-ci est crédité d'une valeur équivalente pour traiter l'entrée des actifs immobilisés dans sa comptabilité. Les modalités de traitement de l'amortissement entre les parties permettent ainsi de vérifier si le contrat formalise ou non un transfert de la gestion patrimoniale. Dans l'hypothèse d'un tel transfert, le problème est que les montages rencontrés dans la pratique encadrent rarement la liberté du cocontractant en matière de gestion des actifs immobilisés et la rentabilité qui en résulte.

327. Pourtant, la mise en œuvre de l'amortissement technique ne sert pas seulement à comptabiliser les dépréciations annuelles affectant le patrimoine. Elle permet aussi indirectement d'élaborer différents mécanismes pour rentabiliser les investissements relatifs aux biens. Or, ces mécanismes ont été pour une large part négligés par le droit des contrats administratifs. Certes, le cadre juridique de ces conventions s'est largement étoffé ces dernières années : multiplication des instructions fiscales ; essor de la jurisprudence sur l'aspect financier des contrats administratifs ; avis du Conseil National de la comptabilité qui semblent structurer les traitements comptables de ces contrats…[363] Mais ce mouvement a surtout permis d'accroître l'information de la personne publique sur l'exécution réelle de ses contrats[364]. Il a rarement eu pour

[362] En matière de risques dans les contrats de délégations, voir les jurisprudences suivantes : CE, 15 avril 1996, Préfet des Bouches du Rhône, req. n°168325 ; CE, 30 juin 1999, SMITOM Centre Ouest Seine et marnais, req. n°198147. Pour la portée limitée du risque dans la pratique de ces contrats, voir par exemple la lettre d'observations de la CRC Nord-Pas-de-Calais, du 18 mai 2005, Cne de Béthune ; disponible à *http://www.ccomptes.fr*.

[363] L'ensemble des références inhérentes à cet essor du cadre juridique des contrats administratifs sont présentées Partie I, Chapitre 1, Section 1, § 1 A/ et B/, §2, A/, 1/ et 2/.

[364] Voir en ce sens le décret n°2005-236 du 14 mars 2005 (JO du 18/03/2005, p 4570), com. Florian Linditch, « Contenu du rapport du délégataire de service public : enfin le décret ! », *JCP A*, 23 mai 2005, p 822 et s ; Claudie Boiteau, « Brèves observations sur le rapport annuel

objet d'encadrer et de rationaliser les stratégies de rentabilité définies par les cocontractants.

328. La conséquence de ce phénomène est que ces derniers adoptent alors un comportement opportuniste qui les conduit à optimiser la capacité d'autofinancement. Ils ne l'utilisent plus seulement pour renouveler les biens, ils la rentabilisent grâce à des placements financiers à risque limité[365]. Deux éléments attestent précisément de ces tentatives de maximisation des investissements : le report des amortissements et la théorie du multiplicateur d'amortissement. Ils révèlent dimension financière de la gestion des investissements patrimoniaux dans les contrats administratifs qui n'est pas à ce jour encadrée.

1/ La technique des reports d'amortissement : des charges différées dans le temps

329. Les reports des amortissements sont connus en droit fiscal sous le nom *d'amortissements différés*. Certains économistes considèrent qu'il s'agit là d'une hypothèse théorique car « *aucun expert comptable ne s'amuse à ce jeu* »[366]. Elle est intéressante pour les contrats administratifs car il n'est pas improbable qu'elle soit mise en œuvre par le cocontractant.

330. Ce mécanisme consiste à différer dans le temps les amortissements afin de minorer virtuellement, sur une période donnée, les résultats annuels de l'entreprise. Cette technique est souvent utilisée durant une période de déficit qui occasionne des bouleversements dans la gestion économique et comptable de l'entreprise. Dans cette hypothèse, l'objectif n'est alors plus de diminuer le bénéfice imposable par le jeu des amortissements, mais plutôt de les différer dans le temps pour présenter un résultat artificiel et acceptable[367]. Toutefois, la loi de finances du 30 décembre 2003 en a restreint l'utilisation[368].

331. Ainsi, pour les exercices ouverts à compter du 1er janvier 2004, ne peuvent plus constituer ce type d'amortissements les sociétés soumises

---

du délégataire du service public local », Mélanges en l'honneur du professeur Michel Guibal, *Presse Université Montpellier I*, Tome 2, p 223-232.

[365] Voir Anne Yvrande-Billon, « Les difficultés contractuelles de la délégation de service public », *Revue de l'Institut d'Economie Publique*, 2004, p 1. Elle se réfère à O.E Williamson et sa théorie des comportements opportunistes, présentée dans « Les institutions de l'économie », Paris : *InterEditions*, 1994.

[366] Maurice Cozian « Précis de fiscalité des entreprises », cité dans l'ouvrage de Jean-Pierre Fradin et Jean-Baptiste Geffroy, « Traité du droit fiscal de l'entreprise », éd. *PUF*, coll. Droit Fondamental, 1° éd. 2003, p 385.

[367] Voir en ce sens les articles 46 quater-0 ZY bis, ter et quater de l'annexe 3 du CGI, abrogé au 2 juin 2004 (décret n°2004-467, 25 mai 2004, JO du 02/06/2004, p 9720), disponible à *http://www.legifrance.gouv.fr*.

[368] Cf. Article 89 de la loi de finances 2004 n°2003-1311 du 30 déc. 2003, JO du 31/12/2003, p 22530 ; Décret n°2004-467 du 25 mai 2004, JO du 02/06/2004, p 9720.

de plein droit à l'impôt sur les sociétés, les sociétés d'exploitation visées à l'article 8 du code général des impôts et les entreprises individuelles relevant de l'impôt sur le revenu dans la catégorie des bénéfices industriels et commerciaux[369]. Même si l'hypothèse d'application des amortissements différés se raréfie aujourd'hui, leur mise en œuvre dans les contrats administratifs pour les contrats conclus avant le 1er janvier 2004 a été prolongée. En effet, le décret du 25 mai 2004 a validé leur utilisation pour les exercices comptables qui ont débuté leur comptabilisation avant le 2 juin 2004[370]. Ce texte réglementaire a en outre étendu la période durant laquelle une entreprise est autorisée à pratiquer des amortissements différés. Au vu de ces différentes dispositions, la pratique des amortissements différés a pris complètement fin seulement le 1er juin 2010. Or, jusqu'à cette date et lorsqu'ils étaient utilisés par le titulaire d'un contrat administratif, ils emportaient un accroissement de la rémunération pour ce dernier.

332. Au sens du code de commerce, le report d'amortissements constituait *a priori* une faute comptable et juridique puisqu'il dispensait le cocontractant de répercuter, sur une période donnée, la charge des amortissements dans son résultat fiscal annuel[371]. C'est pourquoi le droit fiscal réprimait seulement les amortissements irrégulièrement différés, grâce à deux sanctions : l'entreprise pouvait perdre le bénéfice du droit à déduction de la fraction d'amortissements irrégulièrement différée ; en cas de cession de l'actif concerné, la fraction d'amortissement pouvait être réintégrée dans le calcul de la plus-value ou de la moins-value et devient ainsi imposable[372].

333. Mais, s'ils étaient régulièrement pratiqués, les amortissements différés représentaient un avantage de gestion aussi bien en période déficitaire qu'en période excédentaire. En matière de délégations de service public par exemple, la période déficitaire correspond généralement aux premières années de réalisation du contrat, durant laquelle les charges d'investissements se répercutent lourdement sur les résultats nets d'exploitation. La période bénéficiaire correspond quant à elle aux dernières années d'exploitation durant lesquelles les charges d'investissements pèsent moins sur les résultats annuels[373]. Dans les deux cas, la personne publique rencontrait des difficultés manifestes à contrôler les résultats annuels d'exploitation lorsque ces amortissements sont mis en œuvre.

---

[369] Cf. BOI 4 h-5-04, §18 du 7 déc. 2004.

[370] Décret n°2004-467 du 25 mai 2004, JO du 02/06/2004, p 9720.

[371] Cf. Article L 123-20 du Code de commerce, éd. 2009 et article 311-4 du PCG.

[372] Cf. Article 39 B du CGI, éd. 2009.

[373] Il s'agit du principe de la courbe en J. A titre non exhaustif, voir une analyse de cette courbe par Philippe Cossalter, « Les délégations d'activités publiques dans l'union européenne », *LGDJ*, Paris 2007, p 739.

334. Le traitement comptable des amortissements différés au cours d'un exercice excédentaire consistait à calculer un différé d'amortissement dégressif réparti sur la durée d'utilisation restant de l'actif. L'entreprise calculait alors des dotations à partir de la valeur nette comptable de l'actif considéré. En contrepartie, le différé d'amortissement venait en déduction de la valeur réelle du bien, à l'expiration de sa durée normale d'utilisation[374].

335. Mais l'intérêt des reports d'amortissements pour un cocontractant se mesuraient surtout durant les périodes déficitaires. Dans ce cas, l'opérateur imputait le différé d'amortissements sur les exercices bénéficiaires en disposant d'un choix concernant la méthode : soit il réalisait une imputation globale en ajoutant le différé d'amortissement aux premières annuités, qualifiée de « report en arrière » ; soit il recourait à une imputation étalée afin de calculer les annuités ultérieures en tenant compte de la valeur nette comptable de l'actif et réalise ainsi un « report en avant »[375]. Dans les deux cas, cette technique diminuait virtuellement le poids des charges résultant de la gestion du patrimoine et de ses dépréciations.

336. Si durant ces deux périodes le cocontractant pouvait pratiquer des amortissements réellement différés, il pouvait aussi constater des *amortissements réputés différés*, dont le contrôle était encore plus difficile pour la personne publique.

337. L'entreprise pouvait effectivement décider durant une période déficitaire de différer la comptabilisation des amortissements, afin que ces derniers ne se répercutent pas sur ses résultats annuels. Cette manipulation extracomptable consistait à reporter la comptabilisation des amortissements réels sur des exercices ultérieurs et excédentaires. En différant le traitement de cette charge, l'entreprise procédait à une gestion de ses déficits en lissant ses résultats dans la durée. Certaines règles conditionnaient cependant la mise en œuvre de cette technique afin d'en limiter l'utilisation par les entreprises, titulaires ou non d'un contrat administratif.

338. Sur le fond, les amortissements concernés devaient être fiscalement déductibles. Les frais d'acquisition et d'emprunts pour les contrats administratifs, ainsi que les frais d'établissement ne rentraient donc pas dans le champ d'application de cette technique[376]. L'entreprise ne

---

[374] Cf. Jean-Pierre Fradin, Jean-Baptiste Geffroy, « Traité de droit fiscal de l'entreprise », éd. *PUF*, 2003, p 387.

[375] Voir en ce sens le Jurisclasseur, Fascicule n°F-18 270, D.O Droit fiscal, éd. *Lexis Nexis*, mis à jour au 1er sept. 2005 et l'ex-art. 209 al I du CGI, éd. 2005.

[376] Jean-Pierre Fradin, Jean-Baptiste Geffroy, « Traité de droit fiscal de l'entreprise », éd. *PUF*, coll. Droit Fondamental, 1° éd. 2003, p 387. Les auteurs présentent le cas particulier de l'amortissement des logiciels qui ne peut être réputé différé en raison de la combinaison des articles 209 et 236 du CGI, éd. 2009.

pouvait en outre utiliser ce mécanisme que durant une période déficitaire en se référant non pas au résultat comptable utilisé en matière d'amortissements réellement différés, mais au résultat fiscal déclaré.

339. Sur la forme, même si ces amortissements étaient virtuellement différés, ils devaient être malgré tout retracés comptablement dans des fiches déclaratives transmises aux instances fiscales[377]. Selon la jurisprudence, cette information « *matérialise la décision de gestion prise par l'entreprise de recourir à la technique des amortissements réputés différés* »[378]. Même si cet acte d'engagement est formalisé et malgré la permission accordée par le droit fiscal en la matière[379], l'utilisation de la technique des amortissements réputés différés dans les contrats administratifs appelle plusieurs remarques.

340. Sur le plan comptable, cette technique permettait au cocontractant de lisser sur la durée contractuelle les résultats d'exploitation et de maximiser le traitement comptable qu'il assumait sur le patrimoine. L'information de la personne publique s'en trouvait alors altérée car ces jeux d'écritures comptables revenaient à réduire artificiellement les pertes d'exploitation. En procédant à un tel lissage des résultats, deux mécanismes permettaient au cocontractant d'accroître la rentabilité du contrat. Il pouvait d'une part répartir sur la durée contractuelle les éventuels risques de réalisation et d'exploitation des investissements. Si la phase d'exploitation n'entraînait pas la rentabilité espérée, il disposait alors d'un outil comptable pour étaler ces conséquences financières sans permettre à la personne publique d'apprécier sa mise en œuvre ou ses effets sur la gestion du service. Il pouvait en outre dégager une rentabilité directe supérieure à celle estimée lors des négociations. La personne publique n'étant pas informée des résultats réels, il pouvait effectivement soit continuer à proposer des augmentations de tarifs pour compenser des charges qu'il ne supportait pas en réalité, soit diminuer les redevances en principe versées à la personne publique lorsque les résultats sont bénéficiaires. Si en droit fiscal le report de certains amortissements permettait à l'entreprise de soulager ses résultats annuels de la charge patrimoniale, sa mise en œuvre dans la commande publique était surtout constitutive d'une stratégie de rentabilité résultant de la gestion du patrimoine. Cette dernière permettait au cocontractant d'accroître sa rémunération sans assumer de contrepartie matérielle supplémentaire. La théorie du multiplicateur d'amortissements, qui, elle, est toujours en application, le démontre parfaitement.

---

[377] Fascicule n°F-18 270, D.O Droit fiscal, *op. cit.* Cette information est assurée par les tableaux n°2058-A et n°2058-B joints à la déclaration fiscale annuelle des entreprises.

[378] Jean-Pierre Fradin, Jean-Baptiste Geffroy, *op. cit.* Les auteurs renvoient pour ce faire à la jurisprudence CE, 10 janv. 1992, Promotic, req. n° 80158, com. *RJF*, fév. 1992, n°174.

[379] Voir en ce sens le Jurisclasseur, Fascicule n°F-18 270, D.O Droit fiscal, éd. *Lexis Nexis*, mis à jour au 1er sept. 2005 et l'ex-art. 209 al I du CGI, éd. 2005.

2/ La recherche de rentabilité patrimoniale : les apports de la théorie du multiplicateur d'amortissement

341. A première vue, la transposition de l'amortissement technique dans le champ des contrats administratifs ne modifie pas les modalités de fonctionnement de cette technique, telles qu'elles résultent du secteur privé. Ce mécanisme consiste en premier lieu à retracer la dépréciation du patrimoine dans les plans comptables, pour anticiper ensuite le renouvellement des actifs au terme de leur durée de vie utile. Cependant, ce procédé comptable dissimule ce que certains considèrent comme un mécanisme de rentabilité appliqué sur le patrimoine, au service d'« *un potentiel de développement autonome de l'entreprise* »[380].

342. D'un point de vue micro-économique, l'entreprise apprécie la réussite de sa politique d'amortissement en évaluant deux paramètres : d'une part, un élément technique pour apprécier l'extension de sa capacité autonome de production ; d'autre part, un élément financier qui repose sur le niveau et la variabilité des flux financiers dégagés lors de la mise en œuvre comptable de l'amortissement. Même si certains professionnels récusent cette perspective d'analyse[381], les économistes considèrent que la gestion de l'élément financier [c'est-à-dire les flux financiers résultant de l'amortissement] est un mécanisme bien réel qui permet d'opérer une multiplication des revenus retirés de la gestion patrimoniale[382].

343. Si ces mécanismes sont mis en œuvre dans le cadre des contrats administratifs, ils constituent alors une manifestation d'un comportement opportuniste du cocontractant. Plus précisément, le niveau de la rentabilité patrimoniale est conditionné par le contenu de l'accord contractuel, qui implique un coût de transaction lié aux investissements : « *la relation de dépendance qui lie des contractants ayant réalisé l'un pour l'autre des investissements spécifiques, parce qu'elle est source de valeur, génère aussi des risques de comportements opportunistes visant à capter la rente que crée cette relation. Le fait que des contractants*

---

[380] Alain Galesne, « Le financement de l'entreprise », *Gestion fiscale des amortissements et des provisions*, éd. éd. 1996 et 2004, p 48. L'auteur met ici en relation la politique d'amortissement et les mécanismes de rentabilité appliqués au patrimoine, la première conditionnant l'extension de la capacité de production.

[381] De nombreux entretiens avec des experts-comptables ou des responsables de services comptabilité de certaines sociétés titulaires de contrats administratifs ont révélé une approche assez traditionnelle de l'amortissement technique. Toutefois, des doutes sur l'objectivité des interlocuteurs en la matière ont amené deux réflexions pour nos travaux. Tout d'abord, ce critère inhérent à toute démarche scientifique [la recherche d'objectivité] faisant *a priori* défaut à l'issue de ces entretiens, la décision a été prise de ne pas les rapporter. Ensuite, la conduite de ces entretiens a induit des conclusions neutres alors que le postulat de notre étude des contrats administratifs repose sur un rapport de force dont une des manifestations est la théorie du Multiplicateur d'amortissement proposée par Alain Galesne, *op. cit.*

[382] Alain Galesne, *op. cit.*

développent des investissements spécifiques à leur relation limite le nombre d'alternatives à l'échange pour chacun d'eux et les enferme dans une situation de « lock in » génératrice de valeur et donc d'opportunisme »[383]. Cette réflexion démontre qu'un contrat administratif est l'occasion pour le cocontractant de déterminer des schémas de rentabilité grâce au patrimoine dont il assume la responsabilité et la gestion. Un exemple permet de comprendre ce phénomène d'extension des flux générés par l'amortissement industriel dans ce type de conventions.

344. Le traitement d'un élément d'actif isolé laisse apparaître certaines discordances entre la gestion comptable et l'utilisation réelle qui en est faite. Considérons un équipement acquis en to pour un coût égal à Vo, amortissable sur A années correspondant à la durée de vie utile du bien. Si l'analyse se limite à la mise en œuvre d'un amortissement linéaire traditionnel, les évolutions de la valeur résiduelle du fonds d'amortissement de l'actif peuvent être présentées de la manière suivante :

Figure n°3. Evolution de la valeur résiduelle du fonds d'amortissement d'un actif

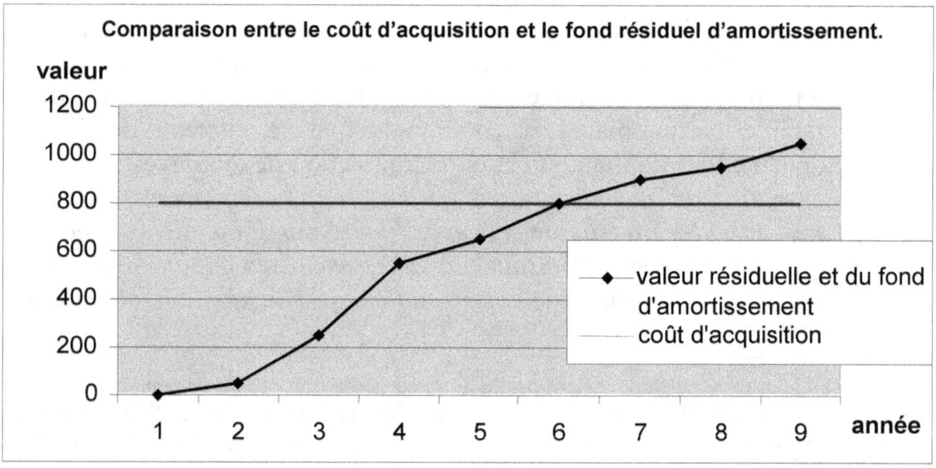

Années	1	2	3	4	5	6	7	8	9
Valeur résiduelle du fonds d'amortissement	0	50	250	550	650	800	900	950	1050

[383] Anne Yvrande-Billon, « Les difficultés contractuelles de la délégation de service public », *Revue de l'Institut d'Economie Publique*, 2004, p 4.

345. Ce graphique est la démonstration de la théorie du multiplicateur d'amortissement car, au-delà de la sixième année, la somme récupérée par le cocontractant dans le fonds d'amortissement excède l'investissement initial. Ce rapport économique se traduit de la manière suivante[384] :

$$M = \frac{a\,v'}{To\ Vo} > 1$$

M : multiplicateur d'amortissement
v' : valeur identifiée sur la courbe à la 9e année
To : date d'acquisition et valeur du fonds d'amortissement
Vo : valeur d'acquisition du bien
a : Durée de vie utile du bien, soit 9 ans dans l'exemple.

346. Cette théorie trouve une application particulièrement significative dans les politiques d'amortissement mises en œuvre par le cocontractant et les stratégies qu'il définit pour anticiper le renouvellement des actifs d'un contrat administratif. Afin de tenir compte des fluctuations économiques sur le niveau des prix, l'entreprise doit effectivement anticiper les opérations de renouvellement en tenant compte du fait que le coût de remplacement est plus important que celui de l'acquisition initiale. L'intégration de cette donnée, inhérente aux variations externes de la valeur des actifs, dans les politiques d'amortissement conditionne d'ailleurs l'efficacité des opérations de renouvellement des actifs. C'est pourquoi cette théorie considère que les politiques d'amortissement des entreprises permettent en réalité de constituer un fonds financier supérieur au coût d'acquisition initiale du premier bien. Ces politiques se conforment ainsi aux exigences d'une gestion comptable performante du patrimoine par l'entreprise. Mais ces opérations sont constitutives d'une augmentation de la rentabilité pour le prestataire lorsqu'elles sont mises en œuvre dans un contrat administratif. Ce dernier accroît sa rémunération grâce à la gestion des actifs immobilisés, sans que la personne publique ne soit en mesure de contrôler le contenu et le niveau de ces recettes accessoires.

347. Ainsi, si la durée de vie utile du bien excède de manière manifeste sa durée fiscale, comme dans l'hypothèse d'un contrat administratif transférant au cocontractant la totalité de la gestion patrimoniale, les

[384] Cette traduction du multiplicateur d'amortissement fait partie des analyses d'Alain Galesne, « Le financement de l'entreprise », *Gestion fiscale des amortissements et des provisions*, éd. *CEREFIA*, éd. 1996 et 2004, p 52.

évolutions de la valeur résiduelle de l'actif et de son fonds d'amortissement diffèrent sensiblement[385] :

Figure n°4 : Analyse du fonds d'amortissement disponible en fin de vie des actifs

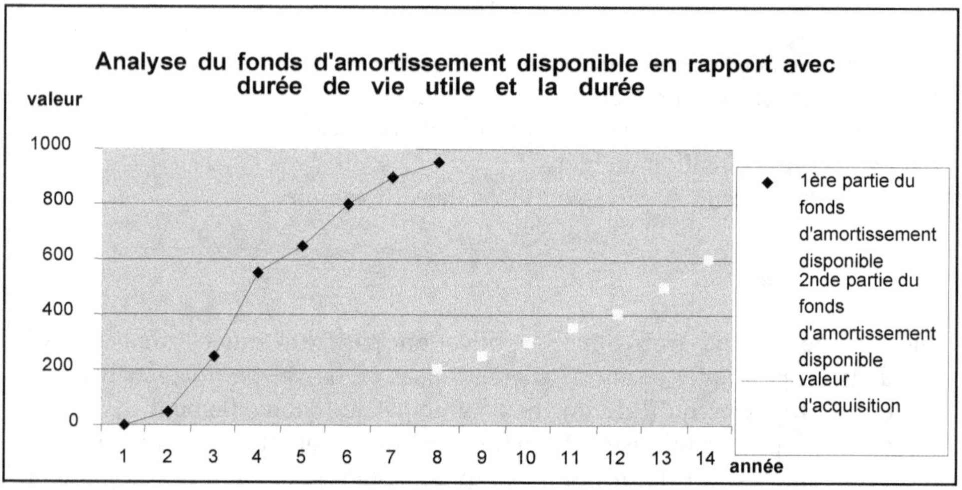

Années	1	2	3	4	5	6	7	8	9	10	11	12	13	14
1ère Partie du fonds d'amortissement (Valeur résiduelle du fond propre)	0	50	250	550	650	800	900	950						
2nde Partie du fonds d'amortissement (Réévaluation fiscale)								200	250	300	350	400	500	600

348. Comme le montrent ces courbes, l'entreprise a récupéré au terme de la durée fiscale d'amortissement [représentée à la 8ème année] la totalité du coût d'acquisition [constatée à partir de la 6ème année sur la courbe bleue], mais aussi des revenus résultant « *du placement externe ou de*

[385] Hormis les valeurs des données utilisées, cet exemple provient des analyses d'Alain Galesne, « Le financement de l'entreprise », *Gestion fiscale des amortissements et des provisions*, éd. *CEREFIA*, éd. 1996 et 2004, p 49.

l'investissement interne de son fonds d'amortissement » [constatés au-delà de la 6ème année sur la courbe bleue][386]. Nous constatons également que l'actif conserve une certaine valeur entre la 8ème et la 14ème année. Il est donc toujours en activité sur cette période et participe ainsi à l'augmentation du stock-capital de l'entreprise. Cette augmentation est à l'origine de nouvelles annuités d'amortissement jusqu'à la fin de la période d'utilisation [constatée à la 14ème année sur la courbe jaune]. Dans cette analyse le multiplicateur d'amortissement est encore une fois supérieur à 1 ; donnée de référence minimale indiquant la valeur nécessaire pour une récupération stricte du capital investi. Un tel rapport se traduit de la manière suivante[387] :

$$M = \frac{To\ Vo + a\ v''}{To\ Vo} > 1$$

M : multiplicateur 'amortissement
v'' : valeur identifiée sur la courbe à la 14ème année
To : date d'acquisition et valeur du fonds d'amortissement
Vo : valeur d'acquisition du bien
a : période d'utilisation réelle du bien/ durée de vie utile.

349. Dans l'exemple présenté, la valeur totale du capital disponible équivaut à la somme de la valeur d'acquisition de l'actif installé à partir de la 8ème année [soit To Vo] et du fonds d'amortissement encore disponible constaté à la 14ème année [sur la courbe jaune et correspondant à la donnée a v''][388]. La seconde particularité de ce calcul est de démontrer que le raccourcissement de la durée fiscale d'un actif occasionne alors une augmentation du Multiplicateur d'amortissement.

350. De toute évidence, l'amortissement ne permet pas seulement à l'entreprise d'adapter ses traitements comptables à l'évolution du cours des prix sur les marchés pour renouveler efficacement les biens. Il permet aussi au cocontractant de maximiser les flux financiers liés la gestion du patrimoine qui est mis à sa disposition, à titre gratuit ou

---

386 Cette traduction du multiplicateur d'amortissement fait partie des analyses d'Alain Galesne, « Le financement de l'entreprise », *Gestion fiscale des amortissements et des provisions*, éd. *CEREFIA*, éd. 1996 et 2004, p 49.

387 Ibid.

388 Ibid. Pour une analyse plus complète de cette théorie nous renvoyons à l'ouvrage d'Alain Galesne qui précise ces exemples et réalise une application de cette théorie du Multiplicateur sur les ensembles complexes d'équipements homogènes. Les analyses présentées ci-dessus sont plus restreintes car elles ont pour unique but de prouver qu'il existe des schémas de rentabilité définis par le cocontractant sur le patrimoine des contrats administratifs, lorsque celui-ci en assume la gestion.

onéreux, ou qu'il finance. Pour accroître sa rémunération sans financer d'investissements supplémentaires, le cocontractant peut alors par exemple décider d'affecter le fonds d'amortissement [c'est-à-dire la capacité d'autofinancement] à des placements financiers à risque limité qui génèrent des recettes accessoires.

351. Mais ce type de politiques de rentabilité n'est pas à ce jour encadré par les accords conclus par les personnes publiques, ni par les régimes des contrats administratifs. Cette carence témoigne pourtant de comportements opportunistes des cocontractants, visant à accroître leur rémunération sans que la personne publique n'exige le reversement de ce surplus et/ou des investissements supplémentaires.

352. Les juridictions financières ont souligné le besoin de clarifier ces données économiques afin d'améliorer les accords contractuels des personnes publiques[389]. Elles conseillent pour cela d'adapter l'étendu et le contenu de ces expertises à chaque forme de contrat administratif. Une attention toute particulière doit être portée aux cahiers des charges qui retracent les modalités de gestion du patrimoine et les éléments financiers qui en découlent[390]. Elles ont démontré que les politiques d'amortissement, souvent significatives d'un transfert de gestion du patrimoine au cocontractant, constituent un enjeu financier de premier ordre qui n'est pas suffisamment encadré par cet élément annexe du contrat. Mais sa prise en compte impose surtout de réviser l'approche selon laquelle les contrats administratifs constituent pour l'essentiel un outil juridique. Une réévaluation des enjeux économiques de ce mode d'action doit au contraire avoir lieu pour permettre une réappropriation publique des opérations de gestion du patrimoine, notamment celles liées à l'amortissement industriel. Cette étape préliminaire doit ensuite permettre d'en maîtriser les conséquences grâce à une réhabilitation des effets du temps sur le contrat et sa phase d'exécution.

---

[389] Voir en ce sens le bilan des juridictions financières présenté par Valentin Potier, « 25 ans d'activité des chambres régionales des comptes », *La Gazette des Communes*, 14 mai 2007, p 188 et s.

[390] Sur les défauts entachant les cahiers des charges voir CRC, Champagne-Ardenne, 5 fév. 2004, SIVOM du Rethélois. Concernant le défaut des clauses financières en relation avec le patrimoine visé au contrat, voir CRC Provence-Alpes-Côte-D'azur, 6 juin 2002, Cne d'Aubagne ; disponibles à *http://www.ccomptes.fr*.

Conclusion du Chapitre I

353. Depuis la seconde moitié du XXème siècle, de nombreuses réformes de la comptabilité publique ont permis de transposer la technique de l'amortissement industriel dans l'action publique. Mais, lorsque ce mécanisme est mis en œuvre dans le champ des contrats administratifs, il présente certaines particularités qui le différencient de son secteur d'origine, la sphère privée. Il permet d'abord de déterminer si le contrat formalise ou non un transfert de la réalisation et/ou de la gestion des investissements au cocontractant. Il contribue également à définir pour certains contrats le contenu de la clause relative à la durée. Mais son utilisation emporte aussi de nombreuses carences. Lorsque son traitement est confié au cocontractant, des difficultés de contrôle apparaissent et imposent de définir aujourd'hui un cadre comptable précis pour rééquilibrer les accords contractuels des personnes publiques.

354. Le projet d'un guide comptable pour encadrer les écritures de l'amortissement existe depuis 1975, sans que sa réalisation n'ait réellement abouti à une réforme de fond. Dans ces conditions, et au vue du fait que l'amortissement formalise le transfert du patrimoine, de sa gestion et des conséquences financières de son traitement comptable varient selon la forme du contrat, il est aujourd'hui impérieux d'établir un cadre strict à ce type d'opérations car sa mise en œuvre par les cocontractants témoigne d'une réalité : les biens visés au contrat font l'objet de politiques de gestion dont le point cardinal est la détermination d'une politique d'amortissement technique. L'objectif est d'opérer une gestion des charges pour améliorer les résultats annuels du contrat ; les cocontractants disposant de plusieurs mécanismes pour réaliser cette stratégie et multiplier les résultats financiers de la dépréciation des biens.

355. Au regard de ces enjeux, il doit être remédié aux carences qui caractérisent en la matière la pratique de la commande publique et qui trouvent essentiellement leur origine dans les réformes successives des différents régimes juridiques. Certes, le cadre juridique de la procédure de passation de ces contrats a été amélioré. Mais les effets du temps sur ce mode d'action n'ont pas été suffisamment pris en compte. Rapporté à l'amortissement industriel, ce constat montre que les durées contractuelles sont aujourd'hui en décalage avec le référentiel qui sert le plus souvent à les définir directement ou indirectement lors de la passation du contrat : l'amortissement technique/industriel des biens de retour financés par le cocontractant.

Chapitre II. La réévaluation technique du contrat au regard des fluctuations de l'amortissement industriel

356. Dans les contrats administratifs, l'amortissement technique/industriel constitue un mécanisme de gestion du patrimoine particulièrement efficace pour les cocontractants privés. Les différences persistantes entre leur comptabilité et celle des personnes publiques leur permettent de définir de véritables stratégies de gestion afin de maximiser les investissements[391]. L'amortissement est donc détourné de sa première finalité dans ce droit : retracer dans les plans comptables les dépréciations affectant le patrimoine[392].

357. Les conséquences de ces politiques ne s'arrêtent cependant pas à la gestion comptable des biens. L'amortissement joue un autre rôle dans les contrats administratifs. Il sert aussi indirectement de référentiel pour définir la clause relative à la durée de certaines conventions[393]. Celle-ci doit correspondre au temps nécessaire au cocontractant pour obtenir le remboursement des investissements assorti d'une marge nette bénéficiaire[394] ; temporalité qui s'apprécie par rapport à l'amortissement comptable (en témoignant d'une charge pour le cocontractant qui est en train d'être remboursée et au-delà servant de base de calcul à la marge nette). Ce faisant, les régimes juridiques des contrats concernés font ainsi concorder le contenu des missions du cocontractant, la durée d'exécution et le droit à rémunération.

358. En effet, la durée d'amortissement, et donc du contrat, ne sert pas seulement à définir une période d'exécution. Elle est aussi une phase durant laquelle le cocontractant est autorisé à récupérer le capital qu'il a

[391] Voir en ce sens les analyses présentées Partie I, Chapitre 1, Section 1 et Section 2.

[392] Cf. Gérard Melyon et Rémédios Noguera, « Comptabilité générale », *ESKA*, 4° éd., p 352 et s.

[393] Voir en sens l'article L1411-2 du CGCT pour les délégations de service public (Art. 40, loi Sapin n°93-122 du 29 janv. 1993, JO du 30/01/1993, p 1588) ; l'article L1414-1 du CGCT pour les partenariats public-privé (Ordonnance n°2004-559 du 17 juin 2004, JO du 19/06/2004, p 10994 ; Loi n°2008-735 du 28 juill. 2008, JO du 29/07/2008, p 12144 ; l'article 77 pour les marchés publics à bon de commande où l'amortissement sert à définir la durée lorsque le contrat dépasse quatre années.

[394] V. CE, 11 août 2009, Sté Maison Comba, n°303517, préc. ; CE, 8 février 2010, Commune de Chartres, n°323158, note J-B Vila, *JCP A* 2010, 2146 ; CE, 12 juillet 2012, Communauté d'agglomération de Chartres Métropoles, n°352417, note J-B Vila, *JCP A* 2012, 2388.

investi, éventuellement assorti d'une marge nette bénéficiaire[395]. Le problème est que ce droit à rémunération reçoit deux interprétations possibles : soit la durée du contrat correspond exactement à celle de l'amortissement industriel, ce qui suppose que ce dernier soit doté d'une portée normative permettant aux parties de réviser la durée contractuelle ; soit l'amortissement constitue un simple référentiel, la durée du contrat étant alors estimée à partir d'un amortissement prévisionnel et surtout du retour sur investissements du cocontractant. Le juge du contrat a adopté cette seconde interprétation dans sa jurisprudence et a ainsi pondéré le rôle joué par l'amortissement technique en matière de durée contractuelle[396]. Il considère que les personnes publiques peuvent aussi définir cette donnée en appréciant les charges d'investissements et les recettes d'exploitation de chaque contrat administratif en se référant à une sorte d'amortissement économique qui n'est pas consacré en comptabilité ou finance d'entreprises[397]. Ce raisonnement jurisprudentiel permet deux observations : d'une part, le juge du contrat accorde aux personnes publiques une liberté concrète d'appréciation de la clause relative à la durée[398] ; d'autre part, il admet implicitement que la mise en œuvre de cet amortissement comptable entraîne des difficultés techniques qui justifient une remise en cause de sa portée dans ces régimes juridiques.

359. Cet écart entre une lecture stricte des régimes juridiques de la commande publique et la pratique de l'amortissement trouve son origine dans le postulat qui a guidé sa transposition dans les contrats administratifs : la validité juridique des clauses définies grâce à l'amortissement industriel est conditionnée par les données négociées en amont qui ne doivent subir aucune variation durant la phase d'exécution contrat. Si un bouleversement des éléments négociés est constaté, les clauses concernées connaissent alors un décalage par rapport à leur référentiel ; le juge du contrat n'admettant pas de révision significative de l'accord contractuel durant la phase d'exécution[399].

---

[395] Ibid. Voir aussi, pour la question de la rémunération, TC, 8 juill. 1963, Sté Entreprise Peyrot c/ Sté Autoroute Estérel Côte-d'Azur, GAJA n°82, éd. 2015. Plus récemment, voir TA de Lille 23 fév. 1995, Préfet du Nord, *JCP* 1996, IV 464 ; CE, 22 nov. 1997, Sté BC, req. n°116416.

[396] Même si la jurisprudence du juge du contrat est importante en la matière, v. celle de principe CE, 11 août 2009, Sté Maison Comba, req. n°303517, concl. Rapporteur Bertrand Dacosta, préc.

[397] Cf. CAA Marseille, 18 déc. 2006, Sté Crématorium de France et Cne d'Aix en Provence, n°04MA01644.

[398] Cette liberté découle des décisions du Cons. Constit : déc. n°94-358 du 26 janv. 1995 (sur la liberté de contracter) ; déc. n°2003-487 du 18 déc. 2003, n°2006-535 du 30 mars 2006 (sur le contenu du contrat).

[399] Sur ce point, l'analyse précise de l'état de la jurisprudence concernant la capacité des personnes publiques à réviser leur contrat, par Laurent Richer, « Droit des contrats administratifs », éd. *LGDJ*, 4°éd., 2014, p 226 et s.

360. Le problème est que, dans le secteur privé, l'amortissement technique/industriel se caractérise par deux formes d'évolutions : *les fluctuations primaires* qui trouvent leur origine dans les opérations de gestion du patrimoine par le cocontractant [changement des modalités de traitement de l'amortissement ; redéfinition de la politique de gestion en cours d'exécution…] ; *les fluctuations secondaires* qui sont à rechercher dans l'environnement immédiat de la prestation fournie par le cocontractant [évolution technologique ; adaptation des normes comptables ; modifications des usages professionnels d'amortissement…][400]. Contrairement au secteur privé, les régimes des contrats administratifs n'en tiennent pas compte et ne permettent pas de modifier en fonction les accords contractuels négociés en amont. Le juge du contrat se montre par exemple très réticent aux révisions des durées contractuelles, et ce, même par voie d'avenant[401]. Il prévient ainsi le risque d'atteinte portée au principe de sécurité juridique et aux exigences de mise en concurrence. La personne publique n'est donc pas en mesure de corriger les écarts qui existent dans la pratique entre les valeurs réelles et comptables du patrimoine à amortir.

361. La mise en œuvre de l'amortissement technique dans le droit et son utilisation dans la comptabilité privé apparaissent donc antinomiques : le droit des contrats administratifs appréhende ce référentiel avec une certaine fixité qui exclut toute évolution dans son traitement et élude ainsi les effets du temps sur le contrat ; dans le secteur privé, l'objectif est de prendre acte des fluctuations liées à l'amortissement en réévaluant périodiquement la politique de gestion patrimoniale afin que celle-ci conserve son efficacité. Les conséquences sur les accords conclus par les personnes publiques sont alors diverses. La première d'entre elles est que la durée contractuelle correspond rarement durant l'exécution au référentiel (l'amortissement industriel) qui a servi indirectement à la définir.

362. Les contrats administratifs se caractérisent donc aujourd'hui par un besoin de réforme afin de remédier à ces disparités et de prendre en compte ces fluctuations des conditions d'exécution[402]. Le plus étrange est que, en la matière, l'amortissement industriel peut être la solution. Il peut effectivement contribuer à structurer cette modernisation de la commande

---

400 Cf. Gérard Melyon et Rémédios Noguera, « Comptabilité générale », *ESKA*, 4°éd. 2004, p 355.

401 Voir en ce sens TA Grenoble, 31 janv. 1997, Préfet de la Drôme, Mon TP 28/03/1997, p 46 note Peyrical. Plus récemment, voir CE, 8 avril 2009, CGE, com. Florian Linditch, *JCP A*, n°25, 15 juin 2009, note n°2147.

402 L'amortissement permettrait ici de revaloriser la liberté contractuelle des personnes publiques qui souffre encore de nombreuses restrictions comme le note François Llorens, dans « La liberté contractuelle des personnes publiques », *Revue Contrats et Marchés publics*, n°5 mai 2007, p 10 et s.

publique à une condition : les mécanismes qui ont cours dans le secteur privé doivent être complètement transposés dans le droit des contrats administratifs.

363. Si cette condition est réalisée, elle peut favoriser un suivi opérationnel de la personne publique sur les opérations de gestion patrimoniale du cocontractant. Les contrôles publics devraient pour ce faire s'affiner grâce à deux instruments : l'évaluation *ex-ante*, c'est-à-dire la détermination des besoins qui est encore à améliorer ; l'expertise *ex-post* qui est rarement contrôlée et dont le contenu reste à déterminer. L'objectif est de redonner au contrat une capacité d'adaptation en vue de tenir compte des fluctuations de l'amortissement et de permettre aux personnes publiques de maîtriser les opérations de gestion du patrimoine par les cocontractants privés (Section 1). Mais ce n'est pas le seul intérêt d'une adaptation parfaite de la technique. L'amortissement peut également contribuer à rationaliser la phase d'exécution. Pour cela, les régimes juridiques doivent prendre en compte les variations de valeurs du patrimoine dont l'indicateur principal est l'amortissement industriel. La première clause concernée par cette rationalisation serait alors la durée contractuelle dont on peut envisager qu'elle soit plafonnée lors des négociations, mais aussi révisable à la baisse durant la phase d'exécution (Section 2).

Section 1 : L'adaptation du contrat au traitement comptable du patrimoine géré par le cocontractant

364. Le droit des contrats administratifs recouvre de nombreuses hypothèses qui permettent d'opérer un transfert plus ou moins prononcé de la réalisation et/ou de la gestion du patrimoine au cocontractant. Pour vérifier si une telle opération est formalisée par le contrat, un examen des missions respectives des parties est nécessaire. Le titulaire de la responsabilité sur les biens ne change que dans l'hypothèse où le cocontractant prend en charge le traitement des amortissements industriels dans ses plans comptables. Les deux rôles attribués à ce mécanisme de gestion du patrimoine confirment cette idée.

365. Il contribue d'une part à définir la forme contractuelle la plus adaptée aux besoins de la personne publique[403]. Ceux-ci doivent s'apprécier au regard des investissements et des moyens publics

[403] Sur ce principe, voir Florian Linditch, « Recherches sur la place de l'amortissement en droit administratif », *AJDA* du 20 fév. 1996, p 106 et s.

disponibles ; évalués en terme technique, financier et humain. Les écritures comptables qui sont liées à l'amortissement permettent d'autre part de déterminer la partie au contrat qui assume la responsabilité de la gestion des actifs[404].

366. Ces deux fonctions de l'amortissement industriel pour les contrats administratifs ne permettent cependant pas de comprendre tous les enjeux liés à sa mise en œuvre dans la commande publique. Pour en maîtriser toutes les conséquences dans ces contrats, les personnes publiques doivent non seulement apprendre à l'utiliser *in concreto*, mais aussi à expertiser les modalités de retranscription dans les plans comptables du cocontractant. Seule cette expertise en trois points [définition de la forme contractuelle, détermination de la partie responsable du patrimoine, expertise affinée des composantes du patrimoine] peut leur assurer la maîtrise de l'amortissement technique, le rétablissement d'un équilibre contractuel entre les parties et la rationalisation des conditions d'exécution.

367. Les juridictions financières ont démontré à de nombreuses reprises que les carences en matière de traitement public des amortissements industriels rendent pour l'instant impossible la réalisation de ces objectifs[405]. Il faudrait pour cela que les conditions d'utilisation des contrats administratifs par les praticiens soient révisées en tenant compte de l'amortissement technique et de la retranscription comptable du patrimoine. Selon le juge administratif, le premier élément à intégrer dans l'évaluation de l'équilibre contractuel par les personnes publiques concerne d'ailleurs les investissements et les modalités comptables de traitement du patrimoine, lorsque celui-ci est transféré au cocontractant[406]. Les contrats de concession des opérateurs de réseaux et des gestionnaires d'autoroute fournissent de nombreux exemples en la matière. Ils attestent du rôle fondamental de l'amortissement pour définir les conditions et le contenu de certaines clauses contractuelles, notamment celles relatives à la durée et aux tarifs[407].

---

[404] Sur la responsabilité des écritures comptables des amortissements en fonction du contrat, voir les analyses des différentes délégations de service public par Bernadette Straub, dans « Guide budgétaire et comptable de la délégation de service public », éd. *Berger-Levrault*, coll. Les Indispensables, 1° éd. Sept. 2004, p 89

[405] Voir par exemple la lettre d'observations de la CRC Rhône Alpes, 30 août 2004, Sté d'Aménagement touristique de l'Alpes d'Huez et des Grandes Rousses, disponible à *http://www.ccomptes.fr*.

[406] Voir en ce sens CE, 28 mars 1980, Sté Cabinet 2000, req. n°07703, com. RDP 1981, p 523.

[407] Pour le cas particulier des contrats de concession de transport, de distribution de l'électricité et du gaz, voir les lois n°2000-108 du 10 fév. 2000 (JO n°35 du 11/02/2000, p 2143) et n°2003-8 du 3 janv. 2003 (JO n°2 du 04/01/2003, p 265), com. par Gaël Bouquet, « Vers la fin du droit de préférence accordé aux concessionnaires de transport, de distribution d'électricité et de gaz », *AJDA* du 15 mai 2006, p 964 et s. Sur le cas particulier des contrats

368. Ces cas particuliers montrent en tout cas qu'une véritable expertise publique du patrimoine doit se mettre en place, au moyen d'outils créés grâce à l'amortissement industriel des actifs immobilisés, en vue d'une rationalisation. Cette refonte de l'évaluation des besoins des personnes publiques n'a bien entendu pas la même portée pour l'Etat et pour les collectivités territoriales. Dans le premier cas, les conventions conclues montrent que la base d'une telle expertise existe partiellement déjà, mais qu'elle peut connaître certaines améliorations de fond. Dans le second, cette évaluation est à construire presque entièrement car l'amortissement y est appréhendé seulement comme un outil de gestion des dépréciations du patrimoine, non comme une donnée influençant certaines clauses et les conditions d'exécution de ces contrats[408].

369. Pour les conventions des collectivités territoriales, le premier élément qui doit être réhabilité est l'évaluation des actifs amortissables visés au contrat, classés selon leur nature et éventuellement transférés au cocontractant. Les personnes publiques doivent se réapproprier cette étape préliminaire car elle conditionne la juste comptabilisation des amortissements techniques par le cocontractant et les procédures d'inventaires menées en principe durant la phase d'exécution. L'objectif est de parvenir enfin à une évaluation matérielle précise des composantes du patrimoine pour maîtriser en conséquence le transfert patrimonial identifié grâce à l'amortissement technique. Si de telles procédures représentent de toute évidence une contrainte institutionnelle pesant sur le choix contractuel des personnes publiques[409], elles contribuent cependant à déterminer avec précision les actifs amortissables (§1). Il s'agit là de la première étape permettant de remédier aux incertitudes

---

de concession d'autoroute, voir aussi les analyses formulées par John Foote et Germà Bel, dans « Comparison of recent tool road concession tansactions in the United States and France », Doc. De travail n°XREAP2007-11, éd. *Xarxa de referència en economia aplicada*, nov. 2007. Il serait d'ailleurs loisible de fonder une renégociation de ces contrats sur le fondement des opérations réalisées en matière d'amortissement par les concessionnaires. Mais il s'agit là d'une autre problématique.

[408] Un mouvement de réforme est d'ailleurs en cours pour certains contrats. Ainsi, le contrôle contractuel des délégations de service public a été récemment réformé par le décret n° 2005-236, 14 mars 2005, JO du 18/03/2005, p 4570 ; com. Florian Linditch, , « Contenu du rapport du délégataire de service public : enfin le décret ! », *JCP A*, 23 mai 2005, p 822 et s. ; Claudie Boiteau, « Brèves observations sur le rapport annuel du délégataire du service public local », Mélanges en l'honneur du professeur Michel Guibal, *Presse Université Montpellier I*, Tome 2, 2nde Partie, Titre I, Chapitre 2, Section 1, p 223-232 ; Jean-Baptiste Vila, « Rapport annuel des délégataires de service public : le devenir d'une réforme depuis le 1er juin 2007 », *JCP A*, n°28, 9 juill. 2007, p 16 et s.

[409] Pour une analyse des différentes contraintes institutionnelles pesant sur le choix des personnes publiques en matière de contrats administratifs, voir l'étude de Claude Ménard, Stéphane Saussier et Carine Staropoli, « L'impact des contraintes institutionnelles sur les choix des collectivités locales », Annuaire 2003 des collectivités locales : les services publics locaux, éd. *CNRS*, Paris, p 109-119.

comptables qui caractérisent aujourd'hui ce mode d'action. Loin de représenter un accroissement du formalisme juridique des contrats publics, elles constituent à n'en pas douter un vecteur de réappropriation du patrimoine de ces conventions qui est éventuellement transféré au cocontractant.

370. Pour autant, la mesure du périmètre des actifs amortissables ne permet pas de maîtriser toutes les conséquences liées à la diversité des modes de comptabilisation de l'amortissement industriel. Cette première étape doit s'accompagner d'une réforme de la commande publique visant à intégrer la variabilité des modalités de traitement de ce mécanisme. Dans ce domaine, l'amortissement n'est pas aussi stable que le laissent à penser les plans comptables des cocontractants privés. Il constitue une technique fluctuante dont la comptabilisation doit malgré tout être maîtrisée par la personne publique (§2).

Paragraphe 1 : La détermination des actifs amortissables dans les contrats administratifs

371. La détermination des actifs amortissables dans le champ de la commande publique renvoie à l'analyse du périmètre des biens réalisés dans le cadre des contrats administratifs. Ce point particulier a deux conséquences pour la problématique liée aux modalités de mise en œuvre de l'amortissement industriel dans ce secteur d'activité.

372. Il contribue en premier lieu à renforcer l'idée que ce mode d'action ne peut et ne doit pas se résumer à l'antagonisme « culture de moyen/ culture de résultat » mis en relation avec l'intérêt général. La transposition de l'amortissement dans ces régimes juridiques démontre effectivement que des outils de gestion du secteur privé sont fréquemment mis à contribution pour répondre aux besoins d'intérêt général, renforçant ainsi le postulat selon lequel la culture de résultat est dans une certaine mesure un vecteur de rationalisation de l'action publique[410]. En s'appuyant sur les récentes réformes des régimes juridiques de certains contrats administratifs[411], il prouve en second lieu

[410] La transposition de la culture de résultats dans le champ des finances publiques résulte notamment de la loi organique relative aux lois de finances n°2001-692 du 1er août 2001, JO du 02/08/2001, p12480 ; com. Jean-François Picard, « Finances Publiques », éd. *Lexis Nexis*, coll. Objectifs droit, éd. 2006. Pour une analyse générale, voir Jacques Caillosse, « Le droit administratif contre la performance publique ? », *AJDA* 1999, p 195 et s. ; (du même auteur) « Le droit administratif saisi par la concurrence ? », *AJDA* 2000, p 99 et s.

[411] Pour une application de cette culture d'évaluation dans la commande publique, voir la circulaire du 29 nov. 2005, n°ECOZ0500081C, JO du 15/12/2005 p. 19271, texte n° 16, relative à la structure de l'évaluation préalable des partenariats public-privé.

que le patrimoine des contrats administratifs constitue à la fois un ensemble de biens qui doit être expertisé et contrôlé durant la phase d'exécution, mais aussi un potentiel de production qui est un élément d'appréciation de l'équilibre de la convention entre les parties. Ces deux points entretiennent un rapport particulier puisque cette expertise des données contractuelles doit permettre de préserver l'équilibre du rapport commanditaire/ cocontractant négocié en amont. La doctrine n'hésite ainsi pas à considérer que « *les termes du contrat doivent assurer les parties qui développent des actifs spécifiques qu'elles pourront bénéficier d'une part équitable de la quasi-rente qu'ils génèrent ; de l'autre ce besoin de sécurité ne doit pas se retourner contre les parties en « rigidifiant » le contrat* »[412].

373. Or, lorsque la charge du traitement comptable des amortissements techniques est transférée au cocontractant, l'exécution du contrat se caractérise manifestement par un déséquilibre de l'accord contractuel. Rééquilibrer ce rapport suppose que le droit des contrats administratifs prenne en compte et encadre les données comptables inhérentes à la dépréciation des actifs. Il s'agit ici de donner aux personnes publiques les moyens d'expertiser précisément le patrimoine de leurs conventions afin de déterminer tous les composants transférés au cocontractant. Cette maîtrise publique en matière d'évaluation des biens conditionne effectivement le contrôle des amortissements pratiqués et l'encadrement des politiques de rentabilité définies par le cocontractant sur le patrimoine durant la phase d'exécution.

374. Cette réévaluation du rôle des personnes publiques en la matière dépasse néanmoins la simple gestion patrimoniale. Elle a aussi des conséquences sur la durée de certaines conventions. Les expertises du patrimoine doivent effectivement permettre de vérifier que la durée contractuelle fixée lors de la procédure de passation correspond bien aux données d'exécution constatées. Le contenu de cette clause dépend en principe des missions assumées par le cocontractant qui ne doivent subir aucune variation tout au long du contrat. Si ses missions changent durant la phase d'exécution, notamment en ce qui concerne les investissements, la durée fixée initialement n'est alors plus valide juridiquement. Ce constat découle des modalités de détermination de la durée [qui dépend indirectement de l'amortissement des biens de retour financés par le cocontractant] et de la difficulté qui caractérise la révision de la durée du contrat durant la phase d'exécution. Pour que ces clauses soient valides

[412] Claude Ménard, Stéphane Saussier, Carine Staropoli, « L'impact des contraintes institutionnelles sur les choix contractuels des collectivités locales : le cas de la distribution d'eau en France », Annuaire 2003 des collectivités locales : les services publics locaux, édition du *CNRS*, Paris (p 109-119), p 109.

juridiquement, la valeur du patrimoine à amortir doit donc se maintenir en terme équivalent du début à la fin du contrat.

375. La pratique atteste du caractère falsifiable d'un tel postulat : ces missions évoluent et la base patrimoniale amortissable est soumise à de nombreuses fluctuations. La transposition de l'amortissement dans le champ de la commande publique est donc imparfaite à ce jour. Pour parvenir à lui rendre son efficacité originelle, telle qu'envisagée dans les modes de gestion privée, l'exécution du contrat doit être l'occasion de procéder en premier lieu à une identification précise des actifs amortissables. Des outils d'analyse doivent donc être créés afin d'évaluer les données patrimoniales des contrats administratifs (A). Ils correspondent à une évaluation *ex-ante* permettant de vérifier que les investissements ensuite réalisés par le cocontractant se conforment aux éléments négociés en amont. Ainsi, la construction de ces outils est de toute évidence tributaire de la nature des actifs qui doivent être amortis. Ceci explique que la réussite de ces procédures d'évaluation patrimoniale dépend de la structure du patrimoine et des immobilisations amortissables (B).

A- L'évaluation *ex-ante* du patrimoine des contrats administratifs

376. La retranscription fidèle du patrimoine par le cocontractant est un enjeu de première importance pour parvenir à expertiser les données contractuelles d'exécution et le respect de l'équilibre contractuel. Pour procéder à son contrôle, un des moyens consiste à doter la personne publique d'outils permettant de la responsabiliser vis-à-vis du traitement comptable opéré par le cocontractant sur le patrimoine. Deux instruments doivent ainsi être mis en œuvre avant le début de la phase d'exécution : la détermination préalable des besoins et les procédures d'inventaires du patrimoine. Ils permettent dans une certaine mesure de contourner la complexité de l'amortissement pour dépréciation et constituent de ce point de vue « l'expertise précontractuelle » ; c'est-à-dire l'évaluation des mécanismes de gestion des investissements et leurs spécificités comptables avant l'exécution.

377. Le premier [l'évaluation préalable des besoins] est traditionnellement appréhendé comme un élément d'évaluation de toutes les composantes du contrat. Néanmoins, cette expertise des personnes publiques néglige bien souvent le poids des investissements et la gestion du patrimoine. Ce phénomène entraîne alors un contre-sens fondamental dans la pratique puisque les besoins sont très souvent définis en fonction du mode contractuel retenu. En rendant à cette procédure sa fonction première, elle doit conduire à évaluer les investissements à réaliser, notamment ceux à la charge du cocontractant, pour ensuite choisir le

montage le plus approprié ainsi que sa durée. Ainsi réhabilitée, elle permet d'apprécier l'efficacité économique et juridique de la technique de l'amortissement. Elle n'est cependant opérationnelle que si elle est réalisée en amont de la procédure de passation, comme le montrent les contrats de partenariats public-privé[413].

378. Si cette technique est prévue par certains régimes juridiques, une étude plus approfondie de certaines conventions démontre qu'elle relève plutôt de l'exception que du principe. Elle est pourtant fondamentale pour apprécier la teneur du patrimoine d'un contrat administratif. Son utilisation dans le champ des partenariats public-privé justifie par exemple qu'elle soit transposée dans les autres formes contractuelles. Mais elle ne peut remplir pleinement sa fonction d'évaluation des actifs amortissables que si d'autres procédures sont mises en œuvre *ex-post* ; c'est-à-dire durant la phase de réalisation de la convention et avant son terme.

379. Seul le suivi de l'inventaire peut permettre de compléter les expertises préalables menées par les personnes publiques. Cette procédure est tout aussi fondamentale pour la commande publique car elle permet de vérifier la concordance des réalisations du cocontractant avec les avant-projets. C'est pourquoi elle doit être mise en œuvre avant et après la mise en service des actifs. Même si elle existe pour certains contrats, la pratique montre qu'elle rarement utilisée de manière efficace. L'explication de ce phénomène est simple : les procédures publiques d'inventaires n'ont pas de structures correspondant à celles du secteur privé et du cocontractant. Elle doit donc être précisée car elle permet de suivre au plus près l'opération du transfert patrimonial formalisée par le contrat et celles relatives aux investissements ; c'est-à-dire leur gestion comptable et leur amortissement industriel/technique.

1/ Une expertise préalable à structurer grâce à l'amortissement

380. L'amortissement pour dépréciation [amortissement industriel/technique] impose aux personnes publiques commanditaires de mener une phase d'expertise du patrimoine avant la réalisation du contrat. Cette étape préalable doit permettre de sécuriser les phases de passation et d'exécution en identifiant les biens à réaliser et à gérer. C'est à cette occasion que la personne publique définit en principe les besoins d'intérêt général à satisfaire. Avant de mettre en œuvre les

[413] Voir l'article 2 de l'ordonnance n° 2004-559 du 17 juin 2004 (JO n°141 du 19/06/2004, p 10994) codifié à l'article L 1414-2 al.2 du CGCT, éd. 2009. Voir aussi Alain Ménéménis, « Le recours au contrat de partenariat », *Revue Dr. Adm.* janv. 2005, com. 3, p 22. A noter que l'article 8 de la directive concessions (n°2014/23/UE, préc.) prévoit à l'avenir l'obligation de réaliser « un calcul de la valeur prévisionnelle » du contrat de délégation de service public.

inventaires sur le patrimoine, elle doit donc déterminer précisément ses besoins en matière d'investissements tant sur le plan technique que financier. Une telle procédure contribue donc indirectement à déterminer certaines missions et responsabilités respectives des futures parties au contrat.

381. Dans ce domaine, les contrats administratifs doivent se rapprocher de la procédure d'évaluation préalable conceptualisée dans les partenariats public-privé et qui répond à un objectif précis : vérifier que les conditions de recours à ce type de contrat sont bien remplies[414]. Cette procédure conditionne de ce point de vue la légalité du recours à cette forme contractuelle plutôt qu'à une autre. Mais, cette évaluation contribue aussi à formuler un choix sur la procédure de passation, lorsque la personne publique dispose d'une marge de liberté en la matière[415]. L'intérêt de l'évaluation préalable est en définitive triple : cerner le périmètre des actifs immobilisés et amortissables ; retenir la forme contractuelle la plus appropriée ; recourir à la procédure de passation prévue légalement au regard des deux éléments précédents. Au vu des trois fonctions qu'elle remplit, une transposition de cette procédure dans les régimes des autres contrats administratifs doit être envisagée afin de rationaliser le traitement et le contrôle des amortissements techniques.

382. Cette adaptation est *a priori* envisageable pour les contrats de délégations de service public. C'est d'ailleurs pour cette raison que la directive concessions 26 février 2014 intègre ce point essentiel en son article 8[416]. Ce rapprochement avec l'évaluation préalable des contrats de partenariats s'explique : les frais de premier établissement sont totalement ou partiellement à la charge du cocontractant ; ce dernier assure fréquemment la gestion courante du patrimoine durant la phase d'exécution ; il participe enfin au financement des opérations de renouvellement des biens de retour avant le terme du contrat. Plus

---

[414] Cf. Article 2.1 de la circulaire du 29 nov. 2005 (n°ECOZ0500081C publiée au JO du 15/12/2005, p 19271, texte n°16) qui prévoit : « *L'objet de l'évaluation préalable, dont le principe est posé à l'article L1414-2 du code général des collectivités territoriales (CGCT), est d'abord de s'assurer que le projet remplit une de ces deux conditions* [urgence ou complexité]. (…) *La vérification de l'existence de cette condition légale a également une conséquence en termes de procédures de passation du contrat : en cas de complexité, la personne publique aura recours à la procédure dite du « dialogue compétitif », alors qu'en cas d'urgence, la personne publique ne pourra recourir qu'à la procédure classique de l'appel d'offres* ». Bien entendu nous renvoyons ici à l'objectif de cette procédure et non à ses aspects matériels. Il est évident que cette procédure est couteuse tant pour les personnes publiques que les candidats à un contrat (Cf. Paul Lignières, « Partenariats public-privé », éd. *LITEC*, 2005, n°133 et s.). Une rationalisation des coûts de procédure est donc inéluctable pour élargir son utilisation.

[415] Art. 2.1 de la circulaire du 29 nov. 2005, n°ECOZ0500081C, JO du 15/12/2005, p 19271.

[416] Dir. n°2014/23/UE préc.

largement, cette procédure permet aussi d'améliorer la justification juridique qui préside au recours à un contrat de délégation. Pour les communes par exemple, la phase de lancement de la procédure de passation se formalise par une délibération du Conseil Municipal approuvant le recours au mode de gestion déléguée d'un service public[417]. Par delà le formalisme de cette autorisation, cette étape est souvent considérée comme une simple habilitation donnée par une assemblée délibérante, perçue par l'exécutif local comme une simple chambre d'enregistrement. Les motifs de la délibération, souvent vagues et incomplets, justifient parfois de manière artificielle le recours à ce type de convention[418]. Le principe de cette autorisation préalable est pourtant strictement encadré : le texte soumis au vote du Conseil municipal doit présenter les justifications qui président en fait et en droit au choix de la personne publique[419]. Le problème est que le traitement superficiel de ces motifs, qui a parfois lieu, ne permet pas à l'exécutif de justifier juridiquement ce choix. L'évaluation préalable visant à définir l'ensemble des besoins de la personne publique pourrait permettre de remédier à cette situation.

383. Pour les autres formes de contrats, la transposition de cette procédure se trouve confrontée à une difficulté : la définition besoins de la personne publique est conditionnée par les imprécisions doctrinales, législatives et jurisprudentielles inhérentes à la notion d'intérêt général qui est au cœur du recours au contrat. L'adaptation de l'évaluation préalable permettrait encore une fois de pallier cette carence. Elle contribue effectivement à identifier avec précision les besoins de la personne publique et conditionne de ce fait le recours au contrat. L'évaluation préalable de ces besoins et des motifs d'intérêt général se conditionnent ici mutuellement pour deux raisons : d'une part, si cette évaluation n'est pas menée efficacement, la définition de ces besoins et, *in extenso*, celle de l'intérêt général s'en trouvent altérées ; d'autre part, si les motifs d'intérêt général ne sont pas correctement identifiés, la procédure d'évaluation préalable ne porte pas sur des éléments matériels suffisamment précis pour justifier le recours à ce mode d'action.

384. Ceci explique d'ailleurs dans la pratique les carences constatées en matière de traitement de ces phases « précontractuelles » ; l'origine de ce phénomène étant à rechercher dans la persistance du flou qui caractérise

---

[417] Article L 1411-4 du CGCT, éd. 2009. En vertu de la loi n°2002-276, du 27 fév. 2002, article 5-II, les assemblées délibérantes sont seules habilitées à se prononcer sur le principe même d'une mise en délégation d'un service public local. Voir en ce sens l'ouvrage d'Yves Delaire, « La délégation des services publics locaux », éd. *Berger Levrault*, coll. Les indispensables, 2002, p 131 et s.

[418] Ainsi un délégataire a pu par exemple être choisi, pour la construction et l'exploitation d'un casino municipal, à raison « *d'un projet architectural plus épuré* ».

[419] Cf. Articles L1411-1 et L1411-4 du CGCT, éd. 2009.

la définition de la notion d'intérêt général[420]. La revalorisation de ces procédures préalables au contrat concourt mécaniquement à préciser les besoins à satisfaire et l'intérêt général qui préside à sa réalisation et son exécution. Pour les généraliser à l'ensemble des hypothèses de la commande publique, une évaluation méthodique doit être menée à deux moments précis : en amont pour le choix du mode contractuel et durant l'exécution pour affiner le contrôle de l'exécution du contrat[421]. D'une manière générale, cette phase préalable ne doit plus être perçue par les personnes publiques comme une contrainte limitant leur liberté contractuelle. Elle doit être au contraire appréhendée comme un outil permettant d'expertiser les avant-projets et les réalisations des cocontractants, notamment en ce qui concerne la gestion du patrimoine et son amortissement.

385. La structure de cette évaluation préalable dans les partenariats public-privé s'avère d'ailleurs particulièrement efficace pour les autres formes de contrats administratifs. Cette procédure est traditionnellement considérée dans le mode partenarial comme la transposition du « *public sector comparator* », conceptualisé dans la « *private finance initiative* » anglo-saxonne. Ce mécanisme impose à la personne publique d'expertiser la complexité du projet en définissant en amont les moyens techniques et financiers nécessaires à sa réalisation. La complexité du projet correspond ici à une donnée objective d'appréciation ; caractéristique que nous retrouvons dans d'autres montages, tels les contrats de délégations, de mobiliers urbains et les conventions d'occupation domaniale[422].

386. Conformément à la décision de 2003 du Conseil constitutionnel relative aux contrats de partenariats, la mise en œuvre de la phase d'évaluation préalable doit permettre à la personne publique de déterminer « *avec précision les motifs de caractère économique, financier, juridique et administratif, qui l'ont conduite, après une analyse comparative, notamment en termes de coût global, de performance et de partage des risques, de différentes options, à retenir le projet envisagé et à décider de lancer une procédure de passation*

---

[420] A titre non exhaustif et malgré de nombreuses études en la matière, voir CE, Rapport public 1999, « Réflexions sur l'intérêt général », *La Documentation française*.

[421] Sur le choix du mode contractuel, voir Florian Linditch, « Recherches sur la place de l'amortissement en droit administratif », *AJDA* du 20 fév. 1996, p 100 et s. Le choix du mode contractuel est ici lié à l'objet du contrat sur lequel le juge administratif exerce un contrôle strict. Pour les contrats de mobilier urbain, voir CE, 4 nov. 2005, Sté J-C Decaux, req. n°2005-069146, com. Florian Linditch, « Contrats de mobilier urbain. Le Conseil d'Etat fidèle à sa jurisprudence : les contrats de mobilier urbain sont des marchés publics de services », *JCP A*, n°50, 12 déc. 2005, p 1825.

[422] X. Besançon, L. Derny, R. Fisyelson, M. Fornacciari, « Les nouveaux contrats de partenariats », *Le Moniteur*, 2005, p 63.

d'un contrat de partenariat » [423]. Le Ministère de l'Economie et des Finances, avec le concours de la Mission d'Appui aux Partenariats Public-Privé, a proposé une structure pour cette procédure. Il préconise ainsi qu'elle soit menée de concert par la personne publique et un collège d'experts, avant l'autorisation de l'assemblée délibérante compétente. Le Ministère a retenu pour ce faire les éléments d'appréciation suivants[424] :

Tableau n° 12 : Evaluation préalable d'un contrat de partenariat public-privé

Maîtrise d'ouvrage public (MOP)	Contrat de partenariat (PPP)
Coûts directs d'investissement + Coûts indirects d'investissement + Coûts directs de maintenance + Coûts indirects de maintenance et d'exploitation - Recettes d'exploitation + Coûts cachés aléatoires	Coût global de l'opération en MOP + Surcoûts de montage + Surcoûts de financement + Surcoûts fiscaux +Surcoûts du transfert des risques + Marge du secteur privé - Gains sur maîtrise d'ouvrage
= Coût Global de l'opération en MOP	-Gains sur la conception/ réalisation
	- Gains sur l'exploitation - Gains sur le transfert des risques - Gains sur le maintien patrimoine - Recettes complémentaires d'exploitation
	= Coût Global de l'Opération en PPP

387. Grâce à la comparaison entre le coût global en maîtrise d'ouvrage public et le montant estimé de l'opération en contrat de partenariat, la personne publique dispose d'une première évaluation des gains ou des éventuelles pertes entre les deux modes de réalisation. Cette dernière permet donc d'établir un bilan « coûts/ avantages » de la réalisation de besoins d'intérêt général soit directement, soit grâce à une telle convention.

388. La transposition de cette procédure dans les autres modes contractuels se justifie en raison de l'estimation comparative qu'elle

[423] Paul Lignières, « Partenariats public-privé », éd. *Lexis Nexis*, coll. Affaires Finances, 2ème éd., 2005, p 86.

[424] Ibid. L'auteur se réfère au Guide des contrats de partenariats, « *2. Justifications juridiques et financières du recours au contrat de partenariat* », p 49 ; disponible à *http://www.ppp.minefi.gouv.fr*.

permet d'obtenir, mais aussi de son caractère *ex-ante*. Cette particularité permettrait en effet de pallier une carence fondamentale constatée dans les autres montages. Ces derniers se caractérisent le plus souvent par la mise en place d'une telle procédure. Mais celle-ci est réalisée seulement durant la phase d'exécution et ne repose donc sur aucun élément de comparaison[425]. L'expertise est donc faussée car il est impossible de vérifier la correspondance des réalisations du cocontractant avec les besoins prévisionnels[426]. La conséquence de ce phénomène est que le cocontractant est alors en mesure de présenter à la personne publique un état surestimé de ses investissements, tout en les finançant en réalité à moindre coût. Ce décalage entre les informations communiquées à la personne publique et les données patrimoniales réelles entraîne alors un accroissement de la rémunération du cocontractant ; celle-ci étant surévaluée par rapport à la contrepartie matérielle réellement assumée.

389. Il apparaît donc nécessaire de généraliser aux autres formes contractuelles cette technique de l'évaluation préalable. Si elle contribue à préciser les besoins d'intérêt général qui devront être réalisés dans le cadre du contrat, elle participe aussi à valider juridiquement le choix du recours au contrat et le lancement d'une procédure de passation. Chaque forme contrat correspondant à la réalisation d'un objet différent, cette procédure doit d'abord être transposée en tenant compte des spécificités de chaque mode d'action.

390. Dans le cadre de la régie intéressée ou du contrat d'affermage, cette comparaison doit prendre en compte seulement de manière informative les frais d'investissement car ils sont essentiellement supportés par la personne publique. Pour les marchés de mobiliers urbains[427], les conventions d'occupation domaniale et les concessions, la structure générale de l'évaluation préalable peut en revanche être conservée en l'état.

391. Ensuite les surcoûts et les gains doivent être pondérés en fonction de chaque montage contractuel car, la durée n'étant pas la même, ceux-ci sont généralement plus faibles dans les contrats courts. Enfin, le cas des marchés publics doit faire l'objet d'une structure distincte qui ne peut résulter que d'un encadrement général par le pouvoir réglementaire et le

---

425 Voir par exemple le rapport réalisé par Germà Bel et John Foote « Comparison of recent toll road concession transactions in the United States and France », nov. 2007, Doc. de travail n° XREAP2007-11, éd. *Xarxa de referència en economia aplicada*, Annexe 1 et s. p 25. Cette étude comparative des contrats de délégations des autoroutes françaises et américaines met en évidence les carences des montages français en la matière.

426 V. sur ce point CAA Nantes, 31 octobre 2014, n°13NT00699, Sté CEP A Port Guillaume ; *AJDA* 2015, p 1051, note J-B Vila.

427 Si les contrats de mobiliers sont traditionnellement intégrés dans les marchés publics, ce classement ne semble pas figé. Or, leur objet et leur contenu révélant des spécificités, il a été décidé de distinguer ces deux formes de contrats afin de mesurer un peu plus précisément les conséquences de l'amortissement.

législateur. Pour permettre un traitement efficace de cette procédure et rationaliser dans la durée la gestion patrimoniale de tous les contrats administratifs, il semble d'ailleurs nécessaire de l'adapter en procédant de même.

392. Cependant, il est un point commun à l'ensemble de ces montages : la procédure d'évaluation préalable doit dorénavant tenir compte de l'amortissement technique des actifs immobilisés, ou au minimum de celui concernant les biens de retour et les biens de reprise, afin d'anticiper les opérations de gestion qui sont définies par le cocontractant avant leur mise en service. Plus généralement, cette procédure apparaît comme un préalable impérieux au lancement de toute procédure de passation car elle constitue la première base comparative pour les contrôles contractuels publics menés durant la phase d'exécution. Pour permettre une appréciation des réalisations, elle doit néanmoins être complétée par une autre procédure : l'inventaire avant la mise en service des actifs et durant l'exécution du contrat. Seule la coordination de ces deux mécanismes permet de rendre aux contrôles publics l'effectivité nécessaire pour apprécier les conséquences du transfert au cocontractant de la gestion du patrimoine et de son amortissement.

2/ La procédure d'inventaire : un préalable au droit d'exploiter des actifs amortissables

393. Le contrôle de la personne publique en matière de contrats administratifs est traditionnellement envisagé *a posteriori*. Il intervient généralement après la procédure de passation et la mise en service des biens. Ces contrôles contractuels ont alors pour objet de déterminer, durant l'exécution du contrat, si les réalisations sont conformes aux attentes de la personne publique et aux éléments négociés[428]. Mais, elles ne reposent, le plus souvent, sur aucune base comparative et ne permettent donc pas d'apprécier la concordance des avant-projets avec les réalisations. Les expertises sérieuses des biens avant la mise en service des actifs sont effectivement rares dans la pratique. Afin de pallier cette carence, la personne publique doit donc contrôler le contenu des investissements réalisés avant le début de la phase d'exécution. C'est le seul moyen lui permettant d'apprécier ensuite le contenu des investissements, leur gestion et leur évolution. En établissant une base

---

428 C'est notamment le cas dans les contrats de délégations et la procédure annuelle de contrôle prévue à l'article L 1411-3 du CGCT, éd. 2014. Mais, la réflexion se transpose aussi aux marchés publics qui ne sont contrôlés qu'une fois la prestation réalisée (Art 119 à 126 du CMP éd. 2014). En matière de contrats de partenariats, voir les articles L 1414-12 f) et L 1414-14 du CGCT (éd. 2014) sur les contrôles annuels de la personne publique.

comparative en amont, cet outil permet effectivement de vérifier si l'exécution du contrat est conforme à la fois aux besoins exprimés *ex-ante*, mais aussi aux inventaires patrimoniaux menés après la réalisation des opérations d'investissement par le cocontractant.

394. Cette procédure d'évaluation est traditionnellement réalisée lorsque le contrat prévoit une mise à disposition du domaine public. Mais sa généralisation à l'ensemble des hypothèses de la commande publique est aujourd'hui indispensable. La réalisation d'investissements dans la plupart des contrats publics nécessite effectivement une occupation temporaire du domaine public [plus ou moins prolongée selon la forme de la convention] pour la réalisation des investissements et du contrat. La procédure d'inventaire devient alors incontournable car les contrats administratifs supposent le financement d'actifs immobilisés et amortissables dont l'exploitation est transférée en partie ou totalement au cocontractant. Elle permet ainsi d'en contrôler le contenu et les modalités de leur éventuel transfert au cocontractant. L'information de la personne publique s'en trouve alors améliorée après la mise en service des biens, durant la phase d'exécution du contrat.

395. L'objectif de cette procédure est d'une importance fondamentale pour la commande publique en raison des carences qui caractérisent aujourd'hui l'évaluation patrimoniale de ce mode d'action. Si le cadre juridique de l'inventaire reste encore à définir, une méthodologie générale peut d'ores et déjà être proposée.

396. Sur la forme d'abord, il doit être réalisé de manière contradictoire entre le cocontractant et la personne publique puisque le contrat est l'occasion de définir les responsabilités respectives des parties sur les biens classés en fonction de leur nature. Pour cela, un procès-verbal doit être établi et annexé au contrat, postérieurement à sa signature et avant la mise en service des actifs. Cette étape existe aujourd'hui dans certains régimes juridiques de contrats publics[429]. Elle est cependant négligée, comme en témoignent les lettres d'observations des juridictions financières qui n'ont pas manqué de souligner à de nombreuses reprises les problèmes résultant de l'absence d'inventaire[430]. Sur le fond ensuite, il doit répertorier tous les investissements réalisés par le cocontractant, ainsi que ceux mis à disposition par la personne publique. A cette occasion, l'autorité publique vérifie que les réalisations sont conformes au cahier des charges du contrat et à l'évaluation préalable réalisée *ex-ante*. Sa structure doit notamment distinguer clairement les actifs réalisés

[429] Voir par exemple le régime des délégations de service public ; Article L1411-1 et s. du CGCT, éd. 2014.

[430] Voir en ce sens CRC Rhône-Alpes, 24 nov. 1995, Service public de l'eau de Grenoble ; CRC Provence-Alpes-Côte-d'Azur, 11 mars 1999, Service public de l'eau et de l'assainissement de Port Saint Louis du Rhône ; disponibles à *http://www.ccomptes.fr*.

ou mis à disposition gratuitement par la personne publique de ceux financés par le cocontractant et faisant l'objet d'une inscription directe à son bilan. Si un désaccord apparaît à cette occasion, l'autorité publique doit être en mesure de différer la mise en service d'un ouvrage ou d'investissements qui seraient non-conformes à leur destination. Pour éviter toute complication juridique entraînant la saisine d'une juridiction administrative et pour lui permettre de recourir à une mesure aussi contraignante, une clause spécifique, lui réservant ce droit et ses modalités d'exercice, doit être prévue dans le contrat.

397. Au-delà de l'expertise du contenu des investissements, la procédure d'inventaire permet aussi d'évaluer leur dimensionnement et leur conformité aux besoins définis en amont. C'est pourquoi cette procédure doit concomitamment porter sur le contenu patrimoine contractuel, mais aussi sur chaque composant des biens classés selon leur nature.

398. Mais l'inventaire a des conséquences qui dépassent la simple information du contenu des investissements et leur décomposition. Il permet également à la personne publique de disposer d'une appréciation globale du degré d'implication de son cocontractant dans la réalisation du contrat. Ceci revient à jauger le lien contractuel et son équilibre durant la phase de réalisation et/ou d'exploitation. Cette procédure constitue donc le témoin privilégié de l'équilibre de l'accord contractuel car elle doit être réalisée périodiquement durant l'exécution. Elle permet par exemple de vérifier si les réalisations ont été financées à moindre coût ou volontairement surestimées pour accroître la marge nette du cocontractant. Dans les deux cas, la rémunération perçue ne correspond alors plus à une contrepartie financière pour des investissements matériels, mais se décompose en deux éléments : d'une part, elle représente un retour sur investissement effectif pour les biens de retour financés par le cocontractant ; d'autre part, elle constitue une marge nette qui est en quelque sorte l'intéressement du contrat et qui augmente significativement dans les deux hypothèses susvisées.

399. Les lettres d'observations des juridictions financières montrent ainsi que l'absence d'inventaire précis du patrimoine des contrats entraîne une captation de profits[431]. Lorsque les investissements financés par le cocontractant sont délibérément surdimensionnés par rapport aux besoins réels du service, le niveau des tarifs est effectivement surévalué et/ou la

[431] Voir en ce sens Cour des Comptes, Rapport public annuel de 1998, 7 janv. 1999, *La Documentation française*. La Cour dénonce dans ce rapport le surdimensionnement des équipements publics et ses conséquences en matière de restauration collective en Ile de France ; com. Eric Gintrand, « A propos du surdimensionnement des équipements publics : le cas des cuisines centrales communales », *Les petites affiches*, 15 avril 1999, p 2 et s. C'est pour cette raison que le Conseil d'Etat s'est prononcé plus tard sur cette question (v. CE, 21 décembre 2012, Commune de Douai, n°342788).

durée contractuelle est trop longue[432]. Le surdimensionnement sert dans ce cas d'alibi au cocontractant pour disposer d'un droit à rémunération très étendu alors que ses réalisations sont financées en réalité à moindre coût. L'intérêt de ces pratiques est donc double car le gain porte sur l'investissement, mais aussi sur les résultats d'exploitation et la gestion courante.

400. A ce titre, les juridictions financières considèrent que l'économie d'un contrat de délégation, par exemple, est pleinement expertisée lorsque cet inventaire est annexé au contrat et périodiquement réévalué[433]. Selon elles, cette analyse est dans tous les cas un préalable nécessaire à la mise en service des investissements. Aujourd'hui les personnes publiques ne peuvent plus se dispenser d'une telle procédure, sous peine de voir la qualification du patrimoine contractuel remise en question au terme de la convention[434]. En l'absence d'inventaire et de son suivi, la personne publique ne peut effectivement identifier avec précision les biens qui sont destinés à retourner dans la sphère publique. Cette confusion patrimoniale a alors pour corollaire une dépossession des biens de retour. Ce phénomène est de toute évidence contraire aux objectifs de performance et de rationalisation qui caractérisent actuellement la commande publique[435]. Pour inverser ce mouvement, un suivi opérationnel des investissements doit être mis en place en réévaluant l'importance de l'expertise préalable et en insérant dans l'expertise publique des contrôles *ex-post*. Mais un tel suivi impose de connaître précisément la structure des actifs immobilisés et amortissables, qui est définissable grâce aux différentes composantes du patrimoine.

---

[432] Pour le surdimensionnement des investissements en matière d'un service public de l'eau délégué, voir la lettre d'observations de la CRC Languedoc Roussillon, 16 avril 1997, District de la Côte Vermeille, Port-Vendres ; disponible à *http://www.ccomptes.fr*. La Chambre montre ainsi que les investissements en matière de canalisations pour approvisionner la région du Languedoc Roussillon ne sont pas rentables du fait de leur surdimensionnement. Le taux d'utilisation des canalisations était de l'ordre de 35%.

[433] Voir en ce sens CRC Haute Normandie, avis n°07-08 du 11 juill. 2007, Cne de Porte-Joie. La Chambre note dans son avis qu'un inventaire portant sur les données quantitatives et qualitatives doit être annexé au contrat, conformément à l'article R 1411-7 du CGCT (éd. 2009) : « *l'obligation de performance technique, la traçabilité de l'imputation des dépenses de personnel entre l'exploitation d'une part, le renouvellement d'autre part, le compte rendu annuel financier lié à l'obligation de respecter les principes d'indépendance des exercices et de permanence des méthodes ainsi qu'un modèle de présentation du rapport sur l'exécution du contrat* ».

[434] Dans sa lettre d'observations du 23 fév. 2006, la CRC Aquitaine (Syndicat Intercommunal de l'eau potable de la région du Jurançon) a pu noter que la qualité de biens de reprise, en l'absence d'inventaires établi contradictoirement et annexé au contrat, reposait sur une simple présomption de propriété ; disponible à *http://www.ccomptes.fr*.

[435] Cf. Article 4.1.6, Circulaire n°ECOZ0500081C du 29 nov. 2005, JO du 15/12/2005, p 19271.

B- La structure des actifs immobilisés et amortissables dans les contrats administratifs

401. L'expression « structures des actifs immobilisés et amortissables » pour qualifier le patrimoine d'un contrat administratif renvoie ici au sens premier de la notion de structure, à savoir : « *architecture des parties d'un corps organisé* »[436]. Pour déterminer cette architecture, l'ensemble du patrimoine du contrat administratif doit être décomposé grâce à deux outils qui sont à la disposition de la personne publique : l'évaluation préalable des besoins et la procédure d'inventaire.

402. Traditionnellement, la doctrine se réfère en la matière à la nature juridique des biens pour les distinguer et opérer un classement. Nous retrouvons ainsi les biens de retour, destinés à revenir de plein droit dans la sphère publique, les biens de reprise, qui font l'objet d'une option d'achat par la personne publique, et les biens propres qui sont la pleine propriété du cocontractant. Mais cette distinction montre ses limites lorsqu'elle est rapportée à la technique de l'amortissement industriel dans les contrats administratifs. Il est en effet fréquent que certains biens immatériels ne soient pas pris en compte, ou que certains actifs matériels ne fassent pas l'objet d'une réintégration dans la sphère publique alors qu'il s'agit de biens de retour.

403. Le problème d'une telle approche juridique sur le patrimoine dépasse cependant cette première conséquence. En l'état, les personnes publiques ne peuvent expertiser tous les composants des biens visés au contrat, ni contrôler la séquence temporelle de leur amortissement ; c'est-à-dire le mode, la durée et le profil d'amortissement industriel de chaque actif immobilisé. Afin de remédier à cette carence, le droit des contrats administratifs doit adopter une approche complémentaire et micro-économique consistant à distinguer les actifs selon leur nature comptable corporelle ou incorporelle[437]. Dans le premier cas, le processus comptable de l'amortissement n'est pas difficile à contrôler puisqu'il s'agit d'éléments physiques identifiables et classés en fonction de leur nature. Dans le second cas, l'évaluation du patrimoine est plus complexe car les immobilisations incorporelles renvoient à des droits, tel que le brevet, et/ ou à des frais volontairement immobilisés. Leur analyse comptable doit donc être plus affinée car elle impose de prendre en compte les acquisitions et les cessions d'immobilisations[438]. Pour l'entreprise privée, ces opérations donnent lieu à des traitements

[436] Petit Larousse, 2001, p 970.
[437] Cf. Article 331-5 (immobilisations corporelles) et 361-1 (immobilisations incorporelles) du PCG, éd. 2009.
[438] Gérard Melyon, Rémédios Noguera, « Comptabilité générale », Chapitre 4 Les acquisitions d'immobilisations, *ESKA*, 4°éd., 2004, p 168 et s.

comptables et à des inscriptions dans son bilan. Transposée aux contrats administratifs, cette structure de classification des immobilisations ne constitue pas à ce jour une donnée encadrée par la personne publique. Elle nous renseigne pourtant sur l'étendue du patrimoine à traiter et sur les outils à développer pour en permettre une maîtrise publique.

1/ Les immobilisations corporelles : une diversité contrôlée

404. Pour contrôler les opérations comptables liées à l'amortissement technique des immobilisations corporelles d'un contrat administratif, la personne publique doit connaître le contenu de ce patrimoine, ainsi que son mode de traitement dans le plan comptable du cocontractant. Pour cela, les différentes immobilisations corporelles et incorporelles doivent être dans un premier temps distinguées et identifiées.

405. Dans les analyses économiques, le qualificatif « corporel » renvoie à l'appréciation qualitative de la nature des immobilisations. Sont ainsi considérées comme actif corporel en comptabilité toutes les immobilisations physiquement identifiables et qui correspondent « *aux meubles et immeubles sur lesquels l'entreprise détient un droit de propriété* »[439]. Ce classement générique comprend deux sous-catégories dans les plans comptables : d'une part, celle relative aux immobilisations intégrées au processus de production de l'entité ; d'autre part, celle concernant les actifs en cours de réalisation qui doivent être intégrés par la suite. Ces deux types d'actifs ont une affectation comptable puisque les biens existant sont retracés au compte 21 « Immobilisations corporelles », tandis que les autres le sont au compte 23 « Immobilisations en cours ».

406. Cette distinction comptable n'est pas sans intérêt pour les contrats administratifs. En effet, dans le cas des contrats de délégation ou de partenariat, le cocontractant assume le plus souvent la charge comptable des actifs immobilisés visés au contrat. La personne publique doit dès lors tenir compte de cette subdivision des immobilisations corporelles pour réaliser des expertises patrimoniales viables. Mais la nécessité de transposer cette différenciation comptable dans les contrats publics ne se limite pas à ces deux hypothèses de contrats. Dans le cas d'un marché public de travaux et de fourniture, ces immobilisations sont ainsi intégrées dans la comptabilité publique après leur réalisation. La particularité de ces marchés est que le traitement de l'amortissement des actifs dans la comptabilité publique ne débute qu'à partir de l'année N+1 après leur mise en service[440]. Le rôle du cocontractant est alors d'assurer

[439] Ibid.

[440] Sur ce point, voir la lettre d'observations de la CRC Limousin, du 19 mars 1998 relative à la Cne d'Ussel, période 1991-1997 ; *disponible à http://www.ccomptes.fr*.

temporairement la comptabilisation des amortissements dans un compte d'attente, avant de transférer les actifs concernés à la personne publique. Le principe du compte d'attente peut d'ailleurs aussi prévaloir en matière de marchés de mobilier urbain ou de conventions d'occupation domaniale[441].

407. Il existe donc pour ces cinq formes de contrats administratifs un transfert patrimonial plus ou moins étendu qui est identifiable grâce au traitement de l'amortissement dans les plans comptables établis par les parties au contrat[442]. Le cocontractant assume dans tous les cas une responsabilité temporaire plus ou moins importante en ce qui concerne ces écritures comptables. Ceci explique que les opérations de gestion patrimoniale dans le cadre de la commande publique doivent dorénavant appréhender les immobilisations corporelles non pas seulement en fonction du classement juridique traditionnel, mais aussi en fonction de la classification comptable. La personne publique doit pour cela transposer dans ses analyses le classement patrimonial utilisé par le cocontractant pour les actifs corporels et, *in extenso*, le traitement comptable de leur perte de valeur. La première expertise à mener concerne la durée de vie du patrimoine et sa décomposition, qui permet d'identifier les immobilisations corporelles transférées au cocontractant.

408. La seconde étape consiste à répertorier tous les actifs corporels visés au contrat. Toute la difficulté est alors d'opérer une classification de ce patrimoine car la notion d'immobilisation corporelle renvoie à de nombreux composants matériels. Un élément fondamental des contrats administratifs est cependant exclu de cette catégorie. Le domaine public sur lequel est réalisé le contrat n'est pas comptabilisé dans cette catégorie d'actifs car, sa production de valeur étant difficilement quantifiable, le Plan comptable général considère qu'il ne revient pas au cocontractant de traiter son amortissement technique[443]. C'est pourquoi les terrains, leurs aménagements et leurs constructions sont en principe retracés dans des comptes séparés. Hormis cette exception, le classement des immobilisations corporelles par le cocontractant résulte d'une décomposition de chaque actif qui s'accompagne d'une estimation de leur durée de vie[444]. En comptabilité, les immobilisations corporelles

---

[441] Il est précisé que le contrat de mobilier urbain est traditionnellement intégré dans les marchés publics (CE, 4 nov. 2005, Sté JC Decaux, Rec. CE 2005, p 476 et 478, com. Christine Maugüe et Philippe Terneyre, *RFDA* 2005, p 1083). Mais en raison des spécificités de leur objet de leur contenu, ils sont ici distingués afin de mesurer un peu plus précisément les conséquences de l'amortissement technique/industriel.

[442] Ibid. Les cinq formes étudiées ici sont : les délégations de service public, les partenariats public-privé, les marchés publics, les conventions d'occupation domaniale et les marchés de mobilier urbain.

[443] Articles 282 et 393-1-1 du PCG, éd. 2009.

[444] Cette durée de vie sert alors de référentiel pour la durée contractuelle, comme par exemple dans les délégations de service public. Cf. Article L1411-2 du CGCT, éd. 2009.

renvoient ainsi à différents éléments physiques : les bâtiments administratifs et commerciaux, les bâtiments industriels, les matériels et outillages industriels, le matériel de transport, le matériel de bureau et informatique, le mobilier, les agencements et les installations[445]. L'ensemble de ces composants physiques sont des actifs corporels qui peuvent être identifiés *in concreto* dans un contrat administratif.

409. Le cadre comptable du secteur privé fournit donc en la matière une première base de classement des biens visés dans ces conventions. Un autre avantage de ces modalités de traitement est que cette liste des immobilisations corporelles n'est pas exhaustive. Les dispositions comptables permettent notamment d'intégrer dans cette catégorie des éléments qui ne sont pas prévus par le Plan Comptable Général. Ce dernier dispose en la matière que tout élément identifiable physiquement doit être pris en compte et comptabilisé dans cette catégorie. Ce cadre comptable général pallie ainsi les éventuelles carences qui pourraient naître de la pratique et du caractère évolutif des contrats administratifs. De cette manière, s'il est adapté à la commande publique, il peut aussi contribuer à redonner à certains de ces contrats une capacité d'adaptation.

410. En principe, le classement des actifs corporels est réalisé à partir de la nature du bien et de sa durée de vie utile au sens comptable ; c'est-à-dire leur durée d'amortissement pour dépréciation. Plus précisément, il est utilisé pour ce faire des valeurs d'usage résultant des pratiques professionnelles. Le rapport entre immobilisations corporelles, durées d'utilisation et valeur d'usage permet d'obtenir la classification suivante :

Tableau n°13 : Présentation des valeurs d'usage selon la nature de l'actif corporel

Actifs immobilisés	Durée d'usage
-Bâtiment administratif/commercial	- 20 à 50 ans
-Bâtiment industriel	- 20 ans
-Agencement/ Installation	- 10 à 20 ans
-Mobilier	- 10 ans
-Matériel/ Outillage industriel	- 5 à 10 ans
-Matériel de bureau et informatique	- 5 ans
-Matériel de transport	- 4 à 5 ans

445 Cf. Gérard Melyon et Rémédios Noguera, « Comptabilité générale », *ESKA*, 4°éd., 2004, p 355.

411. Les valeurs d'usage des immobilisations corporelles résultent de pratiques professionnelles et font l'objet d'une classification fiscale[446]. Au-delà de sa qualité de référentiel pour traiter l'amortissement industriel de ces actifs, ce tableau récapitulatif démontre que la durée de vie utile de certains d'entre eux est parfois plus importante que la durée contractuelle théorique, estimée en fonction de la dépréciation prévisionnelle du patrimoine[447]. Le cas des concessions de service public montre que la durée contractuelle est fréquemment trop courte pour amortir techniquement les investissements importants réalisés dans le cadre du contrat (bâtiments administratifs, commerciaux, industriels). C'est pourquoi le droit fiscal prévoit la possibilité de comptabiliser sur la durée contractuelle des amortissements de caducité visant à réduire les écarts possibles entre la durée contractuelle et celle de l'amortissement des biens de retour[448].

412. Cette correction n'est pas seulement comptable. Lorsque le cocontractant assume la charge des amortissements, ce décalage entre la durée d'usage des actifs immobilisés et celle du contrat se répercuterait, s'il n'était pas rectifié, sur les tarifs. La durée du contrat étant strictement encadrée par le régime juridique des délégations, le cocontractant n'aurait effectivement d'autre choix que de faire supporter cette charge aux usagers afin de normaliser ses résultats sur l'ensemble du contrat. Pour maintenir les tarifs à un niveau acceptable, le droit fiscal permet donc au cocontractant d'accélérer les processus d'amortissement technique en faisant coïncider les deux durées.

413. Ce régime juridique des concessions permet en définitive une accélération du processus d'amortissement industriel des biens de retour pour éviter une augmentation des tarifs. Mais, dans les deux hypothèses [celle d'une accélération de l'amortissement, qui est aujourd'hui prévue

---

[446] Cf. Jean-Pierre Fradin, Jean-Baptiste Geffroy, « Traité de droit fiscal de l'entreprise », éd. *PUF*, 1° éd. 2003, p 364 et s. ; Jurisclasseur de « Droit fiscal », à jour Oct. 2005, fascicule n°F-18 270, éd. *Lexis Nexis*.

[447] Les contrats de délégations de service public ont une durée contractuelle encadrée. Leur régime juridique impose notamment de se référer à la durée d'amortissement technique des biens de retour financés par le cocontractant. Toutefois, leur régime juridique prévoit la possibilité de fixer le début de cette durée après la réalisation des travaux, dès lors que la durée de ceux-ci est délimitée. Si ce n'est pas le cas, le contrat est réputé sans fin. Voir en ce sens CAA Bordeaux, 15 nov. 1999, req. n°97-2131, MM. Savary Teisseire, com. *AJDA* du 20 mars 2003, p 228. Le principe de l'article L 1411-2 du CGCT (éd. 2009) connaît des exceptions dans le domaine de l'eau (durée maximale de 20 ans, Loi n°95-127 du 8 fév. 1995, JO du 09/02/1995, p 2186 ; sauf dérogation dûment motivée auprès du Trésorier payeur-général) et en matière de casinos (durée maximale de 20 ans, Arrêté du 14 mai 2007, JO du 17/05/2007, p 9568).

[448] Cf. Partie II, Chapitre 1, Section 1 et Section 2. Dans sa décision du 15 déc. 2008 (SA hôtelière la Chaîne Lucien Barrière), le Conseil d'Etat élargit cette possibilité aux contrats de régie intéressée et d'affermage en prenant acte des conclusions du rapporteur Laurent Olleon ; com. Martin Collet, *RJEP*, n°4 avril 2009, p 13 et s.

par les contrats de délégations, ou celle du maintien d'un décalage entre durée contractuelle et d'amortissement], il apparaît que le fonctionnement général de l'amortissement industriel remet dans tous les cas en question les modalités de calcul de la durée contractuelle initialement réalisé par les parties.

414. Dans la première situation, le référentiel de calcul ne correspond pas à son utilisation réelle durant la phase d'exploitation. La période d'amortissement technique des biens de retour pouvant être plus longue que celle qui a été estimée pour fixer la durée du contrat, la correction réalisée est alors artificielle. Dans la seconde, le décalage constaté représente une charge de gestion et d'exploitation assumée soit par les usagers durant l'exécution, soit par la personne publique au terme du contrat. Ce point d'analyse, qui se confirme bien souvent dans la pratique, remet alors en cause l'utilisation de l'amortissement industriel pour ce type de clause contractuelle.

415. Cependant, l'explication de ce phénomène n'est pas seulement liée à une estimation prévisionnelle imprécise réalisée en amont du contrat. La valeur des biens à amortir fait souvent l'objet d'une réévaluation en cours d'exécution. Ce phénomène explique également le décalage entre les plans comptables d'amortissements et les durées contractuelles. La structure des immobilisations corporelles dans les contrats publics soulève donc une problématique essentielle : les traitements comptables et les décalages constatés remettent en question l'efficacité de l'amortissement pour le régime des contrats administratifs. Afin de remédier à cette situation, les dispositions fiscales en vigueur ont retenu une solution qui consiste à permettre au cocontractant de corriger artificiellement les écarts en amont du contrat. Mais aucune disposition ne prévoit de réévaluation de cette clause contractuelle en cours d'exécution, de sorte que la correspondance entre les deux durées n'est jamais réalisée[449]. De la même manière, les immobilisations incorporelles témoignent manifestement d'une absence d'encadrement efficace.

2/ Les immobilisations incorporelles : une maîtrise en devenir

416. Les immobilisations incorporelles ne sont pas aisément identifiables. Elles se définissent traditionnellement par opposition aux actifs corporels. Le Plan comptable général et le nouveau Code de commerce disposent ainsi : « *Les dépenses engagées à l'occasion d'opérations qui conditionnent l'existence ou le développement de l'entité, mais dont le montant ne peut pas être rapporté à des productions de biens ou services*

---

[449] Voir en ce sens Jurisclasseur D.O Fiscal, à jour Oct. 2005, fasc. F-18 890, éd. *Lexis Nexis,* p 2.

déterminés peuvent être inscrites en immobilisations incorporelles, au poste frais d'établissement »[450]. Cette première définition des immobilisations incorporelles ne renseigne pas sur leur nature et les modalités de traitement de leur amortissement pour dépréciation. Les économistes ont cependant pour habitude de classer dans cette catégorie les biens immatériels, sur lesquels l'entité peut faire valoir des droits, et les « *opérations de nature spécifique qui ne sont pas représentatives d'un droit de propriété (actif fictif)* »[451]. La classification des actifs dans cette catégorie se caractérise donc par une certaine souplesse, mais aussi par une incertitude quant aux modalités de traitement de leur amortissement.

417. En effet, n'étant pas clairement délimitée, cette catégorie regroupe l'ensemble des actifs immobilisés et amortissables qui ne peuvent être intégrés dans les immobilisations corporelles. Elles ne sont donc pas identifiables physiquement, mais ne sont pas pour autant exclues des politiques de gestion de l'entreprise. Elles sont intégrées dans les plans comptables car elles participent au processus de production et sont soumises, de la manière que les actifs corporels, à une dépréciation de leur valeur.

418. Elles se retrouvent aussi dans les contrats administratifs où leur financement peut être assumé par le cocontractant. Ce dernier procède dans ce cas à leur traitement comptable à leur amortissement. Il répartit pour ce faire leur valeur résiduelle sur la durée du contrat, en estimant celle-ci à leur date d'inscription comptable. Il distingue ensuite comptablement les différentes immobilisations incorporelles, à savoir les frais volontairement immobilisés et ceux liés à la recherche.

419. Pour les premiers [les frais volontairement immobilisés], plusieurs catégories sont à distinguer : les frais de constitution, les frais de premier établissement, les frais d'augmentation du capital et les opérations diverses[452]. Pour les seconds [les frais de recherche et de développement], ils représentent des charges liées à des opérations de recherche dont l'entreprise escompte un succès à venir. Mais le classement de ces derniers n'est pas figé. Selon leur mode d'acquisition, ils peuvent être considérés comme incorporels ou comme corporels. Par exemple, un logiciel créé par l'entreprise est classé en immobilisation incorporelle, tandis qu'un logiciel acquis auprès d'un intervenant extérieur est normalement comptabilisé en immobilisation corporelle[453].

---

[450] Article R123-186 du Code de commerce, éd. 2014 ; Article 361-1 du PCG, éd. 2014.

[451] Gérard Melyon, Rémédios Noguera, « Comptabilité générale », *ESKA*, 4°éd., 2004, p 168.

[452] Les comptes respectifs de ces trois catégories sont le compte 2011, le compte 2012 et le compte 2013. Voir en ce sens les indications du Jurisclasseur de Droit fiscal, à jour Oct. 2005, fasc. F 18-890, éd. *Lexis Nexis*, p 2.

[453] Gérard Melyon et Rémédios Noguera, *op. cit.*, « Comptabilité générale », p 169-170.

420. Leur caractère immatériel et la variabilité de leur traitement complexifie leur contrôle par la personne publique tant en amont du contrat, pour estimer les investissements et donc la durée contractuelle, que durant sa phase d'exécution, pour vérifier la correspondance des réalisations avec les prévisionnels[454]. Sans référentiel fiscal permettant de se conformer à des durées d'usage, la durée d'amortissement de ces actifs incorporels est en réalité tributaire de leur valeur estimée sur le marché. Leur base amortissable ne peut donc être évaluée avec précision qu'à un moment donné ; variations de valeurs qui sont souvent sous-estimées dans le champ de la commande publique.

421. Les entreprises compensent alors ce phénomène par une réévaluation dans le temps de ces biens en se servant, par exemple, des indices économiques soumis à des fluctuations de valeurs en fonction de l'inflation. Le contrôle et la maîtrise des valeurs comptables utilisées, et de leurs évolutions, est donc rendue difficile pour les pouvoirs publics. C'est pourquoi les différents traitements comptables de ces immobilisations doivent être structurés dans le contrat en se servant de la classification des immobilisations corporelles. Cette structure doit être élaborée dans un code de la commande publique qui tienne compte de la logique économique et comptable caractérisant les immobilisations incorporelles des contrats administratifs[455]. Si l'étude et le besoin d'évaluation des immobilisations corporelles et incorporelles imposent une refonte des régimes des contrats administratifs, d'autres éléments confirment aussi ce besoin d'adaptation de ce mode d'action. Le cas des immobilisations meubles incorporels en atteste par exemple.

422. Dans le domaine de la gestion d'entreprise, le Conseil National de la comptabilité a précisé la teneur exacte de cette catégorie d'actifs. Les biens meubles incorporels sont les droits détenus par une entreprise qui « *ont une durée de consommation des avantages économiques déterminable* »[456]. La notion de biens meubles incorporels renvoie ici à

---

[454] A l'occasion des procédures d'inventaire et d'évaluation préalable, la personne publique doit déterminer avec soin les investissements à réaliser. Malgré leur complexité, les immobilisations incorporelles doivent alors être expertisées. En effet, cette évaluation conditionne ensuite les contrôles contractuels du patrimoine durant l'exécution du contrat. Pour les conséquences des carences constatées en la matière, voir les analyses de la Partie II, Chapitre 1, Section 2, § 2.

[455] La notion de code de la commande publique utilisée ici ne semble toutefois pas actée, comme le montre Laurent Richer qui lui préfère l'expression « *code des contrats économiques publics* », interview pour achatpublic.info, disponible à *http://www.cabinet-richer.com/interview_lr.php*.

[456] Conseil National de la comptabilité, avis n°2002-07 du 27 juin 2002, relatif à l'amortissement et à la dépréciation des actifs. Le Conseil renvoie à la notion d'avantages économiques. Pour expliquer cette notion, il fait référence à la valeur d'utilisation qui est objectivement déterminable. Selon lui, l'utilisation s'entend de la « *mesure par la consommation des avantages économiques attendue de l'actif, qui peut être déterminée en*

un triptyque : le fonds commercial ; le droit au bail ; les concessions et droits similaires [brevets, licences, marques, procédés, logiciels, droits et brevets similaires][457]. La transposition de ce classement et de ces règles comptables dans le champ de la commande publique se justifie car ce type de biens se retrouve dans les formes classiques de contrats administratifs. Le cas du fonds commercial et du droit au bail sont par exemple des éléments importants dans les conventions d'occupation domaniale. De la même manière, le compte des « Concessions et droits similaires » constitue un aspect essentiel pour les délégations de service public et les contrats de partenariat public-privé.

423. Dans le secteur privé, le fonctionnement général des principes comptables inhérents à ces immobilisations incorporelles particulières est simple. Elles ne font l'objet d'inscriptions comptables que dans la mesure où leur durée d'utilisation permet de quantifier une consommation significative d'avantages économiques pour l'entreprise. Ceci explique que, dans les hypothèses de contrats de délégations et de partenariats, le cocontractant soit tenu de justifier les inscriptions portées au compte 205 « Concessions et droits similaires ». A de nombreuses reprises, les juridictions financières ont souligné le manque de transparence des données reportées dans ce compte[458]. Ce dernier sert notamment à répertorier les droits d'entrée dans les plans comptables. En l'état, la pratique de ces comptes rend non seulement difficile l'expertise publique du poids financier des négociations du contrat, mais permet aussi au cocontractant de réaliser un traitement variable de l'amortissement ces droits.

424. Or, cette liberté concédée au cocontractant en matière d'amortissement de ces actifs n'est pas sans conséquence d'un point de vue tarifaire. Les droits d'entrée constituent une charge qui, en principe, ne doit pas être intégrée dans le prix de revient des prestations facturées soit aux usagers, soit à la personne publique[459]. Mais, en l'absence de maîtrise publique concernant cette donnée, ce dernier profite de

---

termes d'unité de temps, ou d'autres unités d'œuvre lorsque ces dernières reflètent plus correctement le rythme de consommation des avantages économiques attendus de l'actif » ; disponible à *http://www.cnc.minefi.gouv.fr*.

[457] Ces trois catégories sont classées dans des comptes différents : le compte 205 pour les concessions et droits similaires ; le compte 206 pour le droit au bail ; le compte 207 pour le fond commercial.

[458] Voir en ce sens : CRC Languedoc Roussillon, 17 juin 2002, Sté d'aménagement régional-Cie Nationale d'aménagement du Bas Rhône Languedoc (CNABRL) Nîmes ; CRC Bretagne, 27 sept. 2002, Syndicat Intercommunal mytilicole baie du Mont Saint Michel - Le Vivier s/Mer ; disponible à *http://www.ccomptes.fr*. Sur la question de la transparence dans les contrats administratifs, voir Laurent Richer, « La transparence et l'obstacle », dans Mélanges en l'honneur du Professeur Guibal, *Presses Montpellier I*, 2006, p 175 et s.

[459] A titre non exhaustif, voir CE, 30 sept. 1996, Sté Stéphanoise des Eaux, req. n°156176, Rec. CE, p 355.

l'asymétrie d'informations entre les parties pour en faire une composante du prix de revient final[460]. *De facto*, le rétablissement d'une transparence et d'une expertise publique fiable concernant le traitement comptable de ces données permettraient d'encadrer plus strictement le contenu et les évolutions des tarifs. Le contrôle de la valeur de ces charges, mais aussi des immobilisations incorporelles dans leur ensemble, représente donc un enjeu de première importance pour la personne publique, si elle souhaite se réapproprier le contenu et les conséquences de la gestion du patrimoine transféré, partiellement ou totalement, au cocontractant. Pour aboutir à ce résultat, les outils proposés aux personnes publiques par le droit des contrats administratifs doivent dorénavant prendre en compte la variabilité et la stabilité qui caractérisent les modes de comptabilisation de l'amortissement.

Paragraphe 2 : Stabilité et variabilité des modes de comptabilisation des actifs immobilisés et amortissables

425. Etudier le fonctionnement de l'amortissement pour dépréciation dans les contrats publics nécessite de cerner les différents traitements comptables auxquels sont soumis les actifs immobilisés. Les procédures d'inventaire, la définition préalable des besoins ou les différentes catégories d'actifs immobilisés et amortissables ont permis de cerner l'architecture d'ensemble des expertises publiques qui doivent être mises en œuvre par la personne publique dans ce mode d'action. Ces différents points doivent néanmoins être complétés par une étude relative aux modalités de comptabilisation des pertes de valeurs qui affectent chaque composant du patrimoine. Seule cette étape supplémentaire permet d'exploiter efficacement les expertises préalables relatives au contenu patrimonial.

426. L'objectif général est de parvenir ainsi à éclaircir la répartition des responsabilités entre les parties concernant la gestion des biens. Lorsque les modalités de traitement comptable des dépréciations et le contenu du patrimoine ne sont pas clairement encadrés par le contrat, la personne publique ne parvient effectivement pas à contrôler les réalisations du cocontractant. Les conséquences sont alors variées : dépossession éventuelle du patrimoine, plus précisément des biens de retour qui ne sont plus classés comme tel dans la comptabilité du cocontractant ; augmentation tarifaire, avec un calcul prenant en compte des charges qui ne devraient pas l'être… Afin de remédier à de telles situations,

[460] Sur l'asymétrie d'informations, voir Stéphane Braconnier, « Le modèle français de la concession : conquête ou concurrence ? », *JCP* A n°16 2007, étude n°2102.

fréquentes dans la pratique, les personnes publiques doivent se familiariser avec les modes de traitements des dépréciations utilisés par les cocontractants.

427. En comptabilité, les modalités de traitement des actifs immobilisés renvoient aux différents modèles comptables possibles pour retracer les effets du temps sur le patrimoine. Sur ce point, le premier principe est que les actifs immobilisés et amortissables ne sont pas intégrés dans les plans comptables à hauteur de leur valeur réelle, mais à hauteur d'une estimation du bien s'il était cédé sur les marchés à un moment donné. Ce procédé est d'ailleurs repris en matière de contrats administratifs pour la comptabilisation de l'amortissement technique des biens, classés selon leur nature. Le fonctionnement de ce type d'amortissement dans la commande publique témoigne d'une prise en compte des effets du temps sur les biens, alors que le contrat est *a priori* considéré comme un élément figeant les rapports entre les parties sur la durée contractuelle. Il aboutit à remettre en cause l'idée selon laquelle, pour des raisons de sécurité juridique, le contrat administratif exclut toute forme de variation dans le temps des missions respectives des parties et/ou du contenu des accords contractuels. Ce phénomène constitue donc une manifestation de l'approche développée par certains membres de la doctrine, pour qui l'explication des théories juridiques impose de prendre en compte simultanément la fonction normative inscrite dans la durée et la contingence/la relativité des normes juridiques[461].

428. Les modes de comptabilisation de l'amortissement technique des actifs immobilisés comprennent ces deux caractéristiques : d'une part, les plans comptables s'inscrivent dans la durée et sont donc emprunts d'une certaine stabilité pour être efficaces ; d'autre part, ce premier élément est dans le même temps remis en cause par la variabilité des modes de comptabilisation de l'amortissement qui peuvent être modifiés en fonction des fluctuations économiques. Lorsqu'un contrat administratif transfère au cocontractant la charge de gestion des dépréciations patrimoniales, ce dernier réalise en principe un choix concernant le traitement de l'amortissement industriel des actifs[462]. Les modalités de comptabilisation choisies demeurent *a priori* inchangées sur la durée du contrat. Elles sont en tout cas perçues comme tel par la personne publique.

429. Mais le cas des délégations de service public montre que cette approche est éminemment théorique. Dans la pratique, ce choix peut être

[461] Claude Ménard, Stéphane Saussier, Carine Staropoli, « L'impact des contraintes institutionnelles sur les choix contractuels des collectivités locales : le cas de la distribution d'eau en France », Annuaire 2003 des collectivités locales : les services publics locaux, éd. du *CNRS*, Paris (p109-119), p 109.

[462] Cf. « Mémento Pratique de droit fiscal », éd. *Francis Lefebvre*, 2006, feuillet n°98 BIC-x-36300 et s.

modifié durant la phase d'exécution, selon les besoins du cocontractant en matière de traitement comptable de la dépréciation des biens. Les juridictions financières n'ont d'ailleurs pas manqué de souligner qu'un tel phénomène pouvait avoir des conséquences négatives sur l'équilibre de l'accord contractuel[463]. Pour autant, ces deux caractéristiques des plans d'amortissement technique des actifs immobilisés ne sont pas antinomiques. Leur stabilité permet de sécuriser la phase d'exécution (A), tandis que leur variabilité leur confère une capacité d'adaptation pour tenir compte des fluctuations économiques et réévaluer chaque actif décomposé[464] (B).

A- La stabilité des plans d'amortissement des contrats de délégation de service public

430. Dans les contrats de délégations de service public, les modalités de comptabilisation de l'amortissement technique résultent d'une expérience menée depuis la réforme de leur régime juridique au début des années 1990[465]. L'Institut de la gestion déléguée s'est servi des principes utilisés par le secteur privé pour définir des règles spécifiques à ce type de contrats. Cet organisme a ainsi tenu compte en premier lieu de la stabilité des plans comptables qui caractérisent le traitement de l'amortissement pour dépréciation afin qu'il s'inscrive dans la durée et qu'il soit ainsi efficace. Mais ce raisonnement a influencé d'autres contrats publics, comme en témoigne la participation de cet Institut à l'élaboration des règles de traitement des contrats de partenariats public-privé[466].

431. Sa contribution en la matière a notamment été complétée par l'Office des Statistiques des Communautés Européennes qui a défini les contours des modes de comptabilisation des amortissements dans le mode partenarial. Selon cet organisme, il revient au partenaire ou

[463] Voir sur ce point l'avis n°2002-66-019 de la CRC Languedoc Roussillon, 23 janv. 2003, Syndicat Intercommunal à vocation unique pour l'exploitation et l'aménagement de la station de Font Romeu/Pyrénées 2000, disponible à *http://www.ccomptes.fr*. Elle préconise que tous les actifs soient amortis au terme du contrat, même en ce qui concerne les investissements non prévus initialement et réalisés durant la phase d'exécution.

[464] Sur ces deux caractéristiques des contrats administratifs, voir Lucien Rapp, « Stabilité du contrat public et mutabilité de son objet », *Revue Contrats et Marchés publics*, n°7, juill. 2008, étude n°7.

[465] Cf. Loi Sapin n°93-122 du 29 janv. 1993, JO du 30/01/1993, p 1588. Il s'agit d'une réforme législative qui a été précédée de plusieurs expériences jurisprudentielles. A titre non exhaustif, voir CE, 23 juin 1933, Lavabre cité ss. CE, Sect. 30 mai 1930, Chambre Syndicale du commerce en détail de Nevers, GAJA n°43 §5, éd. 2015.

[466] L'Institut de la Gestion Déléguée, « Evaluation des contrats globaux de partenariat. Principes, méthode et comparaison », *La Gazette des communes*, coll. Documents n°2, 5 avril 2004, p 221 et s.

groupement de partenaires d'assumer la charge du traitement des actifs si deux conditions cumulatives sont remplies : d'une part, s'il assume le risque de la construction ; d'autre part, s'il supporte le risque soit de la disponibilité, soit de la demande[467].

432. Les conditions de mise en œuvre de cet amortissement dans les contrats de délégation semblent à première vue suffisamment structurées pour être transposées dans d'autres formes de contrats publics. Mais, même s'ils permettent de retracer les effets du temps sur le patrimoine et ses composants, les plans comptables qui en découlent ne reposent que sur une estimation financière de la valeur des biens. L'amortissement n'est jamais un processus scientifique exact dans le champ de la commande publique. Il laisse perdurer dans ce mode d'action des carences fondamentales car son calcul et son traitement, notamment dans les contrats de délégation, apparaissent *a priori* stables.

1/ Les plans d'amortissement des contrats de délégation : un traitement a priori stable

433. Le régime juridique des délégations de service public renvoie à différents modes contractuels, mais aussi à différents besoins d'intérêt général. Même si les services publics de l'eau, des déchets, de l'assainissement, des parcs de stationnement et des casinos représentent aujourd'hui plus de 80% de ces contrats, la diversité des hypothèses qui caractérise ce régime juridique implique d'une manière générale des opérations patrimoniales qui peuvent varier selon la répartition des responsabilités entre les parties. Elles demeurent toutefois soumises à des principes comptables similaires qui font du traitement de leur patrimoine un processus à première vue stable.

434. Le premier élément à prendre en compte pour définir ce dernier est la forme du contrat [la concession, l'affermage ou la régie intéressée] car celle-ci détermine les missions du cocontractant, vis-à-vis du patrimoine et notamment des biens de retour. Dans son projet de guide comptable de 1975[468], le Conseil National de la Comptabilité avait retenu un dénominateur commun, malgré les différences entre ces trois formes de contrats, pour résoudre la question des modes de traitement de

---

[467] Voir en ce sens l'article de Thierry Kirat, « Contrat de partenariat et économie du contrat », colloque sur le contrat de partenariat public-privé, Toulouse, 2 et 3 juin 2005, *Revue de l'IEJUC*, n°60/2005, p 89 et s. L'auteur présente les apports de la décision n°18/2004 du 11 fév. 2004 de l'Office des Statistiques des Communautés Européennes (OSCE), groupe Eurostat, relative au traitement comptable dans les comptes nationaux des contrats de partenariats ; conformément au système européen de comptes (SEC95), ainsi qu'aux avis du Comité des statistiques monétaires, financières et de balances des paiements (CMFB).

[468] Conseil National de la comptabilité, « Guide comptable des entreprises concessionnaires », 8 juill., 7 nov. et 18 déc. 1975, (jamais publié), p 6.

l'amortissement : sa prise en charge et sa comptabilisation dépend de la partie qui finance les investissements du contrat[469].

435. Il ne s'agit pas à présent de revenir sur les écritures comptables des différentes conventions de délégations car elles ont déjà été traitées[470]. L'intérêt est ici de cerner les modalités d'établissement des plans d'amortissement car elles apportent des précisions supplémentaires pour donner aux personnes publiques les moyens de maîtriser le transfert patrimonial formalisé par le contrat. Les conventions où les biens de retour ne sont pas transférés au cocontractant n'apportent aucune précision majeure pour notre analyse. C'est pourquoi l'hypothèse des contrats de régie intéressée et la plupart des affermages [ceux où le patrimoine est traité comptablement par la personne publique] n'est pas ici abordée.

436. Les contrats de concessions et certains affermages [les affermages confiant au cocontractant la responsabilité des écritures comptables du patrimoine] sont en revanche intéressants en raison de la stabilité qui caractérise la construction de leurs plans comptables.

437. Selon les dispositions fiscales en vigueur, le plan d'amortissement du patrimoine de ces conventions est défini à partir de deux éléments : d'une part, il faut établir qui a la charge de l'investissement ; d'autre part, il convient de déterminer le caractère renouvelable ou non du bien. A partir de ces deux données, les règles fiscales prévoient que le cocontractant peut procéder à l'amortissement technique des biens de retour qu'il finance et éventuellement à des amortissements de caducité complémentaires pour éviter que ces actifs n'aient une valeur résiduelle positive au terme du contrat[471]. L'amortissement constitue *de facto* une charge comptabilisée au compte de résultats du cocontractant. Ce principe général a cependant été complété par le Conseil National de la comptabilité. Il a défini en 1975 différents principes permettant à la personne publique de vérifier si le plan d'amortissement a été correctement établi par le cocontractant[472]. Si ces principes s'appliquent par définition aux concessions, leur contenu semble transposable aux autres contrats de délégation qui formalisent un transfert du patrimoine.

---

[469] Ibid., p 9. Cet élément est présenté dans l'exposé de la méthode de travail du Conseil National de la comptabilité. Ce dernier a mis en place un processus d'investigation en adoptant l'idée que, malgré leurs différences, ces formules contractuelles ont des points communs ; le premier d'entre eux étant la responsabilité de la comptabilisation de l'amortissement.

[470] Cf. Partie I, Chapitre 1, Section 1, §2, A, 2/.

[471] Cf. Jurisclasseur de Droit fiscal D.O Fiscal, à jour Oct. 2005, fasc. F-18 890, éd. *Lexis Nexis*, p 2 et 3.

[472] Conseil National de la comptabilité, « Guide comptable des entreprises concessionnaires » Troisième partie, *Principes et problèmes généraux relatifs à la comptabilisation des opérations de concession*, les 8 juill., 7 nov. et 18 déc. 1975 (jamais publié).

438. Le *premier principe* consiste à transposer dans ces contrats un mécanisme particulier : les droits exclusifs d'exploitation du domaine public ou de son utilisation ne doivent pas être intégrés dans le plan d'amortissement en raison des difficultés d'évaluation qui les caractérisent. C'est pourquoi le Conseil préconise qu'ils soient inscrits pour mémoire à l'actif du bilan de l'entreprise, sans pour autant constituer une charge déductible du résultat annuel. Le traitement comptable de ces droits doit simplement permettre de retracer la mise à disposition du domaine, sans pour autant porter atteinte à la sécurité juridique du contrat puisque ces droits ne sont pas pleinement transférés.

439. Le Conseil préconise ensuite que les biens concédés soient inscrits au bilan du concessionnaire ou du fermier dans certains cas. Ce *second principe* concerne aussi bien les biens mis à disposition à titre gratuit ou à titre onéreux par le délégant que ceux financés par le délégataire[473]. L'objectif est ainsi d'inciter le cocontractant à présenter une image fidèle du patrimoine existant et du potentiel patrimonial, c'est-à-dire des résultats liés à l'utilisation des actifs immobilisés et amortissables. Cette règle a le mérite de se conformer à la fois au principe de sincérité comptable du secteur privé, mais aussi aux exigences de sécurité juridique de la commande publique[474].

440. De la même manière, les inscriptions du patrimoine à l'actif du bilan du délégataire doivent toujours comprendre une contrepartie au passif pour respecter le principe comptable d'équilibre. En consacrant ce *troisième principe*, le Conseil National de la comptabilité porte notamment son attention sur les biens qui sont mis à disposition à titre gratuit et qui sont difficiles à contrôler pour la personne publique si leur intégration comptable ne fait pas l'objet d'un suivi dès la mise en service des biens[475].

---

[473] Ibid. Dans son guide, le Conseil approuve « *les conclusions du rapporteur et le projet de plan comptable type des entreprises concessionnaires sous réserve que l'inscription à l'actif du bilan du concessionnaire d'immobilisations non renouvelables mises en concession par le concédant trouve au passif sa contrepartie dans un compte dont l'intitulé ne préjuge pas de la nature du droit du concédant. (…) lorsque le droit du concessionnaire sur les immobilisations non renouvelables mises en concession par le concédant aura fait l'objet d'une évaluation, soit dans le contrat de concession soit à l'occasion d'un transfert, son montant constitue un élément amortissable sur la durée de la concession et il conviendra, dans ce cas, de reporter au pied du bilan dans les rubriques analogues à celle du bilan pour leur valeur en pleine propriété* » ; p 4 et 26.

[474] Le principe de sincérité comptable est visé à l'article L123-14 du Code de commerce, éd. 2015. Sur le principe de sécurité, V. P. Delvolvé, « Contrats publics et sécurité juridique », *EDCE* n°54 2008, p 329.

[475] Conseil National de la comptabilité, « Guide comptable des entreprises concessionnaires » Troisième partie, avis des 8 juill., 7 nov. et 18 déc. 1975 (jamais publié) : « *Si les biens sont créés ou acquis par le concessionnaire en cours de concession ou s'ils étaient préexistants à la concession dans les actifs du concessionnaire, il n'y pas lieu, à ce point de développement du rapport, d'évoquer la question de leur contrepartie. Par contre, lorsque ces biens sont mis*

441. S'il encadre ainsi sommairement le traitement comptable du cocontractant à la suite du transfert de la gestion des biens de retour, le Conseil s'est aussi prononcé sur le sort réservé aux biens de reprise et aux biens propres. Selon lui, ils doivent figurer dans les inscriptions comptables du bilan du cocontractant. Ce *quatrième principe* a pour objectif de préserver les intérêts de la personne publique car les biens de reprise, ou par voie d'exception certains biens propres, peuvent être rachetés au terme de la convention. L'objectif est ainsi de permettre un suivi de la valeur résiduelle de ces biens durant la phase d'exploitation avant que la personne publique n'en propose une offre de rachat.

442. Néanmoins, les prescriptions du Conseil doivent dorénavant s'élargir pour prendre en compte les conditions actuelles d'exécution et renforcer la sécurité juridique de ces contrats. Il convient notamment d'ériger en principe l'inscription comptable de tous les biens soit au bilan de la concession, soit au bilan propre du cocontractant pour mémoire ou pour traitement. Seule cette règle contribue à améliorer la connaissance de la personne publique commanditaire sur l'ensemble du patrimoine. Cette méthodologie générale pour établir le plan comptable d'amortissement, en tenant compte de la nature des biens, apparaît *in fine* comme le moyen de rééquilibrer le rapport contractuel grâce à une réappropriation publique des opérations de gestion patrimoniale. Mais elle serait fondamentalement incomplète sans le *cinquième principe.*

443. Dans ses réflexions menées dans le guide 1975, le Conseil National de la comptabilité considère que les modalités comptables d'établissement des plans d'amortissement doivent permettre le « *maintien du potentiel productif des biens concédés* ». C'est pourquoi, pour définir des modalités optimales de traitement, une distinction doit être opérée entre les biens qui nécessitent un renouvellement avant le terme du contrat et ceux dont la durée de vie utile leur permettent de participer au processus de production sur l'ensemble de la durée contractuelle grâce à un entretien correct.

444. Pour les actifs qui ne nécessitent pas de renouvellement, le Conseil considère que les dotations aux amortissements ne se justifient pas, contrairement aux actifs à renouveler en cours d'exécution. Si la personne publique ne réalise pas les contrôles adéquats sur le patrimoine, le cocontractant est alors en mesure de détourner cette distinction de sa finalité initiale, en répercutant sur les tarifs le poids du renouvellement de biens qui n'ont pas en réalité besoin d'être remplacés.

445. De nombreux contrats administratifs réputés complexes [les délégations de service public, les partenariats public-privé] prévoient généralement une clause de remise en état général des actifs immobilisés

---

à disposition gratuitement dans la concession par le Concédant, il convient de reporter au passif du bilan du concessionnaire une écriture constatant les droits du concédant » ; p 26.

participant à l'exécution du service public. Dans la pratique, le cocontractant utilise ces clauses pour constituer des dotations aux amortissements sur la totalité de la valeur des biens, alors que la fin de vie de certains d'entre eux est postérieure à l'extinction du contrat. Les carences du contrôle contractuel de la personne publique ont donc deux conséquences financières si cette distinction n'est pas encadrée par le contrat : d'une part, les biens qui n'ont pas besoin d'être remplacés avant le terme de la convention sont considérés comme une charge intégrée dans le prix de revient facturé soit à la personne publique, soit aux usagers ; d'autre part, le cocontractant procède à une gestion des dotations aux amortissements pour accroître sa rémunération en procédant à des placements financiers à risque limité. Dans les deux cas, il s'agit d'une recette annexe qui dépasse souvent le niveau de la rémunération telle qu'elle a été estimée lors de la phase des négociations.

446. Afin de remédier partiellement à ce phénomène, le Conseil a consacré une règle essentielle : une entreprise cocontractante doit présenter séparément l'activité de chacun de ses contrats en établissant des comptes de gestion et de résultats différenciés. Ce *sixième et dernier principe* doit être aujourd'hui revalorisé et réaffirmé dans le champ de la commande publique car les sociétés cocontractantes sont le plus souvent des groupes d'envergure nationale, titulaires de nombreux contrats administratifs. Dans ce contexte, il leur est aisé de déterminer des stratégies d'occultation des résultats en confondant les comptes de leurs différents contrats. Si les prescriptions du Conseil National de la comptabilité témoignent ainsi d'une certaine stabilité pour établir les plans d'amortissements, les calculs comptables des amortissements pour dépréciation [amortissement industriel/technique] ne permettent pas d'aboutir à un constat similaire.

2/ Le principe d'estimation financière du patrimoine et ses conséquences sur les structures d'amortissement technique

447. La méthodologie préconisée par le Conseil National de la comptabilité concourt à stabiliser l'établissement du plan d'amortissement dans les contrats de délégations de service public. Néanmoins, ces principes ne rendent pas compte des enjeux inhérents aux méthodes d'évaluation de la base amortissable des actifs immobilisés, qui présentent pourtant une particularité intéressante[476].

---

[476] Une enquête réalisée auprès de sept grandes villes de France montre, par exemple, qu'aucune d'entre elles ne formule de réponse précise quant aux modalités d'amortissement pour dépréciation du patrimoine de leurs contrats de délégation de service public de parcs de stationnement. Certaines ne procèdent d'ailleurs à aucun amortissement, même dans le cadre de régies intéressées. Le caractère confidentiel de cette enquête empêche cependant de la reproduire *in extenso* dans nos travaux. Néanmoins, ce résultat sommaire atteste du caractère

448. Une fois que les actifs immobilisés et amortissables sont précisément identifiés en fonction de leur nature et de leur caractère renouvelable ou non, le cocontractant doit évaluer leur valeur pour définir la base amortissable qui sera intégrée dans les plans comptables. Ce calcul découle du principe selon lequel l'amortissement industriel a pour finalité de répertorier les dépréciations des biens dans le temps. Pour réaliser cette estimation financière de la base amortissable, le cocontractant doit prendre en compte trois éléments : le *coût d'acquisition du bien* ; le *coût de sa mise en service* ; les *fluctuations prévisionnelles des valeurs* d'acquisitions sur les marchés, sur l'ensemble de la durée de vie utile de chaque actif.

449. En effet, le coût de remplacement d'un actif est la plupart du temps supérieur à la valeur initiale d'acquisition de l'immobilisation amortissable. Cet élément de gestion doit donc être anticipé grâce aux traitements comptables des dépréciations. A l'occasion de l'établissement du plan d'amortissement, la valeur exacte du renouvellement, qui sert de base aux calculs comptables, est cependant impossible à définir. Ce coût ne peut faire l'objet que d'une simple estimation financière pour chaque actif considéré. Finalement, les plans comptables témoignent d'un traitement non pas réel, mais prévisionnel. Si ce mécanisme permet de stabiliser dans le temps les plans comptables, la mise en œuvre à court terme de l'amortissement se caractérise par une variabilité de calculs. Ces estimations sont effectivement soumises à des réévaluations nécessaires pour s'adapter aux variations des valeurs sur les marchés. Le Conseil National de la comptabilité a d'ailleurs tenté d'apporter une solution à ce phénomène en s'inspirant des calculs économiques utilisés par le secteur privé pour définir la base amortissable des actifs[477].

450. Ainsi, pour définir les montants retracés dans les plans d'amortissement, les économistes retiennent la valeur brute de l'actif immobilisé, déduction faite de sa valeur résiduelle. Cette dernière représente la valeur estimée du bien si celui-ci était vendu à la fin de son utilisation, diminuée des éventuels coûts de sortie. Pour les actifs acquis

---

impérieux de clarifier le principe d'estimation financière des valeurs amortissables. Sur ce point de nombreuses lettres d'observations de juridictions financières attestent de ce phénomène, comme par exemple celle de la CRC Champagne Ardenne, 5 fév. 2002, SIVOM du Rethélois, disponible à *http://www.ccomptes.fr*.

[477] Conseil National de la comptabilité, « Guide comptable des entreprises concessionnaires », les 8 juill., 7 nov. et 18 déc. 1975 (jamais publié). Le Conseil n'apporte aucune précision sur l'évaluation de la base amortissable et les possibilités de réévaluation en cours d'exécution. Il considère seulement qu'« *une valorisation des biens ainsi concédés est souhaitable. Si l'on considère qu'il s'agit en quelque sorte d'un apport du concédant, sous condition de retour en fin de concession, on doit admettre que cette valorisation soit faite en application des principes qui régissent les apports en société, c'est-à-dire sur la base de la valeur estimée du bien au moment de sa mise à la disposition du concessionnaire* » ; p 46.

à titre onéreux, la valeur brute se décompose en plusieurs éléments : *le prix d'achat toutes taxes comprises* ; *les coûts directs de mise en service* du bien ; *le coût des emprunts* éventuellement contractés pour l'achat ; *les droits de mutation, d'honoraires* et *de frais d'actes d'acquisition* dans les comptes individuels.

451. Jusqu'au 1er janvier 2005, les dispositions comptables en vigueur imposaient d'estimer chaque actif immobilisé et amortissable à hauteur de sa valeur totale[478]. Cette base servait alors à déterminer les plans d'amortissements de chaque bien. Si cette méthode de calcul n'existe plus aujourd'hui, l'étude de l'amortissement dans la commande publique ne doit pas en faire l'économie car les cocontractants ont l'habitude de présenter aux personnes publiques un état du patrimoine et de sa valeur en se référant à cette ancienne méthodologie. Or, sous l'empire de celle-ci, qui consiste à évaluer globalement chaque actif, de nombreux décalages apparaissent entre les plans comptables et les dépréciations réelles affectant le patrimoine.

452. Ainsi, dans l'hypothèse où le coût présumé du remplacement du bien est supérieur au prix de revient initial [la valeur nette comptable], l'entreprise procède à des provisions complémentaires visant à pallier les décalages de valeurs et à équilibrer ses comptes[479]. Ce cas de figure peut néanmoins cacher un autre phénomène qui n'est pas compensé par le mécanisme des provisions : la variation des valeurs de l'actif au cours de sa durée de vie utile qui opère un décalage entre son utilisation réelle et son décompte comptable. Pour résoudre ce problème le Conseil National de la comptabilité a retenu en 1975 une solution particulière consistant à modifier la base amortissable : « *Le plan d'amortissement est défini à la date d'entrée du bien à l'actif. Toutefois, toute modification significative de l'utilisation prévue, par exemple la durée ou le rythme de consommation des avantages économiques attendus de l'actif, entraîne la révision prospective de son plan d'amortissement. De même, en cas de dotations ou de reprises de dépréciations résultant de la comparaison entre la valeur actuelle d'un actif immobilisé et sa valeur nette comptable, il convient de modifier de manière prospective la base amortissable* »[480].

---

[478] Pour les nouvelles dispositions applicables aujourd'hui, à savoir la méthode comptabilisation par composant des actifs, voir le B/ du présent paragraphe. La méthode d'amortissement par composant est issue de la réforme de l'article 237 septies du CGI, introduite par l'article 44 de la loi de finances rectificative pour l'année 2004 n°2004-1485 du 30 déc. 2004 (JO du 31/12/2004, p 22522), complétée par le décret n°2005-1442, du 14 nov. 2005 (JO du 25/11/2005, p 18289).

[479] Cf. Jurisclasseur de « Droit fiscal », éd. *Lexis Nexis*, n°991 et s.

[480] Conseil National de la comptabilité, avis n°2006-12 du 24 oct. 2006, relatif aux modalités de reprise des dépréciations comptables et de neutralisation des incidences fiscales dans les comptes individuels, conformément à l'article 322-4-6 du PCG.

453. Pour tenter de clarifier ces modalités comptables, retenons l'idée selon laquelle la valeur réelle d'un bien peut évoluer de manière différente par rapport aux dépréciations comptables traitées. Le recalage des estimations financières des actifs avec le traitement de leur amortissement permet alors au cocontractant de pratiquer un rééchelonnement des valeurs et de faire en sorte que les plans comptables reflètent une image fidèle de l'utilisation réelle du patrimoine.

454. Si ce processus est neutre dans la sphère privée, il a des conséquences importantes pour l'exécution d'un contrat administratif. En se référant aux contrats de délégations ou de partenariats par exemple, le principe d'estimation des plans d'amortissements soulève des difficultés pour le traitement des biens de retour transférés au cocontractant. En théorie, l'amortissement pour dépréciation doit permettre de renouveler un actif sans avoir pour conséquence d'entamer les résultats de l'entreprise à l'occasion de son remplacement[481]. Il apparaît donc surprenant que le droit des contrats administratifs confère à l'amortissement la qualité de référentiel alors que cette technique repose sur une simple estimation financière dont la valeur peut évoluer.

455. Les fluctuations affectant la base amortissable des actifs immobilisés d'un contrat administratif semblent remettre en question le rôle de ce mécanisme pour la détermination de certaines clauses contractuelles, notamment celle relative à la durée. En effet, si la valeur des actifs fluctue, ce phénomène entraîne une modification du plan d'amortissement. Dans ce cas, la durée contractuelle devrait être concomitamment réévaluée pour se conformer à ces variations et respecter ainsi le principe général de calcul de ces clauses, qui reposent sur une estimation de la durée d'amortissement technique des biens de retour. Néanmoins, dans les régimes des contrats administratifs concernés[482], toute réévaluation significative de la durée du contrat est le plus souvent annulée par le juge administratif au motif qu'elle opère un bouleversement de l'économie du contrat et constitue ainsi une atteinte aux principes essentiels de mise en concurrence et de sécurité juridique[483]. Mais, au regard des carences comptables constatées en

[481] Cf. Jack Forget, « Dynamique de l'amortissement », *Renforcer l'autonomie financière de l'entreprise pour dynamiser ses investissements*, éd. *d'Organisation*, 2005, coll ; Mémentos financiers. L'auteur confirme cette idée : « *Son estimation doit se fonder sur la valeur de remplacement de l'actif considéré, de manière à ce que le nouvel actif soit en mesure de remplir des fonctions similaires, compte tenu des conditions économiques et technologiques* » ; p 18.

[482] Voir respectivement les articles L1411-2 et L1414-1 du CGCT, éd. 2009.

[483] A titre non exhaustif, voir en matière d'affermage, voir TA Dijon, 5 janv. 1999, M. Denis Roycourt, *BJCP* 1999. 295 concl. Lointier ; en matière de marchés publics, voir CE, Sect., 1989, Sté des autoroutes Rhône-Alpes, Rec. CE 1989, p 69.

matière d'amortissement du patrimoine des contrats administratifs, deux observations sont rendues possibles pour analyser ce raisonnement jurisprudentiel.

456. La première procède d'un constat : si la valeur générale des actifs fluctue alors qu'elle a été fixée au moment de la procédure de passation, il est impossible de considérer l'amortissement comme un référentiel scientifiquement juste pour le calcul des durées contractuelles. Ce raisonnement jurisprudentiel remet donc en question la valeur juridique de ce calcul, puisque dans cette hypothèse les négociations sont menées sur des prévisionnels qui sont soumis à des fluctuations économiques et imposent des réévaluations en cours d'exécution du contrat.

457. La seconde renvoie à une conséquence tout aussi importante. Ce raisonnement a été adopté pour renforcer la sécurité juridique de ce mode d'action et préserver les règles fondamentales de la commande publique. Mais il contribue en réalité à maintenir des décalages entre ces clauses et le traitement réel de l'amortissement pour dépréciation. La portée juridique de l'amortissement et, *in extenso*, de la durée de ces contrats apparaît donc assez relative au regard de la jurisprudence administrative. Ces carences peuvent toutefois être solutionnées en réhabilitant la capacité d'adaptation de ce mode d'action[484]. Le fonctionnement actuel de l'amortissement technique dans ce champ juridique doit pour cela être réévalué afin de rééquilibrer les rapports public-privé qui résultent des contrats administratifs.

B- Proposition de réforme pour la comptabilisation des actifs immobilisés et amortissables des contrats publics

458. Pour certains contrats administratifs, l'amortissement technique/industriel est utilisé comme référentiel pour calculer la durée contractuelle. Cette dernière correspond alors en principe au temps nécessaire pour amortir techniquement les biens de retour financés par le cocontractant[485]. Dans cette hypothèse, le problème est que ce

[484] Ceci est envisageable eu égard notamment à la nouvelle directive concessions n°2014/23 UE du Parlement européen et du Conseil du 26 fév. 2014, sur l'attribution de contrats de concession, JOUE 28/03/2014. V. notamment G. Clamour, « Nouvelle directive concessions, premier panorama », *Revue contrats et MP*, mars 2014, 72 ; F. Linditch, « Mise en œuvre des procédures de passation des concessions de service », *JCP A* n°18-19, 2140; S. Braconnier, « Regards sur les nouvelles directives marchés publics et concessions », Parties I et II, *JCP G* n°19, doctr. 567, n°20, doctr. 596; G. Eckert, « Les procédures allégées des concessions », *Revue Contrats et MP*, n°6, juin 2014, dossier 8. Voir aussi le numéro spécial consacré à cette question dans la *Revue Contrats et MP*, n°6 juin 2014.

[485] La jurisprudence du Conseil d'Etat (CE, 11 août 2009, Société Maison Comba, préc.) ne dément pas ce point puisqu'il consacre l'idée que la durée contractuelle doit correspondre à la durée d'amortissement économique, c'est-à-dire à la durée du remboursement et de la marge

mécanisme de gestion des pertes de valeur patrimoniale est soumis à des fluctuations économiques. Ses modes de comptabilisation se caractérisaient par une certaine instabilité, notamment avec le 1er janvier 2005. Les décalages qui en résultaient ont été depuis corrigés grâce à la loi de finances rectificative pour l'année 2004, réformant les modalités de comptabilisation des amortissements des actifs immobilisés[486].

459. Cette réforme a notamment permis de remédier en partie aux carences résultant du premier principe d'établissement des plans d'amortissement, à savoir la simple estimation financière pour définir la valeur amortissable de chaque actif. Comme nous l'avons vu, ce principe issu du secteur privé a été mécaniquement repris dans les régimes des contrats administratifs. Avant le 1er janvier 2005, le cocontractant devait se référer à la durée d'utilisation comptable de l'actif pour définir son plan d'amortissement, mais aussi à sa durée de vie utile. Le problème était que ces deux données pouvaient différer durant la phase d'utilisation du bien concerné. La réforme applicable depuis le 1er janvier 2005 pallie ces décalages entre les valeurs comptables traitées (valeur nette comptable estimée dans la durée) et la valeur réelle actualisée du bien (prix estimé de revente de l'actif diminué des éventuels coûts de sortie).

460. Les modalités de comptabilisation des amortissements techniques se sont donc affinées dans le secteur privé. Cette refonte des règles de comptabilisation a alors permis de retenir un autre processus d'évaluation de la base amortissable du bien. Dorénavant, l'actif n'est plus apprécié pour sa valeur nette comptable globale, il est décomposé. Cette méthode de comptabilisation par composant permet d'amortir chaque élément de l'actif ; éléments qui n'ont pas tous la même durée d'utilisation, ni la même consommation dans le temps. Certains membres de la doctrine parlent à ce sujet d'« *identification et comptabilisation séparée des éléments d'une immobilisation corporelle, utilisation à un rythme différent, renouvellement à intervalle régulier* »[487].

461. Ces nouvelles modalités de traitement de l'amortissement n'ont pas encore été transposées dans les contrats administratifs malgré les conséquences de ce mécanisme pour l'élaboration et l'exécution de ce

---

nette bénéficiaire, qui ne peut s'apprécier in concreto qu'à partir de l'amortissement technique (temps durant lequel les investissements représentent une charge).

[486] Article 44 de la loi de finances rectificatives pour l'année 2004, n°2004-1485, 30 déc. 2004, JO n°304 du 31/12/2004, p 22 522. Cette loi réforme l'article 237 septies du CGI. Elle a été complétée par le décret n°2005-1442 du 14 nov. 2005 (JO du 25/11/2005, p 18289). L'objectif a été d'adapter dans le champ comptable français les nouvelles normes comptables internationales IFRS (*International Financial Reporting Standard*) instaurées par l'IASB (*International Account Standard Board*) ; transposées en France par l'instruction comptable n°4-A-13-05 publiée au B.O des impôts le 30/12/2005.

[487] Jean-Louis Vivens, « Immobilisation et amortissement : les changements du plan comptable général au 1er janvier 2005 », éd. *CERPEG*, juin 2006, p 2.

mode d'action. Elles ne peuvent pourtant pas en être éludées car ces nouveaux processus de traitement des actifs aboutissent à corriger certains écarts précédemment constatés. Ils peuvent donc permettre, s'ils sont utilisés dans la commande publique, une amélioration de la gestion du patrimoine concerné.

1/ Les enjeux de la méthode de comptabilisation par composant

462. La réforme de la méthode de comptabilisation des amortissements impose dorénavant de distinguer les composants de chaque actif. Cette procédure et le traitement fiscal de ceux-ci sont visés aux articles 311-2 et 321-14 du Plan comptable général[488]. Ce dernier propose une approche très formaliste de la notion de composant. Il réserve l'utilisation de cette méthode aux immobilisations corporelles en distinguant deux catégories : les *composants de première catégorie* ; les *composants de seconde catégorie.*

463. Les premiers correspondent aux éléments qui sont destinés à être renouvelés au cours de la durée de vie utile de l'actif. Ce mécanisme impose de comptabiliser distinctement chaque composant de celui-ci dans les exercices comptables ouverts depuis le 1er janvier 2005[489]. Toutefois, aucun critère objectif ne permet de les identifier clairement. Ils sont seulement considérés comme tels, à partir du moment où ils ne rentrent pas dans la catégorie des composants secondaires. Les dispositions comptables et fiscales considèrent que seuls les éléments d'une très faible valeur et ceux qui n'ont pas besoin d'être renouvelés au cours de la durée de vie utile de l'actif sont écartés de cette catégorie[490].

464. Les composants de la seconde catégorie sont en revanche clairement détaillés et permettent donc d'identifier ceux de la première. Les éléments secondaires sont relatifs aux dépenses de gros entretien

---

[488] Cette transposition résulte de deux avis successifs du Conseil National de la comptabilité, avis n°2004-11 du 23 juin 2004 et avis n°2004-15 du 23 juin 2004 ; relatifs aux modalités de comptabilisation par composants des actifs. Ces avis ont été complétés par Com. RC, règlements n°2004-06, n°2004-08 et n°2004-15 du 23 nov. 2004, relatifs au PCG.

[489] Voir en ce sens Benoît Lebrun, « Actifs, amortissement, dépréciation : les nouveautés applicables en 2005 », *Revue Comptable* n°311, nov. 2004, disponible à *http://rfcomptable.grouperf.com.* L'auteur prend un exemple relatif aux modalités de comptabilisation par composant pour les organismes de logement social. L'avis n°2004-11 du Conseil National de la comptabilité du 23 juin 2004 distingue en la matière cinq composants : structures et ouvrages assimilés ; menuiseries extérieurs ; chauffage collectif ou individuel ; étanchéité ; ravalement avec amélioration. Trois composants supplémentaires peuvent être retenus exceptionnellement : l'électricité ; la plomberie/sanitaire ; les ascenseurs.

[490] Ce constat relatif aux éléments principaux et à l'absence de critère objectif est présenté par Benoît Lebrun dans un article du 30 nov. 2005, « Définition et amortissement des composants », *Revue fiduciaire*, Domaine fiscal, n°3124, disponible à *http://revueficduciaire.grouperf.com.*

engagées dans un programme prévisionnel et pluriannuel de réalisation. Cette catégorie regroupe les dépenses courantes et celles de grandes envergures qui concernent aussi bien l'entretien, les grosses réparations et les grandes révisions. Aux termes de la réforme relative à la comptabilisation par composant, elle permet ainsi de distinguer l'actif immobilisé et amortissable des opérations engagées pour le maintenir en état de production. Elle organise donc une division fonctionnelle de l'ensemble des coûts soit d'acquisition et de mise en service, soit d'entretien et de réparation.

465. Mais cette distinction organique entre ces deux catégories de composants d'un actif et leur intégration comptable dans les plans d'amortissement n'apporte aucune précision sur le fonctionnement de cette nouvelle méthode de comptabilisation. Seul l'avis du 9 juillet 2003 du Conseil National de la comptabilité propose une structure pour ces modalités comptables, conformément à l'objectif de la réforme de 2004[491]. Cet organisme distingue deux composants : les éléments principaux qui devront faire l'objet d'un remplacement à intervalle régulier ; les éléments qui sont contenus dans les composants principaux mais qui sont secondaires en raison d'une durée d'utilisation plus courte et/ou d'un rythme de production d'avantages économiques différent.

466. Pour mettre en œuvre ces recommandations dans le champ de la commande publique, la personne publique doit vérifier que le cocontractant réalise effectivement trois opérations successives avant le traitement comptable de l'amortissement technique des biens classés selon leur nature et leurs composants. D'abord, ce dernier doit réaliser une étude préalable pour identifier les composants primaires et déterminer dans le patrimoine les éléments qui nécessiteront un renouvellement avant la fin de la durée de vie utile de chaque actif. Il doit ensuite distinguer dans son plan comptable ces premiers éléments des composants secondaires, en indiquant pour chacun d'entre eux la fréquence de renouvellement sur la durée du contrat. Enfin, une réévaluation de ces prévisionnels doit périodiquement avoir lieu durant la phase d'exécution afin de rapprocher les données techniques réelles de la ventilation comptable estimée avant la mise en service des actifs immobilisés.

467. De toute évidence, la mise en œuvre de ces nouvelles modalités de comptabilisation des amortissements impose pour les contrats administratifs un suivi comptable régulier des actifs et de leur valeur décomposée. Pour parvenir à maîtriser un tel processus, l'exécution du contrat doit être l'occasion d'établir un plan d'amortissement distinct

[491] Conseil National de la comptabilité, avis n°03-E du 9 juill. 2003, disponible à *http://www/cnc.minefi.gouv.fr*.

pour chaque composant des actifs classés selon leur nature[492]. Ainsi pour les immobilisations corporelles, le premier élément à prendre en compte est le prix d'acquisition, qui doit être distingué du coût de mise en service lors de l'intégration de l'actif dans le plan comptable. Cette distinction facilite alors toute opération de remplacement d'un élément du bien qui se déroule ainsi : le composant est sorti de l'actif, sa valeur nette comptable est comptabilisée en charge et la valeur d'acquisition du nouveau composant remplace l'ancienne valeur comptable de l'élément d'actif[493].

468. Mais ces nouvelles modalités de comptabilisation des actifs ont des conséquences plus profondes pour les contrats administratifs, qui doivent nécessairement être analysées à la lumière de la durée fiscale d'amortissement. Même si la durée d'usage [ou durée normale d'utilisation] reste toujours le référentiel comptable et fiscal utilisé par le cocontractant[494], ces nouvelles mesures de comptabilisation des immobilisations corporelles permettent d'affiner l'évaluation du patrimoine et de sa période d'amortissement. En passant d'une estimation globale à des appréciations plus précises, les cocontractants sont dorénavant tenus de préciser leur méthodologie de comptabilisation des amortissements en décomposant les actifs. La personne publique doit normalement être informée dans le même temps de ces éléments de gestion, en fonction de la périodicité des contrôles prévus soit par les régimes juridiques respectifs, soit par le contrat lui-même. Mais l'évaluation publique du patrimoine contractuel tarde en réalité à gagner en précision. Une raison explique ce décalage entre théorie et pratique : la frontière imperméable entre les dispositions du droit fiscal et celles relatives au droit des contrats administratifs. Le renouvellement des modalités de comptabilisation de l'amortissement des immobilisations corporelles impose donc de réformer le régime juridique des contrats administratifs concernés par l'utilisation de l'amortissement pour dépréciation des éléments d'actif.

2/ Une méthodologie de réforme pour le régime des contrats administratifs

469. La réforme des modes de comptabilisation par composant des actifs immobilisés et amortissables est à première vue étrangère au régime des contrats administratifs. Mais la transposition de l'amortissement pour

---

492 Cf. Article 15 bis, Annexe II du CGI, éd. 2009.

493 Cf. Benoît Lebrun, « Actifs, amortissement, dépréciation : les nouveautés applicables en 2005 », *Revue Comptable* n°311, nov. 2004, disponible à *http://rfcomptable.grouperf.com.*

494 Cf. Art. 39-1-2°, 39-A et 39 B du CGI, éd. 2009. La durée d'usage résulte de pratiques professionnelles et est souvent plus longue que la durée réelle d'utilisation. Ceci explique les deux objectifs de l'amortissement : traiter les dépréciations et définir des mécanismes de rentabilité. Cf. Partie I, Chapitre 1, Section 2, §1 et §2.

dépréciation dans ces régimes juridiques et ses difficultés pratiques présidant à sa mise en œuvre font de cette nouvelle méthode un facteur supplémentaire d'instabilité durant la phase d'exécution. Pour s'adapter à ces enjeux, le droit de la commande publique doit donc se réformer afin d'intégrer les changements du traitement comptable de l'amortissement du patrimoine contractuel.

470. La décomposition des actifs immobilisés est dorénavant une obligation technique qui permet d'affiner l'estimation du potentiel patrimonial amortissable[495]. Les plans comptables traitaient auparavant les pertes de valeurs en prenant pour base amortissable la valeur globale des actifs immobilisés[496]. Les dépréciations affectant le patrimoine dans le temps pouvaient alors avoir deux conséquences : si cette perte était irréversible, l'entité constituait des amortissements pour dépréciation ; si elle ne l'était pas, l'entité constituait des provisions pour dépréciations[497]. Dans les deux cas, ce phénomène lui imposait de définir des politiques de gestion à la fois imprécises et instables.

471. Les immobilisations corporelles obéissent dorénavant à des modalités de comptabilisation permettant de remédier à ces deux carences des plans d'amortissements. Selon la nouvelle réforme comptable, chaque immobilisation nécessite un double traitement comptable : d'une part, en abandonnant la terminologie de dépréciation qui lui est souvent associé, l'entreprise pratique seulement des amortissements, c'est-à-dire des amortissements techniques/industriels ; d'autre part, sans évaluer si la perte de valeur est réversible ou non, elle constate uniformément pour chaque actif les dépréciations correspondantes[498].

472. Cette nouvelle méthodologie a cependant des conséquences fondamentales pour les contrats administratifs et le calcul de la durée de ceux qui se réfèrent à l'amortissement technique. Elle a par exemple des effets particulièrement significatifs pour les contrats de délégations et de

---

[495] Séminaire STG de janv. 2005, « Les nouvelles logiques de l'amortissement de la dépréciation – Aspects techniques », *http://ecogest.ac-rouen.fr/renov/telech/cfe_5_dep/1.cfe_Nouvelle_logique_Amort-dep.ppt*. Ce séminaire sur les logiques de l'amortissement met en relation les différents composants avec les durées d'utilisation qui peuvent être décomposées si deux conditions sont réunies : si les composants ont une durée d'utilisation différente de la base ; si les composants procurent un avantage économique sur un rythme différent.

[496] Conseil National de la comptabilité, avis n°2002-07 du 27 juin 2002, sur l'amortissement et la dépréciation.

[497] Conseil National de la comptabilité, avis n°2006-12 du 24 oct. 2006 sur la dépréciation des actifs.

[498] Conseil National de la comptabilité, avis n°2001-08 du 23 oct. 2001 sur les cahiers des charges types.

partenariats[499] où les durées contractuelles correspondent à la période d'amortissement économique, et donc indirectement à l'amortissement technique, des biens de retour financés par le cocontractant. Sous l'empire du régime comptable de l'amortissement avant 2005, le principe d'estimation globale des actifs immobilisés, dans le calcul des valeurs à amortir, présentait certains décalages entre la valeur réelle actualisée et la valeur nette comptable. Ces derniers se répercutaient alors *in extenso* sur la validité juridique de ces durées. Les réévaluations des plans d'amortissements en cours d'exécution du contrat et/ou la recherche d'une rentabilité patrimoniale par le cocontractant démontrent en effet que l'amortissement est soumis à de nombreuses fluctuations pendant la durée de vie utile des actifs immobilisés. Il ne constitue donc pas en réalité un référentiel suffisamment stable pour la clause contractuelle relative à la durée tant que celle-ci ne peut être révisée de manière significative durant la phase d'exécution. Car la période d'amortissement est souvent plus courte que celle estimée en amont.

473. La transposition de la comptabilisation par composant dans la commande publique laisse donc à penser que cette nouvelle méthodologie permettrait de remédier à ces carences. Nous pouvons effectivement supposer que les calculs de ces clauses s'affineraient avec les précisions apportées au traitement de l'amortissement comptable. Force est de constater néanmoins que les écarts entre les durées s'accroissent en réalité car les nouveaux mécanismes de gestion de l'amortissement technique du patrimoine ont eu pour effet de diminuer d'une manière significative la durée de vie utile et comptable des actifs considérés. Au lieu de conférer au calcul des durées contractuelles une validité juridique qui n'était pas concrétisée, l'adaptation de la méthode de comptabilisation par composant met surtout en exergue l'urgence de réformer les modalités de définition de cette clause, ou tout du moins de faire en sorte qu'elles tiennent compte des fluctuations des valeurs amorties en créant des clauses variables. Cette construction juridique devient incontournable si cette méthodologie de traitement de l'amortissement est transposée dans la commande publique. Ce mouvement est inéluctable car ces modalités comptables sont susceptibles aussi d'améliorer l'information des personnes publiques concernant le patrimoine transféré à titre gratuit ou onéreux au cocontractant.

474. En tenant compte de chaque composant des actifs, les contrats administratifs peuvent ainsi se doter d'un outil majeur pour apprécier non seulement les éléments composant les biens du patrimoine visé au contrat, mais aussi la durée réelle d'amortissement et du contrat en

[499] Qui constituent, sous l'empire des dernières réformes, des marchés publics de partenariats public privé ; v. Ord. n°2015-899 du 23 juillet 2015, JO 24/07/2015, p 12602.

fonction des missions patrimoniales transférées au cocontractant. C'est d'ailleurs à partir de ces précisions relatives aux actifs et aux durées que certains économistes n'hésitent plus à parler de renforcement de l'autonomie financière des entreprises pour qualifier la méthode de comptabilisation par composant[500]. Même si ce raisonnement ne se transpose pas pleinement aux contrats publics, l'adaptation de la réforme comptable de 2004 révèle cependant trois attraits pour ces modes d'action.

475. D'abord, l'absence de transposition de la méthode de comptabilisation des amortissements par composant confirme aujourd'hui les carences comptables de ces conventions en matière de traitement des amortissements industriels. Leur origine est à rechercher dans deux facteurs : une transposition imparfaite de ce mécanisme issu du secteur privé et le recul du Conseil National de la comptabilité devant l'élaboration d'un guide comptable. Cette modernisation de la commande publique s'avère pourtant indispensable pour améliorer le contrôle des personnes publiques sur le patrimoine de leurs contrats, notamment lorsque ceux-ci prévoient un transfert partiel ou total de sa réalisation et/ou de sa gestion au cocontractant.

476. L'absence de transposition de cette méthode rend ensuite impossible le démembrement des actifs immobilisés visés au contrat. Ce phénomène laisse en conséquence perdurer un calcul approximatif de la durée contractuelle pour les contrats concernés en raison de l'absence d'estimation précise de la période d'amortissement technique des biens de retour. Il est donc aujourd'hui difficile de parler de référentiel pour qualifier le recours à l'amortissement industriel[501]. En effet, les fluctuations qui caractérisent la mise en œuvre de ce mécanisme ne sont pas à ce jour prises en compte par la commande publique ; les clauses qu'il permet de définir ne pouvant subir de révision conséquente[502]. Cet outil de gestion peut cependant jouer un rôle fondamental si des

---

[500] Jack Forget « Dynamique de l'amortissement », *Renforcer l'autonomie financière de l'entreprise pour dynamiser ses investissements*, éd. *d'Organisation*, 2005, coll. Mémentos financiers. Selon l'auteur : « *Les investissements doivent être remplacés et leur efficacité doit faire l'objet d'une amélioration constante, quantitative et qualitative pour accroître la productivité des facteurs de production.* (…) *Un actif a été rentabilisé par une entreprise si la somme de sa valeur résiduelle et des revenus nets qu'il a généré pendant la durée de son amortissement est supérieure à sa valeur comptable initiale* » ; p 13 et 17.

[501] Ceci explique certainement que le juge administratif ait tenté (en vain puisque son raisonnement conduit à réintroduire indirectement l'amortissement technique) d'en relativiser le rôle : CE, 11 août 2009, Sté Maison Comba, req. n°303517, concl. Rapporteur Bertrand Dacosta, Inédit au Rec. Lebon.

[502] Exception faite bien entendu de la théorie des avenants permettant d'acter un certain nombre de changements dans l'exécution du contrat telle que la force majeure, la théorie de l'imprévision ou tout simplement une nécessité d'intérêt général ou des investissements supplémentaires. Sur ce dernier point v. art. L. 1411-2 du CGCT.

adaptations sont apportées à sa mise en œuvre dans les contrats administratifs, notamment en transposant la méthode par composant qui affine l'évaluation du patrimoine.

477. Enfin, la recherche d'efficacité qui caractérise l'action publique, et notamment les contrats publics, ne peut pleinement aboutir tant qu'une modernisation globale n'est pas mise en œuvre. Sur ce point, la rationalisation de ces conventions impose de transposer pleinement le fonctionnement de l'amortissement, en prenant en compte ses aspects économiques et comptables dans un mode d'action qui les exclut pour le moment.

Section 2 : La rationalisation de la clause relative à la durée grâce à l'amortissement technique

478. Depuis sa transposition dans le champ de la commande publique, l'amortissement industriel joue en principe deux rôles pour le traitement comptable du patrimoine des contrats administratifs. Il conditionne d'abord le choix de la formule contractuelle par la personne publique, qui dépend des investissements à réaliser et à amortir, et les opérations de contrôles contractuels durant la phase d'exécution. Ses modalités de comptabilisation contribuent ensuite à définir en amont la clause relative à la durée ; celle-ci correspondant en principe au temps nécessaire pour que le cocontractant puisse amortir techniquement les biens de retour qu'il finance[503].

479. En matière de délégations de services publics par exemple, l'article 40 de la loi Sapin de 1993 consacre cette qualité de référentiel de l'amortissement industriel pour calculer cette donnée essentielle du contrat et pour structurer les conditions d'exécution[504]. Mais la validité juridique de ce calcul est conditionnée par un postulat : la valeur totale du patrimoine à amortir techniquement ne doit pas varier sur l'ensemble de la durée contractuelle, puisque le droit des contrats administratifs restreint les hypothèses de révision de cette clause durant la phase d'exécution. Si cette période d'amortissement s'avère en réalité plus

[503] Puisque selon le juge administratif, en matière de DSP ou de PPP, la durée doit correspondre au temps nécessaire au remboursement des investissements assorti d'une marge nette bénéficiaire, période durant laquelle le fait que les investissements représentent une charge constitue un référentiel. Or ce référentiel ne peut être apprécié qu'à partir de l'amortissement technique/ industriel.

[504] Cf. Art. 40 de la loi Sapin n°93-122 du 29 janv. 1993, JO du 30/01/1993, p 1588, transposé à l'article L1411-2 du CGCT, éd. 2009.

courte ou plus longue, un décalage est alors constaté entre cette clause contractuelle et le référentiel qui sert à la définir. Cette hypothèse est loin d'être improbable dans la pratique. Elle explique notamment que le juge du contrat ait tenté de pondérer en la matière le rôle théorique de l'amortissement technique/industriel[505].

480. Au regard de la complexité des modes de comptabilisation des actifs, il a adopté dans sa jurisprudence un raisonnement singulier qui permet de contourner ces modalités théoriques de calcul de la durée contractuelle. Si l'amortissement technique demeure selon lui le premier référentiel à utiliser, il considère que les personnes publiques peuvent aussi se référer à l'ensemble des charges de construction et d'exploitation rapportées aux recettes du contrat[506]. En acceptant que les praticiens ne réalisent pas une lecture stricte des régimes juridiques concernés, il participe à une remise en cause de la valeur juridique à première vue conférée à l'amortissement.

481. Mais il ne s'agit pas du seul phénomène expliquant la relativité juridique de ce mécanisme dans les contrats administratifs. Les régimes juridiques, qui ont transposé l'amortissement industriel pour définir le contenu de la durée contractuelle, ont aussi prévu dans le même temps les moyens d'y déroger. L'alinéa 2 de l'article 40 de la loi Sapin de 1993 prévoit ainsi deux hypothèses pour prolonger la durée initiale[507]. Même si elles sont étroitement encadrées et même si elles ont pour objet de conférer une certaine souplesse à ces contrats, ces deux dispositions remettent en cause la valeur conférée à l'amortissement par le droit de ces contrats.

---

[505] A titre non exhaustif, voir CE, 11 août 2009, Sté Maison Comba, req. n°303517, concl. Rapporteur Bertrand Dacosta. Dans cette jurisprudence, le juge administratif apporte trois précisions sur l'amortissement : d'abord, il reprend l'idée déjà consacrée selon laquelle la personne publique peut utiliser les dépenses et les recettes pour fixer la durée contractuelle ; ensuite, il soutient que la « *durée normale d'amortissement* » prévue par le régime des délégations de service public ne doit pas nécessairement correspondre à la durée comptable d'amortissement ; enfin, il précise que les juges du fond ne sont pas tenus d'apprécier *in concreto* les justifications de la durée contractuelle déterminée par la personne publique lors d'une procédure de passation. V. aussi CE, 8 fév. 2010, Commune de Chartres, n°323158, note J-B Vila, *JCP A* 2010, 2146 ; CE, 12 juill. 2012, Cnauté agglomération Chartres Métropoles, n°352417, note J-B Vila, *JCP A* 2012, 2388.

[506] Voir en ce sens CAA de Marseille, 18 déc. 2006, Sté Crématorium de France et Cne d'Aix-en-Provence, req. n°04MA01644 et n°04MA01841 (Inédit Rec. Lebon). Dans cette jurisprudence, la qualité de référentiel attribué à l'amortissement technique en matière de durée contractuelle n'emporte pas son exclusivité. Voir aussi CE, 11 août 2009, Sté Maison Comba, req. n°303517, concl. Rapporteur Bertrand Dacosta, Inédit Rec. Lebon.

[507] Cf. Art 40 al. 2 de la loi Sapin, n°93-122 du 29 janv. 1993, JO du 30/01/1993, p 1588 ; art. L1411-2 du CGCT, éd. 2009. Ces dispositions prévoient deux hypothèses de révision de la durée des contrats de délégation : une prolongation justifiée par des motifs d'intérêt général ; une prolongation en raison d'un investissement qui ne peut être amorti sur la durée restant à courir.

482. Ces remises en cause jurisprudentielles et législatives sont liées à la complexité de l'amortissement industriel/technique qui résulte d'un phénomène particulier : la relativité économique des valeurs traitées grâce à ce mécanisme. En raison des processus périodiques de réévaluation des valeurs patrimoniales, la durée réelle d'amortissement des biens est souvent plus courte que celle estimée au départ dans les prévisionnels[508]. Les conséquences de ce test dépassent néanmoins la simple correction du traitement comptable des biens pour les contrats administratifs. Lorsque la durée réelle de dépréciation des actifs se raccourcit, un décalage manifeste apparaît alors avec la durée contractuelle.

483. Dans le secteur privé, la survenance d'une telle situation a une conséquence simple pour l'entreprise : cette dernière réduit les bases amortissables des biens et doit les renouveler plus vite, en laissant de côté les prévisions initiales des plans comptables. Cette solution ne s'adapte pas exactement à la pratique des contrats administratifs. Le cocontractant n'est pas incité à renouveler le patrimoine car, en profitant des carences du contrôle contractuel des personnes publiques, il continue à utiliser des biens qui, pour certains, peuvent avoir une valeur comptable nulle, et ce, tant qu'ils fonctionnent. Cette opération représente alors pour lui un bénéfice net supplémentaire. En effet, durant les dernières années du contrat, sa rémunération ne constitue plus de cette manière une contrepartie financière à des missions d'investissements et/ou de gestion du patrimoine.

484. Une autre conséquence pour les contrats administratifs doit être relevée. Si les dépréciations réelles sont plus rapides que les éléments traités comptablement, la durée réelle d'amortissement est plus courte que celle estimée lors de la mise en service du bien. Rapporté aux contrats administratifs, ce phénomène entraîne un décalage avec la durée contractuelle. Or, les régimes juridiques ne permettent pas de corriger ce décalage en diminuant la durée contractuelle. Pire, les seules hypothèses permettant de déroger au calcul initial de la durée contractuelle conduisent à la prolonger sous certaines conditions.

485. La prise en compte des conséquences de l'amortissement technique par le droit des contrats administratifs se situe donc à l'opposé de celle réalisée par la comptabilité privée. Nous trouvons là une explication aux distorsions constatées dans la pratique entre ce mécanisme de gestion patrimoniale et les conditions juridiques de son utilisation par la commande publique (§1). Pour améliorer les conditions d'exécution des

[508] Il s'agit de l'« *Impairment test* » visé à l'article L 123-18 du Code de commerce (éd. 2009) et Com. RC, règlement n° 2002-10 du 12 déc. 2002 transposant la norme comptable internationale IAS 36, modifiant l'article 322-5-3° du PCG ; disponible à *http://www.minefe.gouv.fr*.

contrats administratifs, les hypothèses de prolongations doivent être rationalisées dans un premier temps. Cette première modification ne suffit cependant pas. Une réforme d'ensemble des clauses relatives à la durée est nécessaire, en se conformant au traitement réel de l'amortissement technique. La conséquence est alors que le calcul de ces clauses doit être revu pour permettre une adaptation de cette clause au cours de la phase d'exécution. L'objectif est ainsi de conférer à l'amortissement un véritable contenu juridique pour réviser cette donnée du contrat et renforcer la sécurité juridique des accords contractuels de la personne publique. Cette réhabilitation de l'amortissement impose alors de construire des durées contractuelles variables ; c'est-à-dire plafonnées et dont le contenu peut être diminué pour se conformer au traitement réel de l'amortissement industriel/technique (§2).

Paragraphe 1 : La durée des amortissements techniques et les prolongations de la durée contractuelle : un paradoxe juridique

486. En matière de durée des contrats administratifs, le droit européen reconnaît, sous certaines conditions et sous réserve du respect des règles communautaires, l'application du principe de subsidiarité en laissant aux droits nationaux le soin de structurer cette clause[509]. Pour sa part, le droit français a pris acte à l'origine de cette liberté pour encadrer étroitement cette donnée essentielle en retenant un référentiel à première vue stable, comme en témoigne le régime des délégations de service public où

[509] Cette affirmation est moins vraie avec les dernières réformes applicables aux marchés publics, aux partenariats public privé et aux délégations de services publics. V. par exemple Dir. n°2014/23 UE du Parlement européen et du Conseil du 26 fév. 2014, sur l'attribution de contrats de concession, JOUE 28/03/2014 ; Dir. N°2014-24/UE du 26 févr. 2014, JOUE 28/03/2014 L. 94/65; Dir. N°2014-25/UE du 26 févr. 2014, JOUE 28/03/2014, L. 94/243 ; Ord. n°2015-899 du 23 juillet 2015, JO 24/07/2015, p 12602. Pour autant v. à l'époque Délégation française pour l'Union Européenne, Proposition de résolution : service public dans les transports urbains et régionaux, disponible à *http://www.senat.fr/rap/l05-352/l05-3522.htlm*. Elle demande à ce que soit fait une application pleine et entière du principe de subsidiarité en matière de durée contractuelle : « *Au fond, le projet de la Commission consiste à reconnaître aux collectivités territoriales la faculté de fixer la durée de contrats de service public à l'intérieur de certaines limites pouvant aller jusqu'à vingt deux ans et demi et à leur interdire toute marge de manœuvre au-delà. Or, il existe des projets pour lesquels la durée d'amortissement des investissements peut excéder cette durée et dépasser même les trente ans (...). Telle est la raison pour laquelle la totale application du principe de subsidiarité semble plus opportune (...)* » ; p 5.

« *l'amortissement complet des installations financées par le délégataire,* [constitue le] *terme normal de la gestion déléguée* »[510].

487. Mais l'amortissement industriel des actifs immobilisés se caractérise par de nombreuses fluctuations, de sorte que sa mise en œuvre s'oppose à la valeur juridique qui lui est conférée dans les différents régimes juridiques. L'ambition initiale des réformes était pourtant de donner à l'amortissement un rôle de référentiel pour le calcul de la durée contractuelle. Cet objectif semble à ce jour dépassé en raison de la transposition imparfaite de ce mécanisme dans la commande publique. En effet, l'amortissement technique sert en comptabilité à répertorier les pertes de valeurs affectant le patrimoine pour anticiper dans le même temps le renouvellement des biens. Le problème est que ces deux fonctions de l'amortissement n'ont pas été pleinement transposées lorsque le droit des contrats administratifs a conféré à cette technique une valeur juridique.

488. Or, les différences notables entre les deux sphères d'activité expliquent les deux carences constatées en matière d'utilisation contractuelle de l'amortissement. La première est que les traitements comptables du patrimoine durant la phase d'exécution du contrat sont fluctuants et difficiles à contrôler pour la personne publique puisque les régimes juridiques ne prennent pas en compte ces variations. La seconde est liée aux réévaluations des plans comptables : l'amortissement technique ne pouvant jouer pleinement son rôle pour la gestion des actifs immobilisés contractuels, son utilisation juridique pour la définition de la durée contractuelle est alors remise en cause puisque des décalages manifestes apparaissent entre ces deux données.

489. Cette seconde observation nous permet de comprendre pourquoi les régimes juridiques qui utilisent cette technique ont prévu la possibilité de déroger en cours d'exécution à la durée contractuelle définie initialement. Ainsi, pour les contrats de délégations, si l'article 40 de la loi Sapin consacre l'utilisation de principe de l'amortissement pour définir cette clause en amont, l'article 40 alinéa 2 prévoit dans le même temps deux moyens pour le contourner et adapter ainsi ce mode d'action aux exigences pratiques.

490. Le premier prévoit qu'il puisse être dérogé par les parties au calcul de la durée initiale lorsque des «*motifs d'intérêt général* » le justifient ; la durée de prolongation ne pouvant alors excéder un an[511]. La jurisprudence a eu l'occasion d'interpréter et d'encadrer cette hypothèse relativement floue. Le juge administratif considère par exemple que la

---

[510] Florian Linditch, « Recherches sur la place de l'amortissement en droit administratif », *AJDA* du 20 fév. 1996, p 100 et s.

[511] Art. 40 al. 2 Loi Sapin n°93-122, 29 janv. 1993, JO 30/01/1993, p 1588 ; Art. L1411-2 a) du CGCT, éd. 2009.

continuité du service public constitue à elle seule un motif d'intérêt général[512]. Cette hypothèse semble avoir des conséquences limitées au regard de la durée totale du contrat et des conditions d'exécution puisque la prolongation n'est entérinée que pour une période limitée. Mais elle est en réalité importante car, si elle n'est pas justifiée, cette prolongation représente un accroissement significatif de la rémunération du cocontractant qui n'assume en contrepartie aucun investissement matériel supplémentaire.

491. Le second aboutit à des prolongations plus longues car aucune limite temporelle n'est fixée par l'alinéa 2 b) de l'article 40 de la loi Sapin. Cette situation correspond au cas où la personne publique impose au cocontractant des investissements supplémentaires qui ne peuvent être amortis sur la durée contractuelle restant à courir et qui auraient alors pour conséquence une augmentation significative des tarifs[513].

492. Si le régime des délégations de service public prévoit la possibilité de prolonger dans des cas limités la durée de la phase d'exécution (A), un encadrement strict des procédures de réévaluation de cette clause a été prévu (B). Une étude sommaire de ces deux points permet de mesurer l'instabilité juridique qui caractérise la durée contractuelle et ses éventuelles révisions.

A- Les prolongations de la durée contractuelle : le cas des délégations de service public

493. Pour les délégations de service public, certaines hypothèses permettent de déroger au calcul initial de la durée contractuelle. Selon l'article 40 alinéa 2 de la loi Sapin, les parties peuvent, sous certaines conditions, prolonger ces contrats dans deux cas : d'une part, si l'intérêt général justifie une prolongation maximale d'une année, qui est strictement appréciée par le juge administratif au regard de la loi ; d'autre part, si la réalisation d'investissements supplémentaires rend légitime une prolongation dont la durée n'est pas strictement encadrée malgré de nombreux précédents jurisprudentiels[514].

---

[512] Pour une application de ce principe, voir CE, 8 juin 2005, Cne de Ramatuelle, req. n°255987, com. Jean-David Dreyfus, *AJDA* du 12 sept. 2005, p 1686. Le Conseil d'Etat considère à cette occasion que la CAA a commis une erreur de droit en omettant le cas prévu par l'article 40 al. 2 de la loi Sapin, où la continuité du service public est un motif d'intérêt général justifiant juridiquement une prolongation du contrat initial.

[513] Art. 40 al. 2 la loi Sapin et Art. L1411-2 b) du CGCT, *op. cit.*

[514] Pour la seconde hypothèse, la loi Sapin du 29 janv. 1993 (JO du 30/01/1993, p 1588) prévoyait à l'origine que la prolongation ne pouvait dépasser le tiers de la durée initiale du contrat. Toutefois, le Conseil constitutionnel, dans sa décision n° 92-316 DC, du 20 janv. 1993 (JO du 22/01/1993, p 1118) a considéré que cette disposition portait atteinte au principe de libre administration des collectivités territoriales. Si au cours des années 90 les juridictions administratives permettaient une prolongation de la durée contractuelle allant jusqu'à 15 ans

494. Cette seconde hypothèse renvoie d'ailleurs directement à la notion d'amortissement car l'étendue de la prolongation doit être conforme à la durée d'amortissement des investissements supplémentaires financés par le cocontractant et sollicités par la personne publique. L'objectif de la loi Sapin a ainsi été de limiter la prolongation au temps strictement nécessaire pour couvrir une nouvelle période d'amortissement imprévue. Au-delà de ces considérations techniques, ces deux hypothèses attestent de la volonté initiale du pouvoir législatif de fournir aux personnes publiques un cadre juridique souple pour corriger les fluctuations qui caractérisent la phase d'exécution et la valeur du patrimoine.

495. Par définition, la notion d'intérêt général, qui préside au premier cas de prolongation, n'est pas aisée à appréhender. Si la continuité de service public constitue un exemple de ce premier motif, le caractère insaisissable et évolutif de celui-ci ne contribue pas à renforcer la sécurité juridique du contrat. L'utilisation de l'amortissement dans la seconde hypothèse est tout aussi incertaine car cette technique a été transposée de manière imparfaite dans les contrats publics, de sorte que des carences importantes perdurent durant la phase d'exécution. De toute évidence, ces deux hypothèses confèrent à ce régime juridique une instabilité manifeste qui entraîne pour les praticiens des difficultés lorsqu'il s'agit de justifier la prolongation. Avant de s'atteler à la reconstruction de référentiels juridiques viables permettant de pallier ce problème, le fonctionnement de ces deux hypothèses doit être étudié pour apprécier les conséquences de ces dérogations sur la valeur juridique attribuée à l'amortissement industriel/technique.

1/ La prolongation de la durée contractuelle pour motif d'intérêt général : une hypothèse juridique

496. La durée contractuelle initiale et ses dérogations sont particulièrement bien structurées dans le régime juridique des délégations de service public. Les exceptions au principe, prévues à l'article 40 alinéa 2 de la loi Sapin[515], confèrent à l'amortissement industriel un rôle central pour évaluer le temps nécessaire à la prolongation de la clause relative à la durée fixée *ex-ante*. Ce mécanisme

---

(TA Bastia 5 oct. 1995, Préfet de Haute-Corse, Droit des services publics locaux, IV, 130.3, mise à jour n°4 éd. *Le Moniteur*), ce raisonnement a été progressivement précisé : d'une part, les clauses de tacite reconduction sont aujourd'hui entachées d'illégalité (CE, 29 nov. 2000, Cne de Païta, req. n°205143) ; d'autre part, la prolongation pour des amortissements supplémentaires non prévus a été encadrée économiquement, notamment par la loi n°95-127 du 8 fév. 1995, JO du 09/02/1995, p 2186.

[515] Cf. Loi n°93-122 du 29 janv. 1993, JO du 30/01/1993 p 1588, et Article L1411-2 a) du CGCT, éd. 2009. A noter que la nouvelle directive de l'Union européenne, Dir. n°2014/23/UE préc., ne modifie pas cette circonstance de prolongation.

de gestion des pertes de valeur des actifs immobilisés a effectivement une utilité juridique particulière puisqu'il sert alors de référentiel aux personnes publiques.

497. Or, l'intérêt de l'amortissement technique dépasse la cadre des prolongations de la durée des contrats de délégations car ce mécanisme est aussi utilisé directement ou indirectement dans d'autres formes contractuelles [marché public, partenariat public-privé, convention d'occupation domaniale, marché de mobilier urbain]. Il peut donc avoir pour ces montages des conséquences comparables à celles constatées en matière de contrats de délégations et de leur prolongation.

498. En matière de partenariats public-privé, l'article L 1414-1 du CGCT dispose ainsi que le calcul de la durée du contrat repose sur les mêmes modalités que celles utilisées pour les contrats délégations : cette clause correspond en principe à la durée d'amortissement technique « *des investissements* [biens de retour] *ou des modalités de financement retenues* »[516]. Si le principe de fixation de la durée initiale de ces contrats est ainsi acté, leur régime juridique ne prévoit aucune forme de dérogation au calcul initial. Mais l'absence d'encadrement juridique d'une éventuelle prolongation n'emporte pas pour autant son interdiction. Au contraire, il semble surtout que cette hypothèse n'ait pas encore été envisagée en raison du caractère récent de son régime juridique[517]. Ces montages contractuels portant sur une longue durée, il est en outre impossible de juger aujourd'hui de l'opportunité de consacrer en la matière des hypothèses de prolongations[518]. Dans ces conditions, si les modalités de calcul de la durée contractuelle initiale sont similaires à celles des conventions de délégations en se référant à la notion d'amortissement, le régime des prolongations prévues par le régime des gestions déléguées semble transposable aux contrats de partenariats.

499. En ce qui concerne les marchés publics, le calcul de leur durée révèle certaines spécificités. La première Partie du code de 2006 dispose que la durée déterminée par l'autorité adjudicatrice est fixée « *en tenant compte de la nature des prestations et de la nécessité d'une remise en*

---

[516] Cf. Article L 1414-1 du CGCT, éd. 2009. La nouvelle ordonnance (n°2015-899 du 23 juillet 2015, JO 24/07/2015, p 12602) ne modifie pas ces éléments.

[517] Cf. Paul Lignières, « Partenariats public-privé », éd. *Lexis Nexis*, coll. Affaires Finances, 2°éd., p 291.

[518] Voir en ce sens l'ordonnance n°2004-559 du 17 juin 2004 (JO du 19/06/2004, p 10994), complétée par le décret n°2004-1119 du 19 oct. 2004 (JO du 21/10/2004, p 17821), le décret n°2004-1145 du 27 oct. 2004, (JO du 29/10/2004, p 18260), le décret n°2005-953 du 9 août 2005 (JO du 10/08/2005, p 13051), la circulaire du 29 nov. 2005 (n°ECOZ0500081C JO du 15/12/2005, p 19271), le décret n°2005-1740 du 30 déc. 2005 (JO du 31/12/2005, p 20781). Voir aussi la loi n°2008-735, 28 juill. 2008 (I) (JO 29/07/2008, p 12144).

concurrence périodique »[519]. Ce calcul se fait donc par une référence indirecte à la nature et au contenu des investissements qui diffèrent selon le marché considéré. De la même manière que pour les contrats de délégations, la forme du marché public est donc indirectement tributaire du processus d'amortissement industriel des actifs immobilisés. Un point de concordance apparaît ainsi entre les marchés publics et les délégations de services publics. Pour autant, le régime des prolongations des marchés publics obéit à une logique différente, sous l'empire du code de 2006. Le marché initial est reconductible sous couvert d'une mise en concurrence préalable, si celle-ci est nécessaire. Mais les prolongations éventuelles peuvent aussi être prévues dans le contrat dès l'origine ; l'autorité adjudicatrice pouvant les intégrer dans la durée contractuelle totale présentée aux candidats lors de la procédure de mise en concurrence[520]. Contrairement aux contrats de délégations et de partenariats, le principe de calcul de la durée du marché ne lie donc pas nécessairement la personne publique vis-à-vis d'une éventuelle prolongation. Le critère des investissements à réaliser et celui de la mise en concurrence sont ici déterminants alors que celui de l'amortissement technique s'applique seulement de manière secondaire. Néanmoins, le cas d'une prolongation justifiée par l'intérêt général apparaît dans tous les cas envisageable dans ce mode d'action.

500. Les particularités des marchés publics [de travaux, de fourniture, de service] ne se transposent pas exactement aux marchés de mobiliers urbains. Conventions toujours soumises à des débats pour savoir si elles entrent dans le champ des marchés publics ou si elles constituent, en raison de leurs spécificités, une catégorie particulière au cœur du régime des contrats administratifs[521], cette forme contractuelle a été récemment réformée en tenant compte de la technique de l'amortissement pour déterminer leur durée. Aux termes des décisions de l'Autorité de la

---

[519] Article 16 du CMP, éd. 2009. Décret n°2006-975 du 1er août 2006, JO n°179 du 04/08/2006, p 11627 ; Partie 1, Titre II, Chapitre VIII. Ce principe s'applique aux marchés de travaux, services et fournitures ; des dispositions spécifiques s'appliquant aux accords-cadres, marchés à bon de commande inférieurs à quatre ans, marchés complémentaires en procédure négociée, marchés relatifs à la communication. L'article 77 du CMP relatif aux marchés à bon de commande se réfère à l'amortissement lorsque la durée dépasse quatre années.

[520] Ibid. L'article 16 du CMP et l'article 9 du chapitre VIII du décret relatif à la durée expose : « *Un marché peut prévoir une ou plusieurs reconductions à condition que ses caractéristiques restent inchangées et que la mise en concurrence ait été réalisée en prenant en compte la durée totale du marché, périodes de reconduction comprises. Le pouvoir adjudicateur prend par écrit la décision de reconduire ou non le marché. Le titulaire du marché ne peut refuser sa reconduction sauf stipulation contraire prévue dans le marché* ».

[521] En ce qui concerne la reconnaissance des marchés de mobilier urbain comme une catégorie particulière dans le champ des marchés publics, voir l'article de Frédéric Dieu, « Comment qualifier les contrats de mobilier urbain ? », 15 nov. 2005, com. CE, 4 nov. 2005, Sté J-C Decaux, req. n°247298, disponible à *http://www.net-iris.fr/veille-juridique/doctrine/13290/comment-qualifier-les-contrats-de-mobilier-urbain.php*.

concurrence, leur durée doit dorénavant coïncider avec la durée d'amortissement technique du patrimoine, en enjoignant « *(...) aux sociétés (...) de ne pas proposer aux collectivités publiques souhaitant contracter avec elles l'insertion d'une clause* (…) *selon laquelle les équipements installés en cours de contrat ont une durée de vie contractuelle propre, différente de celle du contrat* (…) »[522]. A partir de cette décision, l'Autorité de la concurrence intègre dans ces contrats des éléments techniques, comme l'amortissement, pour stabiliser leur régime juridique et rétablir ainsi les objectifs de la mise en concurrence grâce à une rationalisation de leur durée d'exécution. Ce raisonnement place alors la personne publique face à ses responsabilités car elle doit apprécier la nature et le contenu des investissements financés par le cocontractant pour déterminer la durée du contrat et le droit d'exploiter. Si les parties fixent la durée du contrat en fonction de la durée de vie utile des investissements, c'est-à-dire en fonction de leur durée d'amortissement industriel, les dérogations prévues pour les délégations de service public semblent encore une fois s'appliquer de plein droit aux marchés de mobilier urbain.

501. Un constat similaire peut être réalisé pour les conventions d'occupation domaniale. Ces dernières obéissent à un régime distinct qui ne manque pas d'encadrer la durée contractuelle en tenant compte du transfert au cocontractant de droits sur le domaine public. La durée de ces contrats ne peut ainsi excéder 70 ans[523]. La personne publique dispose ici d'une marge d'appréciation plus grande puisqu'il s'agit d'une durée maximale qui peut être plus limitée en fonction des spécificités du contrat. Dans ces conventions, le rôle de la personne publique est de déterminer une durée contractuelle optimale en tenant compte de l'activité exercée sur le domaine et de la destination des immobilisations. Aucune référence précise à la notion d'amortissement n'est consacrée dans ce régime juridique. Mais la référence à l'exploitation des immobilisations visées au contrat montre que ce mécanisme de gestion des dépréciations n'en est pas totalement exclu. Le formalisme des conventions d'occupation domaniale et du caractère personnel de l'autorisation font que ce mode d'action utilise indirectement la

[522] Autorité de la concurrence, déc. n°05-D-36 du 30 juin 2005, relative au respect, par les sociétés du groupe Decaux, des injonctions prononcées par la décision n°98-D-52 du 7 juill. 1998. L'Autorité de la concurrence montre que ce groupe avait établi une stratégie pour conserver une position dominante sur le marché du mobilier urbain en imposant aux personnes publiques une prolongation indéfinie de la durée du contrat grâce à trois techniques : la conclusion d'avenants glissants ; les clauses de tacite reconduction ; les clauses précisant que les équipements ont une durée de vie contractuelle différente de la durée du contrat.

[523] Cf. Article L 1311-5 al. 3 du CGCT (éd. 2009) qui dispose : « *Le titre fixe la durée de l'autorisation, en fonction de la nature de l'activité et de celle des ouvrages autorisés, et compte tenu de l'importance de ces derniers, sans pouvoir excéder soixante-dix ans* ».

technique de l'amortissement comme référentiel pour le calcul de la durée contractuelle ; postulat qui permet de leur adapter le cas de la prolongation pour motif d'intérêt général des contrats de délégations de service public.

502. Cette étude sommaire de ces différentes formes de contrats administratifs montre que les modalités de définition de la durée contractuelle se caractérisent par une absence d'unité. Si les régimes juridiques ne se réfèrent pas toujours explicitement aux amortissements pour le calcul de cette clause, ils permettent uniformément d'y déroger lorsqu'un motif d'intérêt général le justifie. Le plus étonnant est que cette hypothèse, encadrée dans les contrats de délégations et transposable aux autres montages, renvoie à une notion évolutive et insaisissable qui rend incertain son traitement juridique.

503. En matière de délégations de service public, ce motif permet à la personne publique de prolonger le contrat seulement pour une année supplémentaire[524]. Le caractère limité de cette prolongation laisse supposer que cette phase d'exécution complémentaire emporte de faibles conséquences. Mais l'instabilité de ce motif dissimule en réalité un excédent de rentabilité important pour le cocontractant. Par exemple, pour une concession de service public d'une durée initiale de 15 ans, la rentabilité du contrat se présente ainsi :

Figure n°5 : Analyse de l'excédent de rentabilité lié à la prolongation d'une concession de service public

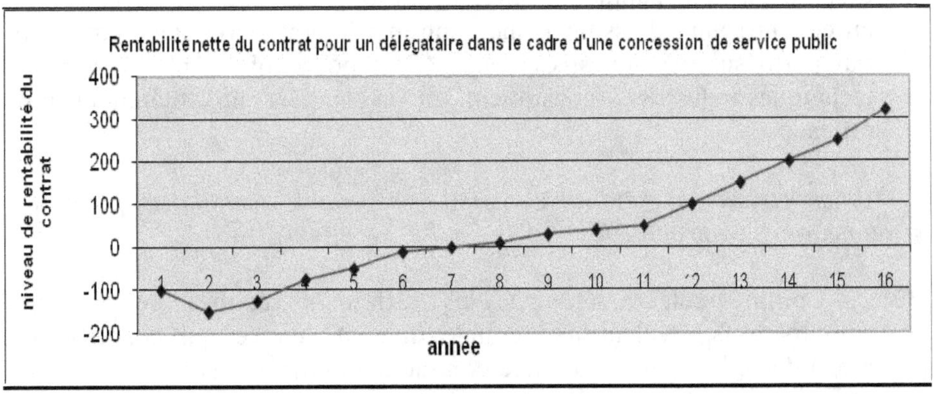

Année	1	2	3	4	5	6	7	8	9	10	11	12	13	14	15	16
Résultat Net	-100	-150	-125	-75	-50	-10	0	10	30	40	50	100	150	200	250	320

---

[524] Cf. Article L 1411-2 a) du CGCT, éd. 2009.

504. Dans l'exemple présenté, la durée contractuelle de la concession est initialement fixée à 15 ans. Si une dérogation d'un an est accordée pour motif d'intérêt général, l'excédent de rentabilité du cocontractant est alors plus élevé sur cette année [excédent d'une valeur de 70] que durant toutes les phases annuelles d'exploitation du contrat [excédent annuel moyen d'une valeur 30]. Si ce motif doit être justifié par la personne publique, cette hypothèse n'impose pour autant pas nécessairement la réalisation d'une contrepartie matérielle supplémentaire. Les résultats nets de l'année d'exploitation additionnelle représentent alors dans ce cas une marge nette qui ne se conforme pas aux principes de la commande publique, selon lesquels toute forme de rémunération doit avoir une contrepartie matérielle effective[525]. En outre, dans l'hypothèse où ce dernier financerait des investissements supplémentaires, la personne publique ne serait pas en mesure d'en vérifier exactement le contenu comme le montrent les carences que nous avons identifiées en ce qui concerne la réalisation et la gestion du patrimoine des contrats publics. Dans les deux cas, cette prolongation d'un an pour motif d'intérêt général est non seulement difficilement justifiable d'un point de vue juridique, mais elle représente aussi un risque de captation de profits par le cocontractant. Loin de renforcer la sécurité juridique de ces conventions, cette première dérogation à la durée contractuelle initiale renforce l'instabilité de ce mode d'action.

505. Ceci explique que l'utilisation de l'amortissement industriel dans la seconde hypothèse apparaît plus sécurisante. En se référant à une période d'amortissement supplémentaire, la prolongation impose normalement au cocontractant d'assumer une contrepartie matérielle complémentaire qui porte sur des investissements. C'est pourquoi les amortissements techniques/industriels constituent en la matière un référentiel plus efficace.

2/ L'amortissement industriel : un référentiel technique pour les prolongations contractuelles

506. Comme cela a été vu, les différents régimes des contrats administratifs révèlent une grande diversité en ce qui concerne les modalités de calcul de la durée contractuelle. Mais l'estimation de cette clause durant la passation repose, dans tous les cas, directement ou indirectement sur la durée d'amortissement industriel. Ce mécanisme constitue donc un référentiel, notamment sur la base du régime des délégations de service public. Son rôle ne limite cependant pas à la

---

[525] Voir à titre non exhaustif, CE, 30 sept. 1996, Sté Stéphanoise des Eaux et Ville de Saint-Etienne, *Revue Dr. Adm.*, 1996, n°557, note Devès.

procédure de passation de ces conventions. Il permet aussi d'encadrer une autre hypothèse particulière de prolongation de la durée initiale.

507. Selon l'article L 1411-2 b), un contrat de délégation peut être prolongé lorsque des amortissements techniques supplémentaires et imprévus l'imposent : « *Une délégation de service ne peut être prolongée que : (...) lorsque le délégataire est contraint (...) de réaliser des investissements matériels non prévus au contrat initial, de nature à modifier l'économie générale de la délégation et qui ne pourraient être amortis pendant la durée de la convention restant à courir* »[526].

508. Cette hypothèse est toutefois conditionnée par un triptyque. D'abord, la personne publique doit avoir sollicité le cocontractant pour financer des investissements supplémentaires. Si ce dernier a pris l'initiative de leur réalisation, la prolongation ne peut être accordée et celui-ci doit en assumer la charge sur la durée contractuelle restant à courir[527]. Ces investissements doivent être ensuite strictement nécessaires au fonctionnement normal du service[528]. Cette exigence recouvre deux idées indissociables : sans ces investissements, l'aspect qualitatif du service serait moindre ; ils sont nécessairement matériels puisque leur contrepartie doit être identifiée grâce à une mesure du niveau qualitatif du service[529]. Ce type de prolongation doit enfin avoir pour objectif d'éviter un bouleversement de l'économie du contrat, notamment par une augmentation significative des tarifs. Si des doutes subsistent quant à l'appréciation juridique du rapport « économie du contrat/durée de prolongation nécessaire », le juge du contrat considère que le premier critère constitue une condition fondamentale à la légalité de ce type de prolongations[530]. Ces trois conditions sont indissociables et cumulatives. A défaut, le juge administratif prononce l'illégalité de la prolongation[531].

---

[526] Cf. Article L 1411-2 b) du CGCT, éd. 2009.

[527] Cf. CE, Sect. Travaux publics, avis, 19 avril 2005, req. n°371234, Rapport annuel 2006, p 197, *BJCP* 2006.107.

[528] TA Grenoble, 31 janv. 1997, Préfet de la Drôme, req. n°96.4228, *Mon TP* 28/03/1997, p 46, note Peyrical.

[529] Réponse ministérielle n°132236, JO du Sénat Question, 30 mai 1996, Dt Adm, 1996, n°255. L'article 1 de la loi n°95-127 du 8 fév. 1995 (JO du 09/02/1995, p 2186) a en outre supprimé la référence aux investissements immatériels complémentaires.

[530] Voir en ce sens, TA de Bastia, 5 oct. 1995, Préfet de Haute-Corse, *Revue Droit des services publics locaux*, IV, 130.3, mise à jour n°4, éd. Le Moniteur ; CAA Paris, 3 juill. 2001, Cne de Fontenay sous Bois et Soceram, req. n°99PA03841 et 99PA03893.

[531] CE, 29 déc. 2004, Sté Soccram, req. n°239681. Dans cette affaire, une prolongation au-delà d'un an avait été accordée au cocontractant par l'autorité délégante, suite à des investissements non prévus initialement au contrat. En l'espèce, les conditions d'imprévision des investissements et de l'origine de la demande par le délégant étaient remplies. Le juge administratif a toutefois considéré que ces investissements n'étaient pas strictement indispensables au fonctionnement normal du service, entachant ainsi d'illégalité l'acte formalisant la prolongation.

509. Au-delà de ces exigences de fond, l'encadrement de cette seconde dérogation repose sur une conceptualisation juridique de l'amortissement technique. En renvoyant à la notion d'investissements matériels et à leur durée d'amortissement, le pouvoir législatif a ainsi entendu poursuivre la logique de transposition de cette technique comptable dans le calcul de la durée contractuelle. Ceci explique qu'il constitue un référentiel non seulement pour le calcul initial, mais aussi pour sa prolongation.

510. Si la notion d'intérêt général connaît des contours fluctuants et incertains, la référence à la notion d'amortissement permet, à première vue, de proposer une formule vérifiable grâce à des expertises. C'est pourquoi les investissements immatériels, comme les études ou les honoraires, en sont écartés en raison des difficultés qui caractérisent leur évaluation. Il serait néanmoins une erreur de considérer que cette seconde hypothèse de prolongation repose seulement sur une évaluation des investissements matériels. Elle doit surtout être appréhendée comme une technique visant à expertiser globalement la structure des nouveaux actifs immobilisés à amortir.

511. Le juge administratif apprécie effectivement la validité juridique du recours à cette dérogation grâce au rapport « investissements/exploitation ». Le cocontractant qui réalise les investissements complémentaires doit être en mesure d'en amortir le coût, de la même manière que le calcul initial doit permettre l'amortissement technique des biens de retour visés dans le contrat. S'il ne dispose pas du temps nécessaire, il recherche alors une contrepartie à ses investissements en répercutant cette charge sur les tarifs de ses prestations[532]. L'amortissement représente donc sur ce point un gage d'équilibre économique des conditions d'exécution du contrat et de sa prolongation.

512. La référence à la notion d'« *investissements strictement nécessaires au fonctionnement normal du service* » permet ainsi d'éviter des prolongations contractuelles trop longues, tout en accordant au cocontractant un droit à rémunération complémentaire pour les investissements nécessaires et imprévus. Cette place fondamentale réservée à l'amortissement industriel dans ce cas tient au fait que cette technique est aisément quantifiable d'un point de vue physique. Cette approche du régime des prolongations des contrats administratifs s'avère

[532] Voir en ce sens CE, 30 sept. 1996, Sté Stéphanoise des eaux et Ville de Saint-Etienne, req. n°156176, *Revue Dr. Adm.* 1996, n°557, note Devès. Dans cette affaire, le juge administratif consacre l'idée que le tarif d'un service public délégué doit trouver sa contrepartie dans les prestations directes fournies par ce service. Dans le cas contraire, la délibération qui prévoit de tels tarifs est entachée d'erreur de droit selon le juge administratif. Cette jurisprudence montre que, pour la prolongation contractuelle, ces éléments d'appréciation doivent être expertisés lors de l'évaluation des conséquences économiques du contrat.

néanmoins, par définition, juridique. Elle n'intègre pas en l'état les enjeux économiques modernes des amortissements.

513. En effet, la transposition de l'amortissement technique dans le champ des contrats administratifs apparaît imparfaite car ce mode d'action appréhende seulement l'utilité juridique de ce mécanisme et délaisse largement ses conséquences comptables et économiques. Par exemple, le droit des contrats administratifs ne tient pas compte des récentes réformes qui ont modifié les modes de comptabilisation des amortissements et qui ont eu pour effet de diminuer significativement les durées de vie comptable de tous les biens concernés depuis 2005[533]. La conséquence de cette différence entre l'approche juridique et les effets économiques de cette technique est simple : la durée contractuelle, qui ne peut être révisée à la baisse dans les régimes juridiques, est bien souvent plus longue que la durée réelle d'amortissement technique du patrimoine. Cette dernière est effectivement soumise à des réévaluations périodiques dans les modes de gestion du secteur privé qui ont pour effet de la diminuer et d'opérer ainsi un décalage avec la durée contractuelle.

514. Si aucune révision significative de la durée contractuelle durant la phase d'exécution n'est à ce jour permise, c'est essentiellement en raison de deux principes : la fixité de cette clause contribuerait à renforcer la sécurité juridique de l'accord contractuel entre les parties et la mise en concurrence entre les différents candidats. Ce raisonnement a pour conséquence de laisser perdurer dans ce champ juridique des différences manifestes entre les deux durées. Ceci explique alors que la rémunération du cocontractant durant les dernières années du contrat, et son éventuelle prolongation, ne constitue pas une contrepartie financière à des investissements matériels, mais une marge nette. Au-delà des carences avérées pour ces calculs de principe et/ou dérogatoires, ce décalage permet donc surtout au cocontractant d'accroître sa rémunération. Ce phénomène semble remettre en cause la valeur de l'amortissement technique pour déterminer le contenu de la durée et/ou sa prolongation. Mais ce n'est pas, contrairement aux apparences, la place accordée à l'amortissement par ces régimes qui doit être revue. Afin de remédier à cette situation, il convient au contraire de réévaluer l'approche juridique de la durée contractuelle pour tenir compte des conséquences de l'amortissement. Pour cela, le contenu de cette clause contractuelle doit être rationalisé en intégrant les fluctuations de l'amortissement industriel/technique.

---

533 Cf. Article 237 septies du CGI, réformé par la loi de finances rectificative pour l'année 2004 n°2004-1485 du 30 déc. 2004 (JO du 31/12/2004, p 22522), décret n°2005-1442, du 14 nov. 2005 (JO du 25/11/2005, p 18289).

B- La réévaluation de la durée contractuelle initiale : une exception étroitement encadrée

515. Dans le cadre des contrats administratifs, la clause contractuelle relative à la durée est une donnée fondamentale de la relation conclue par les parties. Le juge administratif considère à ce titre qu'elle doit être obligatoirement présentée aux candidats durant la procédure de passation[534]. Garante du respect d'une mise en concurrence effective, elle contribue aussi à évaluer les investissements nécessaires à la réalisation du contrat et conditionne *in extenso* la légalité de la formule contractuelle choisie par la personne publique. Mais elle n'a pas pour autant un caractère totalement figé. Même si elles sont limitées, des réévaluations de cette clause sont possibles durant la phase d'exécution du contrat.

516. En matière de délégations de service public par exemple, l'article L 1411-2 du CGCT prévoit les modalités de calcul de cette clause, mais aussi les deux exceptions qui permettent d'y déroger. Ces particularités du contenu juridique de cette clause relative à la durée ne se limitent d'ailleurs pas au régime des gestions déléguées. Elles se transposent aux autres formes de contrats administratifs puisque ceux-ci se réfèrent directement ou indirectement à la technique de l'amortissement pour structurer cette donnée. Au-delà d'un manque de précision de l'ensemble des régimes juridiques, le principal problème dans ce domaine résulte des différences entre la fixité du contenu juridique de la durée et la variabilité du mécanisme permettant de la définir en amont : l'amortissement industriel des biens de retour. Le cadre d'exécution de cette clause doit donc être réformé pour se conformer aux fluctuations de son référentiel, l'amortissement technique/industriel.

517. Pour parvenir aux résultats escomptés, le premier élément qui doit être utilisé concerne les contrôles mis en œuvre à l'occasion de la prolongation d'un contrat administratif. En effet, le dépassement de la durée initiale n'est *a priori* légal que si une contrepartie supplémentaire est assumée par le cocontractant. C'est pourquoi ces hypothèses sont soumises à un contrôle strict qui est réalisé à deux moments précis : le premier en amont, c'est-à-dire avant l'exécution du choix de prolonger le contrat, par exemple grâce au vote de l'assemblée délibérante pour un

[534] A titre non exhaustif, voir CE, 28 mars 1980, Sté Cabinet 2000, req. n°07703, com. *RDP* 1991, p 523. V. toutefois les atténuations portées à ce principe depuis : CE, 7 nov. 2008, n° 291794, Département de la Vendée, Rec. CE 2008, tables, p. 805 ; *AJDA* 2008, p. 2454, note L. Richer ; *BJCP* 2009, p. 7, note T. Pez et p. 55, concl. N. Boulouis ; *Contrats-Marchés publ.* 2008, comm. 296, note G. Eckert ; *RLCT* 2009, n° 1238, note D. Capitant; CE, 5 juin 2009, n° 298641, Sté Avenance Enseignement et santé, *BJCP* 2009, p. 393, concl. B. Dacosta ; *Contrats-Marchés publ.* 2009, comm. 236, note G. Eckert.

contrat administratif local[535] ; le second après ce choix, lors d'une éventuelle saisine du juge administratif. Ces deux modalités de contrôle tendent ainsi à accroître la sécurité juridique de cette procédure et plus largement du contrat conclu. Pour les collectivités territoriales, ils sont d'ailleurs complétés par ceux d'autres organismes, comme les chambres régionales des comptes et les comptables ; dont la séparation avec les ordonnateurs constitue toujours un principe essentiel des finances publiques locales.

518. De cette spécialisation fonctionnelle et organique entre l'autorité qui décide et celle qui met en œuvre la décision financière est progressivement apparue l'opportunité de soumettre certaines prolongations de la durée contractuelle au contrôle du trésorier payeur général. Ce dernier a donc un rôle déterminant avant que la procédure de prolongation ne soit entérinée par l'assemblée délibérante ; le juge administratif exerçant *a posteriori* un contrôle de légalité de ces dérogations. Tant en matière de prolongations que de réforme du contenu juridique de la clause relative à la durée, les opérations patrimoniales qui caractérisent les contrats administratifs imposent de réserver un rôle central à ce représentant du Ministère des finances au niveau local.

1/ La confirmation de la séparation ordonnateur-comptable pour le contrôle des prolongations de la durée contractuelle

519. La séparation ordonnateur-comptable est un principe ancien des finances publiques. Le droit lui confère une portée juridique dès le XIXème siècle[536], confirmée ensuite par l'article 20 du décret du 29 décembre 1962 selon lequel « *les fonctions d'ordonnateur et de comptable sont incompatibles* »[537]. Si une remise en cause progressive de ce principe s'organise aujourd'hui[538], le régime des prolongations

---

[535] Art. L 1411-2 al. 4 du CGCT, éd. 2009.

[536] Voir sur ce point la thèse de Stéphane Thebault sur « L'ordonnateur en droit public financier », soutenue à l'Université de Paris I Panthéon –Sorbonne, le 27 mars 2007, sous la direction de Michel Bouvier. L'auteur présente l'historique de cette séparation fonctionnelle dans la Partie I, Titre I, Chapitre 1 et 2.

[537] Décret n°62-1587 du 29 déc. 1962, relatif à la comptabilité publique, JO du 30/12/1962, p 12 828.

[538] Voir par exemple l'article de Michel Lascombe et Xavier Vandendriessche, « Plaidoyer pour assurer le succès d'une réforme », relatif à la loi organique relative aux lois de finances et la nécessaire refonte de la responsabilité des ordonnateurs et des comptables, *RFDA*, mars/avril 2004, p 398 et s. Néanmoins, cette position n'emporte pas l'unanimité dans la doctrine des finances publiques. Aux termes de son ouvrage « Finances Publiques » (éd. *PUF* coll. Thémis, 3°éd. 2006), Etienne Douat semble soutenir la thèse inverse en affirmant que ce principe permet structurer le contrôle des finances publiques locales. Pour une étude approfondie et complémentaire sur ce principe, voir l'article de Christophe Pierucci, « Pour une réforme efficace de la responsabilité des gestionnaires en droit public financier », *RFDA*, janv./ fév. 2008, p 165 et s.

contractuelles atteste au contraire de la nécessité de maintenir en l'état cette séparation organique et fonctionnelle.

520. Ce principe des finances publiques locales consacre plus précisément un fonctionnement dual des procédures relatives à la mise en recouvrement des recettes et au paiement des dépenses. L'ordonnateur décrète, tandis que le comptable procède au mandatement ou au recouvrement. Mais un autre organisme collabore avec le comptable local (le Trésorier payeur-général) dans la réalisation des missions confiées par le législateur et le Ministère des finances : la Mission d'expertise économique et financière. Cet organe constitue un collège d'experts qui lui est rattaché pour formuler des analyses économiques et financières sur les comptes publics locaux.

521. Cette complémentarité est importante pour le régime des prolongations de certains contrats administratifs. En effet, dans le cadre du contrôle obligatoire effectué sur ces dérogations, le comptable s'appuie sur l'objectivité des avis des représentants de cet organisme pour apprécier les conséquences économiques de la durée contractuelle et de son éventuelle prolongation. Ainsi, dans le cadre d'une délégation de service public de l'eau potable, de l'assainissement, des ordures ménagères, l'article L1411-2 impose l'avis préalable du comptable, et donc de cette Mission, dans deux cas : si la durée de la convention est initialement supérieure à vingt ans ; si un avenant au contrat a pour effet de dépasser cette durée maximale[539]. Aux termes de l'avis du Conseil d'Etat du 20 février 1996[540], la consultation préalable du Trésorier payeur-général ne s'impose pas seulement aux gestions déléguées de ces secteurs d'activité. L'ensemble des délégations de service public et leurs avenants, notamment en matière de clauses relatives à la durée, sont concernés par ce principe[541].

522. Si la valeur juridique de cette consultation est consacrée, certains secteurs d'activités prévoient une limite plus stricte de la durée. C'est notamment le cas des délégations de casinos, pour lesquelles une durée maximale et non-révisable est prévue, même si le plafond a récemment

---

[539] Cette disposition résulte de la loi n°95-101, du 2 fév. 1995, JO du 03/02/1995, p 1840, complétée par la Circulaire n°BUDZ9500006C du 10 mai 1995, relative à l'application de son article 75 (JO du 12/05/1995, p 8019) et par la Circulaire BUDR9606067C du 20 nov. 1996, JO du 25/01/1997, p 1301. Cette particularité est rappelée par le rapporteur Edouard Geffray, concl. sur CE, 8 avril 2009, Cie Générale des Eaux, Cne d'Olivet, req. n°271737 et n°271782, com. Florian Linditch, « De la caducité contractuelle et de ses conséquences sur les contrats dont la durée excède celle de l'amortissement des investissements », *JCP A* 15 juin 2009, étude n°2147.

[540] CE, avis n°358-595, du 20 fév.1996, EDCE n°48, 1996, p 334.

[541] Sur les pièces à transmettre au Trésorier payeur-général lors de la prolongation d'un contrat de délégation de service public, voir en ce sens la réponse ministérielle du mois d'octobre 2005 ; disponible à *http://www.colloc.minefi.gouv.fr/colo_struct_marc_publ/fich_prat/dele_serv.html.*

été relevé à 20 ans[542]. De la même manière, la durée maximale des conventions de délégations de remontées mécaniques est fixée à trente ans en raison de l'importance des investissements inhérents à ce type de contrats[543]. Hormis ces deux cas particuliers, la consultation préalable du comptable est uniformément adoptée dans la pratique lorsque les parties envisagent de réviser le terme initial de la convention et que cette prolongation dépasse le plafond de 20 ans.

523. La personne publique est alors tenue de recueillir un avis préalable avant de prolonger le droit d'exploitation d'un service public au bénéfice du cocontractant. L'objectif de cette consultation est de déterminer si une contrepartie est réellement assumée par ce dernier, justifiant alors une prolongation de la durée contractuelle. Sa mise en œuvre pratique n'est cependant pas aussi évidente. Les Chambres régionales des comptes ont souligné à de nombreuses reprises que des contrats administratifs prévoyaient une durée très importante, disproportionnée au regard des missions assumées par le cocontractant et ne respectant ni le cadre, ni le résultat de la consultation préalable du comptable[544]. Cette carence résulte de la valeur juridique attribuée à l'avis préalable du comptable, qui est seulement obligatoire. La personne publique n'est donc pas tenue de s'y conformer strictement. De toute évidence, un avis conforme permettrait de remédier aux lacunes procédurales soulevées en la matière par les juridictions financières et de renforcer la sécurité juridique du contrat au bénéfice de la personne publique.

524. La modification des dispositions légales actuellement en vigueur s'impose d'autant plus que le juge administratif n'exerce qu'un contrôle *a posteriori* des prolongations de la durée contractuelle[545]. Certes, de la même manière que les juridictions financières, la saisine du juge du contrat entraîne un contrôle approfondi de la dimension économique et financière de ces dérogations. Mais, n'étant mis en œuvre qu'à

---

542 Voir par exemple le régime juridique des délégations de casinos et notamment l'article 2 de la loi du 15 juin 1907, JO du 16/06/1907 ; loi n°2006-437 du 14 avril 2006, JO du 15/04/2006, p 5693, modifiant la loi de 1907 et complétée par l'arrêté du 14 mai 2007, JO du 17/05/2007, p 9568, portant la durée maximale du contrat de concession à vingt ans, au lieu de dix huit ans sous l'empire de la loi de 1907.

543 Article 42 de la loi Montagne n°85-30, du 9 janv. 1985, JO du 10/01/1985, p 320.

544 Voir en ce sens les lettres d'observations suivantes : CRC Provence-Alpes-Côte-D'azur, 7 fév. 2004, Cne de Nice ; CRC Rhône-Alpes, 30 août 2004, Sté d'aménagement touristique de l'Alpe d'Huez et des Grandes Rousses ; CRC Pays de la Loire, 5 mars 2007, Cne de la Baule-Escoublac, disponibles à *http://www.ccomptes.fr*. V. récemment CRC 13 février 2014, Convention de délégation de service public de l'eau conclue le 27 novembre 2013 par la communauté urbaine Marseille Provence Métropole avec la Société des Eaux de Marseille, Lettres d'observations ayant abouti à l'ouverture d'une enquête par le parquet financier de Paris.

545 Cf. Hélène Hoepffner, « Le régime des modifications conventionnelles des conventions de délégations de services publics », com. avis CE, Sect. Travaux, 19 avril 2005, n°371-234, *Revue Contrats et Marchés publics*, éd. *Lexis Nexis*, n°6 déc. 2006, p 6 et s.

l'occasion d'une saisine après l'entrée en vigueur de la décision de prolonger, ce contrôle n'est pas suffisant pour encadrer l'exécution du contrat. L'importance de la durée contractuelle, et de son éventuelle prolongation, impose de réformer le droit des contrats administratifs en renforçant les modalités de ces deux contrôles ; le premier s'exerçant *a priori* par l'intermédiaire du Trésorier payeur-général et de la mission d'expertise économique et financière qui devrait rendre un avis conforme pour toute les hypothèses de prolongations qui ne relèveraient pas de l'intérêt général ; le second réalisé *a posteriori* en renforçant la possibilité pour un tiers de saisir le juge du contrat.

525. Au-delà du caractère d'urgence qui caractérise ce besoin de réforme des procédures de prolongation de la durée contractuelle, un élément central apparaît : dans le champ de la commande publique, et plus particulièrement dans le domaine des dérogations au calcul initial de la durée, le principe de séparation ordonnateur-comptable doit être maintenu. En effet, cette mission d'expertise permet non seulement aux personnes publiques commanditaires de maîtriser les données comptables et patrimoniales inhérentes à ce cas de figure, mais aussi à la commande publique de prévenir les risques de l'arbitraire des ordonnateurs si cette compétence leur ait confié[546]. Le maintien du rôle du comptable est cependant conditionné.

526. Le succès de cette consultation préalable suppose aujourd'hui une coopération optimale entre les services de la personne publique contractante et ceux du comptable car, dans la situation inverse, des problèmes juridiques majeurs surviennent. Par exemple, si une collaboration étroite n'est pas favorisée, il existe un risque de blocage, dans les services du comptable, d'un avenant permettant de prolonger la durée du contrat. Dans ce cas, si l'avis n'est pas rendu dans les temps, l'hypothèse où les parties constatent l'extinction du contrat est très improbable pour des raisons de continuité de service public. Elles risquent donc de prolonger l'exécution du contrat sans base légale en attendant le rapport définitif du comptable. Afin de remédier à de telles situations qui portent manifestement atteinte aux principes de la commande publique, cette mission d'expertise préalable du comptable doit être confirmée en matière d'évaluation des durées contractuelles. En se conformant au champ de compétences du trésorier payeur général, trois conditions doivent être pour cela introduites.

527. Comme nous l'avons vu la qualification d'avis obligatoire est insuffisante et le principe du recours au Trésorier payeur général est trop limitatif. L'élargissement de son rôle et le principe de l'avis conforme doivent être consacrés afin que cet organisme joue pleinement son rôle

[546] Cf. Partie I, Chapitre 2, Section 2, §2, B.

de conseil auprès de l'exécutif local[547]. Cette première caractéristique assure à la procédure la sécurité juridique nécessaire tout en préservant la liberté d'administration des collectivités locales ; les personnes publiques pouvant comparer leurs analyses internes à l'avis du comptable et disposant toujours de la faculté de prolonger ou d'y renoncer. La seconde condition impose à l'autorité contractante de soumettre ensuite cet avis à l'assemblée délibérante lorsqu'il s'agit d'un contrat administratif conclu par une collectivité territoriale. Même si ce principe existe déjà, il doit être renforcé afin que l'information de cette dernière devienne un préalable efficace pour juger de l'opportunité de prolonger le contrat et conférer à la décision sa légalité. Enfin, la liste des pièces justificatives à communiquer à l'assemblée délibérante et au contrôle de légalité doit être complétée par le pouvoir législatif et réglementaire[548]. Les collectivités locales disposeraient alors des expertises suffisantes pour apprécier l'intérêt de prolonger le contrat, conformément aux référentiels utilisés par le juge administratif.

2/ Les référentiels du contrôle du juge administratif et l'avenir des courbes de rentabilité déterminées dans la durée

528. Si les régimes des contrats administratifs utilisent tous directement ou indirectement la technique de l'amortissement pour encadrer la durée, celui des délégations de service public semble être le plus abouti en matière de gestion comptable des dépréciations du patrimoine. C'est pourquoi il apparaît particulièrement nécessaire de s'y intéresser pour tenter de restructurer les clauses des autres contrats qui utilisent cette technique, mais qui ont délaissées jusqu'à présent ses effets économiques.

529. Durant la procédure de passation, la détermination de la clause contractuelle relative à la durée du contrat n'emporte qu'un contrôle réduit de la part du juge administratif[549]. Ce dernier ne porte

---

[547] Dans sa réponse ministérielle du mois d'octobre 2005, le Ministère des finances précise qu'il ne s'agit ni d'une « *appréciation de l'opportunité, ni d'une appréciation de la légalité de l'acte qui relèvent respectivement de l'assemblée délibérante et du contrôle de légalité ; il s'agit plutôt d'une analyse économique et financière du contrat au regard de sa durée* ». Sur les pièces à transmettre au Trésorier payeur-général lors de la prolongation d'une telle délégation, voir *http://www.colloc.minefi.gouv.fr/colo_struct_marc_publ/fich_prat/dele_serv.html.*

[548] Ministère des finances, réponse ministérielle d'oct. 2005, disponible à l'adresse internet suivante : *http://www.colloc.minefi.gouv.fr/colo_struct_marc_publ/fich_prat/dele_serv.html.* Le pouvoir réglementaire précise que les pièces justificatives sont constituées de tous les documents justifiant la prolongation et permettant au comptable d'apprécier la durée du contrat au regard du plan de financement.

[549] Yves Delaire, dans « La délégation des services publics locaux » (éd. *Berger-Levrault*, coll. Les Indispensables, nov. 2002, p 116), parle à ce propos de « *contrôle minimum* » du

effectivement que sur l'erreur manifeste d'appréciation[550]. Il considère par exemple que l'information des candidats sur cette donnée est remplie si la durée se caractérise par un point de départ et une échéance identifiable par tous. Un contrat qui commence après la réalisation des travaux, dont la période ne serait pas délimitée, n'est pas constitutif d'une mise en concurrence effective[551]. Si l'analyse du juge administratif concernant la clause contractuelle de la durée se fonde durant les procédures de passation sur une expertise juridique, les enjeux des prolongations justifient la mise en œuvre d'un contrôle économique complémentaire.

530. Dans le premier cas de prolongation justifié par un motif d'intérêt général, la justification de cette hypothèse une « *soupape de sûreté* » concédée aux parties, mais qui est ensuite appréciée souverainement par le juge administratif[552] ; ce dernier apparaissant comme le rempart contre l'arbitraire des parties et le gardien des intérêts des usagers et/ou des contribuables. La question n'est pas tant de s'interroger sur la place du juge en la matière, mais plutôt de savoir si ce motif, dont il est le garant, est opportun pour la commande publique. Or, deux arguments s'opposent à le considérer comme tel ; c'est-à-dire comme un élément renforçant la sécurité juridique d'un contrat administratif.

531. D'abord, l'intérêt général constitue une notion fluctuante, évolutive et insaisissable. Elle ne peut donc demeurer qu'une exception si l'ambition est de renforcer la sécurité juridique de ce mode d'action. Ensuite, les conventions laissent suffisamment de temps aux personnes publiques pour anticiper le renouvellement de leurs contrats, sans qu'elles aient besoin de recourir à une prolongation d'une année supplémentaire. Au lieu de valider cette exception, le juge administratif aurait très bien pu considérer que, dans ce cas, la décision de prolonger était constitutive d'une erreur manifeste d'appréciation au regard des conditions d'exécution du contrat et des négociations réalisées en amont. Certes, son raisonnement a permis de préciser les contours de la notion d'intérêt général en la matière. Mais ce dernier s'est bien souvent révélé contradictoire par rapport au droit communautaire[553].

---

juge administratif. Il s'appuie pour cela sur deux jurisprudences : TA Lille, 23 fév. 1995, Préfet du Nord c/ Ville de Lille, JCP éd. Générale IV, n°464 ; CAA Bordeaux, 29 mai 2000, Sté auxiliaire de parcs, Jurisdata n°2000-130131.

[550] A titre non exhaustif, voir CE, 22 nov. 1997, Sté BC, req. n°116416, Rec. Lebon.

[551] Cf. par exemple CAA Bordeaux, 15 nov. 1999, MM Savary et Teisseire, req. n°97-2131, *AJDA* 2000, p 271.

[552] Ministère des finances, réponse ministérielle d'oct. 2005, *op. cit.*, p 210 des présents travaux.

[553] CE, 8 juin 2005, M. Tomaselli, Cne de Ramatuelle, req. n°255987, note de J-D Dreyfus, *AJDA* du 12 sept. 2005, p 1686. L'auteur ne manque pas de souligner que le juge administratif s'est référé au principe de continuité du service public pour entériner l'idée d'une prolongation pour motif d'intérêt général. Il note aussi que le juge se permet d'encadrer

532. Finalement, tant cette hypothèse de dérogation que le contrôle dont elle fait l'objet apparaissent juridiquement incertains. Pire, ces deux éléments contribuent à entretenir dans la pratique une marge de liberté trop importante aux personnes publiques qui n'arrivent pas à ce jour à expertiser le patrimoine de leurs contrats et ses formes de gestion. C'est pourquoi la seconde hypothèse de prolongation apparaît plus étoffée techniquement car elle renvoie à l'appréciation d'une référentiel comptable vérifiable : l'amortissement industriel/technique.

533. Le juge administratif exerce dans cette hypothèse un pouvoir de contrôle étendu. Il considère que le recours à une prolongation est justifié en raison d'investissements supplémentaires et de leurs amortissements si trois conditions cumulatives sont réunies[554]. Il est donc acté que l'absence de l'une d'entre elles entraîne *ipso facto* l'illégalité de l'acte formalisant la prolongation[555]. L'intérêt de cette hypothèse ne se situe néanmoins pas dans l'énoncé exhaustif des conditions [que nous avons par ailleurs déjà étudiées[556]] mais plutôt dans le déplacement de problématique qu'elles opèrent concernant l'amortissement. Dans ses dernières jurisprudences, le juge administratif a validé le raisonnement selon lequel la durée initiale peut être appréciée au regard de la notion d'amortissement et d'investissements, mais aussi de l'ensemble des éléments financiers et techniques du contrat[557]. Ces composantes du contrat sont donc élever au rang de référentiel, au même titre que l'amortissement industriel.

534. En validant ce raisonnement, le juge administratif consacre indirectement leur utilisation dans l'avenir pour justifier la prolongation de la durée contractuelle initiale ; de la même manière que l'article L

strictement l'hypothèse afin de respecter le droit communautaire et ses principes. Il montre la difficulté pour le juge d'étendre cette possibilité, au regard de la communication interprétative de la Commission européenne sur les concessions en droit européen (2000/C 121/02, JOCE, n°C 121 du 29 avril 2000). Cet impératif d'intérêt général n'est pas assimilable à la notion de nécessité impérieuse visé à l'article 20 §2 de la Directive 93/38 sur les marchés publics de travaux, applicable aux concessions de travaux, et consacrée droit européen : CJCE, 28 mars 1996, Commission c/ Allemagne, aff. C-318/94 ; CJCE, 2 juin 2005, Commission européenne c/ République Hellénique, aff. C-394/02.

554 Cf. Partie I, Chapitre 2, Section 2, § 1. Les conditions sont les suivantes : les investissements supplémentaires doivent être demandés par la personne publique ; ils doivent être strictement nécessaires ; leur valeur totale ne peut être amortie sur la durée contractuelle restant à courir.

555 Voir en ce sens : TA Melun, 7 juill. 1999, Préfet du Val-de-Marne c/Cne de Fontenay-sous-Bois, req. n°99403 ; CAA Paris, 3 juill. 2001, Cne de Fontenay-sous-Bois et Sté SOCCRAM, req. n°99PA03841 ; CE, 29 déc. 2004, Sté SOCCRAM, req. n°239681. Cf. Art. L1411-2 du CGCT, éd. 2009.

556 Cf. Partie I, Chapitre 2, Section 2, §1, B/, 1/.

557 Cf. CAA Marseille, 18 déc. 2006, Société Crématorium de France et Cne d'Aix-en-Provence, req. n°04MA01644 et n°04MA01841, Inédit au Rec. Lebon ; CE, 17 août 2009, Sté Maison Comba, concl. Rapporteur Bertrand Dacosta, Inédit au Rec. Lebon.

1411-2 du CGCT établit un lien entre le calcul initial de la durée et sa prolongation en se servant de l'amortissement industriel. Cette hypothèse est d'ailleurs valide si nous nous référons à la dernière partie de l'alinéa 4 de cet article qui prévoit que la prolongation de la durée initiale est justifiée lorsqu'elle a pour objet d'éviter « *(...) une augmentation de prix manifestement excessive* »[558]. La consécration de ces éléments contractuels dans le régime des prolongations n'est donc qu'une question de temps car ils contribuent à éviter cette conséquence financière et à pallier les difficultés relatives à l'utilisation juridique de l'amortissement. Il ne fait effectivement aucun doute que l'appréciation de ces données d'exécution est plus aisée à réaliser pour la personne publique.

535. Ce raisonnement jurisprudentiel se justifie essentiellement pour une raison simple : le manque de compétences de la personne publique pour réaliser une étude globale de l'économie du contrat en relation avec l'amortissement technique/industriel des investissements. En contournant ainsi les carences résultant de la mise en œuvre de l'amortissement dans les contrats publics, le juge opère en réalité une double remise en question de la valeur juridique attribuée à ce mécanisme : d'abord en amont lors la détermination de la durée, puisqu'il apparaît que l'amortissement n'est plus l'élément déterminant pour fixer le contenu de cette clause ; ensuite lors de la prolongation, puisque d'autres composantes du contrat peuvent être utilisées. Afin d'éviter que les difficultés liées à la mise en œuvre de l'amortissement ne concourent à son remplacement alors que son avantage principal est d'établir un lien entre la durée et la rémunération, une solution est envisageable.

536. Au regard du rôle qui leur est attribué, les contrôles du Trésorier payeur général et de la Mission d'expertise économique et financière doivent être érigés au rang d'avis conforme en leur imposant de suivre un principe fondamental inhérent à la commande publique : la durée contractuelle et ses prolongations correspondent à un droit à rémunération pour le cocontractant ; droit qui est défini en fonction d'une contrepartie matérielle, à savoir les investissements et leur amortissement. La durée du contrat ne peut plus être dorénavant appréhendée comme une simple période d'exécution. Il faut en rétablir la portée au regard des biens de retour financés par le cocontractant et leur gestion comptable. Interpréter cette clause ou sa prolongation en dehors de ce principe, comme le fait le raisonnement jurisprudentiel susvisé, revient à institutionnaliser des conditions d'exploitation défavorables pour la personne publique et les usagers : pour la personne publique car le contrat n'est pas optimal d'un point de vue économique et conduit

558 Cf. Article L 1411-2 du CGCT, éd. 2009.

même parfois à une dépossession patrimoniale à cause des expertises partielles concernant les données d'exécution et celles relatives au patrimoine ; pour les usagers car le cocontractant est en mesure d'augmenter la rentabilité du contrat en pratiquant des tarifs excessifs, qui ne peuvent être rationalisés par la personne publique en raison de l'absence de référentiel opérant.

537. Une réforme de ces contrôles est donc nécessaire pour modifier la pratique des contrats et réhabiliter la valeur conférée initialement à l'amortissement : un référentiel pour estimer la durée, la forme du contrat et *in extenso* les conditions de rémunération du cocontractant. La mesure exacte des amortissements permet effectivement de déterminer le niveau réel d'investissements du cocontractant et d'apprécier efficacement les mécanismes de rentabilité résultant des investissements patrimoniaux. L'expertise de ce mécanisme de gestion permet donc d'établir les courbes de rentabilité du contrat dans un rapport global coût/avantage de l'opération, établi en termes de dépenses et de recettes de toute nature au regard des actifs immobilisés financés. Dans la catégorie des dépenses, le poids des investissements et des amortissements constitue un des premiers postes de charges à prendre en compte avec celles relatives au personnel. Dans la seconde, il s'agit de mesurer l'avantage brut que retire le cocontractant de l'exploitation des biens. L'établissement de ce type de courbes de rentabilité permet *in fine* d'apprécier les conséquences financières d'une prolongation contractuelle pour les parties.

538. Réhabiliter juridiquement la notion d'amortissement dans les contrats administratifs implique donc un suivi strict par la personne publique des données d'exécution, des investissements et de leurs amortissements. Cette recommandation des juridictions financières doit être transposée dans les contrats administratifs[559]. L'objectif est ainsi de pallier les conséquences du raisonnement du juge administratif, qui remplace progressivement l'amortissement par d'autres composantes du contrat, et de doter les personnes publiques des outils techniques nécessaires pour évaluer précisément les conditions de rémunération du cocontractant. Il s'agit donc de procéder à une réintégration des effets économiques de ce mécanisme dans un domaine qui les exclut *a priori* : le droit des contrats administratifs. Or, la première caractéristique de l'amortissement technique/industriel est qu'il est soumis à de nombreuses fluctuations économiques dans le temps. Si l'ambition est de rationaliser le calcul initial de la durée contractuelle et ses prolongations, les régimes juridiques respectifs doivent en tenir compte. Pour cela, les

---

[559] CRC Nord-Pas-de-Calais, 18 mai 2005, Cne de Béthune (délégation de parc de stationnement) ; CRC Corse, 20 juill. 2006, Cnauté d'agglomération de Bastia (transport urbain) ; disponibles à *http://www.ccomptes.fr*.

contrôles contractuels doivent donc être améliorés pour permettre aux personnes publiques de suivre les évolutions qui caractérisent ce référentiel. Pour le moment une telle approche est souvent appréhendée comme une atteinte aux exigences fondamentales de la commande publique, notamment aux principes de mise en concurrence, de transparence et de sécurité juridique. Mais c'est au contraire en ne permettant que des adaptations limitées du contrat qu'il est porté atteinte à ces principes. La durée contractuelle étant plus longue que celle de l'amortissement des biens de retour financés par le cocontractant, celui-ci accroît sa rémunération nette au détriment de la personne publique, des usagers et *in extenso* des candidats qui n'ont pas négociés les mêmes conditions d'exécution prévisionnelles. La commande publique doit abandonner cette position traditionnelle relative à la durée contractuelle pour se conformer aux fluctuations économiques des conditions d'exécution de ce mode d'action et de l'amortissement technique/industriel. Le contenu juridique de cette clause doit ainsi être rationalisé en permettant la construction de durées variables ; c'est-à-dire plafonnées et révisables à la baisse, conformément au traitement de l'amortissement technique/industriel.

Paragraphe 2 : Les conséquences de l'amortissement industriel pour le contenu de la durée contractuelle

539. Grâce à la transposition de l'amortissement industriel dans les contrats administratifs, les parties et/ou un tiers sont en mesure de déterminer si la convention formalise ou non un transfert du patrimoine au cocontractant. La comptabilisation des dépréciations par ce dernier suppose en effet qu'il assume en partie ou en totalité la responsabilité de la gestion des biens visés au contrat et classés selon leur nature.

540. Les conséquences de son utilisation par la commande publique ne se limitent cependant pas à structurer les conditions d'un simple transfert de gestion des écritures comptables relatives aux biens. La variabilité qui caractérise les modalités d'établissement des plans d'amortissement et ses modes de comptabilisation occasionnent aussi souvent une dépossession pour la personne publique, puisque celle-ci n'arrive pas à expertiser précisément les composantes du patrimoine contractuel. Des carences similaires sont également à constater en matière de calcul des clauses contractuelles relatives à la durée. Celles-ci reposent dans la pratique sur une estimation générale du contrat et non pas, comme le

voudraient les régimes juridiques, sur une évaluation stricte de la durée d'amortissement des biens de retour financés par le cocontractant[560].

541. Pourtant, les amortissements techniques peuvent jouer un rôle de référentiel dans ce domaine. Dans les délégations de service public par exemple, la durée contractuelle est normalement appréciée au regard de la durée nécessaire au cocontractant pour amortir techniquement les biens de retour qu'il finance[561]. L'utilisation juridique de ce mécanisme de gestion des dépréciations affectant le patrimoine semble à première vue pertinente. L'amortissement est élément physiquement identifiable et il permet d'établir un rapport logique entre la forme du contrat, la durée, les investissements et la rémunération. Mais cette approche montre vite ses limites car elle repose en réalité sur un postulat inflexible : pour que la clause relative à la durée soit valide au regard du référentiel qui permet de la définir, la valeur totale du patrimoine à amortir ne doit subir aucune variation durant la phase d'exécution du contrat.

542. Dans le cas contraire, un décalage apparaît entre ces deux durées [contractuelle et d'amortissement] qui remet *ipso facto* en cause la validité juridique de cette clause contractuelle. Le rapport entre le principe et son application pratique montre que la clause contractuelle relative à la durée est certes strictement encadrée par le droit des contrats administratifs, mais elle ne tient pas compte du contexte économique qui affecte son référentiel : l'amortissement industriel. Les régimes juridiques respectifs empêchent effectivement toute réévaluation significative de cette clause au cours de la phase d'exécution du contrat. Or, la mise en œuvre comptable de l'amortissement est soumise dans le même temps à des fluctuations résultant soit de données internes, soit de l'environnement économique du contrat. La clause relative à la durée n'est dès lors pas valide d'un point de vue juridique car elle ne repose sur aucun fondement économique vérifiable.

543. Les décalages ainsi constatés trouvent plusieurs explications. Les modes de gestion du secteur privé autorisent par exemple la modification des plans d'amortissement au cours de la durée vie utile d'un actif immobilisé. Toute société dispose ainsi de la faculté de changer son mode de comptabilisation des amortissements, en passant d'une méthodologie linéaire à un plan d'amortissement dégressif, en fonction de ses besoins de gestion du patrimoine[562]. Cette modification

---

[560] Sur ce point, voir récemment CE, 11 août 2009, Sté Maison Comba, req. n°303517, concl. Rapp. B. Dacosta.

[561] Cf. Art. L 1411-2 du CGCT, éd. 2009.

[562] Pour les différents modes de comptabilisation des amortissements, voir Partie I, Chapitre 1. Rappelons toutefois que, malgré une liberté de choix en la matière, les entreprises ont l'obligation de comptabiliser des amortissements minimums, conformément à l'article 39 du CGI, éd. 2009. Les changements dans les modes de comptabilisation sont autorisés dès lors

substantielle des modes de traitement d'un bien a des conséquences sur les valeurs traitées dans le plan d'amortissement. Dans cet exemple où l'entreprise délaisse le mode linéaire, la dépréciation du patrimoine concerné par ce changement s'en trouve alors accélérée car la méthode dégressive permet un amortissement plus rapide du patrimoine. Mais cette hypothèse n'est pas esseulée. D'autres phénomènes sont susceptibles d'affecter la valeur totale du patrimoine et donc d'avoir des répercussions sur la durée contractuelle.

544. Il en va ainsi de la réforme des règles comptables, applicables depuis le 1er janvier 2005, qui a modifié les modes de comptabilisation de l'amortissement technique des actifs[563]. Depuis cette date, les entreprises sont autorisées à mettre en œuvre des tests de dépréciations sur les actifs immobilisés. Ce dernier, communément appelé « *Impairment test* » dans les pays anglo-saxons, permet de vérifier si les valeurs comptables traitées concordent avec la valeur réelle de chaque actif et de ses composants[564]. La dépréciation réelle d'un bien peut être effectivement plus importante que les prévisions comptables soit pour des raisons de changement dans le processus de production, soit en raison d'une accélération du rythme de consommation du bien ; par exemple lors d'une évolution technologique significative. La mise en œuvre de ce test a pour objectif de répertorier les éventuelles variations de valeurs des actifs et de permettre ensuite une correction des plans d'amortissement. Il s'agit ici pour l'entreprise de se conformer au principe comptable de sincérité concernant la présentation des forces productives.

545. Rapporté aux contrats administratifs, un tel mécanisme comptable contribue aussi à réévaluer les valeurs à amortir. Il atteste donc dans le même temps du caractère fluctuant des plans d'amortissement et de la dépréciation réelle des immobilisations. S'il permet de se conformer aux exigences comptables classiques, ce test de dépréciation a alors pour conséquence de porter atteinte au contenu et à la stabilité de la durée contractuelle définie en amont grâce à l'amortissement[565]. En effet, le

---

que la société constate un décalage entre la réalité d'utilisation de l'actif immobilisé et son intégration comptable (Article L123-18 du Code de commerce). C'est à partir de ce phénomène qu'André Thomas rappelle, dans son ouvrage « Amortissement, fiscalité, croissance » (éd. *Bordas*, 1975), que : « *L'application systématique du calcul économique et des mathématiques financières permet ainsi de préciser certains concepts d'analyse financière et de chiffrer des distorsions connues des praticiens, mais qui n'ont peut être pas toujours été dégagées avec une généralité suffisante* » ; Avant propos.

[563] Com. RC, règlement n°2002-10, du 12 déc. 2002, relatif à l'amortissement et à la dépréciation des actifs, applicable depuis le 1er janv. 2005, disponible à *http://www.minefe.gouv.fr*.

[564] Cf. Partie I, Chapitre 2, Section 2, § 2, A/.

[565] Sur la stabilité et la mutabilité des contrats administratifs, voir Lucien Rapp, « Stabilité du contrat public et mutabilité de son objet », *Revue Contrats et Marchés publics*, n°7, juill.

réechelonnement des valeurs à amortir remet inévitablement en cause le calcul initial de cette clause qui est réalisé *ex-ante* à partir de prévisionnels et qui ne subit que des révisions à la marge durant la phase d'exécution (A).

546. Pour corriger ces décalages, les régimes juridiques des contrats administratifs doivent dorénavant tenir compte de ces nouvelles modalités de comptabilisation des amortissements et de leurs réévaluations. Les modalités de calcul des clauses relatives à la durée contractuelle doivent donc être modifiées pour s'adapter aux conditions d'exécution du référentiel qui sert à les définir, l'amortissement industriel (B). Toute tentative de réforme du contenu de ces clauses doit pour cela s'organiser autour d'un triptyque : d'abord *conserver l'amortissement technique comme référentiel*, conformément à la volonté initiale du législateur et du pouvoir réglementaire ; ensuite *construire des durées contractuelles variables* pour tenir compte du caractère fluctuant de l'amortissement ; enfin, le droit des contrats administratifs doit envisager de *plafonner cette clause contractuelle* pour éviter qu'elles ne soient indéfinies, se conformer ainsi aux principes de la commande publique et renforcer la sécurité juridique de ces conventions.

A- La procédure de réévaluation des plans d'amortissement : l'instabilité des durées contractuelles

547. Les contrats administratifs constituent un mode d'action qui se caractérise à première vue par une certaine fixité, eu égard aux principes qui les structurent au premier rang desquels se trouvent la sécurité juridique et la mise en concurrence. Ces derniers ont d'ailleurs vocation à s'appliquer sur la totalité de la période d'exécution contractuelle. Ceci explique que les réformes successives de ces contrats ont conféré à la technique de l'amortissement une valeur de référentiel dans les modalités de calcul des durées contractuelles : celui-ci aurait été perçu comme un mécanisme *a priori* suffisamment stable pour structurer le calcul de clauses et respecter la fixité de ces conventions.

548. A l'occasion des réformes de 1993 ou de 2004, le pouvoir réglementaire et le législateur se sont à ce titre référés à la dimension technique des amortissements[566] ; le terme de la dépréciation des

---

2008, étude n°7 ; D. Costa, « Le droit administratif entre mutabilité et sécurité », dans Mélanges en l'honneur du Professeur Jégouzo, *Dalloz* 2009, p 431 et s.

[566] L'amortissement technique correspond en comptabilité à l'amortissement industriel. Par définition, cette technique a pour objectif de procéder à la comptabilisation de la dépréciation des biens considérés comme actifs immobilisés et amortissables. La notion d'amortissement peut être aussi envisagée sous un angle financier. Cette technique participe alors à un étalement dans le temps des dépréciations afin d'anticiper le renouvellement de l'actif. Voir

immobilisations financées par le cocontractant servant depuis à déterminer l'extinction du contrat administratif. Le fonctionnement juridique du calcul de ces durées repose depuis lors sur une mise en relation entre le patrimoine, financé par le cocontractant, et le temps nécessaire à ce dernier pour obtenir un retour sur investissements. C'est de cette manière que la notion d'amortissement joue son rôle d'agrégat, en tant qu'élément d'évaluation comptable et financière de la durée contractuelle. Mais cette utilisation de l'amortissement n'est valide juridiquement que dans l'hypothèse où les données réelles d'exécution ne subissent aucune variation de valeur par rapport aux éléments négociés durant la procédure de passation. Autrement formulé, les données d'exécution doivent strictement suivre les prévisionnels du candidat retenu. Cette approche juridique de la notion d'amortissement semble de toute évidence théorique. Pire, elle ne respecte pas les modalités de sa mise en œuvre dans le privé.

549. La première manifestation de cette différence ente ces deux interprétations résulte du règlement n°2002-10 du Comité de la réglementation comptable qui prévoit la possibilité pour les entreprises de procéder à des tests d'évaluation des dépréciations sur les actifs immobilisés[567]. L'hypothèse traitée dans ce règlement démontre que les processus de production occasionnent parfois des décalages entre la valeur réelle d'une immobilisation et celle traitée dans les plans comptables.

550. L'objectif de ce test est ainsi de mesurer si la consommation réelle de l'actif est conforme aux données comptables du plan d'amortissement[568]. Si ces valeurs ne correspondent pas, l'entreprise procède aux réajustements nécessaires afin de corriger ses politiques d'amortissement. Les récentes réformes de la comptabilité assurent ainsi aux entreprises une souplesse de gestion en utilisant des processus de réévaluation. Le problème est que ce raisonnement n'a pas été transposé dans la commande publique, notamment en matière de clauses relatives à la durée qui se réfèrent à l'amortissement.

---

en ce sens Gérard Melyon et Rémédios Noguera, « Comptabilité générale », *ESKA*, 2004, p 352 et s.

[567] Cf. Com. RC, règlement n°2002-10 du 12 déc. 2002, relatif à l'amortissement et à la dépréciation des actifs, applicable depuis le 1er janv. 2005, disponible à *http://www.minefe.gouv.fr*.

[568] Ce test permet de vérifier la correspondance entre la valeur nette comptable des actifs incorporels (la valeur dans les plans d'amortissement) et leur valeur nette actualisée (c'est-à-dire la valeur attendue sur le marché si l'actif était cédé). Cf. Art. L123-18 du Code de commerce, éd. 2009.

1/ Les procédures de réévaluation des actifs : un levier comptable source de flexibilité

551. Depuis le 1er janvier 2005, les règles de traitement de la dépréciation des actifs ont été modifiées afin d'intégrer dans la comptabilité de nouveaux mécanismes[569]. Transposée par un règlement du Comité de la réglementation comptable, cette réforme renouvèle les outils de gestion du patrimoine à la disposition des entreprises, notamment en ce qui concerne les règles de dépréciation et les mécanismes de réévaluation des actifs[570].

552. En comptabilité, cette dépréciation d'un actif renvoie aux effets du temps sur le patrimoine : la valeur réelle de l'actif diminue progressivement par rapport à la valeur nette comptable retracée dans les plans d'amortissement[571]. Mais le traitement comptable d'un actif immobilisé doit en outre prendre en compte l'hypothèse selon laquelle un décalage survient entre les plans comptables et la consommation réelle [entre la valeur nette comptable et la valeur actualisée de l'actif].

553. Pour procéder à une vérification entre les valeurs réelles et comptables, l'entreprise dispose d'un outil : le test de dépréciation qui est mis en œuvre sur les immobilisations pour lesquelles existe une présomption de décalage de valeurs. Les théories économiques et comptables anglo-saxonnes parlent à ce propos de procédure de l'« *Impairment test* »[572]. Si des différences de valeurs apparaissent lors de ce test, l'entreprise constate alors une dépréciation exceptionnelle, en sus de l'amortissement normal, afin de faire coïncider les deux valeurs. Cette correction artificielle conduit à un rééchelonnement de la valeur nette comptable des immobilisations, à hauteur de leur valeur nette réelle[573].

---

569 Cette réforme a été consacrée par la loi de finances rectificative pour l'année 2004, n°2004-1485, 30 déc. 2004, article 44, JO du 31/12/2004, p 22 522 et s. Cette loi a réformé l'article 237 septies du CGI. A ce titre, plusieurs décrets sont venus complétés le texte initial, et notamment le décret n°2005-1442 du 14 nov. 2005, JO du 25/11/2005, p 18289. Ces textes ont permis d'intégrer dans le champ comptable français les nouvelles dispositions comptables internationales de l'IASB (*International Account Standard Board*) qui a créé les normes IFRS (*International Financial Reportings Standard*). L'instruction comptable n°4-A-13-05 applicable en la matière a été publiée au B.O des impôts du 30/12/2005.

570 Cf. Com. RC, règlement n°2002-10 du 12 déc. 2002, relatif à l'amortissement et à la dépréciation des actifs, applicable depuis le 1er janv. 2005, disponible à *http://www.minefe.gouv.fr*.

571 Rappelons que la valeur nette actualisée est la valeur attendue de l'actif sur le marché si celui-ci est cédé. La valeur nette comptable correspond à la valeur résiduelle, déduction faite des amortissements ou des provisions.

572 Pour une application dans la comptabilité française, voir l'article L123-18 du Code de commerce, éd. 2014.

573 Cf. Article 322-5.3° et Article 322-4.6° du PCG 2009.

554. Mais, pour que l'entreprise soit amenée à réaliser un tel test, encore faut-il qu'il existe une présomption de décalage des valeurs qui soit particulièrement significative[574]. A l'occasion de la clôture de son exercice, l'entreprise procède à diverses opérations successives pour confirmer cette présomption : elle répertorie les éventuelles pertes de valeur ; elle détermine le montant de cette perte ; elle identifie si la perte de l'actif est une dépréciation ou un amortissement exceptionnel ; elle vérifie enfin si la perte de valeur constatée correspond aux dépréciations estimées dans les plans comptables.

555. L'entreprise doit ainsi déterminer s'il existe un indice de perte de valeur de l'actif et quantifier celle-ci pour procéder à une réévaluation comptable qui tienne compte de la valeur réelle. A cette fin, elle peut se référer à des éléments concrets d'appréciation qui sont classés en deux catégories : les *indices externes*, tels que les changements relatifs à l'environnement d'utilisation, la valeur du marché, les taux d'intérêt ou de rendement ; les *indices internes*, telle que l'obsolescence, l'accélération de la dégradation physique ou les changements dans l'utilisation de l'actif. Ces deux éléments sont d'ailleurs au cœur de la politique d'amortissement et du choix du mode de comptabilisation définis en amont par l'entreprise, c'est-à-dire avant la mis en service du bien.

556. Les *indices externes* trouvent leur origine dans l'environnement économique et technologique du processus de production. Ils occasionnent des variations de valeurs des immobilisations qui s'expliquent de plusieurs manières : influence sur le rythme d'utilisation du bien ; dépassement technique de l'actif... La valeur de l'immobilisation varie alors d'autant que les évolutions dans cet environnement de la production sont importantes. En ce qui concerne les *indices internes*, ils peuvent être pour une large part anticipés car ils sont directement liés au processus de production et ses modifications dans le temps. Ils résultent donc des choix et des politiques de gestion mis en œuvre par l'entreprise. Ceux-ci sont plus faciles à appréhender et à évaluer car leurs conséquences sur les immobilisations sont liées au processus décisionnel de l'entreprise concernant le patrimoine, ses composants et sa gestion.

557. En fonction de ces deux indices, l'entreprise décide de mettre en œuvre le test de dépréciation pour déterminer si la valeur nette actualisée est sensiblement inférieure à la valeur nette comptable. Dans cette hypothèse, elle doit corriger les écarts constatés grâce au mécanisme de dépréciation : elle comptabilise dans son plan comptable un

---

[574] Ibid.

amortissement exceptionnel et irréversible afin de diminuer la base comptable amortissable de l'actif immobilisé[575].

558. Au-delà de ses spécificités techniques, ce mécanisme doit être rapproché de la réforme des règles comptables applicables depuis le 1er janvier 2005, ayant consacré le principe de comptabilisation des amortissements par composant[576]. Nous avons déjà pu observer que ces nouvelles normes conduisaient à décomposer chaque actif. Elles ont alors eu pour effet de diminuer significativement les bases comptables amortissables. Pour les contrats administratifs, cette réforme a augmenté les décalages entre les périodes normales d'amortissement et les durées contractuelles qui se réfèrent à l'amortissement industriel[577]. Il est cependant intéressant de noter que la méthode de comptabilisation par composant ne s'applique pas au test de dépréciation. Celui-ci est réalisé en tenant compte de l'immobilisation dans sa globalité. Chaque composant ne générant aucun flux direct de trésorerie s'il est appréhendé dans son unité, les règles comptables autorisent les entreprises à les regrouper pour procéder à une évaluation globale de l'immobilisation lors de ce test[578]. La première conséquence de cette caractéristique est alors simple pour la commande publique : d'un côté les parties peuvent affiner leur connaissance du patrimoine, mais de l'autre elles ne peuvent procéder aux corrections qui s'imposent en décomposant chaque actif. Elle ne porte néanmoins pas atteinte au principe de sécurité juridique du contrat car ce test conduit à préciser les estimations relatives aux variations de valeur des actifs immobilisés. En outre, ce mécanisme contribue à structurer et à affiner les contrôles contractuels réalisés par les personnes publiques.

559. La seconde conséquence de ce test est fiscale. L'entreprise est autorisée à déduire de ses impôts les dépréciations exceptionnelles ainsi constatées. Celles-ci sont regroupées sous forme de provisions, à hauteur de la différence constatée entre la valeur actualisée du bien et sa valeur nette comptable[579]. L'intérêt de ce test est donc double : d'une part, il

[575] Cf. PCG 2009, article 322-5.3°, pour la dépréciation exceptionnelle, et article 322-4.6°, pour la technique de la reprise. La technique de la reprise est le mécanisme contraire à celui de la dépréciation exceptionnelle. Le phénomène de reprise consiste généralement en une augmentation de la base amortissable dans plusieurs hypothèses : la réintégration d'un actif ; la réévaluation d'un actif en raison d'une sous évaluation comptable ; un investissement complémentaire sur un actif déjà intégré comptablement. Néanmoins, le droit des contrats administratifs se caractérise par une fréquence plus élevée des dépréciations exceptionnelle.

[576] Cf. Art. 44 loi de finances rectificative pour l'année 2004, n°2004-1485, 30 déc. 2004, JO du 31/12/2004, p 22 522 et s. Cette loi a réformé l'article 237 septies du CGI, éd. 2009.

[577] Cf. Partie I, Chapitre 1, Section 2 et Partie I, Chapitre 2, Section 1.

[578] Cf. Art. 322-1.9°, PCG 2009.

[579] Voir en ce sens les deux jurisprudences suivantes : CE, 10 déc. 2004, Sté Roissy films req. n°236706 ; CE, 12 janv. 2005, Ministre de l'économie, des finances et de l'industrie c/ SA Pricel, req. n°253865 ; compilées dans *Droit administratif*, n° 4 E-312.

organise un suivi comptable des immobilisations qui respecte leur utilisation réelle, puisque les plans d'amortissement sont périodiquement réévalués afin de refléter au mieux la consommation des actifs ; d'autre part, ce mécanisme appliqué aux forces productives permet à l'entreprise de déduire de sa base imposable les écarts constatés.

560. Les modifications substantielles du plan d'amortissement, en relation avec la procédure de dépréciation, remettent cependant en question la valeur juridique de la durée contractuelle. En effet, lorsqu'il est rapproché de ces clauses contractuelles qui admettent peu de variation, nous constatons qu'il conduit à augmenter les décalages entre les deux durées.

2/ La procédure de réévaluation des actifs : la remise en question de la durée contractuelle

561. Si la procédure de réévaluation des actifs est mise en œuvre par le cocontractant de la personne publique, les conséquences d'une dépréciation exceptionnelle ne se limitent pas aux déclarations fiscales. Elle a des répercussions sur le traitement de l'amortissement du patrimoine et affecte ainsi la structure même de la convention.

562. En effet, pour les contrats administratifs qui utilisent l'amortissement dans la définition de leur durée d'exécution, la mise en œuvre de ce test de réévaluation des actifs augmente de toute évidence les décalages entre les deux durées. En l'utilisant comme référentiel pour le calcul initial de cette clause, les délégations de service public et les partenariats public-privé sont donc en premier lieu concernés par les effets de ce test[580]. Dans ces contrats, les pouvoirs publics sont effectivement tenus de se référer à l'amortissement pour définir une durée presque invariable, alors que ce référentiel est affecté par des fluctuations comptables et économiques durant la phase d'exécution.

563. Les conséquences de la mise en œuvre de l'amortissement et des tests de réévaluation qui lui sont liés dépassent néanmoins ces deux premiers montages. Les marchés de mobilier urbain sont aussi concernés depuis que le juge administratif et l'Autorité de la concurrence ont transposé l'amortissement industriel dans le calcul de la durée de ce mode d'action[581]. Cet élargissement de l'utilisation juridique de

[580] Cf. Articles L1411-2 et L1414-1 du CGCT, éd. 2009, qui encadrent respectivement la durée des délégations de service public et celle des partenariats public-privé.

[581] Cf. Autorité de la concurrence, décision n°05-D-36 du 30 juin 2005, relative au respect, par les sociétés du groupe Decaux, des injonctions prononcées par la décision n°98-D-52 du 7 juill. 1998, disponible à *http://www.autoritedelaconcurrence.fr*. L'Autorité de la concurrence préconise que la durée contractuelle des marchés de mobilier urbain se conforme à la durée d'amortissement des immobilisations à la charge du cocontractant. Il délaisse l'idée selon

l'amortissement dans la commande publique s'explique par le caractère *a priori* stable et fixe de la technique, qui participerait ainsi au renforcement de la sécurité juridique de la relation contractuelle durant la phase d'exécution. Cependant, la procédure de réévaluation des actifs immobilisés entraîne des variations comptables, qui se répercutent sur ces trois formes contractuelles puisqu'elles utilisent l'amortissement comme un agrégat pour la durée.

564. En la matière, les conséquences de ce phénomène sont manifestes. Par opposition à la technique des reprises sur amortissement, la procédure de dépréciation présuppose une accélération de la perte de valeur réelle de l'actif par rapport à sa valeur nette comptable retranscrite dans les plans d'amortissement[582]. Celle-ci étant plus élevée, l'entreprise la diminue à hauteur de la valeur nette actualisée et constate dans le même temps une provision pour dépréciation. Dans cette hypothèse, le rythme réel de consommation de l'immobilisation s'accroît par rapport au plan comptable qui est défini en fonction d'un prévisionnel : le profil comptable de consommation moyenne et mathématique. Cette procédure conduit donc à constater une accélération de la dégradation des immobilisations pour des raisons externes ou internes en relation avec la politique de gestion de l'entreprise. Mais elle contribue aussi à opérer une correction artificielle du décalage constaté ; la base amortissable étant modifiée pour tenir compte de la valeur la plus faible. Or, pour les contrats administratifs concernés, la durée contractuelle tient compte des estimations comptables d'amortissements définies en amont, mais ne permet pas de prendre en compte les évolutions postérieures qui affectent ce référentiel.

565. Dans la pratique, la durée fait effectivement l'objet d'une étude préalable par la personne publique, qui a lieu avant le lancement de la procédure de passation pour respecter les principes de transparence et de mise en concurrence. En matière de délégations de service public par exemple, le juge administratif impose à l'autorité délégante d'informer les candidats sur cette clause grâce à l'avis d'appel public à la concurrence et au document indicatif transmis avant la présentation des offres[583]. A cette occasion, l'absence d'information sur la durée entraîne

laquelle il pourrait être inséré dans le contrat une clause relative à la durée qui serait dissociable de la durée de vie des immobilisations

[582] La technique de la reprise consiste à constater que la valeur nette comptable est inférieure à la valeur nette actualisée de l'immobilisation, tandis que la procédure de dépréciation permet de procéder au constat inverse.

[583] Cette disposition constitue une formalité préalable à la procédure de passation. La clause relative à la durée est présentée dans l'avis d'appel public à la concurrence, mais aussi dans le document indicatif transmis aux candidats en vertu des articles R1411-1 et R1411-2 du CGCT, éd. 2009.

la nullité de la procédure[584]. La personne publique est donc confrontée à une impérieuse nécessité : déterminer en amont la durée du contrat au regard des exigences de service public et des prestations à réaliser. Elle doit pour cela tenir compte des investissements qui sont à la charge du cocontractant et de l'amortissement technique des biens de retour. La détermination de cette clause contractuelle est donc réalisée en fonction d'une estimation des charges du contrat et de la durée nécessaire au cocontractant pour amortir le patrimoine ; période durant laquelle ce dernier dispose de la faculté de percevoir une rémunération pour rembourser ses investissements et retirer une marge nette supplémentaire[585].

566. Une fois la durée déterminée et le contrat signé, ces clauses ne peuvent cependant subir une réévaluation fondamentale. Le juge administratif considère en effet que la passation d'un avenant modifiant sensiblement l'équilibre de la convention, notamment sa durée, constitue un nouveau contrat[586], qui doit respecter les règles de mise en concurrence et de publicité prévues par les régimes juridiques respectifs[587]. Toute modification substantielle de la durée d'un contrat administratif par voie d'avenants entraîne donc sa nullité devant le juge administratif si sa cause n'est pas justifiée. C'est pourquoi les prolongations des contrats administratifs répondent généralement à des conditions de fond très strictes, comme en témoigne le régime juridique des délégations de service public[588]. Ce raisonnement jurisprudentiel diminue donc la possibilité d'accords entre les parties au contrat qui auraient pour effet d'augmenter la durée sans justification juridique légale.

---

[584] Cf. CE, 25 juill. 2001, Syndicat des eaux de l'Iffrenet, req. n°231319. Le juge administratif a précisé la portée de la nullité de la procédure de délégation dès lors que la publicité ne faisait pas mention de la durée. Il considère que la mention de la durée dans le seul dossier de consultation n'entraîne pas la nullité de la procédure, même si l'avis d'appel public à la concurrence n'y fait pas référence. Il considère que la durée d'un contrat de délégation constitue un élément quantitatif et qualitatif dont les candidats doivent être informés. L'absence de précision dans l'avis d'appel public à la concurrence et dans le dossier de consultation des candidats entraîne la nullité de la procédure (TA Versailles, 6 janv. 2000, Préfet de l'Essonne, req. n°996-388). Pour autant il est possible que la durée du contrat fasse elle-même l'objet d'une mise en concurrence ; CE, 15 déc. 2008, Cnauté Intercommunale des villes solidaires, com. Gabriel Eckert, *Revue Contrats et Marchés publics*, n°2 fév. 2009, p 31 et s.

[585] Une des premières jurisprudences sur ces deux composantes de la rémunération est celle du TC, 8 juill. 1963, Sté Entreprise Peyrot c/ Sté Autoroute Esterel Côte-d'Azur, *AJDA* 1963, p 463 chron. ; GAJA n°82.

[586] Sur l'application de ce principe, voir les jurisprudences suivantes : CAA Versailles, 3 mars 2005, Cnauté d'agglomération de Cergy Pontoise, req. n°03VE04736 ; CAA Bordeaux, 27 avril 2004, Ville de Toulouse, req. n°00BX01587.

[587] Cf. Art. L 1411-1 III.4°c) du CGCT, éd. 2009.

[588] Cf. Partie I, Chapitre 2, Section 2, § 1.

567. Mais cette rigidité du régime juridique des contrats publics à l'égard des clauses relatives à la durée contraste avec la flexibilité de l'amortissement des immobilisations et du mécanisme de réévaluation des valeurs traitées. Lors de son contrôle concernant ces clauses et leur modification en cours d'exécution, le juge administratif est peu enclin à accepter des modifications substantielles alors que la procédure de dépréciation institutionnalise une révision périodique des plans d'amortissement[589]. La durée contractuelle et les modalités de traitement des dépréciations sont donc aujourd'hui en décalage alors que le référentiel est dans les deux cas l'amortissement des actifs immobilisés classés selon leur nature.

568. Ce dénominateur commun laisse cependant envisager une rationalisation possible des clauses relatives à la durée en prenant en compte la procédure de réévaluation des actifs dans ces régimes juridiques. L'objectif est ainsi de corriger les écarts constatés en se conformant aux réévaluations de la valeur du patrimoine amorti qui permet une diminution de la durée d'exploitation.

569. En effet, la durée de certains contrats est déterminée en fonction des investissements à réaliser et de leur amortissement. Si le mécanisme de réévaluation révèle des décalages entre la consommation réelle de ces biens et leur valeur comptable, entraînant une dépréciation exceptionnelle, le contenu de la durée devrait être réévalué en même temps que le changement de base amortissable. Les amortissements et les immobilisations évoluant, la durée du contrat doit être réajustée afin de respecter son référentiel de calcul. La procédure de réévaluation des actifs constitue de ce point de vue un instrument comptable pour la gestion du patrimoine, mais aussi un référentiel pour donner à l'amortissement une véritable portée juridique dans la clause relative à la durée. La transposition juridique de cette procédure de réévaluation apporte en effet une véritable flexibilité aux traitements comptables des contrats administratifs.

570. Malgré les apparences, la construction de durées contractuelles variables n'est pas antinomique avec les régimes juridiques de la commande publique. Cette hypothèse est déjà indirectement contenue dans les réformes de 1993 et de 2004 puisque celles-ci accordent à l'amortissement technique une valeur de référentiel juridique. Si l'ambition est de préserver le rôle initial conféré à ce mécanisme par le droit des contrats administratifs, des évolutions s'imposent. La première d'entre elles consiste ainsi à réévaluer les clauses contractuelles relatives à la durée durant la phase d'exécution, en s'appuyant notamment sur les

---

[589] A titre non exhaustif, voir par exemple TA de Nice, 10 nov. 2006, Comité intercommunal de défense des usagers de l'eau (CIDUE) c/ Cnauté d'agglomération de Fréjus Saint-Raphaël, req. n°0505756.

réformes récentes de la comptabilité et le mécanisme de dépréciation appliqué aux actifs immobilisés. En prenant en compte le caractère évolutif des immobilisations et de leurs amortissements, une modernisation des régimes juridiques peut permettre une rationalisation de ces clauses, mais aussi une réappropriation par la personne publique du patrimoine de leurs contrats.

571. Certains membres de la doctrine proposent déjà de créer des clauses contractuelles relatives à la durée dont le contenu serait évolutif. Le fonctionnement de ces clauses permettrait ainsi aux parties de réévaluer périodiquement la durée totale du contrat en fonction des fluctuations qui affectent les données d'exécution. Philippe Cossalter parle à ce propos de « contrats à durée endogène » en référence à la théorie économique de la croissance endogène, selon laquelle le progrès technique dépend du comportement des agents économiques se situant au cœur de la croissance elle-même[590]. Cet héritage des travaux de Paul Romer et de Robert Lucas apparaît cependant inadapté pour donner une qualification générique à ces nouvelles clauses contractuelles relatives à la durée[591].

572. En effet, le calcul de la durée des contrats administratifs dépend directement ou indirectement des amortissements techniques qui connaissent des fluctuations économiques comme le démontre l'« *Impairment test* ». Néanmoins, si elles s'expliquent en partie pour des raisons internes [rythme de production, politiques commerciales…] et rendent ainsi légitime le qualificatif « endogène », elles sont tout autant liées à des motifs externes, résultant de l'environnement du processus de production [évolution technologique…]. Le terme endogène apparaît donc inapproprié car il ne permet pas de prendre en compte ces deux catégories de fluctuations inhérentes à l'amortissement industriel. C'est pourquoi nous lui préférons celui de « durée variable »[592]. Ce dernier renvoie à une durée contractuelle qui est plafonnée, qui peut être diminuée et dont les causes de la réévaluation sont à rechercher soit dans le contrat lui-même, soit dans l'environnement des conditions d'exécution.

---

[590] Voir en ce sens Philippe Cossalter, « Les concessions à durée endogène », *Revue Dr. Adm.* n°5, Lexis Nexis, mai 2006, étude n°9, p 4 et s.

[591] Robert Lucas, « Econometric Policy Evaluation: A Critique », Carnegie-Rochester Conference Series 1976 dans *Public Policy* 1: p. 19 ; Paul Romer, « Endogenous technological change », *Journal of Political Economy,* nov. 1990.

[592] Il doit être précisé que sur le fondement des travaux de Philippe Cossalter (« Les concessions à durée endogène », *op. cit.*) d'autres auteurs utilisent l'expression de « durée évolutive plafonnée ». Cf. Salim Ziani, « La juste rémunération dans les délégations de service public », mém. sous la dir. de G. Eckert, Université de Strasbourg, juin 2008.

B- Proposition de construction de durées contractuelles variables

573. Au regard du fonctionnement de l'amortissement industriel dans le champ des contrats administratifs, il apparaît que la transposition juridique de ce mécanisme n'a pas exactement respecté les standards de la comptabilité privée. Les régimes juridiques respectifs n'ont effectivement pas pris en compte les fluctuations qui le caractérisent et qui résultent de plusieurs facteurs : la prédominance du principe d'estimation financière, qui ne permet pas de réaliser à ce jour des expertises fiables en amont ; la complexité des modalités d'établissement des plans d'amortissement ; la variabilité des modes de comptabilisation des amortissements ; les enjeux de la méthode par composant ; les mécanismes de réévaluation des actifs ; l'instabilité des valeurs amorties.

574. Or, l'amortissement industriel joue en principe un rôle d'agrégat pour la définition de la durée de certains contrats administratifs, tels que les partenariats public-privé et les délégations de service public. Ceci explique que cette fonction conférée à l'amortissement par les réformes successives atteint vite ses limites dans la pratique. Sa mise en œuvre juridique se caractérisant par des incertitudes et des décalages entre les modes privés et publics de comptabilisation, celui-ci ne peut remplir le rôle qui lui a été attribué. Au-delà de cette remise en question technique, ce phénomène atteste surtout de l'incapacité du droit des contrats administratifs à s'adapter aux enjeux économiques de ce mode d'action qui instaurent pourtant des conditions d'exécution fluctuantes.

575. Ainsi, pour la clause relative à la durée, l'amortissement est seulement utilisé en amont [c'est-à-dire avant la signature du contrat] pour fixer la durée contractuelle. Elle est rarement réévaluée par la suite alors que ce référentiel est constamment modifié. Seules certaines prolongations, étroitement encadrées, permettent d'y déroger durant les dernières années du contrat. La dynamique comptable et économique de ce mécanisme est donc éludée au profit d'une application juridique *stricto sensu*.

576. C'est d'ailleurs pour contourner cette particularité du droit français que le juge administratif a validé l'idée selon laquelle les personnes publiques peuvent utiliser d'autres éléments du contrat pour calculer cette durée contractuelle[593]. Si les immobilisations et leurs amortissements sont de prime abord les données de principe pour ce calcul, les charges d'exploitation et les recettes prévisionnelles sont progressivement

[593] Voir récemment CE, 11 août 2009, Sté Maison Comba, req. n°303517, concl. Rapporteur Bertrand Dacosta.

devenues des éléments d'appréciation du contenu de cette clause[594]. La valeur de l'amortissement dans le champ de la commande publique est ainsi remise en question sous l'effet de la jurisprudence. Ce raisonnement doit être pourtant abandonné pour deux raisons : d'une part, il ne solutionne pas les difficultés inhérentes à la mise en œuvre de l'amortissement technique qui continue à être utilisé pour la gestion du patrimoine ; d'autre part, si le fonctionnement de ce mécanisme était pleinement adapté à la commande publique, il permettrait de conférer à ce mode d'action une capacité d'adaptation qui est nécessaire en vue de renforcer la sécurité juridique de la phase d'exécution.

577. Pour cela, les contrats administratifs doivent dorénavant transposer la nature évolutive de l'amortissement industriel. La maîtrise de sa mise en œuvre impose notamment de restructurer le contenu de certaines clauses contractuelles en leur donnant une dimension variable. La première concernée par ce besoin est celle relative à la durée du contrat. L'amortissement ne peut véritablement jouer son rôle de référentiel en la matière que si le droit des contrats administratifs permet de réviser le contenu de cette clause durant la phase d'exécution. La fixité qui la caractérise aujourd'hui, qui apparaît *a priori* comme un facteur de renforcement de la sécurité juridique du contrat, doit être en réalité abandonnée car elle institutionnalise des décalages entre la durée et son référentiel. L'approche juridique concernant cette donnée contractuelle doit être revisitée pour créer des clauses plafonnées et variables [c'est-à-dire révisables à la baisse] afin de se conformer aux conditions réelles d'exécution.

1/ La réévaluation d'une durée contractuelle plafonnée durant la phase d'exécution

578. Proposer une réforme des clauses relatives à la durée de certains contrats administratifs ne doit pas aboutir à structurer des contrats indéfinis. Au contraire, le premier principe autour duquel s'organise notre proposition de « durée contractuelle variable » est la limitation du contrat sur la base de la durée initiale d'amortissement des biens financés par le cocontractant. Plus précisément, le postulat est que les modalités actuelles de calcul des durées contractuelles ont le plus souvent pour conséquence d'aboutir à une période d'exécution plus longue que nécessaire. L'estimation de la durée du contrat en fonction de la durée prévisionnelle d'amortissement des biens de retour financés par le cocontractant apparaît donc suffisante. Mais, si le calcul initial de la

[594] Cf. CAA de Marseille, 18 déc. 2006, Sté Crématorium de France et Cne d'Aix-en-Provence, req. n°04MA01644 et n°04MA01841 (Inédit Rec. Lebon) ; CE, 11 août 2009, Sté Maison Comba, req. n°303517.

clause relative à la durée permet d'en plafonner le contenu, le véritable enjeu se situe plutôt sur l'aspect variable, c'est-à-dire la diminution de la durée.

579. Sur ce point de nombreuses pistes de réflexion se dégagent de l'analyse technique du fonctionnement de l'amortissement industriel. Elles imposent de délimiter dans un premier temps les contrats administratifs concernés par cette tentative de rationalisation du calcul de la durée contractuelle. En la matière, il est possible d'affirmer que ce projet de réforme tend à s'appliquer d'abord aux conventions dont les régimes juridiques se réfèrent explicitement à l'amortissement pour en définir le contenu. Néanmoins, les autres conventions n'en sont pas totalement exclues. Cette première étape doit servir d'expérimentation pour celles qui utilisent indirectement ce mécanisme en raison soit de la pratique contractuelle, soit de leur régime juridique.

580. De toute évidence, les contrats de délégations et de partenariats sont en premier lieu concernés par cette proposition[595]. De la même manière, les marchés de mobilier urbain ne peuvent en être écartés car les autorités de la concurrence ont eu l'occasion de démontrer que la durée du contrat et la durée d'amortissement des immobilisations réalisées par le cocontractant doivent concorder[596]. En revanche, pour les autres marchés publics et les conventions d'occupation domaniale, la référence aux immobilisations et à la technique de l'amortissement se fait de manière implicite[597]. Les conséquences d'une réforme éventuelle de la clause contractuelle relative à la durée pourront donc être adaptées *a posteriori*, une fois que les autres régimes juridiques auront entériné sa pratique. Cette délimitation sommaire montre malgré tout que tous les régimes des contrats administratifs sont concernés à plus ou moins long terme par cette tentative de normalisation de la durée contractuelle au regard du fonctionnement de l'amortissement industriel.

581. Sur le fond, cette réforme consiste à tenir compte de la mise en œuvre comptable de ce mécanisme de gestion des dépréciations qui se caractérise par une certaine flexibilité. Cette dernière trouve son origine dans le calcul de la base amortissable qui n'est qu'une estimation financière des immobilisations lors de l'établissement des premiers plans comptables et qui est soumise à des révisions par la suite. Au cours de la durée de vie utile d'un actif, l'entreprise est effectivement amenée à procéder à deux opérations simultanées : d'une part, décomposer sa valeur pour affiner ces estimations et présenter une image la plus fidèle

[595] Pour les partenariats public-privé, voir l'article L 1414-1 du CGCT, éd. 2014. Pour les conventions de délégation de service public, voir l'article L 1411-2 du CGCT, éd. 2014.

[596] Voir en ce sens Autorité de la concurrence, déc. n°05-D-36 du 30 juin 2005, relative au respect, par les sociétés du groupe Decaux, des injonctions prononcées par la déc. n°98-D-52 du 7 juill. 1998, disponible à *http://www.autoritedelaconcurrence.fr*.

[597] Sur ce point, voir les analyses présentées à la Partie I, Chapitre 2, Section 2, § 1, A/.

possible du patrimoine ; d'autre part, réévaluer les valeurs amorties si des décalages apparaissent avec les conditions réelles d'utilisation.

582. Dans le même temps, le droit des contrats administratifs ne permet pas au contrat de suivre ces fluctuations inhérentes aux valeurs des actifs immobilisés et amortissables. Il confère au contraire aux durées contractuelles une fixité juridique qui les empêche de se conformer au traitement de leur référentiel, l'amortissement. Cette approche juridique ne peut se maintenir en l'état, sauf si l'objectif est de laisser perdurer des décalages entre la durée contractuelle et celle d'amortissement des biens de retour. Toute tentative de réforme impose au contraire d'adapter les clauses relatives à la durée aux fluctuations caractérisant ce mécanisme de gestion des dépréciations. La démarche inverse, consistant à réformer les modalités de comptabilisation de l'amortissement, apparaît effectivement impossible car dans ce cas il s'agirait de réformer l'ensemble des règles comptables[598]. Or, elles n'ont pas pour le moment montré leurs limites au niveau national.

583. Pour se conformer à ce phénomène de réévaluation comptable, la seule solution viable consiste donc à permettre une révision de la clause contractuelle relative à la durée durant la phase d'exécution. Il s'agit ici de créer des clauses plafonnées, pour préserver et renforcer la sécurité juridique du rapport contractuel, et variables [c'est-à-dire révisable à la baisse] car les mécanismes de réévaluation de l'amortissement technique opèrent une diminution des valeurs dans les plans comptables[599].

584. La mise en perspective, sous forme de graphique, des décalages entre la durée contractuelle et celle de l'amortissement réévalué permet de comprendre l'objectif de cette proposition. Par exemple, pour un contrat de concession de service public dont la durée négociée est de 16 ans, la mise en œuvre des mécanismes de réévaluation des actifs peut avoir pour conséquence de ramener la durée de vie utile des immobilisations à 12 ans seulement. Les quatre dernières années du contrat ne correspondent alors plus à un droit à rémunération qui serait une contrepartie à des investissements matériels, ni même au principe de calcul de la durée prévu par le régime des concessions. La comparaison

---

[598] A noter que le CNoCP a lancé en 2014 un programme de recherches sur les deux modes de comptabilité et l'éventualité de les réunir.

[599] Plus précisément, d'autres auteurs ont proposé un mécanisme similaire en adoptant une approche économique (Philippe Cossalter, Les concessions à durée endogène, Revue Dt. Adm. n°5, éd. Lexis Nexis Jurisclasseur, mai 2006, étude n°9, p 4 et s.) ou une approche concurrentielle (Salim Ziani, La juste rémunération dans les délégations de service public, mém. sous la dir. de G. Eckert, Université de Strasbourg, juin 2008). Une différence demeure avec ces analyses puisque nous adoptons ici une approche comptable strictement liée à l'amortissement et ses conséquences. Sur la question du principe de sécurité juridique, voir Pierre Delvolvé, Contrats publics et sécurité juridique, EDCE n°54 2008, p 329.

entre ces deux durées, ainsi que leurs décalages peuvent être présentés de la manière suivante :

Figure n°6 : Comparaison de la durée du contrat et de l'amortissement technique

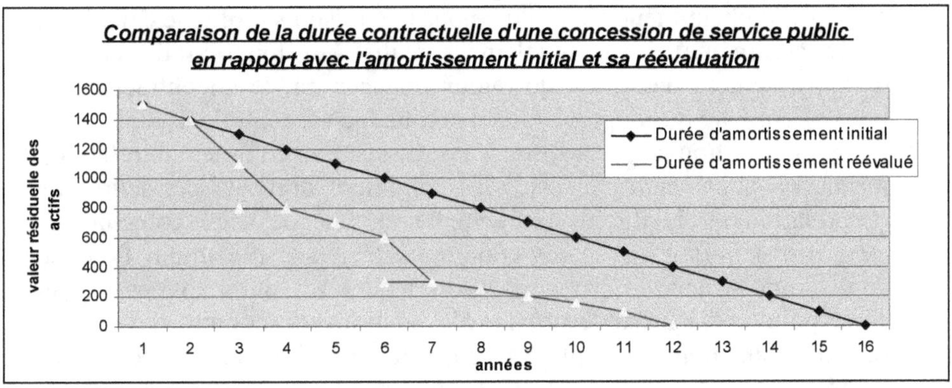

Année du Contrat		1	2	3	4	5	6	7	8	9	10	11	12	13	14	15	16
Valeur Amortissement Initial		1500	1400	1300	1200	1100	1000	900	800	700	600	500	400	300	200	100	0
Valeur Amortissement Réévalué	Phase 1 d'amortissement	1500	1400	1100													
	Phase 2 d'amortissement, Réévaluation n°1			800	800	700	600										
	Phase 3 d'amortissement, Réévaluation n°2						300	300	250	200	150	100	0	0	0	0	0

585. Dans l'exemple susvisé, la phase d'exécution du contrat se caractérise par deux procédures de réévaluation des actifs, justifiant des dépréciations exceptionnelles des actifs immobilisés. Ces procédures ont respectivement lieu à la 3ème année et à la 6ème année du contrat. Elles permettent de procéder aux corrections nécessaires pour faire concorder les valeurs réelles des biens et leur valeur nette comptable. Mais elles opèrent dans le même temps un décalage entre le prévisionnel et le traitement réel des amortissements, dont les effets se répercutent sur la durée contractuelle : la valeur résiduelle des actifs est en réalité nulle dès la 12ème année, alors que le contrat se conforme aux estimations initiales

et prévoit ainsi une période d'exécution de quatre années supplémentaires.

586. Cette distorsion des valeurs d'amortissement des immobilisations constitue une manifestation du décalage qui existe dans la pratique entre le calcul initial de la durée contractuelle et les conditions d'exécution du contrat. Ce phénomène s'explique pour une raison simple : le calcul de la durée contractuelle est initialement réalisé en fonction de la durée d'amortissement des biens de retour financés par le cocontractant, qui n'est elle-même qu'un prévisionnel comptable susceptible d'évoluer.

587. Si l'ambition est d'utiliser l'amortissement comme un référentiel juridique pour cette clause, les régimes doivent permettre une réévaluation de la durée contractuelle en vue de faire coïncider ces estimations initiales avec les conditions réelles d'exécution. Pour une application stricte du principe selon lequel les deux durées doivent correspondre, la période totale d'exécution du contrat devrait être ramenée dans notre exemple à 12 ans ; durée réelle d'amortissement des biens de retour financés par le cocontractant.

588. Afin de permettre une réévaluation de cette clause contractuelle durant la phase d'exécution, une évolution des régimes juridiques des contrats administratifs s'impose. Certains outils doivent effectivement être créés pour faire coïncider les éléments prévisionnels sur lesquels reposent les négociations initiales, notamment pour définir la durée, et les données réelles d'exploitation du contrat.

589. Sur le fond, le premier mécanisme à mettre en place est une réévaluation périodique des conditions d'exécution par les parties qui serait à l'initiative de la personne publique. Il s'agit ici d'expertiser le contrat pour vérifier que les éléments négociés correspondent aux données réelles d'exécution. Dans le cas où ils ne coïncideraient pas, les parties doivent être en mesure de procéder à de nouvelles négociations et à une réévaluation du contrat. C'est précisément à ce moment que la durée contractuelle doit être expertisée au regard des plans comptables et éventuellement diminuée pour correspondre à la durée réelle d'amortissement des biens de retour financés par le cocontractant. Parmi les différentes méthodologies possibles pour structurer cette procédure de réévaluation, il en est une qui retient particulièrement l'attention.

590. Pour parvenir à rationaliser les durées contractuelles, cette procédure doit d'abord prévoir une périodicité des réévaluations par les parties. Tout projet de réforme en ce sens doit donc proposer des tranches temporelles, aux termes desquelles les parties procèdent à une expertise approfondie du contrat. Ces tranches, qui doivent bien entendu tenir compte des spécificités de chaque contrat, peuvent être définies grâce à deux éléments : d'une part, en fonction de la durée initiale du contrat ; d'autre part, en fonction des missions à la charge du cocontractant. L'élément de la durée contractuelle initiale est bien évidemment

indispensable car cette procédure doit s'adapter aux conditions d'exécution en respectant le principe suivant : plus la phase d'exécution est longue, plus la périodicité d'une éventuelle réévaluation doit l'être aussi pour ne pas paralyser la réalisation de la convention. Le second élément [les immobilisations financées par le cocontractant] est tout aussi important dans cette procédure. Il permet de respecter le postulat selon lequel la technique de l'amortissement contribue à déterminer objectivement la forme contractuelle la plus adaptée ; en fonction de la contrepartie matérielle assumée par le cocontractant. Cet élément impose donc de prendre en compte la forme du contrat pour définir la périodicité de la procédure de réévaluation. Après avoir envisagé plusieurs pistes de réflexion et en tenant compte de ces deux facteurs, la structure générale de ces tranches temporelles de réévaluation de la durée contractuelle peut prendre la forme suivante[600] :

Tableau n°14 : Périodicité de réévaluation de la durée selon la forme du contrat

	Durée du contrat					
Forme du Contrat	de 2 à 5 ans	de 5 à 10 ans	de 10 à 15 ans	de 15 à 20 ans	de 20 à 25 ans	+ de 25 ans
Partenariat public privé		2 années	2 années	5 années	5 années	5 années
Concession/ Marchés Publics	2 années	2 années	2 années	5 années	5 années	5 années
Affermage/ Marchés publics	2 années	2 années	2 années	5 années		
Régie intéressée	2 années	2 années	2 années	2 années		

591. Un exemple s'impose pour comprendre le fonctionnement des propositions de ce tableau. Pour un contrat de partenariat public-privé d'une durée initiale fixée à 24 ans, la procédure de réévaluation de la durée contractuelle doit avoir lieu tous les 5 ans. La dernière tranche d'exécution, qui est de quatre ans, ne nécessite aucune réévaluation car

[600] Cette proposition a devancé, puisqu'elle a été formulée en 2009, la proposition de la directive européenne sur les contrats de concessions (n°2014/23/UE, 26 février 2014, préc.) qui l'évoque dans son préambule.

le traitement du terme du contrat entre les parties impose à la personne publique de réaliser des contrôles stricts durant la dernière tranche temporelle.

592. Les zones grisées du tableau ne comportent aucune proposition de réévaluation périodique car elles représentent des situations quasiment improbables, soit parce que le contrat prévoit des investissements trop importants pour être amortis sur une durée aussi courte [cas du contrat de partenariat], soit parce que le contrat prévoit des investissements qui ne justifient jamais une durée contractuelle aussi longue [cas de l'affermage, de la régie intéressée, marchés publics de fourniture, de service et de travaux]. C'est pourquoi aucune proposition n'est formulée dans ces hypothèses.

593. Un autre point nécessite quelques éclaircissements. Aux termes du régime des délégations de services publics, il est juridiquement difficile, sauf dérogation dûment motivée, de conclure un contrat de concession pour une durée supérieure à vingt ans. Cette hypothèse est cependant traitée dans le tableau car des contrats plus longs peuvent être conclus dès lors qu'ils sont suffisamment motivés auprès du comptable[601]. En outre, de nombreux contrats de concession, toujours en cours d'exécution, ont été passés avant la loi Sapin et prévoient des durées très longues[602]. Même si le juge administratif a récemment précisé cette question en consacrant l'applicabilité immédiate des lois de 1993 et de 1995, ces cas particuliers dérogent au régime juridique général de la durée[603]. En effet, le problème est que ce raisonnement jurisprudentiel permet l'exécution de ces conventions jusqu'en 2013 ou 2015 selon les cas alors que, au regard de l'amortissement industriel, leur extinction peut d'ores et déjà être constatée entre les parties. C'est pourquoi notre proposition de réforme a pour ambition de s'appliquer uniformément à l'ensemble des délégations de service public, mais aussi à ces cas particuliers. L'objectif est ainsi de pallier au phénomène selon lequel de nombreux contrats de délégation n'ont pas été conclus pour une durée mesurée. Grâce à une telle réforme, l'application de la réévaluation périodique de la durée aux contrats antérieurs à la loi Sapin permettrait alors d'accélérer le processus d'exécution de ces contrats et de soumettre plus rapidement ces conventions à une procédure de renouvellement. Outre son intérêt pour rationaliser la durée des contrats postérieurs, cette réforme permet donc de proposer une solution à l'hypothèse de contrats

---

[601] Article L1411-2 du CGCT, éd. 20014, concernant les délégations de l'eau, de l'assainissement, des déchets.

[602] Loi Sapin n°93-122 du 29 janvier 1993, JO du 30/01/1993, p 1588

[603] Loi Sapin n°93-122 *op. cit.* ; Loi n°95-101 du 2 février 1995, JO du 03/02/1995, p 1840. Cf. CE, 8 avril 2009, Cie Générale des Eaux, Cne d'Olivet, req. n°271737, étude de F. Melleray, « Dans quelles conditions une loi nouvelle s'applique-t-elle immédiatement aux contrats en cours ? », *Revue Dr. Adm.* n°6 juin 2009, com. n°85.

longs, conclus sous l'empire des anciennes règles et de compléter les récentes précisions de la jurisprudence en la matière[604].

594. Mais au-delà de ces spécificités, un point n'est encore pas tranché : la date à partir de laquelle court la périodicité des tranches. Deux hypothèses théoriques sont envisageables pour répondre à cette question : soit la date utilisée est la date de signature du contrat ; soit les régimes juridiques prendront en compte la date de mise en service des biens de premier établissement. La seconde hypothèse apparaît plus appropriée pour deux raisons. D'abord, elle permet de tenir compte de l'utilisation des biens et de leur amortissement, dont la réévaluation en cours d'exécution justifie notre proposition. Ensuite, l'hypothèse où la période de travaux ne serait pas limitée a déjà fait l'objet d'un contrôle de la part du juge administratif. Ce denier n'a pas hésité à annuler une procédure de passation d'un contrat dont la durée d'exécution débutait après des travaux dont la durée n'était pas définie. La seconde possibilité permet précisément d'écarter ce risque.

595. D'un point de vue général, l'idée directrice de cette proposition est de réduire la durée contractuelle initiale pour se conformer aux dépréciations exceptionnelles affectant les actifs immobilisés et proposer des axes de maîtrise publique concernant la gestion patrimoniale. Elle est étroitement liée à l'« *Impairment test* » qui repose sur la présomption d'une accélération du rythme de consommation des immobilisations et donc une diminution plus importante de la valeur réelle des actifs. La procédure de réévaluation de la durée contractuelle repose sur le même mécanisme et est conditionnée par lui. Sa mise en œuvre doit d'ailleurs être limitée au cas où l'amortissement des immobilisations financées par le cocontractant s'accélère.

596. Dans l'hypothèse où les investissements s'accroissent et justifient une prolongation pour motif d'intérêt général, notre hypothèse pourrait effectivement conduire à un allongement de la durée contractuelle. Or, tout accroissement des durées contractuelles a nombre d'effets pervers. Un tel phénomène est de toute évidence opposé au but poursuivi ici, qui est de rationaliser cette période d'exécution afin de rééquilibrer ces contrats. C'est pourquoi cette réforme doit seulement prévoir la

[604] Cf. CE, 8 avril 2009, Cie Générale des Eaux, Cne d'Olivet, req. n°271737. Le juge administratif encadre les contrats antérieurs à la loi Sapin de 1993 et à la loi du 2 fév. 1995, *op. cit.* Leur durée ne peut dépasser le plafond de 20 ans prévu par ces textes législatifs, à compter de l'entrée en vigueur de ces derniers. Voir en ce sens l'étude sur ce sujet réalisée par F. Melleray, *op. cit.* ; F. Linditch, « De la caducité contractuelle et de ses conséquences sur les contrats dont la durée excède celle de l'amortissement des investissements », *JCP A* du 15 juin 2009, p 29 et s.

possibilité d'en réduire le contenu, tout en plafonnant la durée initiale[605]. Ainsi, si une prolongation de la durée est entérinée dans le contrat, elle ne doit pas être soumise à cette procédure de réévaluation afin de pallier tout risque de contrat indéfini. Cette limite au mécanisme de réévaluation permet ainsi de renforcer la sécurité juridique du contrat pour la personne publique en évitant que le cocontractant n'augmente sa rémunération, au-delà du cadre normal prévu par le contrat, sans assumer une contrepartie matérielle supplémentaire. Que ce soit durant la phase d'exécution, dont la durée peut être réévaluée, ou à l'occasion d'une éventuelle prolongation validée par la personne publique, le cocontractant est ainsi incité à maintenir son activité et ses prestations à un niveau qualitatif important. C'est le seul moyen pour lui d'espérer un retour complet sur investissements, assorti d'une marge nette accessoire[606].

597. Un autre avantage de cette proposition relative à une réévaluation périodique du contrat est qu'elle permet d'anticiper l'extinction du contrat. Ainsi, pour un contrat de 17 ans, trois phases de réévaluation seront mises en œuvre assorties de deux années d'exécution supplémentaire. La dernière phase de réévaluation, deux ans avant l'extinction du contrat, pourrait apparaître superfétatoire. Elle est en réalité primordiale car elle constitue un préalable intéressant pour anticiper l'expertise des données d'exécution qui doit normalement avoir lieu au terme de la convention. La personne publique dispose ainsi d'un outil lui permettant de réaliser les expertises nécessaires pour assurer le suivi patrimonial durant la phase d'exécution, mais aussi pour renforcer le traitement de la fin de la convention.

598. La réforme des clauses relatives à la durée participe donc d'une approche renouvelée de l'action publique grâce aux contrats administratifs. L'intégration du caractère évolutif des amortissements dans leurs régimes juridiques n'augmente pas les risques d'exécution. Il contribue au contraire à renforcer la sécurité juridique qui doit normalement présider à la réalisation de ces conventions, mais qui n'est pas atteinte à ce jour. Malgré son intérêt certain pour la commande

---

[605] Sur le plafonnement des clauses contractuelles relatives à la durée contractuelle, voir les analyses de Philippe Cossalter, « Les concessions à durée endogène » *Revue Dr. Adm.* n°05, mai 2006, étude n°6, p 4 et s.

[606] Jean-David Dreyfus, « Comment faire face aux risques résultant de l'action contractuelle », *Revue contrats publics*, n°73, janv. 2008, Groupe Moniteur, p 35 et s. Selon l'auteur : « *Les contrats publics sont, par nature, porteurs de risques propres tout au long de la vie contractuelle* » ; p 35. Cependant, des distinctions peuvent être établies afin de considérer le risque comme un facteur assumé par le cocontractant, mais aussi comme « *un moyen pour l'administration d'améliorer la qualité du service ou de réaliser des économies* », p 35.

publique, il ne fait aucun doute que l'adaptation de cette proposition dans la commande publique impose de contourner certains obstacles.

2/ De l'intérêt et des obstacles juridiques relatifs à la construction d'une durée contractuelle variable

599. Contrairement aux principes énoncés dans la loi Sapin pour les délégations de services publics et dans l'ordonnance du 17 juin 2004 pour les partenariats public-privé, la durée contractuelle est bien souvent plus longue que la durée normale d'amortissement des biens de retour financés par le cocontractant[607]. La concordance prévue entre ces deux éléments par les régimes juridiques n'est donc atteinte que dans les prévisionnels négociés lors de la procédure de passation.

600. Pour corriger les décalages constatés lors de l'exécution et parvenir à une transposition aboutie de l'amortissement dans la commande publique, une réforme des conditions d'exécution de ces contrats s'impose en vue d'élaborer des durées contractuelles variables. Mais certains obstacles sont à lever pour aboutir aux résultats escomptés et assurer une pérennité juridique au mécanisme de réévaluation de cette clause. Tout projet de réforme en la matière doit d'abord être élaboré avec le souci de préserver la valeur juridique initialement conférée à l'amortissement. Il convient donc de continuer à l'utiliser comme un référentiel pour calculer le contenu de cette clause[608]. Ce n'est pas ce mécanisme de gestion des dépréciations du patrimoine qui doit être remis en question. C'est précisément le raisonnement inverse qui doit guider toute tentative de réforme : la dynamique économique des amortissements industriels ne doit plus être éludée par la commande publique, elle doit y être pleinement transposée en créant des clauses variables concernant la durée contractuelle. Adapter cette caractéristique dans le champ des contrats administratifs n'est cependant pas aisée. Replacer des modalités variables d'exécution en matière de durée contractuelle, au dépend d'une clause dont la fixité sécurise *a priori* un

[607] Cf. Article L1411-2 du CGCT pour les contrats de délégations et l'Article L1414-1 du CGCT, éd. 2009, pour les partenariats public-privé.

[608] Florian Linditch, « Recherches sur la place de l'amortissement en droit administratif », *AJDA* 20 fév. 1996, p 100 et s. L'auteur rappelle que la notion d'amortissement est un élément d'appréciation de l'exécution complète du contrat : « *on rappelle rarement le fait que la règle suivant laquelle l'expiration du contrat de concession coïncide avec la réalisation complète des amortissements correspondant aux sommes engagées pour l'établissement du service est en fait antérieure à la loi du 29 janvier 1993* » ; p 103. Il s'appuie pour ce faire sur les jurisprudences suivantes : CE, 20 mars 1908, Cie Générale des Eaux, Lebon p 280 ; CE, 4 juill. 1975, Sté générale technique, Lebon p 509 ; CE, 7 oct. 1986, Sté Missenard c/ OPHLM interdépartemental de la région parisienne, Lebon tables, p 612 ; répertoriées par Andrée Coudevylle, dans « Les concessions de service public des collectivités locales », Biblio. des collectivités locales, éd. *SIREY*, 1983, p 157.

régime juridique, peut souffrir d'une critique importante : la déstabilisation de l'ensemble des conditions d'exécution des contrats administratifs.

601. La perspective d'une exécution variable est souvent associée à un renforcement des risques contractuels pour la personne publique, en raison de l'incertitude qui serait liée à l'exécution de telles clauses. Cette approche relève néanmoins d'une idée reçue pour notre proposition. En ce qui concerne les conditions d'exécution de ces contrats, la procédure de révision de la durée apparaît non seulement conforme au fonctionnement de l'amortissement qui sert à en définir le contenu initial, mais renforce aussi la sécurité juridique en rationalisant le droit à rémunération du cocontractant ; la durée du contrat étant une période durant laquelle le cocontractant dispose de la faculté de percevoir une rémunération en contrepartie de ses investissements[609].

602. Si la jurisprudence considère que la notion de risque est un critère peu pertinent pour procéder à un classement des différentes formes de contrats publics[610], elle n'est en pas moins fondamentale pour la commande publique puisqu'elle participe à distinguer *in concreto* les conventions de délégations des marchés publics[611]. Celle-ci est en outre étroitement liée à l'amortissement. Dans l'analyse des fluctuations de ce dernier, le recalage entre la durée prévisionnelle et la durée réelle, calculée sur l'amortissement des immobilisations, permet de réduire le risque lié à une éventuelle captation de profits. Il concourt donc à limiter le niveau d'une rémunération accessoire, dépassant celui estimé en amont par les parties. L'amortissement apparaît donc comme un

---

[609] Voir en ce sens Jean-David Dreyfuss, dans son article « Comment faire face aux risques résultant de l'action contractuelle », *Revue des contrats publics*, n°73, janv. 2008, Groupe Moniteur, p 35 et s. L'auteur souligne que, dans les contrats les plus répandus [marchés publics, délégations de service public, partenariats public-privé], le risque est une donnée du contrat qui pèse inévitablement sur la personne publique notamment dans l'hypothèse où le cocontractant devient insolvable. Il note ainsi que : « *si les risques peuvent être d'abord supportés par le cocontractant de l'administration, la disparition et l'insolvabilité de ce dernier auront pour conséquence nécessaire de reporter sur l'administration l'intégralité des risques. La personnalité particulière des personnes publiques conduit à une modification de la répartition finale des risques* » ; p 38.

[610] Cf. CE, 15 avril 1996, Préfet des Bouches-du-Rhône c/ Cne du Lambesc, req. n°168325, *RFDA* 1996, p 715, concl. Chantepy, note P. Terneyre. *A contrario*, le rapporteur C. Chantepy notait à cette occasion : « *Nous pensons que la gestion au du service aux frais et risques du délégataire n'est pas un élément nécessaire de l'existence d'une délégation de service public* ».

[611] Cf. CE, 7 nov. 2008, Département de la Vendée, req. n°291794, note Gabriel Eckert, *Revue Contrats et Marchés publics*, 2008, com. 296 ; CAA Paris, 16 déc. 2008, Cne Boulogne-Billancourt, req. n°07PA00954, com. Eric Delacour, *Revue Contrats et Marchés publics*, n°3 mars 2009, p 29. La directive concessions (n°2014/23/UE du 26 février 2014, préc.) l'expose d'ailleurs très précisément ; v. J-B Vila, « Les enjeux économiques des DSP à la lumière de la directive concessions », *Revue Dr. Adm*, n°11/2014, p 16.

régulateur du contrat en imposant au cocontractant une contrepartie constante. Cette relation particulière entre le principe de sécurité juridique et les exigences d'adaptation des contrats revêt alors trois aspects pour l'analyse du risque dans la commande publique : elle limite le risque d'investissements défaillants et peu renouvelés ; elle réduit le risque d'une dépossession patrimoniale en faveur du cocontractant ; elle diminue le risque de tarifs qui ne constitueraient pas une contrepartie à des investissements. Cependant, d'autres obstacles juridiques doivent être surmontés pour permettre la mise en œuvre d'une telle réforme.

603. L'approche juridique, résultant des jurisprudences relatives aux modifications conventionnelles, doit être en premier lieu renouvelée. Aux termes du raisonnement du juge administratif en matière de délégations de service public, une règle fondamentale a été consacrée : toute modification substantielle du contrat ne peut entraîner un bouleversement trop significatif de l'économie générale négociée en amont[612]. Dans le cas contraire, il s'agit d'un nouveau contrat soumis aux règles de mise en concurrence. Si une réforme prévoit la mise en œuvre d'une réévaluation de la durée contractuelle, dans le cadre d'une périodicité prédéfinie lors des négociations, cette interprétation jurisprudentielle devra être abandonnée au profit d'une approche consistant à permettre des modifications conséquentes.

604. Si ces clauses remettent ainsi à l'ordre du jour la question de l'efficacité de ce mode d'action, elles ne portent en revanche pas atteinte à l'interdiction des clauses de tacite reconduction. Au contraire, la durée étant plafonnée, cette réforme ne porte que sur la possibilité d'une révision à la baisse de cette clause essentielle au contrat qui est négociée lors de la procédure de passation[613]. Elle tient d'ailleurs compte du raisonnement du juge administratif concernant le caractère manifestement abusif d'une clause contractuelle, qu'il contrôle au regard de l'ensemble des stipulations du contrat[614]. Ce type de clause contractuelle variable renforce effectivement la portée de ce contrôle jurisprudentiel car elle limite les conséquences imprévisibles du contrat, qui ne peuvent pas être correctement appréciées durant la négociation.

---

[612] Des avenants ont pu être ainsi considérés comme de nouveaux contrats en raison du bouleversement économique qu'ils provoquaient : CAA Bordeaux, 27 avril 2004, Ville de Toulouse, req. n°00BX01587 ; CAA Versailles, 3 mars 2005, Cnauté d'agglomération de Cergy Pontoise, req. n°03VE04736. Selon l'article 8 de la loi du 2 fév. 1995 (JO du 03/02/1995, p 1840), les restrictions à ce type de prolongation se trouvent dans l'évaluation de l'économie du contrat. L'article L1411-2 semble limiter cette modification entre 5% et 15% de l'économie générale du contrat. Cf. Laurent Richer, « Droit des contrats administratifs », *LGDJ*, 2014, p 226.

[613] Cf. TA de Nancy, 22 janv. 2002, M. Trogrlic, req. n°00846, *AJDA* 2002, p 855, note Raymundie.

[614] Voir par exemple CE, Sect., 11 juill. 2001, Sté des eaux du Nord, req. n°221458, *AJDA* 2001, p 853, chron. Guyomar et Collin.

Le juge administratif doit d'ailleurs jouer un rôle essentiel dans l'interprétation d'une telle réforme. Il sera effectivement la première instance à pouvoir donner sa pleine effectivité au mécanisme des réévaluations des durées contractuelles, en contrôlant les clauses du contrat et sa réévaluation à la lumière des données réelles d'exécution.

605. Un rôle précis doit être en parallèle dévolu au Trésorier payeur-général et à la Mission d'expertise économique et financière. Conformément à leurs tâches traditionnelles, ces deux instances participent aux analyses financières locales. Or, la mise en œuvre d'une réforme relative à la réévaluation des durées suppose que des expertises approfondies soient menées par la personne publique. Pour parvenir à préserver un certain degré de sécurité juridique durant l'exécution du contrat, la procédure de réévaluation doit donc prévoir une consultation préalable et obligatoire de ces organismes. Un avis conforme se justifie d'ailleurs pour deux raisons.

606. Tout d'abord, la réévaluation d'un contrat nécessite des analyses économiques précises avec lesquelles les collectivités locales ne sont pas nécessairement familières. La consultation préalable du Trésorier payeur-général peut conforter la personne publique dans sa démarche en lui permettant de déterminer les données réelles d'exécution. Cette étroite collaboration dans les procédures de réévaluation des clauses relatives à la durée est ensuite légitimée par le rôle du Trésorier payeur-général en matière de prolongations de certains contrats. Mais cette collaboration fonctionnelle ne peut se limiter au rapport ordonnateur-comptable. Pour les contrats administratifs des collectivités territoriales, il est en effet impossible de concevoir qu'une réévaluation d'un contrat ait lieu sans être préalablement soumise au vote de l'assemblée délibérante. De ce point de vue, la consultation de l'ordonnateur contribue à légitimer la démarche de l'exécutif devant celle-ci. La communication de son avis à cette assemblée s'impose alors pour lui fournir une information complète et objective. En encadrant la procédure de réévaluation en amont, par la consultation obligatoire de l'ordonnateur, et en aval, par un vote de l'assemblée délibérante, les axes de cette réforme se conforment aux principes de transparence et de sécurité juridique[615]. Sans se référer au principe de précaution dont la

[615] Sur les questions de transparence et de sécurité juridique dans les contrats administratifs, voir Laurent Richer, « La transparence et l'obstacle », dans Mélanges en l'honneur du Professeur Guibal, *Presses Montpellier I*, 2006, p 175 et s. ; Christine Maugüe, « La portée de l'obligation de transparence dans les contrats publics », Mélanges en l'honneur du Professeur Moderne, *Dalloz* 2004, p 609 ; CE, 20 oct. 2006, Cnauté d'agglomération Salon-Etang de Berre-Durance, req. n°287198, note Gabriel Eckert, *Revue Contrats et marchés publics*, 2006, com. n°322.

transposition aux contrats publics peut s'avérer complexe[616], cette réforme préfigure une réappropriation par les personnes publiques des données patrimoniales relatives à leurs contrats. En menant l'expérience sur les délégations de service public et/ ou sur les partenariats public-privé, cette réforme peut assurer aux personnes publiques la maîtrise comptable du patrimoine grâce à une réévaluation des effets du temps dans tous les contrats publics.

Conclusion du Chapitre II

607. Dans les modes de gestion du secteur privé, la mise en œuvre de la technique des amortissements peut revêtir différentes formes. Conformément aux dispositions fiscales en vigueur, il peut faire l'objet soit d'un traitement classique et linéaire des dépréciations des immobilisations, soit d'un amortissement dégressif des biens. Mais au-delà de ces deux modèles comptables d'amortissement pour dépréciation du patrimoine, ce mécanisme s'est caractérisé ces dernières années par des réformes qui tendent à affiner la mesure du patrimoine, mais aussi à accroître l'instabilité, ou tout du moins la variabilité, des plans comptables.

608. Ainsi, la méthode de comptabilisation par composant des actifs et de leur amortissement technique/industriel résulte de ce mouvement de réforme comptable. Elle permet à l'entreprise d'affiner les plans d'amortissements de son patrimoine en comparant la valeur nette comptable et la valeur actualisée réelle de chaque composant des différents actifs. Si l'entreprise constate des décalages entre ces deux valeurs, elle doit accélérer les processus de dépréciation des immobilisations dans ses plans comptables afin que ceux-ci reflètent avec sincérité l'état du patrimoine.

609. Transposée aux contrats administratifs, la technique de l'amortissement et les mécanismes de dépréciation qui lui sont inhérents conduisent à remettre en cause les modalités de calcul des durées contractuelles. En effet, celles-ci sont appréhendées de manière invariable par le droit alors qu'elles reposent sur une estimation de la durée d'amortissement des investissements qui est par définition fluctuante au cours de la durée de vie utile des actifs immobilisés. Ce phénomène démontre que la fixité des durées contractuelles doit être abandonnée au profit de clauses variables qui seraient tout à la fois

[616] Voir en ce sens Jean-David Dreyfus, « Comment faire face aux risques résultant de l'action contractuelle », *Revue des contrats publics*, n°73, janv. 2008, Groupe Moniteur, p 35.

plafonnées et révisables à la baisse durant la phase d'exécution, en fonction d'une périodicité prédéterminée dans le contrat.

610. Si une telle réforme consiste à transposer pleinement les particularités de comptabilisation des amortissements dans la commande publique, elle témoigne aussi d'une réintégration des effets du temps dans le contrat, dont l'encadrement grâce à ces clauses permet de sécuriser l'équilibre de l'accord contractuel. En parvenant à maîtriser les amortissements comptables traités par leurs cocontractants, les personnes publiques se trouvent ainsi en mesure de rationaliser l'exécution de leurs contrats de deux manières : d'abord au moyen des clauses variables; ensuite en expertisant la rentabilité du contrat.

Conclusion de la Partie I

611. La transposition de la technique des amortissements dans les contrats administratifs témoigne de la mise en œuvre de politiques de gestion patrimoniale par les cocontractants. Lorsque le contrat confie à ceux-ci la réalisation et/ou l'exploitation des immobilisations concourant à la réalisation d'un service public, ils définissent des plans d'amortissement dont les modalités de comptabilisation peuvent varier en fonction des processus décisionnels de chaque entreprise. Ces plans d'amortissements sont une manifestation des politiques de gestion patrimoniale destinées à maximiser leurs investissements.

612. Si la comptabilité publique a tenté de transposer la fonction technique de l'amortissement pour encadrer ce phénomène, l'analyse des contrats administratifs démontre que la personne publique n'est toujours pas en mesure de maîtriser le transfert patrimonial formalisé par le contrat et *in extenso* les opérations de gestion qui en résultent. Or, dans le cadre de ces politiques issues du secteur privé, les stratégies définies par le cocontractant le conduisent à établir des mécanismes de rentabilité appliqués sur les immobilisations qu'il finance. Les amortissements constituent donc un processus qui tend à la fois à responsabiliser le cocontractant vis-à-vis du patrimoine, mais aussi à accroître la rentabilité qu'il retire de ses investissements grâce au traitement des dépréciations affectant les biens de ces conventions.

613. Nonobstant les enjeux comptables des amortissements, les différences entre le secteur public et la sphère privée concernant ces modes de comptabilisation attestent d'une réforme en devenir pour les régimes des différents contrats administratifs. L'objectif est de permettre une maîtrise publique des opérations de gestion réalisées par le cocontractant. Les traitements des amortissements se caractérisant par une variabilité liée aux techniques de dépréciation, les effets du temps

sur l'exécution du contrat doivent être réintégrés dans ces régimes juridiques afin d'encadrer les conséquences comptables de cette technique dans une clause dédiée. Une telle réforme doit poursuivre trois objectifs : *encadrer les opérations patrimoniales* inhérentes à la commande publique ; *rationaliser la clause relative à la durée*, c'est-à-dire le droit à rémunération du cocontractant ; *limiter le niveau des tarifs et des recettes annexes* ; c'est-à-dire le contenu de la rémunération. L'idée directrice de cette proposition est de permettre une réappropriation de la gestion patrimoniale des contrats administratifs pour mieux encadrer ensuite les conséquences financières de l'amortissement sur le niveau de la rémunération du cocontractant.

Partie II

La maîtrise des amortissements financiers et la rationalisation de l'économie des contrats administratifs

614. Dans le secteur privé, l'amortissement représente une composante stratégique de la politique de gestion du patrimoine, définie par l'entreprise au cœur de son de son processus de production. Cette place réservée à ce mécanisme des dépréciations trouve deux explications. D'abord, l'amortissement du patrimoine résulte d'un choix entre plusieurs modèles permettant de retracer le plus fidèlement possible les pertes de valeurs des actifs et de minimiser leur impact sur les résultats d'exploitation[617]. Ensuite, sa mise en œuvre permet à l'entreprise de retirer des gains financiers de gestion qui sont de deux ordres : d'une part, étant tenue d'équilibrer son bilan, l'entreprise comptabilise des dotations aux amortissements qui permettent de compenser les pertes de valeurs du patrimoine et de le renouveler en temps voulu [amortissement financier] ; d'autre part, elle bénéficie de déductibilité d'impôts à hauteur des amortissements constatés et donc d'une politique fiscale volontariste favorisant l'investissement des entreprises [amortissement de caducité][618]. La reconstruction progressive du patrimoine grâce à cet amortissement et les déductibilités qui y sont attachées sont qualifiées de manière générique par les économistes de « capacité d'autofinancement »[619].

---

617 Ces pertes de valeurs résultent soit de facteurs internes (processus de production, réaffectation d'un actif, modalités d'utilisation du patrimoine), soit de causes externes (évolutions technologiques, environnement concurrentiel, changement de réglementation comptable). Cf. Alain Galesne, « Le financement de l'entreprise » éd. *CEREFIA*, 1996 et 2004. L'auteur explique que : « *la notion d'amortissement a deux visages : le premier correspond au souci de compenser la dépréciation économique des équipements ; le second correspond à la volonté des pouvoirs publics d'utiliser l'amortissement à des fins de politiques économiques* » ; p 43.

618 Cf. CNC, avis n°2002-07 du 2è juin 2007, relatif à l'amortissement et la gestion des dépréciations des actifs.

619 V. Gérard Melyon et Rémédios Noguera, « Comptabilité générale », *ESKA*, 4°éd., 2004, p 357.

615. Celle-ci correspond à une source de financement interne à l'entreprise qui résulte de son propre processus de production et d'utilisation des biens. Dans les stratégies de gestion des actifs immobilisés et amortissables, elle a pour objet de compléter les amortissements techniques ; ces derniers permettant d'intégrer comptablement les pertes de valeurs, tandis que l'amortissement financier et fiscal sert à les compenser[620].

616. Mais la transposition de ce mécanisme de gestion patrimoniale dans les contrats administratifs n'a pas respecté cette logique fonctionnelle[621]. Une préférence manifeste a été accordée à la fonction comptable de l'amortissement technique/industriel pour définir et élaborer le contenu juridique de certaines clauses contractuelles, comme celle relative à la durée[622]. Cependant, la gestion du patrimoine et le traitement de l'amortissement révèlent dans la pratique des carences. Si elles sont en partie liées aux décalages constatés entre la sphère publique et le secteur privé concernant le traitement de l'amortissement industriel, elles s'expliquent aussi par l'absence quasi-totale de prise en compte des amortissements financiers et de caducité par les praticiens de la commande publique.

617. Ce mécanisme de gestion constitue en la matière une exception essentiellement réservée au cas des délégations de service public[623]. Pour les autres formes de contrats administratifs, le cocontractant n'est pas autoriser à les comptabiliser. Cette restriction trouve son origine dans les spécificités des contrats de délégation qui mettent à la charge du délégataire des investissements qui ne peuvent pas toujours être amortis avant le terme de la convention. Afin de pallier une éventuelle perte qui pourrait en résulter et éviter une compensation par les tarifs, le droit fiscal

---

620 Voir en ce sens Jack Forget, « Dynamique de l'amortissement », *Renforcer l'autonomie financière de l'entreprise pour dynamiser ses investissements*, éd. *d'Organisation*, coll. Mémento Finance, 2005.

621 Il est ici fait référence à sa transposition législative par la loi Sapin n°93-122 du 29 janv. 1993, JO du 30/01/1993, p 1588 ; et précédemment par le juge du contrat, CE, 23 juin 1933, Lavabre cité ss. CE, Sect. 30 mai 1930, Chambre Syndicale du commerce en détail de Nevers, GAJA n°43 §5.

622 A titre non exhaustif, voir l'influence de l'amortissement sur le calcul de la durée des contrats de délégations. Cf. Art. 40 Loi Sapin n°93-122, *op. cit.*, transposée à l'article L1411-2 du CGCT. Pour les partenariats public-privé, voir l'article 1 de l'Ordonnance n°2004-559 du 17 juin 2004, JO du 19/06/2004, p 10994, repris dans la loi n°2008-735 du 28 juill. 2008, JO du 29/07/2008, p 12144.

623 Voir en ce sens Martin Collet, « L'amortissement fiscal des biens de retour dans les concessions de services publics », com. CE, 14 janv. 2008, Sté Sogeparc, *RJEP* n°7, juill. 2008, p 3 et s. ; « Précisions sur le régime fiscal des délégations de services publics », *RJEP* n°4, avril 2009, p 13 et s.

autorise la comptabilisation de ces amortissements financiers[624]. Ces derniers permettent donc d'accélérer artificiellement la dépréciation des biens visés au contrat.

618. Pour les praticiens, cette restriction emporte néanmoins divers problèmes juridiques et financiers. Le premier d'entre eux réside à n'en pas douter dans le fait que le cocontractant l'utilise pour adopter un comportement opportuniste soit en les comptabilisant alors qu'il n'y est pas autorisé, soit en surévaluant ces amortissements dans son bilan lorsqu'il est apte à les pratiquer[625].

619. Dans les deux cas, son objectif est d'augmenter sa rémunération en affectant les dotations aux amortissements à des placements financiers à risque limité. Il peut aussi reporter sur la personne publique la charge de cet autofinancement, qui devient alors une composante du prix de revient qu'il facture. Ces résultats financiers viennent alors s'ajouter à sa rémunération totale sans que la personne publique ne soit en mesure de les encadrer et de les rationaliser. Ce phénomène témoigne donc d'une asymétrie d'informations entre les parties concernant les conséquences financières de l'amortissement. Deux facteurs permettent d'expliquer cette situation.

620. D'abord, les contrôles contractuels de la personne publique ne sont pas adaptés à ce mécanisme car ils reposent essentiellement dans la pratique sur les éléments juridiques du contrat et les données générales d'exploitation[626]. Même si certains régimes juridiques ont récemment intégré certaines données financières dans ces contrôles, les conséquences de l'amortissement et de la gestion du patrimoine sont largement négligées[627]. Ensuite, le droit des contrats administratifs n'a pas donné aux personnes publiques les moyens d'expertiser efficacement ces amortissements et les données économiques d'exécution. Le pouvoir réglementaire, le législateur et le juge du contrat se sont effectivement montrés réticents à transposer dans ces procédures de contrôles des indicateurs issus du secteur privé qui sont soumis à des fluctuations

[624] Cf. Martin Collet, « Droit fiscal », éd. *PUF*, 2003 ; Instruction Adm. 31 janv. 1928 reprise dans CE, 31 juill. 1942, Sté X., req. n°64927, Rec. CE, 1942, p 241 ; Doc. Adm. DGI 4-D-265, §10.

[625] A titre non exhaustif, voir la lettre d'observations de la CRC Languedoc Roussillon, 6 déc. 2000, port de plaisance de Port Camargue, Cne Le Grau du Roi, Gard ; disponible à *http://www.ccomptes.fr*.

[626] La Commission Concession, ss. prés. Jean Driol (« Rapport sur les orientations générales en matière de comptabilité des sociétés concessionnaires », 1994, coll. Rapport Officiel) notait pourtant que l'objectif du contrôle des amortissements n'était pas seulement technique/comptable : « *Il s'agit de donner une image fidèle et exhaustive des moyens à la disposition du concessionnaire et de l'influence sur les résultats de l'entreprise* » ; p 42.

[627] Voir la réforme des contrôles publics des contrats de délégations, décret n°2005-236 du 14 mars 2005 (JO du 18/03/2005, p 4570), com. Florian Linditch, « Contenu du rapport du délégataire de service public : enfin le décret ! », *JCP A*, 23 mai 2005, p 822 et s.

importantes. En définitive, les contrôles contractuels publics sont aujourd'hui appréhendés comme des instruments juridiques et non comme des outils de suivi des données économiques des contrats administratifs.

621. Cette caractéristique de la commande publique se retrouve d'ailleurs dans les conditions d'encadrement de la rémunération du cocontractant. Le juge administratif adopte sur ce point une interprétation très restrictive : les personnes publiques ne peuvent modifier significativement cette clause contractuelle sous peine de contrevenir aux exigences de mise en concurrence, de transparence et de sécurité juridique[628]. Mais, en ne tenant pas compte des fluctuations qui caractérisent la rémunération du cocontractant [gains d'exploitation aujourd'hui encadrés ; gains de gestion liés notamment à l'amortissement], ce dernier est en mesure de réaliser une captation de profits grâce au contrat lui-même. En effet, le droit des contrats administratifs encadre la rémunération principale et accessoire du cocontractant. Cependant, celle-ci renvoie uniquement à l'exploitation. Les gains de gestion qui résultent par exemple des amortissements financiers ne sont pas pris en compte. Ces derniers jouent pourtant un rôle fondamental en la matière car ils placent le cocontractant en situation de définir et de réaliser des stratégies financières grâce à la gestion du patrimoine[629].

622. Afin de remédier à ce phénomène, le droit des contrats administratifs doit dorénavant prendre en compte ces données financières d'exécution, notamment celles liées à la gestion patrimoniale. En la matière, une réévaluation du rôle des amortissements financiers et de caducité s'impose afin qu'ils ne constituent plus seulement un correcteur d'écarts entre la durée du contrat et celle de l'amortissement technique. Leur utilisation doit être élargie en incitant les parties à constituer une stricte capacité d'autofinancement, qui permette de manière encadrée le seul renouvellement des biens de retour et des biens destinés à être repris par la personne publique[630].

---

[628] Le juge du contrat considère que la révision de la rémunération peut dépasser de manière limitée 5% dans les délégations de service public (Art. 49.1 de la loi Sapin n°93-122du 29 janv. 1993, JO du 30/01/1993, p 1588 ; loi n°95-127 du 8 fév. 1995, JO du 09/02/1995, p 2186 ; TA de Lille 2 juill. 1998, Préfet de la Région Nord-Pas-de-Calais, BJDCP 1999, p 72). En matière de marchés publics, le CMP prévoit des seuils qui ne peuvent être franchis (CE, 23 mai 1979, Cne de Fontenay-le-Fleury, Rec. 226), sauf en cas de sujétions imprévus qui autorisent un bouleversement de l'économie du contrat (CE, 30 juill. 2003, Cne de Lens, *BJCP* 2003, p 462). Voir en ce sens Laurent Richer, « Droit des contrats administratifs », *LGDJ*, 2014, p 226.

[629] Pour une application aux entreprises du secteur privé, voir Jean-Pierre Vernimmen, Pascal Quiry, Yann Le Fur, « Finance d'entreprise », *Dalloz*, 6° éd., 2005.

[630] La prise en compte de cette nécessité semble actée pour le juge administratif. Dans sa décision du 11 déc. 2008 (Sté SA Hôtelière la chaîne Lucien Barrière, req. n°309427, concl.

623. L'objectif est ainsi de donner les moyens aux personnes publiques de se réapproprier les données économiques de leurs contrats et de maîtriser les enjeux inhérents aux amortissements financiers et de caducité (Chapitre 1 : Les enjeux financiers de l'amortissement pour l'exécution des contrats administratifs). Toutefois, cette étape ne montre son utilité que si les personnes publiques sont en mesure de réévaluer au cours de la phase d'exécution l'équilibre économique de leurs accords contractuels. Sur ce point, elles doivent être à même de tenir compte des fluctuations financières de l'amortissement car celles-ci ont des conséquences importantes sur les conditions d'exécution de ces conventions et sur le niveau de rémunération du cocontractant. La maîtrise des amortissements financiers impose d'encadrer ces effets et de redonner en définitive aux contrats administratifs une capacité d'adaptation[631]. L'idée est de placer la personne publique en situation d'ajuster économiquement son contrat et de se conformer ainsi aux variations de l'amortissement (Chapitre 2 : L'ajustement économique du contrat aux fluctuations financières de l'amortissement).

Laurent Olléon), le Conseil d'Etat a élargi l'utilisation de l'amortissement de caducité à l'ensemble des délégations de service public.

[631] Certains auteurs mettent en avant ce besoin de la commande publique. A titre non exhaustif, voir Philippe Cossalter, « Les concessions à durée endogène et le principe de rentabilité limitée », Colloque 26 oct. 2006, Paris II.

Chapitre I : Les enjeux financiers de l'amortissement pour l'exécution des contrats administratifs

624. Lorsqu'une entreprise procède au traitement de l'amortissement du patrimoine, elle met en œuvre une politique de gestion qui poursuit deux objectifs : d'une part, intégrer comptablement les dépréciations affectant les biens ; d'autre part, anticiper leur renouvellement grâce aux dotations aux amortissements, qui sont des charges non-décaissées calculées à partir des pertes de valeurs[632]. Ceci explique qu'un actif est considéré comme entièrement amorti à partir du moment où les ressources qu'il a permis de créer couvrent ses coûts d'acquisition et de mise en service[633].

625. Mais ces deux fonctions [comptable et financière] de l'amortissement n'ont pas été exactement transposées dans les contrats administratifs. Si certains d'entre eux se réfèrent à l'amortissement technique/industriel[634], l'amortissement financier/ de caducité constitue une exception jusque là réservée aux délégations de service public[635]. Pourtant, la mise en œuvre de la fonction comptable de l'amortissement dans ces contrats suggère d'utiliser concomitamment l'aspect financier de ce mécanisme. En effet, les régimes juridiques des contrats administratifs établissent un rapport particulier entre la durée et la rémunération : la première représente un droit à rémunération, c'est-à-dire une période durant laquelle le cocontractant dispose de la faculté de pratiquer des tarifs pour obtenir un retour sur investissements[636] ; la seconde permet d'apprécier les composantes et le niveau des gains que

---

[632] Cf. Gérard Melyon et Rémédios Noguera, « Comptabilité générale », *ESKA*, 4°éd. 2004, p 352 et s.

[633] Jacques Forget, « Dynamique de l'amortissement », *Renforcer l'autonomie de l'entreprise pour dynamiser ses investissements*, éd. *d'Organisations*, coll. Mémentos financiers, 2005, p 15.

[634] Sur l'utilisation de l'amortissement industriel, voir : pour les délégations de services, l'article L1411-2 du CGCT ; pour les partenariats public-privé, l'article L1414-1 du CGCT, pour les marchés publics, voir l'article 16 du CMP ; pour les marchés à bon de commande supérieur à quatre ans, voir l'article 77 du CMP ; pour les conventions d'occupation domaniale, voir l'article L1311-1 et s. du CGCT, éd. 2009.

[635] Cf. Martin Collet, « L'amortissement fiscal des biens de retour dans les concessions de service public », *RJEP*, n°7 juill. 2008, p 3 et s. ; « Précisions sur le régime fiscal des délégations de service public », *RJEP* n°4 avril 2009, p 13.

[636] Cf. Cédric Milhat, « L'appréhension du risque financier dans les contrats de gestion déléguée de service public », *Revue Contrats et Marchés publics*, n°10, oct. 2006, p 7.

ce dernier retire de l'opération[637]. Cette connexion entre ces deux données contractuelles permet d'envisager une utilisation de l'amortissement financier pour encadrer la rémunération. Dans les contrats qui utilisent l'amortissement technique pour limiter la durée, la mise en œuvre de cette fonction financière aurait effectivement pour conséquence de déterminer ces deux clauses à partir d'un référentiel commun [l'amortissement] qui est tributaire de la réalisation et de la gestion du patrimoine.

626. Cette proposition se justifie d'autant plus que les cocontractants privés sont en mesure d'augmenter leur rémunération grâce aux gains de gestion qui résultent des biens visés dans le contrat. Les juridictions financières ont eu par exemple l'occasion de les dénoncer car ils sont constitutifs d'une captation de profits et ne sont pas négociés en amont par les parties[638]. Plus précisément, leur origine est à rechercher dans le manque de maîtrise des amortissements de caducité par les personnes publiques et dans une absence d'encadrement de ce mécanisme par le droit des contrats administratifs.

627. En effet, lorsque la gestion comptable des biens est confiée au cocontractant, celui-ci tente d'utiliser la fonction financière de l'amortissement, même s'il n'y est pas autorisé, car il sait que cette donnée est rarement expertisée par la personne publique. Elle lui permet de constituer ainsi une capacité d'autofinancement qui poursuit deux objectifs : d'une part, anticiper le renouvellement des biens, notamment des biens de retour qui sont souvent soumis à une obligation de remise en état avant le terme du contrat ; d'autre part, maximiser les gains résultant de la gestion patrimoniale car les dotations aux amortissements peuvent être affectées à des placements financiers à risque limité[639]. La rémunération accessoire qui résulte de ce mécanisme n'est pourtant pas intégrée dans les négociations, ni encadrée par les régimes juridiques. En outre, elle est peu souvent contrôlée durant la phase d'exécution, de sorte que l'indu perçu n'est jamais restitué à la personne publique au terme de

---

637 Ce rapport est mis en évidence, sans toutefois parler de droit à rémunération pour qualifier la durée, de la manière suivante : Montant des investissements à amortir + Bénéfice d'exploitation = Recettes x Durée du contrat. Voir Florian Linditch, « Recherches sur la place de l'amortissement en droit administratif », *AJDA* du 20 fév. 1996, p 103 ; André Coudevylle, « Les concessions de service public des collectivités locales », *Bibliothèque des collectivités locales*, p 74.

638 Voir les nombreux exemples de lettres d'observations des juridictions financières présentés par Gilles Millet et Alain Leyat, « Les Chambres territoriales et régionales des comptes et le contrôle des délégations de service public », *AJDA* du 17 sept. 2007, p 1696 et s.

639 Cf. Alain Galesne, « Le financement de l'entreprise » *Gestion fiscal des amortissements et des provisions*, éd. *CEREFIA*, Rennes, 1996 et 2004, p 48 et s.

la convention[640]. Plusieurs facteurs permettent de comprendre la survenance de phénomène dans la pratique.

628. D'abord, il existe un décalage manifeste entre l'utilisation de l'amortissement financier et de caducité par les cocontractants privés et sa transposition dans les régimes juridiques de ces contrats. Ces derniers ne tiennent pas compte de sa fonction financière et fiscale, de la même manière que les fluctuations de l'amortissement industriel ont été négligées. Le gain est donc double pour le cocontractant : la durée contractuelle est bien souvent surestimée par rapport aux investissements, qui ne sont alors plus une charge durant les dernières années du contrat[641] ; le niveau de la rémunération est encadré à la lumière des seuls gains d'exploitation, le contrat délaissant ceux qui résultent de la gestion du patrimoine[642]. Ensuite, et en conséquence du premier point, les structures tarifaires sont fréquemment surévaluées. Les juridictions financières ont démontré à de nombreuses reprises que les tarifs permettent au cocontractant d'obtenir une contrepartie supérieure à ses investissements, puisque toutes les rémunérations accessoires ne sont pas prises en compte lors des négociations[643]. Enfin, ce déséquilibre de l'économie du contrat est étroitement lié aux carences qui caractérisent les contrôles contractuels des personnes publiques et aux stratégies définies par le cocontractant pour dissimuler les résultats réels de la convention[644].

629. Si le principe d'une marge nette du cocontractant est nécessaire pour préserver l'attractivité des contrats administratifs[645], elle doit dorénavant

---

[640] Cf. Cour des Comptes, Rapport public de 2000, Les délégations de services publics, disponible à *http://www.ccomptes.fr*. La Cour des Comptes rappelle ainsi : « *Les provisions affectées pour le renouvellement des équipements doivent pouvoir être rapprochées des travaux réalisés, le reliquat éventuel étant restitué à l'autorité délégante au terme de la délégation de service public* » ; Partie 2, Chapitre IV, Section 3.

[641] Pour un exemple, voir CRC Languedoc Roussillon, 6 déc. 2000, lettre d'observations relative à la gestion du port de plaisance Port Camargue, Cne le Grau du Roi, Gard, disponible à *http://www.ccomptes.fr*.

[642] Pour une conséquence de ce phénomène lors d'une résiliation anticipée, voir CRC Midi Pyrénées, avis n°2004-0079 du 15 mars 2004, délégation de service public du parking du Capitole, disponible à *http://www.ccomptes.fr/CRC17/Avis/MPA04-0079.pdf*.

[643] A titre non exhaustif, voir les lettres d'observations suivantes : CRC Languedoc Roussillon, 16 déc. 1997, concernant la gestion du service public de l'eau pour le District de la Côte Vermeille, Cne de Port-Vendres, Pyrénées Orientales ; CRC Provence-Alpes-Côte-d'Azur, 11 mars 1999, gestion du service public de l'eau et de l'assainissement de la Cne de Port-Saint-Louis-du-Rhône ; disponibles à *http://www.ccomptes.fr*.

[644] Sur les carences des contrôles contractuels publics, voir CRC Rhône-Alpes, 24 nov. 1995 et 18 déc. 1997, gestion du service public de l'eau de la ville de Grenoble, disponible à *http://www.ccomptes.fr*. Sur les stratégies des cocontractants, voir par exemple le lissage de comptes évoqué par Jean-Baptiste Vila, « Rapport annuel des délégataires de service : le devenir d'une réforme depuis le 1er juin 2007 », *JCP A* n°28, 9 juill. 2007, p 16 et s.

[645] Ce principe est depuis longtemps précisé par la jurisprudence. Voir à titre non exhaustif TC, 8 juill. 1963, Sté Entreprise Peyrot c/ Sté de l'autoroute Esterel Côte-d'Azur, GAJA n°82.

être encadrée en tenant compte notamment des gains de gestion et donc de l'amortissement financier/ de caducité. Il apparaît en définitive que le véritable enjeu en la matière est surtout de déterminer une concordance entre le droit fiscal, qui consacre cet amortissement, et le droit des contrats administratifs, qui le néglige pour le moment. Cet enjeu est avéré car l'amortissement financier/de caducité a des conséquences importantes sur l'économie des accords contractuels conclus par les personnes publiques (Section 1). L'objectif est alors de les encadrer dans les contrats qui en permettent le traitement et d'élargir ensuite l'utilisation cet amortissement aux autres hypothèses de la commande publique (Section 2).

Section 1 : Les conséquences du régime de l'amortissement de caducité sur l'économie des contrats administratifs

630. Tout contrat administratif conclu entre une personne publique et un cocontractant privé revêt une nature particulière puisqu'il a pour objectif de satisfaire des besoins d'intérêt général grâce à des opérations privées d'investissement et/ou de gestion. Ce type de convention constitue donc un mécanisme juridique, mais aussi et surtout un rapport financier entre les parties. Dans cette hypothèse, l'amortissement industriel du patrimoine permet de mieux cerner le contenu économique du contrat puisqu'il remplit en la matière trois fonctions : il contribue d'abord à apprécier la valeur des investissements pris en charge par le cocontractant ; il permet ensuite de traiter les pertes de valeur des immobilisations classées selon leur nature ; il participe enfin à déterminer la base financière des mécanismes mis en œuvre pour reconstituer la valeur du patrimoine et anticiper le renouvellement des biens complètement amortis[646].

631. Grâce à ces trois fonctions, l'amortissement technique concourt à évaluer précisément les risques financiers des contrats administratifs, notamment ceux liés aux investissements et à leurs opérations de gestion.

Voir aussi en ce sens Laurent Richer, « Droit des contrats administratifs », *LGDJ*, 2014, p 460.

[646] L'amortissement complet d'une immobilisation et/ou de ses composants est constaté lorsque sa valeur comptable est nulle. De ce point de vue, l'amortissement industriel est une donnée permettant à l'entreprise de déterminer le moment optimal pour remplacer l'actif concerné. Voir en ce sens Gérard Melyon et Rémédios Noguera, « Comptabilité générale, ESKA », 2004, p 355.

Il conditionne en outre le contenu de certaines clauses contractuelles importantes, comme celle de la durée.

632. Ce lien entre les données comptables et financières de l'amortissement trouve son origine dans la finance d'entreprise qui rend indissociable l'amortissement industriel et l'amortissement de caducité[647]. Le premier sert à rendre compte dans les plans comptables des dépréciations affectant le patrimoine, tandis que le second permet de provisionner dans le même temps des sommes équivalentes afin d'anticiper le renouvellement des biens. Dans le secteur privé, ces deux types d'amortissement doivent être mis en œuvre simultanément si l'entreprise souhaite opérer une gestion optimale du patrimoine.

633. Dans la commande publique, le problème est que les conséquences financières de l'amortissement sont largement négligées. Elles influent pourtant sur le contenu économique et les conditions d'exécution des contrats administratifs. Les modalités de calcul de la durée contractuelle montrent par exemple que les incidences financières de l'amortissement industriel sont peu encadrées alors que cette clause reçoit deux interprétations fondamentales[648]. D'un côté, les praticiens reconnaissent unanimement le rôle de référentiel conféré à ce type d'amortissement pour déterminer le contenu de la durée de certains contrats. De l'autre, la seconde interprétation de la durée des contrats administratifs est rarement expertisée au moyen de la technique de l'amortissement alors que cette clause constitue aussi une période durant laquelle le cocontractant dispose d'un droit à rémunération ; période lui permettant d'obtenir un retour sur investissements.

634. Cette carence importante se retrouve d'ailleurs dans les conditions de mise en œuvre de l'amortissement de caducité par le droit des contrats administratifs. Même si son utilisation était jusque là limitée aux biens de retour des concessions de service public[649], la personne publique contrôle

[647] Voir en ce sens les analyses formulées par Jean-Pierre Fradin et Jean-Baptiste Geffroy, « Traité de droit fiscal de l'entreprise », éd. *PUF*, coll. Droit fondamental, 1° éd. 2003, p 364 et s.

[648] Pour une étude générale de l'aspect juridique et économique de ce mode d'action, voir les analyses de Laurent Vidal, dans sa thèse sur « L'équilibre financier du contrat dans la jurisprudence administrative » soutenue en 2003, Université Paris I, publiée aux éd. *Bruylant*, 2005. Pour une analyse des incidences liées aux prolongations de la durée des contrats de délégations, voir Hélène Hoepffner, « Le régime des modifications conventionnelles des conventions de service public », *Revue Contrats et Marchés publics*, n°6, éd. Lexis Nexis, déc. 2006, p 6 et s.

[649] Sur les restrictions d'utilisation de l'amortissement de caducité dans la commande publique, voir l'article 112-2° du CGI ; les Doc. Fisc. Lefebvre BIC-X-35590 à 36010 ; CE, 14 janv. 2008, Sté Sogeparc France, req. n°294541, com. Martin Collet, RJEP, éd. *Lexis Nexis,* n°7, juill. 2008, p 3 et s. Ce principe n'empêche toutefois pas le cocontractant de pratiquer un amortissement de caducité sur ses biens propres, indistinctement de la forme du contrat.

rarement cette donnée gérée par le cocontractant. Pis, de nombreux problèmes surviennent dans ce cas car son objectif dans la commande publique n'est pas conforme à celui de la comptabilité privée. Pour les entreprises, l'amortissement de caducité permet de provisionner des dotations aux amortissements dont la valeur correspond aux dépréciations constatées annuellement grâce au traitement comptable des amortissements techniques. Ces dotations lui permettent d'anticiper le renouvellement des biens en constituant une capacité d'autofinancement.

635. Dans les contrats administratifs, cet amortissement financier n'a pas pour objet de structurer une logique de remplacement des immobilisations. Il intervient surtout lorsque les biens de retour ont une durée de vie plus longue que celle du contrat. Il représente donc un complément d'amortissement permettant d'éviter que le cocontractant ne subisse une perte, résultant d'un écart entre la durée contractuelle et celle d'amortissement technique de ces actifs, qui serait compensée grâce aux tarifs. C'est pourquoi le droit fiscal le considère comme un correcteur, ou tout du moins un accélérateur artificiel, de l'amortissement technique normal des biens de retour. Mais le résultat de cette différence entre logiques privée et publique est que les personnes publiques n'encadrent jamais les processus de gestion de ces dotations. Ceci assure alors au cocontractant une marge nette qui n'est pas encadrée par le contrat[650].

636. Une réappropriation publique de cette donnée est donc nécessaire pour deux raisons : d'abord en vue de le rationaliser dans les contrats de délégation ; ensuite pour élargir son utilisation aux autres formes de contrats administratifs. Les contrôles contractuels publics doivent en la matière s'étoffer car à ce jour les délégataires utilisent l'amortissement de caducité pour constituer une capacité d'autofinancement, conformément aux dispositions comptables en vigueur, mais aussi pour définir de véritables stratégies financières[651]. Ils n'hésitent pas, par exemple, à dissimuler le poids réel de cette charge patrimoniale et sa rentabilité afin de justifier auprès de la personne publique une augmentation des tarifs[652].

637. Pour y remédier, les conditions de mise en œuvre de l'amortissement de caducité dans le champ de la commande publique doivent être précisées et encadrées. Il apparaît notamment que la nature des immobilisations, leur caractère renouvelable ou non et le versement

---

[650] Ce problème fondamental était d'ailleurs au cœur des analyses de la CRC Languedoc Roussillon, dans sa lettre d'observations du 6 déc. 2000, relative à la gestion du port de plaisance de Port Camargue, Cne Le Grau du Roi, Gard ; disponible à *http://www.ccomptes.fr*.

[651] Sur la capacité d'autofinancement constituée grâce aux dotations pour amortissement, voir Gérard Melyon et Rémédios Noguera, « Comptabilité générale », *ESKA*, 4°éd. 2004, p 357 et s.

[652] Sur ces stratégies, voir l'article de Gille Miller et Alain Leyat, « Les chambres régionales des comptes et le contrôle des délégations de service public », *AJDA* 17 sept. 2007, chron., p 1696 et s.

éventuel d'une indemnité par la personne publique au terme d'une concession, pour la réintégration de ces biens, sont des éléments déterminants. Sur ce point, les restrictions à l'usage de l'amortissement de caducité dans la commande publique laissent apparaître une opposition entre le droit fiscal et les régimes des contrats administratifs (§1). Si ce phénomène explique les difficultés d'encadrement des conséquences liées à cet amortissement, il n'est pas esseulé. Le cocontractant tente aussi de profiter de cette carence pour transférer le poids de cette charge à la personne publique (§2).

Paragraphe 1 : Les restrictions à l'usage de l'amortissement de caducité sur les biens de retour des contrats administratifs

638. La mise en œuvre de l'amortissement pour la gestion du patrimoine des contrats administratifs révèle une recherche d'optimisation des investissements financés par le cocontractant. Ce dernier procède pour cela à deux expertises : il évalue la nature et l'importance des investissements ; il estime les flux financiers qui résultent de la comptabilisation des dépréciations les affectant [amortissement technique] et qui permettent le financement interne du renouvellement des actifs [amortissement de caducité, capacité d'autofinancement].

639. En finance d'entreprise, la technique de la capacité d'autofinancement est la première conséquence de l'amortissement industriel. Elle est le résultat des sommes débitées au titre des amortissements techniques annuels [dotations aux amortissements] et qui viennent créditer les comptes d'amortissement des immobilisations. Ces flux financiers trouvent leur origine dans les modes de gestion du patrimoine. Ils sont donc internes à l'entreprise et constituent des gains non pas d'exploitation, mais de gestion. C'est pourquoi les fiscalistes considèrent que l'amortissement de caducité contribue à un autofinancement des biens, qui doivent être renouvelés lorsque leur valeur nette comptable est nulle[653].

640. Mais cette approche issue du secteur privé ne se transpose pas exactement au champ de la commande publique. Pour les biens de retour, l'usage de l'amortissement de caducité dans les contrats administratifs relève effectivement plus de l'exception que d'un principe

[653] Cf. Patrick Serlooten, « Droit fiscal des affaires » éd. *Dalloz*, coll. Précis, 2008, p 146 à 171.

fiscal courant[654]. Il y a encore peu de temps, seuls les cocontractants privés titulaires d'une concession de service public étaient autorisés à le pratiquer sur ces biens, en sus de l'amortissement technique traditionnel[655]. Cette restriction trouve son origine dans les spécificités du mode concessif qui ont été prises en compte par le droit fiscal pour encadrer le régime de l'amortissement de caducité. Dans ce champ juridique, l'amortissement financier n'a ainsi pas pour objet de permettre au cocontractant de constituer une capacité d'autofinancement, mais de compléter l'amortissement technique des biens de retour destinés à retourner gratuitement dans la sphère publique.

641. Les restrictions apportées par les régimes juridiques à la durée des concessions de service public a en effet pour conséquence de rendre parfois impossible l'amortissement technique complet de ces biens. Le cocontractant ne peut donc obtenir dans ce cas un retour sur investissements normal des biens de retour qu'il finance. C'est pourquoi le droit fiscal l'autorise à comptabiliser des amortissements de caducité sur toute la durée du contrat[656]. L'objectif est ainsi d'éviter que le concessionnaire ne répercute cette perte sur les tarifs. En effet, ce dernier n'aurait pas d'autre choix dans cette hypothèse que de compenser ce coût grâce aux tarifs, en les augmentant parfois à un niveau excessif. Ceci aurait alors pour conséquence de faire perdre au service public son attractivité.

642. Au-delà de l'objectif poursuivi en la matière par le droit fiscal, la comptabilisation d'amortissements de caducité répond à une série d'exigences qui font de ce mécanisme un élément technique difficilement maîtrisable par les personnes publiques, mais aussi par leurs cocontractants. Les enjeux financiers liés à cette fonction de l'amortissement rendent cependant impérieux un encadrement juridique, qui n'a pas réellement pris forme depuis 1975[657]. Un rapprochement de la commande publique avec la logique privée de l'amortissement de caducité est inévitable en la matière. L'idée est ainsi d'élargir l'utilisation de cette technique à l'ensemble des hypothèses des contrats publics en vue de favoriser les opérations de renouvellement du patrimoine. Une refonte partielle du raisonnement actuel du droit des

[654] Pour les biens propres de tous les contrats administratifs, le cocontractant est autorisé, dans le cadre des dispositions fiscales applicables aux sociétés, à pratiquer un amortissement de caducité normal.

[655] Sur cette restriction, voir l'article 112-2° du CGI, éd. 2009 et le « Mémento Pratique de droit fiscal », feuillet n°98 BIC-x-36300 et s., éd. *Francis Lefebvre*, 2006. Sur son élargissement aux autres formes de délégations, voir Martin Collet, « Précision sur le régime fiscal des délégations de service public », *RJEP* n°4, avril 2009, p 13 et s.

[656] « Documents fiscaux BIC-X-35590 à 36010 », éd. *F. Lefebvre* ; Article 112-2° et l'annexe III du CGI, éd. 2009.

[657] Conseil National de la comptabilité, « Guide comptable des entreprises concessionnaires », 1975 (jamais publié).

contrats administratifs doit donc avoir lieu en matière d'amortissement de caducité (A).

643. Pour autant, une telle transposition se heurte aux spécificités du droit fiscal et notamment au principe d'autonomie qui le caractérise. En vertu de ce dernier, toutes les règles applicables dans ce champ juridique n'ont pas vocation à s'appliquer dans une autre branche du droit. *A priori*, ce principe constitue donc une limite manifeste à l'adaptation des règles fiscales dans la commande publique pour encadrer le traitement de l'amortissement de caducité. Mais, même si la portée de ce principe ne peut être remise en question à ce jour, une solution est envisageable. Le juge du contrat dispose aujourd'hui de certains outils pour élaborer un raisonnement spécifique permettant d'encadrer ce mécanisme dans la commande publique grâce aux solutions fiscales (B).

A- Le régime juridique de l'amortissement de caducité dans les contrats administratifs

644. Dans le secteur privé, l'amortissement de caducité est un outil au service d'une politique de gestion vertueuse visant à financer en interne le renouvellement des actifs immobilisés. Mais cette logique ne préside pas à la commande publique pour le moment[658]. L'amortissement financier y représente une exception qui a pour objectif non pas de participer à la création de flux financiers à partir du processus de gestion, mais de pallier les écarts constatés entre la durée d'amortissement technique des biens de retour financés par le cocontractant et celle du contrat.

645. Ceci explique que son utilisation s'est limitée jusqu'à présent à l'hypothèse des concessions de service public[659]. Ces dernières ont connu dans les années 1990 des restrictions qui rendent parfois impossible la concordance entre ces deux durées [contractuelle et d'amortissement technique des biens de retour] étant donné l'importance des investissements pris en charge par le concessionnaire[660]. C'est précisément pour corriger les écarts ainsi constatés - exceptionnels à l'époque, mais plus fréquents aujourd'hui - que le droit fiscal a prévu dès 1928 la possibilité de comptabiliser ce type d'amortissement dans le

[658] Sur la capacité d'autofinancement résultant de l'amortissement de caducité, voir Jean-Pierre Fradin et Jean-Baptiste Geffroy, « Traité du droit fiscal de l'entreprise », éd. *PUF*, coll. Droit fondamental, 2003, p 364 et s.

[659] Cf. Article 112-2° et Annexe III Article 41 bis à 41 quinquies du CGI, éd. 2009.

[660] Loi Sapin n°93-122 du 29 janv. 1993 (JO du 30/01/1993, p 1588) et loi n°95-101 du 2 févr. 1995 (JO du 03/02/1995, p 1840) pour le service public de l'eau.

mode concessif[661]. Sa mise en œuvre dans ce montage repose sur une distinction précise qui impose aux parties de vérifier deux éléments : d'abord, elles doivent déterminer si les immobilisations concernées, c'est-à-dire les biens de retour financés par le cocontractant, sont renouvelables ou non ; ensuite elles doivent vérifier si les biens de retour qui ne sont pas totalement amortis à la fin du contrat doivent ou non faire l'objet d'une indemnisation pour leur réintégration dans la sphère publique[662].

646. Si ces éléments ne sont pas expertisés, la mise en œuvre de l'amortissement de caducité ne peut être encadrée et a pour conséquence une augmentation de la rémunération du cocontractant, au-delà de son niveau prévisionnel estimé *ex-ante*. Nous trouvons là une explication au fait qu'il constitue une exception dans la commande publique. Si l'objectif est de parvenir à rationaliser ce mode d'action, son utilisation doit pourtant être redéfinie et généralisée à toutes les formes de contrats administratifs.

1/ Méthode et conditions d'utilisation de l'amortissement de caducité dans la commande publique

647. La mise en œuvre de l'amortissement de caducité dans le champ de la commande publique ne répond pas aux mêmes objectifs que ceux qui président au secteur privé. En comptabilité, l'amortissement de caducité correspond à la somme des dotations aux amortissements, c'est-à-dire la somme des dépréciations constatées sur les actifs immobilisés, qui viennent créditer un compte d'attente[663]. Il s'agit d'une charge non-décaissée qui permet à l'entreprise de reconstituer progressivement la valeur des actifs affectés par des dépréciations constantes. Cette opération lui permet alors de renouveler l'actif concerné lorsque celui-ci a une valeur nette comptable nulle. En cela les économistes parlent de capacité d'autofinancement pour caractériser l'amortissement de caducité[664]. Ce dernier permet finalement de dégager du processus de gestion interne à l'entreprise les sommes nécessaires pour renouveler le patrimoine tombé en désuétude.

---

[661] Cf. CE, 31 juill. 1942, Sté X., Rec. CE 1942, p 241. Le juge fiscal applique aux concessions l'Instruction administrative du 31 janv. 1928 relative à l'amortissement de caducité.

[662] Voir en ce sens Martin Collet, « L'amortissement fiscal des biens de retour dans les concessions de service public », com. CE, 14 janv. 2008, Sté Sogeparc France, req. n°297541, Jurisdata n°2008-081270, *RJEP*, n°7 juill. 2008, p 3 et s.

[663] Pour un aperçu des mouvements comptables aux comptes de débit et de crédit liés à l'amortissement, voir Gérard Melyon et Rémédios Noguera, « Comptabilité générale », *ESKA*, 4° éd., 2004, p 363 et 364.

[664] Jean-Pierre Fradin et Jean-Baptiste Geffroy, « Traité du droit fiscal de l'entreprise », éd. *PUF*, p 364.

648. Cette approche de l'amortissement dans le secteur privé appelle plusieurs remarques. D'abord, les pouvoirs publics ont mis en place une politique volontariste grâce à ce mécanisme du droit fiscal qui incite de cette manière les entreprises à définir sur le long terme des stratégies d'investissements. Ensuite, cet amortissement est comptabilisé à partir d'une estimation du prix de renouvellement. Or, les opérations de remplacement du patrimoine sont nécessairement réalisées pour un coût de revient supérieur au coût d'acquisition initiale. De fait, l'amortissement de caducité est inévitablement surévalué par rapport aux dépréciations réellement constatées par les amortissements techniques[665]. Enfin, et ce n'est que la conséquence du second point, l'approche classique du secteur privé en la matière ne peut être exactement transposée au droit des contrats administratifs. En effet, la surévaluation de l'amortissement de caducité par rapport à l'amortissement technique, qui sert à pallier la différence entre le coût d'acquisition initiale et le coût de renouvellement, se répercuterait invariablement sur le prix de revient final. La transposition d'une telle logique dans le droit des contrats administratifs aurait alors pour conséquence une augmentation artificielle de la rémunération du cocontractant, au-delà de son niveau prévisionnel estimé par les parties lors des négociations.

649. C'est pourquoi le droit fiscal restreint l'utilisation de cet amortissement dans le champ de la commande publique. Seuls les biens de retour et certains biens de reprise des contrats de délégation sont ainsi concernés par ce mécanisme financier[666]. Bien entendu, le cocontractant est autorisé à pratiquer sur ses biens propres un amortissement de caducité, indistinctement de la forme du contrat. Mais, en ce qui concerne les biens de retour et certains biens de reprise, la restriction fiscale se justifie pour une raison assez simple : la durée contractuelle ne permet pas toujours au cocontractant d'amortir techniquement la totalité de leur valeur. En effet, depuis les années 1990, le mode concessif par exemple connaît un encadrement spécifique de sa durée contractuelle[667]. La plupart du temps celle-ci ne peut, sauf dérogation dûment motivée,

---

[665] Cf. Alain Galesne, « Le financement de l'entreprise », *Gestion fiscale des amortissements et des provisions*, éd. *CEREFIA*, 1996 et 2004, p 55 et s. L'auteur explique ainsi que les dotations pour amortissement sont constituées à partir du coût de renouvellement. Elles sont donc plus importantes que l'amortissement technique traité à partir du coût d'acquisition et de mise en service de l'actif immobilisé.

[666] A noter toutefois que Martin Collet, dans « Précisions sur le régime fiscal des délégations de service public » (com. CE, 11 déc. 2008, SA Hôtelière La Chaîne Lucien Barrière, *RJEP*, n°4 avril 2009, p 13 et s.), considère que le juge fiscal a entendu élargir l'utilisation de cet amortissement à l'ensemble des contrats de délégations. Cette approche peut toutefois être relativisée. Il est possible que le juge fiscal ait souhaité appliquer à un contrat en cours (un affermage de casino), les règles relatives au contrat de principe des casinos (la concession).

[667] Loi Sapin n°93-122 du 29 janv. 1993 (JO du 30/01/1993, p 1588) et loi n°95-101 du 2 févr. 1995 (JO du 03/02/1995, p 1840) pour le service public de l'eau.

dépasser 20 ans, comme dans le cas des gestions déléguées du service public de l'eau[668]. Mais, lorsque cette durée contractuelle est rapportée aux valeurs d'usage applicables en matière d'amortissement technique, la différence est manifeste. Ainsi un immeuble construit par un concessionnaire dans le cadre d'un contrat de 20 ans ne peut être complètement amorti puisque la durée d'amortissement prévue par la comptabilité varie entre 20 et 50 ans. Dans cet exemple, la durée contractuelle ne peut alors correspondre à celle de l'amortissement technique des biens de retour financés par le cocontractant.

650. Cette absence de concordance entre ces deux durées emporte également un coût financier pour le cocontractant puisqu'il n'est pas en mesure d'obtenir un retour sur investissements complet pour ces missions contractuelles[669]. La seule solution serait pour lui de répercuter ce coût non amorti sur le prix de revient de ses prestations, qui connaîtrait alors une augmentation manifestement excessive et qui ferait perdre au service public toute son attractivité, aussi bien pour les usagers que pour les sociétés candidates.

651. Afin d'éviter de telles conséquences, le droit fiscal permet au cocontractant de comptabiliser un amortissement de caducité qui n'aura pas cette fois pour fonction de dégager un autofinancement direct, mais de corriger la perte résultant des écarts entre la durée d'amortissement technique des biens concernés et celle du contrat[670]. L'amortissement de caducité constitue donc dans les délégations de service public une sorte d'accélérateur artificiel de l'amortissement industriel normal des biens de retour. Ce complément d'amortissement inverse d'ailleurs la relation entre la durée du contrat et la technique d'amortissement. En matière de durée contractuelle, nous avons pu constater que celle-ci dépend de la durée d'amortissement technique. Mais d'un point de vue financier, la durée contractuelle conditionne cette fois le contenu de l'amortissement

---

[668] Loi n°95-101, *op. cit.*, et Art. L1411-2 du CGCT, éd. 2009. Voir en ce sens CE, 8 avril 2009, Cie Générale des Eaux, Cne d'Olivet, concl. rapporteur Edouard Geffray, com. Florian Linditch, « De la caducité contractuelle et de ses conséquences sur les contrats dont la durée excède celle de l'amortissement des investissements », *JCP A* du 15 juin 2009, p 29 et s. ; Gabriel Eckert, « Durée des délégations de service public conclues antérieurement à l'entrée en vigueur de la loi Sapin du 29 janvier 1993 », *Revue Contrats et marchés publics*, n°5, mai 2009, com. n°164. Voir aussi Laurent Richer, « Droit des contrats administratifs », *LGDJ*, 2014, p 506.

[669] Pour un exemple concret, voir le Procès verbal annexé au compte rendu de séance du Sénat, 31 mars 2005, concernant le projet de loi relatif au contrat de concession des aéroports, articles 14 à 17, disponible à *http://www.senat.fr/seances/s200503/s20050331/s20050331001.html.*

[670] Cf. Article 112-2° du CGI et Annexe III, articles 41 bis à 41 quinquies, du CGI, éd. 2009.

de caducité[671]. Pour comprendre le fonctionnement de cette dérogation, un exemple s'impose.

652. Pour un contrat de concession d'une durée de 5 ans prévoyant un investissement considéré comme un bien de retour, d'une valeur de 90 et renouvelable au bout de 3 ans contre une valeur de 100, l'interprétation actuelle des dispositions fiscales aboutit au traitement suivant[672] :

. Année du Contrat :	1	2	3	4	5	TOTAL
- Amortissement de caducité :	18	18	18	18	18	90
- Amortissement technique :	30	30	30	-	-	90
- Provision pour renouvellement :	3	3	4	-	-	10
						190

. *Bilan du Cocontractant :*

ACTIF	PASSIF	
Immobilisation concédée = 100	Capital =	100
	Perte =	(190)
	Capitaux Propres =	0
	Amortissement Caducité =	90
	Provisions =	10
	Total =	100

653. Ce traitement n'apparaît pas conforme, pour plusieurs raisons, aux exigences comptables, fiscales et juridiques inhérentes à la commande publique. D'abord, en utilisant la valeur initiale complète du bien pour calculé l'annuité d'amortissement de caducité (d'une valeur de 18 dans notre exemple, correspondant à la valeur initiale du bien 90 divisé par le nombre d'années du contrat de 5 ans), le cocontractant bénéficie d'un double gain : d'une part, il perçoit un premier remboursement pour la part amortie du bien grâce aux tarifs ; d'autre part, il bénéficie de déductions fiscales sur la part amortie et sur la part non-amortie de l'actif. Cette solution a donc pour conséquence d'accroître sa rémunération sans que la personne publique ne soit en mesure de l'encadrer. Ensuite, le bilan du cocontractant ne respecte pas le principe de sincérité comptable prévu par le Plan comptable général. La valeur du bien transféré à la fin du contrat (100 dans l'exemple susvisé) est

[671] Cf. CE, 14 janv. 2008, Sté Sogeparc, req. n°297541, com. Martin Collet, *RJEP* juill. 2008, p 3 et s. ; CE, 11 déc. 2008, Sté Hôtelière la chaîne Lucien Barrière, req. n°309427, com. M. Collet *RJEP* avril 2009, p 13 et s.

[672] Cet exemple est tiré des analyses de Benoît Lebrun, lors de la Conférence IMA France, KPMG, 28 avril 2009, disponible à *http://www.ima-france.com/load_conference/IMA.20090428_Benoit-Lebrun.pdf.*

effectivement supérieure à la valeur réelle ; le bien continuant à subir des dépréciations pendant les deux dernières années.

654. Même si l'ambition de ce mécanisme est de pratiquer une politique volontariste pour permettre au cocontractant de dégager une marge nette à partir de ses investissements, il permet d'entretenir des différences entre l'exécution du contrat et les éléments négociés en amont par les parties. Nous ne pouvons concevoir aujourd'hui qu'un intéressement soit accordé au cocontractant sans un contrôle de la personne publique, ni un encadrement par le contrat et les régimes juridiques. Afin de respecter l'objectif du droit fiscal [à savoir éviter que la part non-amortie des biens de retour ne constitue une perte pour le cocontractant] et se conformer aux exigences du droit des contrats administratifs, le système doit connaître des améliorations. L'amortissement de caducité ne doit plus être pratiqué sur la totalité de la valeur initiale du bien, mais seulement sur la part non-amortie de celui-ci au terme du contrat. Cette base doit ensuite servir à définir l'annuité d'amortissement fiscal en la divisant par le nombre d'années du contrat, afin de respecter l'idée que cet amortissement est tributaire de la durée contractuelle. En reprenant l'exemple susvisé, le traitement que nous proposons est alors le suivant :

. Année du Contrat :	1	2	3	4	5	TOTAL
- Amortissement de caducité :	6,8	6,8	6,8	6,8	6,8	34
- Amortissement technique :	30	30	30	33	33	156
- Provision pour renouvellement :	-	-	-	-	-	0
						190

655. Dans cet exemple, la valeur 34 est calculée en diminuant de la valeur du renouvellement (100 à la fin de la 3ème année) la totalité des amortissements techniques constatés à la 4ème année et à la 5ème année, soit 66. La valeur 34 étant la valeur résiduelle du bien à la fin du contrat, elle est divisée par le nombre d'années du contrat pour obtenir l'annuité d'amortissement de caducité (6,8). De cette manière, le traitement relatif au bien concerné présente plusieurs avantages. Il permet d'abord de respecter le principe de traitement des amortissements techniques qui doit s'effectuer tout au long de la durée du contrat. Il évite ensuite un « sur-amortissement » par le cocontractant qui conduit, avec le système actuel, à accroître indûment sa rémunération. Il clarifie enfin l'état du bilan du cocontractant au terme de la convention. En effet, son bilan présente à l'actif et au passif la part réellement non-amortie du bien considéré. Seule la part amortie durant les deux dernières années du contrat est ainsi traitée comptablement par le cocontractant. L'amortissement de caducité vient alors se cumuler à l'amortissement technique durant le contrat, de la même manière qu'avec le système actuel. La seule différence réside dans l'annuité d'amortissement de

caducité traitée par le cocontractant (qui est de 6,8 dans notre exemple et qui s'obtient en divisant 34, la valeur résiduelle du bien à la fin du contrat, par 5, le nombre d'années du contrat). Le traitement proposé permet donc de rationaliser cet amortissement. Par exemple, pour une infrastructure d'une valeur de 30 millions d'euros, financée par un concessionnaire dans le cadre d'un contrat de 20 ans, dont la valeur résiduelle est de 10 millions d'euros à la fin du contrat, le rapport entre la durée contractuelle, la durée d'amortissement technique et la valeur des amortissements fiscaux concordent alors comme en témoigne le graphique suivant :

Figure n°7 : Analyse croisée des amortissements pratiqués et de la durée d'un contrat de concession de service public

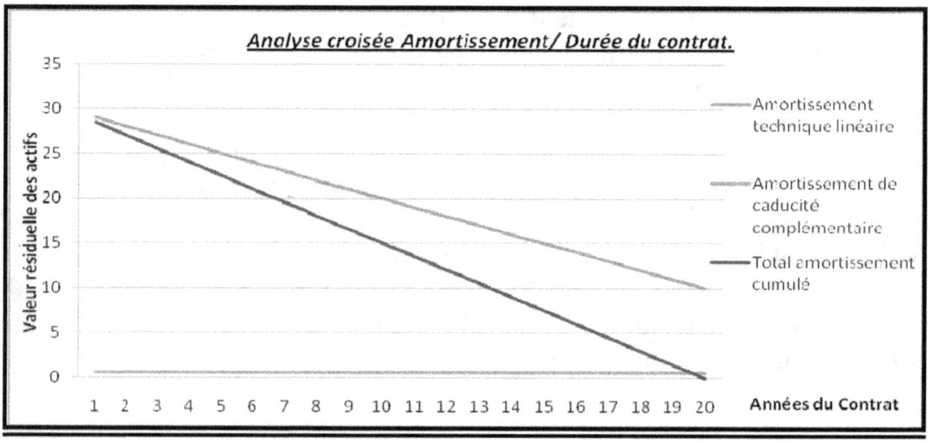

Année du contrat	1	2	3	4	5	6	7	8	9	10	11	12	13	14	15	16	17	18	19	20
Amortissement technique linéaire (valeur résiduelle bien)	29	28	27	26	25	24	23	22	21	20	19	18	17	16	15	14	13	12	11	10
Amortissement de caducité complémentaire	0,5	0,5	0,5	0,5	0,5	0,5	0,5	0,5	0,5	0,5	0,5	0,5	0,5	0,5	0,5	0,5	0,5	0,5	0,5	0,5
Valeur résiduelle du bien grâce au cumul des deux amortissements	28,5	27	25,5	24	22,5	21	19,5	18	16,5	15	13,5	12	10,5	9	7,5	6	4,5	3	1,5	0

656. Dans l'exemple susvisé, nous pouvons remarquer qu'au terme du contrat de concession de 20 ans, l'infrastructure concernée a une valeur résiduelle de 10 millions d'euros. Son amortissement technique n'est donc pas complet au terme de la convention. Le seul moyen pour corriger cet écart est de pratiquer un amortissement de caducité complémentaire qui est calculé à partir du rapport « valeur non amortie

techniquement/nombre d'années du contrat ». Pour obtenir l'annuité d'amortissement financier (0,5 millions d'euros dans notre exemple), les parties doivent effectivement utiliser la valeur résiduelle du bien à la fin du contrat (10 millions dans le tableau susvisé) et la diviser par le nombre d'années du contrat (20 ans dans notre hypothèse). Cet amortissement financier vient alors s'ajouter à l'amortissement technique constaté annuellement sur l'actif immobilisé. Cette correction artificielle de la durée d'amortissement technique permet alors d'obtenir une valeur résiduelle véritablement nulle au terme du contrat, grâce au cumul de deux formes d'amortissements (dernier point constaté sur la courbe rouge à la vingtième année du contrat). Ce calcul relativement simple dissimule cependant des conditions strictes pour la mise en œuvre de l'amortissement de caducité. Le Conseil d'Etat a prévu quatre conditions principales et une spécifique aux biens de faible valeur nécessitant un renouvellement[673].

657. *La première* renvoie à la nature des immobilisations concernées. Seuls sont visés par le mécanisme de l'amortissement de caducité dans les contrats de concessions les biens de retour et les biens de reprise destinés à retourner gratuitement dans la sphère publique[674]. Cette spécificité se comprend assez aisément. Le cocontractant réalise pour ces actifs des investissements conséquents qui sont à la fois une source d'appauvrissement au début du contrat, mais aussi une source de profits puisqu'ils créent de la valeur tout au long de l'exécution. Néanmoins, il n'est pas le plus souvent en mesure d'obtenir un retour sur investissements complet des frais engagés puisque la durée contractuelle est souvent plus courte que celle de leur amortissement technique. S'ils font l'objet d'un retour gratuit dans la sphère publique, le cocontractant subit alors une perte correspondant à la valeur nette résiduelle du bien. Si la personne publique procède au rachat des biens à hauteur de leur valeur résiduelle, le gain est en revanche double pour le cocontractant : d'une part, il accroît sa rémunération en dégageant tout au long du contrat des franchises d'impôts grâce aux déductions fiscales de l'amortissement financier[675] ; d'autre part il perçoit une indemnité de la personne publique pour la valeur non-amortie des biens, qui n'est en principe pas due puisque les franchises d'impôts sont censées couvrir cette éventuelle perte. La conséquence est alors un « sur-amortissement » qui augmente sa marge nette[676]. C'est pourquoi, en raison de l'absence de limite

[673] Cf. CE, 14 janv. 2008, Sté Sogeparc, req. n°297541, com. Martin Collet, *RJEP* juill. 2008, p 3 et s. ; CE, 11 déc. 2008, Sté Hôtelière la chaîne Lucien Barrière, req. n°309427, com. M. Collet, *RJEP* avril 2009, p 13 et s.

[674] Ibid.

[675] Article 112-2° du CGI, éd 2009.

[676] Sur les conséquences du « sur-amortissement » dans le secteur privé, voir Alain Galesne, « Le financement de l'entreprise », *Gestion fiscale des amortissements et des provisions*, éd.

opérante pour le contenu de la rémunération et de clause de reversement des éventuels indus perçus, le juge a su rappeler que le versement d'une indemnité n'était pas du par la personne publique lorsque le cocontractant avait régulièrement pratiqué un amortissement de caducité sur les biens concernés[677].

658. La *seconde condition* concerne l'origine du financement des biens visés par les dispositions fiscales relatives à cet amortissement financier. Les actifs immobilisés éligibles doivent avoir été financés intégralement par le cocontractant[678]. Cette caractéristique exclut donc tous les biens subventionnés ; c'est-à-dire les biens mis à disposition à titre gratuit, même partiellement, par la personne publique. Si cette condition n'était pas prévue, le cocontractant multiplierait par deux la rente qu'il retire de la gestion du patrimoine : la personne publique finançant partiellement ou totalement les actifs immobilisés, le cocontractant bénéficierait de déductions d'impôts et d'un retour sur investissements grâce aux tarifs. Cette situation aurait pour conséquence de lui permettre une déduction fiscale supérieure au montant réel de ses investissements. Si l'objet de l'amortissement de caducité est en la matière de pallier d'éventuelles pertes, il ne doit pas pour autant conduire à un phénomène de « sur-amortissement » ayant pour conséquence une captation de profits qui n'est ni négociée, ni encadrée par le contrat[679].

659. En outre, pour les immobilisations répondant aux deux premières conditions, le cocontractant peut pratiquer ce type d'amortissement sans tenir de leur caractère renouvelable ou non[680]. Si cette *troisième condition* semble s'appliquer de plein droit aux immobilisations non-renouvelables car elles ont une durée de vie plus longue que celle du contrat, elle apparaît plus difficile à appréhender pour la seconde catégorie de biens. La prise en compte des immobilisations renouvelables dans le régime de l'amortissement de caducité semble effectivement antinomique avec le phénomène qui justifie l'existence

---

CEREFIA, 1996 et 2004, p 55 et s. Sur les conséquences de ce phénomène en matière de contrats administratifs, voir Martin Collet, « L'amortissement fiscal des biens de retour dans les concessions de service public », com. CE, 14 janv. 2008, Sté Sogeparc, req. n°297541, *RJEP* n°7 juill. 2008, p 3 et s.

[677] CE, 7 fév. 1979, req. n°8475, *RJF* 1979, n°118. A cette occasion le juge administratif rappelle le principe de cette indemnité : « *La sortie de l'actif d'une entreprise sera en effet compensée par l'inscription de l'indemnité qui, le plus souvent, aura vocation à couvrir la valeur comptable du biens au jour de son retour au concédant* ».

[678] Voir CE, 11 déc. 2008, SA Hôtelière La chaîne Lucien Barrière, req. n°309427 ; com. Martin Collet, « Précisions sur le régime fiscal des délégations de service public », *RJEP* n°4 avril 2009, p 13 et s.

[679] Sur le phénomène de « sur-amortissement » voir Alain Galesne, *op. cit.*

[680] CE, 11 déc. 2008, SA Hôtelière La chaîne Lucien Barrière, req. n°309427 ; com. Martin Collet, « Précisions sur le régime fiscal des délégations de service public », *RJEP* n°4 avril 2009, p 13 et s.

même de cette dérogation fiscale. Leur durée de vie comptable étant de toute évidence inférieure à la durée contractuelle puisque ces biens doivent être remplacés, l'amortissement de caducité ne devrait pas trouver à s'appliquer. Néanmoins, le droit fiscal complète ce raisonnement en considérant que les dernières séquences d'utilisation des actifs renouvelables sont aussi concernées par l'amortissement fiscal car elles ne sont pas complètes au terme de la convention. Par exemple, pour un bien d'une valeur de 600, amorti en quatre ans dans le cadre d'un contrat de 15 ans, le dernier renouvellement ne permet pas son amortissement technique complet avant la fin du contrat. Ce bien aura à ce moment précis une valeur résiduelle de 150, de sorte que le cocontractant ne pourra que constater une perte équivalente[681]. C'est précisément pour éviter la survenance d'une telle situation que le droit fiscal permet la comptabilisation d'amortissements de caducité pour ce type d'actifs. En la matière, l'enjeu pour la personne publique est de contrôler si cet amortissement complémentaire est correctement traité. Le premier point à respecter, même s'il ne fait pas encore l'objet d'encadrement précis, est que seule la dernière séquence d'amortissement doit être concernée. Dans le cas contraire, cela signifierait que le cocontractant utilise toutes les séquences d'amortissement et multiplie ainsi sa marge nette car il répercute le coût des différents renouvellements sur les tarifs et bénéficie aussi d'une réduction d'impôts équivalente aux sommes traitées grâce à l'amortissement financier[682].

660. Enfin, la *quatrième condition* consacrée par le Conseil d'Etat est la moins consensuelle[683]. Il s'agit du caractère certain du terme de la convention qui doit être estimé *ab initio* et qui ne doit pas avoir pour conséquence le versement d'une quelconque indemnité, même éventuelle, lors de la réintégration des biens dans la sphère publique. Pour que le cocontractant puisse légalement comptabiliser des amortissements de caducité, les parties doivent être sûres dès le début que ce retour patrimonial se fera gratuitement. Ce critère, relatif à l'incertitude pesant sur le versement d'une indemnité publique et conditionnant *in extenso* la mise en œuvre de l'amortissement de caducité, ne manque pas de soulever de nombreuses questions pour le

---

681 Dans notre exemple, le cocontractant pratique un amortissement de 150 par an. Sa valeur totale étant de 600, il faut 4 ans pour amortir complètement le bien (600/150=4). Le contrat étant d'une durée de 15 ans, il y aura 3 renouvellements (15/4=3,75). La dernière phase d'utilisation du bien correspond donc à 3 ans (15-(3x4)=3). Un amortissement de 450 est constaté sur cette période (150x3=450). La valeur résiduelle est de 150 (600-450=150).

682 Sur la déductibilité d'impôts sur les sociétés, voir l'article 112-2° du CGI, éd. 2009.

683 Cf. CE, 14 janv. 2008, Sté Sogeparc France, req. n°297541, Jurisdata n°2008-081270, com. Martin Collet, « L'amortissement fiscal des biens de retour dans les concessions de service public », *RJEP* n° 7 juill. 2008, p 3 et s.

droit de la commande publique. Il apparaît très large et inadapté en l'état car l'amortissement se caractérise par de nombreuses fluctuations durant la phase d'exécution, qui bouleversent inévitablement les certitudes des parties en la matière. Le cas de l'« *Impairment test* » et/ou des réinvestissements pour s'adapter aux exigences de la concurrence et aux évolutions technologiques font de l'indemnité probable une hypothèse plutôt quasi-généralisée[684]. Cependant, l'incertitude sur l'issue de toutes les conventions longues n'emporte pas dans la pratique l'absence de mise en œuvre de l'amortissement de caducité par le cocontractant.

661. Ce critère jurisprudentiel constitue donc un facteur d'accroissement du risque d'un sous-investissement par le cocontractant, ou plus exactement d'un réinvestissement qui est réalisé à moindre coût durant la phase d'exécution. La notion de certitude conduit ici le cocontractant à définir une stratégie dont le but n'est pas de procéder à un renouvellement optimum du patrimoine car cette opération le priverait du bénéfice de l'amortissement de caducité qui lui permet d'augmenter la rentabilité du contrat. Son objectif est surtout de réaliser un renouvellement d'une qualité moindre pour éviter le reversement d'une indemnité à la fin du contrat et profiter ainsi pleinement des conséquences financières de ce mécanisme. Il adopte ainsi un comportement opportuniste en utilisant la caractéristique première de l'amortissement, à savoir son caractère définitif aussi bien pour l'amortissement industriel que pour l'amortissement de caducité[685]. Cette quatrième condition apparaît donc bien imprécise pour diverses raisons : ses contours semblent incertains ; son contenu consacré par le juge fiscal est en inadéquation avec les fluctuations qui caractérisent l'amortissement du patrimoine et la phase d'exécution ; ses effets concourent à accroître les risques pour les parties, et notamment pour la personne publique. Au vu de tous ces éléments, elle ne devrait avoir qu'un avenir limité dans le champ de la commande publique.

662. A ces quatre conditions générales vient s'ajouter une autre petite restriction concernant certaines opérations courantes de gestion du cocontractant qui, dans certains cas, peuvent être considérées comme des actifs immobilisés soumis à l'amortissement de caducité. Le juge administratif admet qu'il puisse être pratiqué de tels amortissements sur ce type d'opérations si celles-ci respectent les critères suivants : elles doivent pouvoir être immobilisées en tant qu'actif ; elles ne doivent pas être une obligation visée dans l'accord contractuel ; elles ne doivent pas faire l'objet d'une indemnisation au terme du contrat ; elles doivent

---

[684] Sur l'« *Impairment Test* » voir Partie I, Chapitre 2, Section 2, §2, A ; l'article L123-18 du Code de commerce ; les articles 322-5.3 et 322-4.6° du PCG 2009.

[685] Le caractère définitif de l'amortissement est rappelé par le Conseil d'Etat, le 22 oct. 1990, Cie parisienne de chauffage urbain, req. n°1437.

constituer une amélioration significative du service public, destinée à revenir dans la sphère publique. Ainsi, des travaux de remise en état prévus par le contrat, telles que des opérations de peinture et de rénovation des bâtiments, ne donnent pas au cocontractant la possibilité de comptabiliser des amortissements financiers[686].

663. En ce qui concerne ses modalités de comptabilisation par les cocontractants, le droit fiscal se veut évasif. Ce mécanisme n'est d'abord pas soumis à l'obligation de comptabilisation annuelle minimale, comme l'amortissement industriel[687]. En outre, pour s'adapter aux conditions d'exécution des concessions et remplir sa fonction initiale [à savoir compenser une perte de valeur en raison d'un amortissement technique incomplet], il est soumis à une comptabilisation annuelle linéaire et fait l'objet d'une déclaration détaillée aux instances fiscales[688].

664. Cette technique de gestion à la disposition des délégataires est donc ambivalente : d'une part, sa mise en œuvre se caractérise par des conditions strictes ; d'autre part, son traitement comptable et fiscal, *a priori* structuré et simple, est en réalité difficile à mettre en œuvre. Mais derrière le flou qui caractérise aujourd'hui l'amortissement de caducité dans le champ de la commande publique se dissimule un élément de gestion qui peut contribuer à étoffer le contenu économique du contrat. La personne publique peut notamment l'utiliser comme un élément d'appréciation de l'économie du contrat s'il est généralisé à l'ensemble des hypothèses de contrats administratifs.

2/ De la nécessité d'élargir l'utilisation de l'amortissement de caducité dans la commande publique

665. A ce jour le droit fiscal et le droit des contrats administratifs ne prévoient la possibilité de mettre en œuvre l'amortissement de caducité que dans l'hypothèse des délégations de service public. Cette restriction trouve son origine dans les spécificités des concessions qui ne permettent pas d'amortir techniquement, avant le terme de la convention, le patrimoine considéré comme des biens de retour et qui a été financé par le cocontractant[689]. Ce dernier pouvant subir une éventuelle perte de cette situation, ce régime juridique autorise la pratique d'un amortissement complémentaire dont l'objet est de corriger artificiellement les écarts

[686] CE, 11 déc. 2008, SA Hôtelière La chaîne Lucien Barrière, req. n°309427, Martin Collet, *RJEP* 2009, p 13.
[687] Voir en ce sens l'art. 39 B du CGI, éd. 2009.
[688] L'annuité d'amortissement de caducité est obtenue grâce au rapport « valeur résiduelle de l'actif au terme du contrat/nombre d'années du contrat ». Cf. Patrick Fumenier, « Amortissement de caducité pratiqué par les concessionnaires de service public », *LPA* n°57, 19 mars 2008, p 3 et s.
[689] Cf. CE, 31 juill. 1942, Sté X, Rec. CE 1942, p 241.

entre la durée contractuelle et celle de l'amortissement industriel de ces actifs.

666. Néanmoins, le juge administratif a récemment laissé entrevoir une application plus large de ce mécanisme dans le champ de la commande publique. Dans une décision du 11 décembre 2008, il considère, même s'il en écarte l'utilisation dans le cas d'espèce, que l'amortissement de caducité peut trouver à s'appliquer aux contrats d'affermage lorsque ceux-ci présentent des caractéristiques analogues aux concessions de service public[690]. C'est en tout cas cette interprétation qui a guidé les conclusions du rapporteur et l'analyse doctrinale de cette jurisprudence[691]. En réalité, nous pouvons interpréter différemment la portée de cette décision, en considérant qu'elle s'apparente plus à une jurisprudence d'espèce du juge du contrat qu'à un véritable revirement de jurisprudence. En effet, le cas étudié était un contrat d'affermage relatif à l'exploitation d'un casino[692]. Il n'est donc pas improbable que le juge administratif ait surtout voulu tenir compte des spécificités du régime juridique de cette activité, qui interdit dorénavant tout contrat qui ne serait pas une concession, pour solder une opération particulière conclue sous l'empire des anciennes dispositions. C'est pourquoi le contrat d'affermage, dont l'exécution est terminée à ce jour, a pu être rapproché en l'espèce du régime des concessions en ce qui concerne l'amortissement de caducité. Pour autant, cette jurisprudence est riche d'enseignements en ce qui concerne l'avenir de l'amortissement de caducité dans les contrats administratifs[693].

667. En reprenant le raisonnement qu'il a pu récemment développer[694], le juge administratif réhabilite ainsi l'utilisation de l'amortissement de caducité pour une raison simple : lorsque cet amortissement est comptabilisé, la perte résultant de l'écart entre la durée contractuelle et celle de l'amortissement technique du patrimoine n'est pas compensée

---

[690] CE, 11 déc. 2008, SA Hôtelière La chaîne Lucien Barrière, req. n°309427, *RJEP* avril 2009, p 13 et s.

[691] Martin Collet, « Précisions sur le régime fiscal des délégations de service public » *RJEP* n°4 avril 2009, p 13 et s. Voir en ce sens les conclusions du rapporteur Laurent Olleon sur CE, 11 déc. 2008, *op. cit.*

[692] Sur le régime juridique des délégations de casinos voir la loi du 15 juin 1907, JO du 16/06/1907 ; loi n°2006-437 du 14 avril 2006, JO du 15/04/2006, p 5693, complétée par l'arrêté du 14 mai 2007, JO du 17/05/2007, p 9568. Voir aussi Jean-Baptiste Vila, « La réforme du régime juridique applicable aux délégations de Casinos : les enjeux d'une modernisation », *JCP A* du 24 déc. 2009, p 39 et s.

[693] A noter toutefois que dans une jurisprudence du 11 août 2009 (Sté Maison Comba, req. n°303517, concl. Rapporteur Bertrand Dacosta), le Conseil d'Etat a relativité le rôle de l'amortissement et a décidé de ne pas se fier à une interprétation comptable et fiscale trop précise de ce mécanisme.

[694] Voir en ce sens CE, 14 janv. 2008, Sté Sogeparc France, req. n°297541, *RJEP* juill. 2008, p 3 et s.

par le prix de revient facturé aux usagers, mais par un subtil jeu de déductions fiscales. Mais ses vertus ne s'arrêtent pas là. En tant qu'élément déductible dans la déclaration fiscale annuelle, l'amortissement de caducité permet au cocontractant d'avoir la garantie que l'impôt sur les sociétés ne porte que sur ses résultats nets d'exploitation. Il ne subit de cette manière aucune imposition sur la fraction des tarifs qui servirait à rembourser la part non-amortie de ses investissements en patrimoine ; ne s'agissant plus en principe d'une composante du prix. Ces précisions financières apportées au traitement économique du contrat grâce à cet amortissement font de ce dernier un élément essentiel pour les autres formes de contrats publics.

668. Si les caractéristiques des concessions étaient auparavant les seules à justifier la mise en œuvre de cet amortissement, tel n'est plus le cas aujourd'hui. Les partenariats public-privé témoignent par exemple de conditions d'exécution similaires à celles du mode concessif. Ces contrats complexes et longs imposent effectivement au cocontractant de financer des investissements importants. Certains sont destinés à revenir sans indemnité dans la sphère publique et leur durée d'amortissement technique est parfois supérieure à celle du contrat[695]. Leur régime juridique doit donc de toute évidence transposer le mécanisme de l'amortissement de caducité. Dans le cas contraire, ce mode d'action risque de perdre de son attractivité pour deux raisons : d'une part, le prix facturé à la personne publique, et parfois en partie aux usagers, augmentera à terme pour compenser la perte résultant des écarts entre les deux durées ; d'autre part le cocontractant devra intégrer la part non-amortie des biens dans son impôt sur les sociétés, puisque celle-ci sera une composante du prix de revient de ses prestations[696]. La transposition de l'amortissement de caducité dans ce régime juridique s'impose, si l'ambition est de favoriser le recours à ce contrat[697].

669. Mais un raisonnement similaire trouve aussi à s'appliquer aux conventions d'occupation domaniale. En effet, les sociétés titulaires d'un contrat de concession sont autorisées à pratiquer un amortissement fiscal sur des biens pour lesquels aucun amortissement industriel n'est autorisé. C'est notamment le cas des terrains résultant soit d'une acquisition par le cocontractant, soit d'une mise à disposition à titre gratuit ou onéreux par la personne publique. Les dispositions comptables et les règles fiscales interdisent la pratique de l'amortissement technique sur ces biens car

[695] Voir en ce sens l'ordonnance n°2004-559 du 17 juin 2004, JO du 19/06/2004, p 10994 ; loi n°2008-735 du 28 juill. 2008, JO du 29/07/2008, p 12144 ; loi n°2009-179 du 17 fév. 2009, JO du 18/02/2009, p 2841.

[696] Voir en ce sens les articles 39 B et 39 C du CGI, éd. 2009.

[697] Loi n°2008-735 du 28 juill. 2008 (JO du 29/07/2009, p 12144). Voir par exemple J-B Vila, « De l'Urgence et de la Complexité à repenser la réforme relative aux partenariats public-privé », *JCP A* du 9 juill. 2009, p 30 et s.

l'usure du fait du temps et/ou de l'usage est difficilement quantifiable[698]. Pour autant, elles permettent un amortissement financier car elles considèrent les terrains comme une composante de l'investissement global[699]. Ce cas particulier déroge de toute évidence à l'objet de l'amortissement de caducité dans la commande publique, qui est de compléter l'amortissement industriel du patrimoine sur la durée du contrat. En revanche, il est d'un intérêt certain pour les conventions d'occupation du domaine public. Ces dernières prévoient généralement une mise à disposition du domaine qui s'accompagne de droits plus ou moins prononcés pour l'occupant[700]. Ce dernier ne pouvant pratiquer d'amortissement technique [sauf si la convention lui accorde un droit exclusif sur le terrain] et *in extenso* d'amortissement financier, il n'a d'autre choix que de répercuter dans ses tarifs les frais inhérents à la mise à disposition[701]. La mise en œuvre de l'amortissement de caducité dans ce régime juridique permettrait donc d'éviter cette solution inadaptée, de rééquilibrer les tarifs pratiqués par l'occupant et de réguler le contenu économique de la convention.

670. En la matière, les cas des contrats de partenariats et d'occupation domaniale peuvent être aussi complétés par celui des marchés de mobilier urbain. Nous savons que la mise en œuvre de l'amortissement de caducité dans le mode concessif obéit à deux objectifs [financier et fiscal] simples : d'un côté, éviter que la part non-amortie techniquement des biens destinés à retourner sans indemnité dans la sphère publique ne grève de manière trop importante les tarifs du cocontractant ; de l'autre, concourir au principe de sincérité fiscale en faisant en sorte que l'impôt sur les sociétés ne porte que sur les résultats d'exploitation. Or, les récentes avancées de la jurisprudence en matière de marchés de mobilier urbain permettent d'établir un parallèle avec ce raisonnement inhérent aux concessions de service public. Dans une décision du 4 février 2009, le juge administratif a eu effectivement l'occasion de souligner que le

---

[698] Articles 282 et 393-1-1 du PCG (Com. RC, règlement n°2005-09), éd. 2009, disponible à *http://www.minefi.gouv.fr/directions_services/CNCompta/pcg/pcg_maj0712.pdf.* Le Bulletin trimestriel du CNC (n°32 oct. 1977) désigne deux comptes pour comptabiliser l'amortissement de caducité sur des éléments non-amortissables : le compte 142 bis « Droits du concédant exigibles en nature au titre de l'amortissement de caducité sur les immobilisations non renouvelables qui doivent être remises gratuitement au concédant » ; le compte 650 « Dotations aux droits du concédant exigibles pour l'amortissement de caducité ».

[699] Pour un exemple concret, voir la lettre d'observations de la CRC Rhône Alpes du 17 juin 2002, Cie Nationale d'Aménagement du Bas-Rhône Nord Languedoc, disponible à *http://www.ccomptes.fr/fr/CRC14/documents.*

[700] Sur le régime des conventions d'occupation domaniale, voir les articles L1311-1 et s. du CGCT, éd. 2009.

[701] Sur la nature du droit du cocontractant, voir à titre non exhaustif CE, 5 fév. 2009, Association SCA, req. n°305021, Jurisdata n°2009-074873, com. Alexandre Guigue, *JCP A* n°18, 27 avril 2009, p 33 et s.

critère du prix d'un marché de mobilier urbain doit comprendre, pour être conforme à l'objet du contrat, le coût de la redevance domaniale, celui des prestations à réaliser et les recettes issues des prestations publicitaires[702]. Seule la réunion de ces composantes peut permettre au pouvoir adjudicateur d'apprécier économiquement les offres des candidats dans le respect des règles de mise en concurrence. Nous retrouvons en la matière deux éléments qui justifient l'application de cet amortissement aux contrats de concession : une partie ou la totalité des investissements est financée par le cocontractant et la redevance liée à l'occupation plus ou moins prolongée du domaine public. Or, même si le régime des marchés de mobilier urbain ne prévoit pas la mise en œuvre, ni le contrôle de l'amortissement de caducité, ces conventions sont souvent l'occasion pour les cocontractants de développer des mécanismes qui rivalisent d'ingéniosité pour augmenter leur rémunération[703]. Dans la pratique, ceux-ci peuvent ainsi comptabiliser indûment cet amortissement, sans autre contrôle que celui des instances fiscales. Pour éviter une double rémunération résultant à la fois de l'intégration d'une part non-amortie techniquement des biens dans le prix de revient facturé et dans les déclarations fiscales, le régime juridique des marchés de mobiliers urbains doit transposer l'amortissement de caducité afin de mieux l'encadrer et de donner aux personnes publiques les moyens d'en contrôler le contenu.

671. Mais ce mouvement consistant à élargir la pratique de ce mécanisme emporte bien entendu de nombreuses questions. La première d'entre elles est de savoir si les règles fiscales trouvent à s'appliquer dans le droit des contrats administratifs. Sur ce point, le principe d'autonomie du droit fiscal[704], représente une limite évidente à une telle généralisation de l'amortissement fiscal. Plus précisément, il emporte deux solutions : soit le contrat encadre la pratique de l'amortissement de caducité, le juge du contrat est alors compétent en cas de litige ; soit le contrat ne prévoit rien en la matière, le juge fiscal est compétent pour corriger les gains du cocontractant en les soumettant à la taxe sur la plus-value de cession.

702 CE, 4 fév. 2009, Cne de Toulon, req. n°311344, Jurisdata 2009-074879, com. Jean-Paul Pietri, « Modalités de fixation du prix dans un marché de mobilier urbain », *Revue Contrats et Marchés publics*, n°4 avril 2009, p 6 et s.

703 A titre non exhaustif, voir Autorité de la concurrence, déc. n°05-D-36 du 30 juin 2005, relative au respect par les sociétés du groupe JC Decaux des injonctions prononcées par la déc. n°98-D-52 du 7 juill. 1998, disponible à *http://www.autoritedelaconcurrence.fr/user/standard.php?id_rub=149&id_article=444.*

704 Un débat doctrinal existe toujours sur ce principe. Cf. Maurice Cozian, « Propos désobligeants sur une « tartre à la crème » : L'autonomie et le réalisme du droit fiscal », *Revue de Droit fiscal*, 1999, n°13, p 530 et s.

B- Les difficultés d'encadrement de l'amortissement de caducité des biens de retour au regard des règles de droit fiscal

672. Au terme d'une analyse sommaire, l'encadrement des effets de l'amortissement de caducité pour rationaliser l'économie des contrats administratifs semble indiscutable. Mais la véritable difficulté pour parvenir à le transposer pleinement n'est pas tant le contenu juridique qui pourrait lui être attribué par le droit des contrats publics que les solutions qui pourraient être proposées lorsque son utilisation a pour conséquence d'accroître la marge nette du cocontractant.

673. Le principal risque de cette technique financière est effectivement d'occasionner un « sur-amortissement » si elle n'est pas étroitement contrôlée par la personne publique[705]. Lorsque sa mise en œuvre se cumule avec le versement d'une indemnité par la personne publique pour le retour dans la sphère publique des biens concernés, le cocontractant augmente sa marge nette sans supporter en contrepartie un investissement matériel équivalent à ses gains : d'un côté, il bénéficie tout au long du contrat de déductions fiscales dont la comptabilisation a pour objet de pallier ses éventuelles pertes en raison des écarts entre les deux durées ; de l'autre, il perçoit de la part de la personne publique des sommes correspondant à la valeur résiduelle des biens.

674. Cette hypothèse d'un double gain est aisément vérifiable dans la pratique et emporte alors la question du traitement de cette plus-value soit par le droit fiscal, soit par le droit des contrats administratifs. La conservation par le cocontractant du gain fiscal et de l'indemnité versée par la personne publique ne peut effectivement avoir lieu si l'objectif est de rationaliser le contenu économique des contrats administratifs. Or, les solutions en la matière n'apparaissent pas tranchées et dépendent essentiellement de la branche du droit d'où elles sont issues. Le droit fiscal propose par exemple de taxer le surplus perçu par le cocontractant, c'est-à-dire l'indemnité versée par la personne publique, en tant que plus-value de cession. Mais à y regarder de plus près, cette solution apparaît peu satisfaisante pour le droit des contrats administratifs.

675. S'il est admis que des risques entourent la pratique de l'amortissement de caducité, les solutions apportées par le droit à cette question semblent les augmenter. En la matière la principale difficulté à surmonter afin de proposer des solutions viables juridiquement [c'est-à-

---

[705] Sur les conséquences du « sur-amortissement » dans le secteur privé, voir Alain Galesne, « Le financement de l'entreprise », *Gestion fiscale des amortissements et des provisions*, éd. *CEREFIA*, 1996 et 2004, p 55 et s. Sur les conséquences de ce phénomène en matière de contrats administratifs, voir Martin Collet, « L'amortissement fiscal des biens de retour dans les concessions de service public », com. CE, 14 janv. 2008, Sté Sogeparc, req. n°297541, *RJEP* n°7 juill. 2008, p 3 et s.

dire respectant à la fois les règles fiscales et l'objectif de la commande publique] est de se conformer à l'autonomie du droit fiscal. Il convient donc d'ériger en principe le fait que ce dernier ne doit intervenir que dans l'hypothèse où le contrat n'encadre pas le traitement de l'amortissement de caducité et/ou ses conséquences financières.

1/ Le principe d'autonomie du droit fiscal : une limite pour adapter dans la commande publique les règles relatives à l'amortissement de caducité

676. La mise en œuvre de l'amortissement de caducité dans le champ de la commande publique relève d'une exception prévue par le droit fiscal[706]. Initialement, cette dérogation avait pour objet de permettre au cocontractant titulaire d'une concession de service public de compenser une perte qui résultait d'un décalage entre la durée d'amortissement technique des biens de retour qu'il finançait et celle du contrat[707].

677. Mais derrière cette caractéristique propre au mode concessif, de nombreuses conditions encadrent l'utilisation de ce mécanisme par les concessionnaires. Leur but est d'éviter que ce dernier ne perçoive une double compensation au titre des pertes qui pourraient en résulter lors de l'exécution du contrat. C'est pourquoi la dérogation prévue par le droit fiscal laisse au cocontractant le bénéfice de l'amortissement de caducité sur certains biens s'il ne perçoit aucune indemnité de la part de la personne publique lors de leur réintégration dans la sphère publique. En soumettant la part non-amortie des biens soit aux déductions fiscales résultant de l'amortissement financier, soit à une compensation financière versée par la personne publique et calculée sur la base de la valeur résiduelle de chaque bien, le droit fiscal permet d'éviter que le cocontractant ne perçoive dans ce cas une double rémunération. Au-delà des conditions inhérentes à sa mise en œuvre, cet amortissement soulève la question du règlement d'un éventuel litige soit entre les instances fiscales et la société, soit entre les parties au contrat lorsque le cocontractant cumule les gains fiscaux et financiers.

678. Or, le droit fiscal, qui a établi le cadre juridique relatif à l'amortissement de caducité dans les contrats de concession, a aussi prévu une procédure particulière pour traiter les litiges survenant lors de la mise en œuvre de cette dérogation[708]. Pour bénéficier des déductions fiscales résultant de l'amortissement de caducité, le concessionnaire doit préalablement déposer aux instances fiscales une demande spéciale

---

[706] Article 112-2 du CGI°, complété par les articles 41 bis à 41 quinquies de l'annexe III du CGI, éd. 2009.

[707] Cf. CE, 11 déc. 2008, SA Hôtelière La chaîne Lucien Barrière, req. n°309427, com. Martin Collet, « Précisions sur le régime fiscal des délégations de service public », *RJEP* n°4 avril 2009, p 13 et s.

[708] Ibid.

comprenant un état détaillé du contenu, de la nature et de l'importance des biens concernés[709]. Cette demande, qui doit intervenir dans les vingt jours à partir du moment où l'opération d'amortissement de caducité est décidée, permet ainsi aux instances fiscales de contrôler la cause, l'objet et l'étendue de la moins value que subit que le cocontractant en raison du rapport « durée contractuelle/durée d'amortissement technique des biens de retour »[710]. L'objectif est de vérifier que le terme du contrat ne soit pas pour le cocontractant l'occasion de cumuler le bénéfice des déductions fiscales résultant de cet amortissement et le versement d'une indemnité par la personne publique au titre du retour des biens concernés[711].

679. Lorsqu'il apparaît que le cocontractant bénéficie d'un tel cumul, l'administration fiscale peut, aux fins de rectification, saisir pour avis la Commission départementale de conciliation[712]. Cette dernière, qui siège dans le département dans lequel sont situés ou immatriculés les biens, a pour fonction de comparer les bénéfices résultant de la mise en œuvre de l'amortissement de caducité au regard de l'éventuelle indemnité versée par la personne publique au titre de la part techniquement non-amortie des biens. Elle vérifie notamment que le bilan de la société ne présente pas à l'actif une inscription correspondant à une indemnité versée par la personne publique[713]. Elle a donc compétence pour rendre un avis qui permet ensuite à l'administration de corriger et de rectifier les déclarations du cocontractant qui seraient susceptibles de cumuler le bénéfice des deux opérations ; l'une fiscale grâce à la déductibilité d'impôts des sommes concernées par l'amortissement de caducité, l'autre strictement financière résultant du rachat de la part non-amortie par la personne publique. Une fois la rectification opérée par l'administration fiscale, le cocontractant dispose de la faculté de saisir le juge fiscal pour solliciter un contrôle du redressement opéré. Si le juge

---

[709] Voir en ce sens l'article 41 bis de l'annexe III du CGI, éd. 2009.

[710] C'est pourquoi l'article 41 ter de l'annexe III prévoit qu'une déclaration détaillée accompagne la demande prévue à l'article 41 bis de l'annexe III du CGI, éd. 2009.

[711] Martin Collet, dans son article sur « L'amortissement fiscal des biens de retour des concessions de service public » (com. CE, 14 janv. 2008, Sté Sogeparc, *RJEP* n°7 juill. 2008, p 3 et s.) rappelle d'ailleurs que : « *(...) l'amortissement de caducité a normalement vocation à permettre à l'entreprise de dégager en franchise d'impôts les sommes indispensables au renouvellement d'un bien nécessaire à l'exploitation* » ; p 4.

[712] Sur cette hypothèse, voir l'article 41 quater de l'annexe III du CGI ; sur la procédure, voir l'article 667 du CGI ; sur la Commission départementale de conciliation, voir les articles 1653A et 1653B du CGI, éd. 2009.

[713] Martin Collet, *op. cit.* Comme le rappelle l'auteur en se servant de la décision du CE du 7 fév. 1979 (n°8475, RJF, 1979, n°18) pour analyser l'indemnité versée à cette occasion par la personne publique : « *La sortie du bien de l'actif d'une entreprise sera en effet compensée par l'inscription de l'indemnité qui, le plus souvent, aura vocation à couvrir la valeur comptable du bien au jour de son retour au concédant* » ; p 4.

fiscal est amené à constater un double gain pour le cocontractant, résultant du cumul des déductions fiscales liées à l'amortissement de caducité et du versement d'une indemnité par la personne publique, il semble qu'il ne soit pas démuni de moyens pour rectifier les déclarations de la société. Pour certains membres de la doctrine, le juge fiscal est effectivement en mesure d'imposer l'indemnité indûment versée par la personne publique, sur la base de la plus-value de cession d'éléments d'actifs immobilisés[714]. Ce dernier rétablit ainsi l'équilibre souhaité par le droit fiscal lors de l'utilisation de ce mécanisme financier dans le cadre des contrats administratifs. Mais cette solution ne tient pas compte des spécificités de la commande publique et du principe de liber administration des collectivités territoriales. En effet, au regard des différents montages, elle n'apparaît pas satisfaisante pour plusieurs raisons.

680. D'abord, le régime fiscal de la plus-value de cession immobilière met en place un système d'imposition au niveau national[715]. Or, lorsqu'il s'agit de corriger un déséquilibre portant sur un contrat administratif local, ce régime pose un problème : la personne bénéficiant de la correction apportée par le juge fiscal n'est pas l'autorité concédante locale, mais les instances fiscales nationales. Certes, ce raisonnement permet d'éviter que le cocontractant ne réalise une captation de profits en bénéficiant de deux compensations financières pour les investissements qui ne peuvent être totalement amortis sur la durée du contrat. Mais cette solution n'est de toute évidence pas satisfaisante car l'entité bénéficiaire de la rectification fiscale n'est pas celle qui a versé l'indemnité imposée.

681. Ensuite, le mécanisme de la plus-value de cession immobilière est soumis par le droit fiscal à une série d'abattements, accompagnée d'un taux d'imposition plafond[716]. Il en résulte que la rectification opérée atteint rarement le niveau des gains réalisés par le cocontractant grâce au cumul de l'amortissement de caducité et de l'indemnité versée par la personne publique. Le cocontractant bénéficie donc dans tous les cas d'un gain qui vient augmenter sa rémunération totale ; celle-ci dépassant alors le niveau négocié par les parties. De cette manière, il est incité à

---

[714] Sur l'imposition de la plus value de cession d'éléments d'actifs immobilisés, voir l'article 39 duodecies et s. du CGI. Sur la proposition d'imposer ainsi l'indemnité versée par la personne publique, voir Martin Collet, « L'amortissement fiscal des biens de retour des concessions de service public », com. CE 14 janv. 2008, Sté Sogeparc, req. n°297541, *RJEP* n°7 juill. 2008, p 5.

[715] Voir en ce sens Olivier Debat, « Droit fiscal des affaires », éd. *Montchrestien Lextenso*, 2008, p 247-248.

[716] Cf. Patrick Serlooten, Droit fiscal des affaires, Dalloz, coll. Précis, 7° éd., 2008, p 115-119.

détourner la logique fonctionnelle de l'amortissement de caducité et à adopter un comportement opportuniste[717].

682. Enfin, si l'imposition de la plus-value de cession vise à corriger le déséquilibre provoqué par le versement d'une indemnité publique à laquelle se cumule la pratique de l'amortissement de caducité, cette solution accroît quand même les risques de captation de profits par le cocontractant. Elle ne permet effectivement pas de protéger les instances fiscales contre une dissimulation du véritable contenu de la relation contractuelle par le cocontractant. Or, si celui-ci adopte la même stratégie d'informations que celle pratiquée vis-à-vis de la personne publique avec qui il contracte, il ne fait aucun doute que le juge fiscal aura peu souvent l'occasion de statuer sur cette question ; comme en témoigne d'ailleurs la rareté des jurisprudences en la matière[718].

683. La particularité de cette solution réservée par le juge fiscal à ce double gain se trouve profondément ancrée dans le principe d'autonomie du droit fiscal. En effet, cette branche du droit public n'ayant pas pour fonction de régler les litiges résultant du droit des contrats administratifs, ce juge ne peut que développer une solution pragmatique visant à résoudre les effets d'une situation exceptionnelle. Son office se limite d'ailleurs en la matière à rectifier les déclarations réalisées par le cocontractant en matière d'amortissement de caducité et, *in extenso*, à imposer l'indemnité indûment versée par la personne publique au titre d'une plus-value de cession d'éléments d'actifs immobilisés[719].

684. Mais son intervention ne permet pas de se substituer au contrôle de principe du juge du contrat. Le droit fiscal ne trouve d'ailleurs à s'appliquer en l'espèce que dans deux hypothèses : d'une part si le contrat n'a pas encadré les conséquences financières de l'amortissement de caducité ; d'autre part, si les dispositions contractuelles prévues sont plus favorables au cocontractant que les dispositions fiscales applicables en la matière[720]. L'office du juge fiscal apparaît donc réduit car l'amortissement de caducité justifie la mise en œuvre de l'exception selon laquelle, à de rares occasions, les règles fiscales ont un caractère

[717] Sur la théorie des comportements opportunistes voir Claude Ménard, Stéphane Saussier, « La délégation de service public un mode organisationnel efficace ? Le cas de la distribution d'eau en France », *Revue de l'Institut d'économie publique*, Univ. Paris I, 2003-1 n°12, p 110.

[718] A titre non exhaustif, voir CE, 22 oct. 1990, Cie parisienne de chauffage urbain, req. n°46600 et n°47893, RJF 1990 n°1437. Mais force est de constater qu'en la matière l'office du juge fiscal est encore réduit à ce jour.

[719] Martin Collet, L'amortissement fiscal des biens dans les concessions de service public, com. CE, 14 janv. 2008, Sté Sogeparc, req. n°297541, Jurisdata n°2008-081270, *RJEP*, n°7 juill. 2008, p 5, §12.

[720] Voir le rappel de ces conditions dans CE, 11 déc. 2008, SA Hôtelière La chaine Lucien Barrière, req. n°309427, com. Martin Collet, « Précisions sur le régime fiscal des délégations de service public », *RJEP* n°4 avril 2009, p 13 et s.

supplétif. C'est notamment le cas lorsque le contrat, ayant force de lois entre les parties, prévoit un encadrement suffisant.

685. Or, au regard des effets de la solution la plus probable en droit fiscal, l'intervention du juge fiscal doit demeurer une véritable exception servant à pallier occasionnellement les dérives de l'exécution du contrat en matière d'amortissement fiscal[721]. Les parties doivent pour cela prévoir une clause contractuelle spécifique dès la phase des négociations ; d'abord pour les contrats de concessions et ensuite, à l'ensemble des hypothèses de la commande publique, après un élargissement des conditions d'utilisation de l'amortissement de caducité

686. C'est le seul moyen pour que le contrôle jurisprudentiel de l'amortissement de caducité soit réalisé par le juge du contrat, au regard des principes essentiels de la commande publique et de l'équilibre contractuel souhaité par les parties. De cette manière aucune atteinte n'est portée au principe d'autonomie du droit fiscal puisqu'il s'agit de contrôler une mesure exceptionnelle[722]. Dans des jurisprudences récentes, le juge du contrat a d'ailleurs adopté un raisonnement spécifique qui se conforme aux exigences fiscales de l'amortissement de caducité et aux spécificités de la commande publique.

2/ L'adoption d'un raisonnement propre au juge administratif pour encadrer l'amortissement de caducité dans la commande publique

687. En vertu des principes d'autonomie et de réalisme du droit fiscal, les règles de cette branche juridique concernant la pratique des amortissements de caducité n'ont pas vocation à être appliquées par le juge du contrat. Ce dernier ne peut donc transposer dans la commande publique le raisonnement élaboré par le juge fiscal pour procéder au contrôle et aux rectifications éventuelles des déclarations des contribuables bénéficiant de cet amortissement fiscal[723]. Pour autant, le

---

[721] Martin Collet, « Précisions sur le régime fiscal des délégations de service public », com. CE, 11 déc. 2008, SA Hôtelière La chaine Lucien Barrière, req. n°309427, *RJEP* n°4 avril 2009, p 13 et s.

[722] Le principe d'autonomie du droit fiscal et, *in extenso*, celui de réalisme de droit fiscal n'empêchent pas le contrôle par le juge administratif d'une dérogation exceptionnelle du droit fiscal, lorsque celle-ci a pour objet de renforcer *in concreto* le principe qui lui est lié. Cette situation dérogation/principe correspond précisément au cas de l'amortissement de caducité appliqué aux contrats administratifs. Le juge du contrat apparaît donc compétent pour contrôler cette dérogation fiscale lorsque celle-ci est encadrée par le contrat administratif. Sur les principes d'autonomie du droit fiscal et de réalisme fiscal, voir Maurice Cozian, « Propos désobligeants sur une « tarte à la crème » : L'autonomie et le réalisme du droit fiscal », *Revue de Droit Fiscal* 1999, n°13, p 530 et s.

[723] Sur les spécificités du principe d'autonomie du droit fiscal, voir Maurice Cozian, *op. cit.* Selon Olivier Debat, dans « Droit fiscal des affaires » (éd. *Montchrestien*, 2008) : « *L'autonomie du droit fiscal est un mythe* » ; p 5.

juge du contrat n'est pas dépourvu de moyens pour régler un litige résultant de la mise en œuvre de ce mécanisme. Le raisonnement de ses dernières jurisprudences montre qu'il adapte celui du juge fiscal, tout en préservant les spécificités de la commande publique. Il analyse pour ce faire les conséquences de ce mécanisme à la lumière de l'équilibre économique souhaité par les parties[724].

688. D'abord, le juge du contrat a conforté un principe essentiel en matière de mise en œuvre de l'amortissement dans la commande publique : l'amortissement industriel/technique est le mécanisme de droit commun, tandis que l'amortissement de caducité [financier, fiscal] est une exception grevée de nombreuses conditions[725]. Par exemple, il valide juridiquement l'utilisation de cet amortissement fiscal pour un contrat de concession de service public d'un parking, prévoyant la mise en œuvre de l'amortissement de caducité en raison d'une durée contractuelle trop courte pour amortir techniquement les biens[726].

689. Mais parmi les conditions qui résultent de sa jurisprudence, il en est une qui attire particulièrement l'attention en raison de son caractère indéterminé : la certitude des parties sur l'issue de la convention. L'utilisation de l'amortissement de caducité ne peut avoir lieu que si les parties sont sûres que la réintégration des biens de retour dans la sphère publique se fera sans le versement d'une indemnité par la personne publique, calculée à partir de la valeur résiduelle des actifs concernés[727]. Dans le cadre de contrats réputés complexes, telles que les concessions de service public, la notion de certitude sur l'issue de la convention est porteuse d'un risque : celui de n'être jamais atteinte en raison des fluctuations qui caractérisent une longue période d'exécution.

690. Dans la jurisprudence considérée, la société titulaire du contrat de concession avait trouvé une solution astucieuse : la convention de 30 ans pouvant être reconduite de 15 ans, la société avait pratiqué des amortissements de caducité à hauteur des 30/45ème des biens de retour non-amortis, tout en percevant une indemnité complémentaire à hauteur des 15/45ème restant[728]. Ce mécanisme pragmatique n'entraînait ni de

---

[724] Sur ce point, voir par exemple les jurisprudences suivantes : CE, 14 janv. 2008, Sté Sogeparc, req. n°297541, Jurisdata n°2008-081270, com. Martin Collet, *RJEP* n°7 juill. 2008, p 3 et s. ; CE, 11 déc. 2008, SA Hôtelière La chaîne Lucien Barrière, req. n°309427, com. Martin Collet, op. cit.

[725] Cf. considérants 5 et 8, CE, 11 déc. 2008, SA Hôtelière La chaîne Lucien Barrière, com. Martin Collet, préc.

[726] CE, 14 janv. 2008, Sté Sogeparc, req. n°297541, com. Martin Collet, *RJEP* n°7, juill. 2008, p 3 et s.

[727] La valeur résiduelle équivaut à la valeur non-amortie du bien à la fin du contrat. CE, 22 oct. 1990, Cie parisienne de chauffage urbain, req. n°46600 et n°47893, RJF 1990 n°1437.

[728] Ce mécanisme avait d'ailleurs été validé implicitement par les juges du fond ; CAA Paris, 11 juill. 2006, Ministre de l'Economie, des Finances et de l'Industrie c/ Sté Y., req. n°04PA01013, disponible à *http://www.légifrance.fr*.

« sur-amortissement », ni d'imposition sur la plus-value de cession. Mais le juge administratif a su rappeler que si l'opération de retour des biens dans la sphère se caractérise par une incertitude et/ou le versement d'une indemnité, même partielle, le cocontractant ne peut bénéficier, même partiellement, de l'amortissement de caducité[729]. Il complète ainsi le raisonnement qu'il a développé dans les années 1990, antérieurement à l'adoption de la loi Sapin[730].

691. Mais la particularité de cette jurisprudence pour l'avenir de l'amortissement dans la commande publique réside non pas dans le rappel des conditions qui président à son utilisation, mais plutôt dans le fait qu'il écarte en l'espèce l'application de ce mécanisme grâce à l'amortissement technique. En effet, il procède ainsi car, par un heureux hasard, la mise en œuvre de l'amortissement technique permet d'arriver au même résultat et de contourner ainsi les difficultés liées aux amortissements de caducité. Le juge rappelle à cette occasion que les sociétés concessionnaires sont soumises, pour la pratique de l'amortissement industriel, au régime d'amortissement applicable aux « constructions et aménagement sur le sol d'autrui »[731]. Le délai de cet amortissement technique n'est pas dépendant de la durée du contrat, mais de la durée de vie probable du bien[732]. L'apport de son raisonnement est qu'il distingue les deux amortissements en fonction de leur but : l'amortissement industriel permet de retracer comptablement les pertes de valeurs résultant des effets du temps ; l'amortissement de caducité permet d'intégrer ces pertes de valeurs et les sommes nécessaires à leur reconstitution dans les déclarations fiscales. La principale différence est que le premier [amortissement technique/industriel] sert à déterminer la durée du contrat, tandis que le second [amortissement de caducité/financier] est calculé en fonction du nombre d'années de la convention. C'est à partir de ce postulat que le juge du contrat confirme que le retour du bien techniquement non-amorti dans la sphère publique n'entraîne aucune perte pour le cocontractant si celui-ci bénéficie soit d'un amortissement de caducité, soit d'une indemnité publique compensatoire.

692. Cette décision d'espèce a néanmoins une validité relative. Pour que ce raisonnement soit juridiquement opérationnel, il faut que les biens concernés aient une durée de vie probable équivalente à celle des amortissements de caducité et à celle du contrat. Derrière cette concordance parfaite, nous voyons en réalité une hypothèse rare dans le

---

[729] CE, 14 janv. 2008, Sté Sogeparc, req. n°297541, Jurisdata n°2008-081270, com. Martin Collet, *op. cit.*

[730] CE, 22 oct. 1990, Cie parisienne de chauffage urbain, *op. cit.*

[731] Cf. Article 39 D du CGI.

[732] Voir en ce sens CE, 14 janv. 2008, Sté Sogeparc, req. n°297541, Jurisdata n°2008-081270, com. Martin Collet, *RJEP* n°7 juill. 2008, p 5.

champ de la commande publique. De plus, la solution du juge du contrat, qui vise à élargir l'utilisation de l'amortissement technique au détriment de la dérogation fiscale de l'amortissement de caducité, pose de nombreux problèmes au regard de la réforme des méthodes de comptabilisation des dépréciations affectant le patrimoine[733]. Si le Conseil National de la comptabilité et nos propos précédents tendent à appliquer cette nouvelle méthode, sa transposition n'est pas encore actée et ne manque pas de soulever des questions pour le droit des contrats administratifs[734]. La méthode de comptabilisation par composant des actifs immobilisés prévoit par exemple que la base d'amortissement est calculée en fonction de la durée contractuelle, même pour les biens non-amortissables en fonction de cette dernière. Cette méthode fait donc de la durée contractuelle l'élément décisif pour calculer l'annuité d'amortissement industriel, alors que les règles actuelles de la commande publique reposent sur le raisonnement inverse.

693. Même si certaines solutions sont aujourd'hui envisageables[735], il semble que le juge administratif préfère attendre pour le moment une décision de l'administration fiscale, se laissant la possibilité de préciser son raisonnement dans une jurisprudence postérieure. En effet, quelque mois après, dans une décision du 11 décembre 2008, le juge du contrat a confirmé le rôle initial de l'amortissement de caducité dans le champ de la commande publique et laissé entrouvert, selon certains membres de la doctrine, la possibilité de le mettre en œuvre dans des hypothèses autres que le mode concessif[736]. Mais il ne résout pas pour autant les difficultés qui encadrent cette technique : le calcul de l'annuité d'amortissement financier n'est pas précisé, de sorte qu'il est réalisé sur l'ensemble de la valeur initiale du bien concerné ; les solutions pour régler un litige résultant de ce mécanisme n'apparaissent pas figées, si bien que certains membres de la doctrine proposent de traiter les droits du concessionnaire comme un actif incorporel malgré les risques inhérents au système de cession de créance et de titrisation[737] ; le contenu de l'amortissement de

[733] La méthode de comptabilisation de l'amortissement par décomposition de l'actif résulte de l'article 44 de la loi de finances rectificatives pour l'année 2004, n°2004-1485, 30 déc. 2004, JO n°304 du 31/12/2004, p 22 522. Cette loi a réformé l'article 237 septies du CGI, complétée par le décret n°2005-1442 du 14 nov. 2005 (JO du 25/11/2005, p 18289) et par l'instruction fiscale BOI-A-13-05 du 30 déc. 2005, B.O des impôts du 30/12/2005.

[734] Sur la position du CNC, voir l'avis n°2004-15 du 23 juin 2004 et la réponse du 4 janv. 2006, Bulletin du CNCC 2006, n°140, déc. 2005. Sur ce point, voir la Partie I, Chapitre 2, Section 2, §2, A/, 2.

[735] Voir en ce sens les développements de la Partie I, Chapitre 2, Section 2, §1 et §2.

[736] Martin Collet, « Précisions sur le régime fiscal des délégations de service public », *RJEP* n°4 avril 2009, p 13 et s.

[737] L'introduction de la cession de créance dans les contrats de partenariats au cours de l'année 2008 a été réalisée afin de rendre ce montage plus attractif et généraliser son utilisation, et ce malgré les risques financiers. A titre non exhaustif, voir sur le sujet Jean-

caducité, pratiqué sur les biens qui ne sont pas destinés à revenir dans la sphère publique, étant peu encadré par le droit de la commande publique.

694. Or, c'est précisément à partir des carences des contrôles publics en matière d'amortissement de caducité des biens de retour, des biens de reprise et des biens propres que le cocontractant accroît indûment sa rémunération. Tenter de remédier à ce phénomène impose toutefois de cerner au préalable toutes les conséquences financières de ce mécanisme de gestion.

Paragraphe 2 : Les conséquences financières de l'amortissement de caducité pour les parties au contrat administratif

695. La mise en œuvre de l'amortissement de caducité sur certains biens des contrats administratifs constitue une exception fiscale réservée aux délégations de service public[738]. Mais, même si cette dérogation a été encadrée par le juge du contrat, ses enjeux n'ont pas encore été totalement appréhendés par le droit de la commande publique. En cas de litige sur sa mise en œuvre par exemple, deux solutions sont possibles : la première est le fait du juge du contrat si ce mécanisme a été encadré par la convention ; la seconde est la conséquence du contrôle du juge fiscal qui n'a pas pour objet de se reporter au contrat mais de rectifier les déclarations du bénéficiaire de cet amortissement. Cette dernière solution apparaît cependant moins appropriée aux contrats des personnes publiques en raison du principe d'autonomie fiscale. Ceci explique que le juge fiscal ne préserve pas l'équilibre contractuel souhaité par les parties, mais corrige une situation exceptionnelle et évite un double gain pour le cocontractant[739].

696. Pour autant, la situation dérogatoire de l'amortissement de caducité des délégations de service public n'emporte pas pour ce dernier l'interdiction de pratiquer ce mécanisme sur ses biens propres et sur certains biens de reprise. Pire, en raison des carences avérées en matière de contrôle contractuel, les personnes publiques procèdent rarement à une expertise approfondie de ce mécanisme, de sorte que le

Baptiste Vila, « De l'Urgence et de la Complexité à repenser la réforme relative aux partenariats public-privé », *JCP A* n°28 du 9 juill. 2009, p 30 et s.

[738] Cf. CE 14 janv. 2008, Sté Sogeparc, req. n°297541, Jurisdata n°2008-081270, Sté Sogeparc, req. n°297541, com. Martin Collet, « L'amortissement fiscal des biens de retour dans les concessions de service public », *RJEP* n°7 juill. 2008, p 3 et s.

[739] Sur le principe de l'autonomie du droit fiscal, voir Maurice Cozian, « Les grands principes de la fiscalité d'entreprise », Paris, éd. *Litec*, 1983, p 404 et s.

cocontractant parvient à l'utiliser même s'il n'y est pas autorisé[740]. Or, ce phénomène n'est pas sans conséquence financière. Il est un facteur d'accroissement de la rentabilité du contrat grâce à des gains de gestion inhérents aux investissements.

697. En comptabilité et finance d'entreprise, l'amortissement de caducité permet de dégager en franchise d'impôts les sommes nécessaires pour renouveler les biens. C'est pourquoi ce mécanisme participe à l'autofinancement de l'entreprise[741]. Ses processus de gestion lui permettent ainsi de retirer des flux financiers qui sont le résultat combiné des déductions fiscales et d'une politique de gestion. Les déductions fiscales résultant de l'amortissement de caducité sont alors placées en principe dans un compte d'attente interne à l'entreprise, débité à l'occasion du renouvellement d'un bien dont la valeur nette comptable est nulle[742]. Dans la pratique, les entreprises n'hésitent cependant pas à opérer un placement financier à risque limité de ces sommes. C'est à ce titre que l'amortissement de caducité leur permet d'augmenter périodiquement leurs résultats annuels[743].

698. Lorsque de telles stratégies sont mises en œuvre dans le cadre d'un contrat administratif, le résultat de ces placements constitue *de facto* une rémunération accessoire. Le problème est que cette dernière est rarement contrôlée par la personne publique ou encadrée par la convention. Le cocontractant profite alors de cette carence pour déterminer une stratégie de placement la plus large possible. Il maximise alors sa marge nette en pratiquant cet amortissement sur ses biens propres, certains biens de reprise et, malgré les restrictions prévues par les dispositions fiscales, sur les autres biens quelque soit la forme du contrat.

699. D'un point de vue théorique, la capacité d'autofinancement résultant de l'amortissement de caducité constitue une charge puisqu'à terme elle participe au renouvellement des biens complètement amortis. Mais par un subtil jeu de gestion, cette source interne de financement est

---

[740] Voir en ce sens les lettres d'observations suivantes : CRC Languedoc Roussillon, 16 déc. 1997, District de la Côte Vermeille, Cne de Port-Vendres, Pyrénées Orientales ; CRC Languedoc Roussillon, 6 déc. 2000, port de plaisance de Port Camargue, Cne le Grau du Roi, Gard ; disponibles à *http://www.ccomptes.fr*.

[741] Cf. Gérard Melyon et Rémédios Noguera, « Comptabilité générale », *ESKA*, 4° éd., 2004, p 363 et s.

[742] Voir en ce sens Jack Forget, « Dynamique de l'amortissement », *Renforcer l'autonomie financière de l'entreprise pour dynamiser ses investissements*, éd. *d'Organisation*, coll. Mémentos finances, 2005.

[743] Cf. Alain Galesne, Le financement de l'entreprise, *Gestion fiscale des amortissements et des provisions*, éd. CEREFIA, éd. 1996 et 2004. Selon l'auteur : « *si l'objectif des pouvoirs publics était de permettre aux entreprises de reconstituer, à l'expiration de la durée probable d'utilisation de chacun d'eux, un capital égal en valeur nominale à son prix de revient d'origine, cet objectif est largement atteint : (...) les entreprises récupèrent davantage que le capital d'origine* » ; p 55.

rentabilisée au point de devenir une composante de la rémunération du cocontractant. Cette dernière n'étant pas suffisamment encadrée par le contrat, la capacité d'autofinancement constitue alors un facteur de limitation des contraintes d'exploitation et des risques réellement assumés par le cocontractant (A). Mais la stratégie de ce dernier ne s'arrête généralement pas là. Il tente aussi de faire supporter le poids de cette charge par la personne publique en lui transférant artificiellement son coût[744]. En profitant du manque de contrôle sur le résultat financier de cet élément de gestion, il est ainsi en mesure de dissimuler la rentabilité réelle du contrat. Il dispose pour cela de deux stratégies : soit il sollicite indûment une participation financière de la personne publique lorsque ses résultats artificiels sont plus bas que les prévisionnels négociés ; soit il surévalue le niveau des tarifs (B).

A- L'amortissement de caducité : une source d'autofinancement pour la gestion patrimoniale du contrat

700. En comptabilité et finance d'entreprise, la mise en œuvre de l'amortissement par une entreprise suppose deux étapes dans la gestion du patrimoine : d'abord, elle retrace dans ses plans comptables les dépréciations affectant les actifs immobilisés ; ensuite, elle tente de dégager de ses processus de production des flux financiers destinés à renouveler à plus ou moins long terme les biens complètement amortis. Ces deux fonctions, comptable et financière, sont complétées par une mesure fiscale qui permet de déduire de l'impôt sur les sociétés les sommes constatées au titre de la dépréciation des biens[745].

701. Cette disposition constitue une politique fiscale volontariste des pouvoirs publics, dont l'objet est d'inciter l'investissement des entreprises en leur permettant de renouveler le patrimoine sans grever leurs résultats nets annuels. Mais ce mécanisme ne poursuit pas un objectif similaire lorsqu'il est mis en œuvre par le droit des contrats administratifs.

702. L'utilisation de l'amortissement de caducité dans ces contrats impose de décomposer le patrimoine en fonction de la nature des biens. Ainsi, pour les biens de retour et certains biens de reprise, seuls les délégataires de service public sont autorisés à le pratiquer sous certaines conditions. En revanche, pour toutes les formes de conventions, les cocontractants ont la possibilité de le comptabiliser sur leurs biens

[744] Cette analyse reprend celle de Michel Soulas, Commissaire du Gouvernement de la CRC Midi-Pyrénées, « L'équilibre financier d'un contrat de délégation de service public », Séminaire ENACT, Montpellier juin 2006.

[745] Pour la déductibilité de ces sommes en matière de concessions de service public, voir l'article 112-2°, les articles 41 bis à 41 quinquies de l'annexe III du CGI, éd. 2009.

propres et les autres biens de reprise. Cette restriction permet ainsi d'éviter que cette disposition fiscale n'ait pour résultat une augmentation de la rémunération du cocontractant qui aurait deux origines : d'une part, la gestion des biens destinés à réintégrer la sphère publique ; d'autre part, l'autofinancement des investissements propres.

703. Mais la pratique des contrats administratifs ne concorde pas avec ce principe théorique. En profitant des carences des contrôles contractuels, le cocontractant est en mesure de dégager en franchise d'impôts les sommes nécessaires pour le renouvellement des biens, indistinctement de leur nature et de la forme du contrat. Ce phénomène entraîne donc en réalité une véritable captation de profits. Si au départ l'amortissement financier est un indicateur de la bonne gestion de l'entreprise, il est dans les contrats administratifs un élément de rentabilité qui limite les contraintes d'exploitation liées au contrat.

1/ La conséquence de l'amortissement financier : une capacité d'autofinancement limitant les contraintes d'exploitation

704. En comptabilité et en fiscalité, le mécanisme de l'autofinancement est assez simple à comprendre : l'entreprise est autorisée à déduire chaque année de son impôt sur les sociétés les sommes créditées aux comptes d'amortissement qui sont destinées à compenser les pertes de valeurs affectant le patrimoine. Il existe donc un lien étroit entre la mise en œuvre comptable, financière et fiscale de l'amortissement[746]. La base des déductions d'impôts correspond effectivement aux sommes débitées du compte 68 (« Dotations aux amortissements et aux provisions »), à savoir la dépréciation du bien, et qui viennent créditées le compte 28 (« Amortissement des immobilisations ») qui est un compte d'attente destiné à financer le renouvellement des actifs complètement amortis à plus ou moins long terme[747].

705. Grâce aux déductions fiscales et aux sommes provisionnées qui en résultent, l'amortissement permet à l'entreprise de constituer une capacité d'autofinancement. Cette ressource est le résultat des flux financiers dégagés de son propre processus de production. C'est pourquoi les économistes ont attribué à cet élément de gestion le terme générique d'« autofinancement »[748]. Dans ce secteur d'activité, elle contribue non seulement à renouveler les composants du patrimoine

[746] Sur ces trois approches voir Patrick Serlooten, « Droit fiscal des affaires », *Dalloz*, 7ème éd., 2008, p 146-147.

[747] Voir en ce sens Gérard Melyon et Rémédios Noguera, « Comptabilité générale », *ESKA*, 2004, p 363-364.

[748] Cf. Jack Forget, « Dynamique de l'amortissement », *Renforcer l'autonomie financière de l'entreprise pour dynamiser ses investissements*, éd. *d'Organisation*, coll. Mémentos finances, 2005.

totalement amortis, mais elle représente aussi un instrument de mesure de la santé de l'entreprise.

706. La capacité d'autofinancement peut être déterminée à partir de deux calculs : soit en se référant à l'excédent brut d'exploitation qui permet d'évaluer la *capacité d'autofinancement d'exploitation*[749] ; soit en se servant du résultat de l'exercice pour apprécier la *capacité d'autofinancement pour les besoins en investissements*[750]. Néanmoins, seule la seconde méthode nous intéresse en matière de contrats administratifs car elle repose sur une expertise globale des opérations de gestion patrimoniale menées par le cocontractant. A la différence du premier calcul, elle est effectivement déterminée à partir du poids des investissements.

707. Mais la véritable particularité de la capacité d'autofinancement n'est pas tant son objet que ses modalités de calcul. Pour répondre de manière optimale aux besoins d'investissements nécessaires au renouvellement du patrimoine, l'entreprise doit prendre en compte un facteur externe prévisionnel pour constituer une capacité d'autofinancement suffisante ; c'est-à-dire un financement interne permettant de couvrir tous les frais de renouvellement. Or, il est un point invariable dans ce domaine : ces opérations de remplacement des biens sont toujours réalisées contre un coût supérieur par rapport à celui de l'acquisition initiale. Ceci s'explique par les fluctuations des prix sur les marchés. La conséquence est alors simple : les déductions fiscales liées à la capacité d'autofinancement sont la plupart du temps supérieures aux dépréciations réellement constatées sur les actifs immobilisés[751]. Si cette

---

[749] La première méthode calcul de la capacité d'autofinancement consiste à ajouter à l'excédent brut d'exploitation les produits courants [les autres produits encaissables d'exploitation (Compte 75), les transferts de charges (Compte 791), les produits financiers encaissables (Comptes 76 et 796) et les produits exceptionnels encaissables (Comptes 771, 778 et 797)] et à diminuer le résultat des charges décaissables [les autres charges décaissables d'exploitation (Compte 65), les charges financières décaissables (Compte 66), les charges exceptionnelles décaissables (Comptes 671 et 678), les participations des salariés aux résultats (Compte 691) et les impôts sur les bénéfices (Compte 695)]. Dans cette méthode soustractive, les produits encaissables génèrent des flux de trésorerie et les dépenses décaissables correspondant à des dépenses directes.

[750] La seconde méthode de calcul est relative à la capacité d'autofinancement en relation avec les investissements de l'entreprise. Elle s'obtient en ajoutant au résultat de l'exercice les produits calculés [les dotations aux amortissements et provisions (Comptes 681, 686, 687), la valeur comptable des éléments d'actifs cédés (Compte 675)] et en soustrayant les charges calculées [les reprises sur amortissements et provisions (Comptes 781, 786, 787), les produits de cessions des éléments d'actifs cédés (Compte 775) et la quote-part des subventions d'investissement virées au compte de résultat (Compte 777)]. Dans cette méthode additive, les produits calculés ne génèrent aucun flux de trésorerie directs et les charges calculées n'entraînent pas de dépenses directes.

[751] Voir en ce sens Jean-Pierre Fradin et Jean-Baptiste Geffroy, « Traité du droit fiscal de l'entreprise », éd. *PUF*, 2003, p 364-391 ; Jack Forget, « Dynamique de l'amortissement »,

déconnexion entre les fonctions de l'amortissement entraîne la mise en œuvre d'une politique fiscale volontariste favorisant l'investissement des entreprises, l'utilisation de ce mécanisme dans le champ de la commande publique n'aboutit pas au même résultat.

708. La passation d'un contrat administratif entre une personne publique et un cocontractant suppose par définition une répartition des risques entre les parties qui participe à déterminer la forme de la convention[752]. A partir du rapport « investissements/exploitation »[753], il est possible d'identifier deux types de risques : le *risque de réalisation*, inhérent aux coûts d'investissements et à leur exécution ; le *risque d'exploitation*, qui est lié à la demande et/ou à la disponibilité des biens[754].

709. La notion de risque emporte ainsi une double interprétation pour les contrats administratifs : d'une part, ce mode d'action constitue un moyen permettant de pallier les besoins techniques et financiers des personnes publiques en transférant une partie ou la totalité des risques de l'opération à un cocontractant ; d'autre part, il concourt à cerner la dimension économique de ces conventions. C'est à partir de ces deux éléments que certains membres de la doctrine ont récemment tenté d'appréhender le concept d'« économie du contrat »[755]. Une analyse détaillée de ces deux aspects du risque au regard de l'amortissement corrobore effectivement cette approche doctrinale.

710. Le premier [le risque de réalisation] est étroitement lié aux investissements, puisqu'il est conditionné par la nature et l'importance des immobilisations financées par le cocontractant. Ce dernier supporte plusieurs types de risques en assumant cette charge : la *technicité* immanente à la réalisation de l'opération, ainsi que l'évolution technologique ; le *risque du financement* lié le plus souvent au coût du crédit ou d'apports internes pour les frais de premier établissement ; la survenance d'*évènements imprévus* qui peut occasionner des surcoûts ; le

---

Renforcer l'autonomie financière de l'entreprise pour dynamiser ses investissements, éd. *d'Organisation*, coll. Mémentos finances, 2005.

[752] En matière de délégations de service public, voir CE, 15 avril 1996, Préfet des Bouches-du-Rhône c/ Cne du Lambesc, *AJDA* 1996, p 806, chron. Chavaux et Girardot.

[753] Pour une application de ce rapport dans l'évaluation des contrats de délégations et de partenariats, voir Les travaux préparatoires du Forum mondial sur la concurrence, Table ronde sur les concessions, Contribution de la France, du 03/02/2006 pour la session I du Forum organisé par l'OCDE (Organisation de Coopération et de Développement Economiques), disponible sur le site internet *www.oecd.org/dataoecd/5/22/36054913.pdf*; voir aussi Institut de la gestion déléguée, « Evaluation des contrats globaux de partenariat, Principes – Méthodes et Comparaison », *Gazette des communes*, suppl. du 5 avril 2004, p 202 et s.

[754] Voir en ce sens Thierry Kirat, « Contrat de partenariat et économie du contrat », *Revue de l'IEJUC*, n°60/2005, *Presses universitaires des sciences sociales Toulouse I*, p 89 et s.

[755] De nombreux travaux traitent de ce sujet. A titre non exhaustif, voir la thèse de Sébastien Pimont, « L'économie du contrat », *Presse universitaires d'Aix-Marseille*, préface Jean Beauchard, 2004, § 276. Voir aussi Gabriel Eckert, « Réflexions sur l'évolution du droit des contrats publics », *RFDA* 2006, p 242 et s.

risque de la maîtrise d'ouvrage qui est parfois indirectement lié à la question de la sous-traitance[756]. Mais, au-delà de ces composantes du risque de réalisation, le cocontractant supporte la charge et éventuellement le bénéfice fiscal et financier de la mise en œuvre de l'amortissement pratiqué sur ces investissements. Ce mécanisme de gestion des dépréciations constitue de ce point de vue un élément supplémentaire d'appréciation de ces risques qu'il assume.

711. Le second [le risque d'exploitation] constitue une donnée essentielle que le cocontractant prend nécessairement en compte quand il définit sa politique de gestion du patrimoine. En effet, plus ce risque sera élevé et plus le cocontractant sera incité à diminuer la qualité de ses prestations et de ses investissements. Il s'agit ici d'une contrainte financière directement imputable à l'exploitation des immobilisations et à l'investissement du cocontractant lors des phases d'entretien et/ou de renouvellement. Pourtant, cette charge financière est traditionnellement encadrée par le contrat afin de maintenir le niveau qualitatif des actifs immobilisés. Mais en pratique cette donnée est rarement expertisée par la personne publique, de sorte que le cocontractant est plutôt enclin à maximiser les résultats liés à l'amortissement de caducité et à la capacité d'autofinancement en diminuant le coût des opérations de renouvellement. Sa stratégie est alors d'utiliser le moins possible les sommes provisionnées au titre des déductions fiscales car elles vont participer *in fine* à accroître sa marge nette. Une des particularités des sommes provisionnées au titre de l'amortissement de caducité est effectivement que, lorsqu'elles sont comptabilisées par le cocontractant, elles sont exigibles par la personne publique durant une période de deux mois après l'extinction classique ou anticipée du contrat[757]. Mais leur reversement étant rarement sollicité par cette dernière, elles deviennent alors une composante de sa rémunération qui n'est pas négociée et qui réduit ainsi le risque d'exploitation qu'il doit normalement supporter.

712. Or, lorsque ce phénomène est rapproché des modalités de calcul de la capacité d'autofinancement, il apparaît que le cocontractant multiplie le niveau de cette rémunération accessoire. Pour tenir compte des fluctuations de valeurs sur les marchés qui ont pour conséquence un coût de remplacement supérieur au coût d'acquisition initiale, le cocontractant provisionne effectivement dans son compte d'attente des sommes plus

[756] Cf. Florian Linditch, « Les partenariats public-privé, Vecteurs d'externalisation ou de déconsolidation ? », Quelques interrogations de nature financière, *Revue de l'IEJUC*, n°60/2005, Toulouse I, p 229 et s. Sur la nature des contrats passés en maîtrise d'ouvrage par un cocontractant privé dans le cadre d'une concession de travaux voir CE, 17 juin 2009, SAEMN Bibracte, com. Gabriel Eckert, « Concession de travaux et délégation de maîtrise d'ouvrage publique », *Revue Contrats et marchés publics*, n°8 avril 2009, p 36.

[757] Cour des Comptes, Rapport public 2000, « Les délégations de service public », Partie II, Chap. IV, Section 3.

élevées que celles correspondant aux dépréciations réelles des biens. En tenant compte du fait que la personne publique expertise rarement cette donnée et en sollicite presque jamais le reversement, il est donc incité à maximiser sa capacité d'autofinancement. Dans la pratique, cette stratégie prend d'ailleurs une place prépondérante dans les contrats réputés complexes, tels que les partenariats public-privé et les concessions.

713. Ces conventions se caractérisent par une incertitude prononcée en ce qui concerne les données d'exécution et les risques réellement assumés par le cocontractant. Ceci est lié à la durée du contrat : plus ce dernier est long, plus les coûts réellement supportés par le cocontractant pour la réalisation de l'opération sont incertains. Cette caractéristique a d'ailleurs été particulièrement bien conceptualisée dans la théorie des contrats incomplets qui s'applique aux contrats complexes et longs[758]. Dans ces derniers, le cocontractant prend le plus souvent en charge la réalisation partielle ou totale des investissements de premier établissement, ainsi que leur exploitation. L'ensemble de ces missions sont donc constitutives de risques en raison de la nature évolutive des conditions d'exploitation qui est un facteur d'instabilité[759]. Mais le cocontractant assume aussi dans cette hypothèse la gestion du patrimoine et de ses différents composants. L'intégration comptable et, *in extenso*, financière des actifs immobilisés classés selon leur nature lui permet de pondérer ces risques grâce à une politique financière et fiscale d'amortissement. L'objectif est de retirer de l'opération une rémunération accessoire maximisée qui n'est ni encadrée par le contrat, ni contrôlée par la personne publique. Ce gain de gestion a alors pour conséquence de diminuer les risques globaux de l'opération et de pallier l'incertitude qui caractérise ces conventions[760]. Dans le cas de la survenance d'évènements imprévus, le cocontractant est également en mesure de dissimuler les véritables risques de l'opération à la personne publique ; phénomène qui résulte du transfert du pouvoir décisionnel sur le patrimoine à son bénéfice. En dissimulant les résultats réels de la rémunération accessoire liée à l'amortissement dans un contrat de partenariat par exemple, il est alors en mesure de céder la créance qu'il

---

758 Sur cette théorie, voir Oliver Hart, « Incomplet contracts and public Owmnership : Remarks and an application to public-private partnerships », *Review Economic Journal*, n°113, mars 2003, p 69-76.

759 Selon Thierry Kirat (« Contrat de partenariat et économie du contrat », *Revue de l'IEJUC* n°60/2005, Toulouse I, p 89 et s.) : « *La part subjective de l'estimation des risques montre qu'il n'est pas possible de les évaluer en termes probabilistes. De ce fait, leur répartition (...) est autant affaire d'évaluation objectivée que de prévisions raisonnées de risques qui ne sont pas entièrement contractualisables* » ; p 99.

760 Voir en ce sens Pascal Cuche et Michel Lequien, « La notion de « bancabilité » dans les opérations de financement privé d'équipements publics », *Revue Droit Adm.* n°12 déc. 2004, Etude n°22, p 109 et s.

détient sur la personne publique à un tiers, alors que la situation financière de la convention et le niveau global des risques ne l'imposaient pas. Le problème est que cette cession s'accompagne dans le même temps d'un transfert du pouvoir décisionnel sur les actifs au tiers cessionnaire[761].

714. La conséquence d'une mise en œuvre erratique de cet élément de gestion dans la commande publique opère en définitive une diminution du risque d'exploitation puisque ces sommes deviennent une rémunération accessoire dont le contenu fait l'objet d'une stratégie de maximisation. Cette situation est rendue possible en raison de l'absence d'encadrement par le contrat, de contrôle par la personne publique et d'un éventuel reversement à la fin de son exécution.

715. Mais ce subtil jeu comptable n'est pas le seul moyen à la disposition du cocontractant pour limiter les risques du contrat grâce à l'amortissement. L'idée selon laquelle l'amortissement permettrait une stricte récupération du capital investi initialement apparaît effectivement erronée. Le cocontractant dispose en réalité de deux autres mécanismes pour maximiser cette technique de gestion et rentabiliser la capacité d'autofinancement qu'il en retire : soit il tente de prolonger l'utilisation des actifs immobilisés au-delà de leur durée de vie comptable ; soit il multiplie les bénéfices qu'il retire des dotations aux amortissements qui sont dans tous les cas supérieures aux dépréciations réelles des actifs immobilisés[762].

716. Dans la première opération, la méthode de comptabilisation par composant de l'amortissement des actifs démontre que la dépréciation réelle des biens est souvent plus rapide que leur traitement comptable. Le prolongement de l'utilisation de ceux-ci, au-delà de leur durée de vie comptable, permet donc au cocontractant de maximiser ses bénéfices. En effet, les charges patrimoniales pèsent alors moins sur ses résultats et il continue de provisionner des dotations pour amortissement en vue d'augmenter sa capacité d'autofinancement. Cette hypothèse est loin

---

761 Sur le système de cession de créance, voir Jean-Baptiste Vila, « De l'Urgence et de la Complexité à repenser la réforme relative aux partenariats public-privé », *JCP A* n°28 du 9 juill. 2009, p 30 et s. Sur le pouvoir décisionnel, voir Thierry Kirat (« Contrats de partenariat et économie du contrat », *Revue de l'IEJUC*, n°60/2005, *Presses universitaires sciences sociales Toulouse I*, p 89 et s) qui considère que : « *C'est la propriété des actifs qui donne le droit de contrôle résiduel. Ce dernier signifie que le propriétaire des actifs détient le pouvoir de décider de leur allocation dans des situations non prévues par le contrat initial, c'est-à-dire dans le cas où survient un aléa ou un évènement non contractualisé. Or, dans un partenariat public-privé* [comme dans une concession de service public], *c'est le cocontractant qui devrait être investi de ces pouvoirs de gestion des actifs en situation d'imprévision* » ; p 93.

762 Ces deux éléments de la stratégie des entreprises sont présentés par Alain Galesne, dans « Le financement de l'entreprise », *Gestion fiscale des amortissements et des provisions*, éd. *CEREFIA*, 1996/2004, p 42.

d'être improbable dans la pratique. Il n'est effectivement pas rare de constater qu'un bien continue à participer au processus de production alors que sa fin de vie comptable a été constatée. Pour les contrats administratifs, ce phénomène se répercute alors sur le niveau qualitatif du service, qui est alors moindre.

717. Dans la seconde, il profite des carences du contrôle contractuel des personnes publiques pour constituer une capacité d'autofinancement supérieure au coût de renouvellement des biens complètement amortis. Il maximise donc cet élément de gestion en adoptant un comportement opportuniste alors que la capacité d'autofinancement dépasse déjà en principe le niveau du coût d'acquisition initiale. Comme le montrent certaines lettres d'observations de Chambres régionales des comptes, cette situation est aussi rencontrée dans la pratique des contrats administratifs[763].

718. Ces deux mécanismes montrent que les cocontractants définissent de véritables politiques de gestion de l'amortissement financier. Selon les économistes, les résultats de cette politique s'apprécient d'ailleurs au regard de deux éléments : le premier est technique et correspond aux possibilités d'extension de la capacité de production ; le second est financier et renvoie à une amélioration du niveau des bénéfices annuels[764]. Or, dans le cadre des contrats administratifs, le cocontractant n'a aucun intérêt à agrandir sa capacité de production puisque, à défaut d'accord avec la personne publique, il n'obtiendra pas une rémunération supérieure couvrant ces investissements. Les déductions fiscales et les mécanismes de rentabilité appliqués à l'amortissement financier et de caducité vont surtout lui servir à augmenter directement le niveau de sa rémunération. Ce gain a alors pour conséquence de limiter les risques qu'il supporte tant en matière de réalisation que d'exploitation, tout en faisant en sorte que la personne publique ne soit en mesure ni de le contrôler, ni de le rationaliser.

719. En définitive, l'amortissement de caducité et ses effets financiers permettent au cocontractant de diminuer les risques qu'il supporte. Ceci s'explique en premier lieu par les fluctuations de valeurs sur les marchés dont est tributaire la capacité d'autofinancement. Pour recourir à cette technique, l'entreprise doit tenir compte du prix de renouvellement estimé, et non du coût initial d'acquisition. Le premier étant toujours supérieur au second, cette capacité représente une première source de rentabilité résultant de la gestion courante du patrimoine des contrats administratifs. Ce premier objet est en outre souvent complété par une politique de gestion qui permet au cocontractant de maximiser les sommes provisionnées grâce à des placements financiers à risque limité. Le problème, pour les contrats de délégation et de partenariats notamment, est

---

763 A titre non exhaustif, voir CRC Languedoc Roussillon, 6 déc. 2000, port de plaisance de Port Camargue, Cne le Grau du Roi, Gard ; disponible à *http://www.ccomptes.fr*.
764 Alain Galesne, *op. cit.*

que cet élément de gestion affecte alors la répartition des risques déterminée dans le contrat[765]. A ce phénomène vient s'ajouter la complexité et l'incomplétude de certaines conventions qui augmentent la rentabilité résultant de ce mécanisme[766].

720. Si une partie de la doctrine trouve une explication générale à ce phénomène dans la théorie des coûts de transaction, la théorie du multiplicateur d'amortissement permet de mieux appréhender le niveau et les enjeux concrets de cette rémunération accessoire[767].

2/ Le Multiplicateur d'amortissement : la traduction économique de la rentabilité liée à la capacité d'autofinancement

721. Dans un contrat administratif, la gestion du patrimoine atteste d'une relation de dépendance qui lie les parties, mais aussi de la création de valeurs résultant de l'établissement d'un service public. Dans le cadre de contrats réputés complexes [concession de service public, partenariat public-privé], le cocontractant assume la charge de réalisation et retire de l'exploitation une contrepartie directe ou indirecte des investissements qu'il finance. De la réalisation des investissements et de leur mise en service résulte une création de valeurs liée à l'exploitation de ces actifs amortissables.

722. Dans ce mode d'action, l'amortissement sert en outre à déterminer si la convention formalise ou non un transfert de la gestion patrimoniale. La partie qui le comptabilise assume effectivement le contrôle des actifs immobilisés. Dans les contrats complexes, cette gestion est naturellement confiée au cocontractant en raison des missions qu'il assume. Ce transfert explique qu'il puisse ainsi procéder à la constitution d'une capacité d'autofinancement pour renouveler les biens au terme de leur amortissement.

723. Celle-ci constitue en premier lieu une charge car elle est composée des sommes déduites des résultats financiers annuels du cocontractant[768].

[765] Voir par exemple les lettres d'observations suivantes : CRC Nord-Pas-de-Calais, 18 mai 2005, Cne de Béthune (délégation de service public de parc de stationnement) ; CRC Corse, 20 juill. 2006, Cnauté d'agglomération de Bastia (transport urbain) ; disponibles à *http://www.ccomptes.fr*.

[766] Voir en ce sens Anne Yvrande-Billon, « Les difficultés contractuelles de la délégation de services publics », *Revue de l'Institut d'Economie Publique*, Paris, I, 2004, p 1 et s.

[767] La théorie des contrats incomplets, dans laquelle l'information est symétrique entre les parties, s'oppose à la théorie des coûts de transaction, qui suppose par définition une asymétrie d'informations entre les contractants. Voir O.D Hart, "Incomplete contracts and the theory of firme", *Journal of Law, Economics and Organization*, 1988, n°4, p 119-141; O.E Williamson, "Public and private bureaucracies : a transaction costs economics perspective", *Journal of Law, Economics and Organization*, 1999, n°15, p 306-342.

[768] La capacité d'autofinancement est une charge puisqu'elle vient en déduction des résultats annuels et éventuellement des bénéfices redistribués à un actionnariat de l'entreprise. Voir en

Cependant, elle est aussi une source de rentabilité puisqu'elle vient en déduction du bénéfice annuel imposable[769]. Le cocontractant accroît généralement cette rentabilité indirecte en procédant à une gestion financière de ces amortissements. Il définit pour cela une politique de placements financiers du stock-capital résultant de la capacité d'autofinancement afin de maximiser la gestion de ses investissements[770]. Mais l'hypothèse d'un comportement opportuniste du cocontractant ne se limite pas à une simple assiette fiscale ou à des placements financiers. En appliquant des choix organisationnels efficaces sur le patrimoine visé dans le contrat, il se trouve en mesure de dégager des flux de trésorerie plus importants qu'il n'y paraît car il dispose de la faculté de réinvestir ces dotations pour amortissement. Ces trois hypothèses concourent alors à accroître significativement sa rémunération. C'est pourquoi nous considérons que la capacité d'autofinancement représente une charge financière constitutive d'une forme de rentabilité.

724. Pour un cocontractant assumant la charge des investissements et/ou l'exploitation du patrimoine, l'objectif de la fonction financière de l'amortissement est de lui permettre en principe une récupération au moins égale aux sommes engagées pour financer les immobilisations. La constitution d'une capacité d'autofinancement est alors établie en fonction de la dépréciation du patrimoine constatée dans le plan comptable. Le multiplicateur d'amortissement est ainsi égal à un et correspond à la situation théorique d'une stricte récupération des investissements. En finance d'entreprise ce rapport se traduit de la manière suivante[771] :

$$M = \frac{a\,v'}{To\ Vo} = 1$$

M : multiplicateur d'amortissement.
a : période d'utilisation réelle du bien/ durée de vie utile.
v' : valeur identifiée.
To : date d'acquisition et valeur du fonds d'amortissement.
Vo : valeur d'acquisition du bien.

725. Mais il s'agit d'une approche éminemment théorique qui ne se vérifie pas *in concreto*. Elle ne tient effectivement pas compte des fluctuations des valeurs sur les marchés qui sont un facteur externe

---

ce sens l'avis du Conseil National de la comptabilité n°99-10 du 23/09/1999, relatif aux contrats à long terme, et n°2005-09 du 03/11/2005, modifiant le règlement n°99-03 du 29 avril 1999 relatif au PCG.

[769] Cf. Article 39 B du CGI, éd. 2009, qui consacre cette déduction annuelle opérée sur le bénéfice imposable.

[770] Alain Galesne, dans « Le financement de l'entreprise » (éd. *CEREFIA*, 1996/ 2004, p 42 et s.) conceptualise la théorie du Multiplicateur d'amortissement en partant de ce postulat.

[771] Alain Galesne, dans « Le financement de l'entreprise », éd. *CEREFIA*, 1996/ 2004, p 42 et s.

intégré dans le calcul de la capacité d'autofinancement. Cette dernière doit alors permettre de pallier ces éventuels surcoûts. Elle est donc par définition supérieure aux dépréciations réellement constatées et constitue de ce fait une source de rentabilité permettant d'anticiper le renouvellement des biens. La traduction économique de la prise en compte de ce phénomène complète la formule précédente de la manière suivante[772] :

$$M = \frac{a\,v'}{To\,Vo} > 1$$

M : multiplicateur d'amortissement.
a : Durée de vie utile du bien.
v' : valeur identifiée.
To : date d'acquisition et valeur du fonds d'amortissement.
Vo : valeur d'acquisition du bien.

726. La définition de la capacité d'autofinancement exprime un rapport de rentabilité qui peut résulter de plusieurs opérations de gestion : soit le surcoût de la capacité d'autofinancement est répercuté sur le tarif de la prestation ; soit l'actif immobilisé est utilisé au-delà de sa durée de vie utile et comptable. Mais l'hypothèse la plus fréquente dans le champ de la commande publique est que le cocontractant réemploie financièrement les capitaux dégagés à cette occasion. Cette politique de maximisation des investissements par le cocontractant fluctue cependant en fonction des différentes composantes du contrat qui permettent de définir au départ la politique d'amortissement.

727. Pour tenter de clarifier la situation, nous pouvons nous reporter à un principe fondamental : si la durée fiscale d'amortissement diminue, le multiplicateur d'amortissement augmente dans le même temps. C'est pourquoi le système d'amortissement dégressif apparaît plus avantageux que le mode de comptabilisation linéaire, puisqu'il accroît les disparités des valeurs entre les traitements comptables et fiscaux. Les économistes considèrent ainsi que le « *potentiel d'expansion des actifs* » dans le système fiscal d'amortissement dégressif est égal à trois, au lieu de deux dans les modes linéaires[773]. Mais ces modes de comptabilisation aboutissent dans les deux cas à une maximisation de la rentabilité inhérente aux investissements. De telles politiques sont cependant limitées par la durée de vie utile des actifs[774].

---

772 Ibid.

773 Alain Galesne, « Le financement de l'entreprise », *Gestion fiscale des amortissements et des provisions*, éd. *CEREFIA*, 1996/ 2004, p 42 et s.

774 Cf. P. de Wolff « The depreciation multiplier », *The Review of economics and statistics*, nov. 1996, p 412 et s. Cet auteur arrive notamment à la conclusion que la durée de vie utile des immobilisations aboutit toujours à un multiplicateur d'amortissement supérieur à un.

728. Ainsi, pour un ensemble d'équipements homogènes, cette limite à la rentabilité, résultant du potentiel de production de chaque actif qui est destiné à s'éteindre à plus ou moins long terme, a été traduite de la manière suivante [775] :

$$S = M \times Vo$$

M : Multiplicateur d'amortissement correspondant à l'horizon infini.
Vo : Valeur du stock initial des actifs.

729. Mais, dans l'hypothèse d'un ensemble d'actifs hétérogènes, les forces de production du cocontractant connaissent une croissance autonome grâce à la structure de la capacité d'autofinancement et, simultanément, une limite à cette croissance avec le multiplicateur d'amortissement : « *la limite du potentiel d'expansion des actifs est de deux fois la capacité initiale lorsque le régime d'amortissement fiscal utilisé est linéaire* »[776]. Cette limite se traduit alors économiquement de la manière suivante[777] :

$$M = \frac{2a}{a + 1}$$

M : multiplicateur d'amortissement.
a : durée de vie utile des équipements.

730. L'accroissement autonome des forces de production est aussi limité généralement par la variabilité des durées de vie utiles des équipements. Dans cette hypothèse, les variations du stock-capital, retiré des modes de comptabilisations des amortissements, sont étroitement liées à la durée de vie utile des immobilisations qui empêche de pérenniser et d'accroître au maximum l'opération. Cette nouvelle situation se présente de la manière suivante[778] :

$$M = \frac{2a^2}{o^2 + a\,(a+1)}$$

M : multiplicateur d'amortissement.
a : durée de vie utile des équipements.
o : variance de distribution des durées de vie utile des équipements.

731. Si différentes théories économiques s'intéressent aux limites du potentiel des actifs immobilisés, elles traduisent toutes une idée commune : la gestion financière de l'amortissement des actifs immobilisés a pour conséquence inéluctable l'expansion, en termes de valeurs, du retour sur investissements qu'une entreprise cocontractante

---

[775] Alain Galesne, *op. cit.*, p 47.
[776] Alain Galesne, *op. cit.*, p 42 et s.
[777] Alain Galesne, *op. cit.*, p 45.
[778] Alain Galesne, *op. cit.*, p 47.

peut légitimement attendre de ses missions contractuelles. Seuls quelques facteurs externes ou internes viennent limiter le niveau de rentabilité résultant des politiques d'amortissement. Il est donc acquis que, lors de ses études concernant ses programmes d'investissements, le titulaire du contrat réalise un choix en retenant le projet lui assurant la plus forte rentabilité après impôts.

732. Pour évaluer cet élément d'appréciation et réaliser ce choix, les entreprises utilisent un instrument de mesure : la valeur actuelle nette intégrée. Cet élément d'appréciation est généralement calculé de la manière suivante[779] :

$$G = \frac{\sum_{t=1}^{t=T} (Rt - Dt)n \; (1+rs)^{T-1}}{(1+k)T} - DEP\,0$$

G : Valeur actuelle nette intégrée.
DEP 0 : Dépense initiale investissement.
k : Taux actualisation de l'entreprise.
T : durée de vie utile présumée.
t : exercice étudié.
rs : Taux de rentabilité du réinvestissement du flux de trésorerie dégagé des investissements initiaux.
(Rt – Dt)n : flux nets de trésorerie après impôts du projet pour l'année t.

733. Les différentes études liées au multiplicateur d'amortissement attestent toutes d'une recherche de maximisation des investissements réalisés par l'entreprise. Dans le champ de la commande publique, cette rentabilité du patrimoine se manifeste *in concreto* de diverses manières. En la matière, le premier phénomène qui retient l'attention est le caractère évolutif des valeurs des actifs immobilisés et amortissables car ils subissent des dépréciations économiques exceptionnelles au cours de la période d'exécution du contrat. Cette situation, qui est à l'origine de la réforme de la comptabilité privée applicable depuis le 1er janvier 2005 ayant introduit la méthode par composant[780], permet un constat : les valeurs traitées comptablement et les valeurs réelles des immobilisations

---

[779] Cet exemple provient des analyses d'Alain Galesne, « Le financement de l'entreprise », éd. *CEREFIA*, 1996, p 56. L'auteur présente le rapport de la valeur actuelle nette intégrée pour montrer l'impact de la méthode fiscale des amortissements choisie sur le niveau de rentabilité pour l'entreprise : « *La naissance d'économies d'impôts est le résultat direct de la déductibilité de l'assiette imposable des dotations fiscales pour amortissement ; le montant global de ces économies d'impôts ne dépend, certes que du prix de revient de l'équipement et du taux d'imposition des bénéfices des sociétés : il n'en demeure pas moins que, par le biais d'un rythme d'obtention plus rapide de ces économies d'impôts, certaines méthodes de dépréciation fiscale permettront, à un niveau donné d'économies d'impôts, une plus grande valeur actuelle de ces économies d'impôts* » ; p 56.

[780] Cf. Article 44 de la loi de finances rectificative pour l'année 2004, n°2004-1485, 30 déc. 2004 (JO du 31/12/2004, p 22 522) réformant l'article 237 septies du CGI, éd. 2009.

peuvent différer à cause de modifications dans les conditions d'utilisation des biens, soit pour des raisons externes [environnement économique et technologique], soit pour des raisons internes [changements dans le processus de production et nouvelles politiques de gestion][781].

734. Transposés aux contrats administratifs, les amortissements financiers ne perdent pas ce caractère évolutif. Au contraire, la capacité d'autofinancement témoigne d'un choix de l'entreprise pour prendre en compte ces facteurs internes et externes d'évolution. Pour répondre de manière optimale aux besoins d'adaptation de ses politiques de gestion patrimoniale, le cocontractant intègre cet aléa dans ses études prévisionnelles. Il va ainsi tenir compte du fait que l'amortissement des biens ne se fait pas à un rythme constant, mais souffre de fluctuations mesurées en termes de valeurs. Cette nature changeante des amortissements financiers doit être appréhendée comme un facteur d'augmentation des risques pour la personne publique, car elle conduit à une captation de profits par le cocontractant grâce à la définition d'une stratégie de profitabilité[782]. Ce dernier transpose d'ailleurs des modes de gestion privée diverses techniques lui permettant de maximiser ses politiques d'amortissements et d'accroître le rendement de la capacité d'autofinancement, malgré ses fluctuations.

735. La première manifestation de ce phénomène et du multiplicateur d'amortissement résulte de l'utilisation des déductions fiscales annuelles calculées à partir de la capacité d'autofinancement. La notion d'amortissement et ses modalités fiscales répondent ainsi à deux objectifs : permettre aux entreprises de compenser la dépréciation économique de leurs immobilisations ; permettre aux sociétés de bénéficier d'une politique fiscale volontariste. La technique des amortissements constitue à ce titre un levier sur lequel l'Etat peut influer afin de favoriser l'investissement des entreprises grâce à la déduction fiscale des amortissements. Conformément aux analyses économiques susvisées, l'entreprise se trouve alors en mesure de récupérer en

---

[781] Gérard Melyon et Rémédios Noguera, « Comptabilité générale », *ESKA*, 4°éd., 2004, p 352 et s.

[782] Selon Claude Ménard, Stéphane Saussier, dans « La délégation de service public, un mode organisationnel efficace ? Le cas de la distribution d'eau en France » (*Revue d'économie publique* n°12-2003/1, *http://economiepublique.revues.org.*) : « *La nature spécifique des investissements concernés ouvre la porte à de forts risques de comportements opportunistes du fait de l'incomplétude du contrat signé. (...)Enfin, la reprise en main par les collectivités locales des investissements les plus difficilement observables et vérifiables est aussi dans la logique de ce que prédit la théorie néo-institutionnelle. Les données empiriques convergent donc pour étoffer la forte présomption que les collectivités locales ont de réels problèmes contractuels(...)* » ; p 5 et 11.

économie d'impôts au moins le double de la valeur du coût d'acquisition initial[783].

736. En permettant à une société d'anticiper les bénéfices nets imposables prévisionnels, les amortissements financiers représentent une économie fiscale, occurrence d'une rentabilité. Certains économistes mettent en relation le système des amortissements dégressifs, la durée fiscale d'amortissement et les déductions envisageables pour expliquer que la capacité de production d'une entreprise peut alors quadrupler en trente ans par rapport à l'investissement initial[784]. Les économies d'impôts liées aux amortissements financiers ne sont effectivement pas toujours affectées à des comptes internes à l'entreprise. Le stock-capital réservé au renouvellement connaît rarement une stagnation. Il est au contraire assujetti à des politiques financières de placement[785]. Dans sa recherche de maximisation des amortissements financiers, l'entreprise dispose généralement d'un choix entre deux stratégies : soit réinvestir les liquidités dégagées dans de nouveaux projets d'investissements liés à des équipements ; soit procéder au placement du stock-capital ainsi dégagé. La première hypothèse permet à l'entreprise d'accroître ses forces de production, tandis que la seconde a pour objectif de retirer une rente financière des déductions fiscales liées aux amortissements, grâce à des placements à risque limité.

737. En matière de contrats administratifs, la transposition de la fonction financière de l'amortissement permet au cocontractant de recourir à ce type de politiques de gestion du patrimoine. Mais la principale différence en la matière concerne le choix stratégique du cocontractant. Dégager des liquidités pour accroître ses équipements ne présente pour lui que peu d'intérêt. En effet, cet élément n'a pas fait l'objet de négociations et la durée contractuelle ne lui permet donc pas de retirer une contrepartie à ces nouveaux investissements. Il a donc plutôt intérêt à réaliser des placements financiers des liquidités dégagées au titre de la capacité d'autofinancement. Cette stratégie financière le conduit alors à accroître son stock-capital et à augmenter *in fine* sa rémunération nette.

738. L'avantage de ce type de politiques de gestion est alors double pour le cocontractant : d'une part il ne finance aucun investissement supplémentaire ; d'autre part il accroît la rentabilité qu'il retire de l'opération contractuelle. Si le contrat ne prévoit pas une information périodique de la personne publique concernant cette donnée, ou si les

---

[783] Alain Galesne, « Le financement de l'entreprise », éd. *CEREFIA*, 1996/ 2004, p 57.

[784] Alain Galesne, « Le financement de l'entreprise », éd. *CEREFIA*, 1996/ 2004, p 47 et s.

[785] Ibid. L'auteur note ainsi : « *les capitaux récupérés chaque année au titre de l'amortissement fiscal de l'équipement ne sont pas laissés inemployés, mais font en général l'objet d'utilisations profitables, soit à l'extérieur de l'entreprise sous la forme de placements provisoires, soit au sein même de l'entreprise par réinjections dans la production de capitaux* » ; p 48.

contrôles contractuels réalisés chaque année ne portent pas sur cet élément de gestion, il se trouve alors en mesure de dissimuler la rentabilité réelle du contrat sans qu'aucun reversement de l'indu perçu ne soit exigé à son terme. Néanmoins, les perspectives de rentabilité des investissements ne se limitent pas à de simples stratégies résultant de placements financiers et/ou de réinvestissements. Une gestion financière efficace de l'amortissement des biens et de la capacité d'autofinancement permet aussi au cocontractant de bénéficier d'une présomption de savoir-faire qui augmente significativement sa valeur sur le marché. Dans la perspective d'une prise de participation ou d'une fusion, si le cocontractant a réussi à rentabiliser la gestion du patrimoine, il bénéficie ainsi d'une survaleur de sa société, qui est qualifiée de « *goodwill* ». Cette notion renvoie à une estimation des stratégies passées et aux perspectives futures de rentabilité en fonction de la position présente de la société vis-à-vis de sa concurrence[786].

739. L'estimation de cette survaleur est calculée à partir de la différence entre l'actif du bilan d'une société et le capital, tant matériel qu'immatériel, en valeurs actualisées. Ce différentiel correspond *« à l'excédent brut d'acquisition sur la quote-part de l'acquéreur dans la juste valeur des actifs et passifs identifiables »*[787]. Or, cette survaleur est intégrée dans le prix de rachat lors d'une opération de cession d'une filiale, qui peut très bien être titulaire de contrats administratifs plus ou moins complexes. Dans ce cas de cession par le haut[788], les missions assumées par le cocontractant représentent donc une source de rentabilité indirecte liée au bénéfice retiré du traitement comptable et financier des amortissements. Plus sa gestion des amortissements est efficace, plus sa valeur sur le marché s'accroît. Cette approche est particulièrement avérée dans les contrats de partenariat qui prévoient la possibilité pour le partenaire de céder la créance qu'il détient sur la personne publique[789]. La gestion du patrimoine permet au final d'envisager une augmentation de la rentabilité financière de l'acte contractuel lui-même, qui est le résultat indirect des missions transférées[790]. Mais le véritable enjeu de cette rentabilité est qu'elle représente invariablement un coût que le cocontractant tente simultanément de transférer à la personne publique.

---

[786] Michel Albouy, « Acquisitions, goodwill et performances boursières », *Expansion Review*, déc. 2002, p 72.

[787] Eric Delesalle, « La comptabilité du XXIème siècle se prépare », présentée au XXIIIème congrès de l'Association Francophone de la Comptabilité, 16 et 17 mai 2002 à Toulouse.

[788] Sur les différents mécanismes permettant de déroger à l'interdiction de sous-traitance, voir Paul Lignières, « Partenariats public-privé », éd. *Lexis Nexis* , p 203-207.

[789] Sur la cession de créance, voir loi n°2008-735 du 28 juill. 2008, JO du 29/07/2008, p 12144.

[790] Frédéric Marty, « Partenariats public-privé, règles de disciplines budgétaire, comptabilité patrimoniale et stratégies de hors bilan », Doc. OFCE, n°2007-29; *http://www.ofce.science-po.fr/pdf/dtravail/WP2007-29.pdf.*

B- La prise en charge réelle du coût inhérent à la capacité d'autofinancement

740. L'amortissement de caducité et la capacité d'autofinancement constituent des outils permettant de financer le renouvellement des actifs immobilisés, mais aussi une source de rentabilité pour le cocontractant[791]. Cette technique de gestion du patrimoine lui permet effectivement d'accroître sa rémunération soit en réalisant des placements financiers à risque limité, soit en utilisant les biens au-delà de leur durée de vie utile. Ce dernier n'ayant aucun intérêt à réinvestir le résultat de ces opérations dans des investissements complémentaires, il tente plutôt de dégager une rémunération accessoire en vue d'augmenter ses bénéfices réels. Les amortissements financiers, s'ils font l'objet d'une politique de gestion, conduisent donc à déséquilibrer le rapport contractuel en permettant une captation de profits.

741. En l'absence de contrepartie matérielle supplémentaire, cet élément réduit significativement les risques de réalisation et d'exploitation qui doivent être assumés par le cocontractant[792]. Pour autant, la constitution d'une capacité d'autofinancement ne peut être interdite dans les contrats administratifs puisqu'elle permet d'assurer financièrement le renouvellement des immobilisations. Les mécanismes de profitabilité, qui lui sont associés, ne peuvent être totalement exclus du droit des contrats administratifs car, en empêchant le cocontractant de maximiser l'opération contractuelle, la personne publique risque de ne plus être en mesure d'attirer des opérateurs privés et de pallier certains besoins d'intérêt général grâce à ce mode d'action.

742. Si une interdiction de ces techniques semble antinomique avec les défis modernes de ces contrats, la charge financière de cet amortissement ne doit cependant pas être assumée par la personne publique. Elle doit trouver sa contrepartie dans les missions assumées par le cocontractant. Le problème est que ces données sont difficilement maîtrisables en l'état car le cocontractant procède à une dissimulation des résultats réels. Le manque d'encadrement qui en résulte lui permet alors de maximiser sa marge nette en transférant le coût de l'autofinancement à la personne publique.

743. Pour parvenir à concrétiser une telle stratégie, le cocontractant dispose de nombreux instruments. Mais il est en un qui est spécifique à

---

[791] Voir en ce sens les analyses comptables de Gérard Melyon et Rémédios Noguera, dans « Comptabilité générale », (*ESKA*) et financières de Jack Forget, « Dynamique de l'amortissement », *Renforcer l'autonomie financière de l'entreprise pour dynamiser ses investissements* (coll. Mémentos finances, éd. *d'Organisation*, 2005).

[792] Voir en ce sens Cédric Milhat, « L'appréhension du risque financier dans les contrats de gestion déléguée de service public », *Revue Contrats et Marchés publics*, éd. Lexis Nexis, n°10, oct. 2006, p 15 et s.

la commande publique et qui s'avère particulièrement efficace : la structure des tarifs de la prestation facturée soit à la personne publique, soit aux usagers. Les tarifs du cocontractant doivent correspondre en principe à une contrepartie matérielle effective. Mais la plupart du temps la structure tarifaire du contrat est surévaluée et permet de compenser le coût de l'autofinancement lié aux amortissements.

1/ Le transfert du coût de la capacité d'autofinancement à la personne publique

744. En transposant la technique des amortissements dans le champ des contrats administratifs, le législateur et le pouvoir réglementaire n'ont de toute évidence pas anticipé la mise en œuvre par le cocontractant de mécanismes de rentabilité similaires à ceux du secteur privé et de stratégies de dissimulation de la rentabilité nette du contrat conclu avec une personne publique.

745. Si l'incomplétude des contrats à objet complexe [concessions de service public ; partenariats public-privé] explique certains de ces leviers financiers, l'asymétrie d'informations durant la phase d'exécution du contrat joue aussi un rôle essentiel[793]. L'expertise de la convention n'étant que partielle, le cocontractant est en mesure de retirer deux gains à partir de la gestion patrimoniale : les investissements sont maximisés pour dégager les flux financiers nécessaires au renouvellement des biens ; le coût financier de ces stratégies est transféré à la personne publique. Les juridictions financières ont souvent dénoncé ce phénomène qui consiste à reconsolider la dette publique en faisant supporter à la personne publique ces charges financières, alors que le contrat prévoit une déconsolidation de ces frais d'investissement au cocontractant[794]. Nous voyons là une remise en cause de l'objectif initial de ces contrats administratifs à objet complexe ; à savoir pallier certains besoins financiers, techniques et humains de la personne publique en transférant en partie ou en totalité le poids des investissements à un cocontractant.

---

[793] Sur ce point, la théorie des contrats incomplets, dans laquelle l'information est symétrique entre les parties, et la théorie des coûts de transaction, qui suppose par définition une asymétrie d'informations entre elles, se complètent. Ces deux théories sont présentées part O.D Hart, dans "Incomplete contracts and the theory of firme" (*Journal of Law, Economics and Organization*, 1988, n°4, p 119-141) et O.E Williamson, dans "Public and private bureaucracies : a transaction costs economics perspective", (*Journal of Law, Economics and Organization*, 1999, n°15, p 306-342). Pour une étude de l'asymétrie d'informations dans les contrats français de concession, voir Stéphane Braconnier, « Le modèle français de la concession : conquête ou concurrence ? », *JCP A* n°16 2007, étude n°2102.

[794] Cour des Comptes, Rapport public 1998, Chapitre IV, La gestion du service public communal de la restauration collective en Ile-de-France ; Rapport public, déc. 2003, Service public de l'eau ; *http://ccomptes.fr*.

746. La capacité d'autofinancement résultant de la fonction financière et fiscale de l'amortissement joue en la matière un rôle essentiel. Cette donnée de gestion permet effectivement de récupérer un stock-capital supérieur au prix d'acquisition initiale d'un actif. Le cocontractant anticipe grâce à elle le surcoût des opérations de renouvellement qui résulte des fluctuations de valeurs sur les marchés. En matière de contrats administratifs, le principe général est que la réalisation partielle ou totale d'investissements par le cocontractant constitue une charge financière qui est répercutée ensuite grâce aux tarifs soit sur les usagers, soit sur la personne publique et *in extenso* sur le contribuable.

747. Mais le fonctionnement général de ce principe n'est pas respecté dans la pratique car, à partir de l'amortissement, le cocontractant dégage souvent des gains de gestion complémentaires. Les juridictions financières ont d'ailleurs dénoncé à maintes reprises ce phénomène[795]. En maîtrisant les données réelles d'exécution relatives au patrimoine, il est en mesure de dissimuler la rentabilité du contrat à la personne publique. Grâce à cette asymétrie d'informations, il peut transférer une partie du coût de ces opérations de gestion patrimoniale à la personne publique, en sollicitant par exemple des aides financières pour parvenir à un équilibre, qui est en réalité déjà atteint[796].

748. En effet, dans les contrats publics des collectivités territoriales, les personnes publiques sont autorisées à verser par exemple des subventions d'exploitation au gestionnaire d'un service public industriel et commercial[797]. L'éventualité d'une telle subvention doit être en principe envisagée par les parties lorsqu'un déséquilibre affecte les comptes de résultats d'un contrat administratif. Cette participation a alors pour objectif d'éviter une hausse manifestement excessive des

---

[795] Voir par exemple CRC Languedoc Roussillon, 6 déc. 2000, Port Camargue, Cne le Grau du Roi, Gard ; CRC Bretagne, 15 mars 1999, Sté d'économie mixte Finist'Air aéroport de Brest Guipavas et 14 nov. 2000, Centre océanographique de la Ville de Brest, disponible à *http://www.ccomptes.fr*.

[796] L'asymétrie d'informations entre les parties au contrat est présentée par O.E Williamson « Public and private bureaucracies : a transaction costs economics perspective », *Journal of Law, Economics and Organization*, 1999, n°15, p 306-342. La Commission des finances a aussi pu énoncer : « *Il existe dans le domaine de l'évaluation des risques une asymétrie d'informations entre la personne publique et les candidats privés qui doit pouvoir être réduite par les conditions de la mise en concurrence* » ; Annexe du procès-verbal, 26 mars 2008, Sénat, projet de loi relatif aux contrats de partenariats, II. Une gestion de l'investissement public qui reste à professionnaliser, B. Les avantages attendus des PPP, 3. Les enjeux de l'évaluation *ex ante* et *ex post*.

[797] L'article L322-5 du Code des Communes autorisait le versement de subventions d'équilibre. Le Conseil d'Etat, dans sa jurisprudence du 17 mars 1999 (Cne de Bandol, req. n°170999) rappelle les conditions strictes de cette disposition. En outre, la loi n°96-588 du 1er juillet 1996 (applicable au 1er janv. 1997, JO du 03/07/1996, p 9983) a interdit les subventions de fonctionnement, mais a maintenu les subventions d'exploitation, dont la finalité est souvent détournée pour participer indirectement au financement d'investissements.

tarifs[798]. Or, le lien entre la capacité d'autofinancement, dont le niveau réel de gestion n'est pas présenté à la personne publique commanditaire, et les subventions d'équilibre est ici manifeste.

749. En dissimulant la rentabilité réelle retirée des opérations de gestion des amortissements financiers, le cocontractant est effectivement en mesure de présenter des comptes déséquilibrés et de solliciter une aide financière auprès de la personne publique. Une partie du financement des investissements est ainsi indûment supportée par cette dernière, alors que les résultats réels du contrat ne l'imposent pas. Toute la difficulté est ici de déterminer si les subventions sollicitées par le cocontractant correspondent à un déficit réel, anormal et justifié. Ainsi, le financement de travaux d'investissements, de grosses réparations ou de gros entretien ne doit pas être pris en charge par la personne publique si le contrat les transfère au cocontractant et si les comptes de ce dernier sont équilibrés[799].

750. La personne publique doit plus généralement vérifier l'adéquation de la subvention avec le déficit réel constaté afin de ne pas assumer à la place du cocontractant une partie des risques du contrat. Sur ce point, le juge administratif se montre d'ailleurs très strict et se réserve le droit de requalifier la subvention versée. Il se réfère pour cela aux conditions normales d'amortissement des immobilisations, au regard des missions confiées au cocontractant, pour déceler si les sommes versées constituent des subventions déguisées ou sans cause[800].

751. Conformément aux analyses des juridictions financières et du juge administratif, l'amortissement constitue de ce point de vue une condition de la légalité des subventions versées au cocontractant[801]. Cependant, ces critères jurisprudentiels ne permettent pas de remédier à toutes les stratégies résultant de la gestion des amortissements financiers. Le droit fiscal permettant au cocontractant de déduire du calcul de son assiette

---

[798] Voir en ce sens la réponse ministérielle n°19054, publiée au JOAN, 07/11/1994, p 5541, Documents administratifs, déc. 1994, p 11. Le versement de subventions d'exploitation est aussi envisagé à l'article L 224-2 du CGCT (éd. 2009) comme le rappelle la CRC Ile-de-France dans ses lettres d'observations du 24 juin 2005, Cne de Bois-Colombes ; disponible à *http://www.ccomptes.fr*.

[799] Pour une analyse plus détaillée concernant les difficultés pour la personne publique d'identifier l'objet des subventions d'exploitation dans ces contrats voir Cabinet-Comptes, « L'analyse des comptes d'une opération de gestion de service public », janvier 1998, disponible à *http//www.inventaires.fr/rubriques/fiches/fi_24.htm*.

[800] Sur le versement de subventions déguisées, voir CE, du 18 nov. 1992, Comité de liaison d'Antibes (Recueil Lebon p 414) ; CE, 18 nov. 1998, Région Ile-de-France (*Les petites affiches*, 16 juill. 1999, n°141, p 19). Sur le versement de subventions d'exploitation pour la réalisation d'investissements assumés par le cocontractant, voir CRC Languedoc Roussillon, 6 déc. 2000, Port Camargue, Cne Le Grau du Roi, *http://www.ccomptes.fr*.

[801] Florian Linditch, « Recherches sur la place de l'amortissement en droit administratif », *AJDA* du 20 fév. 1996, p 108.

fiscale les dotations aux amortissements, il peut par exemple présenter sommairement les comptes d'exploitation, sans faire apparaître ces éléments financiers. Au début du contrat, où les investissements représentent une part prédominante dans les résultats financiers, il peut ainsi établir une présentation plus déficitaire et solliciter une subvention d'exploitation qui n'est pas toujours récupérée par la personne publique lorsque les résultats deviennent excédentaires. Le cas des structures portuaires, gérées sous forme de contrats de délégations de service public, constitue un exemple significatif de cette pratique[802], tout comme l'hypothèse des conventions conclues pour les services publics de l'eau et du chauffage urbain[803].

752. Ces mécanismes de rentabilité démontrent que, si certains contrats administratifs sont *a priori* des outils pour déconsolider la dette publique, ils ont parfois dans la pratique pour conséquence de parvenir au résultat inverse[804]. En effet, pour maximiser les placements financiers des dotations aux amortissements et solliciter de la personne publique un appui financier, le cocontractant communique à cette dernière une présentation faussée des comptes d'exploitation. Il peut par exemple omettre de décomposer certaines lignes budgétaires ou d'augmenter artificiellement certains postes de charges, tout en respectant les principes généraux de la comptabilité puisque les comptes réels sont établis avec précision et certifiés le plus souvent par un organisme externe à l'entreprise.

753. Si les comptes apparaissent déséquilibrés, la personne publique est alors tentée d'apporter son concours pour stabiliser l'opération ; participation qui aboutit en réalité à limiter les risques réellement supportés par le cocontractant. Le problème est que les conséquences de cette maximisation de la gestion patrimoniale et des amortissements financiers ne se limitent pas pour la personne publique à supporter

---

802 Voir en ce sens le Rapport de la Cour des Comptes du 23 oct. 1991 et la lettre d'observations de la CRC Languedoc Roussillon, 16 déc. 1997, concernant la gestion du service public de l'eau pour le District de la Côte Vermeille, Cne de Port-Vendres, Pyrénées Orientales ; disponibles à *http://www. ccomptes.fr*.

803 Voir en ce sens les lettres d'observations suivantes : CRC Ile-de-France, 17 sept. 2003, Syndicat d'agglomération nouvelle de Marne la Vallée ; CRC Corse, 7 oct. 2003, Office d'équipement hydraulique de la Corse-Bastia ; disponibles à *http://www.ccomptes.fr*.

804 Sur le phénomène de déconsolidation de la dette publique grâce aux contrats publics, voir Florian Linditch, « Les partenariats public-privé, Vecteur d'externalisation et de déconsolidation ? Quelques interrogations de nature financière », Colloque *Revue de l'IEJUC* n°60/2005, *Presses universitaires sciences sociales Toulouse I*, p 229 et s. Selon l'auteur : « *Pour que les partenariats public-privé répondent aux attentes qu'on a placé en eux, ils doivent satisfaire au moins deux objectifs : la qualité des services devra être précisément définie et ils devront permettre un transfert effectif des risques, non seulement techniques, mais également financiers vers le partenaire rémunéré à proportion par l'administration.* (...) *Le contrat doit assurer effectivement la déconsolidation de la dette de l'administration (...) sans être opposé dans un second temps comme un instrument d'endettement* » ; p 233.

indûment des coûts de réalisation. En principe, lorsque les risques de réalisation et d'exploitation sont transférés au cocontractant, le contrat permet une déconsolidation de la dette publique et emporte, en contrepartie, un transfert du pouvoir décisionnel sur les actifs immobilisés. Dans cette hypothèse, les équipements servent notamment de caution auprès de l'organisme de prêt qui a été sollicité par le cocontractant.

754. En matière de contrats de partenariats par exemple, la technique de la déconsolidation fait partie intégrante de la logique d'externalisation qui préside à ce mode d'action et dont la réalisation dépend de cinq critères : le *niveau du loyer* ; la *durée de l'engagement financier* qui doit être supérieure à la durée d'amortissement ; *l'actualisation des flux financiers* sur les marchés ; la *valeur résiduelle des actifs* ; *l'option du client* qui doit être effective[805]. Les contrats de partenariat étant complexes et constitutifs de droits réels pour le cocontractant, ils constituent un outil privilégié pour définir et mettre en œuvre une telle stratégie de déconsolidation appliquée à l'action publique. Mais, dans ce cas particulier, l'opération de financement n'est pas réellement transférée au cocontractant puisqu'elle est remboursée au moyen de loyers. Ce type de contrat participe donc indirectement à la réalisation d'activité publique dont le financement n'est pas retracé dans les comptes publics, alors que la personne publique en assume indirectement la charge[806].

755. L'Office de Statistiques des Communautés Européennes a établi trois critères pour que les partenariats public-privé aient véritablement un effet déconsolidant pour la dette publique[807] : *un élément organique* [un contrat à long terme où le gouvernement est impliqué] ; *un critère matériel* relatif aux actifs fournissant des services [le contrat permet la production d'actifs imposant une dépense en capital en vue de la construction] ; *une demande publique* [la personne publique doit être le principal acheteur et demandeur]. Seule la réunion de ces critères permet

---

[805] Voir l'analyse de Thierry Lefebvre, « Financement immobilier : les multiples visages de la déconsolidation », société Bfinance, disponible à *http://www.bfinance.fr/corp/article.do?docid=N17415&topId=4*.

[806] A titre non exhaustif, voir sur ce point Jean-Baptiste Vila, « De l'Urgence et de la Complexité à repenser la réforme relative aux partenariats public-privé », *JCP A* n°28 du 9 juill. 2009, p 30 et s.

[807] Office des Statistiques des Communautés Européennes, décision Eurostat n°18/2004, 11 fév. 2004, relative au traitement comptable dans les comptes nationaux des contrats souscrits par les entreprises publiques avec les entreprises privées. Florian Linditch [« Les partenariats public-privé, Vecteur d'externalisation et de déconsolidation ? Quelques interrogations de nature financière », Colloque des 2 et 3 juin 2005 à Toulouse UT 1, *Revue de l'IEJUC* n°60/2005, p 229 et s.] résume l'intérêt du raisonnement de l'OSCE : « *La décision développe plusieurs critères qui ne doivent pas être appréhendés de manière trop juridique, sauf à encourir la sanction consistant à devoir reconsolider le contrat litigieux avec la dette publique* », p 249.

de déconsolider réellement la dette publique et de faire en sorte que « *le secteur privé délivre le public d'une partie du risque financier lié aux investissements en infrastructures* »[808].

756. Cependant, les stratégies financières liées à l'amortissement de caducité et à la capacité d'autofinancement ont souvent pour but de faire supporter les risques réels par la personne publique. A défaut de déconsolider la dette des personnes publiques dans le cadre de programmes d'investissements, la formule du partenariat accroît alors en réalité leur part de financement. Ce phénomène résulte pour l'essentiel de l'absence d'évaluation financière préalable et stricte du contrat par la personne publique. Ceci explique certains organismes recommandent la construction d'une comptabilité publique analytique permettant d'opérer un suivi opérationnel des infrastructures classées selon leur nature et de maîtriser les opérations financières inhérentes à l'amortissement de caducité[809]. En l'absence d'un cadre comptable et financier structuré, les carences constatées permettent au cocontractant de retirer un avantage financier supérieur aux prévisions grâce à une asymétrie d'informations entre les parties[810].

757. Les dernières réformes de la commande publique n'ont d'ailleurs pas pour effet de diminuer ces effets pervers. La réforme du régime des contrats de partenariats public-privé du 28 juillet 2008, loin d'y remédier, confirme par exemple le glissement qui est en train de s'opérer et qui consiste, comme dans le modèle anglo-saxon, à considérer la personne publique non plus comme la propriétaire des actifs immobilisés, mais comme l'acheteuse de ceux-ci[811]. Mais le principal problème est que le cocontractant augmente alors dans ce cas sa marge nette. En effet, il est en mesure de transférer le coût de la capacité d'autofinancement à la

---

808 Cf. Pierre Jacquet, « Promouvoir les partenariats public-privé », *Revue Prospectives stratégiques*, mai 2003, disponible à *http://www.afd.fr*.

809 Cf. Sénat, Annexe au procès-verbal de la séance du 26 mars 2008 concernant le projet de loi relatif aux contrats de partenariats. La Commission des finances chargée d'examiner le projet de loi énonce : «*Tout recours à un PPP doit être ainsi systématiquement précédé d'une évaluation financière préalable permettant de connaître le coût actualisé de l'opération au regard d'autres solutions possibles. Une comparaison chiffrée systématique doit intervenir avec une solution publique classique, ce qui suppose que l'administration acquière une connaissance fine des coûts de gestion de ses propres équipements publics. Ainsi, la comparabilité des coûts entre un investissement classique et un PPP suppose que les administrations publiques développent rapidement une comptabilité analytique* » ; Partie I, II, B, 3 ; disponible à *http://www.senat.fr/rap/a/07-243/a07-2430.html.*

810 Voir en ce sens Frédéric Marty, « Partenariats public-privé, règles de discipline budgétaire, comptabilité patrimoniale et stratégie de hors bilan », *Document de l'Observatoire Français des Conjonctures Economiques*, n°2007-29, oct. 2007, disponible à *http://www.ofce.science-po.fr/pdf/dtravail/WP2007-29.pdf.*

811 Cf. Loi n°2008-735 du 28 juill. 2008, JO du 29/07/2008, p 12144, promulguée après le contrôle du Cons. Constit., déc. n°2008-567 DC du 24 juill. 2008, disponible à *http://www.legifrance.fr*.

personne publique et de surévaluer le niveau des tarifs par rapport aux risques réellement assumés.

2/ La contrepartie à la pratique des amortissements de caducité : une structure tarifaire surévaluée

758. Les stratégies définies par le cocontractant en matière de gestion des amortissements financiers et de la capacité d'autofinancement conduisent de toute évidence à accroître les risques supportés par la personne publique. Effectivement, cette dernière se trouve souvent confrontée à un phénomène de reconsolidation de sa dette, en participant financièrement à l'exécution de certaines missions du cocontractant. Cette situation a alors pour conséquence de faire supporter en partie la charge de la réalisation du contrat indirectement par le contribuable, lorsque la personne publique participe au financement de l'opération, et/ou par les usagers, sur lesquels sont alors pratiqués des tarifs manifestement excessifs.

759. Pour rembourser les investissements qu'il finance et qui sont considérés comme des biens de retour, le cocontractant dispose en principe des tarifs qu'il pratique soit sur la personne publique, soit sur les usagers. Le juge administratif a d'ailleurs eu l'occasion de préciser que les tarifs des prestations doivent être représentatifs des missions liées directement ou indirectement à la réalisation du service[812]. C'est pourquoi certains membres de la doctrine ont démontré que le résultat du contrat pour les prestataires devait s'apprécier au regard du rapport suivant[813] :

. Montant des investissements + Bénéfice d'exploitation = Recettes tarifaires x Durée contrat à amortir

760. Mais cet élément contractuel ne reste pas figé sur l'ensemble de la période d'exécution. Le niveau des tarifs des prestations peut fluctuer en fonction de l'évolution des missions assumées par le cocontractant. En matière de marchés publics, par exemple, les termes du contrat peuvent être révisés, entraînant *in extenso* une variation du prix de la prestation[814]. Cependant, cette augmentation doit en principe correspondre à de nouveaux investissements et/ou à des changements quantifiables. Dans le

---

[812] En matière de contrats de délégations de service public, les évolutions des tarifs doivent correspondre à une contrepartie matérielle directe avec les prestations fournies pour l'exécution du service public. Le Conseil d'Etat a rappelé ce principe dans sa jurisprudence du 30 sept. 1996, Sté Stéphanoise des eaux et Ville de Saint-Etienne, req. n°156176.

[813] Voir en ce sens Florian Linditch, « Recherches sur la place de l'amortissement en droit administratif », *AJDA* 1996, p 103 ; Andrée Coudevylle, « Les concessions de service public des collectivités locales », *Bibliothèque des collectivités locales*, p 74.

[814] Voir en ce sens les articles 18 et 19 du CMP, éd. 2009.

cas contraire, cette augmentation représente un surcoût qui est indûment supporté par la personne publique et/ou par les usagers[815].

761. Pour les délégations de service public, le cadre de l'évolution des tarifs représente un enjeu financier de première importance. Dans cette hypothèse, le contrat prévoit généralement un niveau minimal des tarifs au jour de la signature qui est calculé pour assurer au cocontractant un retour sur investissements assorti d'une marge bénéficiaire[816]. Cette clause contractuelle s'accompagne toujours d'une formule d'indexation des tarifs. Celle-ci permet de les réviser pour tenir compte des fluctuations économiques qui sont constatées au cours d'une phase d'exécution assez longue. Ces formules se composent de plusieurs indices économiques, issus l'Institut National de la Statistique et des Etudes Economiques, choisis par les parties. Ils doivent alors refléter au mieux les éléments essentiels du contrat. Pour certains services publics, ces indices connaissent cependant une certaine standardisation, comme par exemple pour les contrats de l'eau où la formule d'indexation se présente généralement de la manière suivante[817] :

$$k = 0,20 + 0,55 \times \frac{Sm}{Smo} + 0,13 \times \frac{EMT}{EMTo} + 0,12 \times \frac{TP\ 10.4}{TP10.4\ o}$$

Avec:
k : coefficient multiplicateur appliqué aux tarifs initiaux.
Sm : indice INSEE du prix des salaires régionaux dans l'industrie du bâtiment.
Sm o : indice INSEE du prix des salaires régionaux dans l'industrie du bâtiment à la date de conclusion du contrat.
EMT : indice INSEE du prix de l'électricité moyenne tension.
EMT o : indice INSEE du prix de l'électricité moyenne tension à la date de conclusion du contrat.
TP 10.4 : indice INSEE du prix des travaux publics (canalisation, égouts…).
TP 10.4 o : indice INSEE du prix des travaux publics (canalisation, égouts…) à la date de conclusion du contrat.

---

[815] Voir en ce sens les lettres d'observations suivantes : CRC Ile-de-France, 14 oct. 2003 SAN Marne la Vallée (sur les marchés publics passés pour l'entretien des installations relatives au service public du chauffage urbain) ; CRC Corse, 07 oct. 2003, Office d'équipement hydraulique de la Corse (sur les marchés publics concourant à la réalisation du barrage de l'Ortolo en Corse) ; disponibles à *http://www.ccomptes.fr*.

[816] Cette idée est déjà présente dans la décision TC, 8 juill. 1963, Sté Entreprise Peyrot c/ Sté Autoroute Esterel Côte-d'Azur, *AJDA* 1963, p 463 chron. ; GAJA n°82.

[817] Pour la formule applicable aux services publics de l'eau, voir la loi LEMA n°2006-1772 du 30 déc. 2006 (JO du 31/12/2006 p 20285) et les articles L 2224-12-1 et s., R2224-6 et s. du CGCT, éd. 2009. Pour une étude plus large des formules paramétriques de variation de tarifs des contrats de délégation, voir F. Llorens et P. Soler-Couteaux, P. Belguedj, « Guide de l'affermage du service de distribution de l'eau potable », *AMF*, 2001.

762. Cette formule d'indexation doit être décomposée afin de mieux comprendre ses enjeux pour l'équilibre général des accords contractuels conclus par les personnes publiques[818] :

$$k = 0{,}20 + 0{,}55 \times \frac{Sm}{Sm\ o} + 0{,}13 \times \frac{EMT}{EMTo} + 0{,}12 \times \frac{TP\ 10.4}{TP\ 10.4\ o}$$

Coefficient Général d'Indexation	Coefficient Stabilisateur	Coefficient de Variation du Rapport Indiciaire	Rapport indiciaire

763. Le *coefficient stabilisateur* limite le caractère inflationniste des autres rapports indiciaires. Il a donc pour effet de limiter les variations induites par le *coefficient général d'indexation* des tarifs. Si pour certains services publics les indices composant cette formule se standardisent, les personnes publiques sont libres de déterminer les coefficients appliqués à chaque *rapport indiciaire*. Or, plus des coefficients importants sont appliqués aux indices les plus inflationnistes, plus le calcul de la formule aboutit à un coefficient de variation important. Mais ces effets sont bien souvent négligés par la personne publique. Même si le contenu de cette formule constitue un élément essentiel de la phase de négociation lors de la passation du contrat, les expertises publiques à ce sujet sont rares durant l'exécution du contrat. L'indexation des tarifs ne correspond alors généralement à aucune contrepartie matérielle assumée en retour par le cocontractant. Comme le montrent les juridictions financières, elle est au contraire utilisée chaque année, de manière quasi-systématique, sans expertise préalable du motif justifiant sa mise en œuvre[819].

764. L'objectif initial de cette formule, qui est d'adapter le contrat aux fluctuations économiques des valeurs sur les marchés, n'est donc pas rempli. Mais la véritable question n'est tant de savoir comment, mais plutôt pourquoi la structure tarifaire est ainsi fréquemment surévaluée. En profitant d'une asymétrie d'informations sur cet élément, les candidats à un contrat administratif négocient le contenu de cette formule pour obtenir en réalité le meilleur résultat financier possible.

[818] La somme des coefficients de la formule, permettant d'obtenir le coefficient d'indexation des tarifs initiaux, doit être égale à 1, correspondant à un rapport de 100% des différences indices utilisés.

[819] Voir en ce sens les lettres d'observations suivantes : CRC Rhône-Alpes, 24 nov. 1995, Gestion du service public de l'eau et de l'assainissement de la Ville de Grenoble ; CRC Rhône-Alpes, 5 déc. 1996, Syndicat intercommunal de distribution d'eau du sud-ouest Lyonnais à Vaugneray ; CRC Rhône-Alpes, 7 fév. 2003, Gestion du service public de l'eau de la Vile de Saint Etienne ; disponibles à *http://www.ccomptes.fr*.

Leur objectif est ainsi de disposer durant l'exécution de tarifs avantageux qui leur permettent d'obtenir deux gains : d'une part, ils peuvent ainsi accroître leur marge bénéficiaire qui se situe au-delà du strict retour sur investissements ; d'autre part, il compense le coût de la gestion patrimoniale et de la capacité d'autofinancement résultant des amortissements financiers.

765. Afin de remédier à ce phénomène, les personnes publiques doivent procéder à une évaluation affinée de la contrepartie financière que le cocontractant retire de l'opération. Elles doivent donc se réapproprier les données financières d'exécution et de gestion du patrimoine pour être en mesure de fixer au plus juste le coefficient de variation des tarifs. L'objectif est d'éviter que le cocontractant n'opère une reconsolidation du coût de la gestion patrimoniale et du pois des amortissements. L'analyse de l'amortissement de caducité et de ses effets financiers atteste d'ailleurs de l'urgence et de la complexité à repenser ces modalités de contrôle. En effet, l'expertise de ces données économiques leur est difficile pour le moment. Mais elle est indispensable pour rationaliser le contenu et les composantes de la rémunération du cocontractant.

Section 2 : L'encadrement par le contrat des conséquences économiques liées aux amortissements financiers

766. Conformément à la fonction qui lui est réservée en finance d'entreprise, l'amortissement de caducité permet en principe d'étaler la charge de renouvellement du patrimoine des délégations de service public. Mais ce mécanisme contribue aussi à accélérer l'amortissement technique du patrimoine afin que celui-ci concorde avec la durée contractuelle. Cette particularité permet ainsi d'éviter que le cocontractant ne soit lésé au terme du contrat, en ne pouvant amortir totalement le patrimoine qu'il a financé et qui est destiné à retourner dans la sphère publique[820].

767. Cependant, la mise en œuvre de la fonction financière de l'amortissement s'accompagne souvent dans la pratique d'une augmentation de la rémunération du cocontractant. Ce dernier dispose effectivement de divers mécanismes pour détourner cette technique de gestion de son objectif initial et définir de véritables politiques de

[820] Voir en ce sens le régime de l'amortissement de caducité dans les concessions de service public résumé par les Doc. Fisc. Lefebvre BIC-X-35590 à 36010.

maximisation des investissements patrimoniaux[821]. Le multiplicateur d'amortissement et le transfert de la charge de l'autofinancement à la personne publique sont autant d'exemples qui montrent qu'il tente de limiter les contraintes d'exploitation, alors qu'il devrait normalement les assumer puisqu'elles justifient son droit à rémunération[822].

768. Afin de rendre aux délégations de service public leur équilibre initial et étendre aux autres contrats ce mécanisme de gestion, les personnes publiques doivent réévaluer le contenu de leurs contrôles contractuels en la matière. Elles doivent notamment être en mesure d'apprécier financièrement la correspondance entre les données d'exécution et les prévisionnels négociés *ex-ante* durant la procédure de passation[823]. Sur ce point, une attention toute particulière doit être réservée aux conséquences financières de l'amortissement car les gains de gestion de ce mécanisme sont une composante de la rémunération totale du cocontractant.

769. Dans la pratique, cette donnée fondamentale est considérée, à tort, par les cocontractants comme une information confidentielle. Ils déterminent donc des écritures comptables qui permettent de dissimuler le niveau réel de la rentabilité du contrat soit dans les « *business plans* » présentés lors des négociations, soit dans les rapports d'exploitation transmis périodiquement aux personnes publiques. Une technique particulièrement appréciée des entreprises dans ce domaine est le lissage de comptes.

770. Ce mécanisme permet de présenter une estimation ou une évaluation réelle des résultats toujours positive depuis la mise en service des biens, jusqu'au terme du contrat[824]. Les cocontractants appliquent un coefficient

---

[821] Philippe Cossalter, dans « Les concessions à durée endogène » (*Revue Dr. Adm.* n°5 mai 2006, étude n°9, p 5 et s.) énonce ainsi : « *Dans le cadre d'une concession moderne, l'effet d'accroissement des coûts consistera en une augmentation des charges d'entretien, notamment par la passation de contrats sur-rémunérés avec les entreprises liées au consortium concessionnaire. Ce dernier augmentera ses dépenses afin de limiter son taux de retour sur investissements. Est alors créée, à travers les filiales, une rente sur profits qui est l'effet inverse de celui recherché par le système de durée endogène* » ; p 5.

[822] Sur le Multiplicateur d'amortissement, voir Alain Galesne, « Le financement de l'entreprise », *Gestion fiscale des amortissements et des provisions*, éd. *CEREFIA*, 1996 et 2004, p 47 et s.

[823] Cf. Les analyses formulées par la Commission des finances sur la réforme de 2008 concernant les contrats de partenariats. Cette commission montre qu'il est urgent de créer les conditions d'une évaluation *ex-post* dans les contrats publics ; Annexe à l'Avis n°243 du 26 mars 2008, session ordinaire du Sénat, rapport présenté par Charles Guené, Partie I, II, B, 3 ; disponible à *http://www.senat.fr/rap/a/07-243/a07-2430.html.*

[824] Cette technique du lissage de comptes est en principe un élément communicable à la personne publique. Voir par exemple le régime des contrôles contractuels des contrats de délégations prévu à l'article L1411-3 du CGCT, éd. 2009, réformé par le décret n°2005-236 du 14 mars 2005, JO n°65 du 18/03/2005 p 4570, applicable aux rapports annuels transmis depuis le 1er juin 2007 sur les exercices de l'année N-1 ; com. Jean-Baptiste Vila, « Le décret du 14 mars 2005 : une réforme en devenir depuis le 1er juin 2007 », *JCP A*, n°28 du 9 juill. 2007, p 16 et s.

de lissage de comptes sur les courbes de rentabilité du contrat, estimées en amont lors des négociations ou réelles durant la phase d'exécution. L'objectif est alors de normaliser les comptes de résultats présentés à la personne publique pour l'empêcher d'apprécier les données réelles d'exécution. Par exemple, dans les contrats de délégations, les personnes publiques ne disposent jamais de ce coefficient même si les dispositions réglementaires prévoient la communication de cette donnée[825]. Ce dernier invoque la confidentialité des éléments de gestion de son entreprise et ne consent à présenter que les éléments théoriques du calcul de ce coefficient.

771. La valeur de cet élément est pourtant importante car, sans lui, il est impossible de mesurer avec précision le niveau réel des données d'exécution et leur concordance avec les négociations. Le coefficient de lissage de comptes participe de ce point de vue d'une stratégie de dissimulation qui porte sur deux éléments : d'une part sur la rentabilité réelle du contrat, puisque le cocontractant applique ce coefficient sur les courbes des résultats nets ; d'autre part sur les actifs immobilisés, puisque son utilisation ne permet pas de vérifier si la rémunération constitue une contrepartie effective à des investissements patrimoniaux. Afin de définir une stratégie optimale et pérenne en la matière, le cocontractant répartit alors la charge des investissements sur l'ensemble de la durée du contrat alors que l'amortissement complet du patrimoine est bien souvent constaté quelques temps avant le terme du contrat[826].

772. Si cette marge financière dégagée par le cocontractant varie selon la formule contractuelle, il est aujourd'hui indéniable qu'elle accroît le niveau de sa rémunération sans que la personne publique n'en soit informée[827]. Donnée confidentielle de gestion économique pour les entreprises, la rentabilité financière est donc dissimulée aux personnes publiques. Pourtant, les particularités de la commande publique imposent en la matière une information claire et précise des personnes publiques (§1). Elles peuvent néanmoins parvenir à encadrer ces leviers financiers. Le contenu de leurs contrôles contractuels doit pour cela être élargi et prendre en compte les conséquences financières de l'amortissement. Elles doivent grâce à ce dernier déterminer les courbes réelles de rentabilité

---

[825] Ibid.

[826] Ce constat est formulé par Michel Soulas, commissaire du Gouvernement à la CRC Midi-Pyrénées, « L'équilibre financier d'un contrat de délégation de service public », Séminaire de l'ENACT à Montpellier, juin 2006.

[827] Cette analyse s'applique à de nombreux domaines de la commande publique. A titre non exhaustif, voir Florian Linditch, « Les partenariats public-privé, Vecteurs d'externalisation et de déconsolidation ? Quelques interrogations de nature financière », *Revue de l'IEJUC*, coll. Droit et Ville, n°60/2005, Presses Universitaires des Sciences Sociales de Toulouse I, p 229 et s.

afin de se réapproprier et de rééquilibrer l'économie de leurs contrats (§2).

Paragraphe 1 : La rentabilité financière du contrat : une information à éclaircir en vue d'une réappropriation publique

773. Dans le régime des contrats administratifs, la maîtrise des données financières est souvent associée à la procédure de passation et à l'efficience des négociations menées par la personne publique. A l'instar du juge administratif, de nombreux membres de la doctrine considèrent pourtant que les négociations doivent être limitées en raison du risque d'effets pervers. Cette position constitue en quelque sorte un héritage des solutions apportées aux pratiques ayant caractérisé ce mode d'action dans les années 1980/1990[828].

774. Cependant, au regard des différents mécanismes de rentabilité à la disposition des cocontractants, la maîtrise des données financières représente toujours un enjeu central pour l'avenir des contrats administratifs. Une réappropriation publique des éléments financiers inhérents à l'exécution de ces conventions est inéluctable. Pour y parvenir, les personnes publiques doivent en premier lieu déterminer les outils nécessaires pour maîtriser le transfert patrimonial, plus ou moins prononcé selon la formule contractuelle, et les logiques de profitabilité liées à la capacité d'autofinancement. C'est effectivement à partir du contenu de la responsabilité sur le patrimoine que le cocontractant est en mesure de définir ces stratégies financières. Il faut donc l'encadrer pour en limiter les effets. Or, le premier élément qui doit pour cela être expertisé avec précision concerne les résultats nets annuels.

[828] Voir en ce sens l'objectif de la loi Sapin n°93-122 du 29 janv. 1993 (JO du 30/01/1993, p 1588) relative à la prévention de la corruption et à la transparence de la vie économique et des procédures publiques. Les réformes successives ont cependant amputé dans le même temps le pouvoir de négociation des personnes publiques qui, encadré par le juge administratif, ne mènent pas des procédures de passation optimales. Si des procédures en matière de marchés publics (voir la procédure négociée visée à l'article 65 du CMP de 2006, décret n°2006-975 du 1er août 2006, JO du 04/08/2006 p 11627) et de partenariats public-privé (voir la procédure de dialogue compétitif prévue par l'ordonnance n°2004-559 du 17 juin 2004, JO du 19/06/2004, p 10994) semblent réhabiliter ce pouvoir de négociation, tel n'est pas le cas des contrats de délégations de service public. Dans une décision du 17 octobre 2005 (Sté AGUR, req. n°0501995), le tribunal administratif de Pau rappelle que le pouvoir de négociation est strictement limité par le principe d'égalité de traitement des candidats (com. Stéphane Braconnier, *AJDA* 13 mars 2006, p 554) même si la négociation, consubstantielle à la passation de ces contrats, doit porter sur les aspects qualitatifs, quantitatifs et financiers (Stéphane Braconnier, « Droit des services publics », 2003, éd. *PUF*, p 352 et s.).

775. La rentabilité financière constitue effectivement une information qui doit être contrôlée *ex-ante*, lors de la procédure de passation, mais aussi *ex-post*, lors de l'exécution. Ceci doit permettre de procéder éventuellement à des réévaluations des termes financiers entre les parties. Pour parvenir à ce résultat et rendre les procédures de contrôle efficaces, de nombreux problèmes doivent être contournés car ces données représentent des renseignements stratégiques pour les cocontractants et qui, en tant que tel, demeurent difficilement identifiables.

776. L'intérêt des cocontractants n'est effectivement pas de présenter les résultats réels d'exploitation. C'est pourquoi ils appliquent souvent un coefficient de lissage dans les rapports d'exploitation et sur les résultats annuels. Ce dernier permet de procéder à une répartition des charges et de la durée de vie des actifs sur la totalité de la durée contractuelle[829]. En dissimulant le niveau réel de la rentabilité résultant de l'exploitation, ce mécanisme participe ainsi à une stratégie du cocontractant visant à accroître sa rémunération, sans que la personne publique ne soit en mesure de rationaliser le contenu de cette marge nette bénéficiaire. Même si certaines avancées doctrinales proposent de l'encadrer en se référant soit au chiffre d'affaires, soit au retour sur investissements, ces propositions demeurent à l'heure actuelle inopérante ; aucune consécration dans les différents régimes juridiques n'étant intervenue[830].

777. Un encadrement de la rémunération ne suffit cependant pas pour parvenir à éclaircir les mécanismes de rentabilité sur lesquels le cocontractant applique des processus d'occultation envers la personne publique. Cette dernière doit dans un premier temps se familiariser avec les techniques permettant une dissimulation des courbes de rentabilité réelle des contrats administratifs (A).

778. Si la technique du lissage de comptes est en la matière un élément incontournable, une autre donnée doit être expertisée : la technique de la répartition des charges dans les comptes du contrat. L'objectif de ce mécanisme est d'accroître sensiblement le poids des charges d'exploitation afin de répartir les risques et/ou de les faire supporter par la personne publique[831]. Elle représente donc la seconde donnée à

---

[829] Sur la technique du lissage de comptes voir Hervé Stolowy et Gaétan Breton, « La gestion des données comptables : une revue de la littérature », 28 janv. 2003, disponible à *http://www.studies2.hec.fr*; Nejiiba Soualhia, « La gestion des données comptables : les dirigeants et les autres parties prenantes », 2005, Institut supérieur de gestion de Tunis, disponible à *http://www.memoireonline.com/03/07/386/m_gestion-donnees-comptables-bvmt0.htm#_Toc104196215*; Jean-Louis Vivens, « Dépréciations et provisions », mai 2007, disponible à *http://www.ac-versailles.fr/cerpeg/ressdiscipl/compta/lesprovisions.htm*.

[830] Philippe Cossalter, « Les concessions à durée endogène », *Revue Droit Adm.* n°5, mai 2006, étude n°9, p 5.

[831] Voir en ce sens l'étude réalisée par Cabinet-Comptes sur L'analyse des comptes d'une opération de gestion de service public, janv. 1998, disponible à

maîtriser pour proposer une normalisation de la structure des comptes d'exploitation et encadrer ainsi les leviers financiers liés aux amortissements (B).

A- La détermination de la rentabilité financière des contrats publics

779. La transposition de la technique de l'amortissement, et de sa fonction financière, dans les contrats administratifs atteste d'une gestion économique du patrimoine et de sa rentabilité. La première manifestation de ce rapport singulier concerne les politiques de profitabilité que le cocontractant est en mesure de définir lorsqu'il assume le traitement des dépréciations affectant le patrimoine du contrat.

780. De prime abord, la comptabilisation des amortissements représente un coût pour le cocontractant. Cette technique a effectivement pour objet de prendre acte des pertes de valeurs qui affecte les investissements financés, en partie ou totalement, par le cocontractant. Mais, en réalité, cette technique de gestion permet aussi au cocontractant de minimiser, de deux manières, les risques de réalisation et d'exploitation. Il définit d'abord une politique de gestion de la capacité d'autofinancement et des dotations pour amortissements afin de dégager une rente financière de ses missions de gestion patrimoniale. Il transforme ainsi cette charge en un élément accessoire de sa rémunération. Il structure ensuite une politique de dissimulation des résultats réels du contrat afin de ne pas faire apparaître cette rémunération supplémentaire liée au patrimoine. A la contrepartie financière normale des investissements financés peuvent alors s'ajouter d'autres bénéfices qui prennent diverses formes. Les subventions d'exploitation, les variations non-justifiées des structures tarifaires ou encore les bénéfices de placements financiers sont autant d'exemples de ce phénomène[832].

---

http//www.inventaires.fr/rubriques/fiches/fi_24.htm. Cette fiche présente les données générales relatives aux techniques de répartition des charges et propose une mesure de leurs conséquences financières.

[832] Thierry Kirat, « Contrat de Partenariat et économie du contrat », *Revue de l'IEJUC*, coll. Droit et Ville, n°60/2005, Presses Universitaires des sciences sociales Toulouse I, p 86 et s. L'auteur explique que les nouvelles formes de contrats administratifs, tels que les contrats de partenariats, ont des enjeux économiques qui priment parfois sur leur dimension juridique : « *un enjeu considérable, véhiculé par l'article 2 de l'ordonnance de 2004, est de remettre en question cette division du travail entre l'économie (les études de rentabilité socio-économique) et le droit des contrats publics (la passation de construction et d'exploitation) en ajoutant entre ces deux niveaux une nouvelle exigence : la personne publique est désormais tenue de justifier économiquement le recours à un contrat de partenariat plutôt qu'à ses modes classiques d'acquisition. De ce fait, la décision de recourir à un contrat de partenariat devient une opération économique, elle devrait supposer la réalisation de calculs*

781. L'absence d'encadrement de cette rémunération accessoire trouve en réalité deux formes d'explication complémentaires : la *déresponsabilisation des personnes publiques* vis-à-vis du suivi financier de leurs contrats, qui s'explique par un manque avéré de compétences en matière de politiques de gestion économique issues du secteur privé et utilisées par le cocontractant ; les *stratégies d'occultation* du cocontractant qui rendent le contrôle de la personne publique partiel et partial[833]. Parmi les techniques à sa disposition, celle du lissage de comptes s'avère particulièrement efficace pour concrétiser de telles stratégies.

1/ La technique du lissage des comptes : un élément de la stratégie d'occultation du cocontractant

782. Dans le secteur privé, la technique du lissage de compte consiste à appliquer sur les résultats réels un coefficient permettant d'étaler sur plusieurs années les déficits ou, au contraire, les excédents exceptionnels. L'objectif est ainsi de stabiliser en apparence les résultats sur plusieurs années. Mais son objet est parfois détourné car, comme l'ont dénoncé certains professionnels de la finance, cette technique participe aussi à une stratégie globale visant à dissimuler la mauvaise situation financière de certaines entreprises[834]. Cette technique est de ce point de vue en contradiction avec le Code de commerce qui impose une sincérité comptable en matière de traitement et de présentation des informations relatives à la gestion patrimoniale[835].

783. Dans un contrat administratif, la technique du lissage de comptes renvoie au système défini par le cocontractant pour la présentation des données d'exécution communiquées à la personne publique. D'un point de vue technique, ce mécanisme porte sur le contenu des informations périodiques traitées par l'entreprise et qui se structure à partir des

---

économiques complexes. Le montage du contrat est lui aussi une opération économique, financière et comptable tout autant que juridique » ; p 90.

833 A titre non exhaustif, voir les constats posés par Florian Linditch, dans « Contenu du rapport du délégataire de service public : enfin le décret ! », *JCP A*, n°21, 23 mai 2005, p 822 et s.

834 Arthur Levitt, ancien Président de la Commission de sécurité et des échanges des Etats-Unis, dans son discours du 28 septembre 1998, intitulé « *The numbers game* », attaquait les pratiques de lissage des résultats des sociétés ainsi que les manipulations de comptes. Ces dernières revêtent selon lui diverses formes en économie : lissage des résultats ; nettoyage des comptes ; habillage des comptes ; comptabilité créative. Sans parler de nettoyage de comptes à l'échelle des contrats administratifs français, le lissage de comptes est aujourd'hui une hypothèse avérée dans ce secteur d'activité.

835 Cf. Article L123-14 du Code de commerce, qui dispose : « *Les comptes annuels doivent être réguliers, sincères et donner une image fidèle du patrimoine, de la situation financière et du résultat de l'entreprise (...)* ».

éléments d'investissements et d'exploitation. Chaque entreprise définit alors son propre système d'informations des résultats réels en tenant compte, d'une part, des principes comptables imposés et, d'autre part, des éléments stratégiques du processus de production. L'objectif est ainsi d'identifier l'ensemble des informations à traiter, recouvrant les droits et les obligations de l'entreprise, afin de retenir le système de présentation le plus avantageux au regard des résultats annuels[836].

784. Si le cadre général de cette présentation est encadré par les dispositions fiscales et commerciales en vigueur, son contenu se caractérise cependant par une certaine liberté. Celle-ci permet à l'entreprise d'adapter l'information annuelle aux spécificités de sa production. L'objectif est ainsi de parvenir à une présentation la plus détaillée possible des résultats annuels et des forces de production de l'entreprise ; les moyens adoptés pour ce faire relevant dans une certaine mesure de son pouvoir discrétionnaire.

785. En matière de contrats administratifs, si le cocontractant assume la réalisation, partielle ou totale, et/ou l'exploitation d'actifs immobilisés, il est aussi tenu de présenter périodiquement les données financières et économiques relatives au contrat. Le problème est que les cocontractants privés ont transposé dans la pratique les techniques qu'ils utilisent pour présenter l'état annuel de leurs résultats et de leurs comptes dans leur secteur d'activité originel. Ils définissent ainsi une stratégie de gestion de ces informations qui les conduit à dissimuler les données réelles d'exécution et à retenir une présentation fonctionnelle des résultats de gestion sans qu'aucune distinction ne soit faite en fonction de leur origine au cours de l'exécution du contrat[837]. Les principes comptables imposent pourtant que les données patrimoniales d'investissements soient dissociées des éléments d'exploitation. Les fluctuations patrimoniales doivent normalement être enregistrées dans les comptes de bilan, tandis que les variations des éléments d'exploitation sont en principe retracées aux comptes de produits.

---

[836] Gérard Melyon et Rémédios Noguera (« Comptabilité générale », *ESKA*, p 86) se réfèrent en la matière à l'article L 123-12 du Code de commerce pour énoncer : « *Toute personne physique ou morale ayant la qualité de commerçant doit procéder à l'enregistrement comptable des mouvements affectant le patrimoine de son entreprise ; ces mouvements sont enregistrés chronologiquement. Elle doit contrôler par inventaire, au moins une fois tous les douze mois, l'existence et la valeur des éléments actifs et passifs du patrimoine de l'entreprise. Elle doit établir des comptes annuels à la clôture de l'exercice au vu des enregistrements comptables de l'inventaire. Ces comptes annuels comprennent le bilan, le compte de résultat et une annexe qui forment un tout indissociable* » ; p 86.

[837] Cf. Partie II, Chapitre 1, Section 1, §1 et §2. Cette dissimulation des données d'exécution permet au cocontractant de retirer une rémunération accessoire qui peut avoir trois origines : une participation financière de la personne publique ; l'indexation des tarifs ; les bénéfices résultant des placements des dotations pour amortissement, c'est-à-dire des gains résultant de la gestion du patrimoine.

786. Cette distinction, qui a pour objet de favoriser la lisibilité des comptes dans le secteur privé, représente pourtant le premier moyen permettant de dissimuler à la personne publique les données réelles de réalisation et d'exploitation. Les comptes d'exploitation qui sont présentés à cette dernière ne sont effectivement soumis à aucune exigence fiscale ou commerciale[838]. Le cocontractant peut donc présenter dans le compte de résultats les seuls éléments d'exploitation, en omettant par exemple les informations relatives aux opérations financières de la gestion patrimoniale ; comme les placements financiers relatifs à la capacité d'autofinancement. Cette incomplétude des données transmises a été dénoncée à maintes reprises par les juridictions financières[839]. Elle ne constitue pas pour autant une question réglée à ce jour.

787. Parmi les différents outils dont dispose le cocontractant pour réaliser une telle stratégie, le recours à des contrats de sous-traitance sans en informer la personne publique ou le regroupement des comptes de plusieurs contrats, en vue de dissimuler la rentabilité exacte de chacun d'entre eux, sont des exemples manifestes[840]. Mais l'hypothèse la plus fréquente et la moins risquée consiste à appliquer aux comptes de résultats la technique du lissage de comptes. Cette dernière lui permet de répartir les charges d'investissements sur toute la durée contractuelle. Or, l'amortissement des investissements et de leur coût est bien souvent réalisé avant le terme de la convention. Cette technique a alors pour effet de minorer les coûts d'investissements au début de l'exploitation et de masquer leur rentabilité exacte après leur amortissement complet. En ayant recours à ce mécanisme, le cocontractant présente ainsi des résultats annuels d'exploitation toujours positifs, de la première année du contrat jusqu'à son terme. Pour un contrat de délégation de 18 ans par exemple, les résultats d'exploitation sont généralement présentés ainsi :

---

[838] Voir par exemple le contrôle contractuel réalisé chaque année pour les contrats de délégations de service public, en vertu de l'article L 1411-3 du CGCT, éd. 2009. Ce contrôle est à distinguer du contrôle réalisé par les juridictions financière sur le fondement de l'article L211-8 du Code des juridictions financières.

[839] Voir en ce sens les lettres d'observations suivantes : CRC Provence-Alpes-Côte-d'Azur, 7 fév. 2004, Cne de Nice ; CRC Provence-Alpes-Côte-d'Azur, 20 août 2004, Syndicat intercommunal des transports de l'agglomération toulonnaise ; CRC Pays de la Loire, 5 mars 2007, Cne de la Baule-Escoublac. Ces références sont disponibles à *http://www.ccomptes.fr*, et dans l'article de Gilles Miller et Alain Leyat, « Les chambres territoriales et régionales des comptes et le contrôle des délégations de service public », *AJDA* du 17 sept. 2007, chron., p 1696 et s.

[840] Rappelons que la sous-traitance d'un contrat de délégation est interdite par l'article L 1411-1 du CGCT, éd. 2009. Toutefois voir les mécanismes de cession indirecte présentés par Paul Lignières, « Partenariats public-privé », éd. *Lexis Nexis*, 2004, p 204-206. L'obligation de distinguer comptablement les résultats de chaque contrat de délégation pour une entreprise, prévue à l'article 393-1/4 du PCG, est rappelée par exemple par la CRC Rhône-Alpes, 30 août 2004, Sté d'aménagement touristique de l'Alpes d'Huez, disponible à *http://www.ccomptes.fr*.

Figure n°8 : Présentation des résultats annuels lissés d'un contrat de délégation

Année du contrat	1	2	3	4	5	6	7	8	9	10	11	12	13	14	15	16	17	18
Résultats cumulés et lissés	100	200	300	400	500	600	700	800	900	1000	1200	1400	1600	1800	2000	2200	2400	2600

788. Dans le graphique ci-dessus, le poids des investissements n'apparaît pas de manière évidente au début du contrat ; les résultats d'exploitation étant positifs dès la première année. Si les investissements étaient présentés clairement dans les résultats annuels, la courbe serait alors négative durant les premières années d'exploitation puisque la rémunération du cocontractant ne permettrait pas de couvrir à ce moment précis les frais de premier établissement. Dans le cas contraire, c'est-à-dire si les résultats d'exploitation sont suffisamment élevés dès le début du contrat pour assurer des résultats bénéficiaires couvrant le coût d'investissement, le cocontractant réalise des gains exceptionnels au titre des missions qu'il assume dans le contrat. En effet, le retour sur investissements doit en principe être le résultat des tarifs pratiqués tout au long de la phase d'exécution.

789. La mise en œuvre d'un coefficient de lissage sur les résultats annuels d'un contrat administratif a alors plusieurs conséquences. D'abord, il empêche d'expertiser avec précision les données patrimoniales, leur dépréciation annuelle, leur poids dans les résultats nets du contrat et la rentabilité que peut en retirer le cocontractant. Ensuite, il contribue à dissimuler les opérations d'entretien et/ou de renouvellement que ce dernier assume durant la phase d'exploitation. Ces opérations, constitutives d'une charge importante et exceptionnelle, sont effectivement confondues avec l'ensemble des opérations d'investissements et rapportées à la rémunération de celui-ci. Ceci explique que la personne publique n'est pas en mesure de vérifier la contrepartie matérielle réellement assumée. Nous voyons là une explication au phénomène de surévaluation des structures tarifaires présenté précédemment[841]. Le coefficient de lissage permet enfin d'occulter les conséquences annuelles et pluriannuelles de l'amortissement : d'une part, il couvre le poids réels des dépréciations affectant le patrimoine ; d'autre part, il dissimule les stratégies de rentabilité appliquées aux actifs immobilisés et qui résultent de l'amortissement financier.

790. Le problème est que la pratique du lissage de comptes ne constitue pas une hypothèse théorique. Elle est au contraire un phénomène

[841] Voir en ce sens Partie II, Chapitre 1, Section 1, §2, B., 2/.

généralisé lorsque le contrat administratif est complexe, long et que le cocontractant est une personne morale de droit privé. Ce phénomène pourrait bien entendu être résolu grâce à une information précise de la personne publique sur ce coefficient et ses modalités de calcul. Mais, les cocontractants privés le considèrent comme une donnée stratégique d'exploitation. Ils n'ont donc pas pour habitude de communiquer cette information aux personnes publiques, et ce, malgré l'évolution des dispositions réglementaires en matière de contrôles contractuels[842].

791. En raison du caractère stratégique de cette donnée et de son calcul qui est spécifique à chaque entreprise, il n'est pas possible de présenter ici une formule type permettant d'obtenir ce type de coefficient. Mais l'intérêt d'analyser cette donnée ne réside pas dans ses modalités de calcul, mais dans ses conséquences pour la commande publique. Or, en la matière, une constante accompagne dans tous les cas sa mise en œuvre : les comptes de résultats d'exploitation annuels présentés à la personne publique sont toujours positifs et dissimulent les données patrimoniales, ainsi que la rentabilité exacte du contrat administratif. La courbe susvisée ne retrace pas par exemple les fluctuations financières de l'exploitation, notamment les excédents de rentabilité retirés par le cocontractant durant les dernières années d'exploitation. Son objet est effectivement de « linéariser » les résultats annuels en présentant une augmentation progressive des résultats d'exploitation. Mais ce simple constat ne se suffit pas à lui-même. Il convient maintenant de mettre en évidence la rentabilité financière des contrats administratifs, en enlevant des résultats lissés ce coefficient. L'objectif est de cerner les écarts qui subsistent entre l'information actuelle de la personne publique et les résultats réels du contrat. Cette première étape doit ensuite permettre de proposer des outils assurant à la personne publique la maîtrise de ce mécanisme. Ces derniers doivent notamment aboutir à une appréciation du poids réel des amortissements financiers dans les résultats nets du contrat administratif[843].

2/ Les courbes de rentabilité : l'expertise de la rentabilité réelle du contrat

792. En raison du caractère confidentiel et stratégique du coefficient de lissage, les cocontractants ne communiquent jamais cette donnée aux personnes publiques, de sorte que celles-ci se retrouvent dans l'impossibilité de déterminer la rentabilité exacte de leurs contrats. Un

[842] A titre non exhaustif, voir sur ce point Jean-Baptiste Vila, « Le décret du 14 mars 2005 : une réforme en devenir depuis le 1er juin 2007 », *JCP A*, n°28 du 9 juill. 2007, p 16 et s.
[843] Le décret n°2005-236 du 14 mars 2005 (JO du 18/03/2005, p 4570, applicable depuis le 1er juin 2007) prévoit que les coefficients de lissage soient communiqués aux autorités délégantes. Cf. Florian Linditch, dans « Contenu du rapport du délégataire de service public : enfin le décret ! », *JCP A*, n°21, 23 mai 2005, p 822 et s.

mouvement de réforme a récemment voulu mettre fin à ces pratiques[844]. Il impose dorénavant la communication de cette information aux personnes publiques. Pour autant, la présentation de cette information n'est utile que si les personnes publiques arrivent à en tirer profit pour contrôler l'exécution de leurs contrats au regard, notamment, des enjeux financiers liés aux amortissements.

793. Les courbes d'exploitation lissées ne permettent pas à ce jour de mesurer les résultats nets annuels puisqu'elles ont pour objet de « linéariser » sur toute la durée du contrat les recettes et les charges d'exploitation liées aux investissements. Néanmoins, en détenant le coefficient de lissage pratiqué par le cocontractant, la personne publique doit arriver à déterminer ces courbes de rentabilité réelle. Elles doivent pour cela redéfinir les « *courbes de variation réelles* » en utilisant dans le sens contraire le coefficient de lissage appliqué sur les résultats annuels[845]. Si une typologie précise ne peut être déterminée en raison de la multitude des hypothèses, l'aspect général d'une telle courbe, comparée à celle relative aux résultats lissés, est possible. En reprenant l'exemple précédent du contrat de délégation d'une durée de 18 ans, il se présente de la manière la suivante :

Figure n°9 : Comparaison entre les résultats annuels lissés et réels

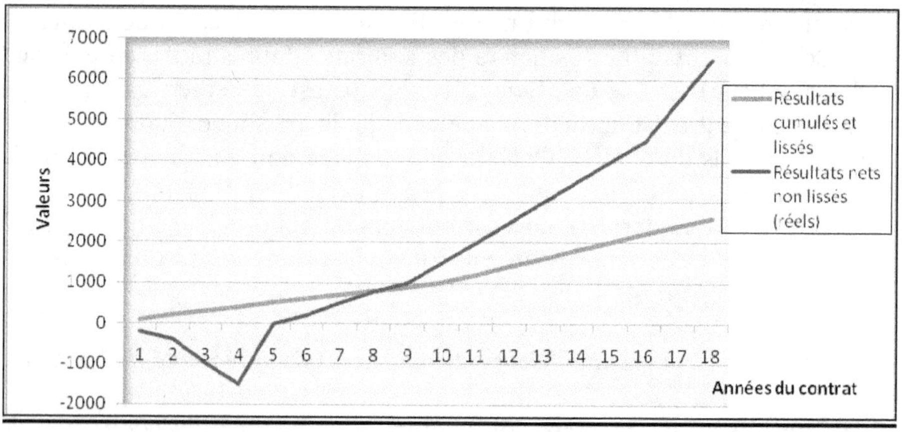

[844] Sur l'application de la réforme des contrôles contractuels, consacrée par le décret n°2005-236 du 14 mars 2005 (JO du 18/03/2005, p 4570, applicable depuis le 1er juin 2007) voir Florian Linditch, *op. cit.*

[845] Le terme générique de « *courbes de variation réelle* » est de Michel Soulas, dans « L'équilibre financier d'un contrat de délégation de service public », Séminaire de l'ENACT Montpellier, juin 2006.

Année du contrat	1	2	3	4	5	6	7	8	9	10	11	12	13	14	15	16	17	18
Résultats cumulés et lissés	100	200	300	400	500	600	700	800	900	1000	1200	1400	1600	1800	2000	2200	2400	2600
Résultats nets réels	-200	-400	-1000	-1500	0	200	500	800	1000	1500	2000	2500	3000	3500	4000	4500	5500	6500

794. Aux termes de la superposition des résultats lissés et réels, des différentiels apparaissent. La courbe des résultats réels permet d'apprécier le poids des investissements, sur les cinq premières années, et d'évaluer la rentabilité réelle du contrat, sur les treize années suivantes ; c'est-à-dire à partir du moment où les investissements initiaux ne pèsent plus sur les résultats annuels. L'intérêt de cette superposition des courbes dépasse cependant le simple constat du coût réel des investissements et des bénéfices du cocontractant. En effet, elle nous permet surtout d'identifier les écarts entre les résultats lissés et réels du contrat qui peuvent être présentés ainsi :

Figure n°10 : Identification des écarts entre les deux présentations des résultats annuels du contrat de délégation

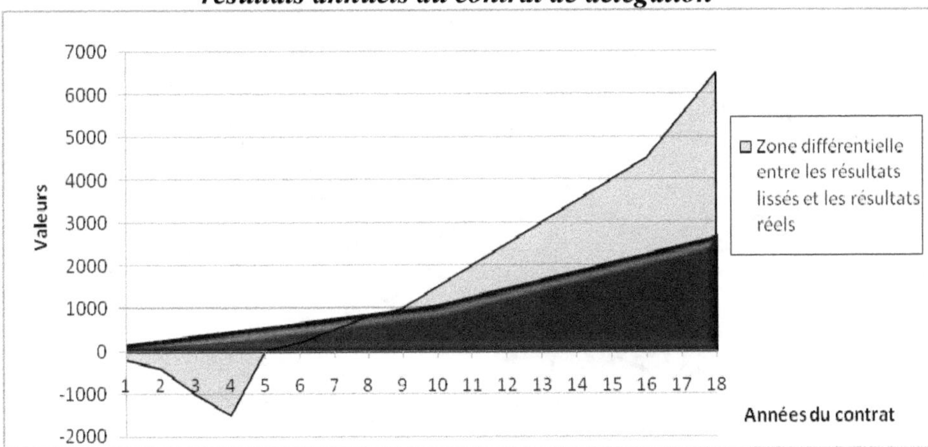

795. Ce graphique, qui reprend exactement les valeurs de l'exemple précédent, permet d'analyser les écarts entre les courbes de résultats lissés et réels. Ce différentiel est identifié par la zone grisée ci-dessus, tandis que la zone noire représente les excédents présentés par le cocontractant au moyen du coefficient de lissage. La différence entre les deux formes de présentation [qui atteint 4 000 à la dernière année du contrat dans notre exemple] montre qu'il est impérieux d'établir un contrôle contractuel public strict de ces courbes. Tout l'enjeu est alors de procéder à une expertise *ex-ante* des prévisionnels, proposés par le

cocontractant choisi, pour mieux vérifier *ex-post* que les données réelles d'exécution concordent avec les éléments négociés. Pour parvenir à ce résultat, les personnes publiques doivent demander un compte prévisionnel d'exploitation et le coefficient de lissage appliqué. Une fois la courbe prévisionnelle « non-lissée » définie, elles peuvent mesurer les écarts avec les résultats réels constatés lors de l'exploitation. Les résultats prévisionnels lissés ne doivent pas être utilisés [si ce n'est comme base de calcul pour obtenir la courbe prévisionnelle « non-lissée »] car ils ne constituent pas en l'état un repère fiable pour contrôler les résultats réels d'exploitation au regard des éléments négociés lors de la procédure de passation.

796. En reprenant l'exemple précédent, et en adoptant le postulat selon lequel l'ancienne courbe des résultats réels devient le prévisionnel « non-lissé » déterminé *ex-ante* lors des négociations, il est possible d'identifier les écarts avec les résultats constatés lors de l'exploitation sur une troisième courbe. La comparaison est alors la suivante :

Figure n°11 : Comparaison entre les résultats prévisionnels et les résultats réels

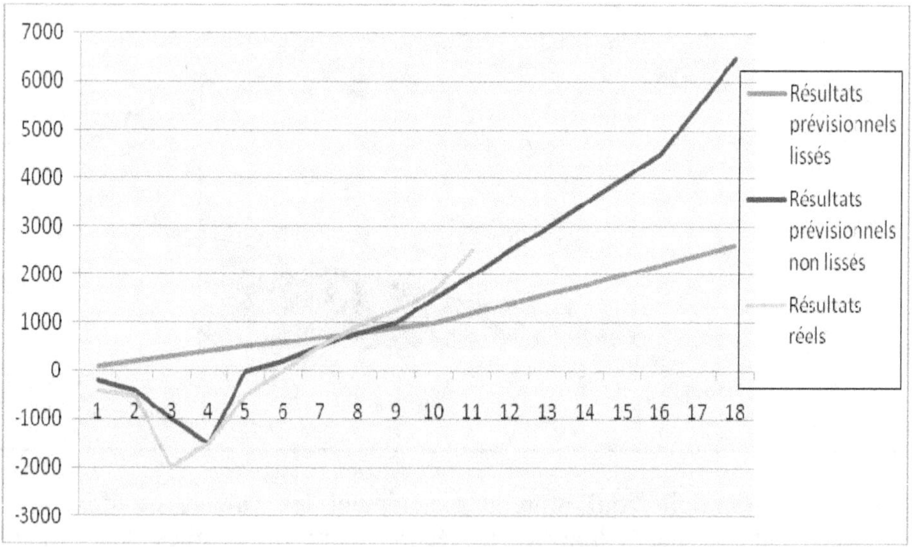

797. La superposition de ces trois courbes confirme les écarts précédemment constatés, qui résultaient de l'application d'un coefficient de lissage sur la courbe des résultats nets du contrat. Il apparaît dans cet exemple que les investissements et leurs amortissements ont un poids plus important [jusqu'à la quatrième année] sur les résultats constatés lors de l'exploitation que dans les prévisionnels lissés et « non-lissés ». De la même manière, les résultats réels montrent que la rentabilité sur les

années suivantes augmente plus rapidement et risque au final de dépasser les deux autres courbes au terme du contrat. Ces écarts montrent qu'il est impérieux pour la personne publique d'analyser ces éléments et de rationaliser l'économie des contrats administratifs.

798. Pour cela, elle doit se référer à ce modèle comparatif qui nécessite une expertise financière avant la phase d'exécution. C'est le seul moyen lui permettant de contrôler les évolutions financières réelles de l'exploitation du contrat et de contourner la stratégie d'occultation inhérente au coefficient de lissage. Ainsi, elle se trouve en situation d'apprécier l'opportunité de faire évoluer les tarifs, grâce à la formule paramétrique d'indexation, et/ou d'accorder une subvention d'exploitation au cocontractant[846]. Pour encadrer les conséquences liées à la gestion du patrimoine et de son amortissement, elle doit en définitive procéder à une évaluation globale de l'économie du contrat en vue de rationaliser la rémunération du cocontractant. L'idée est ici de prévenir le plus possible toute forme de captation de profits, qui constituent une rémunération accessoire qui n'est ni prévue lors des négociations, ni encadrée par le contrat.

799. Les conséquences financière et fiscales de l'amortissement sont en la matière des éléments fondamentaux à prendre en compte. La dimension économique de l'amortissement participe effectivement à déterminer les coûts réellement assumés par le cocontractant, le contenu de la rémunération accessoire qu'il retire de l'opération et la rentabilité générale de la convention. Au-delà des spécificités de chaque contrat au regard des investissements, les courbes de rentabilité témoignent de l'idée que l'amortissement a un rôle central à jouer dans ces expertises : d'abord, durant les premières années du contrat, il permet de mesurer avec exactitude le degré des déficits annuels liés à la charge des investissements ; ensuite, au cours de la période intermédiaire, il contribue à mesurer le degré d'implication du cocontractant dans les opérations de grosses réparations et d'entretien qui grèvent ponctuellement certains résultats annuels ; enfin, durant les dernières années du contrat, le contrôle de ce mécanisme permet de vérifier le niveau de la marge nette du cocontractant car, lorsque le patrimoine est complètement amorti, la charge d'investissement ne pèse plus sur les résultats annuels[847].

---

[846] Pour une proposition similaire fondée sur un taux de rémunération de marché, voir Salim Ziani, « La juste rémunération dans les délégations de service public », mém. ss. la dir. Gabriel Eckert, Univ. Strasbourg, juin 2008.

[847] Selon Michel Soulas, Commissaire du gouvernement à la CRC Midi Pyrénées, (Séminaire de l'ENACT de Montpellier, juin 2006, portant sur « L'équilibre financier d'un contrat de délégation de service public ») : « *Fondée sur des études prévisionnelles, donc sur des hypothèses d'évolution dans le temps, il y a lieu de réaliser périodiquement une analyse*

800. Dans le cadre de son contrôle contractuel, la personne publique ne doit pas omettre d'actualiser les éléments prévisionnels concernant les investissements, leurs amortissements et les recettes dégagées par le cocontractant. Cette actualisation des données traitées est le gage d'une expertise fiable qui tient compte des fluctuations économiques dans le temps caractérisant le coût et/ou la rentabilité du contrat[848]. Mais d'autres éléments doivent être appréciés. Si le coefficient de lissage est une donnée stratégique à maîtriser, les techniques de répartition des charges constituent au même titre un mécanisme permettant aux cocontractants de dissimuler les résultats réels du contrat aux personnes publiques. Ces dernières doivent donc progressivement les maîtrisées.

B- Les clés de répartition des charges : une technique comptable à maîtriser

801. En comptabilité, la présentation annuelle des charges se conforme en principe à une classification respectant des clés de répartition issues du Plan comptable général. Lorsqu'une entreprise privée est titulaire d'un contrat administratif, elle est tenue d'utiliser ces mêmes clés de répartition. Cette structure générale permet ainsi au cocontractant d'obtenir une présentation générale pour les comptes d'exploitation communiqués chaque année à la personne publique. Mais la pratique des contrôles contractuels publics témoigne d'une réalité bien éloignée de ce principe général[849]. En effet, les comptes se caractérisent par une présentation bien souvent tronquée qui ne respecte pas les exigences de sincérité comptable issue du Code de commerce et des clés de répartition[850].

802. La première explication à ce phénomène tient au fait que les régimes juridiques des contrats administratifs n'imposent ni une présentation standardisée des comptes d'exploitation, ni des clés de répartition conformes aux principes comptables du secteur privé. En prévoyant simplement la transmission annuelle d'un compte d'exploitation à la personne publique, le droit de la commande publique laisse aux

comparative entre prévisions et réalisations. Si le délégataire y procède toujours, le délégant l'oublie souvent... ».

848 Ibid. L'auteur souligne que : « *L'équilibre financier du contrat s'apprécie globalement sur sa durée, le cash-flow dégagé par la gestion du service étant susceptible de varier selon les exercices : cette appréciation fait appel aux techniques d'actualisation, notamment au calcul de rentabilité interne* ».

849 Pour les contrats de délégation, les modalités du contrôle contractuel de la personne publique sont prévues par l'article L1411-3 du CGCT ; pour les contrats de partenariat par l'article L1414-14 du CGCT ; éd. 2009.

850 Cf. Article L123-14 du code de commerce, qui dispose : « *Les comptes annuels doivent être réguliers, sincères et donner une image fidèle du patrimoine, de la situation financière et du résultat de l'entreprise (...)* ».

cocontractants une marge de liberté qui leur permet de définir une stratégie d'occultation des résultats réels.

803. Ceux-ci se trouvent notamment en situation d'augmenter certains postes de charges afin de minorer artificiellement le résultat net total et/ou les redevances annuelles des personnes publiques qui sont assises sur le chiffre d'affaires. Si certaines décisions concourent à améliorer la lisibilité des comptes d'exploitation en fournissant des clés de répartition pour certains contrats administratifs[851], ces données comptables et économiques d'exploitation représentent un enjeu financier certain pour l'avenir de la commande publique car elles ne sont pas maîtrisées à ce jour.

804. En la matière, l'amortissement joue d'ailleurs un rôle central car il est le témoin privilégié du poids des investissements liés au patrimoine et donc de la rentabilité du contrat. Sa maîtrise et son application correcte dans les comptes d'exploitation peut donc permettre à la personne publique de corriger partiellement cette carence juridique, dont l'origine est à rechercher dans un délaissement des effets économiques du contrat. Pour parvenir à ce résultat, une véritable grille d'évaluation doit être construite afin de vérifier notamment la pertinence de la présentation des charges dans les comptes d'exploitation[852].

1/ La place des amortissements financiers dans les stratégies de répartition des charges

805. Parmi les nombreux outils à sa disposition, la technique du coefficient de lissage constitue un élément central des stratégies définies par le cocontractant pour dissimuler la rentabilité réelle du contrat administratif à la personne publique. De la même manière, la structure générale des comptes de résultats annuels contribue à l'élaboration de telles stratégies car cette donnée est le témoin privilégié du niveau des résultats réels de la convention. A la différence des courbes de rentabilité, il permet d'apprécier la part des charges et des recettes, classées selon leur nature, dans les résultats annuels du contrat. Sa structure générale, son contenu et son résultat sont donc tributaires de la méthode utilisée par le cocontractant pour répartir l'ensemble des charges annuelles ou pluriannuelles.

---

[851] Office des Statistiques des Communautés Européennes, Eurostat, décision n°18/2004, 11 février 2004, relative aux contrats de partenariats public-privé ; com. Florian Linditch, dans « Les partenariats public-privé, vecteurs d'externalisation de déconsolidation ? Quelques interrogations de nature financière », *Revue de l'IEJUC* n°60/2005, *Presses universitaires sciences sociales Toulouse I*, p 229 et s.

[852] Voir en ce sens Cabinet-Comptes, « L'analyse des comptes d'une opération de gestion de service public », fiche de janv. 1998, disponible à *http//www.inventaires.fr/rubriques/fiches/fi_24.htm.*

806. Dans le secteur privé, le plan comptable général prévoit des clés de répartition auxquelles les entreprises doivent se soumettre pour établir des comptes annuels sincères. Ces clés constituent des principes généraux de classification des charges et des recettes. L'entreprise est de son côté responsable du contenu indiqué dans chaque ligne de ses comptes d'exploitation. Ce système général propose donc une structure tout en responsabilisant l'entreprise vis-à-vis du calcul de son assiette fiscale, notamment de son impôt sur les sociétés[853].

807. Au sein des charges figurant dans ce compte d'exploitation, la part des investissements et la valeur de leur amortissement représente bien entendu un poste conséquent pour deux raisons : d'une part, il s'agit généralement d'une charge financière importante ; d'autre part, il est déterminant pour calculer les déductions fiscales auxquelles peut prétendre l'entreprise. En effet, les amortissements financiers représentent par définition une charge, comptabilisée dans les résultats annuels, qui vient en déduction de l'impôt sur les sociétés[854]. Le patrimoine et son amortissement ont donc une place centrale en matière de détermination des comptes d'exploitation car l'entreprise est généralement en mesure d'utiliser certaines techniques pour en modifier virtuellement le contenu et dissimuler les résultats annuels réels[855].

808. En matière de contrats administratifs, la répartition des charges dans le compte de résultats n'est pas encadrée par le Plan comptable général ou les dispositions fiscales. Ce compte revêt en définitive un caractère simplement informatif à destination de la personne publique ; la répartition des charges pouvant variée selon le secteur d'activité, la politique de gestion patrimoniale définie par le cocontractant ou encore selon les cocontractants. Cette absence d'uniformisation de la présentation des comptes annuels n'est pas sans conséquence. Ce phénomène altère effectivement l'information de la personne publique qui n'est plus en mesure d'apprécier l'exécution réelle du contrat et de la comparer à d'autres conventions[856].

---

853 Pour procéder au calcul de l'impôt sur les sociétés, les entreprises peuvent déduire de l'assiette fiscale les amortissements et les dotations pour amortissement. Pour les sociétés commerciales voir l'article 39 du CGI, éd. 2009. L'amortissement représente donc une charge qui vient en déduction des résultats annuels déclarés aux instances fiscales.

854 Cf. Article 39 et s. du CGI, éd. 2009.

855 Voir en ce sens la Partie I, Chapitre 1, Section 2, §1 et §2 qui présente la technique des reports d'amortissement et celle des amortissements exceptionnels.

856 C'est pourquoi certaines personnes publiques, notamment les collectivités locales, ne se suffisent plus des comptes de résultats présentés par le délégataire et mandatent des cabinets d'experts-comptables afin de procéder à une vérification des comptes annuels communiqués. Aucune disposition juridique n'impose cependant une indépendance stricte entre ces cabinets et les structures qu'ils contrôlent. Si la déontologie de ces cabinets l'exige et si ces opérations sont généralement menées avec sérieux, il peut arriver que ce contrôle n'aboutisse pas au résultat escompté, à savoir obtenir la communication de comptes d'exploitation sincères.

809. Au-delà d'une présentation différenciée selon le secteur d'activité ou selon le l'entreprise, cette absence d'encadrement des informations transmises à la personne publique conduit le cocontractant à modifier artificiellement les résultats réels. Par exemple, certaines sociétés titulaires d'un contrat de délégation service public augmentent virtuellement les charges de personnel dans les comptes de résultats sans que l'autorité délégante ne puisse vérifier la pertinence des chiffres présentés. Cette augmentation a alors des conséquences financières importantes. En effet, ce type de contrat administratif prévoit généralement une redevance annuelle versée par le délégataire à l'autorité délégante. Or, cette dernière étant le plus souvent assise sur le résultat net avant ou après impôt, l'augmentation des postes de charges de fonctionnement entraîne *ipso facto* la diminution des sommes versées à la personne publique[857].

810. Mais la stratégie de présentation artificielle du cocontractant ne porte pas seulement sur cette partie des charges. En effet, la partie fonctionnement étant aisément contrôlable, la correction virtuelle des charges risque plutôt de porter sur la partie des investissements dans laquelle les amortissements et leur fonction financière ont un rôle central. Si le cocontractant est en charge de la réalisation et l'exploitation du patrimoine, il est tenu de comptabiliser ces amortissements en tant que charge dans ses comptes de résultats. Afin de rendre opérante la dissimulation des résultats réels, il procède généralement à une surévaluation de ces amortissements pour diminuer les résultats nets annuels du contrat administratif. Cette opération lui permet alors dans le même temps de dégager une marge financière supplémentaire, sans que la personne publique ne puisse en apprécier le niveau ou exiger le reversement de cette rémunération accessoire au terme du contrat. L'absence d'informations précises en la matière entraîne donc nombres d'effets pervers durant la phase d'exécution : difficulté pour la personne publique d'imposer un renouvellement périodique des actifs immobilisés puisqu'elle ne peut vérifier leurs amortissements financiers ; augmentation injustifiée des tarifs versés soit par les usagers, soit par la personne publique ; captation de profits pour le cocontractant car la dissimulation des charges participe à une augmentation de ses résultats nets, sans que celui-ci ne soit tenu d'assumer une contrepartie matérielle supplémentaire.

811. Cette hypothèse est loin d'être strictement théorique. En effet, pour en saisir la fréquence dans la commande publique, elle doit être

---

[857] En la matière, les juridictions financières conseillent de renforcer les contrôles de l'autorité délégante. Voir en ce sens les lettres d'observations suivantes : CRC Basse Normandie, 4 juill. 2003, Cne de Caen ; CRC Haute Normandie, 3 mai 2004, Syndicats de Haute-Normandie ; disponibles à *http://www.ccomptes.fr*.

rapprochée de la technique du lissage de comptes. Pour parvenir à présenter des résultats positifs durant toute la période d'exécution, le cocontractant utilise ce coefficient de lissage. Mais celui-ci ne s'applique qu'aux courbes générales présentées à la personne publique. Pour restituer fidèlement l'opération dans les comptes d'exploitation prévisionnels présentés durant la procédure de passation, le cocontractant doit augmenter ses postes de charges de la partie des investissements, notamment celui relatif aux amortissements.

812. Nous le comprenons, les conséquences sur l'exécution dépassent le simple cadre des opérations comptables et financières entre les parties. La structure générale des comptes de résultats annuels ne permettant pas d'apprécier l'aspect qualitatif de la gestion patrimoniale, la personne publique ne peut exiger plus d'efficacité de la part de son cocontractant. Pourtant, la finalité des comptes de résultats et des contrôles contractuels publics est de permettre une appréciation financière globale des conditions d'exécution et des investissements financés par le cocontractant[858]. La personne publique doit notamment pouvoir vérifier que celui-ci assume pleinement les risques qui lui ont été transférés par la convention.

813. En principe, l'objet d'un contrat administratif est d'imposer partiellement ou totalement au cocontractant une dépense en capital dont il assume la retranscription comptable. Pour permettre à la personne publique d'évaluer à sa juste valeur cette dépense, correspondant à des investissements patrimoniaux, le cocontractant doit retranscrire sincèrement le capital investi. Si les données qu'il communique ne sont pas sincères, la personne publique n'est plus à même d'établir un suivi opérationnel de ces investissements. Elle dispose cependant de plusieurs outils permettant de remédier à ces carences constatées dans la pratique.

814. Elle doit d'abord procéder à une comparaison des inventaires et des prévisionnels avec les réalisations effectives assumées par le cocontractant pour quantifier la part des investissements dans les résultats annuels, les flux financiers liés à la gestion patrimoniale et la valeur réelle des amortissements. Elle doit ensuite utiliser lors son contrôle les techniques de dépréciation des actifs issues du secteur privé car il s'agit d'un élément incontournable pour opérer un suivi minutieux de la valeur totale et décomposée du patrimoine[859]. Elle doit enfin

---

[858] Voir en ce sens la réforme des rapports annuels transmis dans le cadre des délégations de service public, par le décret n°2005-236 du 14 mars 2005, JO du 18/03/2005, p 4570, applicable depuis le 1er juin 2007. Pour une analyse des informations communicables depuis l'entrée en vigueur de ce décret, voir Florian Linditch, « Contenu du rapport du délégataire de service public : enfin le décret ! », *JCP A*, n°21, 23 mai 2005, p 822 et s.

[859] En ce qui concerne les facteurs de rentabilité appliqués sur le patrimoine, voir les analyses formulées par Alain Galesne, « Le financement de l'entreprise », éd. *CEREFIA*, 1996/2004, p 48 et s.

prévoir dans le contrat une clause obligeant le cocontractant à présenter un état des opérations financières relatives au patrimoine, à la capacité d'autofinancement et aux dotations aux amortissements. Il s'agit là du seul moyen permettant d'apprécier la rentabilité retirée des investissements patrimoniaux et de la gestion des actifs immobilisés. L'objectif général de ces trois opérations est de vérifier que les charges patrimoniales correspondent exactement aux flux financiers, de dépréciation et de rentabilité, qui caractérisent les actifs immobilisés dans le compte d'exploitation annuel. En procédant à ce type de contrôles, la personne publique est en outre en mesure d'apprécier les conséquences financières du transfert de la gestion patrimoniale au cocontractant, du risque de réalisation et/ou d'exploitation du patrimoine. Si l'ambition est *a priori* de parvenir à une déconsolidation plus ou moins prononcée de sa dette publique au moyen de certains contrats publics, ce type de contrôle permet de vérifier que l'exécution de la convention n'engendre pas en réalité une reconsolidation financière[860].

815. Dans un contexte d'exécution souvent complexe et fluctuant, ces instruments de mesure des postes de charges dans les comptes de résultats s'imposent d'autant plus que les risques sont parfois difficilement quantifiables. Pour parvenir à structurer la présentation des comptes de résultats annuels transmis par le cocontractant, une normalisation des clés de répartition des charges des contrats administratifs doit être proposée. L'objectif est ainsi d'éclaircir les informations financières liées aux amortissements.

2/ La structure des comptes d'exploitation à communiquer à la personne publique

816. Pour normaliser le contenu des comptes de résultats relatifs à l'exécution d'un contrat administratif, les investissements patrimoniaux sont le premier élément à prendre en compte. Leur nature et leur importance doivent notamment être détaillées et décomposées afin d'affiner les expertises de la personne publique. Certaines précisions ont été apportées en la matière par des organismes *a priori* extérieurs à la commande publique.

---

[860] Voir en ce sens Florian Linditch, « Les partenariats public-privé, Vecteurs d'externalisation de déconsolidation ? Quelques interrogations de nature financière » (*Revue de l'IEJUC* n°60/2005, p 229 et s.) : « *Le secteur privé délivre le public d'une partie du risque financier lié aux investissements en infrastructure. Un recours aux capitaux privés réduit ainsi le besoin d'endettement public. (...) On imagine ici les trésors d'ingéniosité qui seront déployés pour donner à l'autre* (la personne publique) *l'impression que les risques sont effectivement pris en charge, tout en écrivant ailleurs la chose contraire plus ou moins implicite* » ; p 255.

817. Le Conseil National de la comptabilité préconise ainsi dans ses travaux que l'expertise du patrimoine dans les comptes de résultats doit conduire à déterminer en premier lieu la partie au contrat qui supporte le coût des investissements[861]. Dans le cadre des comptes annuels qui lui sont transmis, la personne publique doit ensuite vérifier que l'amortissement de ceux-ci correspond à des missions effectivement prises en charge financièrement par le cocontractant[862].

818. Plus précisément, les comptes liés au patrimoine et à son amortissement doivent permettre à la personne publique de vérifier que les tarifs sont en adéquation avec les charges supportées. A ce titre, certains cabinets de conseils préconisent que les modalités d'enregistrement dans ces comptes soient définies en amont, lors des négociations[863]. Cette recommandation ne doit pas être négligée.

819. En effet, la principale caractéristique comptable et financière des contrats administratifs est la complexité à évaluer les charges financières patrimoniales. Si durant de nombreuses années les cocontractants ont profité des carences du contrôle contractuel public pour augmenter leur marge nette grâce à une présentation toujours excédentaire, leurs stratégies ont évolué. En sus des techniques favorisant une simple reconsolidation des risques financiers liés à la gestion du patrimoine, ils ont diversifié leurs stratégies permettant d'accroître la rente financière dégagée de l'opération contractuelle, dont l'amortissement est une déclinaison. Ce phénomène occasionne un déséquilibre de l'économie du contrat dont les conséquences financières sont quantifiables, comme par exemple en matière de tarifs. Il traduit donc un déséquilibre plus général qui renvoie aux rapports entre les parties au contrat administratif : derrière le consensus mou qui caractérise *a priori* les appellations génériques et le contenu des contrats administratifs, ce phénomène

---

[861] Conseil National de la comptabilité, « Guide comptable des entreprises concessionnaires », avis des 8 juill., 7 nov. et 18 déc. 1975, (jamais publié) p 6. Si cette première règle en matière de répartition des charges apparaît évidente, les juridictions financières relèvent qu'elle n'est pas assez respectée dans la pratique. Ainsi, dans sa lettre d'observations du 6 déc. 2000, sur la Cne de Le Grau du Roi-Gard concernant la gestion du port de plaisance de Port Camargue, la CRC Languedoc Roussillon soulevait par exemple une répartition inexacte des charges liées aux investissements.

[862] Conseil National de la comptabilité, *op. cit.*

[863] Du niveau des charges liées aux investissements dépend le niveau des structures tarifaires ou éventuellement l'octroi de subventions d'exploitation. Concernant l'influence de ces charges sur le niveau des tarifs, voir les analyses formulées par Cabinet Comptes, dans sa fiche L'analyse des comptes d'une opération de gestion de service public, janv. 1998, disponible à *http//www.inventaires.fr/rubriques/fiches/fi_24.htm*. En ce qui concerne les conséquences des charges imputables aux amortissements financiers sur l'octroi de subventions d'exploitation, voir CRC Languedoc Roussillon, du 6 déc. 2000, gestion du port de plaisance de Port Camargue, Cne le Grau du Roi, Gard ; disponible à *http://www.ccomptes.fr*.

atteste du rapport de force économique qui est en réalité omniprésent dans ce mode d'action.

820. Pour inverser la tendance actuelle de ce rapport, la personne publique doit être en mesure de contrôler efficacement les comptes de résultats présentés. Un cadre comptable et financier doit être pour cela élaboré sans recourir à un cahier des charges type consacré par la voie réglementaire ; l'utilisation de ces derniers dans les années 1990 ayant montré nombre d'effets pervers pour les contrats administratifs[864]. En tenant compte des spécificités du secteur d'activité et des missions du cocontractant, la personne publique doit encadrer grâce au contrat la structure des comptes de résultats qui lui seront ensuite présentés durant la phase d'exécution. Elle doit pour cela se référer à des clés de répartition comptables conformes à celles utilisées par le secteur privé et en les adaptant aux spécificités de la convention.

821. Pour les recettes, elle doit notamment imposer au cocontractant de distinguer le chiffre d'affaires principal, lié directement à l'exploitation, des produits annexes, qui sont la conséquence indirecte de l'exécution du contrat[865]. Si les recettes d'exploitation sont connues et quantifiables, la personne publique est souvent peu informée du niveau réel de la rémunération accessoire, puisque le cocontractant sait qu'elle n'est pas en mesure d'en vérifier le contenu. Or, ces produits représentent une information essentielle pour la personne publique car ils ne résultent pas de l'exploitation normale du contrat, mais sont le résultat des liquidités financières annexes, issues par exemple de la gestion des dotations pour amortissement.

822. En ce qui concerne les dépenses liées au patrimoine, les comptes doivent distinguer dans différents postes de charge les frais liés aux investissements, les opérations de maintenance et d'entretien des immobilisations. La personne publique doit donc imposer au cocontractant de différencier ces comptes selon la nature des investissements : frais de premier établissement, grosses réparations, entretien courant des immobilisations... Lors de la présentation des comptes annuels, elle vérifie ensuite que les sommes inscrites dans chaque compte correspondent à une contrepartie effective en terme d'investissements ou d'entretien du patrimoine. La personne publique peut solliciter pour cela des justificatifs de dépenses et opérer des

---

[864] Le Conseil National de la comptabilité, dans son avis n°2001-08 du 24 oct. 2001, approuve le cahier des charges type applicable aux concessions d'outillage des ports de commerce relevant de la compétence de l'Etat. Les juridictions financières ont dénoncé les risques d'un tel encadrement des cahiers des charges. Voir CRC, Champagne-Ardenne, 5 fév. 2004, SIVOM du Rethélois, disponible à *http://www.ccomptes.fr*. Pour une analyse plus précise, voir Laurent Richer, « Droit des contrats administratifs », *LGDJ*, 2014, p 154-155.

[865] Cf. Michel Soulas, « L'équilibre financier d'un contrat de délégation de service public », Séminaire ENACT, juin 2006.

contrôles sur place et sur pièces. Cette procédure en deux temps concernant l'expertise des charges d'investissements constitue le seul moyen à la disposition de la personne publique pour vérifier que le cocontractant ne se désolidarise pas des missions qui lui ont été confiées ; en sollicitant par exemple une participation financière de la personne publique alors que ses comptes réels ne le justifient pas.

823. Au regard des conséquences financières pour la personne publique, la maîtrise des comptes de résultats annuels représente un enjeu de première importance qui peut être encadré dès la passation du contrat, dans le cahier des charges et les clauses de la convention. Même si ce contrôle est généralement prévu par les différents régimes juridiques, la personne publique doit préciser dans le contrat son contenu et ses modalités de mise en œuvre. En structurant les comptes annuels, la marge de liberté du cocontractant, pour dissimuler les données financières réelles d'exploitation, est significativement réduite. Mais les nombreuses conséquences liées à la fonction financière de l'amortissement nécessitent aussi un suivi public opérationnel des contrats administratifs. Le véritable enjeu en la matière est que les personnes publiques prennent effectivement acte des avancées réglementaires pour donner une nouvelle dimension à leurs expertises et se réapproprier les enjeux financiers de leurs contrats[866].

Paragraphe 2 : Le devenir du contrôle financier des contrats administratifs par la personne publique

824. Grâce à la transposition de la fonction financière de l'amortissement dans le droit des contrats administratifs, le cocontractant est en mesure de reconstituer la valeur des actifs immobilisés qui sont affectés par des dépréciations et qui sont à plus ou moins long terme complètement amortis d'un point de vue technique. Mais, en se dotant d'une capacité d'autofinancement qui est le résultat de sa gestion financière interne, il réussit aussi à définir des politiques de profitabilité appliquées à la gestion patrimoniale. Son objectif est d'obtenir ainsi un retour sur

[866] Cf. Article L1411-3 du CGCT, réformé par le décret n°2005-236 du 14 mars 2005, JO du 18/03/2005, applicable depuis le 1er juin 2007 sur les exercices N+1. Si le Conseil National de la comptabilité (« Guide comptable des entreprises concessionnaires », avis des 8 juill., 7 nov. et 18 déc. 1975) a posé les bases de ce mouvement de réforme relatif aux comptes de résultats, la Commission Concession réunie en 1994 ss. prés. Jean Driol, a rappelé les principes élémentaires de ces comptes dans son « Rapport sur les orientations générales en matière de comptabilité des entreprises concessionnaires ». Ce mouvement s'est poursuivi sous l'impulsion de l'Office des Statistiques des Communautés Européennes, Eurostat, décision n°18/2004 du 11 fév. 2004 sur le traitement comptable du déficit et de la dette en matière de contrats de partenariats public-privé.

investissements qui dépasse la simple anticipation du renouvellement des actifs. Le cocontractant définit pour cela une politique d'informations relatives au contrat qui lui permet de dissimuler les différentes composantes de sa rémunération. Son but est alors d'augmenter sa marge nette soit en sollicitant une participation financière de la personne publique, soit augmentant le niveau tarifaire de ses prestations. Ses gains sont ainsi doubles : d'un côté, il reçoit un retour sur investissements normal de ses efforts de gestion ; de l'autre, il bénéficie d'apports financiers grâce à une stratégie d'occultation des résultats réels de la convention.

825. De telles politiques de rentabilité apparaissent donc conditionnées par la transmission d'informations faussées à la personne publique, notamment en ce qui concerne les données financières réelles d'exécution. Le lissage des courbes de rentabilité et les problèmes soulevés en matière de répartition des charges dans les comptes de résultats sont deux techniques parmi d'autres qui participent à la réalisation de ces stratégies. Néanmoins, le législateur et le pouvoir réglementaire ont récemment entrepris une réforme des conditions de contrôle des données financières inhérentes aux contrats administratifs. Le but est d'accroître leur lisibilité afin de permettre à la personne publique de se réapproprier la dimension économique de leur contrat et de leur exécution[867]. En améliorant son pouvoir de contrôle, la personne publique doit être en mesure de rééquilibrer l'accord contractuel. C'est pourquoi les réformes concernant les informations d'exploitation communiquées à la personne publique intègrent dorénavant les données économiques, financières et patrimoniales des contrats administratifs[868]. Ce mouvement de réforme témoigne d'une prise en compte progressive de l'économie du contrat dans les régimes juridiques respectifs de la commande publique, afin de permettre une réappropriation et une rationalisation de ce mode d'action[869]. La maîtrise de ces données

[867] Dans sa réponse Ministérielle n°31223 du 31 mars 2004 (JOAN Q du 28 /06/2004 p 4236) à propos de la réforme du contrôle contractuel des contrats de délégations de service public (décret n°2005-236 du 14 mars 2005, JO du 18/03/2005, p 4570), le pouvoir réglementaire précise les orientations générales de cette réforme qui est de « *permettre une meilleure transparence de la gestion des délégataires de services publics, dans le respect des principes de présentations comptables auxquelles sont assujetties les sociétés délégataires* ».

[868] Voir en ce sens le Titre I du décret n°2005-236 du 14 mars 2005, JO du 18/03/2005, p 4570, relatif au contenu des rapports annuels des délégataires transmis à partir du 1er juin 2007.

[869] Selon Michel Soulas (commissaire du Gouvernement à la Chambre régionale des Comptes de Midi-Pyrénées, à l'occasion d'un Séminaire de l'ENACT de Montpellier, juin 2006, portant sur « L'équilibre financier d'un contrat de délégation de service public »), l'économie du contrat témoigne de l'équilibre des rapports entre les parties. Les amortissements financiers ont ainsi une place essentielle dans cette évaluation : « *Dans une comptabilité traditionnelle, la technique de l'amortissement permet de constater la dépréciation d'un actif*

d'exploitation concourt en effet à limiter le risque d'une captation de profits par le cocontractant grâce à un encadrement des leviers financiers des différents montages.

826. Pour mettre en œuvre des procédures de contrôles efficaces, les réformes successives tentent de responsabiliser les personnes publiques en consacrant trois principes majeurs[870] : l'*amélioration de la transparence* des informations communiquées aux personnes publiques ; l'*engagement du cocontractant sur la sincérité des comptes* et des résultats financiers ; le *maintien d'un haut niveau qualitatif* concernant les prestations transférées par le contrat à l'opérateur privé[871].

827. Si les personnes publiques veulent réaliser des expertises comptables et financières fiables sur leurs contrats, elles doivent aujourd'hui prendre acte du contenu des réformes caractérisant les contrats complexes (A). Ces derniers apportent des éclairages importants dont la portée pour la commande publique dépasse le simple cadre des expertises publiques. En effet, les personnes publiques doivent utiliser la marge de liberté que leur laissent les nouvelles dispositions réglementaires pour développer des axes de coopération avec les juridictions financières et créer des outils de contrôles adaptés aux spécificités de tous les contrats (B).

A- La mise en œuvre d'un contrôle comptable et financier : le cas des contrats publics complexes

828. Pour permettre aux personnes publiques de maîtriser la fonction financière des amortissements, qui est étroitement liée au traitement comptable du patrimoine, les données économiques résultant de l'exécution du contrat doivent être présentées en toute transparence. Cette étape conditionne la réappropriation de la rentabilité financière des contrats administratifs par la personne publique. C'est pourquoi des contrôles financiers et économiques pertinents doivent être mis en œuvre durant les différentes phases de réalisation du contrat : la négociation ; l'exécution ; l'extinction de la convention[872].

---

au bilan et d'imputer en exploitation la charge de leur utilisation. Dans un compte de délégation de service public, on traite séparément l'amortissement technique ou industriel (dépréciation du bien – amoindrissement de la valeur des actifs) et d'autre part l'étalement de leur coût (amortissement de caducité ou financier) ».

[870] Voir en ce sens les réformes applicables aux contrats de délégations de service public et de partenariats public-privé, c'est-à-dire respectivement le décret n°2005-236 du 14 mars 2005 (JO du 18/03/2005, p 4570) et la circulaire n°ECOZ0500081C du 29 nov. 2005 (JO du 15/12/2005, p 19271).

[871] En ce qui concerne l'exigence de sincérité des modes de contrôles, voir les analyses de Philippe Zavoli, dans « Délégation de service public et exigence de sincérité », *AJDA* 12 juin 2006, p 1150.

[872] Sur les contours protéiformes de l'exigence de sincérité en matière de contrats administratifs, voir l'article de Philippe Zavoli, « Délégation de service public et exigences de

829. Les procédures des contrôles contractuels s'avèrent à ce titre d'autant plus importantes que les procédures de passation des contrats administratifs se caractérisent par des négociations fondées sur des prévisionnels souvent très optimistes, qui ne se vérifient pas toujours durant l'exécution[873]. Si les conditions de réalisation diffèrent sensiblement des prévisionnels fixés lors des phases de négociation, le cocontractant a alors tout la liberté nécessaire pour définir une politique de rentabilité résultant de ses missions contractuelles d'investissements et de gestion. Or, la première conséquence de ces politiques est de limiter les risques financiers qu'il doit normalement supporter.

830. Afin de permettre une réintégration de la dimension économique dans les contrôles contractuels prévus par les différents régimes juridiques, le contenu des expertises des personnes publiques doit être revisité pour s'adapter aux évolutions des données comptables et financières du patrimoine transféré au cocontractant. Le cas des contrats complexes fournit en la matière un exemple significatif du devenir des contrôles contractuels publics[874].

1/ Les opérations de contrôle contractuel public : une réforme en devenir

831. Les carences constatées par les juridictions financières, en matière de contrôles contractuels, résultent la plupart du temps d'un manque de suivi des données économiques, comptables et financières des contrats administratifs[875]. Par exemple, la Cour des Comptes a eu l'occasion de

---

sincérité », *AJDA* 12 juin 2006, p 1150 et s. L'auteur rappelle que : « *Celle-ci doit permettre, au nom de la « clarté des relations entre la collectivité délégante et les entreprises aspirant à être délégataires »* [Pierre Delvolvé, « Les contradictions de la délégation de service public », *AJDA* 1996, p 675], *d'encadrer en premier lieu le pouvoir de négociation conféré à la personne publique et en second lieu de garantir la sincérité des offres présentées* » ; p 1151.

[873] Ibid. Philippe Zavoli énonce à ce sujet : « *Où se situe l'éthique professionnelle dans tout cela ? A défaut de justification, tant technique que financière, la baisse substantielle des prix* (dans les offres présentées) *traduit davantage une pratique consistant à déposer une offre pour voir (...), plutôt qu'une offre sincère* » ; p 1153. Certains auteurs ont transposé cette analyse à la procédure du dialogue compétitif visée aux articles 36 et 67 du CMP de 2006. Voir en ce sens, Sophie Pignon, « Le dialogue compétitif : une opportunité pour les acteurs de la commande publique », *AJDA* 26 juill. 2004, p 1521 et s.

[874] La notion de contrats complexes renvoie ici aux délégations de service public et aux partenariats public-privé. Même si d'autres contrats peuvent entrer dans cette catégorie, l'objet et le contenu de ceux visés ici imposent de les étudier plus particulièrement. De plus, cette initiative est rendue possible par les débats doctrinaux caractérisant le périmètre de cette notion de contrats complexes. Cf. François Llorens, « Typologie des contrats de la commande publique », *Revue Contrats et Marchés publics*, n°5 mai 2005, étude n°7.

[875] Voir en ce sens les lettres d'observations suivantes : CRC Languedoc Roussillon, 6 déc. 2000, sur la gestion du port de plaisance de Port Camargue, Cne Le Grau du Roi ; CRC Lorraine, 5 avril 2002, Cnauté de Cnes de Pont-à-Mousson ; CRC Rhône-Alpes, 8 avril 2004, Syndicat des Energies du département de l'Isère ; CRC Pays de la Loire ; 5 mars 2007, Cne de la Baule-Escoublac ; disponibles à *http://www.ccomptes.fr*.

relever que les sociétés cocontractantes comptabilisent des provisions pour renouvellement, parfois de manière très importante, sur lesquelles la personne publique ne réalise aucun contrôle. Elles ne peuvent alors en solliciter le reversement au terme du contrat. Or, le reliquat des provisions non-utilisées doit en principe revenir à la personne publique si celle-ci le demande au cocontractant dans les deux mois à compter de la date d'extinction du contrat. Cette particularité s'explique en raison du fait que ces provisions sont une composante du prix de revient facturé par le cocontractant. Elles reviennent donc en principe à la personne publique si elles sont restées inemployées[876]. Mais, étant un élément complexe à contrôler, la personne publique fait rarement valoir ce droit dans la pratique, de sorte que ces provisions deviennent pour lui une rémunération accessoire.

832. Cet exemple montre que les modalités de contrôles contractuels étaient auparavant incomplètes et laissaient au cocontractant la possibilité d'opérer une captation des profits, augmentant le niveau total de sa rémunération. En effet, l'encadrement des contrôles contractuels par les différents régimes juridiques de la commande publique se structurait généralement autour de dispositions assez générales qui ne permettaient pas aux personnes publiques de réaliser de véritables expertises financières[877]. Ce phénomène résultait d'ailleurs essentiellement d'une prise en compte insuffisante de la dimension économique des contrats administratifs. Traditionnellement conçu comme un moyen d'action permettant de recourir au secteur privé pour la réalisation de certains besoins d'intérêt général, les enjeux financiers de ces conventions étaient rarement évalués avec précision[878]. Il

---

[876] Dans son Rapport public de 2000 sur Les délégations de services publics (Partie 2, Chapitre IV, Section 3) la Cour des Comptes rappelle ainsi : « *Les provisions affectées pour le renouvellement des équipements doivent pouvoir être rapprochées des travaux réalisés, le reliquat éventuel étant restitué à l'autorité délégante au terme de la délégation de service public* ». Ce principe est rappelé par la Commission Concession dans son Rapport sur les orientations générales en matière de comptabilité des entreprises concessionnaires, ss. la présidence de Jean Driol, 1994, qui s'inspire des travaux menés par le Conseil National de la comptabilité, dans son Guide comptable des entreprises concessionnaires, avis des 8 juill., 7 nov. et 18 déc. 1975 (jamais publié).

[877] Cf. Article 40-1 de la loi Sapin n°93-122 du 29 janv. 1993 (JO du 30/01/1993, p 1588) créé par l'article 8 de la loi n°95-127 du 8 fév. 1995 (JO du 09/02/1995, p2186), transposé à l'article L1411-3 du CGCT, et complété par la loi n°99-586 du 12 juill. 1999 (JO du 13/07/1999, p 10361). Cet article ne prévoyait à l'origine ni les modalités exactes de ce contrôle, ni le contenu des rapports transmis par les délégataires à la personne publique.

[878] Cédric Milhat (« L'appréhension des risques financiers dans les contrats de gestion déléguée de service public », *Revue Contrats et Marchés publics*, éd. Lexis Nexis, n°10, oct. 2006, p 5) précise cette idée grâce à la notion de risque : « *De ce fait, il ressort clairement que la gestion politique et juridique du risque diffère sensiblement de la préoccupation économique du risque ; il s'agit dans la première hypothèse de faire face au risque, certes, en l'incluant dans la prise en compte des conséquences possibles d'une activité, mais en*

s'agissait surtout de pallier certains besoins financiers, techniques et humains de la personne publique grâce à un cadre juridique plus ou moins formel. Or, l'absence de contrôles pertinents et uniformisés a institutionnalisé l'incapacité chronique des personnes publiques à expertiser et à rationaliser la dimension économique de ce mode d'action, notamment le niveau de la rémunération du cocontractant. Aujourd'hui, il leur est ainsi impossible de vérifier l'adéquation des données réelles d'exécution avec les prévisionnels négociés durant la procédure de passation.

833. Par un décret du 14 mars 2005, le pouvoir réglementaire a étoffé les contrôles contractuels des contrats de délégation, en indiquant les informations économiques et financières qui doivent dorénavant apparaître dans les rapports annuels transmis par les délégataires[879]. La première partie de ce texte, relatif aux données comptables d'exploitation, impose ainsi la communication de nombreuses informations financières[880]. Disposant depuis le 1er juin 2007 d'un nouveau cadre pour leurs contrôles contractuels, les personnes publiques se trouvent donc en mesure d'effectuer des expertises fiables sur les résultats d'exploitation et sur le degré d'implication du délégataire vis-à-vis des missions qui lui sont confiées.

834. Les cocontractants doivent par exemple communiquer à l'autorité délégante le coefficient de lissage des comptes pour qu'elle puisse déterminer la courbe réelle de rentabilité du contrat. Outre les clés de répartition des charges qui doivent aujourd'hui être présentées, la réforme a aussi normalisé la présentation des comptes de résultats. Elle oblige ainsi le délégataire à retracer les comptes d'exploitation de l'année N-1 et de l'année N pour établir un comparatif des résultats annuels pour chaque contrat de délégation[881].

835. L'apport de la réforme ne s'arrête cependant pas au simple formalisme de la présentation des comptes de résultats dans les rapports annuels. Le délégataire est dorénavant tenu d'assumer ses obligations en matière de comptabilisation des charges et de présentation des calculs financiers, tout en respectant le principe de sincérité comptable. Grâce à cette donnée, les personnes publiques doivent être en mesure de

---

l'évacuant in fine par la mise en place de mécanismes tendant à contenir sa survenance (...). Inhérent au monde économique, le risque est ici davantage domestiqué. Il rentre dans la logique managériale des opérateurs économiques.» ; p 5.

[879] Cf. décret n°2005-236 du 14 mars 2005, JO du 18/03/2005, p 4570.

[880] Pour une étude complète du décret n°2005-236, *op. cit.*, voir Florian Linditch, « Contenu du rapport du délégataire de service public : enfin le décret ! », *JCP A*, n°21, 23 mai 2005, p 822 et s.

[881] Ibid. Le décret 2005 se conforme au PCG (article 393-3/4) et au Conseil National de la comptabilité, « Guide comptable des entreprises concessionnaires », 8 juil., 7 nov. et 18 déc. 1975 (jamais publié).

contrôler les frais financiers inhérents aux relations entre le cocontractant et son éventuelle société-mère. Les sociétés délégataires ont en effet pour habitude d'inclure dans leurs comptes de résultats annuels un poste de charges intitulé « Frais administratifs généraux ». Cette dépense correspond le plus souvent à des frais facturés par la société-mère à ses filiales en contrepartie d'opérations commerciales d'envergure nationale[882]. Cette dépense est à première vue étrangère au service public délégué et difficile à contrôler. Elle constitue d'ailleurs dans la pratique une charge fréquemment supportée par la personne publique ou par les usagers, en étant répercutée dans le prix de revient facturé par le cocontractant[883]. De nombreux exemples jurisprudentiels montrent à ce propos que cette charge représente un élément de calcul de l'indemnité versée en cas de résiliation anticipée du contrat[884]. Les personnes publiques peuvent dorénavant imposer à leurs cocontractants de décomposer ce poste de charge, de le justifier et d'en opérer un suivi opérationnel pour anticiper toute rupture anticipée du contrat.

836. Mais la réforme de 2005 va au-delà de la communication des données financières d'exploitation. Elle complète aussi l'information de la personne publique en matière d'investissements et de gestion patrimoniale. Si les juridictions financières ont souligné à de nombreuses reprises les carences des contrôles publics en la matière, le décret du 14 mars 2005 permet de répondre aux enjeux comptables et financiers de la gestion patrimoniale dans le cadre des contrats de délégation de service public[885]. Sans anticiper les réformes comptables relatives au processus de dépréciation des actifs immobilisés de ces conventions, les dispositions réglementaires suggèrent cependant aux personnes publiques d'obtenir une présentation décomposée du patrimoine. Cette information suppose que le cocontractant présente plusieurs informations : un état des variations de la valeur des composants de

---

882 Cour des Comptes, rapport public de 2000, « Les délégations de services publics », disponible à *http://www.ccomptes.fr*. La Cour souligne ce phénomène : « *des dépenses totalement étrangères à l'objet de la délégation sont, parfois, passées en charge. Ainsi un contrat s'est-il vu imputer des frais de prospection commerciale sans rapport avec le service délégué, à hauteur de 1,6MF. Plus généralement, les sociétés délégataires continuent de faire supporter aux collectivités des dépenses engagées pour leur propre développement en les incorporant dans la quote-part des frais de siège qui leur sont répercutés* » ; Partie II, Chapitre IV, Section 3.

883 Voir par exemple CAA Bordeaux, 10 fév. 2009, Sté Valerian, req. n°07BX02396, Inédit au Rec. Lebon, disponible à *http://www.legifrance.fr*. Dans cette jurisprudence, la Cour explique que les frais administratifs généraux, imputables à la relation du cocontractant avec son sous-traitant dans le cadre d'un marché public de travaux, ne peuvent venir augmenter le prix de revient de la prestation facturé à la personne publique.

884 A titre non exhaustif, voir CRC Midi-Pyrénées, n°2004-0079, 15 mars 2004, résiliation d'un contrat de délégation, Ville de Toulouse ; source : *http://www.ccomptes.fr/CRC17/documents/Avis/MPA04-0079.pdf*.

885 Décret n°2005-236 du 14 mars 2005, JO du 18/03/2005, p 4570.

chaque actif immobilisé sur l'année N-1 et l'année N ; un état du suivi du programme d'investissements portant sur les frais de premier établissement ; un état détaillé des opérations de renouvellement et d'entretien courant.

837. La réforme applicable aux rapports annuels des délégations de service public renouvèle donc en profondeur les modalités de contrôle de la personne publique sur le patrimoine, ses amortissements et les données financières de leurs contrats de délégation. Pour autant, les régimes des autres contrats administratifs n'ont pas été modifiés en conséquence. Les carences des contrôles contractuels des conventions de délégations durant les années 1990 se retrouvent par exemple aujourd'hui dans les contrats de partenariats, même si la pratique de ceux-ci n'a pas encore eu le temps de mettre à jour les effets pervers liés à cette absence de suivi contractuel[886]. En définitive, les apports du décret de 2005 ne sont pas négligeables pour le droit des délégations de service public. Le problème est qu'ils n'ont pas encore ont généralisés aux autres formes de contrats, malgré la persistance d'incertitudes et l'absence de maîtrise des enjeux financiers inhérents aux amortissements.

2/ Les incertitudes techniques à lever pour améliorer les contrôles contractuels

838. La réforme des rapports annuels des contrats de délégations permet dorénavant aux autorités délégantes d'obtenir les données nécessaires pour déterminer les courbes de rentabilité et identifier les politiques de gestion patrimoniale des cocontractants. La véritable portée de ce texte dépasse donc la simple structure des informations à communiquer à la personne publique. Ce mouvement de réforme a vocation en réalité à s'étendre aux autres montages afin de responsabiliser les personnes publiques vis-à-vis du contrôle des résultats financiers de leurs contrats. Les conséquences attendues de cette maîtrise sont doubles : d'une part, cerner les enjeux économiques et financiers des contrats administratifs, dont l'amortissement est une composante ; d'autre part, rééquilibrer les accords contractuels entre les parties au regard des conditions réelles d'exécution[887].

---

[886] Cf. article L 1414-14 du CGCT, éd. 2009.

[887] Sur les enjeux économiques modernes des contrats administratifs, voir les articles de Thierry Kirat, sur le « Contrat de Partenariat et économie du contrat » (colloque, Toulouse I, 2/3 juin 2005, *Revue de l'IEJUC*, coll. Droit et Ville, n°60/2005, *Presses Universitaires des sciences sociales Toulouse* I), et de Cédric Milhat, « L'appréhension du risque financier dans les contrats de gestion déléguée de service public » (*Revue Contrats et Marchés publics*, n°10, oct. 2006, p 5 et s).

839. Pour parvenir à ce résultat, le contrôle contractuel opéré chaque année par la personne publique doit gagner en efficacité tout au long de la période d'exécution du contrat. Cet objectif implique donc une évaluation *ex-ante*, qui sert ensuite de comparatif avec les données transmises annuellement *ex-post* par le cocontractant. L'expertise préalable à la phase d'exécution doit se structurer autour de plusieurs éléments : la *détermination préalable des besoins* à satisfaire ; les *procédures d'inventaires* du patrimoine ; la *détermination des modes d'amortissements* et leurs évolution ; l'*appréciation des risques* de réalisation et d'exploitation ; l'*évaluation des marges financières* directes et indirectes du cocontractant[888].

840. Ce contrôle préalable est aujourd'hui un élément impérieux, comme en témoigne le décret du 14 mars 2005[889]. Ce dernier prévoit notamment la communication à la personne publique des données comptables et financières relatives au patrimoine des contrats de délégation. Mais ces informations ne sont exploitables que si la personne publique réalise en amont un inventaire précis des actifs immobilisés, une évaluation des données prévisionnelles du patrimoine et une expertise des dépréciations raisonnablement attendues. La structure générale du rapport annuel communiqué à la personne publique se standardisant, les données présentées dans la réforme de 2005 ne prennent en réalité leur sens que si des outils de contrôle pluriannuels, concernant les aspects économiques, comptables, financiers et qualitatifs de chaque contrat, sont créés[890]. Deux observations corroborent cette grille d'analyse de la récente réforme des contrôles des contrats de délégations de service public.

841. Concernant les données comptables et financières d'abord, le décret ne présente pas les moyens de contrôle et de comparaisons pluriannuelles, même s'il prévoit certaines informations. Il impose par exemple que le rapport annuel contienne « *un état des autres dépenses de renouvellement réalisées dans l'année conformément aux obligations contractuelles* »[891]. Mais cette donnée ne peut être exploitée efficacement si les personnes publiques n'imposent pas au délégataire une présentation standardisée de ces dépenses et un classement selon la nature des opérations de renouvellement. Une distinction fonctionnelle doit être érigée au rang de principe pour appréhender d'une part les biens nécessaires à la continuité du service, ainsi que les biens annexes, et d'autre part les biens de retour, de reprise et les biens propres. Dans ce domaine, la personne publique peut transposer la méthode de

---

888 Voir en ce sens Partie I, Chapitre 2, Section 1, §1 et §2.
889 Décret n°2005-236 du 14 mars 2005, JO du 18/03/2005, p 4570.
890 Pour une analyse des diverses données communiquées aux personnes publiques délégantes, voir Florian Linditch, « Contenu du rapport du délégataire de service public : enfin le décret ! », *JCP A*, n°21, 23 mai 2005, p 822 et s.
891 Cf. Décret n°2005-236 *op. cit.*, article 2, I, f).

comptabilisation par composant des amortissements pour affiner ses analyses patrimoniales, tant pour les investissements de premier établissement que les opérations de renouvellement.

842. En ce qui concerne l'appréciation qualitative du service rendu, le texte de la réforme adopte une formulation pour le moins floue. Il impose que ce rapport comprenne « *l'analyse de la qualité du service (...) comportant tout élément permettant d'apprécier la qualité du service rendu et les mesures proposées par le délégataire pour une meilleure satisfaction des usagers* »[892]. Cette formulation relativement vague ne peut demeurer en l'état. La personne publique doit préciser *in concreto* ce contrôle en fournissant un état détaillé des critères d'appréciation de cet aspect qualitatif du contrat, lorsqu'elle demande la communication du rapport annuel au cocontractant. Sur ce point, une information précise de l'amortissement s'impose car il permet de mesurer le degré d'implication du cocontractant dans le maintien en l'état et/ou l'amélioration des actifs immobilisés. Il permet en outre d'expertiser l'éventuelle rentabilité que retire le cocontractant des investissements patrimoniaux qu'il finance et qui sont considérés comme des biens de retour. C'est donc l'occasion pour la personne publique de maîtriser cette donnée et pallier ainsi certains effets pervers qui en résultent, comme une augmentation injustifiée des tarifs par exemple. Mais, pour parvenir à apprécier correctement la dimension qualitative du service délégué, la personne publique ne doit pas se contenter d'étudier les prestations du cocontractant vis-à-vis des usagers. Elle doit aussi mettre en œuvre des procédures de contrôles croisés entre les données patrimoniales, comptables et financières.

843. Parmi l'ensemble des éléments à contrôler, un point particulier retient l'attention car il ne peut résulter que d'une responsabilisation des personnes publiques vis-à-vis de l'exécution de leurs contrats administratifs. En matière de délégations de service public et du contenu des rapports annuels, le cocontractant est dorénavant tenu de présenter à la personne publique les méthodes de calcul « *de la charge économique* [des investissements] *imputée au compte annuel de résultats d'exploitation* ». Parmi ces données se trouve le coefficient de lissage des comptes et sa méthode de calcul[893]. La personne publique est dorénavant en droit de solliciter la communication de cette information, qui était jusqu'à présent considérée comme une donnée stratégique propre à chaque entreprise et qui, en tant que tel, n'était jamais présentée à l'autorité délégante. Elle peut ainsi déterminer les courbes de rentabilité réelle du contrat. En obtenant cette information, la personne publique prive en outre le cocontractant de la possibilité de mettre en

[892] Cf. Article 2, II du décret n°2005-236 du 14 mars 2005, JO du 18/03/2005, p 4570.
[893] Ibid. Article 2, I, e).

œuvre une stratégie d'occultation sur les profits retirés de l'opération et de la gestion patrimoniale. Mais il s'agit là d'une donnée qui risque de ne pas être communiquée facilement. Les personnes publiques n'étant pas soumises à une obligation de confidentialité en la matière et s'agissant d'une donnée permettant de dissimuler sa marge nette réelle, le cocontractant ne sera effectivement pas enclin à la présenter à la personne publique, même si elle la demande. Celle-ci doit donc faire valoir cette disposition réglementaire et insister auprès du cocontractant afin que ce dernier lui communique le coefficient et ses modalités de calcul[894].

844. En définitive, les personnes publiques disposent aujourd'hui de moyens importants pour se réapproprier les conditions économiques réelles d'exécution et encadrer toute stratégie du cocontractant visant à accroître sa rémunération[895]. Si les dernières réformes tentent de structurer les données communiquées à la personne publique, elles n'encadrent cependant pas les modalités des contrôles publics et ne prévoient pas une exigence de confidentialité à destination des pouvoirs publics. Dans l'hypothèse où plusieurs sociétés concurrentes sont titulaires de contrats de délégation dans un secteur d'activité similaire, cette lacune juridique risque d'entraver les avancées induites par ces réformes. Confronté à la possibilité que la personne publique communique ces données stratégiques à une société concurrente [lors d'un renouvellement de contrat par exemple], le cocontractant préférera alors contourner ces exigences de transparence. Il s'agit d'une véritable remise en cause de la portée de ce texte pour les contrats administratifs complexes et, plus largement, pour les autres contrats qui risquent à terme de s'inspirer de cette réforme.

845. L'exigence de confidentialité conditionne ici la sincérité des informations transmises par les cocontractants[896]. Si la personne publique veut se réapproprier la dimension financière de ces accords, elle doit s'engager sur ce point. Une solution complémentaire est aussi envisageable pour améliorer ce contrôle contractuel : le développement d'une coopération étroite entre les personnes publiques et les juridictions financières.

---

894 Voir Stéphane Braconnier, « Le modèle français de la concession : conquête ou concurrence ? », *JCP A* n°16 2007, n°2102.

895 V. Cour des Comptes Rapport public 2000, « Les délégations de services publics » Partie II, Chap. IV, Sect. 3

896 Cf. Philippe Zavoli, Délégation de service public et exigence de sincérité, AJDA 12 juin 2006, p 1150 et s.

B- La coopération avec les juridictions financières : le contrôle moderne des contrats administratifs

846. Au terme de la réforme relative aux modalités de contrôle des délégations de service public, le contenu des rapports annuels s'est étoffé au point de permettre aux personnes publiques de se réapproprier les données financières d'exécution[897]. La réforme complète pour cela les informations transmises par le délégataire dans trois domaines : les données comptables et patrimoniales ; les conditions financières d'exécution et d'établissement des comptes de résultats annuels ; l'appréciation qualitative du service rendu aux usagers.

847. Les contrôles de ce type de contrats apparaissent ainsi complets et semblent permettre une maîtrise des enjeux financiers par la personne publique. Cependant, la formulation du texte réglementaire portant réforme de ces conditions de contrôle apparaît à plusieurs reprises vague. Nous pouvons considérer qu'il laisse de cette manière à la personne publique le soin de développer des outils spécifiques à l'expertise de chaque contrat. De toute évidence, la structure proposée par le pouvoir réglementaire accorde suffisamment de liberté à la personne publique pour apprécier l'opportunité de créer des outils individualisés selon le domaine d'activité, les caractéristiques juridiques du contrat et les missions confiées au cocontractant[898].

848. Si l'objectif était d'allier ainsi la flexibilité du régime juridique et l'efficacité des modalités de contrôle, cette réforme permet également une réappropriation des données d'exécution. Ce texte a donc deux apports pour le droit des contrats administratifs : d'une part, il ne consacre pas un cahier des charges type et laisse ainsi une marge d'appréciation aux personnes publiques pour créer des outils spécifiques à chaque contrat ; d'autre part, il permet à terme d'adapter le contenu du contrôle contractuel des délégations de service public à d'autres formes de contrats administratifs.

849. Mais les personnes publiques se trouvent dorénavant confrontées à un problème, celui du traitement de nombreuses informations avec lesquelles elles sont finalement peu familières. L'expertise des données de tous les contrats qu'elles concluent apparaît donc difficile en l'état. Face à cette obligation de reprise en main des conditions d'exécution de leurs contrats, elles doivent pourtant opérer un contrôle efficace et adapté aux conditions réelles de réalisation. Elles peuvent toutefois remédier à ce problème en développant des axes de coopération avec les juridictions

---

[897] Décret n°2005-236 du 14 mars 2005, JO du 18/03/2005, p 4570.

[898] Voir par exemple en ce sens Jean-Baptiste Vila, « Rapports annuels des délégataires de services publics : le devenir d'une réforme depuis le 1er juin 2007 », *JCP A*, éd. Lexis Nexis, n°28, 9 juill. 2007, p 16 et s.

financières qui, conformément à leur champ de compétences, ont pris l'habitude de réaliser des expertises financières et comptables des contrats publics.

1/ La responsabilisation des personnes publiques sur les procédures de contrôle : la création d'outils individualisés

850. La refonte des modalités de contrôle des contrats de délégation représente un apport incontestable pour l'ensemble de la commande publique car elle permet d'identifier les données majeures qui ne peuvent plus être négligées aujourd'hui dans le cadre des contrôles contractuels. C'est pourquoi la portée du texte relatif aux gestions déléguées s'apprécie à partir de la marge de liberté concédée aux pouvoirs publics pour créer des outils de contrôles individualisés qui puissent s'adapter à chaque forme de contrat, aux différents secteurs d'activité et aux spécificités des missions confiées au cocontractant.

851. S'agissant des données patrimoniales, le décret du 14 mars 2005 prévoit qu'un « *état des variations du patrimoine immobilier* » doit dorénavant être présenté à la personne publique[899]. Cette information revêt plusieurs sens. Elle concerne aussi bien les données relatives à la quantification comptable du patrimoine, que les informations financières qui résultent de la gestion des actifs immobilisés dont la première caractéristique est une variation de la valeur durant l'exécution du contrat, identifiable grâce au traitement comptable des amortissements.

852. Mais, pour mesurer sur l'année écoulée ces fluctuations inhérentes à l'utilisation du patrimoine, le contrôle doit aussi tenir compte des réformes récentes de la comptabilité privée. Celles-ci consacrent non seulement une méthode de comptabilisation par composant de l'amortissement des actifs immobilisés, mais aussi des tests de dépréciation permettant de s'assurer que les valeurs traitées coïncident avec leur utilisation réelle[900]. La personne publique doit prendre en compte ces éléments lorsqu'elle sollicite auprès du cocontractant les méthodes de répartition et le bilan des opérations comptables relatives au patrimoine. Dans le cas contraire, elle risque de se retrouver dans l'incapacité d'apprécier *in concreto* les données patrimoniales d'exécution du contrat.

---

[899] Cf. Article 2, I, c) du décret n°2005-236 du 14 mars 2005, JO du 18/03/2005, p 4570.

[900] La réforme des modes de comptabilisation est issue de l'article 44 de la loi de finances rectificative pour l'année 2004, n°2004-1485, 30 déc. 2004, JO du 31/12/2004, p 22 522 et s. Cette loi a réformé l'article 237 septies du CGI. Plusieurs décrets sont venus ensuite complétés le texte initial. Le décret n°2005-1442 du 14 nov. 2005 (JO du 25/11/2005, p 18289) apporte notamment des précisions à cette réforme des normes comptables. En ce qui concerne les tests de dépréciation, voir Com. RC, règlement n°2002-10 du 12 déc. 2002, relatif à l'amortissement et à la dépréciation des actifs, applicable depuis le 1er janv. 2005.

853. C'est d'ailleurs pour cette raison que la réforme de 2005 impose au délégataire de communiquer un inventaire des biens en procédant à une classification fonctionnelle qui tienne compte de leur nature. Au-delà de cette distinction classique relative aux biens, la personne publique doit se servir de cet inventaire pour intégrer les réformes de la comptabilité privée [si le cocontractant est une entreprise privée] et procéder à une comparaison des informations transmises au regard des données négociées et des expertises patrimoniales réalisées *ex-ante*. Cette évaluation lui permet ainsi d'apprécier les dépréciations affectant le patrimoine car ces dernières ne peuvent être mesurées qu'au regard des inventaires annexés au contrat, qui présentent un état du patrimoine avant la phase d'exécution. L'intérêt de cette comparaison est aussi qu'elle permet d'expertiser le contenu des opérations de renouvellement et d'entretien assumées par le cocontractant.

854. L'apport de la réforme dépasse donc les simples termes techniques, comptables et financiers des contrôles contractuels réalisés annuellement par la personne publique[901]. La présentation des diverses modalités de calculs économiques doit conduire cette dernière à apprécier globalement l'exécution du contrat administratif pour jauger l'équilibre de l'accord contractuel et vérifier que la rémunération du cocontractant corresponde bien à une contrepartie matérielle. La réforme du contenu des rapports annuels des délégations de service public ne délivre donc véritablement son sens que si la personne publique se responsabilise dans ces opérations de contrôles. Elle doit mener pour cela les expertises nécessaires tant sur le patrimoine que sur les éléments financiers relatifs à l'exécution, en créant des outils de contrôle spécifiques à chaque contrat, en sus des éléments prévus par les dispositions réglementaires. Les éléments vérifiés doivent permettre une appréciation concrète des conditions de réalisation du contrat au regard des données qui ont été négociées lors de la procédure de passation. De telles procédures se caractérisent notamment par une capacité d'adaptation permettant d'intégrer les fluctuations inhérentes à l'activité concernée. La personne publique doit notamment tenir compte de l'évolution technologique de chaque secteur d'activité ; celle du service public de stationnement différant par exemple de celle des services publics de l'eau et des déchets.

855. Cette marge de liberté attribuée aux personnes publiques représente *a priori* un inconvénient car elle impose un lourd travail de traitement de données. Mais les pouvoirs publics doivent en réalité profiter de ces expertises relatives aux délégations de service public pour tenter de

[901] A titre non exhaustif, voir en ce sens Jean-Baptiste Vila, « Rapports annuels des délégataires de services publics : le devenir d'une réforme depuis le 1er juin 2007 », *JCP A*, éd. Lexis Nexis, n°28, 9 juill. 2007, p 16 et s.

transposer certaines modalités de ce contrôle dans d'autres formes de contrats administratifs. Leur principal problème, en matière de suivi des données d'exécution de leurs contrats, est alors surtout de s'assurer que les informations transmises par le cocontractant sont sincères. Etant peu familières des données financières et disposant d'une comptabilité différente, elles ne peuvent remédier à cette situation qu'en mettant en place une coopération étroite avec les juridictions financières[902].

2/ Le devenir du contrôle financier des amortissements : vers une coopération entre les personnes publiques et les juridictions financières

856. Pour l'avenir de leurs contrats, les personnes publiques sont confrontées à deux défis majeurs : d'une part, se responsabiliser sur le suivi des opérations financières concernant le patrimoine de la convention ; d'autre part, créer des outils de contrôle individualisés. De nombreux problèmes doivent être surmontés en vue de pallier les divergences qui existent entre leurs modes de gestion et ceux de leurs cocontractants. L'objectif est qu'elles se familiarisent avec les stratégies de gestion de ces derniers qui sont bien souvent éludées dans la pratique. L'intérêt de cette responsabilisation dans le suivi des contrats et de la création d'outils de contrôles spécifiques à chaque montage est double : d'abord, permettre une réappropriation publique des contrats administratifs ; ensuite préserver l'équilibre économique de la convention qui a été négocié en amont.

857. Pour le moment, le fonctionnement des amortissements financiers démontre que les politiques de gestion des cocontractants sont difficiles à identifier, à contrôler et à rationaliser. Ceci résulte notamment des stratégies d'occultation concernant les données d'exécution, qui faussent le plus souvent les expertises publiques[903]. Il apparaît alors que les personnes publiques souffrent en la matière d'une absence de moyens,

[902] Dans ce domaine, les juridictions financières opèrent fréquemment des contrôles comptables et financiers de contrats administratifs. Les modalités de contrôle qu'elles mettent en œuvre représentent de toute évidence un apport certain pour les personnes publiques. Voir le Rapport public de la Cour des comptes de 2000 (Partie II, Chapitre IV, Section 3 Les délégations de services publics) qui procède à plusieurs recommandations en la matière. Si le patrimoine, les amortissements et les éléments financiers sont au cœur de ses analyses, la Cour relève aussi que les personnes publiques délégantes demandent rarement le reversement des provisions pour renouvellement inemployées par le cocontractant. Constituant des provisions relatives à des investissements en devenir et se répercutant sur les prix de revient des prestations, la personne publique devrait pourtant en demander la restitution dans un délai de deux mois après l'extinction du contrat si elles restent inemployées.

[903] Cf. Michel Soulas, commissaire du Gouvernement à la CRC Midi-Pyrénées, Séminaire portant sur « L'équilibre financier d'un contrat de délégation de service public », ENACT de Montpellier, juin 2006.

mais aussi d'un manque de savoir-faire pour contrôler ces stratégies et se réapproprier leurs conventions.

858. Une solution est cependant envisageable grâce au renforcement de la coopération entre les personnes publiques et les juridictions financières. Ces dernières réalisent depuis de nombreuses années des contrôles comptables et financiers des contrats administratifs locaux et nationaux. Elles ont notamment développé des outils permettant d'expertiser précisément les opérations de gestion patrimoniale des contrats administratifs[904]. Mais les rapports entre les personnes publiques et ces juridictions témoignent pour le moment de relations conflictuelles qui empêchent toute forme de coopération. Les personnes publiques considèrent effectivement les juridictions financières comme des instances critiques vis-à-vis de leur gestion contractuelle, dont les observations donnent parfois lieu à des litiges d'ordre pénal ou administratif.

859. La particularité de leurs rapports explique que les personnes publiques ne parviennent pas pour le moment à tirer profit des modalités de contrôles mises en œuvre par les juridictions financières. Ces dernières réalisent pourtant des contrôles minutieux des données financières relatives à l'exécution des contrats publics, qui pourraient permettre aux personnes publiques de corriger les carences financières et/ou comptables constatées. Elles ont eu par exemple l'occasion de préciser le sort juridique des provisions pour renouvellement qui sont comptabilisées par le cocontractant sur les actifs immobilisés, indistinctement de leur nature et parfois même de leur caractère renouvelable. Elles ont notamment démontré que, malgré l'absence d'initiative des personnes publiques en la matière, ces sommes doivent être réclamées au cocontractant dans un délai de deux mois après la date d'extinction du contrat. Elles considèrent que ces provisions relatives au renouvellement des actifs immobilisés constituent une rémunération accessoire si elles ne sont pas employées à des opérations d'investissements patrimoniaux. Ceci résulte du fait qu'elles sont une composante du prix de revient facturé soit à la personne publique, soit aux usagers[905].

---

[904] Voir en ce sens Vincent Potier, « 25 d'activité des chambres régionales des comptes », *La Gazette des communes* 14 mai 2007, cahier n°2-20/1886, p 188 et s. ; Gilles Millet et Alain Leyat, « Les chambres territoriales et régionales des comptes et le contrôle des délégations de services publics », *AJDA* 2007, p 1696.

[905] La Cour des comptes dans son Rapport public de 2000 (Partie 2, Chapitre IV, Section 3 « Les délégations de service public ») rappelle ainsi : « *Les provisions affectées pour le renouvellement des équipements doivent pouvoir être rapprochées des travaux réalisés, le reliquat éventuel étant restitué à l'autorité délégante au terme de la délégation de service public* ».

860. L'exemple de ces provisions en témoigne : une des missions des juridictions financières est de procéder à la vérification économique des contrats administratifs[906]. Etant donné les carences actuelles des contrôles contractuels, il paraît indispensable qu'une coopération entre ces deux acteurs publics prenne forme afin de réaliser les expertises nécessaires et éviter une captation de profits par le cocontractant. En vue de se réapproprier les termes financiers de leurs contrats, les personnes publiques doivent notamment recourir aux compétences des juridictions financières locales afin d'apprendre à maîtriser les conséquences du transfert comptable et patrimonial formalisé par le contrat. Ces dernières ayant pour habitude de créer des « *indicateurs de mesure des coûts et des résultats, de l'identification des objectifs de l'entité et de normes de référence* »[907], un bilan comparatif des analyses de ces deux acteurs pourrait par exemple être institutionnalisé. En créant des outils de contrôle résultant d'une coopération avec ces juridictions, les personnes publiques pourraient par exemple prévenir le risque qu'un contribuable ne se substitue à elles pour solliciter la correction des conséquences financières d'un contrat administratif[908].

861. Traditionnellement inscrites dans une logique de contrôle, les expertises menées par les juridictions financières sont d'ailleurs appelées à prendre un nouveau visage. Pour formaliser des procédures de coopération avec les personnes publiques en la matière, une logique d'audit externe doit dorénavant compléter leurs missions classiques[909]. Cette perspective de modernisation du contrôle externe des juridictions financières repose sur deux éléments concrets visant à compléter les analyses des personnes publiques : d'une part, le développement de la *certification des comptes* ; d'autre part, le développement de *formes innovantes de contrôle*[910]. En écartant l'hypothèse d'un cahier des charges type consacré par la voie réglementaire, ces procédures de

---

[906] Les CRC remplissent trois missions : le contrôle budgétaire avec le concours des préfets ; le contrôle juridictionnel des comptes et des comptables locaux ; le contrôle de gestion. Les procédures applicables devant les juridictions financières et leurs missions ont été récemment revisitées. Cf. Loi n°2008-1091 du 28 oct. 2008, JO du 29/10/2008, p 16416 ; Décret n°2008-1397 du 19 déc. 2008, JO du 26/12/2008, p 19989.

[907] Paul Hernu, « L'évolution des contrôles des chambres régionales des comptes à travers les lois des 5 janvier 1988, 15 janvier 1990, 6 février 1992 et 29 janvier 1993 », *RFFP* n°43 1993, p 32.

[908] Si les contrôles de la personne publique s'avèrent erratiques, un contribuable peut substituer à elle pour intenter un redressement financier du contrat. Il doit pour cela en solliciter l'autorisation auprès du tribunal administratif sur le fondement de l'article L2132-5 du CGCT.

[909] Voir en ce sens l'intervention de David Carassus, « Bilan et perspectives du contrôle externe des chambres régionales des comptes », 13ème colloque international de la *Revue Politiques et Management public*, nov. 2003, disponible à *http://web.univ-pau.fr/IAE-CREG/IMG/pdf/Bilancrc.pdf*.

[910] Ibid.

contrôle concerté doivent avoir pour ambition de s'adapter aux spécificités de chaque contrat. Il s'agit donc de parvenir à dégager des points d'expertises sur le fond de l'exécution du contrat, mais aussi des modalités transversales de contrôle en vue de recouper les données financières et comptables. Si cette coopération avec les juridictions financières est envisageable grâce à au développement d'une logique d'audit externe[911], ce mouvement de réforme ne doit pas avoir pour effet de déresponsabiliser les personnes publiques vis-à-vis du suivi opérationnel de leurs conventions[912]. En effet, la réforme des missions des juridictions financières en la matière doit être appréhendée comme un simple complément aux contrôles contractuels publics[913].

862. Seule la capacité d'adaptation des contrôles de l'autorité publique, pour se conformer aux fluctuations des conditions économiques de réalisation du contrat, peut leur permettre de rationaliser la rémunération du cocontractant, qui résulte en partie de l'amortissement des actifs immobilisés. Afin de pallier les carences constatées en la matière, les personnes publiques doivent donc se responsabiliser vis-à-vis du suivi de leurs conventions en construisant des outils individualisés d'expertise dans le cadre d'une coopération efficace avec les juridictions financières. Si l'objectif est à première vue de maîtriser les données financières des montages contractuels, le véritable enjeu est par définition économique : procéder à une rationalisation de la rémunération du cocontractant.

Conclusion du Chapitre I

863. Grâce à la mise en œuvre de l'amortissement financier et à la gestion de ses conséquences fiscales, les cocontractants sont en mesure de définir de véritables stratégies visant à améliorer le contenu de leur rémunération et à accroître la marge nette qu'ils retirent des contrats administratifs. Si les dépréciations comptables leur servent en principe

---

[911] A noter qu'une réforme des missions et des procédures des CRC a été consacrée par la loi n°2008-1091 du 28 oct. 2008, JO du 29/10/2008, p 16416 ; Décret n°2008-1397 du 19 déc. 2008, JO du 26/12/2008, p 19989.

[912] David Carassus, « Bilan et perspectives du contrôle externe des chambres régionales des comptes », 13ème colloque international de la *Revue Politiques et Management public*, nov. 2003, disponible à *http://web.univ-pau.fr/IAE-CREG/IMG/pdf/Bilancrc.pdf*. En ce qui concerne le rapprochement des missions d'audit externe contractuel avec les contrôles classiques des juridictions financières, l'auteur procède à trois comparaisons : la comparaison des finalités de ces interventions (audit externe contractuel et interventions classiques d'une chambre régionale des comptes) ; la comparaison des fonctions de contrôles ; la comparaison des fonctions d'informations.

[913] Sur la dernière réforme des missions et des procédures applicables devant les juridictions financières, voir la loi n°2008-1091 du 28 oct. 2008, JO du 29/10/2008, p 16416 ; Décret n°2008-1397 du 19 déc. 2008, JO du 26/12/2008, p 19989.

de référentiel pour constituer une capacité d'autofinancement en vue d'anticiper le renouvellement des biens complètement amortis, la portée de ce mécanisme est effectivement tout autre dans le champ de la commande publique.

864. L'amortissement de caducité représentant une charge source de rentabilité, le cocontractant dispose de nombreux moyens pour faire supporter le coût de la capacité d'autofinancement soit par les usagers, soit par la personne publique et *in fine* par le contribuable. Il s'agit là d'un comportement opportuniste résultant de la superposition des dispositions fiscales et du droit de la commande publique pour encadrer la pratique de ces amortissements.

865. Parmi les nombreux instruments permettant de réaliser cette stratégie, le premier d'entre eux consiste à fausser l'information de la personne publique sur les conditions réelles d'exécution. Une fois les données réelles identifiées, il apparaît que les amortissements ont des conséquences financières de premier ordre pour les personnes publiques contractantes, dès lors que le contrat confie au cocontractant le(s) risque(s) de réalisation et/ou d'exploitation grâce à un transfert des investissements. Dans ce cas, un tel transfert s'accompagne des mécanismes financiers de gestion des amortissements, de sorte que la personne publique institutionnalise sans le savoir une limitation des risques réellement supportés par le cocontractant.

866. Afin de remédier à ce phénomène, les contrôles contractuels publics doivent être restructurés et améliorés afin d'expertiser avec précision le contenu économique de la convention. C'est pourquoi certaines réformes tentent de préciser ces modalités de contrôle. Les modes d'évaluation *ex-ante* et *ex-post*, ainsi que l'expertise des variations tarifaires constituent de ce point de vue des éléments fondamentaux qui viennent aujourd'hui compléter les traditionnelles procédures d'inventaires du patrimoine. Mais celles-ci doivent être aussi précisées grâce au développement d'une coopération avec les juridictions financières. L'objectif est ainsi de maîtriser les conséquences économiques du transfert patrimonial formalisé par le contrat et, *in extenso*, de rationaliser le contenu de la rémunération perçue par le cocontractant.

Chapitre II : L'ajustement économique du contrat administratif aux fluctuations financières de l'amortissement

867. A ce stade de l'analyse de l'amortissement dans le champ des contrats administratifs, deux observations sont possibles. D'abord, les modalités de traitement de l'amortissement technique/industriel permettent de vérifier si un tel contrat formalise un transfert de la gestion du patrimoine au cocontractant. Nous avons pu constater en la matière que l'utilisation de l'amortissement et ce transfert ne sont pas maîtrisés par les praticiens de la commande publique[914]. Ils entraînent bien souvent une dépossession patrimoniale pour la personne publique et la possibilité pour le cocontractant d'accroître sa rémunération en définissant des politiques de gestion des biens visés au contrat[915]. Ensuite, les conditions de mise en œuvre de l'amortissement financier/de caducité témoignent de carences fondamentales pour l'économie des contrats administratifs. En profitant de la superposition du droit fiscal et des régimes juridiques de la commande publique, les cocontractants utilisent ce mécanisme, même s'ils n'y sont pas autorisés, afin de maximiser leurs gains de gestion et donc leur rémunération totale[916].

868. Les juridictions financières ont eu maintes fois l'occasion de mettre en évidence les problèmes économiques et financiers qui caractérisent l'exécution des contrats administratifs et qui résultent en partie de l'utilisation de l'amortissement[917]. Leur origine est cependant à rechercher dans plusieurs facteurs : contrôles contractuels publics qui ne prennent pas assez en compte les données financières d'exécution ; asymétrie d'informations entretenue par les cocontractants privés ; durée contractuelle surestimée ; définition des besoins, inventaires et évaluation *ex-ante* incomplets...[918] Afin d'éviter une captation de profits par le

[914] Cf. Partie I, Chapitre 1, Section 1 et Section 2.
[915] Cf. Partie I, Chapitre 2, Section 1, §1 et §2.
[916] Cf. Partie II, Chapitre 1, Section 1 et Section 2.
[917] Voir les exemples de délégations présentés par Gilles Millet Alain Leyat, « Les chambres territoriales et régionales des comptes et le contrôle des délégations de service public », *AJDA* 17 sept. 2007, p 1696 et s.
[918] Sur les comportements opportunistes des cocontractants, voir Claude Ménard, Caroline Staropoli et Stéphane Saussier, « L'impact des contraintes institutionnelles sur les choix contractuels des collectivités locales : le cas de la distribution d'eau en France », Annuaire 2003 des collectivités territoriales, Services publics locaux, éd. *CNRS* Paris, p 109 et s. Sur l'asymétrie d'informations dans les contrats de concession, voir Stéphane Braconnier, « Le modèle français de la concession : conquête ou concurrence ? », *JCP A* 2007, étude n°2102.

cocontractant, de nouvelles modalités d'expertises publiques doivent être créées dans les régimes juridiques et par la personne publique elle-même. Deux axes de modernisation du droit des contrats administratifs sont pour cela nécessaires : d'un point de vue organique d'abord, en développant une collaboration fonctionnelle entre les personnes publiques et les juridictions financières ; sur le plan matériel ensuite, en créant des outils individualisés de contrôle pour chaque type de contrat[919].

869. Mais la nécessité de réviser ce point particulier dénote une ambition plus large. En effet, une réappropriation publique des données d'exécution et de gestion du patrimoine ne sert à rien si la personne publique n'est pas en mesure d'infléchir la tendance en rééquilibrant la convention. Un constat similaire a d'ailleurs ponctué l'analyse de l'amortissement technique. Les modalités de traitement de ce dernier ont permis de mettre à jour deux propositions : d'une part, identifier les moyens juridiques permettant une réappropriation publique du patrimoine de ces contrats ; d'autre part, réévaluer les effets du temps sur le contrat en construisant des durées contractuelles plafonnées et révisables à la baisse[920].

870. Les modalités de mise en œuvre de l'amortissement financier/de caducité ont permis de cerner les carences qui caractérisent aujourd'hui les contrats administratifs et qui opèrent un déséquilibre des accords conclus par les personnes publiques avec des cocontractants privés. Ces derniers sont notamment en mesure de réaliser des gains de gestion grâce au traitement du patrimoine de ces conventions[921]. Pour inverser cette tendance, les clauses financières doivent être révisées afin de se conformer à un des principes les plus essentiels de la commande publique : la rémunération constitue une contrepartie à des investissements et des risques véritablement assumés par le cocontractant[922]. Si le principe d'une marge nette est nécessaire pour

[919] Cf. Partie II, Chapitre 1, Section 1 §2 et Section 2 §1 et §2.

[920] Sur la construction de durées contractuelles variables, voir Partie I, Chapitre 2, Section 2, §1 et §2. Voir aussi Philippe Cossalter, « Les concessions à durée endogène », *Revue Dr. Adm.* n°5, mai 2006, étude n°9, p 4 et s.

[921] Sur ces gains de gestion liés au patrimoine, voir Alain Galesne, « Le financement de l'entreprise », *Gestion fiscale des amortissements et des provisions*, éd. *CEREFIA*, Rennes, 1996 et 2004, p 42 et s.

[922] Ce principe résulte de la jurisprudence du juge du contrat. A titre non exhaustif, voir CE, 30 sept. 1996, Sté Stéphanoise des Eaux et Ville de Saint-Etienne, *Revue Dr. Adm.* 1996, n°557, note Devès. Sur ce principe, voir aussi certaines lettres d'observations des juridictions financières, par exemple : CRC Languedoc Roussillon, 16 déc. 1997, District de la Côte Vermeille, Cne de Port-Vendres, Pyrénées Orientales, sur la gestion du service public de l'eau ; CRC Bretagne, 14 nov. 2000, Cne de Brest, sur la gestion du Centre Océanographique de Brest, Finistère ; disponibles à *http://www.ccomptes.fr*.

préserver l'attractivité de ces contrats[923], son niveau doit être rationalisé pour atteindre un seuil raisonnable. Contrairement aux apparences, l'encadrement de la durée contractuelle ne sert en la matière à rien. En la limitant, le droit des contrats administratifs rationalise seulement le droit à rémunération du cocontractant, non ses composantes et son niveau[924]. L'encadrement du contenu de la rémunération du cocontractant est en réalité conditionné aujourd'hui par le transfert et la gestion du patrimoine visé au contrat. En définitive, l'importance de sa marge nette est en partie tributaire de la liberté qui lui est accordée en matière de gestion des biens. En effet, les gains d'exploitation ont été encadrés par le juge du contrat, tandis que les gains de gestion ont pour le moment été négligés.

871. Pour les prendre en compte et maîtriser leur importance, le droit des contrats administratifs doit redonner une capacité d'adaptation aux montages utilisés dans la pratique par les personnes publiques[925]. A ce jour, le juge du contrat ne permet que des révisions limitées de l'économie de ces conventions durant la phase d'exécution, sous couvert des principes de sécurité juridique et de mise en concurrence[926]. Or, la pratique montre qu'il est fréquemment porté atteinte à ces principes car la fixité de ces conventions entraîne un décalage durant l'exécution avec les conséquences financières et fiscales de l'amortissement. Afin de remédier à ce phénomène et rééquilibrer leurs accords contractuels, les personnes publiques doivent disposer d'une marge de liberté pour adapter leurs contrats aux données réelles d'exécution et de gestion du patrimoine.

872. Un rééchelonnement périodique des clauses financières doit être proposé pour comparer les données prévisionnelles initiales avec les conséquences de l'amortissement sur l'économie de la convention (Section 1). En outre, un indicateur connecté à la durée doit être créé pour identifier le moment où la rémunération du cocontractant dépasse un seuil raisonnable. En la matière, la fonction financière de l'amortissement peut contribuer à remplir ces objectifs et donc à rationaliser la clause relative à la rémunération (Section 2). Toutefois, ce second point concerne essentiellement les partenariats public-privé et les concessions de service

[923] Sur la marge nette du cocontractant, voir Michel Lequien, Pascal Cuche, « La notion de « bancabilité » dans les opérations de financement privé d'équipements publics », *Dr. Adm.* n°12, déc.2004, p 109.

[924] Cf. Philippe Cossalter, « Le principe de rentabilité limitée », Introduction, Colloque du 26 oct. 2006, Univ. Paris I, groupe de recherches ATOM, disponible à *http://atom.univ-paris1.fr/documents/cossalter_10-06.pdf.*

[925] Sur la question de la mutabilité dans les contrats administratifs, voir par exemple, Lucien Rapp, « Stabilité du contrat public et mutabilité de son objet », *Revue Contrats et Marchés publics*, n°7, juill. 2008, étude n°7.

[926] A titre non exhaustif, voir en matière de délégation de service public : TA de Grenoble, 7 août 1998, M. Bernard Betto et a., req. n°96.2133, *Revue Dr. Adm.* 1998, étude n°30, note Devès ; CE, 8 mars 1996, Cne de Petit-Bourg, *MP* n°1/97, p 24. Cf. Laurent Richer, « Droit des contrats administratifs », *LGDJ*, 2014, p 226.

public ; les autres contrats étant traités de manière éparse puisque les conditions de rémunération du cocontractant diffèrent.

Section 1 : Le rééchelonnement des clauses financières des contrats administratifs en fonction de l'amortissement

873. Les conséquences financières de l'amortissement de caducité pour l'économie du contrat administratif imposent aujourd'hui aux personnes publiques de réévaluer les expertises qu'elles réalisent en amont et durant l'exécution. Elles doivent pour cela restructurer leurs contrôles contractuels concernant les données d'exploitation communiquées par leurs cocontractants.

874. Si cette responsabilisation des autorités commanditaires est nécessaire, le droit des contrats administratifs doit dans le même temps connaître une réforme reposant sur deux aspects : d'une part, donner les moyens aux évaluations publiques d'intégrer les enjeux économiques et financiers du contrat[927] ; d'autre part, prendre en compte les fluctuations qui caractérisent les conditions d'exécution de ces conventions en créant des clauses contractuelles à la fois encadrées et révisables à la baisse[928].

875. La maîtrise des amortissements financiers participe pleinement de cette restructuration économique des régimes juridiques des contrats administratifs. De la même manière que l'amortissement industriel est une donnée stratégique pour les cocontractants, l'amortissement de caducité permet effectivement de définir des politiques de gestion visant à rentabiliser les investissements[929]. Il en résulte une marge financière nette qui dépasse le cadre de la rémunération normale prévue par le contrat et qui ne correspond ni à une contrepartie matérielle effectivement assumée par le cocontractant, ni à un intéressement négocié lors de la procédure de passation. Ce phénomène lié à un comportement

---

[927] Sur ce sujet, voir Thierry Kirat, « Contrat de partenariat et économie du contrat », *Revue de l'IEJUC*, coll. Droit et Villes, n°60/2005, Presses de l'Université des Sciences Sociales de Toulouse I, p 89 et s.

[928] Sur les clauses contractuelles évolutives, voir les propositions formulées par Philippe Cossalter en matière de durée, « Les concessions à durée endogène », *Revue Dr. Adm.*, n°5, mai 2006, p 4 et s.

[929] Voir en ce sens la théorie du Multiplicateur d'amortissement d'Alain Galesne, dans « Le financement de l'entreprise », *Gestion fiscale des amortissements et des provisions*, éd. *CEREFIA*, 1996 et 2004, p 43 et s.

opportuniste du cocontractant contrevient ainsi aux principes de sécurité juridique et de mise en concurrence de la commande publique[930].

876. Mais une analyse plus précise montre que la mise en place de telles stratégies résulte aussi des décalages qui perdurent entre la logique juridique du droit des contrats administratifs et le raisonnement économique des cocontractants pour appréhender les données réelles d'exécution. Les mécanismes financiers dont ils disposent se caractérisent généralement par un dénominateur commun : ils confèrent aux opérations de gestion patrimoniale une capacité d'adaptation pour tenir compte des fluctuations qui caractérisent les conditions de réalisation et/ou d'exploitation des actifs immobilisés dans un environnement concurrentiel[931].

877. De son côté, la structure juridique actuelle des contrats administratifs ne prend pas, ou peu, en compte ces évolutions économiques et financières des conditions d'exécution. Les régimes juridiques respectifs ne permettent pas par exemple de révision importante de la contrepartie versée au cocontractant. Si certaines adaptations à la marge sont tolérées, le juge administratif appréhende ces révisions comme une atteinte portée à l'égalité de traitement des candidats et aux exigences de mise en concurrence[932]. Les renégociations exceptionnelles du contrat ne permettent d'ailleurs pas de résoudre les problèmes constatés. En effet, l'absence de référentiel viable, pour apprécier la rémunération du cocontractant, empêche les personnes publiques de rééquilibrer les conditions économiques d'exécution du contrat.

878. Dans l'ensemble de ces hypothèses, la fixité juridique des conditions d'exécution des contrats contrevient aux conséquences financières de l'amortissement de caducité et plus largement à l'exigence de sécurité juridique du droit des contrats administratifs. L'origine de ce problème réside dans le fait que ce mode d'action a été essentiellement appréhendé et conçu comme un instrument juridique. Ceci explique leur première caractéristique qui est un formalisme accru de leur procédure de

---

930 Cf. Cons. Constit. déc. n°92-316DC du 20 janv. 1993 (JO du 22/01/1993, p 1118), relative à la loi Sapin 1993 ; déc. n°2001-452 du 6 déc. 2001 (JO du 12/12/2001, p 19712), relative à la loi MURCEF 2001.

931 Pour une analyse de l'environnement concurrentiel des contrats administratifs, voir Claude Ménard, Stéphane Saussier et Carine Staropoli, « L'impact des contraintes institutionnelles sur les choix des collectivités locales », Annuaire 2003 des collectivités locales : les services publics locaux, éd. *CNRS*, Paris, p 109-119.

932 En matière de contrats de délégations de service public, le juge administratif considère ainsi qu'une variation dépassant entre 5% et 15% de la rémunération fixée lors des négociations contrevient aux exigences d'égalité de traitement des candidats et nécessite alors la passation d'un nouveau contrat. Toutefois les révisions peuvent être plus importantes dans des circonstances exceptionnelles, comme la survenance de sujétions imprévues et la théorie de l'imprévision. Cf. Laurent Richer, « Droit des contrats administratifs », *LGDJ*, 2014, p 226 et p 255.

passation, les données économiques d'exécution ne faisant pas l'objet d'un encadrement juridique à la hauteur des enjeux réellement constatés[933].

879. Néanmoins, au regard des mécanismes de rentabilité liés à la capacité d'autofinancement et aux politiques de gestion des immobilisations, la rationalisation de ces données est dorénavant nécessaire pour permettre aux personnes publiques de se réapproprier économiquement leurs contrats. Les régimes juridiques respectifs doivent pour cela transposer la caractéristique essentielle des modes de gestion des cocontractants concernant l'amortissement financier : l'adaptation constante des prévisionnels aux conditions réelles de traitement des actifs. L'objectif est de réévaluer les données économiques du contrat durant la phase d'exécution, conformément aux variations de l'amortissement constatées lors des contrôles des personnes publiques (§1).

880. La variabilité des opérations d'analyse doit conduire la personne publique à affiner son évaluation de la rémunération du cocontractant, en réactualisant notamment sa valeur réelle au fur et à mesure de l'exécution du contrat. Mais la construction de contrôles publics économiques participe aussi à l'amélioration du traitement financier du terme de la convention. A jour, une telle expertise économique n'intervient que dans l'hypothèse où les parties conviennent d'une rupture anticipée[934]. Mais la pratique des contrats administratifs démontre que cette évaluation financière doit devenir une opération courante, même lorsque le contrat arrive à son terme normal[935]. L'amortissement de caducité peut remplir dans ce domaine un rôle fondamental. Sa maîtrise durant la phase d'exécution conditionne en la matière deux éléments : d'une part le versement d'une juste indemnité[936] ; d'autre part le retour effectif des biens dans la sphère publique (§2).

---

[933] Sur l'insuffisance de l'encadrement des données financières des contrats de partenariats public-privé par exemple, voir Florian Linditch, « Les partenariats public-privé, Vecteur d'externalisation ou de déconsolidation ? Quelques interrogations de nature financière », *Revue de l'IEJUC*, coll. Droit et Villes, n°60/2005, *Presses de l'Université des Sciences Sociales Toulouse* I, p 229 et s.

[934] Pour un exemple d'expertise financière dans le cadre d'une rupture anticipée et d'une indemnisation du cocontractant, voir l'avis de la CRC Midi-Pyrénées, n°2004-0079, 15 mars 2004, concernant la résiliation d'un contrat de délégation de service public de la Ville de Toulouse (parking de la place du Capitole) ; source : *http://www.ccomptes.fr/CRC17/documents/Avis/MPA04-0079.pdf.*

[935] Pascal Cuche et Michel Lequien, dans « La notion de « bancabilité » dans les opérations de financement privé d'équipements publics » (*Revue Dr. Adm.* n°12, déc. 2004, étude n°22, p 109 et s.), n'hésitent d'ailleurs pas à mettre en avant ce défi de la commande publique : « *Ce renouveau des pratiques contractuelles publiques se caractérise également par une « financiarisation » accrue des contrats (...)* » ; p 112.

[936] Le principe de juste indemnité ne renvoie pas ici aux notions de juste rémunération et/ou de bénéfice raisonnable (pour la première, voir « La juste rémunération dans les délégations

Paragraphe 1 : La prise en compte des enjeux financiers de l'amortissement durant la phase d'exécution du contrat

881. Traditionnellement, les contrats administratifs sont perçus comme un moyen d'action juridique permettant aux personnes publiques de satisfaire de manière optimale des besoins d'intérêt général, c'est-à-dire pallier des besoins techniques, humains et financiers en sollicitant des opérateurs du secteur privé et/ou d'autres personnes publiques[937]. Mais cette position délaisse aujourd'hui les enjeux comptables et financiers des amortissements. Ceci explique que certains membres de la doctrine se sont interrogés sur le fait de savoir si le droit devait ou non accorder un contenu normatif à ces amortissements[938].

882. Cette vision restrictive est en outre à l'origine de nombreuses carences pour la commande publique qui se manifestent de plusieurs manières : impossibilité de rééchelonner les données prévisionnelles négociées ; décalage entre la comptabilité publique et celle du cocontractant privé concernant le traitement de l'amortissement ; absence de prise en compte des gains de gestion liés au patrimoine du contrat ; difficulté de réviser la clause contractuelle relative à la durée…[939].

883. La conséquence est alors simple : le cocontractant est en mesure d'accroître sa rémunération sans pour autant supporter une contrepartie matérielle effective. Durant les dernières années du contrat par exemple, les investissements ne pèsent plus sur les résultats annuels. De plus, certains mécanismes de rentabilité [le multiplicateur d'amortissement, le

---

de service public », mém. ss. la dir. de Gabriel Eckert, Université de Strasbourg, juin 2008 ; pour la seconde, voir Philippe Cossalter, « Les concessions et le principe de rentabilité limitée », *Revue Droit Adm.*, n°5, mai 2006, étude n°9 p 4 et s. ; Colloque du 26 oct. 2006 Université Panthéon-Assas Paris II, groupe de recherches ATOM, disponible à *http://atom.univ-paris1.fr/documents/Cossalter_10-06.pdf*). La juste indemnité fait ici référence à l'indemnité éventuellement due par la personne publique lors de l'extinction normale ou anticipée du contrat.

[937] Ce constat a été repris par exemple lors des travaux préparatoires du Forum mondial sur la concurrence, « Table ronde sur les concessions », Contribution de la France, du 03/02/2006 pour la session I du Forum organisé par l'OCDE (Organisation de Coopération et de Développement Economiques ; disponible à *www.oecd.org/dataoecd/5/22/36054913.pdf*) qui reprend le constat de l'Autorité de la concurrence à propos des marchés de fourniture d'eau en Ile-de-France (communiqué de presse du 7 nov. 2005).

[938] Voir en ce sens Florian Linditch, « Recherches sur la place de l'amortissement en droit administratif », *AJDA* du 20 fév. 1996, p 100 et s.

[939] Cf. Partie I, Chapitre 2, Section 2, §2, A/ et B/. Rappelons que le principe d'un plafonnement des durées contractuelles a été envisagé par E. Engel, R. Fischer et A. Galetovic dans leurs articles, « A new method to Auction Highway Franchises » (*Documentos de trabajo CEA* n°13, 1997, Department of Industrial Engineering, University of Chile) et » Least-Present-Value-of-Revenue Auctions and Highway franchising » (*Journal of Political Economy*, 2001, 109(5), p 993 à 1020).

jeu des provisions ou les clefs de répartition comptables des charges de réalisation et d'exploitation des actifs immobilisés] permettent d'augmenter cette marge nette qui dépasse alors celle estimée durant la phase de négociation. Sur ce point, les modalités de mise en œuvre de l'amortissement de caducité montrent que l'adaptation des différents régimes juridiques de la commande publique est dorénavant impérieuse.

884. La formule du partenariat constitue un exemple manifeste de ce besoin[940]. Il s'agit d'une opération contractuelle complexe et longue, nécessitant un apport en capital important. L'hypothèse de recours à l'emprunt bancaire auprès d'organismes spécialisés apparaît pour le moins probable, et même fréquente. Or, en raison du caractère éminemment évolutif de la convention, l'organisme bancaire est amené à solliciter des garanties importantes sur la faisabilité du projet. Ceci explique que le cocontractant définit une stratégie pour maximiser ses résultats en améliorant ses gains de gestions et/ou en faisant supporter certaines charges par la personne publique[941].

885. La réalisation du contrat étant soumise à un aléa relativement fort, par comparaison aux autres formes de contrats publics, le cocontractant tente de minimiser les risques et d'encadrer contractuellement les fluctuations inhérentes à l'exécution. Selon certains membres de la doctrine, les cocontractants et les organismes de prêt s'assurent ainsi de la « bancabilité » du projet[942]. Si les conditions d'exécution sont soumises à des fluctuations externes et internes, les termes financiers du contrat devraient être révisés périodiquement afin de répondre aux exigences d'adaptation des politiques de gestion du cocontractant. Il serait alors possible de limiter les risques d'une captation de profits et/ou de dépossession patrimoniale pour la personne publique.

886. Lorsqu'un organisme financier externe est associé à l'opération, ce dernier a un rôle important lors de la survenance d'évènements imprévus. L'apport en capital qu'il consent a pour contrepartie un transfert partiel ou total du pouvoir décisionnel sur le patrimoine. Dans le cadre de la théorie de l'imprévision, il est alors en mesure d'influer sur la relation contractuelle conclue entre la personne publique et son cocontractant en

---

[940] Michel Lequien et Pascal Cuche, « La notion de « bancabilité » dans les opérations de financement privé d'équipements publics », *Revue Dr. Adm.* n°12, déc. 2004, étude n°22, p 109 et s.

[941] A titre non exhaustif, voir Jean-Baptiste Vila, »De l'Urgence et de la Complexité à repenser la réforme relative aux partenariats public-privé », *JCP A* n°28 du 6 juill. 2009, p 30 et s.

[942] Michel Lequien et Pascal Cuche, *op. cit.* Selon les auteurs : « *la notion de bancabilité traduit les exigences fondamentales posées par les prêteurs au financement d'un projet, à savoir une évaluation précise des risques du projet qu'ils financent et une répartition optimale de ces risques entre les parties. Cette notion n'est pas juridique. Elle conditionne pourtant de manière déterminante la structuration juridique des projets et la rédaction des termes des contrats publics(...)* » ; p 109.

imposant une décision qui vise à garantir son investissement financier. Dans cette hypothèse, les organismes de prêt peuvent par exemple intervenir sur les choix du cocontractant en matière de gestion des biens et procéder à une cession partielle/ou totale du patrimoine en fonction de l'importance l'investissement initial[943].

887. Dans cet exemple relatif aux partenariats public-privé, les personnes publiques se trouvent alors dans l'incapacité d'intervenir dans le choix de gestion du cocontractant et des organismes financiers concernés. Elles ne peuvent donc garantir ni l'exécution du contrat, ni la continuité du service public. L'hypothèse de la survenance d'évènements imprévus représente donc un risque si un organisme externe est associé à l'opération et si le contrat ne prévoit pas un encadrement spécifique à cette situation.

888. C'est pourquoi les personnes publiques doivent dorénavant sécuriser leurs contrats en prévoyant des contrôles financiers intégrant le caractère évolutif de l'opération, notamment en ce qui concerne les fluctuations de valeurs constatées en matière d'amortissement des actifs immobilisés (A). La création de clauses contractuelles de renégociation des termes financiers durant la phase d'exécution constitue la première conséquence de cette prise en compte de ces données économiques dans les contrôles contractuels. Les personnes publiques doivent pour cela intégrer dans leurs contrats des procédures permettant de rééchelonner et d'actualiser les données financières d'exécution par rapport à celles qui ont été négociées *ex-ante* (B).

A- Les conséquences des fluctuations de l'amortissement sur le maintien de l'équilibre contractuel

889. Dans les contrats administratifs, les procédures de passation ne sont efficaces que si la personne publique parvient à définir précisément ses besoins, à fixer les missions du cocontractant et à évaluer les risques de l'opération. Ce triple objectif de la commande publique se trouve au cœur de la structure des procédures de passation ; comme le dialogue compétitif pour les contrats de partenariats et certains marchés publics, l'appel d'offre pour les délégations de service public et les marchés publics[944]. Au-delà des grands principes qui les caractérisent, ces

[943] Michel Lequien, Pascal Cuche, *op. cit.* Les auteurs expliquent le risque au sens de la notion de « bancabilité » de la manière suivante : « *(...) assumer un risque au sens de l'analyse de la bancabilité signifie : être en mesure d'exécuter une obligation juridique, être responsable de la prévention de la survenance d'un évènement extérieur ou, enfin, de la réparation des conséquences d'un tel évènement ou d'une inexécution contractuelle* » ; p 110.

[944] Pour le dialogue compétitif dans les contrats de partenariats, voir l'article L1414-5 et L1414-6 du CGCT ; pour cette même procédure en marché public, voir l'article 67 du CMP ; pour la procédure de l'appel d'offres en matière de marchés publics, voir les articles 33, 57 à

procédures doivent permettre aux personnes publiques de maîtriser pleinement l'exécution des contrats qu'elles concluent. Elles doivent pour cela tenir compte et anticiper tout phénomène faisant évoluer les termes financiers, techniques et comptables durant la phase d'exécution, résultant des risques de réalisation et/ou d'exploitation.

890. L'efficacité avec laquelle est menée la procédure de passation conditionne *in extenso* la pertinence des contrôles contractuels réalisés par la personne publique durant la phase d'exécution du contrat. En effet, si ces procédures permettent d'identifier les risques et les aléas inhérents à la réalisation du contrat, la phase d'exécution constitue le moment où la personne publique vérifie que les données réelles sont en adéquation avec les prévisionnels évalués *ex-ante* et les fluctuations prévisibles des données financières. Le problème auquel la commande publique est aujourd'hui confrontée est que la phase d'exécution est appréhendée par le contrat avec une certaine fixité renforçant à première vue la sécurité juridique de l'accord conclu. Mais, en ne permettant pas l'adaptation nécessaire de la convention aux conditions de réalisation, cette caractéristique accroît en réalité l'incertitude du contrat.

891. Afin de remédier aux carences qui en résultent, une solution consiste à insérer dans la convention des clauses variables concernant la durée et les éléments financiers. Ceci permet alors de prendre en compte les évolutions économiques des conditions d'exécution qui résultent pour partie de la gestion de l'amortissement technique et financier du patrimoine contractuel.

892. Les négociations sur ces clauses essentielles au contrat s'effectuent essentiellement durant la procédure de passation. Or, les carences constatées montrent que cette phase du contrat ne permet pas de rationaliser totalement les fluctuations de l'amortissement qui influent sur la durée, mais aussi sur la rémunération du cocontractant. Pour corriger les effets pervers de ce phénomène et la perte de maîtrise publique sur les termes financiers du contrat, la clause relative aux contrôles contractuels doit être réformée pour prendre en compte ces changements durant l'exécution du contrat. Ces phases de contrôles doivent adopter le principe des clauses contractuelles coulissantes en vue de conférer aux expertises de la personne publique une capacité d'adaptation nécessaire[945].

---

59 et 60 à 64 du CMP ; pour la procédure d'appel d'offres en matière de délégations de service public, voir l'article L1411-1 et L1411-5 du CGCT.

[945] Voir en ce sens Philippe Cossalter, « Les concessions et le principe de rentabilité limitée », *Revue Dr. Adm.* n°5, mai 2006, étude n°9 p 4 et s. ; Colloque du 26 oct. 2006 Université Panthéon-Assas Paris II, groupe de recherches ATOM, disponible à *http://atom.univ-paris1.fr/documents/Cossalter_10-06.pdf.* L'auteur reprend les analyses relatives aux durées endogènes et aux clauses contractuelles coulissantes proposées par E. Engel, R. Fischer et A. Galetovic, « A new method to Auction Highway Franchises » (*Documentos de trabajo CEA*

1/ Les enjeux des fluctuations caractérisant les conditions d'exécution et les données patrimoniales

893. Les contrôles contractuels menés par la personne publique sont traditionnellement encadrés par le contrat et appréhendés avec une certaine inflexibilité[946]. Cette première caractéristique de ces procédures emporte une impuissance publique pour expertiser avec précision les termes financiers du contrat durant l'exécution. Ceux-ci n'intègrent effectivement pas l'évolution des politiques de gestion du cocontractant résultant de l'environnement économique du contrat et des changements affectant les actifs immobilisés. Or, parmi les différents facteurs expliquant ces fluctuations, nous retrouvons l'amortissement et ses conséquences financières.

894. La gestion du patrimoine de ces contrats est donc soumise à des variations économiques durant l'exécution qui sont de deux ordres : les *fluctuations internes* liées aux différentes étapes de modernisation des technologies et des politiques internes de gestion ; les *fluctuations externes* qui s'expliquent en raison de la concurrence et de la structure des marchés.

895. Les contrôles contractuels ne prenant pas en compte cet environnement évolutif, la personne publique contractante se trouve alors dans l'impossibilité de mesurer le niveau de la contrepartie du cocontractant et d'en rationaliser le contenu. Un exemple significatif corrobore cette hypothèse. En matière de tarifs des délégations de service public, le contrat prévoit le plus souvent une clause de révision structurée à partir d'une formule paramétrique d'indexation[947]. Sa mise en œuvre se justifie en principe dans deux cas : soit l'évolution des conditions de réalisation du contrat emporte une surcharge financière pour le cocontractant ; soit les fluctuations économiques des valeurs sur les marchés occasionnent des surcoûts pour le cocontractant[948]. Ces deux hypothèses justifient une augmentation des tarifs, qui doit être strictement appréciée par l'autorité délégante et limitée par le coefficient de variation résultant de la formule paramétrique d'indexation.

896. Mais leurs procédures de contrôles financiers de ces contrats se caractérisant par un décalage entre les données prévisionnelles et réelles,

---

n°13, 1997, Departement of Industrial Engineering, University of Chile) et « Least-Present-Value-of-Revenue Auctions and Highway franchising » (*Journal of Political Economy*, 2001, 109(5), p 993 à 1020).

[946] Voir sur ce point Florian Linditch, « Contenu du rapport du délégataire de service public : enfin le décret ! », *JCP A*, n°21, 23 mai 2005, p 822 et s.

[947] Pour une analyse plus précise des formules paramétriques de variation de tarifs, voir les explications présentées à la Partie II, Chapitre 1, Section 1, § 2, B, 1/ et 2/.

[948] Voir en ce sens les motifs justifiant les révisions tarifaires dans les contrats de délégations de service public, prévus à l'article L 1411-2 du CGCT, éd. 2009.

les personnes publiques autorisent chaque année, de manière quasi-systématique, une indexation des tarifs sur proposition de leurs cocontractants. Les conditions réelles d'exécution ne l'exigent pourtant pas toujours. Cet exemple atteste des carences qui caractérisent les contrôles contractuels financiers et qui empêchent aux personnes publiques de connaître les fluctuations réelles des conditions d'exécution de leurs contrats. Cette asymétrie d'informations sur le contrat est avérée lorsque le cocontractant assume le risque de réalisation et celui soit de la demande, soit de la disponibilité. Ce cas de figure lui permet effectivement de définir des stratégies de gestion visant à maximiser le niveau de sa rémunération accessoire.

897. En disposant du patrimoine contractuel et de sa gestion, le cocontractant est effectivement en mesure d'utiliser différents mécanismes de rentabilité résultant de l'amortissement des actifs immobilisés[949]. Son objectif n'est pas de financer de nouveaux investissements à hauteur de la rémunération accessoire perçue, mais de maximiser la marge nette retirée de l'opération. Si les conditions d'exécution se caractérisent par des fluctuations qui n'ont pas été anticipées par la personne publique, les conséquences pour les contrats administratifs complexes dépassent donc la simple captation de profits au moyen d'une augmentation des tarifs. En outre, elles conduisent également à une dépossession publique des biens du contrat. Ceux-ci doivent être en principe classés selon leur nature, mais ils sont en réalité traités indistinctement par le cocontractant, phénomène empêchant toute forme d'expertise précise pour anticiper leur retour dans la sphère publique. Ceci explique que le cocontractant arrive à maximiser la rémunération qu'il perçoit et qui résulte pour partie de la gestion de ce patrimoine, comme en témoigne les partenariats public-privé.

898. Ce type de contrat ne constitue pas un rapport contractuel fondé sur le « bipartisme », tel que l'envisage aujourd'hui le droit des contrats administratifs[950]. Il s'agit d'une formule tripartite qui conduit à la réalisation d'opérations de cession de créance, inspirées des montages anglo-saxons et du droit privé des affaires[951]. Leur complexité et leur

---

[949] Voir en ce sens les mécanismes présentés Partie I, Chapitre 1, Section 2 et Partie II, Chapitre 1, Section 1.

[950] A titre non exhaustif, voir l'introduction de l'ouvrage de Laurent Richer, « Droit des Contrats Administratifs », *LGDJ*, 2014. Voir aussi en la matière Jean-Bernard Auby, préface du livre de Paul Lignières, « Partenariats public-privé », 2ème éd. *Lexis Nexis*, 2005.

[951] Sur la cession de créance voir l'article 313-29-1 du Code monétaire et financier et Jean-Baptiste Vila, « De l'Urgence et de la Complexité à repenser la réforme relative aux partenariats public-privé », *JCP A* n°28 du 9 juill. 2009, p 30 et s. Cette relation tripartite est une conséquence incontournable du phénomène déconsolidation de la dette publique, mise en exergue par la Commission des finances chargée d'examiner le projet de loi de réforme sur les partenariats public-privé, dans l'annexe du procès-verbal de la séance du 26 mars 2008 au Sénat. Cette approche se retrouve aussi dans l'analyse réalisée par Frédéric Marty,

longue durée d'exécution imposent effectivement au cocontractant de s'associer, dans le groupement de partenariat, avec un établissement financier pour lui assurer l'apport en capitaux nécessaire à la réalisation du projet. Cependant, cette relation particulière a des conséquences plus importantes qu'un simple rapport financier cocontractant/organisme de prêt. Pour être comprise, cette relation doit être analysée à la lumière des mécanismes de cession de créance. Dans le secteur privé, cette dernière consiste à céder des actifs financiers à des investisseurs, par exemple à des organismes externes ayant assuré une partie des financements[952]. En matière de contrats de partenariat, la participation d'un organisme de prêt est généralement conditionnée par l'encadrement des risques et des aléas inhérents à la phase d'exécution. Certains membres de la doctrine commentent ainsi l'émergence de ce phénomène en traitant du contenu de la « bancabilité » du projet[953]. La créance détenue par le cocontractant sur la personne publique, à hauteur des investissements financés et des loyers restant à verser, sert alors à minimiser les risques de l'opération, en faisant l'objet d'une option de cession détenue par l'organisme de prêt sur le partenaire. Dans cette hypothèse, si les conditions d'exécution changent ou si des sujétions imprévues surviennent, cet organisme est en mesure de racheter à un prix préférentiel la créance détenue par le partenaire.

899. Pour la personne publique, ce mécanisme de cession de créance constitue en réalité un Janus car il sécurise le financement de l'opération, mais il accroît aussi les risques d'atteinte aux principes de la commande publique. En effet, le rachat de la créance emporte un transfert du pouvoir décisionnel sur les actifs immobilisés. Les organismes de prêt ne poursuivant pas les mêmes objectifs que ceux de la personne publique, leur décision sur la gestion du patrimoine, transféré contre la reprise de la créance, peut avoir pour conséquence une rupture de la continuité du service public en cas de cession des actifs immobilisés.

900. Si la personne publique n'est pas mesure d'adapter ses procédures de contrôle aux enjeux financiers et patrimoniaux liés aux conditions d'exécution, elle se trouve alors dans l'incapacité d'influer sur la politique décisionnelle de son cocontractant concernant le patrimoine contractuel, son amortissement et sa cession éventuelle à un tiers au contrat. Or, plus la durée du contrat est longue, plus les aléas relatifs à

« Partenariats public-privé, règles de discipline budgétaire, comptabilité patrimoniale et stratégie de hors bilan », Document de travail n°2007-29 d'oct. 2007 de l'OFCE, disponible à *http://www.ofce.science-po.fr/pdf/dtravail/WP2007-29.pdf*.

[952] Sur ce point voir l'ouvrage de Thierry Granier et Corynne Jaffreux, « La Titrisation, Aspects juridiques et financiers », éd. *Economica*, coll. Gestion, 2ème éd., 2004.

[953] Voir en ce sens Michel Lequien et Pascal Cuche, « La notion de « bancabilité » dans les opérations de financement privé d'équipements publics », *Revue Dr. Adm.* n°12, déc. 2004, étude n°22, p 109 et s.

l'exécution sont importants et plus l'hypothèse de la survenance d'évènements imprévus apparaît probable[954]. Lorsque le cocontractant recourt à la technique de titrisation, la survenance d'une telle situation engendre un accroissement des risques pour la personne publique en raison des rapports financiers entre le cocontractant et un organisme financier externe, résultant d'un transfert du pouvoir décisionnel sur le patrimoine contractuel[955]. Dans le cadre de la théorie de l'imprévision ou des sujétions imprévues, la perte du contrôle du partenaire sur les actifs immobilisés et amortissables au profit des investisseurs financiers emporte alors une dépossession pour la personne publique[956]. Les risques contractuels des contrats de partenariats, et plus largement des autres formes contractuelles qui tendent à s'en inspirer, sont donc avérés et doivent être appréhendés à la lumière des modes de gestion du patrimoine.

901. Afin de pallier les risques financiers liés à la gestion des actifs immobilisés et leur amortissement, qui conduit *in fine* à une dépossession réelle pour la personne publique, les contrôles contractuels doivent conserver leur pleine efficacité tout au long de l'exécution. Ils doivent pour cela prendre en compte les données économiques modernes des contrats administratifs, tel que l'amortissement de caducité et les mécanismes de rentabilité associés à la gestion patrimoniale. Plus précisément, il devient impérieux d'adapter ces clauses contractuelles, relatives à ces opérations de contrôle public, aux conditions économiques réelles de réalisation du contrat par définition évolutives. Sur ce point, un mécanisme en cours dans les montages contractuels anglo-saxons peut permettre aux contrôles contractuels des pouvoirs publics français de se moderniser et de gagner en efficacité.

902. Dans un contexte contractuel soumis à des aléas de réalisation où l'incertitude et la complexité des missions du cocontractant sont avérées, le droit anglo-saxon des contrats publics a construit des clauses contractuelles permettant d'encadrer, dès la procédure de passation, l'hypothèse d'un transfert du pouvoir décisionnel à un investisseur

---

954 Cf. Anne Yvrande-Billon, « Concurrence et délégation de services publics : Quelques enseignements de la théorie des coûts de transaction », *Revue française d'économie*, janv. 2008, XXII (3), p 97 et s.

955 Michel Lequien et Pascal Cuche, « La notion de « bancabilité » dans les opérations de financement privé d'équipements publics » *Revue Dr. Adm.* n°12, déc. 2004, étude n°22, p 109 et s. Les auteurs renvoient aux clauses contractuelles de « *step-in-right* » des contrats publics anglo-saxons qui encadrent les éventuelles substitutions de responsabilité sur le patrimoine du cocontractant à l'organisme financier.

956 Sur la théorie de l'imprévision et le contrat, voir l'article d'Hugues Boutinon Dumas, « Les contrats relationnels et la théorie de l'imprévision », *RIDE*, t.XV 2001/3, p 339 à 373.

financier[957]. Ces formules anglo-saxonnes permettent ainsi un contrôle étendu de la personne publique sur les données financières relatives à l'exécution du contrat concerné[958]. L'objectif est alors double : d'une part, protéger la personne publique contre les risques de dépossession du patrimoine visé au contrat ; d'autre part, contrôler efficacement la rémunération du cocontractant résultant des opérations financières qu'il mène grâce au contrat. Néanmoins, l'intérêt de ces clauses ne se limite pas au contenu financier des contrôles contractuels. En réhabilitant les aspects économiques de ce mode d'action, elles permettent de maîtriser financièrement l'exécution et *in extenso* de rééquilibrer l'accord contractuel.

2/ La maîtrise financière de l'exécution par la personne publique : le maintien dans le temps de l'équilibre contractuel

903. L'équilibre contractuel peut se définir comme l'expression renvoyant à l'ensemble des termes négociés par les parties au contrat durant la procédure de passation. Cette notion recouvre tout autant les droits et devoirs des parties [essence même de la notion de contrat[959]] que les données techniques, financières et patrimoniales qui participent à la réalisation de la convention. C'est encore la substance de l'accord de volonté expressément formulé par les parties. En droit des contrats administratifs, la notion d'équilibre contractuel implique cependant d'être analysée *ex-ante*, c'est-à-dire au regard des prévisionnels négociés, et *ex-post*, durant la phase d'exécution. Or, la correspondance entre ces deux moments distincts de la convention n'est cependant pas assurée dans la pratique, témoignant d'un déséquilibre qui se fait bien souvent en faveur du cocontractant.

904. Le contexte d'exécution des contrats administratifs se caractérise effectivement par de nombreuses fluctuations, tant du point de vue économique que financier. Les déséquilibres constatés *in concreto* résultent pour l'essentiel d'une absence d'adaptation des contrôles financiers de la personne publique à ces données réelles d'exécution. De

---

[957] Michel Lequien et Pascal Cuche, « La notion de « bancabilité » dans les opérations de financement privé d'équipements publics », *Revue Dr. Adm.* n°12, déc. 2004, étude n°22, p 109 et s.

[958] Voir en ce sens Philippe Cossalter, « Les concessions et le principe de rentabilité limitée », *Revue Dr. Adm.*, n°5 mai 2006, étude n°9, p 4 et s. ; Colloque du 26 oct. 2006 Université Panthéon-Assas Paris II, groupe de recherches ATOM, disponible à *http://atom.univ-paris1.fr/documents/Cossalter_10-06.pdf*. L'auteur renvoie notamment aux clauses contractuelles de « *price cap* » qui permettent de limiter le niveau des tarifs pratiqués par le cocontractant. Dans la pratique, ces clauses imposent aux pouvoirs publics de réaliser des contrôles financiers constants et réactualisés en tenant compte des fluctuations économiques.

[959] Voir en ce sens la définition traditionnelle de la notion de contrat visée à l'Art. 1101 du code civil, éd. 2009.

ce point de vue, il apparaît que mutabilité du contrôle public conditionne donc la maîtrise publique sur les éléments financiers du contrat, notamment en ce qui concerne la rémunération du cocontractant. Cette caractéristique en devenir du contrôle contractuel permettrait à la personne publique de s'assurer que les missions du cocontractant se conforment aux négociations initiales. Elle aboutirait également à prévenir tout risque de dépossession d'un patrimoine qui lui appartient pour partie ou totalement *ab initio* et qui conditionne le contenu de la rémunération du cocontractant[960].

905. Ces contrôles contractuels ne peuvent donc demeurer en l'état. Les conséquences de leur fixité témoignent de la nécessité de les réformer afin de sécuriser les conditions d'exécution des montages de la commande publique. Le régime juridique et la réalité financière des investissements des contrats de partenariats démontrent par exemple que, sans refonte des contrôles contractuels, les décisions financières inhérentes au patrimoine sont parfois transférées à des organismes d'investissements extérieurs. Dans cette hypothèse, les choix de gestion de ces organismes se caractérisent alors par une absence d'emprise décisionnelle de la personne publique sur des biens qui doivent pourtant lui revenir en partie au terme de la convention[961].

906. Malgré les nombreuses études doctrinales en la matière, il apparaît que le régime juridique des contrats administratifs dans son ensemble ne prévoit aucun encadrement à cette hypothèse ; constitutive pourtant d'une gestion financière des actifs immobilisés et porteuse de risques pour l'équilibre contractuel. La personne publique peut par exemple être confrontée à des situations juridiques ne lui permettant plus d'orienter l'exécution du contrat au regard des exigences de l'intérêt général. Ce phénomène atteste donc d'une mutation structurelle du droit de la commande publique, dont l'amortissement financier constitue le témoin privilégié : le droit des contrats administratifs se caractérise dorénavant par le passage d'une administration propriétaire à une administration acheteuse, de sorte que celle-ci perd sa capacité à influer sur les décisions relatives à la convention et à la gestion de son patrimoine.

907. Afin de pallier un tel risque, les personnes publiques disposent cependant de nombreux moyens, tous liés à la structure contractuelle elle-même. Dans le cadre d'un contrat de partenariat public-privé, où le

---

[960] Cette transformation s'applique bien entendu aux contrats publics, mais aussi à l'action publique en générale. A titre non exhaustif, voir en ce sens l'article de Cédric Gail, Vincent Lescaillez et Philippe Mehut, « L'amélioration des performances des collectivités territoriales », *La Gazette des communes*, coll. Documents, cahier n°2-27/1893, 2 juill. 2007.

[961] Pour le cas des contrats de partenariats, voir en ce sens Thierry Kirat, « Contrat de partenariat et économie du contrat », *Revue de l'IEJUC* Toulouse I, n°60/2005, p 89 et s. ; Jean-Baptiste Vila, « De l'Urgence et de la Complexité à repenser la réforme relative aux contrats de partenariats », *JCP A* n°28 du 9 juill. 2009, p 30 et s.

partenaire réalise une cession d'actifs et opère un transfert du risque de réalisation de l'opération, les organismes financiers qui lui sont associés vont solliciter des garanties. Ils vont tenter d'encadrer contractuellement les risques financiers de réalisation et d'exploitation du contrat[962]. Bien souvent, les personnes publiques négocient alors des clauses contractuelles avec les candidats au partenariat dont le contenu n'est pas imposé par ce dernier, mais par cet organisme tiers. Pour des raisons de transparence et afin d'éviter une reconsolidation des risques transférés au cocontractant, la personne publique doit dorénavant imposer à tous les candidats de présenter au cours de la procédure de passation leur projet de financement, en détaillant les apports en capital[963]. Cette obligation peut l'amener à identifier les risques financiers de l'opération, en relation avec les investissements, et à formuler un choix en fonction des « *business plans* » proposés.

908. Dans le prolongement de la procédure de passation, les personnes publiques ont aussi la responsabilité de prévoir une clause dans le contrat de partenariat [et dans l'avenir, dans les autres formes de conventions] lui permettant de conserver un pouvoir de décision, même lorsque la survenance d'évènements imprévus entraîne un transfert du pouvoir décisionnel sur le patrimoine à un organisme financier externe. L'intérêt d'encadrer contractuellement les risques financiers, résultant de la réalisation d'investissements et de leur gestion au titre de l'amortissement, est double[964] : d'une part, maîtriser les aléas caractérisant l'opération contractuelle pour éviter toute forme de dépossession des actifs immobilisés constituant le patrimoine contractuel ; d'autre part, renforcer l'attractivité de la commande publique en intégrant la « bancabilité » du projet comme élément d'expertise, afin de rassurer les établissements financiers externes sur la

---

962 Cette volonté d'encadrer les risques fait partie de la stratégie des entreprises du secteur privé lorsqu'elles sont titulaires d'un contrat administratif. En matière d'amortissement, ces dernières tentent ainsi de s'assurer une autonomie financière grâce à leur patrimoine en minimisant les risques de réalisation de leurs projets. Voir en ce sens Jack Forget, « Dynamique de l'amortissement », *Renforcer l'autonomie financière des entreprises pour dynamiser ses investissements*, éd. *d'Organisations* 2005, coll. Mémentos Finances.

963 Ce principe relatif à la procédure de passation peut notamment être mis en place à l'occasion d'un dialogue compétitif pour les contrats de partenariats, ou durant un appel d'offres pour les délégations de service public ou les marchés publics. Anne Yvrande-Billon, dans son article « Concurrence et délégation de services publics : Quelques enseignements de la théorie des coûts de transaction » (*Revue française de l'économie*, 2008, XXII (3), p 97 et s.), identifie clairement les enjeux inhérent à cette information durant ces procédures de passation.

964 Sur la distinction entre ces deux types de risques voir Florian Linditch, « Les partenariats public-privé, vecteur d'externalisation et de déconsolidation ? Quelques interrogations de nature financière », et Thierry Kirat, « Contrat de Partenariat et économie du contrat » ; *Revue de l'IEJUC*, coll. Droit et Villes, n°60/2005, *Presses universitaires des sciences sociales de Toulouse I*, respectivement aux pages 229 et s. et 86 et s.

faisabilité de l'opération. En effet, les organismes d'emprunts bancaires ne souhaitent s'associer à ce type de contrats que si l'accord entre les parties présente des garanties suffisantes au regard des risques de réalisation [qui permettent de mesurer la faisabilité technique] et des risques d'exploitation [qui conditionnent le retour sur investissements][965]. Si la personne publique souhaite faire aboutir l'opération, il est de son intérêt de participer à l'élaboration de ces garanties au sein même du contrat, durant la procédure de passation.

909. Si cet encadrement contractuel des risques et des aléas d'exécution se rencontre fréquemment dans les montages anglo-saxons[966], les régimes juridiques français des contrats administratifs ignorent pour le moment ce type de clause. L'objectif essentiel de ce mécanisme juridique est pourtant de permettre à la personne publique d'adapter ses contrôles financiers aux fluctuations économiques du contrat. Ces clauses participent donc à structurer un suivi opérationnel de la personne publique, en ce qui concerne la réalisation financière du montage contractuel. Mais ces clauses évolutives des contrôles contractuels publics ne suffisent pas. Le fait de constater des écarts entre les prévisionnels et les données réelles d'exécution ne participe effectivement en rien à la rationalisation des contrats administratif. Il faut que la personne publique dispose dans le même temps de la faculté de réviser les termes financiers négociés initialement.

910. C'est pourquoi, pour reprendre l'exemple précédent, les montages anglo-saxons complètent les contrôles de la personne publique par une clause lui permettant de procéder à une renégociation des éléments financiers du contrat. En prévoyant cette faculté durant la phase d'exécution, le droit anglais incite les personnes publiques à mener des analyses très précises concernant les conditions financières d'exécution[967]. Les contrats britanniques se caractérisent par une capacité

---

965 Voir en ce sens Michel Lequien et Pascal Cuche, « La notion de « bancabilité » dans les opérations de financement privé d'équipements publics », *Revue Dr. Adm.* n°12, déc. 2004, étude n°22, p 109 et s. Les auteurs parlent à ce sujet de « bancabilité » du projet, en définissant cette notion de la manière suivante : « *Un projet est « bancable » lorsque l'analyse de l'ensemble de ses termes économiques, commerciaux, financiers, techniques, juridiques, politiques et sociaux permet de conclure à la viabilité et à la solidité financière du projet sur le long terme* » ; p 109.

966 Dans son intervention sur « Le principe d'une rentabilité limitée » [colloque tenu à Paris II Panthéon-Assas le 26 oct. 2006], Philippe Cossalter s'appuie sur divers exemples de pays européens qui prévoient une adaptation des procédures de contrôle pour rationaliser la contrepartie du cocontractant et maintenir une maîtrise publique sur l'exécution du contrat ; disponible à *http://atom.univ-paris1.fr/documents/Cosslater_10-06.pdf.*

967 Voir en ce sens les analyses de Hakam Kamleh, « La nouvelle organisation ferroviaire britannique : sur la frontière entre intégration et désintégration », Documents de recherches n°28-05/2006, Centre d'analyse économique de l'Université d'Economie appliquée d'Aix-en-Provence ; disponible à
http://junon.u-3mrs.fr/afa10w21/rech/r_DR/DR_28_0506_kamleh.pdf.

d'adaptation du contrôle contractuel de la personne publique qui conditionne non seulement l'effectivité de l'encadrement de la rémunération du cocontractant, mais aussi la maîtrise publique sur les immobilisations, leur amortissement et leur gestion financière.

911. De toute évidence, le droit français des contrats administratifs ne présente pas les mêmes caractéristiques. Toute forme de révision significative des données négociées initialement n'est généralement pas admise par le juge du contrat, en raison des principes d'égalité devant la commande publique, de mise en concurrence et de sécurité juridique[968]. Le problème est que cette inflexibilité des montages français accroît en réalité les risques de l'opération pour la personne publique, comme en témoignent de nombreux marchés publics[969]. Si cette dernière doit laisser une marge de liberté à son partenaire pour couvrir ses besoins en matière de financement, elle ne doit pas pour autant être dépossédée du patrimoine, ni se trouver en incapacité juridique de renégocier les termes financiers de son contrat.

B- Les clauses contractuelles de renégociation des termes financiers durant l'exécution

912. Indépendamment de leur forme, les procédures de passation des contrats administratifs se caractérisent toujours par un aléa financier puisqu'elles reposent sur des plans prévisionnels d'investissements et de résultats qui ne sont pas toujours exactement réalisés *in concreto*. L'exécution du contrat étant fréquemment différente des prévisions présentées par les candidats, ceux-ci n'hésitent pas à présenter des offres optimistes pour maximiser leur chance d'être choisi par la personne publique.

913. Certains membres de la doctrine ont eu l'occasion de dénoncer les dérives de la procédure d'appel d'offres, en ce qu'elle conduit les candidats à formuler des offres largement hypothétiques, voire irréalisables, en tout cas surestimées[970]. La première conséquence de cette

---

[968] En matière de contrats de délégations, voir par exemple TA Lille, 2 juill. 1998, Préfet de la Région Nord-Pas-de-Calais, Préfet du Nord c/Syndicat Intercommunal des Transports publics de la région de Douai, *BJCP* 1998.72 ; en matière de marché public, voir à titre non exhaustif CE, 8 mars 1996, Cne de Petit Bourg, *RD imm.* 1996, p 370, obs. François Llorens et Philippe Terneyre. Sur le principe de sécurité juridique, voir Pierre Delvolvé, « Contrats publics et sécurité juridique », *EDCE* n°54 2008, p 329.

[969] En vertu de l'article L410-2 du Code de commerce, la liberté des prix est la règle dans ces contrats. Celle-ci ne doit pour autant pas conduire à pratiquer des prix plus élevés que ceux proposés à un simple particulier. Voir en ce sens : *http://www10.finances.gouv.fr/fonds_documentaire/daj/marches_publics/ccag/ccag_fcs.htm.*

[970] Voir en ce sens l'article d'Anne Yvrande-Billon, « Concurrence et délégation de services publics : Quelques enseignements de la théorie des coûts de transaction », *Revue française d'économie*, XXII (3), janv. 2008, p 97 à 131. Selon l'auteur : « *On peut aussi envisager que*

carence est que la personne publique ne choisit alors pas nécessairement le candidat le plus efficace. Son analyse du rapport « qualité/ prix » est au contraire largement faussée par des offres surévaluées sur le plan financier, de sorte que son choix s'oriente vers le candidat le plus optimiste. Le cocontractant est donc le plus souvent celui qui a le mieux identifié les carences contractuelles du montage proposé, et non pas celui qui répond le plus efficacement aux besoins exprimés par la personne publique[971].

914. Il apparaît dès lors nécessaire de doter les personnes publiques des moyens nécessaires pour réviser en cours d'exécution les termes financiers du contrat afin de rééchelonner les prévisionnels négociés en fonction des conditions réelles d'exécution. Sur ce point, le régime juridique des contrats administratifs doit se moderniser pour prévoir la possibilité de renégocier les clauses financières de ces contrats durant la phase d'exécution.

915. Dans le passé ce type de clauses a fait l'objet de nombreuses critiques par la doctrine et d'un encadrement strict par le juge administratif. Si elles étaient écartées de la commande publique, c'était essentiellement en raison de leur caractère dissuasif pour les candidats potentiels au contrat[972]. Mais dans un contexte où l'importance des données économiques doit être réévaluée, en raison notamment des effets financiers de l'amortissement, le régime juridique des contrats publics ne peut plus se satisfaire d'une telle fixité.

1/ La clause de renégociation : un rééchelonnement des prévisionnels négociés

916. Dans le champ de la commande publique, la négociation des termes financiers de la convention est traditionnellement réalisée par les parties durant la procédure de passation. L'élaboration du contenu économique du contrat se fait donc uniquement durant cette phase particulière, en amont de l'exécution. Les marchés publics et les délégations de service public en sont des exemples particulièrement significatifs. Le plus souvent ces contrats sont conclus à l'issue d'une procédure d'appel

---

dans ces conditions la mise aux enchères conduise à des situations d'anti-sélection et aboutisse à retenir les candidats les plus optimistes sur les conditions futures d'exploitation et sur le niveau futur de la demande ou même à sélectionner les enrichisseurs les plus optimistes. Si les obligations de service sont mal spécifiées dans le contrat mis aux enchères, le processus d'adjudication peut en effet conduire à choisir le candidat qui est le plus conscient des vides contractuels qu'il pourrait exploiter » ; p 100.

[971] Ibid.

[972] Anne Yvrande-Billon, « Concurrence et délégation de services publics : Quelques enseignements de la théorie des coûts de transaction », *Revue française d'économie*, XXII (3), janv. 2008, p 97 à 131. L'auteur se livre à une étude du risque de dissuasion des candidats potentiels du fait des clauses de renégociation.

d'offres et d'une phase de négociation financière reposant sur des prévisionnels. Le problème est que ces derniers sont rarement réévalués par la suite[973]. Ceci explique l'incertitude qui caractérise l'ensemble de la phase d'exécution et l'accroissement des risques pour la personne publique.

917. Il est difficile d'encadrer le phénomène de captation de profits par le cocontractant si l'accord est négocié et réalisé sur la base d'un « *business plans* » qui est une simple estimation. D'ailleurs, plus la convention est complexe et longue, plus les risques financiers pour la personne publique sont grands car l'équilibre contractuel repose sur un aléa d'autant plus fort durant l'exécution. Même si la probabilité d'une fluctuation économique est importante, le droit des contrats administratifs ne permet pas pour le moment de réviser significativement l'accord conclu ; une telle modification étant perçue comme une atteinte aux principes essentiels de la commande publique. C'est précisément pour cette raison que le juge administratif a érigé au rang de principe un raisonnement clair : les termes financiers d'un contrat administratif doivent être correctement évalués dès la procédure de passation, en tenant compte du degré d'incertitude de la réalisation du contrat, afin de permettre à la personne publique d'apprécier l'efficacité des candidats grâce au rapport « investissements/recettes »[974]. Si la personne publique est en principe libre de négocier le contenu de la convention, le juge administratif a eu l'occasion d'encadrer l'étendue de cette liberté relative aux données financières du contrat[975]. Dans sa jurisprudence, il a notamment restreint l'hypothèse des modifications financières substantielles réalisées durant la phase d'exécution par les personnes publiques.

918. Tout avenant procédant à un bouleversement économique significatif du contrat doit ainsi être appréhendé comme un nouveau contrat, devant

---

[973] Pour la procédure d'appel d'offres en matière de délégations de service public, voir l'article L 1411-1 du CGCT, éd. 2009 ; pour la procédure de l'appel d'offres ouvert ou restreint dans le cadre des marchés publics, voir le Titre III du CMP 2006, décret n°2006-975 du 1er août 2006, JO du 04/08/2006, p 11627.

[974] Le juge administratif a eu l'occasion de rappeler que les tarifs devaient ainsi avoir une contrepartie matérielle directe dans le service public. Voir en ce sens CE, 30 avril 1996, Sté Stéphanoise des Eaux et Ville de Saint-Etienne, req. n°156176, rec. Lebon p 355 ; com. *Revue Dr. Adm.* 1996, étude n°557.

[975] Les jurisprudences administratives en la matière sont nombreuses. Voir à titre non exhaustif les jurisprudences suivantes : CE, 14 mars 2003, Sté Air Lib, req. n°251610 rec. Lebon p 861 (sur la faculté ouverte aux personnes publiques de demander aux candidats d'une délégation de service public de modifier leurs offres, notamment financières, pour satisfaire aux exigences de continuité de service public) ; CAA Paris, 13 juin 2006, Cne d'Asnières-sur-Seine, req. n°03PA03602, *AJDA* 2006, p 1844 (sur l'encadrement des modifications des missions contractuelles et des aspects financiers d'un contrat de délégation en cours de procédure, au regard des règles de mise en concurrence).

être soumis aux règles de mise en concurrence[976]. Le juge administratif transpose en la matière une solution issue du régime des marchés publics, qui consiste à annuler ce type d'avenant pour méconnaissance des règles de mise en concurrence préalable et d'atteinte au principe d'égalité devant la commande publique[977]. Ce raisonnement a eu non seulement pour effet d'encadrer la marge de liberté des personnes publiques pour renégocier *ex-post* les données financières du contrat, mais aussi d'annihiler toute forme de négociation financière du contrat par les pouvoirs publics durant la procédure de passation. En effet, elles ne souhaitent plus aujourd'hui prendre le risque de voir le contrat annulé en raison de négociations financières peu évidentes à clarifier durant cette procédure. Dans un contexte où le contentieux des contrats et les recours des candidats évincés n'ont jamais été aussi importants, cette hypothèse où la personne publique s'autolimite sur ces négociations est loin d'être improbable.

919. Ni les régimes juridiques des différents contrats publics, ni la jurisprudence administrative n'ont garanti une liberté suffisante aux personnes publiques en la matière, ni prévu la possibilité de renégocier les termes financiers de ces contrats. La procédure de passation se caractérisant alors par une approche superficielle à propos des données financières et celles relatives à l'amortissement, la phase d'exécution est alors constitutive d'un déséquilibre économique ; ne pouvant être à ce jour modifié pour se conformer aux données réelles d'exécution.

920. Or, les enjeux financiers des amortissements de caducité et industriel prouvent qu'il est dorénavant nécessaire de modifier cette approche juridique *stricto sensu*, pour réhabiliter la dimension économique des contrats administratifs. Des négociations initiales complètes et la révision des données prévisionnelles en fonction des résultats réels d'exécution doivent pour cela être autorisés. Ces avancées s'imposent pour rendre à la commande publique l'efficacité souhaitée et rééquilibrer ces conventions.

921. Lorsque le cocontractant gère le traitement comptable des amortissements techniques [amortissements industriels[978]], celui-ci est souvent amené à mettre en œuvre une dépréciation exceptionnelle afin de faire correspondre le plan comptable avec les pertes de valeurs réelles. L'amortissement s'accélérant, la part des investissements pèse alors

---

[976] Sur ce point, voir notamment CAA Bordeaux, 27 avril 2004, Ville de Toulouse, req. n°00BX01587 (sur les modifications des contributions financières du contrat).

[977] Voir en ce sens les jurisprudences suivantes : TA Lille, 2 juill. 1998, Préfet de la région Nord-Pas-de-Calais, Préfet du Nord c/ Syndicat intercommunal des Transports publics de la région de Douai, req. n°98.640 *BJCP* 1998, p 72 ; TA Grenoble, 7 août 1998, M. Bernard Betto et a., req. n°96.2133, *Revue Dr. Adm.* 1998, note 303 ; CAA Bordeaux, 27 avril 2004, Ville de Toulouse, req. n°00BX01587, *op. cit.*

[978] Cf. Gérard Melyon, Rémédios Noguera, « Comptabilité générale », *ESKA*, 4°éd., 2004, p 352 et s.

moins sur les résultats durant les dernières années du contrat et celui-ci accroît indûment sa rémunération. En ce qui concerne l'amortissement de caducité régulièrement pratiqué ou non, le cocontractant est en mesure de définir des stratégies de placement des dotations aux amortissements [constitutives de la capacité d'autofinancement] en vue de réaliser ses opérations de gestion patrimoniales, mais aussi d'accroître la rentabilité qu'il retire de l'opération contractuelle[979]. Dans les deux cas, il est en situation de faire évoluer le contenu de sa rémunération car les régimes juridiques de la commande publique ne permettent pas à la personne publique de réviser les conditions financières d'exécution. Les fluctuations économiques caractérisant l'exécution du contrat sont ici étroitement liées à la nature évolutive des amortissements, tant comptables que financiers. Nous constatons donc que la fixité des régimes juridiques et du raisonnement jurisprudentiel en cours ne participe pas à sécuriser la convention, mais engendre au contraire un déséquilibre entre les parties et, *in fine*, un accroissement des risques pour la personne publique.

922. Pour renforcer la sécurité juridique de ce mode d'action, il devient incontournable d'accorder à la personne publique un pouvoir de renégociation des termes financiers du contrat durant la phase d'exécution, afin de s'adapter aux stratégies financières du cocontractant[980]. Cette renégociation doit prendre la forme d'une réévaluation périodique encadrée par le contrat lui-même, afin de garantir sur ce point un accord entre les parties dès la phase de négociation. Mais la périodicité envisagée ne doit pas être choisie au hasard. L'équilibre du contrat est traditionnellement inscrit dans un rapport « investissements/recettes ». Ce rapport comprend trois données : *le contenu des investissements financés* par le cocontractant ; *le contenu de la rémunération* de celui-ci ; *la durée contractuelle* pendant laquelle il dispose d'un droit à rémunération l'autorisant à percevoir des recettes et lui servant à en fixer le niveau pour obtenir un retour sur investissements suffisant. Ces trois éléments de l'équilibre contractuel sont donc étroitement liés. C'est pourquoi la périodicité de renégociation des termes financiers doit respecter celle relative à notre proposition concernant la réévaluation de la clause contractuelle de la durée. Si la durée contractuelle fait l'objet d'une réévaluation en fonction des variations de valeurs des amortissements comptables, la personne publique doit effectivement être en mesure d'analyser et de renégocier dans le même

---

[979] Sur ce point, voir les analyses de Jack Forget sur la « Dynamique de l'amortissement », *Renforcer l'autonomie financière de l'entreprise pour dynamiser ses investissements*, éd. *Organisations* 2005, coll. Mémentos finances.

[980] Voir en ce sens la Partie I, Chapitre 2, Section 2, §1 et §2.

temps les termes financiers. Elle peut pour cela respecter la périodicité suivante :

Tableau n°15 : Périodicité de renégociation des données financières selon la forme du contrat

Contrat	Durée du contrat					
	de 2 à 5 ans	de 5 à 10 ans	de 10 à 15 ans	de 15 à 20 ans	de 20 à 25 ans	+ de 25 ans
Partenariat public privé			2 années	5 années	5 années	5 années
Concessions/ Marchés publics	2 années	2 années	2 années	5 années	5 années	5 années
Affermages/ Marchés publics	2 années	2 années	2 années	5 années		
Régies intéressées	2 années	2 années	2 années	2 années		

923. Dans le tableau présenté, le cas des conventions d'occupation domaniale n'est pas traité car ce type de contrat peut aisément s'adapter aux propositions relatives aux trois formes de contrats de délégations de service public, en fonction de l'importance des droits octroyés à l'occupant sur le domaine public et de la durée contractuelle initiale. Nous pouvons imaginer que plus les droits consentis sont importants, plus le traitement de la convention doit se rapprocher de celui de la concession de service public.

924. Dans cette présentation, la périodicité de la renégociation des termes financiers des différents contrats dépend étroitement de la durée plafond initiale. L'hypothèse d'une renégociation tous les deux ans d'un contrat administratif long [c'est-à-dire supérieur ou égal à quinze ans] ne présente pas un intérêt suffisant pour la personne publique. Au contraire, ce type de pratiques risque d'alourdir inutilement les missions de la personne publique, au détriment d'un contrôle efficace du cocontractant et d'un suivi opérationnel des opérations financières liées à la gestion des actifs immobilisés.

925. Confrontée aux aléas de réalisation des différentes formes contractuelles et aux risques de dépossession du patrimoine qui doit revenir aux personnes publiques au terme de ces contrats, la commande publique n'a pas d'autre choix que de tenir compte des fluctuations qui

caractérisent la phase d'exécution et de prévoir ainsi la possibilité de renégocier les termes financiers du contrat. Seules de telles clauses contractuelles assurent aux personnes publiques une maîtrise financière suffisante sur la gestion du patrimoine visé dans le contrat. Celles-ci imposant une expertise complète, cette dernière constitue le moyen le plus efficace pour suivre et rééquilibrer des accords qui sont à ce jour essentiellement favorables aux cocontractants. Mais, pour être viables juridiquement, ces clauses doivent tenir compte des limites prévues par les différents régimes juridiques et le juge administratif. Or, ce mécanisme est de toute évidence confronté à de nombreuses incertitudes juridiques qui devront à terme être levées, grâce à la réhabilitation et la prise en compte des conséquences financières de l'amortissement.

2/ Les incertitudes juridiques inhérentes aux clauses de renégociation

926. La création d'une clause contractuelle permettant la renégociation des termes financiers des contrats publics apparaît difficile à concevoir en l'état de la commande publique[981]. Ce mode d'action ayant été conceptualisé essentiellement sous un angle juridique, les contrats administratifs conclus ont effectivement pour attribut une structure presque immuable dès le début de la phase d'exécution, jusqu'à leur extinction[982]. Si certaines adaptations de faible importance financière sont tolérées par le juge administratif, les personnes publiques se trouvent le plus souvent dans l'incapacité de modifier structurellement l'accord conclu avec leurs cocontractants, alors que les conditions d'exécution connaissent parfois de profonds bouleversements économiques.

927. Dans un contexte où les règles de mise en concurrence prévalent, le principe d'une clause de renégociation des termes financiers semble à première vue antinomique avec les exigences d'égalité d'accès à la commande publique, de transparence et de sécurité juridique qui résultent des réformes successives et de la jurisprudence administrative[983]. Le poids accordé à ces principes dans la commande publique entache *a priori* ce type de clauses d'illégalité.

---

[981] Voir en ce sens les commentaires de Stéphane Braconnier, ss. TA Pau du 17 oct. 2005, Sté AGUR, req. n°0501995, *AJDA* du 13 mars 2006, p 554 et s.

[982] Sur ce point, voir l'analyse de la Commission des finances chargée d'étudier le projet de loi relatif à la réforme des partenariats public-privé, soumis au vote du Parlement à l'automne 2008 ; annexe au procès-verbal de la séance du 26 mars 2008 qui s'est tenue au Sénat (disponible à *http://www.senat.fr/rap/a07-243/a07-2431.html*); loi n°2008-735 du 28 juill. 2008, JO du 29/07/2008, p 12144.

[983] Sur ce point, voir Laurent Richer, « La transparence et l'obstacle », dans Mélanges en l'honneur du Professeur Guibal, *Presses Montpellier I*, 2006, p 175 ; CE, 20 oct. 2006, Cnauté d'Agglomération Salo-Etang de Berre-Durance, req. n°287198, note Gabriel Eckert, *Revue Contrats et marchés publics*, 2006, com. n°322.

928. Au niveau local, les principes de libre administration et de libre négociation des contrats confèrent pourtant à la personne publique une autonomie suffisante et nécessaire pour adapter ses relations contractuelles aux enjeux économiques et financiers modernes des amortissements. La valeur constitutionnelle de ces principes lui permet effectivement de dépasser en partie la rigidité inhérente au formalisme de la commande publique, en vue d'expérimenter des clauses contractuelles financières variables, conformes aux conditions réelles d'exécution[984].

929. L'objectif premier de ces clauses de renégociation est en réalité de permettre un encadrement des fluctuations économiques du contrat, qui résultent notamment des opérations financières relatives à la gestion des amortissements. La personne publique doit ainsi être en mesure de parvenir à minimiser les risques liés à la survenance d'évènements imprévus et/ou à toute tentative de reconsolidation des ceux-ci, qui serait la conséquence d'une stratégie mise en place par le cocontractant.

930. Ce type de clauses souffre néanmoins d'une critique essentielle : leur variabilité est à première vue synonyme d'instabilité et d'insécurité juridique pour l'ensemble de l'accord contractuel. Mais cet argument n'a de portée que dans les analyses qui appréhendent le contrat administratif comme un simple instrument juridique. Il ne peut être valablement maintenu dans l'avenir car, parmi les nombreux éléments du contrat, les conséquences de la technique de l'amortissement pour ce champ juridique attestent du contraire. C'est précisément l'absence de mutabilité des dispositions contractuelles, au regard des données réelles, qui occasionne un déséquilibre du contrat et accroît l'insécurité juridique pour la personne publique. En effet, les analyses des fonctions techniques et financières de l'amortissement démontrent par exemple que la gestion du patrimoine est par définition évolutive. Pour prendre en compte cette caractéristique et se conformer aux données économiques de la phase d'exécution, les contrats publics doivent retrouver une capacité d'adaptation.

931. Par exemple, le cadre juridique du transfert patrimonial formalisé par le contrat, pour la réalisation et/ ou l'exploitation des immobilisations à la charge du cocontractant, est conditionné par les amortissements comptables qui sont eux-mêmes soumis à des mécanismes périodiques de dépréciation[985]. Si les clauses contractuelles relatives à la durée sont

[984] Le Conseil Constitutionnel a rappelé la valeur constitutionnelle du principe de libre administration des collectivités territoriales dans sa décision n°82-137 DC du 25 fév. 1982 et celle du principe de libre négociation en matière de contrats de partenariats public-privé dans sa décision n°2003-473 DC du 26 juin 2003 ; disponibles à *http://www.conseil-constitutionnel.fr*.

[985] Nous faisons ici référence aux procédures de dépréciations comptables des biens (« *Impairment test* »), dont l'objectif est de vérifier que les valeurs nettes comptables

maintenues en l'état, le rapport contractuel entre les parties au contrat se déséquilibre progressivement puisque l'amortissement des investissements par le cocontractant peut être constaté avant le terme de la convention. Les investissements pesant moins sur les résultats nets annuels d'exploitation, le cocontractant augmente alors sa marge nette, phénomène entraînant une limitation des risques qu'il doit normalement assumer. Mais l'hypothèse ne s'arrête pas là, comme en témoignent les politiques de gestion financière des amortissements de caducité. En principe réservés au cas des délégations de service public, ces derniers sont souvent utilisés dans les autres formes contractuelles en raison des carences affectant les contrôles contractuels publics[986].

932. L'argument selon lequel la sécurité du contrat nécessite de recourir à une certaine fixité pour conserver en l'état les éléments négociés tout au long de la phase d'exécution n'est donc pas justifié juridiquement à la lumière des enjeux liés à l'amortissement. Au contraire, pour permettre aux personnes publiques de gérer et de maîtriser les effets économiques inhérents au transfert patrimonial formalisé par le contrat, la commande publique doit inévitablement prendre en compte ces fluctuations des données réelles d'exécution en introduisant des clauses variables. Le principe de renégociation des termes financiers du contrat durant la phase d'exécution participe de cette logique qui consiste à sécuriser le rapport contractuel au bénéfice de la personne publique, grâce à une réactualisation périodique des données prévisionnelles issues des négociations[987].

933. Un autre argument critique concernant les clauses de renégociation consisterait aussi à mettre en avant une augmentation des risques financiers qui prendrait par exemple la forme d'une reconsolidation de ceux-ci et des opérations d'investissements envers la personne publique. Ce phénomène serait lié aux difficultés caractérisant la réévaluation de données économiques *a priori* étrangères au secteur public[988]. Un tel argument ne saurait être sérieusement maintenu dans le temps. La commande publique se compose aujourd'hui de nombreux exemples où la personne publique et/ou les usagers sont soumis à des tarifs bien souvent surévalués, indistinctement du secteur d'activité. Seule la construction de ces clauses contractuelles de renégociation peut mettre un

---

correspondent effectivement à la valeur nette réelle des actifs immobilisés. Voir en ce sens Partie I, Chapitre 2, Section 2, §2, A et B.

[986] Voir en ce sens Partie II, Chapitre 1, Section 1, §1 et §2.

[987] Sur les limites de cette proposition, voir Alain Ménéménis et Laurent Richer, « Dialogue et négociations dans la procédure de dialogue compétitif », *Revue CP-ACCP*, n°45, juin 2005, p 33 et s.

[988] Cf. Claude Ménard et Stéphane Saussier, « La délégation de service public, un mode organisationnel efficace ?, Le cas de la distribution d'eau en France », *RJEP*, 2003 (1), p 99 et s.

terme à cette situation, si elles sont utilisées de concert avec des expertises publiques efficaces et complètes tout au long de la convention. Si la détermination préalable des besoins, l'évaluation *ex-ante* et *ex-post*, ainsi que les inventaires patrimoniaux sont réalisés avec minutie, la personne publique dispose effectivement des données financières et comptables suffisantes pour maîtriser et sécuriser de telles procédures de renégociation[989].

934. Il apparaît alors que le risque pour la personne publique ne dépend pas de la clause de renégociation, mais bien au contraire de l'absence de réévaluation du rapport contractuel durant l'exécution, dont l'origine est à rechercher dans les carences des contrôles contractuels publics. L'ensemble de ce processus permet d'y remédier et de maintenir dans le temps l'équilibre de l'accord contractuel grâce à une évaluation constante de la « bancabilité » du projet et de sa réalisation, au regard des investissements et des opérations de gestion qui leur sont liés[990]. En effet, les expertises nécessaires pour mener cette procédure de renégociation doivent conduire *in extenso* à une évaluation des risques financiers d'exécution et de leurs changements. Ce type de clauses sécurise non seulement le rapport entre les parties durant l'exécution du contrat, le lien indirect entre la personne publique et l'organisme financier participant au financement des investissements, mais aussi la réalisation et l'exploitation des actifs immobilisés.

935. En vue de restreindre les risques d'une dérive financière de la commande publique, une limite juridique doit toutefois venir compléter la construction de ces clauses : le seuil des renégociations financières ne doit pas dépasser le « *business plan* » initial, c'est-à-dire le cadre financier sur lequel se sont déroulées les négociations lors de la procédure de passation[991]. L'objectif de ces clauses n'est effectivement pas de permettre une prolongation de la convention du fait de la révision à la hausse des termes financiers, qui imposerait alors un allongement de l'accord pour préserver les intérêts du cocontractant. Sur ce point, les clauses contractuelles relatives à la durée apportent une solution lorsqu'elles sont plafonnées et révisables à la baisse. Elles peuvent

---

[989] Voir en ce sens Partie I Chapitre 2 et Partie II, Chapitre 1, Section 1 et 2.

[990] Sur la notion, de « bancabilité », voir l'article de Michel Lequien et Pascal Cuche, « La notion de bancabilité dans les opérations de financement privé d'équipements publics », *Revue Dr. Adm.*, déc. 2004, étude n°22, p 109 et s. Selon les auteurs : « *Les opérations de financement privé d'équipements publics ne sont évidemment réalisables que si elles peuvent trouver des financeurs : d'où la notion de leur « bancabilité »* ; p 109.

[991] Cette idée est le corollaire de la thèse adoptée dans la Partie I, Chapitre 2, Section 2 relative à la réévaluation de la clause contractuelle de la durée. Voir en ce sens Philippe Cossalter, « Les concessions à durée endogène », *Revue Dr. Adm.*, mai 2006, étude n°9, p 4 et s. Ces clauses doivent être plafonnées pour assurer l'équilibre économique du contrat, mais avoir aussi un caractère évolutif pour sécuriser le rapport contractuel ; idée que nous retrouvons dans la procédure proposée pour les clauses contractuelles de renégociation.

effectivement venir encadrer le contenu des renégociations financières en faisant en sorte que la réévaluation ne dépasse pas un plafond limite, fixé par la durée contractuelle. Cet encadrement permet de restreindre les bouleversements économiques, mais aussi les éventuelles prolongations du contrat[992]. En révisant simultanément ces deux types de clauses, l'objectif est de parvenir à rationaliser la durée, tout en adaptant les données financières négociées aux conditions réelles d'exécution.

936. Les incertitudes juridiques, empêchant la création de clauses de renégociation, apparaissent en réalité somme toute relatives au regard des enjeux modernes de la commande publique. Il existe toutefois une limite essentielle à notre proposition : le raisonnement adopté par le juge administratif quant aux modifications économiques d'un contrat administratif. Ce dernier a eu l'occasion de limiter de tels mécanismes de renégociations des données financières, notamment lorsqu'ils sont formalisés par la voie d'un avenant[993]. Mais, si la clause de renégociation est intégrée au contrat dès sa conclusion, la personne publique n'est alors pas tenue de passer un avenant à la convention et peut donc contourner cette difficulté jurisprudentielle en attendant que la position du juge administratif évolue en la matière. Le contrôle de légalité de la convention après sa signature peut malgré tout entraîner une saisine du juge et une annulation en raison de l'incertitude qui pèse pour le moment sur ce type de clauses. Le contexte actuel de la commande publique milite cependant pour un assouplissement de cette position jurisprudentielle. Si l'objectif est de parvenir à sécuriser véritablement ces conventions pour rééquilibrer les accords des personnes publiques, les enjeux économiques et financiers des amortissements l'imposent.

Paragraphe 2 : La réévaluation du traitement financier de l'extinction des contrats administratifs

937. Le contrôle et la réévaluation des termes financiers des contrats administratifs représentent aujourd'hui un enjeu certain pour rééquilibrer l'accord contractuel durant la phase d'exécution[994]. Pour maîtriser les politiques de gestion définies par leurs cocontractants concernant l'amortissement du patrimoine, les personnes publiques doivent parvenir

---

[992] Philippe Cossalter, *op. cit.*

[993] Voir en ce sens les jurisprudences suivantes : TA Lille, 2 juill. 1998, Préfet de la région Nord-Pas-de-Calais, Préfet du Nord c/ Syndicat intercommunal des Transports publics de la région de Douai, req. n°98.640 *BJCP* 1998, p 72 ; TA Grenoble, 7 août 1998, M. Bernard Betto et a., req. n°96.2133, *Revue Dr. Adm.* 1998, note 303 ; CAA Bordeaux, 27 avril 2004, Ville de Toulouse, req. n°00BX01587.

[994] Cf. Partie II, Chapitre 2, Section 1.

à réévaluer les effets économiques de leurs contrats, à les renégocier et à conférer à ce mode d'action une certaine flexibilité. L'objectif est de maintenir dans le temps l'équilibre de l'accord contractuel qu'elles nouent avec les cocontractants. Le but est également d'éviter une dépossession patrimoniale et/ou une captation de profits par le cocontractant[995].

938. L'intérêt de moderniser les procédures de contrôles contractuels pour se conformer aux exigences des fluctuations des amortissements de caducité dépasse donc l'objectif d'un simple éclaircissement juridique sur les modalités de gestion du patrimoine des contrats administratifs. L'ambition est plus large et consiste à donner aux personnes publiques les moyens nécessaires en vue d'une réappropriation des termes financiers de ces conventions. En la matière, l'apport des amortissements de caducité ne se limite d'ailleurs pas à la phase d'exécution. Il permet aussi de structurer les traitements financiers menés au terme de la convention. Les contrats administratifs révèlent sur ce point des carences qui sont liées à l'absence de prise en compte des conséquences financières de l'amortissement. Les Chambres régionales des comptes ont eu l'occasion de mettre en exergue ce phénomène, notamment lors de leur contrôle financier des résiliations anticipées des délégations de service public[996]. Leurs lettres d'observations soulignent souvent le manque d'expertise financière des amortissements lors du calcul de l'indemnité de résiliation éventuellement versée au délégataire. La conséquence est alors simple : l'indemnité versée au titre de la résiliation anticipée est fréquemment surévaluée. Le problème est qu'un constat similaire peut être dressé à l'occasion de l'extinction classique des contrats administratifs qui, en raison de l'évolution des missions assumées par le cocontractant durant l'exécution, donne parfois lieu au versement d'une indemnité.

939. Une solution est envisageable pour éviter ce phénomène. Les personnes publiques peuvent rationaliser le contenu de cette indemnité versée en évaluant au plus juste le montant des charges patrimoniales, au regard des effets comptables et financiers de l'amortissement. La seule condition pour rendre applicable ce référentiel est que des procédures opérationnelles de suivi des amortissements patrimoniaux soient mises en

---

995 Voir en ce sens Frédéric Marty, dans « Partenariats public-privé, règles de discipline budgétaire, comptabilité patrimoniale et stratégie de hors bilan », Document de travail OFCE n°2007-29, oct. 2007, disponible à *http://www.ofce.science-po.fr/pdf/dtravail/WP2007-29.pdf*. Voir aussi l'ouvrage de Thierry Granier et Corynne Jaffreux, « La Titrisation, Aspects juridique et financier », éd. *Economica*, coll. Gestion, 2004.

996 Voir par exemple CRC Midi Pyrénées, avis n°2004-0079, 15 mars 2004, disponible à *http://www.ccomptes.fr/CRC17/documents/Avis/MPA04-0079.pdf*. Voir aussi sur le sujet CE, 6 mai 1985, Association Eurolat, RFDA 1986.21 concl. B. Genevois ; *AJDA* 1985. 620 note Jacques Moreau et Etienne Fatôme ; *RDP* 1986. 21 note François Llorens.

place dès la phase de négociations avec les candidats et se maintiennent durant l'exécution du contrat. Mais, en l'état actuel de la commande publique, cette hypothèse dissimule un enjeu plus large qui doit être relevé pour que cette solution aboutisse.

940. Les carences constatées par les juridictions financières trouvent essentiellement leur origine dans la fixité avec laquelle sont appréhendés les différents régimes juridiques des contrats administratifs. Celle-ci empêche toute forme de réévaluation structurelle des termes financiers négociés en amont[997]. Les personnes publiques disposent donc d'une marge de liberté relative pour rééquilibrer l'économie de leurs contrats durant l'exécution. Ceci explique que, si le terme de la convention impose le versement d'une indemnité, il leur est difficile de ne pas en surévaluer le montant. Cette caractéristique de la commande publique n'apparaît donc pas satisfaisante pour le traitement de l'extinction des conventions car elle conduit à négliger les aspects économiques et financiers des amortissements à cette occasion.

941. Les régimes juridiques des contrats doivent de toute évidence connaître quelques améliorations dans ce domaine. La première consiste à mettre en œuvre des expertises précises du patrimoine, de ses composants et des mécanismes financiers de gestion qui sont à la disposition du cocontractant. Les procédures menées durant l'extinction des contrats administratifs doivent donc être améliorées en expertisant la performance économique réelle de l'opération grâce à un référentiel : l'amortissement des actifs immobilisés. En replaçant une donnée patrimoniale au cœur de ces procédures, l'objectif est de préserver les personnes publiques de deux risques majeurs. Le premier résulte des procédures de résiliation anticipée du contrat à l'occasion desquelles les personnes publiques surévaluent le niveau de l'indemnité versée au cocontractant, en raison de l'incomplétude et de l'asymétrie d'informations financières sur les données patrimoniales[998]. La maîtrise des amortissements financiers doit permettre dans cette hypothèse d'améliorer la connaissance des personnes publiques en ce qui concerne

---

997 Les juridictions financières ont eu l'occasion de souligner cette antinomie résultant de la fixité du régime juridique par rapport aux fluctuations des conditions économiques d'exécution. Voir sur ce point le bilan réalisé par Gilles Miller et Alain Leyat, dans « Les chambres territoriales et régionales des comptes et le contrôle des délégations de service public », *AJDA* 17 sept. 2007, p 1696 et s. A titre non exhaustif, voir aussi les lettres d'observations suivantes : CRC Provence-Alpes-Côte-d'Azur, 7 fév. 2004, Cne de Nice ; CRC Rhône-Alpes, 8 avril 2004, Syndicat Energies du Département de l'Isère ; CRC Pays de la Loire, 5 mars 2007, Cne de la Baule Escoublac ; disponibles à *http://www.ccomptes.fr*.

998 Sur l'asymétrie d'informations entre les parties à un contrat de concession, voir Stéphane Braconnier, « Le modèle français de la concession : conquête ou concurrence ? », *JCP A* n°16 2007, étude n°2102.

l'économie du contrat, afin d'évaluer précisément l'indemnité réellement due[999] (A).

942. Le second est relatif à une éventuelle dépossession des éléments constituant le patrimoine du contrat qui résulte d'une expertise financière globale défaillante. Si la personne publique ne se trouve pas en mesure d'évaluer les termes financiers résultant de la gestion des actifs immobilisés et amortissables, l'extinction normale du contrat est alors l'occasion pour le cocontractant d'accroître sa rémunération sans assumer en contrepartie des investissements supplémentaires (B).

A- Le traitement financier de la résiliation anticipée d'un contrat administratif

943. L'extinction d'un contrat administratif peut être constatée de deux manières : soit le contrat arrive normalement à son terme, c'est-à-dire à la fin de la durée contractuelle fixée initialement ; soit le contrat est résilié de manière anticipée, en raison de plusieurs phénomènes[1000].

944. Dans la seconde hypothèse, le cocontractant est lésé puisque l'anticipation de l'échéance contractuelle remet en cause sa politique de gestion, l'étalement du coût d'investissements et le niveau des recettes d'exploitation escomptées sur la durée contractuelle initiale. C'est pourquoi le juge administratif impose à la personne publique, si elle est à l'initiative de la rupture anticipée du contrat, d'indemniser le cocontractant du manque à gagner qui résulte du décalage entre le terme réel et la fin prévisionnelle initiale, sur laquelle est définie la stratégie globale d'investissements et d'exploitation[1001]. Cette situation est fréquente dans le cadre de contrats ayant pour caractéristiques une durée contractuelle initiale relativement longue, des missions complexes et des

---

[999] Le principe de juste indemnité ne renvoie pas ici aux notions de juste rémunération et/ou de bénéfice raisonnable (pour la première, voir « La juste rémunération dans les délégations de service public », mém. ss. la dir. de Gabriel Eckert, Université de Strasbourg, juin 2008 ; pour la seconde, voir Philippe Cossalter, « Les concessions et le principe de rentabilité limitée », *Revue Dr. Adm.*, n°5, mai 2006, étude n°9 p 4 et s. ; Colloque du 26 oct. 2006 Université Panthéon-Assas Paris II, groupe de recherches ATOM, disponible à *http://atom.univ-paris1.fr/documents/Cossalter_10-06.pdf*). La juste indemnité fait ici référence à l'indemnité éventuellement due par la personne publique lors de l'extinction normale ou anticipée du contrat.

[1000] Les ouvrages sur les contrats administratifs ne manquent pas de traiter les hypothèses d'extinction de la convention intervenant soit de manière anticipée, soit de manière classique. Voir par exemple les deux ouvrages suivants : Yves Delaire, « La délégation des services publics locaux », éd. *Berger Levrault*, coll. Les indispensables, 2002, p 116 et 117 ; Laurent Richer, « Droit des contrats administratifs », *LGDJ*, 2014.

[1001] Voir en ce sens les jurisprudences suivantes : CE, 24 janv. 1975, Clerc-Renaud, Rec. CE, p 55 ; CAA de Paris, 25 avril 1996, Sté France 5, Rec. p 572 ; CE, 10 juill. 1996, Coisne, *Revue Dr. Adm.* 1996, com. n°519 ; CE, 31 juill. 1996, Sté des téléphériques du massif du Mont-Blanc, Rec. CE, p 334.

termes financiers conséquents. Les contrats de délégations de service public et de partenariats public-privé sont des exemples significatifs puisqu'ils prévoient souvent un transfert de la charge d'investissements au cocontractant, justifiant une durée contractuelle longue qui peut amener la personne publique à résilier la convention de manière anticipée.

945. Si le principe de l'indemnité apparaît relativement simple à appréhender, ce n'est pas le cas de ses composantes. Pour ces dernières, la jurisprudence administrative a joué un rôle essentiel puisqu'elle les a définies et a ainsi permis de structurer le contenu de l'indemnité due par la personne publique à son cocontractant dans cette hypothèse[1002]. Si le juge administratif a fixé un cadre général pour traiter juridiquement cette situation, la portée de ses décisions n'a cependant pas pour objet de répondre aux exigences particulières de chaque contrat. L'objectif a été au contraire de retenir une position suffisamment générale pour s'adapter à chaque formule contractuelle et à chaque cas d'espèce. Le problème de ce raisonnement est qu'il ne permet pas de calculer une juste indemnité car ces éléments généraux d'appréciation conduisent à négliger certains aspects financiers de la convention, telles que les stratégies de placement de la capacité d'autofinancement. C'est pourquoi l'expertise des effets financiers de l'amortissement doit être réhabilitée afin de rationaliser les pertes réelles du cocontractant et parvenir à évaluer plus précisément l'indemnité réellement due par la personne publique.

1/ Le traitement financier de l'extinction anticipée : l'importance du principe de juste indemnité pour certains contrats administratifs

946. La résiliation anticipée d'un contrat administratif de délégation de service public par exemple peut résulter de trois phénomènes distincts : la survenance d'évènements imprévus qui déséquilibrent l'accord contractuel négocié en amont ; la faute du cocontractant qui occasionne un risque majeur pour le service, la personne publique et/ou les usagers ; la rupture provoquée par la personne publique pour motif d'intérêt général dont l'étendue n'est pas aisée à appréhender[1003]. Ces trois causes ont une importance fondamentale pour le droit à indemnisation du cocontractant car, au terme de la jurisprudence administrative,

---

[1002] L'indemnité de principe versée par la personne publique se compose à la fois du *lucrum cessans* et du *damnum emergens*. Néanmoins, ces deux éléments ne sont pas toujours dus par la personne publique car les composantes de l'indemnité varient en fonction du motif de la résiliation anticipée. Voir en ce sens CE, Ass., 2 mai 1958, Distillerie de Magnac-Laval, Rec. p 246. Voir plus récemment Nil Symchowicz, « L'indemnité de résiliation des contrats, dans Les effets de la rupture du contrat administratif », *ACCP*, nov. 2002, p 31-35.

[1003] Cf. Laurent Richer, « Droit des contrats administratifs », *LGDJ*, 2014, p 252 et s.

l'importance des sommes versées par la personne publique varie en fonction du motif justifiant la rupture prématurée du lien contractuel.

947. Dans le premier cas, si la force majeure ou des sujétions imprévues rendent le contrat irréalisable, le cocontractant n'a en principe droit à aucune indemnisation de la part de la personne publique[1004]. Mais ce raisonnement est théorique car le contrat de délégation contient généralement une clause prévoyant l'indemnisation du cocontractant dans ce cas[1005]. La convention ayant force de loi entre les parties, le principe théorique est donc fréquemment contourner dans la pratique.

948. Dans le second cas, si une faute imputable au délégataire rend l'exécution du contrat risquée et justifie la résiliation anticipée de celui-ci, la personne publique est partiellement ou totalement exonérée de son obligation d'indemniser son cocontractant. Toutefois, le juge administratif admet traditionnellement que la faute imputable à ce dernier ne remet pas en cause son droit à indemnisation pour les biens de retour qu'il a financé et qui ne sont pas complètement amortis au moment de la rupture du contrat. La personne publique est donc généralement tenue dans ce cas d'indemniser le cocontractant à hauteur de la valeur nette comptable de ces biens[1006].

949. Enfin, en ce qui concerne la résiliation pour motif d'intérêt général, elle ouvre droit à une indemnisation pleine et entière du cocontractant car, dans ce cas, la rupture anticipée est à l'initiative de la personne publique. Le juge administratif considère alors que l'indemnité doit prendre à la fois en compte le *lucrum cessan* [c'est-à-dire la perte subie au regard de ses investissements] et le *damnum emergens* [correspondant au manque à gagner sur la durée contractuelle restant à courir][1007].

950. Les deux derniers motifs de résiliation anticipée du contrat sont par ailleurs réputés existants même en cas de silence du contrat ou même si

---

[1004] André de Laubadère, Franck Moderne, Pierre Delvolvé, « Traité des contrats administratifs », Tome 2, *LGDJ* 1984, 2ème éd., n°1419. Voir aussi sur ce point l'ouvrage de l'Institut de la gestion déléguée, ss. prés. Marceau Long, « Négocier, gérer et contrôler une délégation de service public », *La Doc. Française*, 1999, p 165 et s.

[1005] Michel Lequien et Pascal Cuche, « La notion de bancabilité dans les opérations de financement privé et d'équipements publics », *Revue Dr. Adm.* n°12, déc. 2004, étude 22, p 113.

[1006] Voir en ce sens CE, 20 mars 1957, Sté des établissements thermaux d'Ussat-les-Bains, Rec. p 182 ; CE, 5 juill. 1967, Cne de Donville les Bains, Rec. p 297 ; CE, 14 juin 2000, Cne de Staffelfelden c/ SA Lyonnaise des Eaux Dumez et Sté Sogest, *BJCP* n°13, nov. 2000, p 434.

[1007] Voir en ce sens les jurisprudences suivantes : CAA Paris, 25 avril 1996, Sté France 5, Rec. p 572 ; CE, 10 juill. 1996, Coisne, *Revue Dr. Adm.* 1996, com. n°519 ; CE, 31 juill. 1996, Sté des téléphériques du massif du Mont-Blanc, Rec. p 334. Cette indemnisation constitue un mécanisme consubstantiel à la sécurité juridique comme le note P. Delvolvé, « Contrats publics et sécurité juridique », *EDCE* n°58, Doc. Française 2008, p 329.

les parties y renoncent grâce à une clause contractuelle dédiée[1008]. En appliquant de plein droit le principe de l'indemnité dans ces deux formes de résiliation anticipée, le juge administratif entend privilégier la sécurité juridique du rapport contractuel et le principe d'une juste indemnisation du cocontractant, au détriment de l'autonomie de la volonté des parties à la convention.

951. Si ce droit varie en fonction du motif présidant à la résiliation anticipée du contrat, le formalisme des principes juridiques applicables à ces trois hypothèses apparaît assez relatif. En effet, l'indemnisation entière du cocontractant n'est en principe accordée qu'en cas de résiliation pour motif d'intérêt général à l'initiative de la personne publique. Mais dans les deux autres hypothèses, celui-ci est toujours en mesure de solliciter une compensation financière de la part de la personne publique pour la valeur non amortie des biens de retour, alors même que les dispositions en vigueur ne le prévoient pas explicitement. L'indemnisation de la valeur non amortie des immobilisations financées par le cocontractant et considérées comme des biens de retour constitue donc la conséquence financière minimale de toute procédure de résiliation anticipée[1009]. Ceci explique que le traitement comptable et financier de l'amortissement des actifs immobilisés durant la phase d'exécution revêt une importance fondamentale pour ce type de procédures.

952. Or, les études précédentes concernant les deux fonctions de l'amortissement [technique et financière] démontrent que, le plus souvent, la personne publique n'est pas en mesure de mettre en place un suivi opérationnel et efficace des dépréciations réelles affectant le patrimoine financé par le cocontractant[1010]. L'idée selon laquelle la personne publique est capable de fixer le niveau d'une indemnité juste et réelle, sur le fondement de la valeur nette comptable du patrimoine non encore amorti, est donc improbable dans la pratique de la commande publique. En l'état actuel des différents régimes juridiques des contrats, qui appréhendent avec fixité une technique comptable et financière évolutive, la personne publique ne dispose que d'éléments approximatifs pour évaluer ces éléments comptables patrimoniaux. Ils représentent

---

[1008] Sur le silence du contrat en matière de résiliation pour faute du cocontractant voir CE, 30 sept. 1983, SARL Commexp, Rec. p 393. Sur le droit à résiliation anticipée pour motif d'intérêt général et sa valeur d'ordre public, même en cas de silence du contrat, voir CE, Sect., 19 oct. 2001, Syndicat Intercommunal de Guzet-Neige, concl. Denis Piveteau, *BJCP* 2002, p 117.

[1009] Cette conséquence se retrouve notamment dans les contrats administratifs longs et complexes. Voir sur ce point Laurent Richer, « Droit des contrats administratifs », *LGDJ*, 2014 ; § n°313.

[1010] Voir en ce sens les analyses relatives à l'« *Impairment test* », présentées à la Partie I, Chapitre 2, Section 2.

pourtant une partie substantielle de l'indemnité versée en cas de résiliation anticipée. Comme le montrent les contrôles des juridictions financières, la conséquence est alors simple : le niveau de l'indemnité versée au cocontractant est surévalué et porte ainsi atteinte aux intérêts des personnes publiques[1011].

953. Ce phénomène caractérisant l'extinction anticipée des contrats publics et ces conséquences de l'amortissement amène à proposer une structure permettant d'apprécier et de rationaliser le contenu de l'indemnité versée au cocontractant. La première étape consiste pour la personne publique à expertiser avec précision la valeur nette comptable des immobilisations. Cette procédure suppose qu'elle maîtrise pleinement les opérations de gestion patrimoniale mises en œuvre par son cocontractant dans le cadre des missions prévues par le contrat. Elle doit notamment recenser les différentes opérations de transferts patrimoniaux formalisées par le contrat depuis le début de la phase d'exécution. Dans le même temps, une expertise de la valeur nette comptable des actifs immobilisés s'impose, tout en vérifiant la nature des biens concernés à la lumière des inventaires préalables réalisés avant la mise en service.

954. Cette première étape ne saurait toutefois suffire car les résultats obtenus doivent être corroborés par les résultats financiers réellement dégagés par le cocontractant grâce à la gestion de ces actifs immobilisés. Il n'est effectivement pas normal que la commande publique élude en la matière les différents mécanismes de rentabilité appliqués par les cocontractants sur le patrimoine. Nous savons par exemple que ces derniers constituent des provisions pour renouvellement ou pour risque dans le cadre de leurs opérations courantes de gestion, en vue de pallier la survenance d'évènements imprévus pouvant affecter le patrimoine ou le risque d'insolvabilité du destinataire de la prestation[1012]. Dans l'hypothèse d'une procédure de résiliation anticipée, la personne publique ne doit plus délaisser cet élément financier dans ses expertises car il vient augmenter la rémunération du cocontractant. Il doit donc venir en déduction de l'indemnité versée. La personne publique se trouve en réalité confrontée à un choix dans ce domaine : soit elle procède à une

1011 De nombreuses lettres d'observations et d'avis des Chambres régionales des comptes corroborent ce constat. Cependant, l'avis n°2004-0079, de la CRC Midi Pyrénées, 15 mars 2004, portant sur la résiliation anticipée d'un contrat de délégation de la Ville de Toulouse (parking du Capitole) est particulièrement représentatif de cette idée ; disponible à *http://www.ccomptes.fr/CRC17/documents/Avis/MPA04-0079.pdf.*

1012 Cour des Comptes, Rapport public de 2000 sur Les délégations de services publics, Partie 2, Chapitre IV, Section 3. La Cour rappelle ainsi : « *Les provisions affectées pour le renouvellement des équipements doivent pouvoir être rapprochées des travaux réalisés, le reliquat éventuel étant restitué à l'autorité délégante au terme de la délégation de service public* ». Ce principe est rappelé par la Commission Concession, Prés. de Jean Driol, « Rapport sur les orientations générales en matière de comptabilité des entreprises concessionnaires », 1994.

récupération préalable de ces provisions avant de lancer la procédure de résiliation ; soit elle déduit leur montant de l'indemnité calculée au profit du cocontractant. Dans tous les cas, le principe de calcul d'une indemnité dans cette hypothèse renvoie indirectement à la marge de liberté des parties et à l'autonomie de leur volonté.

955. Au terme de certaines jurisprudences, cette autonomie semble à première vue renforcée en la matière[1013]. Mais les procédures de résiliation anticipée et le droit à indemnisation du cocontractant montrent en réalité qu'elle est restreinte. L'origine de ce phénomène est à rechercher dans une notion à dimension variable : la juste indemnité en cas de résiliation anticipée du contrat[1014].

956. Ce concept reçoit deux interprétations possibles. Il renvoie d'abord à la protection du cocontractant puisqu'il lui assure, quelque soit le motif de la résiliation, une indemnisation minimale pour ses investissements qui ne sont pas encore amortis et qui sont considérés comme des biens de retour. Mais cette notion peut aussi avoir pour objet de limiter au strict nécessaire le montant de l'indemnité versée par la personne publique[1015]. Il apparaît de toute évidence que, dans un contexte où le rapport contractuel se caractérise souvent par un déséquilibre de l'information, le juge administratif a tenu compte de ces deux approches dans sa jurisprudence[1016].

957. Ce principe n'a pourtant pas encore réussi à montrer sa pleine effectivité dans la pratique. Pour inverser cette tendance et parvenir à déterminer une indemnité juste et réelle du cocontractant à l'occasion d'une rupture anticipée du lien contractuel, la personne publique doit procéder à une expertise de la valeur nette comptable actualisée du patrimoine dans les trois hypothèses considérées. C'est à cette occasion que l'expertise publique sur la valeur des amortissements comptables prend tout son sens. Dans le cas où la résiliation intervient pour motif

---

[1013] Cf. CE, 19 oct. 2001, Syndicat intercommunal de Guzet-Neige (Revue de Dt. Adm., déc. 2001, com. n°255) qui accorde en la matière une place importante à l'autonomie de la volonté des parties au contrat.

[1014] Le principe de juste indemnité ne renvoie pas ici aux notions de juste rémunération et/ou de bénéfice raisonnable (pour la première, voir « La juste rémunération dans les délégations de service public », mém. ss. la dir. de Gabriel Eckert, Université de Strasbourg, juin 2008 ; pour la seconde, voir Philippe Cossalter, « Les concessions et le principe de rentabilité limitée », *Revue Dr. Adm.*, n°5, mai 2006, étude n°9 p 4 et s. ; Colloque du 26 oct. 2006 Université Panthéon-Assas Paris II, groupe de recherches ATOM, disponible à *http://atom.univ-paris1.fr/documents/Cossalter_10-06.pdf*). Il fait ici référence à l'indemnité éventuellement due par la personne publique lors de l'extinction normale ou anticipée du contrat.

[1015] Cf. Nil Symchowicz, « L'indemnité de résiliation », ACCP 2002 n°16, p 35 et s.

[1016] Il s'agit ici du raisonnement du juge administratif relatif aux modalités de résiliation anticipée des contrats de délégations de service public et au principe d'indemnisation du cocontractant. Voir en ce sens CE, 10 juill. 1996, Coisne, *Revue Dr. Adm.* 1996, com. n°519 ; CE, 31 juill. 1996, Sté des téléphériques du massif du Mont-Blanc, Rec. p 334.

d'intérêt général, elle doit notamment parvenir à évaluer le niveau réel des pertes d'exploitation et du manque à gagner du cocontractant sur la durée contractuelle restante. En la matière, la maîtrise des amortissements financiers confère à la personne publique les moyens nécessaires pour éviter encore une fois une surévaluation de l'indemnité due au cocontractant.

2/ L'apport des amortissements financiers pour fixer une indemnité juste et réelle du cocontractant

958. A l'occasion de la rupture anticipée d'un contrat administratif, le droit à indemnisation du cocontractant est souvent perçu par l'opinion publique comme un indu versé par la personne publique à une entreprise. Ce principe, dont les contours ont été précisés par la jurisprudence administrative, assure toutefois à la convention une sécurité juridique indéniable, sans laquelle le secteur privé ne se risquerait pas à prendre en charge la réalisation de certaines missions d'intérêt général[1017].

959. Cette hypothèse se vérifie d'ailleurs dans le cas des contrats administratifs complexes et longs, où les cocontractants tentent de plus en plus d'encadrer les aléas et les risques qui caractérisent leur objet et leur exécution[1018]. Mais ces deux phénomènes complémentaires ne se comprennent qu'à la lumière de la relation particulière qui s'est progressivement mise en place ces dernières années grâce ces contrats. En raison des risques de réalisation et d'exploitation qui les caractérisent, le cocontractant a le plus souvent besoin d'apports en capital externes, de la part d'organismes financiers qui demandent le plus de garanties possibles sur la réalisation de l'opération.

960. Si la personne publique dispose d'un pouvoir de résiliation unilatérale assorti d'une exonération d'indemnité envers son cocontractant[1019], l'encadrement des risques inhérents au contrat apparaîtrait superfétatoire et le secteur privé serait réticent à s'associer contractuellement à la sphère publique. L'existence de ce droit à indemnisation permet donc au cocontractant d'obtenir ces garanties et, *in extenso*, de pérenniser le recours à ces montages contractuels. Mais le

---

[1017] Voir en ce sens Michel Lequien et Pascal Cuche, « La notion de « bancabilité » dans les opérations de financement privé d'équipements publics », *Revue Dr. Adm.*, n°12, déc. 2004, étude n°22, p 109 et s. Les auteurs mettent en avant les garanties qui doivent être fournies par la personne publique aux cocontractants et éventuellement aux établissements financiers extérieurs sollicités pour leurs apports en capitaux.

[1018] Sur ces contrats, voir Anne Yvrande-Billon, « Concurrence et délégation de services publics : Quelques enseignements de la théorie des coûts de transaction », *Revue française d'économie*, XXII (3), p 97 et s.

[1019] Cf. Laurent Richer, « La résiliation unilatérale : motifs et procédure de rupture », *ACCP* 2002 n°16, p 27.

droit de la commande publique se caractérise en la matière par certaines carences qui ont pour effet, malgré un encadrement jurisprudentiel, de surévaluer l'indemnité effectivement due au cocontractant.

961. Les composantes traditionnelles d'évaluation de l'indemnité [la valeur non amortie du patrimoine, les pertes d'exploitation et les éléments d'appréciation liés aux amortissements financiers, notamment la rentabilité retirée des mécanismes financiers liés au patrimoine] sont très souvent expertisées à hauteur des informations transmises par le cocontractant[1020]. L'asymétrie d'informations entre les parties, notamment en ce qui concerne les données relatives à la gestion patrimoniale et donc à l'amortissement, conduit alors la personne publique à se fier aux éléments de gestion fournis par le cocontractant qui sont délibérément surestimés. Pour rationaliser le contenu de ce droit, la personne publique doit parvenir à déterminer une indemnité juste et réelle en expertisant la rémunération totale [gains d'exploitation et de gestion], notamment celle retirée par le cocontractant de ses opérations de gestion qui lui assurent une rente non-prévue dans le contrat[1021].

962. Sur ce point, les conséquences financières de l'amortissement constituent le premier élément à expertiser. Le fonctionnement de ce mécanisme de gestion démontre que le cocontractant est en mesure de définir une stratégie financière sur les actifs immobilisés, afin de retirer une contrepartie complémentaire à sa rémunération normale. Cet excédent financier, qui s'ajoute à la rémunération, ne peut plus être éludé du calcul de l'indemnité versée au cocontractant.

963. Si le principe même du droit à indemnisation ne doit pas être remis en cause en raison de la sécurité juridique et de l'attractivité qu'il confère au contrat[1022], le calcul de son montant doit être rationalisé. En effet, les carences des expertises publiques concernant les aspects financiers des amortissements engendrent une surévaluation des sommes réellement versées. Mais au-delà des données relatives à l'amortissement et ses mécanismes financiers, la personne publique doit aussi prendre en compte l'ensemble des données réelles de l'exécution du contrat pour déterminer avec précision une indemnité juste et réelle lors de la résiliation anticipée.

964. D'abord, dans les trois hypothèses classiques de résiliation anticipée, la valeur non amortie du patrimoine financé par le cocontractant et considéré comme des biens de retour, doit devenir la première composante de cette indemnité. Si l'expertise de cet élément est déjà

[1020] B. Straub, « Guide budgétaire et comptable de la délégation de service public », *Berger Levrault*, 2006, p 88.

[1021] Sur ce point, cf. Alain Galesne, « Le financement de l'entreprise », éd. *CEREFIA*, Rennes, 2004, p 42 et s.

[1022] Michel Lequien et Pascal Cuche, « La notion de « bancabilité » dans les opérations de financement privé d'équipements publics », *Revue Dr. Adm.* n°12, janv. 2004, p 109 et s.

consacrée par la jurisprudence, il convient de l'améliorer. Cette opération ne peut plus être réalisée sans une évaluation de la valeur nette actualisée des immobilisations et une comparaison avec la valeur nette comptable de celles-ci[1023]. Si durant la phase d'exécution, les parties constatent par exemple une accélération de la dépréciation réelle qui dépasse les prévisions comptables, un prévisionnel de dépréciation sur la durée contractuelle restant à courir doit être établi. Cette nouvelle donnée d'expertise a alors deux conséquences pour rationaliser le contenu du droit à indemnisation du cocontractant : d'une part, si le contrat prévoit une clause contractuelle variable concernant la durée, les parties diminuent d'autant la durée contractuelle restant à courir, et donc la valeur nette comptable du patrimoine ; d'autre part, si cette clause est exclue du contrat, la personne publique peut au moins diminuer la part de l'indemnité due au titre de la valeur non-amortie des biens de retour.

965. Dans l'hypothèse d'une durée contractuelle plafonnée et variable, deux cas de figure se présentent alors : soit les parties retiennent la durée plafond fixée initialement et réévaluée en cours d'exécution, avant la procédure de résiliation, pour évaluer la valeur des actifs immobilisés à indemniser[1024] ; soit elles tiennent compte du rééchelonnement de la durée contractuelle pour déterminer la valeur nette comptable actualisée des biens et inclure celle-ci dans le montant de l'indemnité versée. Sur ce point, la solution de principe n'apparaît pas tranchée puisque les durées contractuelles variables ne sont pas encore intégrées dans la commande publique. Même si elles l'étaient, l'efficacité des deux hypothèses apparaît similaire dès lors que les expertises sont menées avec soin. La consécration d'une solution au détriment de l'autre pourra donc être le fait soit du régime juridique, à l'occasion d'une réforme des textes, soit du juge administratif, lorsque des cas concrets seront portés à son appréciation.

966. Pour rationaliser l'indemnité du cocontractant, la personne publique doit ensuite s'assurer que les pertes réelles d'exploitation et le manque à gagner sont des résultats directs de la rupture anticipée. Si ces deux composantes sont de plein droit indemnisées dans le cas des résiliations pour motif d'intérêt général, elles peuvent aussi l'être dans l'hypothèse de la survenance d'évènements imprévus. Le principe théorique selon lequel la force majeure ne permet pas en principe au cocontractant d'être

---

[1023] Si l'« *Impairment test* », utilisé par le cocontractant, démontre une accélération du phénomène de dépréciation du patrimoine, le calcul de l'indemnité par la personne publique doit en tenir compte afin de ne pas aboutir à une surévaluation liée à une mauvaise appréciation de la valeur non amortie du patrimoine. Voir en ce sens Partie I, Chapitre 2, Section 2, §2, A/ et B/.

[1024] Le plafond de la durée contractuelle, voir Philippe Cossalter, « Les concessions à durée endogène », *Revue Dr. Adm.*, mai 2006, étude n°9, p 4 et s. Voir aussi Partie I, Chapitre 2, Section 2, §2, A/ et B/.

indemnisé pour les pertes d'exploitation, peut effectivement être contourné par les parties si celles-ci ont prévu une clause spécifique dans le contrat. En pratique, seule la faute du cocontractant exonère réellement la personne publique du versement d'une indemnité pour les pertes d'exploitation résultant d'une procédure de résiliation.

967. Il est donc avéré que l'indemnisation du *lucrum cessans* et du *damnum emergens* est d'une importance fondamentale dans la pratique de la commande publique[1025]. Mais les expertises menées par les personnes publiques en la matière sont insuffisantes et aboutissent à une surévaluation de ces deux éléments et donc du contenu de l'indemnité versée au cocontractant. Elles peuvent cependant connaître certaines améliorations grâce au renforcement du contrôle financier de l'amortissement. Les placements financiers des dotations aux amortissements doivent notamment être expertisés afin de mesurer le niveau de la rémunération accessoire perçue par le cocontractant au titre de la gestion du patrimoine. Ces dernières ne doivent plus être éludées de l'expertise menée par les personnes publiques en matière d'indemnisation du cocontractant et doivent dorénavant venir en déduction des sommes versées[1026]. D'autres données doivent aussi être contrôlées afin d'être déduites de l'indemnité totale. Si la personne publique ne récupère pas à la fin du contrat les provisions pour renouvellement ou pour risque, celles-ci doivent effectivement réduire de la même manière la base de l'indemnité versée. La valeur totale de la capacité d'autofinancement constituée au fil des années par le cocontractant doit aussi faire l'objet d'un contrôle public avant de les intégrer dans l'indemnité du cocontractant. En effet, elle constitue une stratégie de gestion qui se répercute sur les tarifs. Elle représente donc une rémunération accessoire pour laquelle le cocontractant ne doit pas recevoir une compensation sur les années contractuelles restant à courir[1027]. Les remboursements versés par un organisme tiers au cocontractant, au titre des polices d'assurance qu'il a souscrit, doivent aussi être intégrés dans les modalités de calcul de l'indemnité. Ces polices d'assurance, qui peuvent aussi bien concerner la valeur du patrimoine que les pertes d'exploitation, permettent au cocontractant d'être remboursé en cas de sinistre. D'un point de vue strictement théorique, il pourrait être envisageable de déduire de

---

[1025] Sur ces deux composantes, voir : CE, 24 janv. 1975, Clerc-Renaud, Rec. p 55 ; CAA Paris, 25 avril 1996, Sté France 5, Rec. p 572 ; CE, 10 juill. 1996, Coisne, *Revue Dr. Adm.* 1996, com. n°519 ; CE, 31 juill. 1996, Sté des téléphériques du massif du Mont-Blanc, Rec. p 334.

[1026] Cf. Alain Galesne, dans « Le financement de l'entreprise », *Gestion fiscales des amortissements et des provisions*, éd. *CEREFIA*, Rennes, 1996/2004, p 42 et s.

[1027] Voir les recommandations de la Cour des Comptes en matière de provisions pour renouvellement ; Rapport public 2000, « Les délégations de services publics », disponible à *http://www.ccomptes.fr*.

l'indemnité versée la totalité des sommes remboursées au cocontractant par l'organisme d'assurance durant la période contractuelle exécutée. Toutefois, au regard du principe d'équilibre contractuel, une telle déduction apparaît disproportionnée. La personne publique doit pour autant être au moins en mesure de déduire de l'indemnité les sommes versées par ces organismes qui correspondent à la part non amortie du patrimoine[1028].

968. Le dernier élément à prendre en compte pour déterminer une indemnité juste et réelle concerne toutes les contreparties retirées par le cocontractant. Sur ce point, divers éléments financiers doivent attirer l'attention : la contrepartie normale, c'est-à-dire les recettes d'exploitation ; la rentabilité financière annexe qui résulte de la gestion du patrimoine et/ou de la survaleur acquise par le cocontractant grâce au fait qu'il est titulaire du contrat...[1029] Les juridictions financières et le juge administratif ont ainsi eu l'occasion de souligner que les frais administratifs généraux et les gains retirés des placements financiers des investissements ne doivent pas être indemnisés[1030].

969. Seule la déduction de l'ensemble de ces données peut permettre à la personne publique de procéder au calcul d'une indemnité juste et réelle. Mais la prise en compte des effets financiers de l'amortissement sur les sommes versées au cocontractant ne constitue pas seulement un enjeu pour les cas de résiliation anticipée. Ils permettent aussi d'améliorer le traitement financier lors de l'extinction classique des contrats administratifs.

B- L'extinction classique des contrats administratifs et la détermination performante des termes financiers

970. Si la résiliation anticipée d'un contrat administratif recouvre diverses hypothèses, tant en ce qui concerne les motifs que les éléments composant l'indemnité du cocontractant, l'extinction classique apparaît à

[1028] Voir en ce sens CAA Paris, 2 mars 2009, MM X c/ Cne de Nogent s/Marne, req. n°06PA01969, Inédit au Rec. Lebon, disponible à *http://www.legifrance.fr*.

[1029] La notion de « *Good will* » correspond à une survaleur artificielle de l'entreprise en raison de son savoir faire. Cf. Michel Albouy, « Acquisitions, goodwill et performances boursières », *L'expansion management review*, n°107, déc. 2002, pp 72-79.

[1030] Voir en sens CRC Midi-Pyrénées, avis n°2004-0079, 15 mars 2004, sur la résiliation anticipée d'une délégation de service public de la Ville de Toulouse ; *http://www.ccomptes.fr/CRC17/documents/Avis/MPA04-0079.pdf*. Pour le juge administratif, voir par exemple CAA Bordeaux, 10 fév. 2009, Sté Valerian, req. n°07BX02396, Inédit au Rec. Lebon, disponible à *http://www.legifrance.fr*. Il est précisé ici que l'indemnité concernée ne renvoie pas exactement à la notion de rémunération qui a fait l'objet de réflexions sur son encadrement à partir d'une approche concurrentielle et financière (Cf. par exemple Salim Ziani, « La juste rémunération dans les délégations de service public », mém. ss. la dir. de Gabriel Eckert, Université de Strasbourg, juin 2008, p. 107 à 112).

première vue moins complexe à traiter. En effet, le terme normal de la convention est le plus souvent anticipé par les parties dès la conclusion du contrat. Ce dernier prévoit généralement une clause dédiée au traitement juridique et financier de l'opération qui est réalisé quelques temps avant l'extinction définitive. Conformément au principe selon lequel la durée contractuelle correspond à celle d'amortissement du patrimoine financé par le cocontractant et considéré comme des biens de retour, la fin classique du contrat n'impose *a priori* le versement d'aucune indemnité de la part de la personne publique[1031]. La durée de l'amortissement complet du patrimoine sert normalement au cocontractant à obtenir un retour sur investissements suffisant, grâce aux recettes d'exploitation, pour couvrir l'ensemble des missions que le contrat lui a confié. Dans le cas contraire, le manque à gagner relève en principe de sa responsabilité et n'a pas à être indemnisé par la personne publique.

971. Néanmoins, l'hypothèse d'un amortissement complet au terme de la convention apparaît théorique. Les deux fonctions [comptable et financière] de l'amortissement des actifs immobilisés constituent des mécanismes soumis à des fluctuations de valeurs durant la phase d'exécution. Cet amortissement est donc constaté en réalité bien avant, tandis que les informations transmises à la personne publique témoignent du contraire et laissent apparaître dans la comptabilité du cocontractant une valeur positive jusqu'au terme de la convention[1032]. Cette asymétrie d'informations montre que la personne publique doit réviser le contenu des expertises menées à cette occasion. L'objectif est ainsi d'améliorer le contrôle des données patrimoniales présentées par le cocontractant lors de l'extinction du contrat, pour mieux évaluer les éléments financiers du contrat. Le problème est que certaines opérations relatives aux amortissements financiers sont pour l'instant négligées alors qu'elles devraient être expertisées afin de vérifier la conformité de la contrepartie retirée par le cocontractant aux prévisions initiales et aux réévaluations en

---

[1031] Pour le terme classique des délégations de service public voir l'article L1411-2 du CGCT ; pour celui des contrats de partenariats public-privé voir l'article L1414-1 du CGCT ; pour le terme des conventions d'occupation domaniale voir l'article L1311-1 du CGCT et l'article L3112-1du Code de la Propriété des Personnes Publiques.

[1032] Si la part non-amortie des investissements n'est pas conséquente, le régime des contrats administratifs prévoit une solution qui consiste à prolonger le contrat. Il s'agit par exemple de l'hypothèse des prolongations des conventions de délégation en raison d'investissements supplémentaires (Cf. Art. L1411-2 b) du CGCT). L'objectif est de prolonger le contrat sans constater une hausse manifestement excessive des tarifs. Néanmoins, si la part des investissements non amortis ne permet pas une prolongation du contrat, sans une augmentation significative des tarifs, la personne publique peut être aussi amenée à indemniser le cocontractant pour la valeur non amortie des biens. Dans ce cas, les biens de retour alors traités comme des biens de reprise. Cf. CAA Paris, 2 mars 2009, MM. X c/ Cne de Nogent s/Marne, req. n°06PA01969, Inédit au Rec. Lebon.

cours d'exécution. Celles-ci ne doivent plus constituer une captation de profits dépassant le niveau normal des données négociées en amont.

972. L'échéance de la durée contractuelle est donc constitutive de deux enjeux majeurs pour l'autorité contractante : d'une part, maîtriser le second transfert patrimonial qui consiste à réintégrer dans la sphère publique les biens de retour et certains biens de reprise ; d'autre part, expertiser avec précision les termes financiers de l'opération afin d'éviter que la rémunération du cocontractant ne dépasse celle estimée lors de la passation.

1/ Le traitement comptable du second transfert patrimonial : le retour des biens dans la sphère publique

973. Lorsqu'un contrat administratif prévoit que la personne publique confie au cocontractant la réalisation et/ ou l'exploitation des immobilisations nécessaires à la réalisation d'un service public, un transfert patrimonial est toujours formalisé avant le début de la phase d'exécution. Ce dernier prend la forme d'une opération comptable qui peut s'effectuer de deux manières. Si les immobilisations sont existantes et inscrites initialement dans la comptabilité publique, il se matérialise par des déductions sur les lignes comptables de la personne publique et par une création de valeur équivalente sur celles du cocontractant. La valeur des biens transférés est alors portée pour mémoire dans les comptes de la personne publique. Si le cocontractant assume la charge des investissements de premier établissement, le transfert est artificiel. Aucun transfert des inscriptions comptables ne formalise le passage des biens de la sphère publique au cocontractant, de sorte que ce dernier opère seul le traitement initial des biens. La seule limite est qu'ils sont inscrits pour mémoire dans la comptabilité publique[1033].

974. Dans les deux cas, une classification fonctionnelle s'impose pour distinguer les biens de retour des biens de reprise et des biens propres[1034]. Les premiers concernent le patrimoine qui, au terme du contrat, doit revenir gratuitement à la personne publique. Ces biens sont en théorie complètement amortis avant l'extinction de la convention. Il relève donc de la responsabilité du cocontractant de pratiquer les amortissements suffisants pour obtenir cette valeur nette comptable nulle des immobilisations. En ce qui concerne les biens de reprise, il s'agit d'actifs immobilisés appartenant au cocontractant, sur lesquels la personne

---

[1033] Voir en ce sens Bernadette Straub, « Guide budgétaire et comptable de la délégation de service public », éd. *Berger Levrault*, 2006, p 31 et s.

[1034] Sur cette distinction, voir l'ouvrage d'Yves Delaire, « La délégation des services publics locaux » (éd. *Berger Levrault*, coll. Les indispensables, 2002) et celui de Laurent Richer, « Droit des contrats administratifs » (*LGDJ*, 6°éd., 2008) qui traitent cette distinction traditionnelle des différents biens des contrats publics.

publique peut émettre une option d'achat au terme du contrat, dans les conditions prévues au cahier des charges. Enfin, pour les biens propres, le cocontractant en est pleinement propriétaire durant l'exécution du contrat, mais aussi après son terme. Si les parties peuvent s'entendre sur le rachat de certains de ces biens au terme d'une procédure amiable de rachat formalisant leur souhait commun, les membres de la doctrine considèrent toutefois qu'ils « *sont réputés être repris* » par le cocontractant au terme de la convention[1035].

975. De cette classification traditionnelle des biens découle un traitement comptable spécifique du transfert patrimonial formalisé par le contrat et réalisé en amont de l'exécution. Les inventaires et les inscriptions comptables sont effectivement tributaires de la nature des biens puisqu'ils doivent permettre aux parties de les identifier clairement depuis la signature du contrat, durant la réalisation des investissements et jusqu'à l'extinction classique ou anticipée[1036]. Si le premier intérêt de cette distinction est d'assurer une maîtrise publique sur les opérations patrimoniales, les enjeux financiers sous-jacents ne sont pas moins importants et impliquent un traitement tout aussi précis lors du retour du patrimoine dans la sphère publique. L'extinction du contrat est effectivement l'occasion de réaliser un nouveau transfert du patrimoine, qui s'opère cette fois de la comptabilité du cocontractant vers celle de la personne publique. Si cette opération doit respecter un certain équilibre des écritures comptables de débit et de crédit, elle a aussi de toute évidence un caractère financier qui doit être anticipé par la personne publique.

976. Cette dernière doit devancer le terme de la convention en procédant à des audits menés par ses services et/ou des cabinets d'expertises extérieurs. Ils doivent porter sur le patrimoine composé des biens de retour, mais aussi des biens qu'elle envisage de reprendre pour assurer la continuité du service public. La première étape de cette procédure consiste alors à réaliser trois inventaires des biens en fonction de leur nature. Ces derniers doivent porter sur un aspect non seulement quantitatif, pour répertorier chaque bien et ses composants, mais aussi qualitatif, pour réaliser une première estimation de la valeur nette réelle et comptable de chaque actif immobilisé décomposé. Ces données doivent ensuite être comparées avec les résultats précédemment recueillis lors des différents contrôles contractuels, qui reposent en grande partie sur les données comptables et financières d'exploitation. Cette comparaison doit

[1035] Yves Delaire, *op. cit.*

[1036] Il s'agit là de recommandations maintes fois réitérées dans les lettres d'observations des juridictions financières. Voir par exemple en ce sens CRC Provence-Alpes-Côte-d'Azur, 6 juin 2002, Cne d'Aubagne ; CRC Champagne Ardenne, 5 fév. 2004, SIVOM du Rethélois ; disponibles à *http://www.ccomptes.fr*.

permettre à la personne publique de vérifier la valeur des biens et d'anticiper concomitamment les opérations comptables nécessaires au retour de ces actifs dans la sphère publique. Cette procédure d'inventaire est aussi l'occasion de procéder à une première évaluation financière des actifs indispensables à la continuité du service public.

977. Le traitement comptable du patrimoine à l'issue de la convention ne peut cependant se limiter à ces inscriptions comptables et aux provisions nécessaires pour racheter les biens de reprise. Cette évaluation patrimoniale doit devenir la première étape permettant de structurer les contrôles effectués sur la capacité d'autofinancement et les dotations aux amortissements. Si peu de temps avant le terme de la convention la personne publique identifie dans les comptes du cocontractant des reliquats en la matière, elle dispose alors d'un choix : soit elle impose au cocontractant de solder les comptes concernés et en sollicite le reversement ; soit elle les expertise pour les déduire du montant versé pour le retour des biens dans la sphère publique[1037].

978. Dans la première hypothèse, le solde des comptes concernés accroît *a priori* la contrepartie globale du cocontractant. Elle a donc pour conséquence d'augmenter le niveau normal de sa rémunération. La personne publique dispose cependant de certains moyens pour infléchir cette tendance, notamment en expertisant financièrement sa rémunération totale et en exigeant que les sommes indûment perçues lui soient reversées[1038]. Le surplus dégagé lors de la reprise de certains biens, provenant de la capacité d'autofinancement et des dotations aux amortissements, est alors déduit de l'indemnité globale versée au cocontractant. L'objectif est de rétablir ainsi l'équilibre contractuel négocié en amont.

979. Dans le second cas, les sommes déduites lors des opérations de rachat concernent essentiellement les biens de reprise. En effet, l'hypothèse de principe pour les biens de retour est que leur valeur nette comptable est nulle au terme de la convention. Si l'amortissement de ces actifs immobilisés n'est pas complet, le cocontractant ne peut *a priori* en solliciter l'indemnisation auprès de la personne publique. Mais cette hypothèse correspond en réalité à des cas exclusivement théoriques car la personne publique peut par exemple imposer des investissements complémentaires peu de temps avant le terme de la convention. Afin d'éviter une prolongation du contrat pour ces missions annexes qu'elle

---

1037 Voir en ce sens les recommandations de la Cour des Comptes sur les provisions pour renouvellement et les dotations pour amortissement, Rapport public de 2000, « Les délégations de services publics », Partie 2, Chapitre IV, Section 3 ; et celles de la Commission Concession ss prés. J. Driol, « Rapport sur les orientations générales en matière de comptabilité des entreprises concessionnaires », éd. *La Doc. Française*, 1994.

1038 Cette idée fait référence aux modalités techniques de rationalisation de la rémunération du cocontractant qui sont présentées *infra* à la Partie II, Chapitre 2, Section 2, §1 et §2.

sollicite, elle est souvent amenée à reprendre ces actifs immobilisés considérés comme des biens de retour, à hauteur de leur valeur nette comptable[1039]. Dans cette hypothèse, les biens de retour concernés sont alors traités au terme de la convention comme des biens de reprise[1040].

980. Au-delà de la classification des biens et des modalités d'expertises de leur valeur, la personne publique doit aussi tenir compte d'un phénomène particulier pour améliorer les procédures réalisées à l'occasion de l'extinction du contrat. Pour évaluer la valeur nette des biens de retour et des biens de reprise, une attention toute particulière doit être portée aux fluctuations qui caractérisent le traitement du patrimoine. Il faut que les données économiques contrôlées soient actualisées à la date de l'extinction du contrat.

981. A défaut, elle risque de surévaluer la valeur des biens et d'accroître la contrepartie versée au cocontractant à l'occasion du traitement financier de l'extinction du contrat. L'efficacité d'une telle procédure est donc au final conditionnée par les aspects comptables relatifs au traitement du patrimoine, mais aussi par les données financières qui résultent de sa gestion durant la phase d'exécution.

982. C'est pourquoi une expertise financière globale du contrat doit être réalisée en tenant compte des mécanismes assurant au cocontractant une rentabilité financière grâce à la prise en charge de l'amortissement des biens. L'idée est de compléter le traitement comptable du transfert patrimonial réalisé pour le retour des biens dans la sphère publique et de permettre aux personnes publiques de pallier le risque de captation de profits.

2/ Les amortissements au service d'une évaluation performante des termes économiques

983. Si la réintégration du patrimoine dans la comptabilité publique est d'une importance capitale lors de l'extinction du contrat, la personne publique doit dans le même temps réaliser un traitement financier de l'opération afin de solder le lien contractuel noué avec le cocontractant. Sur ce point, les différentes formes de contrats administratifs présentent le plus souvent une caractéristique commune : elles comprennent toujours une clause visant à encadrer le traitement comptable des biens, mais ne prévoient presque jamais de mécanismes visant à rationaliser économiquement la fin du contrat ; en autorisant par exemple la personne

---

[1039] Il s'agit là d'une solution pour éviter le recours aux prolongations contractuelles, tel que le prévoit par exemple le régime des contrats de délégations de service public à l'article L1411-2 du CGCT, éd. 2009.

[1040] Cf. CAA Paris, 2 mars 2009, MM. X c/ Cne de Nogent s/Marne, req. n°06PA01969, Inédit au Rec. Lebon.

publique à exiger le reversement des sommes qui seraient indûment perçues par son cocontractant durant la phase d'exécution[1041].

984. Or, le fonctionnement des amortissements financiers et les conséquences économiques de l'amortissement industriel témoignent de la capacité du cocontractant à accroître la rente financière retirée de l'opération, et donc à dégager des profits qui dépassent le cadre de la rémunération normale prévue par le contrat[1042]. Les provisions pour risque sont un exemple de ce phénomène. Si elles sont en principe constituées pour prévenir tout évènement imprévu concernant l'exploitation du patrimoine, elles sont souvent surévaluées par le cocontractant. Malgré les recommandations des juridictions financières, les contrats publics n'encadrent toujours pas ces provisions et leur reversement à la personne publique qui est normalement possible, même en cas de silence du contrat, dans un délai de deux mois à compter du terme de la convention[1043]. Dans la pratique, les lettres d'observations des Chambres régionales des comptes montrent que ce phénomène est lié aux carences des contrôles publics relatifs au traitement financier de ces provisions. En effet, les autorités publiques omettent bien souvent de contrôler ces provisions et d'en solliciter le reversement, de sorte que les cocontractants n'hésitent pas à accroître leur volume durant les dernières années d'exécution afin d'augmenter le niveau de leur rémunération totale[1044].

985. Le principe est sensiblement le même en ce qui concerne la rente financière retirée de la gestion des dotations aux amortissements grâce à des placements financiers à risque limité. Le cocontractant met en place une politique de gestion de cette capacité d'autofinancement afin de maximiser le résultat financier des opérations de renouvellement des actifs immobilisés et amortissables. Cela explique pourquoi ces missions sont souvent réalisées à moindre coût. Si le recours à ces politiques

---

[1041] Le principe essentiel de la rémunération du cocontractant est qu'elle doit être une contrepartie à des missions réellement assumées. Au sens de la jurisprudence du Conseil d'Etat (30 sept. 1996, Sté Stéphanoise des eaux et Ville de Saint Etienne, req. n°156176, rec. Lebon p 355) et des décisions du Conseil Constitutionnel (déc. du 6 oct. 1976, n°76-92 L, *RDP* 1977, p 764), le principe du reversement des sommes indûment perçues par le cocontractant apparaît viable d'un point de vue juridique.

[1042] Voir en ce sens la théorie du multiplicateur d'amortissement d'Alain Galesne, « Le financement de l'entreprise », *Gestion fiscale des amortissements et des provisions*, éd. *CEREFIA*, Rennes, 1996/2004, p 42 et s.

[1043] Cour des Comptes, Rapport public de 2000, « Les délégations de services publics », Partie 2, Chapitre IV, Section 3 ; Commission Concession, ss. prés. Jean Driol, « Rapport sur les orientations générales en matière de comptabilité des entreprises concessionnaires », éd. *La Doc. Française*, 1994.

[1044] Sur la stratégie appliquée par les cocontractants sur ce type de provisions, voir les lettres d'observations suivantes : CRC Provence-Alpes-Côte-d'Azur, 1er oct. 2002, Cne de Sainte-Maxime ; CRC Bretagne, 6 mars 2003, Syndicat Intercommunal des eaux de la forêt du Theil ; disponibles à *http://www.ccomptes.fr*.

financières n'apparaît pas de prime abord critiquable, elles posent en réalité un problème de rémunération et de marge nette retirée par le cocontractant à l'extinction du contrat. En effet, la personne publique sollicite rarement le reversement de la rente financière qui en résulte, alors que ces politiques de gestion organisent un double gain pour le cocontractant : d'une part, ces placements lui permettent de retirer une rente régulière ; d'autre part, la capacité d'autofinancement est dans le même temps une composante du prix de revient de la prestation facturée soit aux usagers, soit à la personne publique. A ce jour, les analyses relatives aux amortissements de caducité et aux conséquences financières de l'amortissement technique démontrent que les tentatives d'encadrement de la rente liée aux dotations aux amortissements sont exclusivement théoriques. La personne publique ne procède généralement à aucune expertise de cette donnée, de sorte que le cocontractant retire, au moment de l'extinction de l'opération, une contrepartie qui dépasse le strict retour sur investissements et une marge nette raisonnable[1045]. Les mécanismes lui permettant d'accroître sa rémunération sont d'ailleurs variés et le fonctionnement des amortissements montre qu'il est impossible de douter leur existence[1046].

986. Ce phénomène constitue donc une preuve d'un dépassement de la rémunération estimée lors des négociations, dont le contenu fait pourtant l'objet d'un encadrement strict par la jurisprudence administrative[1047]. Pour rationaliser le solde financier réalisé à l'occasion de l'extinction classique du contrat administratif, la personne publique doit mesurer le volume de la rentabilité globale de la convention afin de vérifier que les données financières réelles d'exécution concordent avec les éléments négociés *ex-ante*. Le terme du contrat doit notamment être l'occasion de procéder à une évaluation de la contrepartie du cocontractant en corroborant les données finales d'exécution avec les informations obtenues au cours des différents contrôles contractuels.

987. Mais cette opération ne prend tout son sens que si la personne publique est ensuite en mesure d'influer sur la contrepartie globale du cocontractant. Deux solutions juridiques sont pour cela envisageables :

[1045] Cf. CRC Rhône-Alpes du 19 juin 2003, Cnauté urbaine de Lyon ; disponible à *http://www.ccomptes.fr*.

[1046] Sur les différentes techniques à la disposition du cocontractant, voir les analyses d'Alain Galesne relatives au Multiplicateur d'amortissement, « Le financement de l'entreprise », *Gestion fiscale des amortissements et des provisions*, éd. *CEREFIA*, Rennes, 1996/2004, p 42 et s.

[1047] Cf. CE, 30 sept. 1996, Sté Stéphanoise des eaux et Ville de Saint-Etienne (req. n°156176, rec. Lebon p 355). Dans sa décision du 6 oct. 1976 (n°76-92 L, *RDP* 1977, p 764), le Conseil Constitutionnel rappelait que les tarifs pratiqués constituent des redevances « *demandées aux usagers en vue de couvrir les charges d'un service public déterminé ou les frais d'établissement ou d'entretien d'un ouvrage public qui trouvent leur contrepartie directe dans des prestations fournies par le service ou dans l'utilisation de l'ouvrage* ».

soit les personnes publiques se responsabilisent vis-à-vis de cet enjeu en créant une clause contractuelle qui leur permet d'expertiser financièrement la rémunération totale du cocontractant et d'exiger un reversement des surplus retirés de l'opération qui ne sont pas prévus au contrat ; soit les différents régimes juridiques des contrats publics prennent en compte cette problématique en structurant une grille d'expertise de ces grandes données financières et les modalités de reversement de l'indu perçu.

988. Dans le premier cas, il est tout à fait envisageable de considérer une telle clause de reversement comme une contrepartie aux garanties fournies par la personne publique au cocontractant, notamment celle relative à l'encadrement des risques pour le financement du projet lorsque ce dernier sollicite un apport en capital extérieur. De la même manière que ces organismes financiers externes s'assurent de la « bancabilité » du projet, ces clauses peuvent permettre aux personnes publiques de s'assurer que la contrepartie du cocontractant constitue le résultat direct des missions qu'il assume[1048]. La construction de ces clauses contractuelles n'apparaît donc pas antinomique avec les enjeux financiers des contrats administratifs puisqu'elles concourent à les rationaliser.

989. Dans le second cas, l'encadrement réglementaire et législatif de cette expertise financière et des modalités de reversement de l'indu perçu par le cocontractant présente l'avantage d'éviter des situations où les personnes publiques ne procèdent à aucun contrôle économique du résultat final de la convention. Le risque est toutefois d'aboutir à un encadrement type qui ne réponde pas exactement aux exigences de chaque contrat public considéré.

990. Mais, au-delà de ces deux options en matière d'évaluation économique du contrat, le véritable enjeu est surtout de parvenir à fixer un plafond à la rémunération du cocontractant, au-delà duquel les personnes publiques peuvent exiger un tel reversement. Or, cette donnée n'est pas simple à déterminer car elle doit assurer au cocontractant une marge nette minimum, mais aussi garantir les intérêts de la personne publique.

[1048] Voir Michel Lequien et Pascal Cuche, « La notion de « bancabilité » dans les opérations de financement privé d'équipements publics », *Revue de Dr. Adm.*, n°12 déc. 2004, étude n°22, p 109 et s.

Section 2 : La rationalisation de la clause relative à la rémunération grâce à l'amortissement financier

991. Dans le droit des contrats administratifs, la volonté de rationaliser le contenu de la rémunération du cocontractant n'est pas récente. L'ensemble des régimes juridiques respectifs tentent de réaliser cet objectif, tandis que les analyses doctrinales sur ce point se développent progressivement[1049]. Mais les praticiens ne parviennent pas pour le moment aux résultats escomptés, comme le montrent les cas concrets analysés par les juridictions financières[1050]. Ceci est lié à un phénomène simple : les régimes juridiques et le juge du contrat n'utilisent pas de référentiel opérant, c'est-à-dire un indicateur ayant une portée normative dans le contrat et dont les conséquences matérielles servirait à rationaliser la rémunération. Certes, le juge du contrat utilise le rapport « recettes/dépenses » pour l'apprécier[1051]. Mais il s'agit dans son raisonnement d'une notion générale/un standard qui n'emporte pas de conséquences juridiques en tant que tel. Ce rapport particulier n'est dans la jurisprudence qu'un élément général d'appréciation et non un indicateur assorti d'effets contraignants pour les parties, notamment pour le cocontractant. Pourtant, les conséquences matérielles et réelles des gains d'exploitation et de gestion du cocontractant militent en faveur de son encadrement au sein même de la relation contractuelle.

992. Comme pour la définition de la durée contractuelle, l'amortissement peut jouer un rôle en la matière. Le traitement du transfert patrimonial dans le cadre d'un contrat administratif [identifiable grâce aux amortissements industriels] et la maîtrise publique des termes financiers de l'opération [par l'encadrement des conséquences financières de l'amortissement] ont effectivement pour objectif de permettre une réappropriation publique de ces conventions.

1049 Philippe Cossalter, (« Le principe de rentabilité limitée », colloque 26 oct. 2006, Université Paris II Panthéon-Assas, groupe de recherches ATOM) présente ce défi de la commande publique : « *La juste rémunération du capital investi ou plus simplement des prestations de service exécutées par le délégataire de service public en droit français est assurée par deux moyens. La juste rémunération peut être assurée par la fixation d'une durée d'amortissement légère supérieure à la durée de l'amortissement financier. (...) Plus généralement, la rémunération normale est directement intégrée au montant annuel des redevances, mais de manière implicite* » ; p 10 ; disponible à *http://www.atom.univparis1.fr/documents/Cossalter_10-06.pdf*.

1050 A titre non exhaustif, voir en ce sens CRC Rhône-Alpes, 24 nov. 1995 et 18 déc. 1997, Service public de l'eau et de l'assainissement de la Cne de Grenoble ; disponible à *http://www.ccomptes.fr*.

1051 Voir récemment CE, 11 août 2009, Sté Maison Comba, req. n°303517, concl. Rapporteur Bertrand Dacosta.

993. En finance d'entreprise, l'appréciation de ce mécanisme de gestion repose sur un subtil équilibre entre les investissements, vis-à-vis desquels les données comptables ont un effet statique lié à la retranscription des dépréciations, et les aspects financiers liés aux dotations aux amortissements, soumises à des fluctuations inhérentes à l'environnement économique de l'entreprise. Ces deux aspects caractérisent les modalités de mise en œuvre de l'amortissement en matière de contrats administratifs.

994. La finalité de ce mécanisme ne doit pas se limiter pour la commande publique à l'encadrement des opérations de gestion du patrimoine, comme le montre l'amortissement industriel. Ce dernier ne participe pas seulement à améliorer les informations de la personne publique concernant le patrimoine, il a aussi vocation à rationaliser le contenu de la durée contractuelle. Certaines analyses tendent ainsi à démontrer que l'encadrement de cette clause conduit mécaniquement à rationaliser les conditions de rémunération du cocontractant[1052]. Mais la validité d'une telle hypothèse repose sur un postulat incomplet : l'encadrement de la période d'exécution ne suffit pas car il ne rationalise ni le niveau de la rémunération, ni ses différentes composantes, notamment les gains de gestion. L'optimisation de la clause relative à la durée a pour seul effet de limiter la période durant laquelle le cocontractant dispose d'un droit à rémunération. Seule la création d'un référentiel spécifique doté d'une valeur juridique, tant dans le raisonnement du juge du contrat que dans la relation contractuelle elle-même, peut permettre d'aboutir à une limitation de son contenu et donc du retour sur investissements du cocontractant.

995. Le droit des contrats administratifs ne prévoit pas à ce jour un tel référentiel comptable[1053]. Certes, la clause de renégociation du contrat en cours d'exécution apparaît à première vue comme une solution satisfaisante permettant de pallier ces problèmes. Mais les lettres d'observations des Chambres régionales des comptes démontrent qu'elle ne l'est pas en réalité car cette réévaluation économique du contrat repose sur une appréciation conjoncturelle. Elle ne concourt donc pas à une réévaluation fiable des données financières négociées au regard de

---

[1052] Cf. Eduardo Engel, Ronald Fischer et Alexander Galetovic, "A new method to Auction Highway Franchise", Documentos de trabajo CEA n°13, 1997, Department of Industrial Engineering, University of Chile ; "Least-Present-Value-of-Revenue Auctions and Highway franchising", *Journal of Political economy*, p 993-1020.

[1053] Il existe aujourd'hui des référentiels financiers tels que le bénéfice raisonnable et la rémunération relative à l'exploitation. Mais ils ne constituent que des standards dont la portée juridique pour réviser l'économie du contrat en cours d'exécution n'est pas encore actée.

celles déjà exécutées[1054]. Les personnes publiques ne parviennent donc pas encadrer tous les termes financiers des conventions conclues avec des cocontractants privés.

996. Pour certains membres de la doctrine, le moyen de remédier à ce phénomène consiste à contourner la complexité comptable de l'amortissement en prévoyant dans le contrat un bénéfice raisonnable pour le cocontractant[1055]. Cette proposition s'inspire des exemples anglo-saxons qui ont construit des montages contractuels à exécution variable, tant en ce qui concerne les durées contractuelles que les conditions de rémunération[1056]. Cette donnée est calculée en déduisant des résultats bruts annuels la charge des investissements évaluée chaque année soit en termes de réalisation, soit en termes d'exploitation. L'objectif de cette proposition est de pallier les difficultés qui président à l'appréciation de la rémunération au regard des investissements patrimoniaux et de leur gestion. Cependant, le référentiel utilisé présente le désavantage ne pas être lié au patrimoine. Il permet seulement une appréciation générale du chiffre d'affaires. Même s'il prend en compte les investissements rapporté aux recettes, il délaisse les gains de gestion inhérents aux différents biens et n'a, dans ces propositions doctrinales, aucun effet direct au sein de la relation contractuelle. En outre, le bénéfice raisonnable n'est pas connecté à la durée contractuelle puisqu'il ne prend pas en compte l'amortissement du patrimoine.

997. Toutefois, cette proposition se trouve confortée par un mouvement d'harmonisation des normes comptables applicables aux cocontractants privés. Dans ce contexte, les pouvoirs publics ont alors des difficultés importantes pour adapter leur comptabilité à celle de leurs cocontractants. Ici, les conséquences ne sont pas comptables, mais financières. Ce différentiel de structure comptable empêche les personnes publiques de rationaliser la rémunération de leurs cocontractants car il les oblige à utiliser une notion aux contours incertains : le bénéfice industriel raisonnable (§1). Cette donnée apparaît pourtant incomplète puisqu'elle est un simple référentiel et ne respecte par le rapport qui doit normalement exister entre la clause de la durée et celle de la rémunération. Afin de remédier à ce phénomène et

---

[1054] Par exemple, voir CRC Midi-Pyrénées, avis n°2004-0079, 15 mars 2004, sur la rupture d'un contrat de délégation de la Ville de Toulouse ; source : *http://www.ccomptes.fr/CRC17/documents/Avis/MPA04-0079.pdf.*

[1055] Voir en ce sens Anne Yvrande-Billon, « Concurrence et délégations de services publics : Quelques enseignements de la théorie des coûts de transaction », *Revue Française d'économie*, XXII (3), p 97 et s.

[1056] Voir les analyses formulées par Hakam Kamleh, sur "La nouvelle organisation ferroviaire britannique : sur la frontière entre intégration et désintégration", Doc. de recherches du Centre d'analyse économique, DR 28-05/06, Université d'Aix en Provence ; source : *http://junon.u-3mrs.fr/afa10w21/rech/r_DR/DR_28_0506_kamleh.pdf.*

rationaliser l'économie ces contrats, un autre référentiel doit venir compléter le bénéfice raisonnable. L'encadrement du contenu de la rémunération doit être défini dans une clause spécifique au moyen d'un agrégat connecté à la durée contractuelle et ayant une force contraignante au sein même de la relation contractuelle. Or, le taux de retour sur investissements calculé à partir de l'amortissement. permet de réaliser l'ensemble de ces objectifs (§2).

Paragraphe 1 : L'harmonisation des normes comptables et les tentatives d'encadrement de la rentabilité des contrats administratifs

998. Le droit de la commande publique est aujourd'hui confronté à un mouvement de réforme qui dépasse la structure juridique *stricto sensu* des différentes formes contractuelles. Les normes comptables, permettant notamment de traiter l'amortissement des actifs immobilisés, ont connu ces dernières années une refonte à l'échelle internationale qui influence la comptabilité des cocontractants privés. Le droit contrats administratifs doit donc trouver des solutions pour proposer un traitement du patrimoine en en conformité avec ces nouvelles règles.

999. Par exemple, les sociétés cotées sont dorénavant tenues de présenter leurs comptes consolidés en tenant compte des états financiers résultant des normes IAS et IFRS[1057]. Transposées en France et applicables depuis le 1er janvier 2006, ces normes ont modifié la structure relative à la présentation des comptes consolidés des entreprises afin de les rendre plus lisibles et d'en permettre une comparaison efficace sur les marchés internationaux.

1000. Cette réforme est à première vue étrangère au droit des contrats administratifs. Mais elle a en réalité de nombreuses conséquences pour ce mode d'action. La comptabilité des entreprises privées cocontractantes entre effectivement dans le champ de ces nouvelles normes et implique une révision fondamentale des données présentées aux personnes publiques. C'est d'ailleurs pour cette raison que les textes réglementaires relatifs aux contrôles de certains contrats administratifs imposent aux

[1057] Les règles comptables internationales IAS (*International Account Standard)* jusqu'en 2001 et IFRS (*International Financial Reporting Standard*) ensuite ont été élaborées par l'IASB (*International Accounting Standard Board*) qui a remplacé en 2001 l'IASC (*International Accounting Standards Comittee*). Les textes européens imposant l'application de ces normes au 1er janv. 2006 sont : Parlement européen et Conseil, règlement n°CE/1606/2002 ; Commission Européenne, règlement n°CE/1725/2003 du 29 mars 2003. Voir en ce sens PricewaterhouseCoopers, « IFRS 2005, Divergences France/IFRS », éd. *Francis Lefebvre*, 2005.

cocontractants de faire état des modifications comptables qui sont intervenues depuis leur entrée en vigueur[1058].

1001. Mais cette réforme de grande ampleur s'applique seulement aux opérateurs du secteur privé. La comptabilité des personnes publiques n'est pas encore directement concernée par ces modifications structurelles. Il existe donc des disparités au sein des structures comptables entre la personne publique et son cocontractant privé. Ceci entraîne notamment un traitement différent entre les parties concernant les données patrimoniales d'un contrat administratif. Les personnes publiques tentent d'ailleurs aujourd'hui de remédier à ce phénomène en utilisant ces normes comptables qui ne sont pas adaptées à leurs modes de gestion et à leurs besoins. Si cette tentative de transposition de ces nouvelles normes permet d'anticiper la création d'un support spécifique grâce à une instruction fiscale dédiée, cette adaptation est maladroite et s'avère risquée à court terme pour l'exécution des contrats publics.

1002. Ce jeu d'équilibriste comptable engendre par exemple des difficultés pour apprécier le contenu de la rémunération du cocontractant. Les expertises des personnes publiques se trouvent en la matière confrontées à deux difficultés majeures qui empêchent toute forme de rationalisation de cette donnée : d'une part, la structure de l'expertise de la rémunération est faussée, puisque les normes comptables privées diffèrent de celles utilisées par la personne publique ; d'autre part, la rationalisation de cette contrepartie contourne ces difficultés comptables et se fait alors difficilement au moyen du rapport « recettes/investissements », qui est pourtant l'indicateur de principe.

1003. De ce point de vue, ces normes imposent de modifier le référentiel qui était jusque là utilisé pour apprécier la rémunération du cocontractant à la lumière des missions contractuelles et des investissements qui lui sont confiés. Le problème est que ce phénomène entraîne une déconnexion entre la durée du contrat [période durant laquelle le cocontractant dispose d'un droit à rémunération et qui dépend de l'importance de ces investissements] et l'appréciation du contenu de cette rémunération.

1004. La démarche adoptée par certains membres de la doctrine en témoigne. C'est pour résoudre les problèmes posés par ces réformes successives de la comptabilité privée, et ses différences avec la comptabilité publique, que ces derniers proposent de retenir un référentiel particulier pour encadrer la rémunération du cocontractant : le bénéfice

---

[1058] Voir en ce sens l'article R 1411-7 du CGCT, éd. 2009, modifié par le décret du 14 mars 2005 (n°2005-236, JO 18/03/2005, p 4570), relatif au rapport des délégataires transmis au 1er juin de chaque année à l'autorité délégante. Les mentions relatives à la comptabilité du délégataire et à la présentation des méthodes retenues doivent ainsi être comprises à la lumière des nouvelles normes comptables IAS/ IFRS. Voir par exemple l'article 2 du décret susvisé, I, a).

raisonnable[1059]. Dans le secteur privé, celui-ci consiste à apprécier le gain résultant de la différence entre le prix de vente et le prix de revient d'un produit ou d'un service. Le bénéfice brut est obtenu sans déduction des charges, tandis que ces dernières sont retranchées pour déterminer le bénéfice net. En matière de contrats administratifs, il renvoie à la contrepartie que le cocontractant perçoit au titre du contrat grâce aux recettes d'exploitation et/ou de réalisation. Celle-ci dépend alors des tarifs pratiqués et de la rémunération accessoire.

1005. Connu aussi sous le terme de « bénéfice industriel raisonnable » et/ou de « juste rémunération », ce référentiel permettrait aux personnes publiques de rationaliser la rémunération du cocontractant en insérant dans le contrat une clause définissant un plafond au-delà duquel la personne publique est en mesure d'imposer le reversement de la part financière indûment perçue[1060]. Pour ce faire, les auteurs concernés s'appuient sur de nombreux exemples étrangers, dont l'intérêt pour le droit français des contrats administratifs est manifeste. Ils montrent notamment que l'enjeu moderne de la commande publique est de parvenir à prendre en compte les données économiques d'exécution pour rééquilibrer ces conventions[1061]. Ces expériences étrangères permettent notamment de remédier aux dérives liées à l'internationalisation des normes comptables et aux difficultés inhérentes à leur transposition hasardeuse dans ces contrats (A).

1006. Néanmoins, au regard des régimes juridiques français de la commande publique, la notion de « bénéfice raisonnable » apparaît incomplète car elle renvoie seulement aux recettes dégagées par le cocontractant (B). Or, aux termes des analyses relatives aux conséquences comptables et financiers de l'amortissement, la rationalisation de la rémunération doit être connectée à une clause essentielle : la durée contractuelle. Cet encadrement de la rémunération ne peut donc être réalisé sans utiliser un référentiel commun à ces deux clauses. En l'espèce, l'amortissement peut permettre une évaluation du retour sur investissements du cocontractant qui complète l'appréciation

---

[1059] Voir en ce sens Philippe Cossalter, sur « Le principe de rentabilité limitée », Colloque oct. 2006, Université Paris II, groupe de recherches ATOM, disponible à *http://atom.univ-paris1.fr/documents/Cossalter_10-06.pdf.*

[1060] Voir en ce sens les analyses de Salim Ziani, « La juste rémunération dans les délégations de service public », mém. ss. la dir. de Gabriel Eckert, Université de Strasbourg, juin 2008, p. 107 à 112.

[1061] Philippe Cossalter, « Le principe de rentabilité limitée », Colloque du 26 oct. 2006, Université Panthéon-Assas Paris II, groupe de recherches ATOM, disponible à *http://atom.univ-paris1.fr/documents/Cossalter_10-06.pdf.* L'auteur formule son hypothèse de départ, relative au principe de rentabilité limitée, en s'appuyant sur les exemples anglais, italiens et espagnols qui prévoient tous de manières différentes des clauses contractuelles visant à atteindre un objectif commun : rationaliser la rémunération des cocontractants grâce à des clauses financières évolutives.

financière du « bénéfice raisonnable » et/ou de la « juste rémunération ». En effet l'amortissement du patrimoine peut servir à apprécier les profits directs et indirects au regard du poids des actifs immobilisés financés par le cocontractant.

A- L'internationalisation des normes comptables et la rationalisation de la gestion patrimoniale

1007. Depuis le 1er janvier 2006, la présentation des états financiers et des données patrimoniales des sociétés cotées est soumise à un encadrement strict résultant d'une harmonisation internationale. Ce phénomène est la conséquence de l'adoption au niveau européen, par l'*International Account Standard Board*, des normes comptables internationales connues sous le nom d'*International Financial Reporting Standard*[1062]. L'introduction dans le secteur privé de ces nouvelles normes comptables a pour objectif de remédier aux carences constatées au niveau international en matière de présentation des états financiers d'une entreprise. A la suite de plusieurs scandales financiers internationaux, le renforcement de la sincérité et de la transparence des informations communiquées par les entreprises est effectivement devenu nécessaire[1063].

1008. En ce qui concerne les contrats administratifs, ce mouvement de réforme n'est pas sans conséquence. Dans les contrats complexes et longs, il est fréquent que les accords contractuels des personnes publiques se fassent avec un cocontractant qui est une société soumise à ces nouvelles normes comptables[1064]. Si l'ambition de ces dernières est de parvenir à une présentation transparente et standardisée de la valeur des entreprises dans un environnement concurrentiel internationalisé, ce résultat ne se transpose pas à la commande publique. Au contraire, leur mise en œuvre dans ce secteur d'activité aboutit à accroître les risques

---

[1062] L'*International Account Standard Board* est un organisme qui a remplacé en 2001 l'*International Accounting Standards Interpretation Committee* créé en 1973. Il s'agit d'un organisme international, situé à Londres, en charge de l'élaboration de normes comptables internationales connues sous la dénomination IAS/IFRS.

[1063] Rappelons que cette réforme internationale des normes comptables résulte d'un règlement européen n°1606/2002 CE du 19 juillet 2002 du Parlement européen et du Conseil, complété par la Commission Européenne, règlement n°1725/2003 CE du 29 mars 2003.

[1064] Sur ce point, des projets d'interprétation de l'IFRIC (*International Financial Reporting Interpretation Committee*) sont en cours de réalisation, à propos des normes IFRS. Sous impulsion de l'Autorité des Marchés Financiers, l'IFRIC a d'ailleurs rejeté trois projets d'interprétations de ces normes ; voir en ce sens Autorité des Marchés Financiers, Recommandations en vue de l'arrêté des comptes 2007, déc. 2007, disponible à *http://www.cob.fr*. Sur ce point, il convient de rappeler que ces trois projets d'interprétation des normes IFRS ont été publiés le 3 mai 2005 à propos de la comptabilité des entreprises concessionnaires.

pour la personne publique car la différence entre les deux formes de comptabilité permet au cocontractant de reconsolider les investissements dans la dette publique, alors que l'objectif du contrat est souvent de parvenir au résultat inverse[1065]. Cette hypothèse se rencontre notamment dans les contrats de partenariats public-privé qui normalisent dans la commande publique les opérations de titrisations issues du secteur privé, en considérant l'accord contractuel comme une créance.

1009. Les délégations de service public constituent un exemple tout aussi significatif des dérives résultant des écarts entre les deux formes de comptabilités, liés aux nouvelles normes comptables. Dans cette hypothèse, les cocontractants, qui sont des entreprises d'envergure nationale, peuvent adopter une interprétation similaire des normes *International Financial Reporting Standard* et considérer que leurs contrats de délégation sont, de la même manière, constitutifs d'une créance qu'elles détiennent sur des personnes publiques. En rendant ainsi monnayables ces conventions, elles se trouvent en mesure de trouver des financements externes. Elles s'adressent pour cela à des organismes financiers tiers qui rachètent ces titres et tentent d'accroître la rentabilité de l'opération, sans que la personne publique ne soit en mesure d'en limiter le contenu. Le problème est que cette dernière perd alors son pouvoir décisionnel sur la gestion du patrimoine visé au contrat[1066]. Cette analyse succincte démontre que les objectifs de ces nouvelles normes ne sont pas atteints lorsqu'elles sont appliquées à la commande publique.

1/ Les normes comptables IAS/IFRS : la recherche de stabilité grâce à une uniformisation internationale des référentiels

1010. A la suite d'un mouvement international et plus particulièrement européen, un nouveau cadre comptable a été adopté pour les sociétés privées grâce aux nouvelles normes *International Financial Reporting Standard* applicables depuis le 1er janvier 2006. L'ambition affichée par l'*International Account Standard Board* était d'harmoniser dans un

[1065] Voir par exemple Jean-Baptiste Vila, « De l'Urgence et de la Complexité à repenser la réforme relative aux partenariats public-privé », *JCP A* n°28 du 9 juill. 2009, p 30 et s.

[1066] Cette perte du pouvoir décisionnel est la conséquence de la cession de créance que détient le cocontractant sur la personne publique. En effet, en reprenant les dispositions de l'article L313-29-1 du Code monétaire et financier (éd. 2009), la loi n°2008-735 du 28 juill. 2008 (JO du 29/07/2008, p 12144) considère que les investissements du cocontractant constituent des créances détenues sur l'autorité publique. Ces dernières sont rendues monnayables et peuvent alors être cédées à un organisme financier tiers. Pour une étude de la titrisation dans le secteur privé, voir Thierry Granier et Corynne Jaffreux, « La Titrisation, Aspects juridiques et financiers », éd. *Economica*, coll. Gestion, 2ème éd., 2004. Pour son application dans le champ de la commande publique, voir Jean-Baptiste Vila, « De l'Urgence et de la Complexité à repenser la réforme relative aux partenariats public-privé », *JCP A* n°28 du 9 juill. 2009, p 30 et s.

premier temps la présentation des états financiers et comptables des seules sociétés cotées en bourse. Mais il est progressivement devenu impérieux de transposer ces nouvelles normes dans la comptabilité de toutes les entreprises privées, indistinctement du fait qu'elles soient ou non titulaires d'un contrat administratif[1067].

1011. Grâce à divers projets d'interprétation toujours en cours de réalisation, l'objectif dorénavant affiché est d'imposer l'utilisation des nouvelles normes internationales aux sociétés titulaires de contrats publics. L'*International Financial Reporting Interpretation Committee* a établi pour cela trois projets d'interprétation des normes *International Financial Reporting Standard* afin de parvenir à une redéfinition du cadre comptable utilisé par les cocontractants, notamment en ce qui concerne la présentation des états patrimoniaux et des actifs immobilisés.

1012. Le premier projet, l'interprétation D 12, prévoit une redéfinition de la structure des informations relatives aux infrastructures concédées. Il exclut notamment la possibilité de les comptabiliser en tant qu'immobilisations corporelles du délégataire et impose qu'elles soient portées pour mémoire dans la comptabilité publique. Le second et le troisième, les interprétations D 13 et D 14, proposent respectivement un modèle de classification des actifs financiers et des immobilisations corporelles. Au regard des biens concernés, ces projets d'interprétation s'appliquent donc plus particulièrement aux contrats administratifs réunissant deux conditions cumulatives : d'une part, le cocontractant doit être en mesure de définir la nature du service à fournir grâce aux actifs immobilisés et de réglementer le niveau des tarifs ; d'autre part, il doit disposer des avantages résiduels résultant des investissements liés aux actifs immobilisés[1068]. Ces projets s'adressent donc en priorité aux contrats de délégations de service public et de partenariats car ils sont parés de tous les atouts pour réunir dans la pratique ces deux conditions.

1013. En matière de délégations de service public, ces projets d'interprétations de l'IFRIC ont un apport comptable essentiel qui repose sur deux principes : d'abord, les infrastructures visées dans la convention ne peuvent figurer à l'actif du délégataire en tant qu'immobilisations corporelles propres, si elles ne sont pas dans le même temps retracées

---

[1067] Voir en ce sens Benoît Lebrun, « Délégation de service public : projets d'interprétation de l'IFRIC », *Revue française comptable*, mois d'avril 2005, disponible à *http://rfcomptable.grouperf.com*.

[1068] Pour une analyse plus précise de ces deux conditions, voir Benoît Lebrun, « Délégation de service public : projets d'interprétation de l'IFRIC », *Revue française comptable*, avril 2005, (*http://rfcomptable.grouperf.com*). L'auteur rappelle que ces projets d'interprétation des nouvelles normes comptables s'avèrent très théoriques et peu enclins à prendre en compte les difficultés concrètes de l'autorité délégante : « *Les problèmes comptables propres au délégant ne sont pas abordés par les projets d'interprétation. L'IFRIC rappelle que ses objectifs et ses priorités sont de fournir des interprétations aux délégataires* » ; p 1.

pour mémoire dans la comptabilité de la personne publique ; ensuite, le cocontractant dispose d'un choix concernant le modèle comptable à adopter pour traiter les dépréciations qui affectent les infrastructures lui appartenant, même de manière temporaire. A partir du second principe, le cocontractant est alors libre de choisir soit le modèle comptable des immobilisations corporelles, soit le modèle de l'actif financier[1069]. Les projets d'interprétations de l'IFRIC précisent sur ce sujet que le modèle des actifs financiers trouve à s'appliquer si le délégataire a comme débiteur principal l'autorité délégante, alors que le modèle comptable des immobilisations corporelles est envisageable dans tous les autres cas.

1014. Si ces projets semblent aisés à manipuler et à utiliser dans le champ de la commande publique, certains points ne manquent pas d'attirer l'attention et soulèvent certains problèmes. Pour qu'une entreprise privée soit en mesure d'établir le modèle comptable pour le traitement du patrimoine visé au contrat, le cocontractant doit être propriétaire des infrastructures. Pour vérifier si c'est le cas, les projets d'interprétation de l'*International Financial Reporting Interpretation Comittee* (IFRIC) retiennent la notion de contrôle, qui doit être exercé par le cocontractant sur les actifs immobilisés. Ce point particulier appelle deux remarques. D'abord, l'IFRIC retient en la matière un référentiel différent de celui du droit français des contrats administratifs. Ce dernier ne se réfère effectivement pas à la notion de contrôle, mais au concept de risque ou à celui d'avantages en cours en matière de comptabilité publique[1070]. Ensuite, il traite les actifs immobilisés des contrats de délégations comme ceux des partenariats public-privé, dans lesquels l'administration ne se positionne plus comme propriétaire, mais comme acheteuse des biens. Le problème majeur est que ces deux formes de contrat n'ont pas la même signification en droit français ; les délégations de service public ne permettant pas à première vue de considérer le cocontractant comme le propriétaire de biens car ceux-ci sont réputés appartenir *ab initio* à la personne publique[1071].

1015. Ce point particulier atteste donc de disparités considérables avec la commande publique française. En effet, la confusion entre la notion de risque du droit français et celle de contrôle de l'IFRIC aboutissent à une

---

[1069] Pour une analyse de ces deux modèles, voir *infra*, Partie II, Chapitre 2, Section 2, §1, A/, 1/ et 2/.

[1070] Sur la notion de risque retenue en matière de contrats administratifs, voir à titre non exhaustif l'ouvrage de Laurent Richer, « Droit des contrats administratifs », *LGDJ*, 2014. En matière de notion d'avantages en matière de comptabilité, voir l'ouvrage de Gérard Melyon, Rémédios Noguera, « Comptabilité générale », *ESKA*, p 363. La notion de risque dans ces normes comptables n'apparaît que dans la norme IAS 17 relative aux contrats de location, de crédit-bail qui est utilisée par la commande publique.

[1071] CE, 28 mars 1928, Sté l'Energie électrique de la Basse-Isère, S. 1928, 3, 110 ; CE, 1er fév. 1929, Cie centrale d'énergie électrique, Rec. 133. Cf. Laurent Richer, *op. cit.*, « Droit des contrats administratifs », p 561.

remise en cause des principes essentiels des conventions de délégations. Si le cocontractant est un simple gestionnaire des immobilisations concernées, il ne peut effectivement en disposer et les comptabiliser comme immobilisation corporelle. Cependant, au terme de l'interprétation de l'IFRIC, s'il exerce un contrôle significatif sur ces biens, il est quand même en mesure de les intégrer dans sa comptabilité et d'opérer un choix entre deux modèles, comptable et financier, pour traiter les actifs. Mais, au-delà de cette liberté, cette propriété indirecte des actifs immobilisés a aussi des conséquences financières insoupçonnées pour la commande publique. Grâce aux nouvelles normes comptables, le financement de ces biens représente pour le cocontractant un droit d'exploiter et d'obtenir un retour sur ses investissements. C'est pourquoi l'IFRIC considère que ce dernier a la faculté de traiter ce droit dans sa propre comptabilité. Selon les projets d'interprétations, les modalités de traitement de ce droit est conditionné par l'origine de la rémunération principale du cocontractant qui provient soit de la personne publique, soit des usagers du service public.

1016. Dans le premier cas, le droit à rémunération du cocontractant doit être interprété comme un actif financier au sens de la norme IAS 32 « Instrument financier, Actifs financiers ». Le droit du cocontractant est ainsi considéré comme un actif susceptible d'être cédé à un tiers. Cette norme rend ce raisonnement possible car les sommes constitutives de la rémunération du cocontractant sont déterminables à l'avance. Elles sont de ce fait appréhendées comme une créance détenue sur la personne publique.

1017. Dans la seconde hypothèse, où la rémunération est tributaire des usagers, le cocontractant est alors confronté à trois choix : si aucune disposition du contrat ne prévoit un droit à rémunération du cocontractant, le délégataire doit inscrire le droit d'exploiter en tant qu'immobilisation incorporelle ; si le contrat prévoit une rémunération à dimension variable avec un encadrement des risques de réalisation, le cocontractant ne peut établir un compte sur le modèle des actifs financiers et doit retenir le modèle des immobilisations corporelles ; enfin, si le contrat stipule que le délégant doit combler les différences entre les recettes attendues et les recettes versées par les usagers, il peut alors retenir le modèle de l'actif financier pour la partie du droit qui ne fait pas l'objet d'une garantie publique[1072].

[1072] Selon Benoît Lebrun, dans « Délégation de service public : projets d'interprétation de l'IFRIC » (disponible à *http://rfcomptable.grouperf.com, Revue française comptable*, avril 2005), l'établissement de l'actif financier pour les créances détenues par le délégataire sur la personne publique dépend donc de l'origine de la rémunération. Si la personne publique est débitrice envers le délégataire, celui-ci peut retenir le modèle de l'actif financier. Cette interprétation n'est pas extensive et se limite à la part de rémunération versée par la personne publique à son cocontractant : « *On ne saurait faire masse du droit à percevoir une*

1018. Si le modèle de l'actif financier est retenu, le cocontractant doit obligatoirement procéder à l'intégration comptable de quatre données : la *créance due au titre de la construction* et des prestations inhérentes au patrimoine ; les *frais financiers liés aux investissements* ; les *éléments apportés par le délégant* dans le cadre du contrat ; les *engagements de transfert des infrastructures* au terme de la convention. Au-delà de ces composantes, ce modèle présente de nombreux risques pour un contrat un administratif car il engendre pour la personne publique une dépossession des actifs composant le patrimoine du contrat.

1019. Ce modèle revient à considérer le contrat comme un actif financier, une créance détenue par le cocontractant sur le délégant et susceptible, en tant que telle, d'être cédée à un organisme financier extérieur à l'accord contractuel. La cession de créance emporte un gain financier pour le cocontractant, mais aussi un transfert du pouvoir décisionnel sur le patrimoine à ce tiers. Dans cette hypothèse, la personne publique perd alors sa capacité à influer sur le contrat et sur la gestion du patrimoine, notamment lors de la survenance d'évènements imprévus[1073].

1020. Cette analyse montre que l'harmonisation internationale des normes comptables est antinomique avec l'objectif qui doit être poursuivi par la commande publique, à savoir rationaliser les opérations patrimoniales et le contenu de la rémunération du cocontractant.

2/ Standardisation comptable et rationalisation des contrats publics : l'antinomie des objectifs

1021. Si l'ambition des nouvelles normes comptables internationales apparaît légitime au regard des exigences de transparence et de sécurité qui doivent caractériser les échanges financiers mondiaux, leur transposition dans les contrats administratifs et dans les opérations de gestion menées par les cocontractants ne doit pas conduire à une augmentation des risques pour la personne publique. L'éventuelle captation de profits par le cocontractant grâce à la cession de créance ou encore la perte du pouvoir décisionnel de la personne publique sur le patrimoine sont autant de phénomènes qui empêchent toute tentative de rationalisation des contrats administratifs. A l'inverse du fonctionnement des amortissements, dont les effets peuvent être réglementés par le droit des contrats administratifs, ces conséquences liées aux nouvelles normes

---

rémunération sur les usagers et de la garantie donnée par le garant, pour considérer que le contrat est, dans sa globalité, un actif financier » ; p 3.

[1073] Pour une analyse comparable en matière de contrats de partenariats, voir Jean-Baptiste Vila, « De l'Urgence et de la Complexité à repenser la réforme relative aux partenariats public-privé », *JCP A* n°28, 9 juill. 2009, p 30 et s.

comptables ne permettent pas d'encadrer le droit à rémunération du cocontractant, ni d'en rationaliser le contenu[1074].

1022. Aux termes des interprétations de l'*International Financial Reporting Interpretation Comittee* (IFRIC) relatives aux traitements des contrats de délégations ou de partenariats sur le modèle de l'actif financier, l'harmonisation internationale des normes comptables permet en outre aux cocontractants de rendre monnayable leur créance détenue sur les personnes publiques, qui se compose du droit d'exploiter et/ou du droit à rémunération. Cette hypothèse se vérifie notamment dans le cas où la contrepartie du cocontractant provient intégralement de la personne publique. La norme IAS 32 considère ainsi que les sommes fixées à ce titre lors de la procédure de passation constituent une créance négociable et monnayable sur les marchés financiers.

1023. La survenance d'une telle situation est plus rare dans l'hypothèse où la rémunération est variable et dépend à la fois des usagers et de la personne publique. Dans ce cas, la créance détenue sur la personne publique est partielle. Celle-ci ne garantit pas totalement la rémunération du cocontractant et ne lui donne l'assurance que d'un retour sur investissements minimum. Conformément aux projets d'interprétations de l'IFRIC, le délégataire peut alors se prévaloir de ce droit et considérer que cette partie de la rémunération constitue une créance qu'il détient sur la personne publique, au même titre qu'un actif financier. L'expertise de ce droit partiel doit alors se faire au moyen de quatre éléments indissociables qui doivent être contrôlés par la personne publique, si ces normes venaient à être pleinement transposées dans la commande publique.

1024. Le cocontractant doit évaluer en premier lieu *la créance*, qu'il détient sur la personne publique, à sa juste valeur au moment de son intégration au bilan, tout en opérant une distinction selon qu'il assume l'intégralité ou non des risques du contrat[1075]. Cette distinction lui permet de déterminer la méthode comptable de traitement de cette créance. Pour les *frais financiers* que le cocontractant supporte pour la réalisation des

---

[1074] La thèse de la rationalisation de la rentabilité financière retirée de l'opération par le cocontractant est notamment développée par Philippe Cossalter, dans « Les concessions et le principe de rentabilité financière », Colloque du 26 oct. 2006 à l'Université de Panthéon-Assas, Paris II. Pour cela, l'auteur prolonge les analyses de E. Engel, R. Fischer et A. Galetovic [« A new method to Auction Highway Franchises », Documentos de trabajo CEA n°13, 1997, Department of Industrial Engineering, University of Chile et « Least-Present-Value-of-Revenue Auctions and Highway franchising », *Journal of Political Economy,* 2001, 109(5), p 993 à 1020] qui adaptent la théorie de la croissance économique endogène. Une approche similaire se retrouve aussi chez Anne Yvrande-Billon, dans son article « Concurrence et délégations de services publics : Quelques enseignements de la théorie des coûts de transaction », *Revue française d'économie,* janv. 2008, XXII, (3), p 97 et s.

[1075] Cf. Benoît Lebrun, « Délégation de service public : projets d'interprétation de l'IFRIC, » *Revue française comptable*, avril 2005, disponible à *http://rfcomptable.grouperf.com.*

investissements, la norme IAS 23 relative aux coûts d'emprunts lui permet de les intégrer dans les coûts globaux inhérents aux actifs immobilisés, qui sont notamment supportés au moment de la construction. Il doit en outre comptabiliser à l'actif et à leur juste valeur *les apports de la personne publique* pour la réalisation des immobilisations amortissables. Il équilibre ses comptes de bilan en reportant au passif la valeur correspondant à l'engagement pris sur cet apport gratuit. Enfin, le cocontractant ne peut inscrire au passif de son bilan *les engagements liés au transfert patrimonial* qui doit intervenir au terme de la convention car, en l'état actuel de ces projets d'interprétations, le patrimoine contractuel n'est pas appréhendé comme une immobilisation corporelle[1076].

1025. En définitive, les projets d'interprétations de l'IFRIC sur les nouvelles normes comptables internationales IAS/IFRS conduisent à traiter les contrats administratifs, notamment les délégations de service public et les partenariats public-privé, comme des actifs qui sont inscrits dans les états financiers des cocontractants et éventuellement cédés à des organismes financiers extérieurs au contrat. Elles conduisent donc à accroître le niveau de la rémunération du cocontractant et à augmenter dans le même temps les risques réellement supportés par la personne publique. Dans un contexte où l'objectif est de rationaliser la gestion patrimoniale et l'équilibre économique de ce mode d'action, ces normes comptables ne doivent pas être utilisées en l'état. Elles doivent faire l'objet d'un encadrement adapté à la commande publique au moyen d'une interprétation qui ne soit plus seulement à destination des entreprises cocontractantes, mais qui prenne aussi en compte la nécessité d'une réappropriation publique des données financières de ces contrats.

1026. L'harmonisation internationale des normes comptables n'aboutit donc pas aux résultats escomptés lorsqu'elles sont utilisées dans les contrats administratifs. Elles ne permettent pas de stabiliser et de sécuriser les traitements comptables et financiers, mais ont au contraire pour effet d'accroître la fixité relative aux opérations patrimoniales. La personne publique n'est alors plus en mesure d'influer sur ces données contractuelles. Leur complexité et leur inadaptation au secteur public augmentent par ailleurs les risques de captation de profits, de reconsolidation de la dette publique et/ou d'une dépossession patrimoniale pour les pouvoirs publics. Etonnamment, ces risques n'empêchent pas les personnes publiques, notamment l'Etat, de les adapter maladroitement dans leur comptabilité et donc d'en consacrer l'utilisation pour leurs cocontractants[1077]. Mais, en confirmant ainsi les

---

[1076] Ibid.

[1077] Voir en ce sens Commission des finances, rapport présenté par Charles Guené, Annexe à l'Avis n°243 du 26 mars 2008, Partie I, II, B/, 2/., présentant l'exposé de la Directrice de la

difficultés inhérentes au traitement des actifs immobilisés et aux effets financiers de l'amortissement, les pouvoirs publics confortent l'utilisation d'un référentiel qui n'est pas suffisamment opérant : le « bénéfice raisonnable » et/ou la « juste rémunération »[1078].

B- L'encadrement de la rémunération du cocontractant : l'incomplétude de la notion de bénéfice raisonnable

1027. Les nouvelles normes comptables internationales n'apparaissent pas satisfaisantes au regard des exigences actuelles de la commande publique : elles ne permettent ni la maîtrise publique des termes financiers des contrats, ni un rééquilibrage du rapport contractuel entre les parties. L'interprétation de ces normes laisse par exemple à penser que le cocontractant peut monnayer le droit qu'il détient en vertu du contrat auprès d'organismes financiers extérieurs, en s'inspirant du modèle de la cession d'actifs du code monétaire et financier[1079]. Lors de la survenance d'évènements imprévus, et malgré l'encadrement des risques et des aléas d'exécution dans le contrat, cette cession emporte alors un changement du pouvoir décisionnel sur le patrimoine puisque l'organisme tiers se substitue au cocontractant, sans que la personne publique ne puisse intervenir[1080].

1028. Si l'ambition des textes réformant ces normes comptables internationales est d'améliorer la transparence des comptes des entreprises et la sécurité des marchés financiers, leur application dans le champ des contrats administratifs apparaît risquée dans un contexte où il devient impérieux de créer des mécanismes juridiques visant à rationaliser le contenu de la rémunération du cocontractant[1081]. En l'état

---

Direction générale de la comptabilité publique sur l'utilisation des normes comptables internationales pour le traitement des partenariats public-privé dans les comptes de l'Etat ; disponible à *http://www.senat.fr/rap/a/07-243/a07-2430.html.*

[1078] Sur ce point, voir Philippe Cossalter, « Le principe de rentabilité limitée », Colloque du 26 oct. 2006, Paris II, disponible à *http://atom.univ-paris1.fr/documents/Cossalter_10-06.pdf* ; Salim Ziani, « La juste rémunération dans les délégations de service public », mém. ss. la dir. de Gabriel Eckert, Univ. Strasbourg, juin 2008, p. 107.

[1079] Cf. Article L313-29-1 du Code monétaire et financier, éd. 2009.

[1080] Il s'agit des opérations de titrisations présentées *supra*, Partie II, Chapitre 2, Section 1. Pour une analyse de ces opérations dans le secteur privé, voir Thierry Granier et Corynne Jaffreux, « La Titrisation, Aspects juridiques et financiers », *Economica*, coll. Gestion, 2° éd., 2004. Pour une analyse dans les contrats de partenariats, voir Jean-Baptiste Vila, « De l'Urgence et de la Complexité à repenser la réforme relative aux partenariats publics-privé », *JCP A* n°28 du 9 juill. 2009, p 30 ; Michel Lequien et Pascal Cuche, « La notion de « bancabilité » dans les opérations de financement privé d'équipements publics », *Dr. Adm.* déc. 2004, étude 22.

[1081] A titre non exhaustif, voir les travaux de Philippe Cossalter dans son intervention sur « Les concessions et le principe de rentabilité financière », Colloque du 26 oct. 2006 à l'Université de Panthéon-Assas, Paris II ; ceux de Laurent Vidal sur « L'équilibre financier du

actuel des régimes juridiques de ces contrats, les aspects financiers de l'amortissement montrent que le rapport contractuel entre les parties est manifestement déséquilibré. En profitant d'une asymétrie d'informations sur les mécanismes de rentabilité résultant de la gestion des actifs immobilisés, le cocontractant arrive à accroître le niveau de sa rémunération, au-delà du seuil négocié *ex-ante*, et à opérer ainsi une captation de profits[1082].

1029. L'enjeu est de parvenir à rationaliser cette contrepartie au moyen d'une clause contractuelle dédiée. Mais la complexité des plans comptables, confirmée par l'adoption des normes comptables internationales, a conduit certains membres de la doctrine à proposer un référentiel strictement financier, le bénéfice raisonnable[1083]. Ce référentiel permettrait de fixer le niveau d'une rémunération raisonnable, c'est-à-dire une contrepartie comprenant le remboursement des investissements assorti d'une marge nette bénéficiaire[1084]. Mais il présente surtout le désavantage d'être déconnecté de la durée contractuelle [constitutive du droit à rémunération] puisqu'il repose sur la différence entre le prix facturé et les coûts de revient.

1/ Les tentatives d'encadrement de la contrepartie du cocontractant grâce à la technique du bénéfice raisonnable

1030. Aux termes des analyses relatives aux effets financiers de l'amortissement industriel et de l'amortissement de caducité, il apparaît que la personne publique doit améliorer les expertises réalisées dans le cadre des contrats administratifs, notamment celles relatives aux données patrimoniales. L'objectif est qu'elle se réapproprie les données économiques de ce mode d'action. Mais ce besoin ne peut être comblé que par une réévaluation des contrôles contractuels publics. Pour aboutir au résultat escompté, ces derniers doivent être complétés par un dispositif permettant à la personne publique de corriger les déséquilibres éventuellement identifiés lors de ces expertises. Si ces derniers doivent permettre d'évaluer les composantes de la rémunération principale et accessoire du cocontractant, ils doivent aussi s'accompagner d'une clause au contrat permettant à la personne publique de solliciter le reversement

---

contrat dans la jurisprudence administrative », thèse soutenue à l'Université Panthéon-Sorbonne Paris I, 2003.

1082 Sur l'asymétrie d'informations, voir Stéphane Braconnier, « Le modèle français de la concession : conquête ou concurrence ? », *JCP A* n°16 2007, étude n°2102.

1083 Pour une approche concurrentielle et financière de ce concept, voir Salim Ziani, « La juste rémunération dans les délégations de service public », mém. ss. la dir. de Gabriel Eckert, Université Strasbourg, juin 2008, p. 107 et s.

1084 Ibid. V. aussi *infra*.

des sommes indûment perçues par ce dernier et qui sont constitutives d'une captation de profits[1085].

1031. Le premier moyen permettant d'influer sur la contrepartie du cocontractant est l'encadrement de la structure tarifaire et ses modalités de révision définies dans le contrat. A l'occasion de la procédure de passation et durant l'exécution, la personne publique contractante doit formuler son accord sur ces deux éléments relatifs aux tarifs pratiqués par le cocontractant. Durant la phase d'exécution, elle doit notamment formuler son accord sur la variation des tarifs en vérifiant que cette dernière a effectivement pour objet de compenser des bouleversements économiques affectant les conditions d'exécution de la convention. De ce point de vue, les personnes publiques doivent donc abandonner la pratique actuelle qui consiste à accorder, bien souvent de manière quasi-systématique, une réévaluation du niveau des tarifs grâce aux formules de variation sans vérification préalable des conditions économiques de réalisation du contrat. Cette posture permet en effet au cocontractant d'augmenter sa rémunération sans pour autant assumer une véritable contrepartie matérielle. En remédiant à ce phénomène grâce à un renforcement des contrôles publics sur cette donnée, le niveau des tarifs peut devenir le premier mécanisme permettant d'encadrer véritablement la rentabilité financière retirée par le cocontractant, conformément à l'objectif initial de la commande publique en la matière[1086]. Mais la modification de l'approche des personnes publiques concernant l'évolution de la structure tarifaire durant la phase d'exécution n'est pas suffisante pour encadrer pleinement la rémunération du cocontractant. Cette donnée du contrat ne prend effectivement pas en compte certains éléments, et notamment les recettes annexes résultant des opérations de gestion du patrimoine[1087].

1032. Les politiques de gestion des amortissements financiers ou l'émergence des opérations de titrisation sont autant de phénomènes qui témoignent d'un accroissement de la rentabilité du contrat pour le cocontractant et dont la rationalisation est impossible par le jeu des tarifs.

[1085] Cette approche pour rationaliser la contrepartie du cocontractant a vu le jour lorsque certains membres de la doctrine ont tenté de construire et/ou de proposer un mécanisme de réévaluation des durées contractuelles grâce aux théories économiques. Sur ce point, voir notamment E. Engel, R. Fischer et A. Galetovic dans leurs articles, "A new method to Auction Highway Franchises" [Documentos de trabajo CEA n°13, 1997, Department of Industrial Engineering, University of Chile] et "Least-Present-Value-of-Revenue Auctions and Highway franchising" [*Journal of Political Economy*, 2001, 109(5), p 993 à 1020].

[1086] Voir en ce sens les analyses relatives aux structures tarifaires ; Partie II, Chapitre 1, Section 1, § 2, B/.

[1087] Cf. Philippe Cossalter sur « Les concessions et le principe de rentabilité limitée », Partie I. Le principe de rentabilité limitée, Colloque du 26 oct. 2006 Université Panthéon-Assas Paris II, groupe de recherches ATOM disponible à *http://atom.univ-paris1.fr/documents/Cossalter_10-06.pdf.*

L'interdépendance entre les structures tarifaires et les effets financiers de l'amortissement n'est effectivement pas actée : d'une part, la rentabilité des opérations de placements des dotations aux amortissements n'est pas tributaire du niveau des tarifs et résulte d'une opération de gestion annexe à l'exécution du contrat ; d'autre part, quelque soit le niveau prévu dans le contrat, l'objectif du cocontractant est toujours de retirer un bénéfice maximal de ses investissements au moyen de stratégies financières qui ne dépendent pas des tarifs, mais de l'importance des sommes investies. Nous retrouvons ces deux éléments d'analyse dans le but poursuivi par le cocontractant lorsqu'il élabore une politique de gestion de la capacité d'autofinancement. La déconnexion entre les tarifs et la gestion des données patrimoniales impose donc de compléter les modalités d'encadrement de la rémunération du cocontractant.

1033. Les études menées sur des exemples étrangers de contrats public-privé fournissent en la matière des éléments de réflexion intéressants. Les montages constatés dans les autres pays européens attestent d'abord de la nécessité de réviser l'approche financière française concernant ce mode d'action. Afin de compléter les limitations induites par les structures tarifaires, ils proposent de rationaliser la rémunération totale du cocontractant en intégrant une clause qui permet une expertise publique de cette contrepartie grâce à une analyse reposant sur les données économiques traditionnelles du secteur privé[1088]. L'objectif est d'évaluer précisément les bénéfices retirés par le cocontractant en vue de les encadrer et de remédier aux carences actuellement constatées, qui résultent de l'incomplétude des clauses relatives aux tarifs et à la durée.

1034. Les récentes recherches menées dans ce domaine ont notamment conduit à proposer la construction d'une nouvelle clause permettant de compléter le mécanisme des tarifs. Certains membres de la doctrine préconisent pour cela d'introduire comme élément d'appréciation les notions de « juste rémunération » et de « bénéfice industriel raisonnable » du cocontractant[1089]. Il s'agit là d'une transposition dans la commande publique d'éléments provenant des théories économiques permettant d'apprécier les gains retirés par les entreprises de leur processus de

---

[1088] Sur ce point, voir les analyses suivantes : Philippe Cossalter *op.cit.* ; Anne Yvrande-Billon, « Concurrence et délégation de services publics : Quelques enseignements de la théorie des coûts de transaction », *Revue française d'économie*, janv. 2008, XXII, (3), p 97 à 131 ; Laurent Vidal, « L'équilibre financier du contrat dans la jurisprudence administrative », thèse soutenue à l'Université Panthéon-Sorbonne Paris I, 2003 ; Laure Athias et Stéphane Saussier, « Un partenariat public-privé rigide ou flexible ? Théorie et application aux concessions routières à péage », *Revue économique*, n°2007/58, p 565 et s.

[1089] A titre non exhaustif, voir Salim Ziani, « La juste rémunération dans les délégations de service public », mém. ss. la dir. de Gabriel Eckert, Université de Strasbourg, juin 2008, p. 107 à 112.

production au regard de l'ensemble de leurs charges et investissements[1090].

1035. Cette proposition repose essentiellement sur l'idée qu'un contrat administratif est l'occasion pour le cocontractant de retirer une contrepartie dont le niveau peut être plus ou moins élevé. S'il est concevable, pour l'attractivité de ces contrats, d'accorder au cocontractant une marge industrielle et financière dépassant le simple remboursement de ses investissements, la rentabilité réelle qu'il retire de l'opération doit cependant être encadrée par le contrat. La notion de bénéfice raisonnable constitue dans cette approche l'indicateur de cet encadrement : lorsqu'il est atteint, le cocontractant a obtenu un retour sur investissements assorti d'une marge bénéficiaire ; lorsqu'il est dépassé, le cocontractant a réussi à réaliser une captation de profits. Ce type de clause contractuelle et cet indicateur semblent donc fournir aux contrats administratifs la flexibilité nécessaire pour préserver l'attractivité financière de la commande publique et permettre dans le même temps à la personne publique de contrôler le contenu de la rémunération du cocontractant[1091].

1036. Un autre avantage de cette proposition de réforme des régimes des contrats publics est qu'elle renforce la légitimité juridique des procédures de révision des tarifs. L'objectif de ces dernières est en principe double : elles doivent permettre de pallier les fluctuations économiques affectant la réalisation du contrat et elles assurent au contrat son attractivité financière, puisque le cocontractant dispose ainsi d'une marge d'action pour accroître de manière encadrée sa marge nette[1092]. Or, l'introduction de la notion de bénéfice raisonnable dans la clause contractuelle relative à la rémunération respecte à première vue ces deux objectifs. Il complète les structures tarifaires et permet aux personnes publiques de compléter leurs contrôles contractuels, de réaliser des expertises périodiques et de limiter la rentabilité totale de l'opération pour le cocontractant.

[1090] Voir par exemple les analyses réalisées sur les contrats britanniques ferroviaires, Hakam Kamleh, « La nouvelle organisation ferroviaire britannique : sur la frontière entre intégration et désintégration », Documents de recherches n°28-05/2006, Centre d'analyse économique de l'Université d'Economie appliquée d'Aix-en-Provence, disponible à *http://junon.u-3mrs.fr/afa10w21/rech/r_DR/DR_28_0506_kamleh.pdf.*

[1091] Sur la flexibilité économique du contrat grâce au recours à des clauses financières variables, voir les analyses de Philippe Cossalter sur la rémunération des concessionnaires et les exemples tirés de certains pays européens ; dans « Les concessions et le principe de rentabilité limitée », Partie I. Le principe de rentabilité limitée, Colloque du 26 oct 2006 Université Panthéon-Assas Paris II, disponible à *http://atom.univ-paris1.fr/documents/Cossalter_10-06.pdf.*

[1092] En ce qui concerne les deux cas légitimant le recours aux formules paramétriques de révision des tarifs dans les contrats de délégations de service public, voir les analyses présentées Partie II, Chapitre 1, Section 1, §2, B/, 1/ et 2/. Voir aussi sur ce point les articles L1411-1 et L1411-2 du CGCT, éd. 2009.

1037. L'intérêt d'adapter cette formule aux contrats administratifs est de permettre un contrôle accru de la personne publique sur la rentabilité financière réelle et surtout actualisée du contrat, résultant de la rémunération principale [liée à la tarification des prestations] et la rémunération accessoire [c'est-à-dire les recettes liées à l'ensemble des opérations de gestion]. Les quelques recherches menées dans ce domaine montrent que la détermination des composantes du bénéfice raisonnable doit être réalisée par les parties avant la signature du contrat, en tenant compte des investissements à la charge du cocontractant. Dans le cas inverse, le cocontractant peut en effet se retrouver en situation de déficit au terme de la convention car les investissements pourraient alors être supérieurs au bénéfice estimé lors des négociations.

1038. De toute évidence, l'introduction d'une telle clause modifie en profondeur les expertises menées par la personne publique. Pour parvenir au résultat escompté, le droit de la commande publique doit s'inspirer des modalités de calcul de ce bénéfice raisonnable, telles qu'elles résultent du secteur privé. La transposition de cette notion dans le droit des contrats administratifs doit ainsi permettre d'apprécier les recettes de toute nature, principales ou annexes, résultant directement ou indirectement du contrat[1093].

1039. C'est pourquoi la mise en place d'un indicateur tel que le « bénéfice raisonnable » du cocontractant implique la création dans le contrat de trois clauses : la première pour *structurer les contrôles financiers* de la personne publique ; la seconde pour *prévoir des mécanismes de redistribution* des sommes perçues au-delà de la limite fixée par cet indicateur ; la troisième pour *réguler ses conséquences financières* avec celles relatives aux tarifs et à la durée.

1040. Dans un rapport contractuel se caractérisant le plus souvent par une asymétrie d'informations entre les parties[1094], la personne publique doit être en mesure d'opérer un contrôle étroit des états financiers de la convention afin de mesurer le niveau des recettes principales et annexes de toute nature perçues par le cocontractant. Le contrat doit permettre la réalisation d'un contrôle précis sur les résultats d'exploitation, mais aussi sur les gains annexes provenant des opérations de gestion liées à la réalisation et à l'exploitation du patrimoine. Une fois le niveau global de la rémunération apprécié, le contrat doit permettre à la personne publique de récupérer les sommes indûment perçues tout en prévenant les risques de conflits juridiques. C'est pourquoi cette dernière doit compléter la

[1093] Pour une analyse sommaire des domaines financiers à expertiser, voir Paul Lignières, « Les prix de transfert dans les concessions et autres formes de partenariats public-privé », *Revue Dr. Adm.* déc. 2003, p 39 et s.

[1094] Sur l'asymétrie d'informations, voir par exemple Stéphane Braconnier, « Le modèle français de la concession : conquête ou concurrence ? », *JCP A* n°16 2007, étude n°2102.

clause du bénéfice raisonnable en insérant dans le contrat une disposition spécifique visant à établir un mécanisme de reversement de ces profits.

1041. D'inspiration anglo-saxonne, cette approche est extrêmement ambitieuse au regard de la situation actuelle des régimes juridiques français des contrats administratifs[1095]. Ceci explique que les membres de la doctrine, qui se rallient à cette conception, étoffent leurs analyses en procédant à des estimations de ce bénéfice industriel raisonnable. D'une manière générale, ce référentiel ne constitue pas une donnée précisément identifiée, mais plutôt un taux compris entre 7% et 15% de marge nette bénéficiaire[1096].

1042. Si les moyens d'une rationalisation de la contrepartie du cocontractant sont en voie de construction, il est cependant possible de douter de l'efficacité de la notion de « bénéfice raisonnable » en la matière car, au regard du régime des contrats administratifs et de la place des amortissements, ce concept doit être complété.

2/ Les limites juridiques de la notion de bénéfice raisonnable : l'absence des amortissements

1043. D'un point de vue du droit communautaire, les clauses contractuelles relatives au bénéfice raisonnable du cocontractant et celles prévoyant les modalités de reversement des profits supplémentaires à la personne publique sont conformes au régime des aides d'Etat[1097]. En effet, au regard de la limitation des risques financiers opérée par une telle clause, la Cour de Justice des Communautés Européennes aurait pu considérer qu'elles étaient contraire au droit communautaire et à sa jurisprudence en la matière[1098].

1044. C'est précisément à partir de la validité juridique de ces clauses au regard du droit européen que certains membres de la doctrine proposent

---

1095 Pour une analyse comparative avec des montages anglo-saxons, voir Laurent Vidal « L'équilibre financier du contrat dans la jurisprudence administrative », thèse soutenue à l'Université Panthéon-Sorbonne Paris I, 2003.

1096 Cf. Philippe Cossalter, « Les délégations d'activités publiques dans l'Union Européenne », *LGDJ*, Paris, 2007, p 744, qui se réfère sur ce point à Comm. CE, 18 déc. 2002, N415/B/01.

1097 Sur ce point, voir les analyses de Philippe Cossalter, « Les concessions et le principe de rentabilité limitée », Partie I. Le principe de rentabilité limitée, Colloque du 26 oct. 2006 Université Panthéon-Assas Paris II, groupe de recherches ATOM disponible à *http://atom.univ-paris1.fr/documents/Cossalter_10-06.pdf.*

1098 Ibid. Sur la conformité de la notion de bénéfice raisonnable au régime des aides d'Etat, voir la jurisprudence de la CJCE, 24 juill. 2003, Altmark (aff. n° C280/00) et la décision de la Commission européenne du 15 juill. 2005 sur L'encadrement communautaire des aides d'état sous forme de compensations de service public, n°D/52891-DGCOMP/I1/D(2005)179. Sur la conformité des clauses contractuelles de reversement, voir la décision de la Commission européenne du 9 avril 2002, aides N/560/01 et N/17/02, Royaume Uni Brighton West Pier, C(2002)942fin, JOCE n°C239, du 04/10/2002, p 3.

l'utilisation du concept de « bénéfice raisonnable » dans la commande publique française[1099]. La Cour n'ayant pas censuré ces clauses, les propositions doctrinales en la matière ont pu légitimement s'appuyer sur les exemples de contrats publics des autres pays européens, dans lesquels le rapport contractuel apparaît mieux équilibré.

1045. Par exemple, le droit anglais des contrats publics se réfère à la notion de « bénéfice industriel normal » pour limiter la rémunération du cocontractant. Une fois ce plafond atteint, ce dernier s'engage à reverser à la personne publique les surplus dégagés lors de l'opération[1100]. De la même manière, les contrats publics espagnols connaissent un encadrement juridique similaire prévoyant des clauses contractuelles qui reposent sur le bénéfice du cocontractant. La rémunération de ce dernier se compose alors du temps nécessaire pour obtenir un gain couvrant la période d'amortissement des investissements financés pour l'établissement du service, les dépenses d'exploitation et un bénéfice industriel raisonnable[1101].

1046. Ces exemples étrangers démontrent qu'une gestion efficace des termes économiques du contrat par la personne publique est dorénavant incontournable pour aboutir à une réappropriation financière de ce mode d'action. Si l'objectif est de s'inspirer de ces modèles pour rationaliser l'équilibre économique des contrats administratifs, ils attestent en outre de la nécessité d'introduire dans la commande publique des clauses financières à dimension variable.

1047. Sur ce point, l'émergence de telles clauses variables est étroitement liée à la construction, dans le même temps, de durées contractuelles variables et plafonnées. En effet, si la réévaluation des durées a pour objectif de rationaliser le temps dans le rapport contractuel, son objet est aussi de permettre une restriction de la période durant laquelle le cocontractant est autorisé à percevoir des recettes ; c'est-à-dire du droit à rémunération. De ce point de vue, pour que les contrats publics répondent

[1099] Ibid.

[1100] Il s'agit notamment ici de l'exemple des contrats relatifs au transport ferroviaire britannique, du métro de Londres et du pont de Brighton West Pier. Pour une analyse de ces conventions, voir la synthèse présentée par Michel Fève, documents d'analyse sur « Le financement des TGV », dans « L'expérience française du financement privé des équipements publics », Paris, *Economica*, 1993, p 129 et s. De la même manière, voir Philippe Cossalter (« Les concessions à durée endogène », *Revue Dr. Adm.* n°5 mai 2006, étude n°9, p 4 et s.) qui analyse la *Review of Government Contracts*, Report on the 2003, General review of the profit formula for Non-competitive government contracts, mars 2004, Section IV.

[1101] Philippe Cossalter, « Les concessions à durée endogène et le principe de rentabilité limitée », Colloque du 26 oct. 2006 Université Panthéon-Assas Paris II, groupe de recherches ATOM disponible à *http://atom.univ-paris1.fr/documents/Cossalter_10-06.pdf*. L'auteur se réfère à des exemples espagnols très précis dans ce domaine : l'article 131.1.b de la LCAP ; l'article 129 RSCL, et les commentaires de Jaime Sanchez Isac, dans « Teoria e práctica de las concesiones de servicios locales », Barcelone, *Bayer*, 1992, p 163 et s.

efficacement aux besoins actuels des personnes publiques, les modalités d'encadrement du contenu de ces deux clauses [celle relative à la durée contractuelle et celle relative à la rémunération] doivent reposer sur des éléments d'appréciation similaires[1102]. L'encadrement du contenu de la rémunération [grâce à la clause relative à la rémunération] ne peut se faire au moyen d'un référentiel différent de celui relatif au droit à rémunération [grâce à la clause relative à la durée] ; sauf à laisser perdurer dans la commande publique des carences équivalentes à celles constatées aujourd'hui. La durée contractuelle étant tributaire de l'amortissement du patrimoine, la rationalisation de la rémunération doit reprendre le même référentiel afin de se conformer aux exigences du droit des contrats administratifs, notamment au principe de sécurité juridique et de mise en concurrence. Le problème avec le concept de bénéfice raisonnable est qu'il n'aboutit pas à une prise en compte suffisante des investissements financés par le cocontractant pour apprécier la rémunération. Il est un élément d'appréciation essentiellement financier. Il est donc déconnecté du référentiel utilisé par le droit français pour définir la durée, l'amortissement.

1048. En rationalisant la rémunération grâce au bénéfice industriel raisonnable, la personne publique risque donc de se référer à une notion aux contours incertains qui ne permet pas de prendre en compte les enjeux de l'amortissement pour les contrats administratifs français. En effet, ce référentiel renvoie traditionnellement à l'ensemble des recettes [principales et accessoires] et aux actifs financiers. Mais il ne tient pas compte de la rentabilité financière résultant des opérations de gestion des actifs immobilisés et amortissables. Son calcul ne porte effectivement pas sur les investissements patrimoniaux et les politiques de gestion résultant de leur amortissement. Si l'application de cette technique dans les régimes juridiques des pays européens semble fonctionner, sa transposition dans le régime français est confrontée à des problèmes juridiques importants car il peut devenir un facteur d'accroissement des risques pour les parties.

1049. Les contrats administratifs se caractérisent aujourd'hui par un besoin de réforme, notamment des clauses relatives à la durée contractuelle et à la rémunération. Mais la notion de bénéfice industriel raisonnable ne permet pas de pallier complètement ce besoin car elle apparaît déconnectée des modalités de calcul de la durée contractuelle. Toute proposition visant à rationaliser la rémunération du cocontractant doit au contraire intégrer les enjeux financiers inhérents à l'amortissement du patrimoine. C'est pourquoi, même si certains membres de la doctrine

[1102] Cf. Philippe Cossalter, *op. cit.*

émettent quelques réserves à ce sujet[1103], le taux de retour sur investissements apparaît plus approprié car il est un élément d'appréciation de ces données du contrat. Il est en outre étroitement lié aux modalités de calcul de la durée contractuelle puisqu'il est défini à partir de l'amortissement. Ceci explique qu'il soit appelé à devenir progressivement le référentiel d'appréciation de la rémunération du cocontractant. Sa définition classique milite d'ailleurs pour sa transposition dans les régimes juridiques des contrats administratifs car il permet d'apprécier la logique financière inhérente aux investissements du cocontractant et à ses politiques de gestion. Pour cela, il convient de distinguer ses modes de calcul [dont l'un peut devenir un référentiel doté d'une force contraignante pour les parties] de son appréciation générale [qui aboutit à évaluer le bénéfice raisonnable]. L'amortissement et le taux de retour sur investissements ne doivent donc pas demeurer à l'état de référentiel, de standard d'appréciation. Le droit des contrats administratifs doit leur donner une véritable portée normative contraignante pour les cocontractants.

Paragraphe 2 : La rationalisation du contenu de la rémunération du cocontractant grâce au taux de retour sur investissements

1050. Le droit des contrats administratifs voit progressivement émerger ces dernières années le besoin d'encadrer et de rationaliser les données économiques relatives à la phase d'exécution. Cette nécessité est à l'origine des travaux de certains membres de la doctrine qui ont proposé la construction de clauses contractuelles variables permettant d'encadrer la rémunération du cocontractant au moyen d'un référentiel, le bénéfice industriel raisonnable[1104]. Cette proposition pour évaluer et limiter la rémunération du cocontractant trouve deux explications : d'une part, cette

[1103] Philippe Cossalter, « Les concessions à durée endogène », *Revue Dr. Adm.* n°5 mai 2006, étude n°9, p 4 et s. L'auteur compare les modalités de mesure du bénéfice industriel raisonnable à celles du taux de retour sur investissements : « *Le contrôle du taux de retour sur investissements est infiniment plus complexe, puisqu'il suppose une connaissance très fine de la comptabilité de la société de projet éventuellement constituée et de la comptabilité du groupe, de la réalité des charges, des liens contractuels avec les sous-traitants qui sont souvent des filiales...* » ; p 8.

[1104] Voir en ce sens les travaux de Philippe Cossalter « Les concessions à durée endogène et Le principe de rentabilité limitée » (Colloque du 26 oct. 2006 Université Panthéon-Assas Paris II, groupe de recherches ATOM disponible sur le site *http://atom.univ-paris1.fr/documents/Cossalter_10-06.pdf.*) et ceux de Laurent Vidal, « L'équilibre financier du contrat dans la jurisprudence administrative » (thèse soutenue à l'Université Panthéon-Sorbonne Paris I, 2003).

notion se conforme au droit communautaire relatif aux aides d'état[1105] ; d'autre part, la mesure de la rémunération du cocontractant grâce cette technique est à première vue aisée et permet de contourner la complexité qui caractérise les données comptables relatives au patrimoine et aux opérations de gestion du cocontractant[1106]. Mais, en l'état actuel des régimes juridiques de la commande publique, l'utilisation et le contenu de ce référentiel ne semblent pas actés puisqu'aucune disposition législative ou réglementaire ne l'a encore consacré juridiquement.

1051. Transposée dans le droit des contrats administratifs, cette notion apparaît en outre incomplète car elle ne permet pas d'apprécier et, *in extenso*, de rationaliser toute la rentabilité financière retirée de l'opération par le cocontractant. Le bénéfice industriel raisonnable est effectivement déterminé à partir de l'ensemble des recettes. Il ne prend donc pas en compte les gains de gestion résultant des investissements alors qu'il s'agit d'une donnée essentielle au cœur des stratégies de rentabilité du cocontractant. Or, dans des conventions se caractérisant par une asymétrie d'informations, le cocontractant ne manque pas d'expertiser la rentabilité prévisionnelle qu'il peut retirer de politiques de gestion inhérentes à l'amortissement des actifs immobilisés. Cette rentabilité liée aux effets financiers de l'amortissement constitue donc une composante de la rémunération qui n'est pas intégrée dans le calcul du chiffre d'affaires et donc dans celui du bénéfice raisonnable[1107]. Ce dernier ne permet donc pas une évaluation suffisamment affinée et précise de la contrepartie du cocontractant pour limiter le risque d'une captation de profits de la part de celui-ci.

1052. Afin de pallier cette incomplétude de la notion de bénéfice industriel raisonnable, la rémunération doit être appréciée et rationalisée grâce à un référentiel permettant de rapporter le niveau de toutes les recettes au poids financier des investissements financés par le cocontractant et de ses gains de gestion. Il existe un ratio permettant de parvenir à ce résultat : le taux de retour sur investissements. Traditionnellement, ce taux est calculé en rapportant le chiffre d'affaires total aux investissements financés pour

---

[1105] Voir la décision de la Commission Européenne du 28 nov. 2005, n°C/2005/2673 sur la légalité des compensations de service public octroyées à certaines entreprises chargées de la gestion de services d'intérêt économique général ; JOCE n°C297 du 29/11/2005, p 4-7.

[1106] Cf. Philippe Cossalter, dans « Les concessions à durée endogène » (op.cit.) lorsqu'il dit : « *Dans le cadre d'une concession moderne, l'effet d'accroissement des coûts consistera en une augmentation des charges d'entretien, notamment par la passation de contrats sur-rémunérés avec les entreprises liées au consortium concessionnaire. Ce dernier augmentera ses dépenses afin de limiter son taux de retour sur investissements. Est alors créée, à travers les filiales, une rente sur les profits, qui est à l'inverse de celui recherché par le système de durée endogène* » ; p 5.

[1107] Sur l'incomplétude des procédures de contrôles contractuels menées par les personnes publiques, voir les analyses présentées à la Partie I, Chapitre 2, Section 1 et celles de la Partie II, Chapitre 1, Section 2.

obtenir les actifs immobilisés et lancer le processus de production. Ses caractéristiques et ses modalités de calcul apparaissent donc mieux appropriées aux spécificités de la commande publique et aux besoins de rationalisation de la rémunération du cocontractant. Il présente notamment l'avantage de s'inscrire dans le rapport classique « recettes/investissements » conditionné par le calcul de la durée et les missions assumées par l'opérateur privé[1108].

1053. La création d'une clause dédiée reposant sur le taux de retour sur investissements peut alors permettre à la personne publique d'encadrer efficacement la contrepartie du cocontractant. En effet, une telle clause consiste en une évaluation précise du financement privé d'équipements publics, mais aussi de l'ensemble de la rémunération du cocontractant ; comprenant les recettes d'exploitation, les recettes annexes et la rentabilité liée aux politiques de gestion patrimoniale. Ce taux constitue un indicateur de rentabilité efficace et pertinent pour rationaliser l'économie du contrat (A). L'intérêt de transposer cette technique dans la commande publique dépasse donc la simple expertise de la rémunération du cocontractant. Il complète en réalité les durées contractuelles variables et permet de renforcer ainsi la sécurité juridique de ces conventions grâce à une réappropriation publique de la dimension économique de ces conventions (B).

A- Le taux de retour sur investissements : un indicateur de la rentabilité du patrimoine

1054. A la différence du concept de bénéfice industriel raisonnable, qui consiste à évaluer la totalité des recettes, le taux de retour sur investissements est établi à partir d'un rapport entre le chiffre d'affaires, le poids financiers des investissements patrimoniaux, les gains liés à la gestion des actifs et les contraintes de leur exploitation[1109]. Transposé dans le champ de la commande publique pour rationaliser la contrepartie du cocontractant, ce taux permet d'expertiser la contrepartie du

---

[1108] Sur la notion de taux de retour sur investissements en économie, voir les ouvrages suivants : A.A Gropelli, E. Nikbakht, « Barron's finance », 4° éd. *Barron's Educational Series*, Inc., 2000 ; Z. Bodie, A. Kane, A.J Marcus, "Essentials of investments", 5°éd. *New-York McGraw-Hill/Irwin*, 2004.

[1109] Philippe Cossalter, dans « Les concessions à durée endogène » (op. cit.), démontre que la question du bénéfice raisonnable ou du taux de retour sur investissements est une question ancienne, soulevée déjà par Maurice Hauriou lorsqu'il énonce : « *Ce contrat de concession n'est pas un contrat aléatoire, au sens du Code civil, bien qu'il comporte une spéculation et certains aléas ; c'est un contrat qui a pour objet l'exploitation régulière d'un service et un bénéfice normal ; (...). Ce caractère du contrat de concession est extrêmement intéressant, parce que la notion de bénéfice normal suppose a contrario celle d'un bénéfice anormal, auquel le cocontractant n'aurait pas droit autant qu'un bénéfice normal* » ; com. CE, 27 juin 1919, Sté du gaz et de l'électricité de Nice, *Sirey* 1920, III.25, notes III.647.

cocontractant en rapportant l'ensemble des coûts opérationnels relatifs au patrimoine à la totalité de sa rémunération, principale et accessoire. Il permet donc d'obtenir la véritable marge nette bénéficiaire du cocontractant au terme du contrat. En effet, il est calculé en déduisant de la totalité des gains du cocontractant les coûts opérationnels de l'opération, notamment ceux relatifs à l'amortissement, et en ajoutant la rémunération accessoire résultant du capital investi. Il permet également de tenir compte de plusieurs éléments financiers annexes : la structure de financement des investissements contractuels ; la part respective des fonds propres et de la rentabilité des amortissements financiers ; la dette contractée pour les besoins en financement…

1055. En finance d'entreprise, le taux de retour sur investissements est un instrument de mesure de la performance directe d'une entreprise car il repose à la fois sur la mesure de l'efficacité du processus de production, mais aussi sur l'évaluation du chiffre d'affaires lié à la commercialisation des produits ou à des opérations financière de gestion. C'est pourquoi les économistes distinguent dans ce taux la mesure des investissements de capacité, qui résultent de l'augmentation des forces productives, de celle des investissements de productivité, qui permet d'apprécier le résultat de l'utilisation des moyens de production existants[1110]. Il s'agit donc d'une technique protéiforme soumise à différents calculs. Si sa transposition apparaît nécessaire pour encadrer la rémunération du cocontractant, cette technique doit au demeurant être précisée et encadrée par le droit des contrats administratifs, en s'inspirant des modalités de calcul issues du secteur privé.

1/ Les calculs du taux de retour sur investissements dans le secteur privé

1056. Pour les entreprises, le taux de retour sur investissements représente un instrument de mesure de la performance de ses choix décisionnels concernant le processus de production[1111]. C'est pourquoi les modalités de calcul de ce ratio prennent en compte l'ensemble des recettes retirées des opérations d'exploitation et de gestion [c'est-à-dire la totalité du chiffre d'affaires annuel ou pluriannuel] desquelles est déduite la totalité des investissements nécessaires pour que le processus de production soit opérationnel[1112].

[1110] Sur cette distinction, voir notamment les analyses du secteur privé résumées par A.A Gropelli, E. Nikbakht, dans « Barron's finance », 4° éd. *Barron's Educational Series*, Inc., 2000, p 442 et s.

[1111] Cf. Pierre Vernimmen, Pascal Quiry et Yann Le Fur, « Finance d'entreprise », 6°éd. *Dalloz*, 2005.

[1112] Pour des analyses plus précises concernant l'objectif présidant au calcul du taux de retour sur investissements, voir A.A Gropelli, E. Nikbakht, « Barron's finance », 4° éd. *Barron's educational series*, Inc., 2000, p 442 et s.

1057. Pour les opérateurs privés, la détermination du taux de retour sur investissements repose sur des éléments concrets d'appréciation [les coûts opérationnels, les recettes directes, les recettes annexes, les amortissements...] mais aussi sur des éléments plus hypothétiques, tels que certains prévisionnels [les opérations de restructuration du personnel, les prévisionnels d'investissements, les évaluations qualitatives...]. Mais ce taux conduit toujours à apprécier concomitamment deux éléments complémentaires : d'une part, la performance des politiques décisionnelles de l'entreprise, mesurée grâce au rapport « recettes/investissements » ; d'autre part, la marge bénéficiaire réelle retirée des investissements, notamment des actifs patrimoniaux immobilisés et amortissables. La comparaison de ce taux avec le concept de bénéfice industriel raisonnable met donc en exergue des avantages indiscutables pour la commande publique.

1058. Le premier atout du taux de retour sur investissements est qu'il confère aux expertises une dimension patrimoniale en tenant compte des pertes de valeurs affectant les actifs immobilisés, mais aussi de la rentabilité financière qui leur est liée. Il permet ainsi d'expertiser les placements financiers des dotations pour amortissement et les gains résultant de la comptabilisation des amortissements de caducité[1113].

1059. Le second avantage de taux est qu'il permet de mesurer en valeur actualisée la rentabilité des investissements financés dans le cadre d'une politique décisionnelle d'une entreprise. Il tient donc compte des fluctuations qui s'opèrent dans le temps et qui affectent la politique de gestion de l'opérateur de manière directe ou indirecte. Ce phénomène de fluctuations caractérise d'ailleurs les contrats administratifs puisque les amortissements financiers, les dotations aux amortissements, la capacité d'autofinancement et le traitement comptable des dépréciations sont précisément soumis à ces mêmes variations de valeurs[1114]. En déterminant le taux de retour sur investissements, l'entreprise tient compte des fluctuations liées aux effets inflationnistes, des risques inhérents aux projets d'investissements et plus largement de tous les facteurs qui peuvent avoir pour effet de remettre en cause sa politique décisionnelle durant le processus de production. Ceci explique que le taux de retour sur investissements est un indice précieux à la fois pour

---

[1113] Philippe Cossalter (op. cit.) présente les limites de la méthode consistant à retenir le bénéfice industriel normal, au détriment du taux de retour sur investissements, comme indicateur et plafond de la rémunération du cocontractant : « *L'unanimité* (sur le recours au bénéfice industriel raisonnable) *n'est cependant pas constituée et certains organismes financiers sont extrêmement réticents à entrer dans un montage contractuel dont la durée peut ne pas dépendre du taux de retour sur investissements mais du montant du chiffre d'affaires* » ; p 5.

[1114] Cf. Partie II, Chapitre 1, Section 1, § 1 et § 2.

expertiser financièrement *ex-ante* la réalisation d'un projet, mais aussi pour évaluer *ex-post* le rendement des investissements.

1060. Les économistes ont déterminé plusieurs modalités de calcul de ce taux en partant du postulat selon lequel cet instrument de mesure pouvait être déterminé soit chaque année, soit au terme d'une période pluriannuelle. Dans ces calculs, ils ont en outre tenu compte de l'hypothèse des réinvestissements éventuels de l'entreprise pour mesurer le taux de retour sur investissements en rendement composé et en continu. Ce dernier se traduit ainsi[1115] :

$$RSI_{log} = \ln\left(\frac{Vf}{Vi}\right)$$

RSI_{log} : Retour sur investissement logarithmique (ln).
Vi : Valeur initiale de l'investissement.
Vf : Valeur finale de l'investissement.

1061. Si cette formule semble complexe à maîtriser pour les personnes publiques contractantes, la diversité des situations qu'elle recouvre est pourtant transposable au droit des contrats administratifs. A l'occasion d'un projet d'investissements par exemple, le cocontractant va définir une politique décisionnelle sur l'ensemble des missions que le contrat lui confie. Pour procéder au choix le plus efficace possible, il va déterminer *ex-ante* le taux de retour sur investissements concernant les différentes hypothèses retenues et en vérifier *ex-post* la concordance avec les réalisations. Cet indice représente donc de toute évidence un instrument de mesure pris en compte par les entreprises lorsqu'elles sont titulaires d'un contrat administratif qui met à leur charge un programme d'investissements. Pour affiner leurs analyses relatives à ce taux, les entreprises disposent ensuite de plusieurs modalités de calcul de ce ratio. La décision de l'entreprise d'utiliser une formule plutôt qu'une autre dépend des données spécifiques au secteur d'activité du contrat et des missions qu'elle assume. Cette dernière va pour cela tenir compte des données qui ont une place prépondérante dans son processus de production et/ ou dans son programme d'investissements.

1062. Le premier calcul consiste à apprécier le *taux de retour sur investissements au moyen de la valeur nette comptable actualisée de l'ensemble du patrimoine*. Cette hypothèse ne retient que peu notre attention car, dans le champ des contrats administratifs, cet instrument de mesure doit déjà être expertisé lors de l'établissement des plans comptables définis par le cocontractant et contrôlés par la personne

[1115] Pour des analyses plus précises sur ces modalités de calcul du taux de retour sur investissements, voir A.A Gropelli, E. Nikbakht, « Barron's finance », 4° éd. *Barron's Educational Series*, Inc., 2000, p 442 et s.

publique avant la phase d'exécution[1116]. Il n'apporte donc rien pour rationaliser le contenu de la rémunération du cocontractant.

1063. Le second calcul économique consiste à obtenir le *taux de rentabilité interne* ; c'est-à-dire le taux d'intérêt exigible par l'entreprise si le financement des investissements avait fait l'objet d'un placement financier au lieu d'un investissement matériel. Cette seconde méthodologie permet d'ajuster la valeur d'une chronique de flux financiers en annulant la valeur nette comptable actualisée[1117]. Même si cet élément d'appréciation est appréhendé comme un outil de décision à l'investissement, sa transposition dans la commande publique apparaît difficile car les personnes publiques sont peu familiarisées avec ce type d'opérations résultant de placements financiers et issues du secteur privé.

1064. Une autre solution pourrait consister à retenir un troisième calcul plus facile à maîtriser dans la pratique des contrats administratifs : le « *payback* ». Il consiste à évaluer le temps nécessaire pour récupérer financièrement les sommes nécessaires à la réalisation du projet d'investissements. Il semble donc adapté aux besoins des personnes publiques[1118]. Cependant, l'appréciation trop générale des actifs immobilisés à laquelle ce calcul aboutit explique que ce référentiel doit être délaissé au profit d'un autre, plus conforme aux besoins actuels de la commande publique, qui imposent une expertise affinée des composantes du patrimoine et de leur rapport à la marge nette du cocontractant.

1065. En définitive, la solution la plus satisfaisante pour apprécier le taux de retour sur investissements des contrats administratifs est le calcul de *l'indice de profitabilité*[1119]. Pour l'obtenir, l'entreprise doit établir un rapport le plus précis possible entre la marge bénéficiaire, totale et actualisée résultant de l'exploitation des actifs, et le montant initial du capital investi pour financer les investissements. Cette formule représente donc la solution la plus performante pour le droit des contrats administratifs car elle permet de mettre en relation la totalité de la rémunération actualisée du cocontractant avec le poids financier des investissements visés dans la convention.

1066. C'est pour cette raison que les régimes juridiques de certains pays européens se réfèrent à ce calcul du taux de retour sur investissements

---

[1116] Cf. Partie I, Chapitre 1, Section 1 et Section 2. La valeur nette comptable actualisée s'entend de la valeur résiduelle d'un bien, déduction faite dans son prix d'acquisition des amortissements ou des provisions pour dépréciation. Voir Gérard Melyon, Rémédios Noguera, « Comptabilité générale », *ESKA*, p 352 et s.

[1117] Voir en ce sens Pierre Vernimmen, Pascal Quiry et Yann Le Fur, « Finance d'entreprise », *Dalloz*, 2005.

[1118] Voir en ce sens James P. Andrew et Harold L. Sirkin, "Payback, Reaping the rewards of innovation", *Harvard Business School Press*, 2006.

[1119] Cf. par exemple Aswath Damodaran, « Finance d'entreprise », Théorie et pratique, 2°éd. *De Boeck*, 2004.

pour en faire un critère d'évaluation et de rationalisation de la rémunération du cocontractant. Ces montages étrangers démontrent que ce ratio constitue un apport certain pour moderniser les conditions d'exécution des contrats publics français. Il permet notamment de prendre en compte les effets financiers de l'amortissement et la rentabilité patrimoniale pour plafonner efficacement la contrepartie du cocontractant. De ce point de vue, l'utilisation du taux de retour sur investissements permet donc de pallier le phénomène de captation de profits, mais aussi de rassurer les investisseurs associés au projet.

2/ L'utilisation du taux de retour sur investissements dans les contrats administratifs étrangers

1067. Dans le régime juridique français, les modalités de calcul des durées contractuelles reposent sur le temps nécessaire au cocontractant pour amortir techniquement le patrimoine qu'il finance et qui est considéré comme des biens de retour. La durée du contrat constitue alors un droit à rémunération détenu par le cocontractant. Or retenir la notion de bénéfice industriel normal pour rationaliser le contenu de cette rémunération au cours de la durée contractuelle apparaît peu convaincant. En effet, si la durée est fixée en fonction de l'amortissement des investissements, l'encadrement de cette contrepartie doit reposer sur un référentiel similaire puisque ces deux données contractuelles se conditionnent mutuellement[1120]. En tout état de cause, le bénéfice industriel raisonnable est donc inapproprié puisqu'il ne tient pas compte des amortissements et ne permet pas d'encadrer le contenu de la rémunération à la lumière de la durée contractuelle.

1068. Afin de remédier à ce phénomène et apprécier le niveau de la rémunération, une solution consisterait à retenir comme référentiel le *chiffre d'affaires consolidé*. Mais cette approche doit être écartée car cet indicateur impose à l'opérateur de regrouper l'ensemble de ses résultats, quelque soit le secteur d'activité. Or, en vertu de l'article 393-1/4 du plan comptable général français, les opérateurs privés titulaires d'un contrat administratif sont tenus de présenter séparément les états financiers de chaque contrat conclu avec une personne publique[1121]. L'expertise du chiffre d'affaires, grâce au bénéfice raisonnable, représente au surplus un

---

[1120] Sur les modalités de calcul de la durée contractuelle, ses enjeux au regard des amortissements et la nécessité de rationaliser le contrat en construisant des clauses plafonnées et variables, voir les développements présentés à la Partie I, Chapitre 2, Section 2, §1 et §2.

[1121] Com. RC, règlement n°99-03 du 29 avril 1999, portant PCG français, complété par un arrêté d'homologation du 22 juin 1999, JO du 21/09/1999, p 14107. Ce règlement a été modifié à plusieurs reprises, notamment par le règlement n°2007-02 du 14 déc. 2007, applicable au 1er janv. 2008, homologué par l'arrêté du 28 déc. 2007, JO du 30/12/2007, p 21924.

risque pour la personne publique car ses modalités de calcul ne sont pas assez encadrées. L'opérateur privé peut augmenter ses postes de charges et de recettes en incluant les opérations de rachat et de cession d'actifs ou celles relatives à une éventuelle sous-traitance. Cet indicateur n'est donc pas suffisamment probant et précis pour être adapté au droit des contrats administratifs[1122].

1069. L'utilisation du bénéfice raisonnable doit en réalité être complétée par le taux de retour sur investissements qui permet d'encadrer la rémunération du cocontractant grâce à une expertise du rapport «recettes/investissements ». Si la complexité de cette donnée explique que certains membres de la doctrine doutent de sa pertinence pour le régime des contrats administratifs, les montages des autres pays européens attestent de la possibilité et de l'intérêt d'utiliser cet instrument de mesure pour encadrer le contenu de la rémunération[1123].

1070. En Italie par exemple, les contrats administratifs conclus par des personnes publiques prévoient une rémunération du cocontractant déterminée à partir du retour sur les coûts d'investissements, l'amortissement des actifs, les coûts de fonctionnement et une marge bénéficiaire[1124]. Cette approche juridique concernant la clause relative à la rémunération du cocontractant gérant un service public, à caractère industriel et commercial, est étroitement liée au principe constitutionnel italien de liberté d'entreprise et d'initiative économique[1125]. Mais la mise en œuvre du calcul relatif au taux de retour sur investissements, comme élément d'appréciation de la rémunération du cocontractant, a surtout connu un essor particulier dans les contrats relatifs au service public de l'eau. Grâce à des systèmes de contrôles très structurés, le droit italien prévoit ainsi que le taux de retour sur investissements du cocontractant doit être encadré par le contrat et atteindre en moyenne 7%[1126]. L'objectif de ce plafond est d'inciter le cocontractant, sous contrôle de la personne publique, à calculer le plus efficacement possible sa rémunération au

---

[1122] Sur les enjeux des techniques de répartition de charges, voir Partie II, Chapitre 1, Section 2, § 1, B.

[1123] Philippe Cossalter, dans « Les concessions à durée endogène » (*Revue Dr. Adm.* n°5 mai 2006, étude n°9, p 4 et s.) défend notamment l'idée d'utiliser le bénéfice industriel raisonnable car, selon lui, le taux de retour sur investissements peut s'avérer trop complexe à contrôler pour la personne publique.

[1124] Cf. Partie I, Chapitre 2, Section 2, §1 et §2.

[1125] Philippe Cossalter, op. cit. L'auteur renvoie sur ce point à l'arrêt de la Cour italienne CS, 6ème sect., 21 avril 1999, Foro amm, 1999, p 802.

[1126] Il est intéressant de noter que le Comité interministériel italien pour la programmation économique a établi un programme fonctionnel dans le secteur de l'eau, reposant sur le système du *Weighted Average Cost of Capital.* A partir de ces éléments, un programme de révision de ce taux de retour sur investissements est en cours d'élaboration pour ce type de service public. Voir sur ce point le document de consultation sur la révision de la méthode normalisée pour la tarification du service hydrique, Rome, 27 mars 2002.

regard des coûts opérationnels qu'il doit assumer. Pour les coûts, le cocontractant tient notamment compte de la charge des investissements et de leurs amortissements, ainsi que des charges liées à l'exploitation et au renouvellement des actifs immobilisés. Il compare ensuite l'ensemble des charges opérationnelles au total des recettes principales ou annexes, en intégrant la rémunération qui résulte du capital investi et des politiques de gestion de l'amortissement.

1071. Le droit italien est donc parvenu à élaborer un système permettant à la personne publique de contrôler et de limiter la rémunération du cocontractant au regard de ses investissements. Cet élément d'appréciation confère à ces montages contractuels une flexibilité qui repose sur une exigence de transparence du cocontractant et sur la capacité de la personne publique à mener des contrôles contractuels efficaces. En évaluant les paramètres de la rémunération résultant du capital investi, la personne publique est ainsi amenée à expertiser la structure de financement et la part des fonds propres apportés par le cocontractant. L'utilisation du taux de retour sur investissements a ici un double intérêt : d'une part, rationaliser la contrepartie du cocontractant ; d'autre part, opérer un suivi de ses opérations financières afin d'anticiper le traitement qui intervient lors de l'extinction de la convention.

1072. Mais la transposition de cet indicateur dans les montages italiens ne se limite pas au cas du service public de l'eau. Les contrats de concessions relatifs à la perception de l'impôt ou ceux concernant la gestion de lignes ferroviaires sont autant d'exemples dans lesquels la rémunération du cocontractant est conditionnée par un taux de retour sur investissements[1127]. Toutefois, l'exemple du droit italien n'est pas isolé en Europe.

1073. En effet, pour les contrats administratifs anglais, les services du Trésor britannique recommandent aux personnes publiques de prévoir dans le contrat un taux de retour sur investissements d'environs 8% par an pour leur cocontractant, qui se rapproche plus du concept de « bénéfice raisonnable »[1128]. Afin de procéder à une évaluation correcte de ce taux actualisé, le gouvernement anglais détermine chaque année avec les industriels un ratio type qui tient compte des variations des valeurs sur les marchés. Si une moyenne est ainsi établie par les instances

[1127] Pour les contrats de concession relatifs à la perception de l'impôt, le taux est d'environs 8%, conformément au Décret interministériel du 4 août 2000 (GURI, n°201, du 29/08/2000, suppl. n°138). Pour les contrats de gestion des lignes ferroviaires, le taux est similaire, comme le note Laurent Vidal dans « L'équilibre financier du contrat dans la jurisprudence administrative », thèse, Université Panthéon Sorbonne Paris I, 2003, p 518.

[1128] HM Treasury, "Entreprise & Growth Unit", Selling Government Services into Wider Market – Policy and Guidance note, juill. 1998 ; cité par Philippe Cossalter, « Le principe de rentabilité limitée », Colloque du 26 oct. 2006 Université Panthéon-Assas Paris II, disponible à *http://atom.univ-paris1.fr/documents/Cossalter_10-06.pdf.*

nationales, certains contrats ont la possibilité de retenir un taux beaucoup plus important en fonction des spécificités du secteur d'activité et du contexte de réalisation des obligations contractuelles. Le contrat de gestion du métro de Londres prévoit par exemple un taux supérieur, compris entre 18% et 20% par an en raison des risques élevés de l'opération[1129]. De la même manière qu'en Italie, l'utilisation de ce taux par le droit anglais ne se limite pas aux hypothèses de contrats relatifs au métro de Londres ou à des lignes ferroviaires[1130]. Cet instrument est aussi utilisé pour les contrats relatifs au service public de l'eau[1131].

1074. En définitive, la transposition du taux de retour sur investissements dans les contrats administratifs étrangers permet d'apprécier le contenu de la rémunération du cocontractant grâce à un indicateur financier pertinent qui tient compte des recettes, des investissements, mais aussi de la nécessité de concéder une marge nette bénéficiaire au titulaire du contrat. Cet instrument de mesure permet en outre d'encadrer les incertitudes liées à la réalisation et à l'exploitation des actifs immobilisés, puisqu'il impose une expertise de la rentabilité financière liée à la gestion patrimoniale et aux amortissements. Ce taux doit donc être transposé dans les contrats administratifs français car il peut servir de référentiel pour encadrer la rémunération au regard des investissements et de leur amortissement.

B- L'adaptation française du taux de retour sur investissements dans la clause relative à la rémunération

1075. Au terme des analyses relatives au fonctionnement comptable et financier de l'amortissement, la transposition de certains mécanismes de gestion issus du secteur privé dans le droit des contrats administratifs impose de réviser à plus ou moins long terme l'approche juridique classique qui caractérise ce mode d'action. Dans un contexte où la phase d'exécution institutionnalise une asymétrie d'informations entre les parties[1132], la personne publique se trouve aujourd'hui confrontée à un

---

[1129] NAO, L''ondon underground PPP : Were they good deals ?", HC 645 session 2003/2004, 17 juin 2004, p 4. Voir Philippe Cossalter, *op. cit.*

[1130] Sur l'utilisation du taux de retour sur investissements en matière de gestion des lignes ferroviaires britannique, voir Hakam Kamleh, « La nouvelle organisation ferroviaire britannique : sur la frontière entre intégration et désintégration », Documents de recherche n°DR/28-05/06, Centre économie, Université Aix-en-Provence ; disponible à *http://junon.u-3mrs.fr/afa10w21/rech/r_DR/DR_28_0506_kamleh.pdf*

[1131] Voir sur ce point OFWAT, *Information note* n°26 ; Philippe Cossalter, *op. cit.*

[1132] Voir Claude Ménard, Stéphane Saussier et Carine Staropoli, « L'impact des contraintes institutionnelles sur les choix contractuels des collectivités locales » Annuaire 2003 des collectivités locales : les services publics locaux, éd. du *CNRS*, Paris, p 109 et s. ; Stéphane Braconnier, « Le modèle français de la concession : conquête ou concurrence ? », *JCP A* n°16 2007, étude n°2102.

risque important de dépossession du patrimoine et de captation de profits par le cocontractant. Si l'objectif est de parvenir à rééquilibrer ces relations contractuelles, le contenu juridique de ces montages doit être rationalisé en réintégrant les effets du temps dans la clause relative à la durée et en prenant en compte les fluctuations économiques dans celle relative à la rémunération.

1076. L'objectif général est de permettre aux personnes publiques de se réapproprier leurs contrats, en maîtrisant notamment la rentabilité financière qui résulte de la gestion des investissements patrimoniaux[1133]. C'est précisément pour cette raison que certains membres de la doctrine commencent à réévaluer l'économie du contrat durant la phase d'exécution en se reportant aux contrats publics des autres pays européens[1134]. S'ils proposent un encadrement de la rémunération du cocontractant grâce à la technique du bénéfice industriel raisonnable, les particularités du régime français des contrats administratifs imposent plutôt d'utiliser le taux de retour sur investissements. Ce référentiel apparaît effectivement plus approprié puisqu'il tient compte des investissements patrimoniaux et des opérations de gestion qui leur sont appliquées.

1077. L'intérêt de transposer cet indicateur dans la commande publique dépasse cependant le simple objectif de rationalisation de la rémunération du cocontractant. De la même manière que les durées contractuelles plafonnées et variables, il permet aussi d'instaurer une clause contractuelle révisable. Il atteste donc d'une réforme structurelle du droit des contrats publics qui a pour ambition de conférer à ce mode d'action une flexibilité nécessaire dans un environnement concurrentiel. Contrairement aux apparences, cette dernière permet *in extenso* de renforcer la sécurité juridique et la transparence de ces conventions en complétant l'approche juridique classique qui a jusque là caractérisée ces montages contractuels[1135]. Loin de déstabiliser les accords des personnes publiques, l'intégration de cet indicateur dans une clause dédiée permet de redonner aux contrats une capacité d'adaptation qui leur fait défaut aujourd'hui et dont la conséquence est le déséquilibre général du rapport conclu avec le cocontractant.

[1133] Voir en ce sens les analyses relatives à la rentabilité de l'amortissement financier présentées par Alain Galesne, « Le financement de l'entreprise », éd. *CEREFIA*, Rennes, 1996/2004, p 42 et s.

[1134] Cf. Philippe Cossalter, « Le principe de rentabilité limitée », Colloque du 26 oct. 2006 Université Panthéon-Assas Paris II, groupe de recherches ATOM, disponible à *http://atom.univ-paris1.fr/documents/Cossalter_10-06.pdf.*

[1135] Cf. Christine Maugüe, « La portée de l'obligation de transparence dans les contrats publics », dans Mélanges en l'honneur du Professeur Moderne, *Dalloz* 2004, p 609 et s.

1/ Les modalités techniques pour transposer le taux de retour sur investissements dans le droit français des contrats administratifs

1078. Afin de se réapproprier les termes financiers de leurs contrats, les personnes publiques doivent être en mesure de maîtriser les conséquences financières des différentes opérations de gestion menées par leur cocontractant, notamment celles relatives aux investissements. En la matière, les techniques de gestion des effets financiers de l'amortissement industriel et de l'amortissement de caducité constituent les premières données à prendre en compte car elles sont aujourd'hui à l'origine d'une rémunération accessoire importante et peu encadrée. Grâce au traitement des plans comptables des actifs immobilisés et à l'asymétrie d'informations entre les parties, le cocontractant réussit effectivement à accroître sa rémunération en définissant des politiques de profitabilité qui ne sont rationalisées ni par la convention, ni à l'occasion des contrôles contractuels[1136].

1079. Si le droit français n'a pas encore pris acte de ces données, tel n'est pas le cas des autres pays européens. Certains montages étrangers démontrent qu'une rationalisation de la contrepartie du cocontractant peut être construite en intégrant dans le contrat une clause financière plafonnée et révisable à la baisse. L'objectif est ainsi d'encadrer dans le contrat le contenu d'une rémunération variable grâce à un référentiel particulier. Pour parvenir à déterminer cette donnée contractuelle, certains de ces montages utilisent soit la notion de bénéfice raisonnable, soit le taux de retour sur investissements qui mesure le rapport « recettes/investissements ». L'idée est de rééquilibrer la relation contractuelle grâce à des expertises concernant les leviers financiers à la disposition du cocontractant, et notamment ceux relatifs aux amortissements[1137]. En déterminant dans le contrat une juste rémunération grâce à ce taux, les personnes publiques parviennent alors à contrôler et à rationaliser la contrepartie du cocontractant en tenant compte de l'ensemble des profits dégagés lors de l'opération.

1080. En France, l'encadrement de la rémunération ne repose pas sur les mêmes éléments. Le droit des contrats administratifs prévoit généralement deux instruments pour parvenir à limiter cette contrepartie : d'une part, la rémunération est limitée *ex-ante* par le niveau des tarifs

---

[1136] Voir en ce sens les analyses formulées à la Partie II, Chapitres 1 et 2 qui adaptent à la commande publique les conclusions d'Alain Galesne à propos du Multiplicateur d'amortissement, dans « Le financement de l'entreprise », édition *CEREFIA*, Rennes, 1996/2004, p 42 et s.

[1137] Sur le rétablissement de l'équilibre économique dans les rapports contractuels des concessions en Belgique, voir M-A Flamme, « Commentaire pratique de la réglementation des marchés publics », (Bruxelles, Confédération nationale de la construction, 6°éd. 1996/1997, T. 2, p 391 et s.).

négociés et *ex-post* par leur formule d'indexation ; d'autre part, une approche classique a permis de considérer que la rationalisation de cette contrepartie devait se faire au moyen d'un encadrement de la durée contractuelle. Les conséquences financières des amortissements démontrent que ces deux instruments ne permettent pas à la personne publique de limiter le niveau et le contenu de la rémunération perçue par le cocontractant.

1081. En ce qui concerne le premier mécanisme, les formules de variations des tarifs sont mises en œuvre de manière quasi-systématique par les parties. Ce phénomène permet au cocontractant d'accroître sa rémunération puisque leur utilisation ne respecte pas le principe selon lequel les parties doivent y recourir seulement en cas d'investissements supplémentaires ou en cas de fluctuations économiques importantes des valeurs sur les marchés bouleversant l'économie de la convention[1138]. De la même manière, le second instrument semble inopérant. Les modalités de calcul des durées contractuelles reposent sur une estimation de la durée d'amortissement des investissements financés par le cocontractant qui n'est jamais réévaluée durant la phase d'exécution. Le problème est alors que la période réelle d'amortissement est souvent plus courte que celle estimée durant les négociations. Ces mécanismes ne permettent donc pas de corriger les écarts constatés, qui ont pour conséquence une augmentation de la contrepartie du cocontractant[1139].

1082. Ces deux instruments doivent de toute évidence être corrigés pour parvenir à rationaliser la rémunération du cocontractant. Ce n'est qu'à partir de la refonte de ceux-ci que la clause du taux de retour sur investissements peut être transposée dans le champ de la commande publique et jouer son rôle de régulateur de la rémunération du cocontractant. Cet objectif ne peut être réalisé que si la personne publique est en mesure d'expertiser avec précision la rémunération résultant des investissements. A cette fin, le taux de retour sur investissement doit compléter les deux premiers mécanismes et être inséré dans une clause contractuelle spécifique.

1083. La structure de cette dernière doit notamment permettre à la personne publique d'apprécier le rapport « recettes/investissements ». Cette clause doit pour cela définir un taux plafond, mais aussi prévoir le contrôle des données relatives à la réalisation des investissements et à leur exploitation[1140]. Les éléments à inclure dans le contrat et à expertiser sont alors les suivants : la structure de financement ; les fonds propres ; la

---

[1138] Cf. Partie II, Chapitre 1, Section 1, § 2, B/, 1/ et 2/.

[1139] Voir sur ce point les analyses relatives à l'« *Impairment test* », aux mécanismes de dépréciations des immobilisations et aux calculs des durées des contrats administratifs exposées à la Partie I, Chapitre 2, Section 2, § 1 et § 2.

[1140] Voir sur ce point les exemples européens présentés par Philippe Cossalter « Les délégations d'activités publiques dans l'Union Européenne », éd. *LGDJ*, Paris, 2007.

part des immobilisations mises gratuitement à disposition du cocontractant ; le montant prévisionnel des investissements et sa correction *ex-post* ; la rémunération tirée des recettes d'exploitation directes et indirectes ; la rémunération du capital investi en comprenant les amortissements financiers et les taux d'intérêts ; les coûts de fonctionnement[1141]. Bien entendu, cette liste de données n'est pas exhaustive. Le droit des contrats administratifs doit laisser une marge de liberté aux personnes publiques pour structurer ces clauses en tenant compte des spécificités du secteur d'activité et des missions confiées au cocontractant[1142].

1084. Au-delà de l'amélioration du contrôle contractuel, l'intérêt d'insérer dans le contrat une clause permettant d'apprécier le taux de retour sur investissements du cocontractant est qu'elle conduit à encadrer les aléas de la phase d'exécution. Elle contribue ainsi à donner aux parties des garanties sur la « bancabilité » du projet[1143]. Le cocontractant en tire avantage pour le financement de ses missions car ses garanties améliorent ses chances d'obtenir un apport en capital auprès d'un organisme externe. De son côté, la personne publique est ainsi en mesure de pérenniser son contrôle sur l'économie du contrat, sur la rémunération de son cocontractant et sur l'ensemble des opérations de gestion relatives aux actifs immobilisés[1144]. Elle conserve donc un pouvoir décisionnel certain sur les données patrimoniales et financières de la convention.

1085. La mise en place d'une clause financière prévoyant d'encadrer la rémunération grâce au taux de retour sur investissements semble donc incontournable si l'objectif est de rationaliser ce mode d'action et plus particulièrement les enjeux financiers relatifs à l'amortissement. La question demeure toutefois du sort des sommes dépassant ce taux et qui sont dégagées par le cocontractant durant la phase d'exécution. L'insertion d'une clause déterminant un plafond de rémunération ne sert

---

[1141] V. Marie-Thérèse Sur-Le-Liboux, « Le prix et les services », *AJDA* 1996, p 647.

[1142] Voir aussi sur ce sujet, Salim Ziani, « La juste rémunération dans les délégations de service public », mém. sous la dir. de Gabriel Eckert, Université Strasbourg, juin 2008.

[1143] Cf. Michel Lequien et Pascal Cuche, « La notion de « bancabilité » dans les opérations de financement privé d'équipements publics », *Revue Dr. Adm.* n°12, déc. 2004, étude n°22, p 109 et s.

[1144] Selon Michel Lequien et Pascal Cuche (op.cit.) : « *Au-delà de la nécessité de faire entrer la culture du contrat dans la sphère publique, la transcription des exigences de « bancabilité » doit également conduire à une réflexion plus globale sur le cadre juridique des opérations de financement privé d'équipements publics. La recherche d'une plus grande contractualisation des relations entre les acteurs publics et privés ne suffit pas, à elle seule, à assurer la parfaite adéquation du cadre juridique des projets aux attentes du secteur privé. Afin de permettre le recours au financement privé dans les meilleures conditions, une réflexion plus large doit s'amorcer portant sur la recherche d'une certaine convergence entre les techniques du droit public et celles du droit privé et sur les moyens de renforcer la sécurité juridique des montages mis en place* » ; p 117.

effectivement à rien si le contrat ne permet à la personne publique de récupérer l'indu perçu par le cocontractant.

1086. Sur ce point, les contrats administratifs peuvent encore une fois s'inspirer des montages européens qui ont adopté une solution particulière pour réguler les effets de ces clauses. Ces derniers consacrent dans le même temps une disposition juridique complémentaire qui prévoit le reversement à la personne publique des profits du cocontractant dépassant la limite fixée par le taux de retour sur investissements[1145]. Ce dispositif existe par exemple dans les montages anglo-saxons reposant sur le modèle de la « *Private Finance Initiative* », dont la phase d'exécution occasionne parfois un accroissement significatif de la rémunération du cocontractant[1146]. Dans ce régime juridique, ce reversement apparaît alors comme une contrepartie aux garanties fournies par la personne publique en matière de « bancabilité » du projet ; ce dernier assurant au cocontractant la possibilité de solliciter un apport en capital auprès d'un organisme financier externe.

1087. La transposition de ce dispositif dans le régime juridique français des contrats publics permet d'assurer aux parties le maintien d'un équilibre dans la répartition des risques financiers de réalisation et/ou d'exploitation. En outre, la structure de cette clause conduit la personne publique à affiner ses expertises concernant l'économie du contrat, assure au cocontractant l'obtention d'un retour sur investissements et permet de rationaliser le niveau de la rémunération de ce dernier afin qu'elle corresponde à une contrepartie matérielle effective. Cette réappropriation publique des termes financiers des contrats administratifs conduit donc à renforcer la sécurité juridique et la transparence du rapport contractuel en lui conférant une véritable capacité d'adaptation. Pour parvenir aux résultats escomptés, ce dispositif doit être en définitive construit dans une clause contractuelle prévoyant trois éléments : un *taux fixant le plafond du retour sur investissements* ; les *éléments du contrat à expertiser* ; un *dispositif juridique pour le reversement* à la personne publique des sommes dépassant la limite prévue. De la même manière que pour la clause relative à la durée, il s'agit ici d'encadrer la rémunération au moyen d'une clause plafonnée et variable qui tient compte des données patrimoniales[1147]. Mais, la construction de ces deux mécanismes conduit

[1145] Voir les exemples présentés par Philippe Cossalter, dans « Le principe de rentabilité limitée », Colloque du 26 oct. 2006 Université Panthéon-Assas Paris II, groupe de recherches ATOM disponible à *http://atom.univ-paris1.fr/documents/Cossalter_10-06.pdf.*

[1146] Ibid.

[1147] L'approche comptable liée à l'étude de l'amortissement permet ici de compléter l'approche concurrentielle et financière de certains auteurs. Voir par exemple Philippe Cossalter, « Le principe de rentabilité limitée », Colloque du 26 oct. 2006, Univ. Paris I, groupe de recherches ATOM, disponible à *http://atom.univ-paris1.fr/documents/cossalter_10-06.pdf.*

plus généralement à une réforme structurelle de la commande publique qui vise à opérer une régulation des accords conclus avec des opérateurs privés.

2/ La régulation financière des contrats administratifs grâce au taux de retour sur investissements

1088. Depuis sa transposition dans la commande publique, aucune normativité n'a réellement été conférée à l'amortissement. Les fluctuations économiques et comptables qui le caractérisent imposent pourtant d'adapter les contrats administratifs afin de mieux répondre aux enjeux financiers et patrimoniaux de ce mécanisme et permettre une réappropriation publique de ce mode d'action. Trois éléments inhérents à toute forme contractuelle sont particulièrement concernés par ce besoin d'adaptation : la durée contractuelle ; les modalités de contrôle sur le patrimoine ; la négociation des termes financiers durant la procédure de passation et leur éventuelle révision durant la phase d'exécution[1148].

1089. La clause du taux de retour sur investissements et celle du reversement des surplus de rémunération dégagés par le cocontractant complètent ces propositions permettant d'encadrer la rémunération dans les régimes juridiques de certains contrats administratifs [les concessions et les partenariats public-privé, avant de tenter un élargissement aux autres contrats administratifs] grâce à une réintégration des effets économiques dans ce mode d'action. La prise en compte de ces deux éléments complémentaires dans la commande publique doit permettre à la personne publique d'affiner ses expertises en vue de maîtriser pleinement les données financières relatives à la réalisation du contrat et notamment aux opérations de gestion des amortissements[1149]. La refonte de la clause relative à la rémunération participe de ce point de vue à une rationalisation du contenu de la contrepartie du cocontractant. L'objectif est ainsi de remédier aux carences actuelles qui caractérisent ces contrats et qui permettent au cocontractant de percevoir une rémunération dont le niveau dépasse bien souvent ce qui pourrait être raisonnablement admis.

1090. Toutefois, la mise en œuvre juridique d'un tel dispositif implique pour les parties de procéder périodiquement à des renégociations du contrat grâce à des clauses contractuelles variables. Or, la construction de telles clauses dans le champ de la commande publique n'est pas encore actée. La première difficulté que rencontre une réforme visant à consacrer

[1148] Pour les durées contractuelles variables, voir les analyses présentées à la Partie I, Chapitre 2, Section 2, §2, A/ et B/.

[1149] Il s'agit là d'une manifestation de la théorie du Multiplicateur d'amortissement qui consiste à opérer des placements financiers des dotations aux amortissements. Voir en ce sens Alain Galesne, « Le financement de l'entreprise », éd. *CEREFIA*, Rennes, 1996/2004, p 42 et s.

ce dispositif est la position traditionnellement adoptée par le juge du contrat en matière de révision des conditions d'exécution d'un contrat public. En effet, ce dernier apprécie strictement l'équilibre économique du contrat[1150]. Il a ainsi eu l'occasion de rappeler à de nombreuses reprises qu'une modification substantielle de l'économie de la convention contrevenait aux principes de la commande publique, notamment aux exigences de transparence, de mise en concurrence et d'égalité de traitement des candidats[1151].

1091. Mais les dérives constatées dans la pratique des contrats administratifs et les conséquences comptables et financières de l'amortissement imposent des ajustements structurels des différents régimes juridiques afin de répondre aux enjeux modernes de ce mode d'action. Ce raisonnement jurisprudentiel ne doit pas avoir pour effet d'empêcher l'adaptation du contenu des contrats administratifs, conformément aux enjeux de l'amortissement[1152]. La construction de clauses contractuelles à exécution variable, telles que les propositions relatives aux procédures de renégociations, se conforme aux exigences du juge du contrat puisqu'elles renforcent en réalité la sécurité juridique de ces conventions. En effet, c'est surtout la fixité caractérisant à ce jour ces contrats qui a pour conséquence une captation de profits par le cocontractant et un déséquilibre des accords contractuels. La mise en place de clauses variables permet de remédier à ce phénomène en adaptant le contrat aux conditions d'exécution, dont la première caractéristique est la mutabilité[1153].

1092. De la même manière que les durées contractuelles permettent une réintégration des effets du temps dans ce mode d'action, le droit des contrats administratifs doit tenir compte des fluctuations de l'économie sur ces accords en vue de rationaliser la rémunération du cocontractant au moyen du taux de retour sur investissements et des clauses de reversement. Seul ce dispositif peut permettre aux personnes publiques de

---

[1150] Par exemple, voir en matière de marchés publics, CE, 22 juin 1998, Préfet du Puy de Dôme, concl. Bergeal, *BJCP* 1999, n°1, p 36.

[1151] Sur ce point, voir par exemple Laurent Richer, « Droit des contrats administratifs », *LGDJ*, 2014, p 226-227 ; CE, 20 oct. 2006, Cnauté d'agglomération Salon-Etang de Berre-Durance, note Gabriel Eckert, *Revue Contrats et marchés publics*, 2006, com. n°322.

[1152] Sur le rôle du juge administratif en matière d'appréciation de l'économie du contrat, voir les nombreuses jurisprudences relatives aux contrats de délégations de services publics locaux. A titre non exhaustif, voir notamment : CE, 30 sept. 1996, Sté Stéphanoise des eaux et Ville de Saint-Etienne, req. n°156176, Rec. Lebon p 355 (sur les clauses relatives aux tarifs et à la contrepartie du cocontractant) ; CE, 14 janv. 1998, Porelli, req. n°161091, Rec. Lebon p 10 (sur la justification des redevances versées par le cocontractant à l'autorité contractante) ; CE, 20 avril 2000, Cne de Païta, req. n°205143, Rec. Lebon p 573 (sur les clauses de tacite reconduction d'un contrat et la portée de la clause relative à la durée contractuelle).

[1153] Voir sur ce point Lucien Rapp, « Stabilité du contrat public et mutabilité de son objet », *Revue Contrats et Marchés publics*, n°7, juill. 2008, étude n°7.

maîtriser les termes financiers de leurs contrats, même lorsque ceux-ci résultent d'opérations de gestion de l'amortissement du patrimoine[1154].

1093. L'analyse des effets financiers de l'amortissement démontre au final que l'encadrement contractuel du financement privé des équipements publics doit être révisé afin de tenir compte des données économiques. Dans le cas contraire, la commande publique prend le risque de laisser perdurer des situations dans lesquelles le cocontractant accroît sa rémunération en profitant de l'asymétrie d'informations vis-à-vis de la personne publique et des mécanismes de gestion des investissements[1155].

1094. Dans un contexte où les pouvoirs publics sont confrontés à un manque de moyens, l'équilibre financier des contrats et leur réappropriation par les autorités contractantes représentent un enjeu de première importance[1156]. Devenant progressivement un élément au cœur de politiques publiques volontaristes visant à favoriser l'investissement privé dans le secteur public, le contrat administratif ne peut demeurer un outil strictement juridique faisant fis de l'environnement dans lequel il s'insert et des conséquences qu'il produit pour les parties, les usagers et les contribuables. L'économie du contrat doit au contraire être réévaluée et encadrée par le droit. En la matière, le seul moyen permettant de parvenir à ce résultat est d'adapter financièrement le contrat au fur et à mesure de son exécution pour encadrer le contenu de la rémunération du cocontractant. Pour ce faire, et afin de préserver les spécificités de la commande publique française qui établit un lien direct entre cette disposition et la durée contractuelle, cette clause doit être structurée au moyen d'un référentiel se rapportant à l'amortissement, en l'espèce le taux de retour sur investissements.

[1154] Laure Athias et Stéphane Saussier, dans « Un partenariat public-privé rigide ou flexible ? Théorie et application aux concessions routières à péage » (*Revue économique*, n°2007/58, p 565 et s.) exposent cette idée de la manière suivante : « *De surcroît, notre modèle indique que les arbitrages entre flexibilité et rigidité contractuelle sont plus complexes que ne laisse à penser la théorie des coûts de transaction (...) Nos résultats suggèrent une rationalité économique et politique dans la conception de tels contrats* » ; p 575.

[1155] Sur l'asymétrie d'informations, voir Stéphane Braconnier, « Le modèle français de la concession : conquête ou concurrence ? », *JCP A* n°16 2007, étude n°2102.

[1156] Gilles Miller et Alain Leyat, dans « Les chambres territoriales et régionales des comptes et le contrôle des délégations de service public » (*AJDA* 17 sept. 2007, p 1696 et s.) résument ce constat général des juridictions financières : « *En conclusion, il ressort des avis et observations des chambres régionales et territoriales des comptes que la régularité des procédures de dévolution est désormais généralement mieux assurée, en dehors de quelques cas particuliers. Il reste cependant encore de sérieux efforts à accomplir en matière d'équilibre des conventions et de contrôle effectif du délégataire par l'autorité délégante* » ; p 1704.

Conclusion du Chapitre II

1095. Grâce à la gestion des amortissements industriels/techniques et des amortissements financiers/ de caducité, le cocontractant est en mesure d'accroitre sa rémunération au-delà du niveau estimé par les parties lors de la phase de négociations. Cette hypothèse est vérifiée lorsqu'il assume la charge du financement et/ou de l'exploitation des actifs immobilisés et visés dans le contrat.

1096. Ce rapport entre la rémunération et la gestion du patrimoine s'explique en raison du fait que le droit des contrats administratifs encadre le niveau de cette contrepartie grâce à deux éléments : l'importance des frais de premier établissement et/ou de renouvellement ; la durée contractuelle [tributaire de la durée d'amortissement de ces investissements] durant laquelle le cocontractant dispose d'un droit à rémunération en contrepartie des missions qu'il assume. Or, ces deux données n'ont pas pour objet de limiter le contenu et l'importance des gains du cocontractant. Elles permettent seulement de rationaliser le droit à rémunération. C'est pourquoi la commande publique se caractérise aujourd'hui par des déséquilibres manifestes liés à une captation de profits du cocontractant grâce à des opérations de gestion des actifs immobilisés. Afin de pallier les carences ainsi constatées, les contrats administratifs doivent faire l'objet d'une régulation économique et financière durant la phase d'exécution, mais aussi à l'occasion de leur extinction qu'elle intervienne de manière anticipée ou non.

1097. Pour parvenir à ce résultat, le droit des contrats administratifs doit permettre aux personnes publiques d'encadrer la rentabilité qui résulte de la gestion patrimoniale et des amortissements. Il s'agit donc d'opérer une réforme structurelle de ce champ juridique afin de réintégrer pleinement les effets de l'économie dans un mode d'action traditionnellement appréhendé sous un angle juridique.

1098. A cette fin, la rationalisation des durées contractuelles doit être complétée par une régulation du contenu de la rémunération du cocontractant. Ce mode d'action doit pour cela se doter de clauses contractuelles fixées au moment de la procédure de passation des contrats et dont l'objectif est de limiter les gains retirés par le cocontractant des missions que le contrat met à sa charge. Ce type de clauses peut se structurer en adoptant un référentiel : le taux de retour sur investissements. Malgré sa complexité, cet indicateur permet de rééquilibrer ces contrats en leur conférant un caractère évolutif et juridiquement encadré. Il concourt donc à une réappropriation publique de leur rentabilité.

Conclusion de la Partie II

1099. Dans un contexte où les normes comptables connaissent un mouvement d'uniformisation internationale, les personnes publiques doivent se réapproprier les termes financiers des contrats qu'elles concluent avec des opérateurs privés. En effet, lorsque le cocontractant finance et/ou exploite le patrimoine visé au contrat, il assure le traitement comptable et financier des amortissements. Il se trouve alors en mesure d'accroître sa rémunération, au-delà du niveau qui est estimé par les parties lors des négociations. Pour inverser cette tendance et réguler ainsi l'exécution de ces conventions, les personnes publiques doivent parvenir à maîtriser les opérations financières de gestion des actifs immobilisés et de leur amortissement. Seule la réappropriation des termes financiers des contrats peut leur permettre de rationaliser le contenu de la rémunération de leur cocontractant et de rééquilibrer l'économie des conventions qu'elles concluent.

1100. Une telle limitation des mécanismes de rentabilité nécessite de créer dans le contrat une clause complémentaire à celles des tarifs et de la durée, qui constituent l'encadrement traditionnellement prévu par le droit français. Une réforme structurelle de la commande publique doit intervenir pour permettre de mesurer le taux de retour sur investissements et de fixer un pourcentage de réalisation au-delà duquel soit la convention prend fin, soit le cocontractant s'engage à reverser à la personne publique le surplus perçu. Au terme des analyses relatives aux fonctions comptables et financières de la technique des amortissements, la rationalisation des contrats administratifs implique donc d'abandonner l'approche qui consiste à considérer ce mode d'action comme un simple outil juridique. L'objectif est de la dépasser pour réintégrer les effets de l'économie dans cet outil particulier de l'action publique.

1101. La structure générale de ces contrats doit en définitive subir trois réévaluations : d'abord, les clauses encadrant la réalisation minimale des missions confiées au cocontractant doivent être précisées ; ensuite, des clauses variables en matière de durée et de rémunération doivent être véritablement insérées dans ce droit ; enfin, les termes financiers de ces contrats doivent être réévalués en cours d'exécution grâce à des phases de renégociations. Si l'idée communément admise est que de telles clauses augmentent les risques pour la personne publique, les conséquences de l'amortissement pour les contrats administratifs démontrent au contraire qu'elles renforcent l'efficacité de ce mode d'action.

CONCLUSION GÉNÉRALE

1102. Toute recherche sur l'amortissement en matière de contrats administratifs impose une démarche à la fois classique et originale afin de mettre en évidence toutes les conséquences de cette technique sur ce mode d'action.

1103. Elle revêt assurément une dimension classique car l'objet de la recherche porte sur un droit particulier, celui de la commande publique. De ce point de vue, notre démarche s'est conformée au postulat énoncé par Erick Fechner, selon lequel : « *Le Droit est une qualité du comportement, c'est-à-dire la conformité d'un comportement à une obligation, à ce que l'on a le devoir de faire (...). Rechercher la vérité en droit, c'est rechercher la vérité de ce devoir* »[1157]. Mais cette recherche n'aurait pu voir le jour si une partie de sa réalisation n'avait pas été complétée par des analyses qui se démarquent quelque peu du droit des contrats administratifs. Il est effectivement impossible d'attribuer un contenu normatif à une technique [l'amortissement], issue du secteur privée et transposée dans la sphère publique, en se référant aux seuls aspects juridiques et positivistes de ces conventions. Leurs aspects économiques, comptables et financiers ont du être pris en compte pour comprendre tous les enjeux de ce mécanisme de gestion du patrimoine. Seule la mise en œuvre simultanée de ces deux approches permet de saisir les « *multiples vérités juridiques* » résultant de l'utilisation de cette technique comptable et financière par le droit des contrats administratifs[1158].

1104. Cette posture est d'autant plus nécessaire que les conséquences de l'amortissement diffèrent selon le secteur d'activité dans lequel il est utilisé. Malgré les apparences cet instrument de gestion n'a pas la même portée dans le secteur privé et dans la sphère publique. En comptabilité privée, une synthèse des théories classiques permet d'affirmer que l'amortissement constitue un mécanisme visant à intégrer dans le processus de production la dépréciation des actifs immobilisés. L'objectif est de prendre acte des effets du temps sur la valeur du patrimoine et d'anticiper financièrement son renouvellement. Lorsqu'il est transposé dans le droit des contrats administratifs, la seule garantie dont nous disposons à première vue est que le fonctionnement de ce mécanisme est conditionné par les deux fonctions [comptable et

[1157] Erick Fechner, « Vérité et Droit », dans Les sciences et la vérité, éd. *Kohlammer*, 1966.
[1158] L'expression « *multiples vérités juridiques* » est de Jacques Prévault, « Sur les notions de contrat », *Archives de philosophie du Droit*, T XIII, 1968, p 390.

financière] qui lui sont attribuées dans la sphère privée. Mais ce postulat est rapidement dépassé par la mise en œuvre de sa logique fonctionnelle dans la sphère publique qui opère un dédoublement de l'objet : d'une part, l'amortissement est *une technique* dont les effets ne sont pas encore pleinement transposés dans les régimes et la pratique des contrats publics ; d'autre part, il constitue *une notion* dont le contenu remet en question les analyses traditionnelles de ce mode d'action.

1105. Appréhendé comme une technique, l'amortissement est d'abord un outil de gestion comptable, financier et fiscal. A partir de l'intégration comptable des dépréciations affectant les actifs immobilisés, il permet de déterminer si le contrat administratif organise ou non un transfert patrimonial entre la personne publique et son cocontractant. Les carences sont encore nombreuses en la matière. De la restructuration de la comptabilité publique à la révision des contrôles contractuels en passant par l'amélioration des inventaires et de la définition des besoins des personnes publiques, les chantiers sont vastes. De ce point de vue, l'amortissement met en évidence les carences et permet de proposer des solutions pour adapter la commande publique aux enjeux modernes qui la caractérisent. Dans le même temps, ses conséquences financières et/ou fiscales en font un indicateur particulièrement démonstratif du déséquilibre économique qui affecte aujourd'hui les contrats administratifs. Grâce à cet outil de gestion patrimoniale, le cocontractant est souvent en mesure de définir des stratégies visant à accroître sa rémunération, au-delà du niveau estimé par les parties lors des négociations. Le placement des dotations aux amortissements, le traitement de l'amortissement de caducité et le développement des mécanismes de titrisation sont autant d'éléments qui lui permettent de réaliser une captation de profits et qui doivent dorénavant être encadrés.

1106. Cependant, l'apport de ces deux fonctions va bien au-delà d'un aspect strictement technique. L'amortissement doit aussi être appréhendé comme une notion dont les effets sous-jacents imposent une réforme structurelle du droit des contrats administratifs en relation avec le temps et l'économie.

1107. La première forme d'amortissement [l'amortissement industriel] consiste à prendre en compte et à intégrer les effets du temps sur le patrimoine immobilisé dans le contrat. Son fonctionnement traditionnel impose donc de compléter l'approche selon laquelle le droit permettrait d'exclure, ou au moins de restreindre, les effets du temps sur le contrat. La transposition de l'amortissement dans la commande publique impose effectivement de considérer que le temps est aussi parfois une condition du droit. Il en va ainsi des clauses contractuelles relatives à la durée dont la validité juridique est conditionnée par le traitement de l'amortissement technique des actifs immobilisés et, *in extenso*, par les dépréciations affectant le patrimoine du contrat. Pour traduire juridiquement ce mouvement et se conformer aux fluctuations de ce mécanisme, la commande publique doit se doter de durées contractuelles variables, c'est-à-dire plafonnées et révisables à la baisse. L'objectif est de renforcer ainsi la sécurité juridique des différents contrats.

1108. La seconde [les conséquences financières de l'amortissement industriel et l'amortissement financier/de caducité] permet quant à elle de mesurer toute l'étendue du contenu économique des contrats administratifs. Le déséquilibre constaté à partir de ces données laisse entrevoir des pistes de réflexion permettant de compléter et d'améliorer ce mode d'action. Mais toute tentative de réforme impose au préalable de dépasser l'approche traditionnelle selon laquelle le droit est une condition de l'économie, qui en limite l'influence sur les conditions d'exécution des conventions publiques. Afin de prendre en compte les enjeux financiers liés à la transposition de l'amortissement dans la commande publique, il convient d'inverser cette relation en admettant que l'économie est simultanément une condition du droit. Le mécanisme le plus pertinent pour réhabiliter cette complémentarité consiste à réformer les clauses contractuelles relatives à la rémunération du cocontractant. Rééquilibrer des contrats qui ne le sont pas aujourd'hui impose effectivement de prendre en compte les conséquences financières de l'amortissement en construisant des clauses plafonnées et révisables.

1109. Ces deux aspects de la notion d'amortissement nécessitent donc une révision de l'approche traditionnelle caractérisant jusque-là l'analyse des contrats administratifs et dont la conséquence est l'inamovibilité de la convention durant la phase d'exécution. En redonnant à ce mode d'action une capacité d'adaptation, l'objectif est de renforcer la sécurité juridique[1159], mais aussi de parvenir à rééquilibrer deux caractéristiques fondamentales de ces contrats que le doyen Hauriou désignait par les termes « *Droit disciplinaire, Droit statutaire* »[1160].

1110. Une telle réforme est ambitieuse, mais nécessaire. Elle nous rappelle que l'étude d'un objet dans un champ juridique ne permet pas de dévoiler une vérité générale et atemporelle. En cernant les carences qui caractérisent aujourd'hui les contrats administratifs, nous arrivons à en déterminer plusieurs. Cette diversité de solutions n'est pas sans rappeler les propos d'Erick Fechner, selon lequel : « *Quels sont les critères de la vérité en droit ? Nous pouvons simplement répondre : nous n'avons pas plus de mesures absolues que nous n'en avons pour affirmer notre position dans l'univers. Un seul critère incertain, qui réside dans*

[1159] Sur ce principe, voir Pierre Delvolvé, « Contrats publics et sécurité juridique », *EDCE* n°54 2008, p 329.

[1160] Voir en ce sens J.A Broderick, « La notion d'institution de Maurice Hauriou dans ses rapports avec le contrat en droit positif français », dans « Sur la notion de contrat », *Archives de philosophie du Droit*, T. XIII, p 148.

l'avenir, c'est celui qui résulte de la décision et de la détermination, ce sont les réalisations qui ont été finalement arrachées au destin et aux résistances de ce qui a eu une réalité »[1161].

1111. A n'en pas douter, l'encadrement juridique des procédures de passation a été cette réalité des contrats administratifs. La tentative des présents travaux renvoie à la détermination des effets de l'amortissement et des carences générales constatées à ce jour dans la commande publique. Mais le triptyque est fondamentalement incomplet sans la décision, qui permet de modifier un champ juridique en prenant acte des améliorations possibles. Reste donc à savoir si les acteurs concernés auront la volonté de moderniser ce mode d'action et ses régimes juridiques. Le besoin n'est pas hypothétique. Il est avéré et il est urgent d'y répondre comme le rappelle Jean-Bernard Auby : « *Je crois que, dans cette affaire, le partenariat public-privé* [et plus largement l'ensemble des contrats administratifs] *n'est pas le secret ultime. Il est lui-même le symptôme de quelque chose qui le dépasse, et qui tient à la transformation des moyens et des modalités de l'action publique dans l'Etat postmoderne. C'est l'Etat pris dans la tourmente de la globalisation, l'Etat qui partout démultiplie son appareil par la décentralisation et les agences indépendantes, l'Etat qui substitue à la « command and control regulation » d'autres types d'interventions sur la société et l'économie, c'est ce même Etat qui externalise ses activités et les organise dans la forme de partenariats avec des entreprises (...). C'est cet Etat là qui est à la recherche d'un Droit qui le serve bien, et cesse de l'écarteler entre les réalités de son action d'aujourd'hui et les mythes de son passé* »[1162]. A n'en pas douter l'amortissement est une manifestation de cette dynamique qui affecte l'action publique et qui permet de procéder à une réunification de ce passé, du présent et de l'avenir de la commande publique.

[1161] Erick Fechner, « Vérité et Droit », dans Les sciences et la vérité, éd. *Kohlammer*, 1966.

[1162] Jean-Bernard Auby, Préface de l'ouvrage de Paul Lignières, « Partenariats public-privé », 2ème éd. *Lexis Nexis Litec* 2005, p XI. Ces propos prolongent ceux utilisés pour introduire nos propos. Cf. Introduction, note n°2, p 9.

INDEX

(renvois aux numéros de pages).

A

B

C

D

E

F

BIBLIOGRAPHIE

1/ Ouvrages juridiques : *(par ordre alphabétique)*

- **Auby J-B., Kirat T., Marty F., Vidal L.**, *Economie et droit du contrat administratif*, éd. La Documentation française, coll. Perspectives sur la justice, 2005.
- **Beltrame P.**, *La fiscalité en France*, éd. Hachette, 1993.
- **Bezançon X., Derny L., Fisyelson R. et Fornacciari M.**, *Les nouveaux contrats de partenariat*, éd. Le Moniteur 2005.
- **Bidart T., Moraud J-C.**, *M14, La comptabilité des communes 2008*, éd. Berger-Levrault, coll. Les Indispensables, 2008.
- **Burckel V., Crémiers V.**, *Histoire de la comptabilité publique*, éd. Economica, coll. Finances publiques, 1997.
- **Braconnier S.**, *Droit des services publics*, éd. PUF, 2003.
- **Brolles R. et Straub B.**, *Budget des communes, gestion et comptabilité*, éd. Berger-
Levrault, Coll. administration locale, 18° éd., 2008.
- **Chevallier J.**, *Précis de science administrative*, éd. Thémis, 3°éd., 2002.
- **Coudevylle A.**, *Les concessions de service public des collectivités locales*, Biblio. des collectivités locales, éd. SYREY, 1983.
- **Cozian M.**, *Les grands principes de la fiscalité d'entreprise*, éd. Litec, 1983.
- **Debat O.**, *Droit fiscal des affaires*, éd. Montchrestien, 2008.
- **Delaire Y.**, *La délégation des services publics locaux*, éd. Berger-Levrault, coll. Les Indispensables, novembre 2002.
- **Douat E.**, *Finances publiques*, éd. PUF, coll. Thémis, 2006.
- **Duguit L.**, *Leçons de droit public général*, Faculté de droit de l'Université égyptienne, Cours des mois de Janvier, Février et Mars 1926, publiées aux éd. de Boccard, Paris, 1926.
- **Fradin J-P. et Geffroy J-B.**, *Traité de droit fiscal de l'entreprise*, éd. PUF Droit, coll. Droit fondamental, 1°éd., août 2003.
- **Frier P-L**, *Précis de droit administratif*, éd. Montchrestien, Paris, 2004.
- **Hauriou M.**, *Théorie de l'institution et de la fondation*, 1925, Cahiers de la nouvelle journée, n°23, éd. Librairie Bloud et Gay.
- **Jèze G.**, *Cours de finances publiques*, éd. Giard, 1926.
- (de) **Laubadère A., Moderne F. et Delvolvé P.**, *Traité des contrats administratifs*, T2, LGDJ, 2ème éd., 1984.
- **Lignières P.**, *Partenariats public-privé*, éd. Lexis Nexis Litec, 2° éd., 2005.
- **Malaurie P. et Aynès L.**, *Les biens*, éd. Defrénois, 2007.

- **Nicinski S.**, *Droit public des affaires*, LGDJ, Précis Domat, 2014.
- **Ost F. et Van Hoecke M.**, *Temps et Droit. Le Droit a-t-il pour vocation de durer ?*, Biblio. de l'Académie Européenne de Théorie du Droit, Bruxelles, éd. Bruylant, 1998.
- **Picart J-F.**, *Finances publiques*, éd. Lexis Nexis, coll. Objectifs Droit, 2006.
- **Richer L.**, *Droit des contrats administratifs*, éd. LGDJ, Coll. Manuel, 2014.
- **Rigaux F.**, *Introduction à la science du droit*, Bruxelles, Vie Ouvrière, 1974.
- **Ripert G.**, *Les forces créatrices du droit*, éd. LGDJ, 1998.
- **Serlooten P.**, *Droit fiscal des affaires*, éd. Dalloz, coll. Précis, 2008.
- **Stern B.** (ss dir.), *Marchés et Nations, Regards croisés*, éd. Montchrestien, 1995.
- **Straub B.**, *Guide budgétaire et comptable de la délégation de service public*, éd. Berger-Levrault, Coll. Les Indispensables, septembre 2004.
- **Troper M.**, *Libre administration et théorie générale du droit : le concept de libre administration*, éd. Economica 1984.
- **Van de Vyver P-G.**, *Le service public local - Mode d'emploi des régies et des concessions*, éd. IVF Services, 1996.
- **Vila J-B**, *L'essentiel du droit des contrats administratifs*, Ellipses, Précis Cours 2015.

2/ Ouvrages de comptabilité et d'économie : *(par ordre alphabétique)*

- **Barthélémy J.**, *Stratégie d'externalisation*, éd. Dunod, 2004.
- **Bechade A.**, *L'amortissement, Etude juridique, comptable et fiscales*, éd. Delmas, 1955.
- **Damodaran A.**, *Finance d'entreprise, Théorie et pratique*, éd. de Broeck Université, 2ème éd., 2004.
- **Forget J.**, *Dynamique de l'amortissement, Renforcer l'autonomie de l'entreprise pour dynamiser ses investissements*, éd. d'Organisations, coll. Mémentos financiers, 2005.
- **Galesne A.**, *Le financement de l'entreprise, Gestion fiscale des amortissements et des provisions*, éd. CEREFIA, 1996 et 2004.
- **Gervais J.**, *Comment lire les comptes des sociétés*, éd. Maxima, Coll. Guides Investir, 6° éd., 1993.
- **Gough J.**, *A profitable treatyce called the instrument of broke to learn to know the good order of the kepying of the famous reconynge*, Londres, 1543, repris par Parker R.H, dans *Accounting, Auditing and Accountability*, éd. MCB up Ltd, vol. 7, 1994.
- **Granier T. et Jaffreux C.**, *La titrisation, Aspects juridiques et financiers*, éd. Economica, coll. Gestion, 2ème éd ; 2004.

- **Gropelli A.A. et Nikbakht E.**, *Barron's finance*, Barron'educational series, Inc., 4ème éd., 2000.
- **Melyon G., Noguera R.**, *Comptabilité générale*, éd. ESKA, 4ème éd., 2004.
- **Mémento Pratique Francis Lefebvre**, *Amortissement et fiscalité*, éd. F. Lefebvre, 2006.
- **Porter M.**, *L'avantage concurrentiel*, éd. InterEditions, Paris 1986.
- **Stizlitz J-E., Walsch C-E.**, *Principes d'économie moderne*, éd. Ouvertures économiques, 2° éd., 2004.
- **Thomas A.**, *Amortissement, fiscalité et croissance, Eléments théoriques d'analyses financières*, éd. Bordas, 1975.
- **Vernimmen P., Quiry P. et Le Fur Y.**, *Finance d'entreprise*, éd. Dalloz, 6ème éd., 2005.
- **Vivens J-L**, *Immobilisation et amortissement, les changements du Plan comptable général au 1er janvier 2005*, éd. CERPEG, juin 2006.
- **Williamson O.E.**, *Les institutions de l'économie*, éd. InterEditions Paris, 1994.

3/ Ouvrages de philosophie : *(par ordre alphabétique)*

Remarque : Les références ci-dessous ne sont pas citées in extenso dans ces travaux. Il s'agit néanmoins d'un corpus non exhaustif lié plus ou moins directement à la question du temps et du droit qui imprègne la 1ère partie.

- **Arendt H.**, *Condition de l'homme moderne*, éd. Callmann-Lévy, coll. AGORA, 1983.
- **Aristote**, *L'Ethique à Nicomaque*, éd. Flammarion, édition du 03/09/2002.
- **Bachelard G.**, *Formation de l'esprit scientifique*, éd. Librairie de Philosophie J. Vrin 1970.
- **Barthes R.**, *Mythologies*, éd. Seuil, 1957.
- **Ben Saïd Cherni Z.**, *La loi des trois états d'Auguste Comte et sa double réduction*, Centre de Publication universitaire de Tunis, collect. Philosophie de l'histoire, 2001.
- **Bernard C.**, *Introduction à l'étude de la médecine expérimentale*, éd. Flammarion, coll. Champ, janvier 1984.
- **Crozier M.**, *Etat moderne-Etat modeste, Stratégies pour un autre changement*, éd. Fayard 1986.
- **Debray R.**, *Aveuglantes lumières, journal en clair obscur*, éd. Gallimard, 2006.
- **Enriquez E.**, *De la horde à l'Etat*, Essai de psychanalyse du lien social, éd. Gallimard, coll. Folio Essais, 1983.
- **Foucault M.**, *Il faut défendre la société*, éd. Gallimard, Paris, 1997
- **Foucault M.**, *L'ordre du discours*, éd. Gallimard, 1996.
- **Foucault M.**, *Les mots et les choses, archéologie des sciences humaines*, éd. Gallimard, coll. Bibliothèque des sciences humaines, 1966.

- **Heidegger M.**, *Etre et Temps*, éd. Gallimard, Biblio. de philosophie, traduit de l'allemand par Vezin F., 1977.
- **Heidegger M.**, *Prolégomènes à l'histoire du concept de temps*, éd. Gallimard, Biblio. de philosophie, traduit de l'allemand et préfacé par Boutot A., 1979.
- **Nietzsche F.**, *La généalogie de la morale*, éd. Gallimard, coll. Folio Essais, traduit de l'allemand par Hildenbrand I. et Gratien J., 1971.
- **Popper K.**, *Conjectures et réfutations*, 1953, éd. Payot, 2007.
- **Renault E.**, *Hegel la naturalisation de la dialectique*, éd. Vrin, coll. Histoire de la Philosophie, 2002.

4/ Encyclopédies Juridiques : *(par ordre alphabétique)*

- **Jurisclasseur**, *Droit administratif, Droit des contrats administratifs*, fasc. 66ème et s., éd. Lexis Nexis.
- **Encyclopédie Collectivités territoriales**, *Chapitre 5 Délégations de services publics*, éd. Dalloz.

5/ Thèses et Ecrits académiques : *(par ordre alphabétique)*

- **Chevreau E.**, *Le Temps et le Droit : la réponse de Rome. L'approche du droit privé*, thèse soutenue le 8 décembre 2001, Université Paris II Panthéon-Assas.
- **Lemaire S.**, *Les contrats internationaux de l'administration*, thèse, Université Paris I Panthéon-Sorbonne, publiée aux éd. LGDJ, 2005.
- **Pimont S.**, *L'économie du contrat*, thèse, Université de droit et de sciences politiques d'Aix-Marseille, publiée aux éd. Presses Universitaires d'Aix-Marseille, 2004.
- **Thebault S.**, *L'ordonnateur en droit public financier*, thèse soutenue en 2007, Université Paris I Panthéon-Sorbonne.
- **Vidal L.**, *L'équilibre financier du contrat dans la jurisprudence administrative*, thèse soutenue en 2003, Université Paris I Panthéon-Sorbonne.
- **Ziani S.**, *Service public et obligations de service public*, thèse soutenue en 2013 Université de Strasbourg.

6/ Articles de périodiques : *(par ordre alphabétique)*

Remarques *: Toutes les références ci-dessous ne sont pas citées in extenso dans ces travaux. Néanmoins, la réalisation de ce travail repose sur leur étude approfondie. C'est pourquoi elles sont ici présentées.*

- **Albouy M.**, *Acquisitions, goodwill et performances boursières*, L'expansion management review, n°107, décembre 2002, p 72 et s.

- **Alexis R.**, *Droit, discours et temps*, dans l'ouvrage *Temps et Droit. Le Droit a-t-il pour vocation de durer ?*, ss dir. Ost F. et Van Hoecke M., Biblio. de l'Académie Européenne de Théorie du Droit, Bruxelles, éd. Bruylant, 1998, p 15 et s.
- **Amiaud A.**, *La sincérité des bilans et des dispositions fiscales sur l'amortissement*, Dalloz 1966, chron. VII, p 29 et s.
- **Athias L. et Saussier S.**, *Un partenariat public-privé rigide ou flexible*, Revue Economique, n°2007/3, vol. 58, p 565 et s.
- **Auby J-B.**, *Droit administratif et démocratie*, Revue Droit Administratif, éd. Lexis Nexis Jurisclasseur, février 2006, p 6 et s.
- **Bessières F., Lhermitte P.**, *De l'équivalence entre le calcul économique classique et le langage de l'amortissement*, Revue Econommetrica, Vol 31 janvier/avril 1963, p 270 et s.
- **Bezançon X.**, *Une approche historique du partenariat public-privé*, dans *Partenariat public-privé et développement territorial*, ss dir. Chartrie I. et Uhaldeborde J-M,. éd. Le Monde et Association d'économie financière, p 27 et s.
- **Bezançon X., Derny L., Fisyelson R., Fornacciari M.**, *Les nouveaux contrats de partenariats*, Le Moniteur 2005, p 63 et s.
- **Billet P.**, *Les principales dispositions de la loi sur l'eau et les milieux aquatiques intéressant les collectivités*, JCP A, 8 janvier 2007, p 4 et s.
- **Bouquet G.**, *Vers la fin du droit de préférence accordé aux concessionnaires de transport, de distribution d'électricité et de gaz*, AJDA du 15 mai 2006, p 964 et s.
- **Boutinon Dumas H.**, *Les contrats relationnels et la théorie de l'imprévision*, Revue internationale de droit économique, t. XV 2001/3, p 339 et s.
- **Braconnier S.**, *Etendue de la négociation dans la procédure de délégation de service public* (note ss l'arrêt du TA Pau, 17 oct. 2005, Société AGUR), AJDA du 13 mars 2006, p 554.
- **Braconnier S.**, *Regards sur les nouvelles directives marchés publics et concessions*, Parties I et II, JCP G n°19, doctr. 567, n°20, doctr. 596.
- **Braconnier S.**, *La consécration du critère du risque opérationnel dans la directive Concessions*, ACCP 2014, n°141, p 26.
- **Brenet F., Melleray F.**, *La loi relative aux contrats de partenariat: une étape décisive du "plan de stimulation du partenariat public privé"?*, RJEP n°658, nov. 2008, p 3
- **Capitant D.**, *Le risque économique, nouveau critère de la DSP?*, RLCT, n°43 fév. 2009, 1238
- **Chevalier E.**, *La loyauté contractuelle, Portée d'une notion novatrice en droit des contrats administratifs*, JCP A n°50, 17 déc. 2012, 2392
- **Chrétien P.**, *La notion d'urgence*, RFDA, janvier/février 2007, p 38 et s.
- **Clamour G.**, *Nouvelle directive concessions, premier panorama*, Revue contrats et MP, mars 2014, 72

- **Collet M.**, *L'amortissement fiscal des biens de retour dans les concessions de service public*, RJEP n°8, 7 juillet 2008, p 3.
- **Collet M.**, *Précision sur le régime fiscal des délégations de service public*, RJEP n°4, avril 2009, p 13 et s.
- **Cossalter P.**, *Les concessions à durée endogène*, Revue de Droit Administratif, éd. Lexis Nexis Jurisclasseur, mai 2006, étude n°9, p 4 et s.
- **Cozian M.**, *Propos désobligeants sur une « tarte à la crème » : L'autonomie et le réalisme du droit fiscal*, Revue de Droit fiscal 1999, n°13, p 530 et s.
- **Cuche P., Lequien M.** *La notion de « bancabilité » dans les opérations de financement privé d'équipements publics*, Revue Droit administratif, éd. Lexis Nexis n°12, décembre 2004, étude n°22, p 109 et s.
- **Delvolvé P.**, *Les contradictions de la délégation de service public*, AJDA 1996, p 675 et s.
- **Delvolvé P.**, *Contrats publics et sécurité juridique*, EDCE, n°54, 2008, p 329 et s.
- **Devès C.**, *La loi relative aux concessions d'aménagement ou comment parer au plus pressé !*, JCP A, 17 octobre 2005, p 1569 et s.
- **Dieu F.**, *Comment qualifier les contrats de mobilier urbain*, 15 novembre 2005, disponible à http://www.net-iris.fr/veille-juridique/doctrine/13290/comment-qualifier-les-contrats-de-mobilier-urbain.php.
- **Dourlens N.**, *Contenu des avis public à la concurrence et montant du marché : une clarification bienvenue*, AJDA du 5 septembre 2005, p 1629 et s.
- **Dreyfus J-D.**, *Comment faire face aux risques résultant de l'action contractuelle*, Revue Contrats et marchés publics, éd. Lexis Nexis Jurisclasseur, n°73, janvier 2008, p 35 et s.
- **Dreyfus J-D.**, *La continuité du service public, motif d'intérêt général justifiant à lui seul la prolongation d'une délégation de service public*, AJDA du 12 septembre 2005, p 1686 et s.
- **Dreyfus J-D.**, *Le contrôle, par le juge du contrat, de la résiliation unilatérale d'une délégation de service public* (note ss arrêt du TA Lille 14 mai 2003 Société SADE), AJDA du 13 octobre 2003, p 1823 et s.
- **Dreyfus J-D.**, *Marchés à procédure adaptée: une liberté en trompe l'œil pour les personnespubliques en matière de publicité* (note ss CE 14 novembre 2005, Région Nord-Pas-de-Calais), AJDA du 14 novembre 2005, p 2128 et s.
- **Eckert G.**, *La CJCE restreint le champ d'application des contrats « in house »* (note sous l'arrêt de la CJCE 13 octobre 2005 Parking Brixen), Revue Contrats et marchés publics, éd. Lexis Nexis Jurisclasseur, décembre 2005, p 28 et s.
- **Eckert G.**, *Les procédures allégées des concessions*, Revue Contrats et MP, n°6, juin 2014, dossier 8

- **Engel E., Fischer R. et Galetovic A.**, *A new method to Auction Highway franchises*, Documentos de trabajo CEA n°13, 1997, Departement of Industrial Engineering, Universite of Chile.
- **Fatôme E.**, *Contrat de partenariat et immeuble, objet du contrat*, Revue de l'IEJUC Toulouse I, n°60/2005, p 206 et s.
- **Fatôme E.**, *Externalisation et protection des biens affectés au service public*, AJDA du 14 mai 2007, p 959 et s.
- **Fatôme E. et Richer L.**, *Le Conseil Constitutionnel et le droit commun de la commande publique et de la domanialité publique, A propos de la décision du Conseil Constitutionnel n°2003-473 DC du 26 juin 2003*, AJDA du 22 décembre 2003, p 2348 et s.
- **Foote J. et Germà B.**, *Comparison of recent toll road concession transactions in the United States and France*, Document de travail n°XREAP2007-11, éd. Xarxa de referencia en economia aplicada, novembre 2007.
- **Fumenier P.**, *Amortissement de caducité pratiqué par les concessionnaires de service public*, LPA n°57, 19 mars 2008, p 3 et s.
- **Gartner F.**, *Des rapports entre contrats administratifs et intérêt général*, RFDA janvier/février 2006, p 19 et s.
- **Gintrand E.**, *A propos du surdimensionnement des équipements publics : le cas des cuisines centrales communales*, Les Petites Affiches, 15 avril 1999, p 2 et s.
- **Goldbert V.P.**, *Regulation and administrered contracts*, Bell journal of economics, 1976, Vol. 7 n°2, p 426 et s.
- **Goze S.**, *La capacité d'autofinancement*, fiche n°P3C02, 3 juillet 2004, disponible à http://www.afrance.net.
- **Guiavarch G.**, *Le droit de la concurrence et l'élaboration des offres des entreprises dans les délégations de service public* (note ss arrêt Cour de Cassation, Chambre Commerciale, 3 mai 2000, Société Lyonnaise des eaux), Revue des concessions et des délégations de service public, éd. Boulogne Bettinger, 1er juin 2000, p 75 et s.
- **Guigue A.**, *Les questions engendrées par une convention d'occupation privative du domaine public conclue pour une durée indéterminée*, JCP A n°18, 27 avril 2009, p 33 et s.
- **Hart O.D.**, *Incomplet contracts and public Ownership : Remmarks and an application to public-private partnerships*, Review Economics Journal, n°113, mars 2003, p 69 et s.
- **Hart O.D.**, *Incomplete contracts and theory of firm*, Journal of Law, Economics and Organization, 1988, n°4, p 151 et s.
- **Hart O.D.**, *Firms contracts and financial structure*, Clarendon lectures in Economics, Oxford University Press, 1995, p 80 et s.
- **Hernu P.**, *L'évolution des contrôles des chambres régionales des comptes à travers les lois des 5 janvier 1988, 15 janvier 1990, 6 février 1992 et 29 janvier 1993*, Revue française de finances publiques, n°43, 1993, p 32 et s.

- **Hoepffner H.**, *Le régime des modifications conventionnelles des conventions de délégations de service public*, Revue Contrats et marchés, éd. Lexis Nexis Jurisclasseur, décembre 2006, p 6 et s.
- **Jacquet P.**, *Promouvoir les partenariats public-privé*, Revue Prospectives stratégiques, mai 2003, disponible à http://www.afd.fr.
- **Jossaud A.**, *Marchés publics : dialoguer n'est pas négocier*, AJDA du 19 septembre 2005, p 1718 et s.
- **Jouguelet J-P.**, *Remarques sur la passation des délégations de service public et les atteintes au droit de la concurrence*, RJEP, août-sept. 2007, p 288 et s.
- **Kada N.**, *L'acte II de la décentralisation et le principe d'égalité*, RDP, 2005, p 1273 et s.
- **Kamleh H.**, *La nouvelle organisation ferroviaire britannique : sur la frontière entre intégration et désintégration*, Documents de recherches n°28-05/2006, centre d'analyses économiques de l'Université d'Economie appliquée d'Aix-en-Provence.
- **Kirat T.**, *Contrat de partenariat et économie du contrat*, Revue de l'Institut des Etudes Juridiques de l'Urbanisme et de la Construction (IEJUC) Toulouse I, n°60/2005, p 89 et s.
- **Kirat T. et Marty F.**, *Les enjeux comptables et budgétaires des PPP*, Revue pouvoirs locaux n°74, La Documentation française, III/2007, p 59 et s.
- **Lacombe M. et Vandendriessche P.**, *Plaidoyer pour assurer le succès d'une réforme*, RFDA mars/ avril 2004, p 398 et s.
- **Lebrun B.**, *Délégation de service public : projets d'interprétations de l'IFRIC*, Revue française comptable, 15 mai 2006, p 12 et s.
- **Legal H.**, *L'impact du droit de la concurrence sur la gestion du patrimoine des personnes publiques*, AJDA du 14 mai 2007, p 949 et s.
- **Lignières P.**, *Les prix de transfert dans les concessions et autres formes de partenariats public-privé*, Revue de Droit administratif, éd. Lexis Nexis Jurisclasseur, n°12, décembre 2003, p 39 et s.
- **Lignières P.**, *L'évaluation préalable dans les contrats de partenariat*, Revue Dr. Adm. N°10/2004, p 46
- **Lignières P. et Babin L.**, *L'externalisation : au cœur des préoccupations de l'Etat*, Revue de Droit administratif, éd. Lexis Nexis Jurisclasseur, mai 2002, p 37 et s.
- **Limouzin-Lamothe P.**, *Entretien sur les délégations de services publics*, Revue concessions et délégations de services publics, éd. Boulogne Bettinger, 1998, n°6, p 13 et s.
- **Linditch F.**, *Amortissement dans les délégations de service public, le Conseil d'Etat à la recherche du temps perdu*, JCP A n°25 du 15 juin 2009, p 29 et s.
- **Linditch F.**, *Code des marchés 2006, les dix mesures à prendre*, JCP A, 9 janvier 2006, p 25 et s.

- **Linditch F.**, *Contenu du rapport du délégataire de service public : enfin le décret !*, JCP A, 23 mai 2005, p 822
- **Linditch F.**, *Contrats de mobilier urbain. Le Conseil d'Etat fidèle à sa jurisprudence : le contrat de mobilier urbain sont des marchés publics de services*, JCP A, 12 décembre 2005, p 1825 et s.
- **Linditch F.**, *Les partenariats public-privé, vecteur d'externalisation et de déconsolidation ?Quelques interrogations de nature financière*, Revue de l'institut des études juridiques de l'urbanisme et de la construction (IEJUC), n°60/2005, p 229 et s.
- **Linditch F.**, *Recherches sur la place de l'amortissement en droit administratif*, AJDA du 20 février 1996, p 100 et s.
- **Linditch F.**, *Mise en œuvre des procédures de passation des concessions de service*, JCP A n°18-19, 2140
- **Llorens F.**, *La liberté contractuelle des collectivités territoriales*, Revue Contrats et marchés publics, éd. Lexis Nexis Jurisclasseur, mai 2007, p 10 et s.
- **Llorens F.**, *Typologie des contrats de la commande publique*, Revue Contrats et Marchés publics, n°5, mai 2005, étude n°7.
- **Llorens F., Soler-Couteaux P.**, *Les perspectives communautaires en matière de PPP et de concessions*, Revue contrats et marchés publics, éd. Lexis Nexis Jurisclasseur, janvier 2006, p 1 et s.
- **Lucas R.**, *Econometric Policy Evaluation : A critique*, Carnegie-Rochester Conference Series, 1976 dans Public Policy, 1, p 19 et s.
- **Martin-Genier P.**, *Les contrôles des délégations de service public : une obligation légale avec des moyens limités ?*, Revue Techni-Cité du 8 novembre 2005, p 30 et s.
- **Marty F.**, *Partenariats public-privé, règles de discipline budgétaire, comptabilité patrimoniale et stratégies de hors bilans*, documents de travail OFCE, n°2007-29, octobre 2007.
- **Marty F. et Vidal L.**, *Contrats de partenariat et mécanismes financiers de droit privé*, Revue de l'IEJUC Toulouse I, n°60/2005, p 266 et s.
- **Mazères J-A.**, *L'un et le multiple dans la dialectique Marché-Nations*, dans l'ouvrage Marchés et Nations, regards croisés, ss dir. Stern B., éd. Montchrestien, 1995, p 55 et s.
- **Mazères J-A.**, *Les collectivités locales et la représentation, Essai de problématique élémentaire*, RDP, 1990, p 607 et s.
- **Mazères, J-A.**, *Réflexion sur la génération du droit administratif*, Mélanges Cluseau, II, Institut d'Etudes Politiques de Toulouse, 1985, p 455 et s.
- **Ménard C. et Saussier S.**, *La délégation de service public, un mode organisationnel efficace ? Le cas de la distribution d'eau en France*, Revue de l'Institut d'économie publique, Paris I, 2003-1 n°12, p 99 et s.
- **Ménard C., Saussier S. et Staropoli C.**, *L'impact des contraintes institutionnelles sur les choix contractuels des collectivités locales : le cas de*

la distribution d'eau en France, Annuaire 2003 des collectivités locales, Services publics locaux, éd. CNRS, Paris, p 109.
- **Ménéménis A.**, *L'affermage d'un parking entre jurisprudence Telaustria et jurisprudence Teckal* (note sous arrêt de la CJCE 13 octobre 2005, aff C-458/03, Parking Brixen), Revue Droit Administratif, éd. Lexis Nexis, Jurisclasseur, décembre 2005, p 22 et s.
- **Ménéménis A.**, *Le recours au contrat de partenariat*, Revue Droit Administratif, éd. Lexis Nexis Jurisclasseur, janvier 2005, com. N°3, p 22 et s.
- **Ménéménis A., Richer L.**, *Dialogue et négociations dans la procédure de dialogue compétitif*, Revue CP-ACCP, n°45, juin 2005, p 33 et s.
- **Milhat C.**, *L'appréhension du risque financier dans les contrats de délégation de service public*, Revue Contrats et marchés publics, octobre 2006, p 5 et s.
- **Miller G. et Leyat A.**, *Les chambres territoriales et régionales des comptes et le contrôle des délégations de service public*, AJDA 17 septembre 2007, chron., p 1696 et s.
- **Moreau D.**, *Le régime des recettes dans les contrats publics*, AJDA du 30 juillet 2007, p 1513 et s.
- **Moreau D.**, *Les risques de requalification des subventions aux associations en marché public ou délégation de service public*, AJDA du 7 octobre 2002, p 902 et s.
- **Ost F.**, *L'instantané ou l'institué ?, L'institué ou l'instituant ?*, dans l'ouvrage *Temps et Droit. Le Droit a-t-il pour vocation de durer ?*, ss dir. Ost F. et Van Hoecke M., Biblio. de l'Académie Européenne de Théorie du Droit, Bruxelles, éd. Bruylant, 1998, p 7 et s.
- **Pierucci C.**, *Pour une réforme efficace de la responsabilité des gestionnaires en droit public financier*, RFDA janvier/ février 2008, p 165 et s.
- **Pietri J-P.**, *Modalités de fixation du prix dans un marché de mobilier urbain*, Revue Contrats et Marchés publics, éd. Lexis Nexis Jurisclasseur, n°4, avril 2009, p 6 et s.
- **Pignon S.**, *Le dialogue compétitif : une opportunité pour les acteurs de la commande publique*, AJDA 26 juillet 2004, p 1521 et s.
- **Petev V.**, *Temps et transmutation des valeurs en droit*, dans l'ouvrage *Temps et Droit. Le droit a-t-il pour vocation de durer ?*, ss dir. Ost F. et Van Hoecke M., Biblio. de l'Académie Européenne de Théorie du Droit, Bruxelles, éd. Bruylant, 1998, p 171 et s.
- **Potier V.**, *25 ans d'activité des chambres régionales des comptes*, La Gazette des Communes, 14 mai 2007, p 188 et s.
- **Pouyaud D.**, *Concurrence, transparence et libre administration* (note ss décision Conseil Constitutionnel n°92-316 DC du 20 janvier 1993), RFDA sept./oct. 1993, p 902 et s.

- **Rapp L.**, *Stabilité et Mutabilité dans les contrats publics*, Revue Contrats et Marchés publics, n°7, juill. 2008, étude n°7.
- **Ratheaux O.**, *Paradoxes et pièges financiers des concessions*, Revue Repères, septembre 2005, disponible à http://www.afd.fr.
- **Richer L.**, *Conventions d'occupations domaniales, Succession d'occupants et reprise d'installations : problème d'interprétation du contrat*, note ss. Jurisp. CE 13 février 2002 Société Créative, disponible à http://www.cabinet-richer.com/publications/publications.htm.
- **Romer P.**, *Endogenous technological change*, Journal of Political Economy, novembre 1990.
- **Servoir A., Tenailleau F.**, *Comment les contrats publics doivent-ils prendre en compte les récents développements du droit communautaire ?*, JCP A n°37, 12 sept. 2005, p 1383 et s.
- **Spitz P-E.**, *Les nouvelles méthodes de gestion des biens publics: l'exemple de Paris*, AJDA du 14 mai 2007, p 954 et s.
- **Symchowicz N.**, *L'indemnité de résiliation des contrats*, dossier *Les effets de la rupture du contrat administratif*, Revue CP-ACCP, novembre 2002, p 31 et s.
- **Symchowicz N., Proot P.**, *L'avis du 19 avril 2005 : d'utiles précisions sur le contenu et le régime d'exécution des conventions de délégation de service public*, AJDA du 10 juillet 2006, p 1371 et s.
- **Tabouis A., Hourcabie A.**, *Notion et régime juridiques de la délégation unilatérale de service public*, Revue contrats et marchés publics, éd. Lexis Nexis Jurisclasseur, juin 2005, p 5 et s.
- **Thieffry P.**, *Les services sociaux d'intérêt général sont-ils des entreprises ?*, AJDA du 9 juillet 2007, p 1331 et s.
- **Thuillier G.**, *Les principes de l'Introduction à la science expérimentale de Claude Bernard*, Revue administrative n°349, p 27 et s.
- **Vila J-B.**, *Rapport annuel des délégataires de service public : le devenir d'une réforme depuis le 1er juin 2007*, JCP A, n°28, 9 juillet 2007, p 16 et s.
- **Vila J-B.**, *De l'Urgence et de la Complexité à repenser la réforme relative aux partenariatspublic-privé*, JCP A, n°28, 06 juillet 2009, p 30 et s.
- **Vila J-B**, *Recherches sur le rôle de l'amortissement pour rationaliser la rémunération du cocontractant – Le cas de DSP et des PPP*, Revue Contrats et Marchés publics n°5/2010, Etude 5.
- **Vila J-B**, *Enjeux de la directive concessions pour les candidats à un contrat de DSP*, Le journal spécial des sociétés, n°135, octobre 2015, p 49.
- **Vila J-B**, *Les modalités d'indemnisation du délégataire selon le mode de résiliation du contrat*, Revue AACP Contrats Publ., Le Moniteur, n°4, avril 2015, p 38.
- **Vila J-B**, *La modification de la durée contractuelle des délégations de services publics*, Revue AACP Contrats Publ., Le moniteur, n°1 Janvier 2015, n°150, p 46.

- **Vila J-B**, *Compte d'exploitation prévisionnelle et loyauté précontractuelle*, JCP A n° 20 juillet 2015, 2232.
- **Vila J-B**, *L'équilibre économique des contrats de concession à la lumière de la directive concessions*, Revue Dr. Adm., n°11/2014, Etude 17, p 18 – 27 (10 p).
- **Williamson O.E.**, *Franchise biding for natural monopolies, In general and with respect to CATV*, Bell journal of economics, 1976, Vol. 7 n°1, p 73 et s.
- **Williamson O.E.**, *Public and private bureaucracies : a transaction costs economics perspective*, Journal of Law, Economics and Organization, 1999, n°15, p 306 et s.
- (de) **Wolff P.**, *The depreciation Multiplier*, La revue des économies statistiques, novembre 1996, p 412 et s.
- **Yolka P.**, *Les meubles de l'administration*, AJDA du 14 mai 2007, p 964 et s.
- **Yvrande-Billon A.**, *Les difficultés contractuelles de la délégation de service public*, Revue l'Institut d'économie publique, Paris I, 2004, p 1 et s.
- **Yvrande-Billon A.**, *Concurrence et Délégation de services publics : Quelques enseignements de la théorie des coûts de transaction*, Revue française d'économie, janvier 2008, XXII (3), p 97 et s.
- **Zavoli P.**, *Délégation de service public et exigence de sincérité*, AJDA du 12 juin 2006, p 1150 et s.

7/ Contributions européennes et internationales : *(par ordre chronologique)*

- **Communication interprétative de la Commission sur les concessions en droit communautaire**, *Les concessions en droit communautaire*, JOCE n°121 du 29 avril 2000.
- **Office des statistiques des Communautés européennes**, décision EUROSTAT n°18/2004 du 11 février 2004, relative aux traitements comptables dans les comptes nationaux des contrats souscris par les entreprises publiques avec les entreprises privées.
- **Commission européenne**, *Livre sur les partenariats public-privé et le droit communautaire des marchés publics et des concessions*, présenté par la Commission à Bruxelles le 30 avril 2004 ; disponible à http://ec.europa.eu/index_fr.htm.
- **OCDE**, participation de la France sous la direction des Affaires Etrangères et le Comité de la Concurrence, *Les concessions de service public*, Table ronde française du 3 février 2006 pour la préparation du Forum Mondial sur la Concurrence des 8 et 9 février 2006, étude n° DAF/COMP/GF/WD(2006)40.

- **Délégation pour l'Union Européenne** du 8 février 2006, communication de Rolland Ries, *Les obligations de service public dans les transports*, disponible sur le site internet http://www.senat.fr/europe/r08022006.html.

8/Communications, Rapports et Dossiers d'études nationaux : *(par ordre chronologique)*

- **Conseil Economique et Social**, *Conditions économiques et culturelles de la modernisation de notre économie*, ss. Prés. Lagane R., Revue des Avis et Rapports du Conseil Economique et social n°14 du 01/07/1987.
- **Groupe d'études**, ss prés. Mentré P., *Les durées d'amortissement*, Rapport au Ministre d'Etat, de l'Economie, des Finances et de la Privatisation, éd. La documentation française, coll. Rapports Officiels, novembre 1987.
- **Groupe de travail parlementaire**, ss dir. Séguin P., *Politique et argent*, Etudes de la loi SAPIN, éd. Les documents d'informations de l'Assemblée Nationale, Tome I, X° législature, 1994.
- **Groupe de travail parlementaire Commission Concession**, ss prés. Driol J., *Orientations générales en matière de comptabilité des entreprises concessionnaires*, éd. La Documentation française, rapport 1994.
- **Ministère de l'intérieur et de l'aménagement du territoire**, *La comptabilité M 14 des communes*, Guide pratique de l'élu n°32, 1994.
- **Institut Gestion Déléguée**, *Evaluation des contrats globaux de partenariat*, La gazette des communes, coll. Documents de travail n°2, 5 avril 2004, p 221 et s.
- Dossier d'études en l'honneur de **Loïc Philip**, *Constitution et Finances publiques*, éd. Economica, 2005.
- **Ries R.**, *Les obligations de service public dans les transports*, communication dossier d'étude présenté devant le Sénat à l'occasion de la réunion du 8 février 2006.
- **Nguyen N.**, *Délégation de service public : une mise en œuvre de la procédure*, dossier d'études La gazette des communes, 16 octobre 2006, p 62 et s.
- **Vervisch L-A., Landel O., Da Costa G.**, *L'amélioration des performances des collectivités territoriales*, La Gazette des communes, 2006 n°27/1893, dossier d'études, p 212 et s.

- ss. Dir. **Sueur J-P.** et **Portelli H.**, Sénat, Rapport n°733 du 16 juillet 2014, , Bilan Partenariats public privé

9/ Colloques et conférences : *(par ordre alphabétique)*

- **Brousseau E.**, *Néo-institutionnalisme et Evolutionnisme : Quelles convergences ?*, colloque « Evolutionnisme », Université de Paris I, Panthéon Sorbonne, 19/20 septembre 1996
- **Cossalter P.**, *Les concessions à durée endogène et Le principe de rentabilité limitée*, Colloque du 26 octobre 2006, Paris II.
- **Soulas M.**, *L'équilibre financier d'un contrat de délégation de service public*, ENACT Montpellier juin 2006.
- **Vila J-B**, *Appréciation par le pouvoir adjudicateur des critères d'éligibilité au contrat de partenariat public privé*, Toulouse 2014.

10/ Textes législatifs et réglementaires/ Actes Administratifs : *(par ordre chronologique)*

- Directive 2004-17/CE du 31 mars 2004, JOUE 30/04/2004, L. 134/1.
- Directive 2004-18/CE du 31 mars 2004, JOUE 30/04/2004, L. 134/114.
- Direction n°2014-23/UE du 26 fév. 2014, JOUE 28/03/2014, L. 94/1.
- Directive n°2014-24/UE du 26 févr. 2014, JOUE 28/03/2014 L. 94/65.
- Directive n°2014-25/UE du 26 févr. 2014, JOUE 28/03/2014, L. 94/243.

- Ordonnance n°2004-559 du 17 juin 2004, relative aux contrats de partenariats public-privé, JO du 19/06/2004, p 10994.
- Ordonnance n°2015-899 du 23 juillet 2015, JO 24/07/2015, p 12602
- Loi du 15 juin 1907, relatif aux casinos dans les stations balnéaires, climatiques et thermales, JO du 16/06/1907.
- Loi n°59-1472 du 28 décembre 1959, relative à l'application progressive du plan comptable général, JO du 29/12/1959, p 12460.
- Loi n°82-213 du 2 mars 1982, Loi Deferre de décentralisation, JO du 03/03/1982, p 730.
- Loi n°82-1310 du 02 mars 1982, JO du 03/03/1982, p 730.

- Loi n°83-8 du 7 janvier 1983, JO du 09/01/1983, p 215.
- Loi n°85-30 du 9 janvier 1985, Loi Montagne, JO du 10/01/1985, p 320.
- Loi n°87-502 du 8 juillet 1987, JO du 09/07/1987, p 7470.
- Loi n°92-1310 du 15 décembre 1992, JO du 18/12/1992.
- Loi n°93-122 du 29 janvier 1993, dite Loi Sapin, JO du 30/01/1993, p 1588.
- Loi n°94-504 du 22 juin 1994, portant dispositions budgétaires et comptables relatives aux collectivités territoriales, JO du 23/06/1994, p 9032.
- Loi n°95-101 du 2 février 1995, relative aux durées des délégations des services publics dans les domaines de l'eau, de l'assainissement et des déchets, JO du 03/02/1995, p 1840.
- Loi n°95-127 du 8 février 1995, relative aux contrats de délégation de service public de l'eau, JO du 09/02/1995, p 2186.
- Loi n°96-588, du 1er juillet 1996, sur la limitation du recours aux subventions publiques de fonctionnement, JO du 03/07/1996, p 9983.
- Loi n°98-261 du 6 avril 1998, portant réforme de la réglementation comptable et adaptation du régime de la publication foncière, JO du 07/04/1998, p 5384.
- Loi n°99-586, du 12 juillet 1999, JO du 13/07/1999, p 10361.
- Loi n°2000-108 du 10 février 2000, JO du 11/02/2000, p 2143
- Loi n°2001-692 du 1er août 2001, loi organique relative aux lois de finances, JO du 02/08/2001, p 12480.
- Loi n°2001-1168 du 11 décembre 2001, portant mesures urgentes à caractère économique et Financier (MURCEF), JO du 12/12/2001, p 19703.
- Loi n°2003-8 du 3 janvier 2003, JO du 04/01/2003, p 265.
- Loi de finances 2004 n°2003-1311, du 30 décembre 2003, JO du 31/12/2003, p 22530.
- Loi de finances rectificatives pour l'année 2004, n°2004-1485, du 30 décembre 2004, JO du 31/12/2004, p 22522.
- Loi n°2006-437, du 14 avril 2006, JO du 15/04/2006, p 5693.
- Loi n°2006-1772 du 30 décembre 2006, LEMA, JO du 20/01/2007, p 1201.
- Loi n°2008-735 du 28 juillet 2008, relative aux partenariats public-privé, JO du 29/07/2008, p 12144.
- Loi n°2009-179 du 17 février 2009, relative aux partenariats public-privé, JO du 18/02/2009, p 284.

- Décret n°57-129 du 7 février 1957, relatif à l'application du plan comptable général, JO du 08/02/1957, p 1575.
- Décret n°59-1489 du 22 décembre 1959, JO du 29/12/1959, p 12489.
- Décret n°62-470 du 13 avril 1962, relatif à l'application du plan comptable général, JO du 18/04/1962, p 4016.
- Décret n°62-1587 du 29 décembre 1962, relatif à la comptabilité publique, JO du 30/12/1962, p 12828.
- Décret n°83-1020 du 29 novembre 1983, JO du 01/12/1983, p 3461.
- Décret n°96-523 du 13 juin 1996, relatif aux dépenses obligatoires, JO du 15/06/1996, p 8930.
- Décret n°2004-467 du 25 mai 2004, JO du 02/06/2004, p 9720.
- Décret n°2004-1119 du 19 octobre 2004, sur l'accompagnement de la réforme des contrats de partenariat public-privé, JO du 21/10/20004, p 17821.
- Décret n°2004-1145 du 27 octobre 2004, sur l'accompagnement de la réforme des contrats de partenariat public-privé, JO du 29/10/2004, p 18260.
- Décret n°2005-236 du 14 mars 2005, relatif au rapport annuel du délégataire local, modifiant le CGCT (partie réglementaire), JO du 18/03/2005, p 4570.
- Décret n°2005-953 du 9 août 2005, sur l'accompagnement de la réforme des contrats de partenariat public-privé, JO du 10/08/2005, p 13051.
- Décret n°2005-1428 du 14 novembre 2005, application de la comptabilisation des actifs par la méthode des composants, JO du 19/11/2005, p 14.
- Décret n°2005-1442 du 14 novembre 2005, JO du 25/11/2005, p 18289.
- Décret n°2006-975 du 1er août 2006, portant code des marchés publics, JO du 04/08/2006, p 11627.
- Décret n°2006-1595 du 13 déc. 2006, JO du 15/12/2006, p 18945.
- Décret n°2007-675 du 2 mai 2007, relatif à l'application de l'article L 2224-5 du CGCT, JO du 04/05/2007, p 7895.
- Arrêté du 27 avril 1982, JO du 07/05/1982, p 4355.
- Arrêté du 2 mai 2007, relatif aux rapports annuels sur le prix et la qualité des services publics d'eau potable et d'assainissement, JO du 04/05/2007, p 7897.
- Arrêté du 14 mai 2007, sur la durée des contrats de délégation des casinos, JO du 17/05/2007, p 9568.
- Arrêté du 28 décembre 2007, JO du 30/12/2007, p 21924.

- Circulaire du 7 août 1987, JO du 20/12/1987, p 14863.
- Circulaire du 10 mai 1995, sur la durée des contrats de délégation en matière de services publics de l'eau, JO du 12/05/1995, p 8019
- Circulaire du 20 novembre 1996, sur la limitation de la durée des contrats de délégation de service public, JO du 25/01/1997, p 1301.
- Circulaire n°03-10065/C du 28 août 2003 à propos de l'instruction fiscale M52 applicable au 1er janvier 2004 pour les Départements.
- Circulaire du 28 août 2003, relative aux dispositions d'accompagnement de la généralisation de l'instruction budgétaire et comptable M 52, Ministère de l'économie, des finances et de l'industrie, en collaboration avec le Ministère de l'intérieur, de la sécurité intérieure et des libertés locales.
- Circulaire du 29 novembre 2005, relative aux contrats de partenariat à l'attention des collectivités territoriales, JO du 15/12/2005, p 19271.
- Circulaire n°4BCJS-06-2856, du 31 juillet 2006, disponible à : *http://www.finances.gouv.fr/performances/lolf_acteurs/meo_lolf_05.htm.*
- Circulaire n°14-0013, du 22 juillet 2014, NOR : FCPE1419420J sur l'avis du directeur départemental des finances publiques sur la durée des délégations de services publics en matière d'eau, d'assainissement ou de déchet (décision Commune d'Olivet).

11/ Décisions du Conseil Constitutionnel : *(par ordre chronologique)*

(Ressources bibliographiques disponibles sur le site internet http://www.conseil-constitutionnel.fr/)

- Cons. Const., déc. n°82-137 DC, du 25 février 1982, sur la loi relative aux droits et libertés des communes.
- Cons. Const., déc. n°92-316 DC, du 20 janvier 1993, relative à la loi Sapin du 29 janvier 1993.
- Cons. Const., déc. n°94-358 DC, du 26 janvier 1995, relative à la liberté contractuelle des personnes publiques.
- Cons. Const., déc. n°2001-452DC, du 6 décembre 2001, relative à la loi MURCEF du 11 décembre 2001.
- Cons. Const., déc. n°2003-473 DC, du 26 juin 2003, relative à l'évaluation préalable des contrats de partenariats public-privé.
- Cons. Const., déc. n°2003-487 DC, du 18 décembre 2003, relative aux modalités de résiliation du contrat.

- Cons. Const., déc. n°2006-535 DC, du 30 mars 2006, relative aux modalités de résiliation du contrat.
- Cons. Const., déc. n°2006-543 DC, du 30 novembre 2006, sur le contenu des contrats administratifs.
- Cons. Const., déc. n°2006-544 DC, du 14 décembre 2006, relative à l'opposition au contrat.
- Cons. Const., déc. n°2008-567 DC, du 24 juillet 2008, relative aux contrats de partenariat.

12/ Jurisprudences de la Cour de Justice des Communautés Européennes :
(par ordre chronologique)

(Ressources bibliographiques disponibles sur le site internet http://curia.europa.ue/fr).

- CJCE, 28 mars 1996, Commission c/ Allemagne, aff. C-318/94.
- CJCE, 24 juillet 2003, Altmark, aff. C-280/00.
- CJCE, 2 juin 2005, Commission européenne c/ République Hellénique, aff. C-394/02
- CJCE, 6 octobre 2005, Commission européenne c/ France, aff. C-243/03.
- CJCE, 13 oct. 2005, aff. C-458/03, Parking Brixen GmbH, Rec. CJCE 2005, I, p. 8585.
- CJCE, 18 janv. 2007, aff. C-220/05, Jean Auroux c/ Cne Roanne, Rec. CJCE 2007, I, p. 385.
- CJUE, 10 mars 2011, aff. C-274/09, Privater Rettungsdienst und Krankentransport Stadler, Rec. CJCE 2011, I, p. 6657.

13/ Jurisprudences des juridictions administratives : *(par ordre chronologique)*

- **Long M., Weil P., Braibant G., Delvolvé P.**, *Les grands arrêts de la jurisprudence administrative*, Dalloz, 13° édition, 2001.

→ *Tribunaux administratifs*

- TA Lyon, 30 novembre 1993, M P. Colmat et a., RFDA 1995, p 699.

- TA Lille, 23 février 1995, Préfet du Nord c/ Ville de Lille, JCP éd. générale, 1996, IV, n°464
- TA Bastia, 5 octobre 1995, Préfet de Haute-Corse, Revue Droit des services publics locaux, IV, 130.3, 4° édition.
- TA Grenoble, 31 janvier 1997, Préfet de la Drôme, req. n°96.4228.
- TA Dijon, 5 janvier 1999, M. Denis Roycourt et association Auxerre écologie, req. n°985227.
- TA Melun, 7 juillet 1999, Préfet du Val de Marne c/ Cne de Fontenay sous Bois, req. n°99403.
- TA Versailles, 6 janvier 2000, Préfet de l'Essonne, req. n°996-388.
- TA Toulouse, 25 octobre 2001, M. Bonnet et Cne de Castres, req. n°97361.
- TA Nancy, 22 janvier 2002, M. Trogrlic, req. n°00846.
- TA Marseille, 30 mars 2004, Sté maison Comba, req. n°0104657.
- TA Montpellier, 30 septembre 2005, Association contribuables de l'Hérault c/ Mme Petitout, req. n°0500886 et 0500887.
- TA Pau, 17 octobre 2005, Sté AGUR, req. n°0501995
- TA Nancy, 2 mai 2006, Cne de Neufchâteau, n°04011806.
- TA Nice, 10 novembre 2006, Comité intercommunal de défense des usagers de l'eau (CIDUE) c/ Cnauté d'agglomération de Fréjus Saint-Raphaël, req. n°0505756.
- TA Paris, 23 février 2007, Sté Clear Channel, req. n°0701657.
- TA Bordeaux, 22 mai 2007, Cnauté Urbaine de Bordeaux, req. n°0603019.
- TA Grenoble, 24 janv. 2012, Sté Lyonnaise des Eaux,n°08002257.
- TA Grenoble, 10 juillet 2014, Syndicat des copropriétaires Les Glovettes c/ Commune de Villard-de-Lans et Société Veolia, n°1003080-1 et 114936-1.

→ *Cours administratives d'appel*

- CAA Paris, 25 avril 1996, Sté France 5, Rec. p 572.
- CAA Bordeaux 15 novembre 1999, MM Savary et Teisseire, req. n°97BX02131, AJDA 20 mars 2000, p 228.
- CAA Bordeaux, 29 mai 2000, Sté auxiliaire de parcs, Jurisdata n° 2000-130131.
- CAA Paris, 3 juillet 2001, Cne de Fontenay sous Bois et Sté Soccram, req. n°99PA03841 et 99PA03893.
- CAA Nantes, 9 avril 2004, Cne d'Olivet.

- CAA Bordeaux, 27 avril 2004, Ville de Toulouse, req. n°00BX01587.
- CAA Versailles, 3 mars 2005, Cnauté d'agglomération Cergy Pontoise, req. n°03VE04736.
- CAA Paris, 13 juin 2006, Cne d'Asnières sur Seine, AJDA 2006, p 1844.
- CAA Paris, 11 juillet 2006, Ministre de l'Economie, des Finances et de l'Industrie c/ Sté Y. req. n°04PA01013.
- CAA Marseille, 18 décembre 2006, Sté crématorium de France et Cne Aix-en-Provence, Jurisdata n° 2006-327323, req. n°04MA01644 et 04MA01841
- CAA Paris, 16 octobre 2007, Cne de Buissy Saint-Georges c/ Sté Vinci Park, req. n°04PA01884, note E. Delacour, Revue Contrats et marchés publics, n°12, 2007, p 25.
- CAA Paris, 16 décembre 2008, Cne de Boulogne-Billancourt, req. n°07PAS00954.
- CAA Bordeaux, 10 février 2009, Sté Valerian, req. 07BX02396, Inédit au rec. Lebon.
- CAA Paris, 2 mars 2009, MM X c/ Cne de Nogent s/Marne, req. n°06PA01969.
- CAA Bordeaux, 1er septembre 2009, Société Laho Centre, n°08BX00188.
- CAA Bordeaux, 3 mai 2011, Société Gagne, n°10BX01996.
- CAA Lyon, 3 novembre 2011, Société Veolia Propreté, n°10LY00536.
- CAA Lyon, 12 juin 2014, Société SEMERAP, n°13LY01340.
- CAA Lyon, 2 janvier 2014, Conseil régional de l'ordre des architectes d'Auvergne c/ Cne de Commentry, n°12LY02827.
- CAA Nantes, 31 octobre 2014, Société CEP A Port Guillaume, n°13NT00699.

→ *Conseil d'Etat :*

- CE, 20 mars 1908, Cie Générale des Eaux, rec. Lebon p 280.
- CE, 31 juillet 1942, Sté X., rec. CE 1942, p 241.
- CE, 20 mars 1957, Sté des Etablissements thermaux d'Ussat-Les-Bains, Rec. p 182.
- CE, Sect., 8 octobre 1965, Renard, rec. p 499.
- CE, 1er juillet 1966, req. n°60980.

- CE, 4 juillet 1975, Sté Générale Technique, rec. Lebon p 509.
- CE, 28 mars 1980, Sté Cabinet 2000, req. n°07703.
- CE, 30 septembre 1983, SARL Commexp, Rec. p 393.
- CE, 23 juillet 1983, Cie Générale des Eaux, RFDA, 1994, p 257.
- CE, 7 octobre 1986, Sté Misserand c/ OPHLM Interdépartemental de la région parisienne, Rec. Lebon p 612.
- CE, 26 février 1990, Sté SVA Brambi fruits, req. n°84156, RJF 1990, p 311.
- CE, 22 octobre 1990, Cie Parisienne de Chauffage Urbain, req. n°1437, RJF 1990.
- CE, 10 janvier 1992, Promotic, req. n°80158, RJF, février 1992, n°174.
- CE, Sect., 10 avril 1992, SNCF c/ Ville de Paris, RFDA 1993, p 79.
- CE, 21 octobre 1992, Sté SETEC, RFDA 1993, p 742
- CE, 23 juillet 1993, Cie générale des eaux, Jurisdata n°1993-045412
- CE, 16 février 1996, Syndicat intercommunal pour la collecte et le traitement des déchets et résidus ménagers de l'arrondissement de Pithiviers (SITOMAP), n°82880.
- CE, 15 avril 1996, Préfet des Bouches du Rhône c/ Cne du Lambesc, req. n°168325.
- CE, 10 juillet 1996, Coisne, Revue Droit Administratif, 1996, comm. n°519.
- CE, 31 juillet 1996, Sté des téléphériques du massif du Mont Blanc, rec. p 334.
- CE, 30 septembre 1996, Sté Stéphanoise des eaux et Ville de Saint Etienne, req. n° 156176 et 156509
- CE, avis n°358-595, du 20 février 1996, EDCE n°48, 1996, p 334.
- CE, 3 novembre 1997, Sté Million et Marais, req. n°169907, GAJA, éd. Dalloz Sirey.
- CE, 14 janvier 1998, Porelli, req. n°161091.
- CE, Sect., 27 mars 1998, Sté assurance la Nantaise et l'Angevine réunies, rec. p 498.
- CE, 17 mars 1999, Cne de Bandol, req. n°170999.
- CE, 30 juin 1999, Syndicat Mixte du Traitement des ordures ménagères de Centre Ouest Seine et Marnais (SMITOM), req. n°198147, AJDA 1999, p 714, concl. C Bergeal.
- CE, 14 juin 2000, Cne de Staffelfelden c/ SA Lyonnaise des Eaux Dumez et Sté Sogest, BJDCP nov. 2000, p 434.
- CE, 29 novembre 2000, Cne de Païta, req. n°205143.
- CE, 11 juillet 2001, Sté des Eaux du Nord, req. n°221458.

- CE, 25 juillet 2001, Syndicat des eaux de l'Iffrenet, req. n°231319.
- CE, 19 octobre 2001, Syndicat Intercommunal de Guzet-Neige, BJDCP 2002, p 117.
- CE, 13 février 2002, Sté Créative, req. n°224.693.
- CE, 14 mars 2003, Sté Air Lib., req. n°251610.
- CE, 30 juillet 2003, Cie Générale des Eaux, req. n°235398, 236086, 243893, 245672.
- CE, 17 octobre 2003, M. Bompard et a., req. n°244521.
- CE, 29 oct. 2004, Sueur et a., n°269814
- CE, 10 décembre 2004, Sté Roissy films, req. n°236706.
- CE, 29 décembre 2004, Sté Soccram, req. n°239681.
- CE, 12 janvier 2005, Ministre de l'Economie, des Finances et de l'Industrie c/ SA Pricel, req. n°253865.
- CE, avis n°371-234, du 19 avril 2005, relatif à la durée des contrats de délégations de services publics, BJDCP 2006.107.
- CE, 8 juin 2005, Cne de Ramatuelle, req. n°255987, note J-D Dreyfus, AJDA du 12 septembre 2005, p 1686.
- CE, 4 novembre 2005, Sté J-C Decaux, req. n°247298.
- CE, 28 avril 2006, Cne de Toulouse, req. n°280197.
- CE, 14 janvier 2008, Sté Sogeparc, req. n°297541, RJEP juillet 2008, p 3.
- CE, 7 novembre 2008, Département de la Vendée, req. n°291794.
- CE, 15 décembre 2008, SA hôtelière la Chaîne Lucien Barrière, RJEP 2009 n°4, p 13.
- CE, 15 décembre 2008, Cnauté Intercommunale des villes solidaires, Revue Contrats et Marchés, fév. 2009, p 31.
- CE, 4 février 2009, Cne de Toulon, req. n°311344.
- CE, 5 février 2009, Association SCA, req. n°305021, Jurisdata n°2009-074873.
- CE, 8 avril 2009, Cie Générale des Eaux c/ Cne d'Olivet, req. n°271737.
- CE, 11 août 2009, Sté Maison Comba, req. n°303715.
- CE, 23 décembre 2009, Société des pompes funèbres OGF, n°305478.
- CE, 8 février 2010, Commune de Chartres, n°323158.
- CE, 21 mai 2010, Commune de Bordeaux c/ Société Les nouveaux golfs de France, n°334845.
- CE, 19 janvier 2011, Commune de Limoges, n°323924.
- CE, 19 mars 2012, Société Groupe Partouche, n°341562.

- CE, 12 juillet 2012, Communauté d'agglomération de Chartres Métropole, n°352417.
- CE, 7 décembre 2012, Commune de Castres, n°351752.
- CE, 21 décembre 2012, Commune de Douai, n°342788.
- CE, 27 février 2013, Ministre du Budget c/ CCI de Béthune, n°337634.
- CE, 7 mai 2013, Société auxiliaire du Parc de la région parisienne, n°365043.
- CE, 21 mai 2013, Ministre du Budget c/ Société SEDIMEP, n°358873.
- CE, 30 juillet 2014, Commune de Biarritz, n°363007.

14/ Conseil National de la comptabilité et Comité de la réglementation comptable
(par ordre chronologique)

→ *Conseil National de la comptabilité*

(Ressources bibliographiques disponibles sur le site internet : http://www.comptes-publics.gouv.fr/directions_services/CNCompta/index.htlm
ou
http://www.minefe.gouv.fr/directions_services/CNCompta/bocncompta/index.htlm).

- Conseil National de la comptabilité, *Guide comptable des entreprises concessionnaires*, avis des 8 juillet, 7 novembre et 18 décembre 1975, jamais publié.
- Conseil National de la comptabilité, *Rapport sur les orientations générales en matière de comptabilité des entreprises concessionnaires*, ss prés. M. Duteillet de la Motte, en collaboration avec le Ministère de l'économie et la Commission « Concessions », 1994.
- Conseil National de la comptabilité, avis n°98-13, *Objet et Principes de comptabilité*, relatif à la réécriture du plan comptable général.
- Conseil National de la comptabilité, avis n°99-05, 18 mars 1999, relatif au traitement comptable des concessions d'aménagement dans les Sociétés d'Economie Mixte locales.
- Conseil National de la comptabilité, avis n°99-10, 23 septembre 1999, relatif au traitement comptable des contrats à long terme.

- Conseil National de la comptabilité, avis n°2001-08, 24 octobre 2001, relatif au projet de décret en Conseil d'Etat, approuvant le cahier des charges type applicable aux concessions d'outillage des ports de commerce relevant de la compétence de l'Etat.
- Conseil National de la comptabilité, avis n°2002-07, 27 juin 2002, relatif aux documents individuels de synthèse des entreprises d'investissements.
- Conseil National de la comptabilité, avis n°2003-01, 1er avril 2003, relatif à l'instruction budgétaire et comptable des départements, instruction fiscale M 52.
- Conseil National de la comptabilité, Avis n°03-E du Comité d'urgence, 9 juillet 2003 sur la réforme des normes comptables applicable au 1er janvier 2005.
- Conseil National de la comptabilité, avis n°2004-11, du 23 juin 2004, relatif aux modalités de comptabilisation par composants des provisions de gros entretien.
- Conseil National de la comptabilité, avis n°2004-15, 23 juin 2004, relatif à la définition, comptabilisation et évaluation des actifs.
- Conseil National de la comptabilité, Bulletin Officiel n°123, Synthèse des avis n°2000-01 à n°2000-09.
- Conseil National de la comptabilité, Bulletin Officiel n°130, Synthèse des avis n°2002-01 à n°2002-05.
- Conseil National de la comptabilité, Rapport d'Etape, 24 mars 2005, relatif à l'identification des incidences fiscales résultant de la convergence des normes comptables françaises avec les normes IASB dans les comptes individuels, avec la Direction de la législation fiscale.
- Conseil National de la comptabilité, avis n°2006-12 du 24 octobre 2006, relatif aux modalités de reprise des dépréciations comptables et neutralisation des incidences fiscales.

→ *Comité de la réglementation comptable :*

(Ressources bibliographiques disponibles sur le site internet : http://www.minefe.gouv.fr/themes/entreprises/compta_entreprises/directions_services-CNCompta-rcrc.php)

- Comité de la réglementation comptable, règlement n°99-03, 29 avril 1999, relatif au plan comptable général, version applicable au 3 novembre 2005.

- Comité de la réglementation comptable, règlement n°2000-06, 7 décembre 2000, relatif au plan comptable général.
- Comité de la réglementation comptable, règlement n°2002-10, 12 décembre 2002, relatif au plan comptable général.
- Comité de la réglementation comptable, règlement n°2003-01, 2 octobre 2003, relatif au plan comptable général.
- Comité de la réglementation comptable, règlement n°2003-05, 20 novembre 2003, relatif au plan comptable général.
- Comité de la réglementation comptable, règlement n°2003-07, 12 décembre 2003, relatif au plan comptable général.
- Comité de la réglementation comptable, règlement n°2004-01, 4 mai 2004, relatif au plan comptable général.
- Comité de la réglementation comptable, règlement n°2004-06, n°2004-08 et n°2004-15, 23 novembre 2004, relatifs au plan comptable général.
- Comité de la réglementation comptable, règlement n°2005-09, 3 novembre 2005, portant diverses modifications au règlement n°99-03 du 29 avril 1999 du Comité relatif au plan comptable général et à l'article 15-1 du règlement n°2002-10 relatif à l'amortissement et à la dépréciation des actifs.

15/ Cour des Comptes et Chambres régionales des comptes : *(par ordre chronologique)*

(Ressources bibliographiques disponibles sur le site internet : http://www.ccomptes.fr/).

→ Cour des comptes (Rapports) :

- Cour des comptes, Rapport du 6 juin 1990, Le transport urbain de voyageurs, Tome I.
- Cour des comptes, Rapport public 1991, La gestion des services publics portuaires.
- Cour des Comptes, Rapport public 1998, La gestion déléguée du service public communal de restauration collective en Ile de France.
- Cour des Comptes, Rapport public 2000, Les délégations de services publics.
- Cour des Comptes, Rapport public 2004, La fiabilité des comptes des collectivités territoriales.

- Cour des Comptes, Rapport public 2005, La gestion financière de la Ville de Paris, analyses de l'état patrimonial des actifs immobilisés de la Ville de Paris
- Cour des Comptes, Rapport public 2011, Les services publics d'eau et d'assainissement : des avancées encourageants.
- Cour des comptes, Rapport public 2015, La gestion des directe des services publics de l'eau et de l'assainissement : des progrès à confirmer.

→ *Chambres régionales des comptes (lettres d'observations ; avis) :*

- CRC Rhône-Alpes, 24 novembre 1995 et 18 décembre 1997, Service public de l'eau et de l'assainissement de la Cne de Grenoble.
- CRC Rhône-Alpes, 5 décembre 1996, Syndicat intercommunal de distribution d'eau du Sud-ouest Lyonnais (SIDESOL) à Vaugneray, Rhône.
- CRC Languedoc Roussillon, 16 décembre 1997, District de la Côte Vermeille, Cne de Port-Vendres, Pyrénées Orientales.
- CRC Rhône-Alpes, 18 décembre 1997, Ville de Grenoble.
- CRC Rhône-Alpes, 23 février 1998, OPAC de la Cne de Saint Etienne, Loire.
- CRC Limousin, 19 mars 1998, Cne Ussel, Corrèze.
- CRC Provence-Alpes-Côte-d'Azur, 11 mars 1999, Service de l'eau et de l'assainissement de Port Saint-Louis du Rhône, Bouches du Rhône.
- CRC Bretagne, 15 mars 1999, Sté d'économie mixte Finist'Air – Aéroport de Brest Guipavas.
- CRC Ile de France, 11 juillet 1999, Régie de distribution d'énergie, Cne de Villard Bonnot.
- CRC Rhône-Alpes, 16 septembre 1999, Régie départementale des voies ferrées du Dauphiné, Isère.
- CRC Rhône-Alpes, 7 janvier 2000, Régie municipale du téléphérique de Grenoble-Bastille, Isère.
- CRC Basse-Normandie, 10 mai 2000, Cne d'Ouistreham, Calvados.
- CRC Bretagne, 14 novembre 2000, Centre océanographique de Brest.
- CRC Languedoc Roussillon, 6 décembre 2000, Port de plaisance de port Camargue, Cne Le Grau du Roi, Gard.
- CRC Poitou Charente, 8 juin 2001, Centre hospitalier de La Rochelle, Charente Maritime.

- CRC Rhône-Alpes, 14 juin 2001, Cne de Chamonix, Haute-Savoie.
- CRC Aquitaine, 25 juin 2001, Cne de Villeneuve s/ Lot, Lot et Garonne.
- CRC Champagne Ardenne, 5 février 2002, SIVOM du Rethélois.
- CRC Provence-Alpes-Côte-d'Azur, 6 juin 2002, Cne d'Aubagne.
- CRC Languedoc Roussillon, 17 juin 2002, Cie d'aménagement du Bas-Rhône Languedoc, (CNABRL), Nîmes.
- CRC Provence-Alpes-Côte-d'Azur, 20 août 2002, Cne d'Orange.
- CRC Ile de France, 11 septembre 2002, Cne Enghien les Bains, Val d'Oise.
- CRC Bretagne, 27 septembre 2002, Syndicat intercommunal mytilicole de la baie du mont Saint Michel, Le Vivier sur Mer, Bretagne.
- CRC Ile de France, 5 décembre 2002, Cne de Dourdan, Essonne.
- CRC Languedoc Roussillon, avis n°2002-66-019, du 23 janvier 2003, Syndicat Intercommunal pour l'exploitation et l'aménagement de la station de Font-Romeu Pyrénées 2000.
- CRC Rhône-Alpes, 7 février 2003, Cne de Saint Etienne, Loire.
- CRC Lorraine, 18 mars 2003, Cne de la Bresse, Vosges.
- CRC Provence-Alpes-Côte-d'Azur, 19 mars 2003, Cne de Nice, Palais des congrès.
- CRC Rhône-Alpes, 6 mai 2003, Syndicat intercommunal des eaux de la Basse Ardèche.
- CRC Rhône-Alpes, 19 juin 2003, Cnauté urbaine de Lyon (COURLY), Rhône.
- CRC Basse Normandie, 4 juillet 2003, Cne de Caen.
- CRC Nouvelle-Calédonie, 17 juillet 2003, Province des îles Loyauté, Nouvelle-Calédonie.
- CRC Ile de France, 12 septembre 2003, Cne de Montfermeil, Seine Saint Denis.
- CRC Corse, 7 octobre 2003, Etablissement public territorial, Office d'équipement hydraulique de la Corse (OEHC), Cne de Bastia, Corse.
- CRC Ile de France, 14 octobre 2003, Syndicat d'agglomération nouvelle de Marne la Vallée, Seine et Marne.
- CRC Champagne-Ardenne, 4 décembre 2003 et 26 avril 2005, Cne d'Epernay
- CRC Champagne-Ardenne, 5 février 2004, SIVOM du Rethélois.
- CRC Provence-Alpes-Côtes-d'Azur, 7 février 2004, Cne de Nice.
- CRC Midi-Pyrénées, 15 mars 2004, Sté Sogeparc/ Cne de Toulouse/ Parking du Capitole.

- CRC Rhône-Alpes, 30 août 2004, Sté d'aménagement touristique de l'Alpes d'Huez et des Grandes Rousses.
- CRC Rhône-Alpes, 11 avril 2005, SEM Vercors restauration.
- CRC Lorraine, 13 avril 2005, Cnauté Urbaine du Grand Nancy
- CRC Nord-Pas-de-Calais, 18 mai 2005, Cne de Béthune
- CRC Ile-de-France, 24 juin 2005, Cne de Bois-Colombes.
- CRC Aquitaine, 23 février 2006, Syndicat Intercommunale l'eau potable de la région du Jurançon.
- CRC Corse, 20 juillet 2006, Cnauté d'agglomération de Bastia
- CRC Midi Pyrénées, 27 avril 2006, Cne de Rocamadour.
- CRC Pays de la Loire, 5 mars 2007, Cne de la Baule Escoublac
- CRC Haute Normandie, Avis n°07-08, 11 juillet 2007, Cne de Porte-Joie
- CRC Provence-Alpes-Côte-D'azur, 13 février 2014, Marseille Métropole (contrat de DSP de l'eau et trois contrats de DSP pour l'assainissement)
- CRC Languedoc Roussillon, Lettres d'observations définitives n°146/421 du 7 avril 2014.

16/ Sites internet : *(par ordre d'apparition dans les développements)*

http:/www10.finances.gouv.fr/fonds_documentaire/reglementation/avis/avisCNCompta/pcg.
http://atom.univ-paris1.fr/documents/Cossalter_10-06.pdf
http://www.inventaires.fr/rubriques/fiches/fi_24.htm.
http://www.minefi.gouv.fr.
http://www.achatpublic.com.
http://ecogest.ac-rouen.fr/renov/telech/cfe_5_dep/1.cfe_Nouvelle_logique_Amort-dep.ppt.
http://www.afrance.net.
http://www.finances.gouv.fr/performance/lolf_acteurs/meo_lolf_05.htm.
http://rfcomptable.grouperf.com
http://revueficduciaire.grouperf.com
http://ecogest.ac-rouen.fr/renov/telech/cfe_5_dep/1.cfe_Nouvelle_logique_Amort-dep.ppt
http://www.senat.fr/rap/l05-352/l05-3522.htlm

http://www.colloc.minefi.gouv.fr/colo_struct_marc_publ/fich_prat/dele_serv.html.
http://www.ofce.science-po.fr/pdf/dtravail/WP2007-29.pdf
http://www.studies2.hec.fr
http://www.ac-versailles.fr/cerpeg/ressdiscipl/compta/lesprovisions.htm.

TABLE DES ILLUSTRATIONS

1/ TABLEAUX

2/ FIGURES

TABLE DES MATIÈRES

Partie II

LA MAÎTRISE DES AMORTISSEMENTS FINANCIERS ET LA RATIONALISATION DE L'ÉCONOMIE DES CONTRATS ADMINISTRATIFS, p. 269

L'HARMATTAN ITALIA
Via Degli Artisti 15; 10124 Torino
harmattan.italia@gmail.com

L'HARMATTAN HONGRIE
Könyvesbolt ; Kossuth L. u. 14-16
1053 Budapest

L'HARMATTAN KINSHASA
185, avenue Nyangwe
Commune de Lingwala
Kinshasa, R.D. Congo
(00243) 998697603 ou (00243) 999229662

L'HARMATTAN CONGO
67, av. E. P. Lumumba
Bât. – Congo Pharmacie (Bib. Nat.)
BP2874 Brazzaville
harmattan.congo@yahoo.fr

L'HARMATTAN GUINÉE
Almamya Rue KA 028, en face
du restaurant Le Cèdre
OKB agency BP 3470 Conakry
(00224) 657 20 85 08 / 664 28 91 96
harmattanguinee@yahoo.fr

L'HARMATTAN MALI
Rue 73, Porte 536, Niamakoro,
Cité Unicef, Bamako
Tél. 00 (223) 20205724 / +(223) 76378082
poudiougopaul@yahoo.fr
pp.harmattan@gmail.com

L'HARMATTAN CAMEROUN
BP 11486
Face à la SNI, immeuble Don Bosco
Yaoundé
(00237) 99 76 61 66
harmattancam@yahoo.fr

L'HARMATTAN CÔTE D'IVOIRE
Résidence Karl / cité des arts
Abidjan-Cocody 03 BP 1588 Abidjan 03
(00225) 05 77 87 31
etien_nda@yahoo.fr

L'HARMATTAN BURKINA
Penou Achille Some
Ouagadougou
(+226) 70 26 88 27

L'HARMATTAN SÉNÉGAL
10 VDN en face Mermoz, après le pont de Fann
BP 45034 Dakar Fann
33 825 98 58 / 33 860 9858
senharmattan@gmail.com / senlibraire@gmail.com
www.harmattansenegal.com

L'HARMATTAN BÉNIN
ISOR-BENIN
01 BP 359 COTONOU-RP
Quartier Gbèdjromèdé,
Rue Agbélenco, Lot 1247 I
Tél : 00 229 21 32 53 79
christian_dablaka123@yahoo.fr

Achevé d'imprimer par Corlet Numérique - 14110 Condé-sur-Noireau
N° d'Imprimeur : 127071 - Dépôt légal : mars 2016 - *Imprimé en France*

www.ingramcontent.com/pod-product-compliance
Lightning Source LLC
LaVergne TN
LVHW021131061026
849535LV00002B/210